Georg Holz

Die Gedichte vom Rosengarten zu Worms

Georg Holz

Die Gedichte vom Rosengarten zu Worms

ISBN/EAN: 9783743643369

Hergestellt in Europa, USA, Kanada, Australien, Japan

Cover: Foto ©Thomas Meinert / pixelio.de

Weitere Bücher finden Sie auf **www.hansebooks.com**

DIE GEDICHTE

VOM

ROSENGARTEN ZU WORMS.

MIT UNTERSTÜTZUNG

DER KGL. SÄCHS. GESELLSCHAFT DER WISSENSCHAFTEN

HERAUSGEGEBEN

VON

DR. GEORG HOLZ,
PRIVATDOCENT A. D. UNIVERSITÄT LEIPZIG.

HALLE A. S.
MAX NIEMEYER
1893.

Dem Andenken

FRIEDRICH ZARNCKES

gewidmet.

Von den aus dem 13. jh. stammenden epen, welche ihren stoff der einheimischen sage entnehmen, haben allein die lieder vom Rosengarten zu Worms ihren herausgeber noch nicht gefunden; der geplante 6. band des Deutschen Heldenbuches wird, soviel ich weiss, nie erscheinen. nur unbedeutende stücke des gedichtes D sind von Wackernagel (im Altdeutschen Lesebuche) und W. Grimm (Der Rosengarte 1836, s. 77—94) philologisch bearbeitet worden: von ersterem str. 425—462, von letzterem 89—128 und 163—202 meiner ausgabe, mit unzureichenden mitteln, weil die Berliner hs. noch nicht bekannt war. wenn ich es jetzt wage, dem gelehrten publikum eine ausgabe der Rosengartenlieder vorzulegen, so geschieht dies in der voraussetzung, dass durch die letzten arbeiten die verwandtschaftsverhältnisse der überlieferten texte in der hauptsache festgestellt sind: ich fusse auf der abhandlung von Br. Philipp (Zum Rosengarten 1879) und auf meiner eigenen, 1889 unter demselben titel erschienenen.

Als erster hat 1829 Wilhelm Grimm in der Deutschen Heldensage nr. 91—94 ordnung in die überlieferung der Rosengärten zu bringen versucht. er unterschied damals vier redactionen: A, den text des gedruckten heldenbuches; B, den text des Dresdener heldenbuches; C, die Frankfurter handschrift, und D, den text, welchen vdHagen 1820 im 'Heldenbuch in der Ursprache' nach der Heidelberger und ersten Strassburger hs. herausgegeben hatte. 1836, in der vorrede zu seiner ausgabe der Frankfurter hs., fügte Grimm als fünfte redaction E hinzu, einen text, welcher dem verfasser der vorrede zum heldenbuch vorgelegen haben sollte. 1845 gab Bethmann (HZ. V, 368) nachricht von der Pommersfelder hs.; diese ward 1859 von Bartsch (Germania IV, 1ff.) herausgegeben und als selbständige redaction P hingestellt. W. Grimm dagegen liess sie (Abhandlungen der Kgl. Akademie der Wissenschaften zu Berlin 1859, s. 499) nur als hs. seines textes D gelten. gleichzeitig veröffentlichte er bruchstücke aus einem bisher unbekannten gedichte vom Rosengarten, welches er (a. a. o. s. 500) mit F bezeichnete. somit hätte man 6 oder 7 texte (A—F und bez. P) zu unterscheiden. Philipp (Zum Rosengarten s. IXf.) reducierte sie auf vier; es fielen

weg B, als aus A geflossen, und E, das er mit recht zu D stellte;
P erkannte er mit Grimm nur als hs. der redaction D an. er unterschied nunmehr die texte mit ziffern als I (Grimm A mit B),
II (D mit P und E), III (F), sowie den aus I und II gemischten
text (C). ich habe dann in meiner oben angeführten arbeit innerhalb des textes II zwei redactionen II^a (= D) und II^b (= P) unterschieden, sowie den nachweis zu liefern versucht, dass die aus II
stammenden stücke des gemischten textes näher mit II^a verwandt
sind, als mit II^b. unter diesen umständen halte ich die unterscheidung von fünf texten für geboten: II^b muss selbständig neben
II^a gestellt werden. sowohl aus diesem grunde, wie auch weil die
bezeichnung verschiedener redactionen éines gedichtes mit buchstaben sonst allgemein üblich ist, kehre ich zu den früher gebräuchlichen siglen zurück und benenne die 5 texte mit Grimm und
Bartsch A, C, D, F, P.

I. Die überlieferung und ihre gruppierung.

Überliefert sind uns diese texte in folgenden mehr oder weniger
vollständigen handschriften und drucken, die ich in der hauptsache
mit Philipp (a. a. o. s. Xff.) bezeichne:

A.

a (Philipp *d*^{a}, von Grimm nicht von *d* unterschieden), Docens
bruchstück (Docen, Entdeckung über das sogenannte Heldenbuch
des Heinrich von Ofterdingen, in Aretins Beyträgen (1804) III,
4, 85ff. 5, 49ff.). er spricht von einem 174 vierzeilige strophen umfassenden bruchstücke 'Von dem Rosengarten zu Wurms'; die hs.
soll aus dem 14. jh. stammen (a. a. o. 4, 106), perg.? pap.? jetzt
ist sie verschollen. wir besitzen ausser den wenigen zeilen, die
Docen in dem angeführten aufsatze zur probe abdrucken liess, noch
seine abschrift (Mss. Docen C. 56 der kgl. bibliothek zu München).
das bruchstück enthält den Rg. A 1—149.

b (Grimm *Ac*, Berl. Akadabh. 1859 s. 498), die ehemals Wallersteiner (Philipp s. XIIIff.) hs., seit 1855 der kgl. bibliothek zu
Berlin gehörig (Ms. germ. quart 744), pap. quart, 1453 geschrieben,
umfasst 46 blätter; der Rg. steht auf bl. 1^a—44^a; 44^b—46^b sind
leer. äusserlich ist die hs. vollständig; die eine grössere lücke (es
fehlen 217,3'—231,4) ist durch ausfall eines blattes der vorlage
veranlasst. überschrift: *Disz ist der grosz Rosengart von wormsze.*
unterschrift: *Das ist der Rosengart von wormsz vnd ist geschriben
worden von Cristi vnsers Heren guburt Tusent virhundert vnd dri*

EINLEITUNG.

vnd junfftzig [vnd dar ausgestrichen] *vff mittwoch nechst vor vnser frawen cleybung tag.* cleybung ist annuntiatio (Grotefend, Zeitrechnung des deutschen Mittelalters 1891, I, s. 65); Mariae verkündigung fiel 1453 auf einen sonntag, der schreiber vollendete seine arbeit also am 21. märz. — einen buchstäblichen abdruck dieser hs. hat Philipp seiner arbeit beigegeben.

d (Grimm *Aa*, Der Rosengarte, einl. s. II), die Dresdener hs. M. 56, 1489 von Johannes Koler geschrieben, pap. fol., enthält Strickers Daniel (189 bll), den Rosengarten (68 bll.), 2 lere bll. überschrift *Von dem rosen gartñ ze wurms.*

m (von Grimm nicht von *d* unterschieden), die Münchener hs. Cod. germ. 429, 15. jh., pap. quart, 206 bll., enthält Strickers Daniel und den Rosengarten (auf bl. 145ᵃ—206ᵇ); überschrift *Von dem Rosengarten ze Wurms.* genaueres s. Philipp a. a. o. s. XL. Philipp giebt 1—20,8 im abdruck, von dem übrigen eine genaue collation.

Aus dem 15. jh. stammen zwei bearbeitungen des Rosengartens A, welche cäsurreime durchführen. die eine ist erhalten in

α (Grimm *Ab*), dem gedruckten heldenbuche. dies ist nach dem mutmasslich ältesten drucke neu herausgegeben von A. v. Keller als nr. LXXXVII der bibliothek des litterarischen vereins in Stuttgart (1867). jener druck erschien ohne ort und jahr, wahrscheinlich zu Strassburg und jedenfalls vor 1491. er umfasst 280 bll. folio, zweispaltig bedruckt, und enthält die vorrede (1ᵃ—6ᵇ), ein vorwort des bearbeiters (7ᵃ—7ᵈ), den Ortnid (8ᵃ—43ᵈ), Wolfdietrich (44ᵃ—214ᵇ), Rosengarten zu Worms (216ᵃ—254ᵈ) und Laurin (256ᵃ—280ᵇ). der Rosengarten füllt in Kellers neudruck s. 594—692; überschrift *Hie nach folget der rosengart zü Wurms, mit seinen figuren.* nach z. 635,30 Keller = A 167,2 ist ein stück aus D eingeschoben: Keller 635,31—640,11 = D 166—172. 178—194,2.

Die andere bearbeitung steht in

β (Grimm *B*), der Dresdener hs. M. 103, pap. quart, 353 bll., geschrieben 1472. sie ist eine sammlung von 11 heldengedichten, gewöhnlich nach dem einen schreiber heldenbuch Kaspars von der Rön genannt, abgedruckt in vdHagens Heldenbuch in der Ursprache (1820. 1825). der Rg. ist das vierte stück und steht bl. 152ᵃ—191ᵇ.

C.

Die gemischte redaction steht nur in *f*, der Frankfurter hs. Kloss nr. 6, pap. fol. 14. jh., noch 59 bll. enthaltend, von denen der Rg. die letzten 32 füllt. von bl. 1 des Rg. ist die untere

EINLEITUNG.

hälfte abgerissen, ausserdem fehlen hinter bl. 6. 7. 18 je 1 bl. (nicht aber hinter bl. 1, wie Grimm angiebt). überschrift *Hie hebet sich der grofse rosengarte vō wormse vñ heizzet der grozze Rosen garte.* unterschrift

*Hie hat der rosen garte ein ende
got vns zů hymel sende Amen.*

die hs. ist in geregelter orthographie abgedruckt bei W. Grimm, Der Rosengarte 1836. ich habe sie durchaus im original benutzt und war daher in der lage, einige kleinere fehler Grimms beseitigen zu können; wo meine angaben von Grimms texte abweichen, glaube ich mich durchweg für die richtigkeit meiner lesart verbürgen zu können.

D.

K, ein blatt im kgl. geheimarchiv zu Kopenhagen, perg. 15. jh., enthält D 530,3—532,4[a] und 546,4[b]—549,1[a] in sonderbarer unordnung, s. u. s. XII. abgedruckt durch Müllenhoff HZ. XII, 411.

b (Philipp b^1, Grimm *Dd*), 19 bll. einer Berliner (vormals Meusebach'schen) hs. Ms. germ. quart 577, pap. 15. jh., abgedruckt durch W. Grimm HZ. XI, 536ff. die 19 bll. enthalten D 104—252,3. 265,2—349,1. 455,3—468,4. das erste bruchstück steht auf bl. 1—11 (diese enthalten durchschnittlich 52 verse; bl. 2—9 bilden éine lage), das zweite auf bl. 12—18 (diese enthalten durchschnittlich 48 verse), das dritte auf bl. 19 (46 verse). daraus lässt sich der ursprüngliche umfang der hs. berechnen: zwischen dem 1. und 2. bruchstück fehlt éin blatt, das mit den erhaltenen bll. 10—18 eine lage von 10 bll. bildete; zu anfang fehlen 8, zwischen dem 2. und 3. bruchstück 9, am schlusse 14 bll. die ganze hs. bestand demnach aus 6 lagen, deren erste und dritte je 10, die andern je 8 bll. enthielten; das 1. bl. der 1. lage war unbeschrieben, der text füllte 51 bll. erhalten sind das letzte bl. der 1. lage, die 2. lage ganz, die 3. lage ohne ihr 3. bl., das 2. bl. der 5. lage.

h (Grimm *Da*) die Heidelberger hs. nr. 359, pap. fol. 15. jh., umfasst 89 bll., von denen der Rg. die ersten 65 einnimmt, mit 20 bildern versehen (die titel der bilder giebt vdHagen in seiner ausgabe als aventiurenüberschriften; sie sind als ganz belanglos und spät zugesetzt von mir übergangen). überschrift *Der Rosengart* von jüngerer hand. nach bl. 9 fehlt ein bl. mit D 77,4—87,3; ausserdem fehlen 243,3[b]—251,3[a], jedoch ohne äussere lücke, also wohl durch verlust eines blattes der vorlage; mit 631,2 bricht *h* ab, dann folgt die unterschrift *Laus tibi criste explicit liber iste*

EINLEITUNG. V

Quis hoc scribebat thoma vogel de valesia nomen habebat. Amen. Non amat ille ihesum qui fert plia ihesum &a. &a. &a.
s (Grimm *Db*) die hs. der Strassburger seminarbibliothek, um 1450 von Diebolt von Hagenau geschrieben, pap. fol. 373 bll., umfassend die vorrede des heldenbuches (bll. 1—12), Ortnid (13—52), Wolfdietrich (53—201), Rosengarten (203—246), Laurin (247—278), Sigenot (280—330) und Pfaffe Amis (331—373). im Rosengarten fehlt ein blatt, welches D 191,3—205,4 enthielt, doch sind noch ein par versanfänge und -enden erhalten: 191,3 *Vnd ir*, 4 *Wassz*, 192,1 *Do hiess*, 2 *Dar in*, 3 *Mit.* — 200,2 *mer]ken eben*, 4 *wi]der went*, 201,1 *he]ilt*. überschrieben ist unser gedicht *Der gross Rose gartten*. die hs. ist infolge der beschiessung Strassburgs 1870 verbrannt, doch war sie von vdHagen mit *h* zur herstellung seines 1820 erschienenen textes (s. o.) verwendet, auch war für W. Grimm eine jetzt in Berlin befindliche abschrift genommen worden (s. u.).

s^1 (Grimm *Dc*, vgl. Der Rosengarte s. 91 anm.) die hs. der Strassburger Johanniterbibliothek B 81, pap. fol., geschrieben 1476, ebenfalls 1870 verbrannt, enthielt Wolfdietrich (bl. 1—110), Rosengarten 111—133), Morolf (134—172) und Ortnid (173—195). die hs. war sehr lückenhaft, es fehlten z. b. das erste bl. des Wolfdietrich und der schluss des Ortnid; daher ist die annahme wohl gerechtfertigt, dass der Ortnid erst durch verbinden an den schluss gekommen ist. auch vom Rg. fehlte der anfang, s. u. W. Grimm benutzte diese hs. nur zur ausfüllung der lücke von *s*; wir besitzen daher jetzt nur noch das stück D 191,3—205,4 in der erwähnten abschrift von *s*, sonst ist die hs. für uns verloren. ich darf daher in den lesarten diese hs. kurzweg mit *s* bezeichnen.

Aus *h* und *s* stellte vdHagen seine oben erwähnte ausgabe zusammen und gab dazu im 2. bande des Heldenbuches (1825) die lesarten. W. Grimm liess für sich abschriften beider hss. herstellen, wobei die lücke von *s* durch s^1 ergänzt wurde. die abschriften befinden sich jetzt auf der Berliner kgl. bibliothek als Ms. germ. quart 921. nicht selten weichen sie ein wenig von den vdHagen'schen lesarten ab; man sieht bald, dass letztere sorgfältiger angelegt sind als die abschriften (vgl. verf. Zum Rosengarten s. 7). leider ist gerade die abschrift der verlorenen hs. *s* besonders lüderlich; ich habe mich daher vorzüglich an vdHagens apparat gehalten und nur in zweifelhaften fällen die abschrift zu rate gezogen. — In dem die abschriften enthaltenden bande findet sich ein brief Chr. Engelhards an Jakob Grimm d. d. Strassburg 29. april 1817, der wertvolle notizen über s^1 enthält. danach begann diese hs. erst mit D 22

*Do hiess der von bern sinen schriber für sich sten
Er sprach ich verbút úch allen nieman soll hinnen gen
Ee wir verhoren was in dem briefe ste
Nu lies on schriber etc.*
und schloss bereits mit D 630,3
Do für heim gen bechlon der milt marggrof.

F.

Da die bruchstücke der drei hierher gehörigen hss. sich mit ausnahme weniger zeilen gar nicht decken, bedarf es für sie keiner besondern siglen. es sind erhalten:

1. das Danziger bruchstück (Philipp D), perg. 14. jh., ein doppelblatt; auf jeder seite stehen 19 abgesetzte verse. das 1. blatt enthält bruchstück I, das 2. II, 19,4—29,1. abgedruckt durch Müllenhoff HZ. XII, 532ff.

2. das Prager bruchstück, perg. 14. jh., ein doppelblatt; die verse sind nicht abgesetzt; auf jeder seite stehen 32 zeilen. das 1. blatt enthält bruchstück II,1,4—20,2, das 2. enthält bruchstück III. veröffentlicht von Mourek in den sitzungsberichten der kgl. böhmischen gesellschaft der wissenschaften, phil.-hist. cl., jahrg. 1889 s. 118ff.

3. das Braunschweiger bruchstück (Philipp B), perg. 13./14. jh. (die älteste aller hss. des Rg.), zwei doppelblätter von einer und derselben lage; das innere schliesst an das äussere unmittelbar an. jede seite enthält zwei spalten von je 29 abgesetzten halbversen. das 1. blatt ist unten und am äusseren rande, das 3. am äusseren rande stark beschnitten. blatt 1 und 2 enthalten bruchstück IV, 3 und 4 bruchstück V. veröffentlicht von W. Grimm in den abhandlungen der Berliner akademie, phil.-hist. cl., 1859, s. 483ff., nochmals mit verbesserungen hg. von Bartsch, Germ. VIII, 196ff.

Es decken sich also nur die drei letzten verse des ersten Prager blattes mit den drei ersten des zweiten Danziger, im übrigen entstammen alle stücke verschiedenen teilen des textes F.

P.

Erhalten in

T, einem pergamentblatt des 14. jh., gefunden zu Tisch bei Krumau in Böhmen und abgedruckt durch Neuwirth in HZ. XXVIII, 139ff., enthält P 611—668 und die versanfänge von 669—694 (zählung von Bartsch, Germ. IV); hauptsächlich aber in

p (Grimm Dc, Berl. akadabb. 1859, s. 499), der Pommersfelder hs., pap. 14. jh., herausgegeben von Bartsch, Germ. IV, 1ff.; der Rosengarten füllt bl. 101—128. nach v. 828 fehlen mehrere bll., auch der schluss ist verloren. überschrift *hie hebet sich ane der rosen garte*. leider konnte ich diese wichtige hs. nicht im original benutzen, da die gräflich Schönborn'sche bibliotheksververwaltung handschriften nicht versendet; ich musste daher die ausgabe von Bartsch (der die orthographie normalisiert hat) zu grunde legen.

Die gesammte überlieferung entstammt also einem zeitraume von rund 175 jahren und besteht aus einer perghs. (F^3) von ca. 1300, 3 perghss. des 14. jh. (F^1, F^2, T), einer hs. (perg.? pap.?) des 14. jh. (a), 2 paphss. des 14. jh. (f, p), einer perghs. des 15. (?) jh. (K), 8 paphss. des 15. jh. (A: bdmβ, D: bhss^1) und einem drucke (α).

Überschriften finden sich, abgesehen von h, häufig nur in Ab, vereinzelt auch in a, m, f und p. sie sind späte schreiberzusätze, die häufig an falscher stelle stehen und nicht selten sogar geschlossene strophen zerreissen; ich habe sie nirgends berücksichtigt.

Die handschriften des textes A zerfallen in zwei classen b und adm. zum beweise genügt es anzuführen, dass in b keine spur der 16 verse sich findet, die adm gemeinsam infolge kenntnis des textes D (11—13) oder P nach A 59,2 zugesetzt haben (59,*1—*3. 59,5'f.). da C, welcher text in diesem teile sich ganz an A anschliesst, keine spur des zusatzes hat, so ist damit erwiesen, dass adm auf ein und dieselbe hs. zurückgeben, von welcher b unabhängig ist.

Für die herstellung des textes kommt ferner d nicht in betracht, da diese hs. unmittelbar aus m abgeschrieben ist (Philipp a. a. o. s. XXXIX ff.). m ist nämlich stellenweise ohne absetzen der verse geschrieben; d hat nun an zwei stellen (eine im Daniel, die andre im Rg.) je eine lücke, durch welche genau die worte einer zeile von m übergangen sind. die stelle des Rg. betrifft A 38; hier setzt m folgendermassen ab:

schöne mayt. Vnd möcht ir mein genyessen. Daz wer ůch vnuersait. Ja für ich ůch für den fůrstē der ist also gůt. Das er also gerne usw.

d aber schreibt
    — *schöne maigt*
    Vnd mocht ir mein geniessn
    Das wer also gůt
    Das er so gerne usw.

d übergeht also in der dritten angeführten zeile genau die worte, welche die zweite der aus m angeführten zeilen enthält. eine zweite derartige stelle findet sich im Daniel, den ja beide hss.

vor dem Rg. enthalten. dadurch wird es aber vollkommen sicher,
dass *d* aus der uns vorliegenden hs. *m* abgeschrieben ist. Steinmeyer hat in seiner recension der Philipp'schen arbeit (Afda. VI, 229 ff.)
diese tatsache auf grund einiger stellen, an welchen *m* einen fehler,
d aber das richtige biete, bestritten. éinmal hat er sich freilich
verlesen: A 135, 4^b liest *m*: *Vnd súchten* (statt *forchten*) *alle sinen
zorn*, *d* ganz entsprechend *Vnd suchtñ alle seine zorñ*; Steinmeyer
las *furhtñ* statt *suchtñ*; diese stelle kommt also nicht in betracht. —
A 32,5f. schreibt *m*
  Zehen hundert ritter gewappneten sich do an
  Manig schöne fraw Verwapnet iren man,
d aber
  Zehñ hundert ritẽ wapnetñ irẽ mã,
d. h. *d* hat einfach die halbzeilen 5^b. 6^a übersprungen. — wenn
A 354,2 *b* richtig *vff*, *m* falsch *vnd* und *d* wieder richtig *auf*
schreibt, so konnte gewiss der abschreiber diese leichte verbesserung
vornehmen. — A 387,4 stimmt *d* im allgemeinen zu *m*, nur setzt
es (mit *b*) *druckte* für *dratte*; die übereinstimmung mit *b* in diesem
éinen worte, während der vers im übrigen in *m* und *d* gleich ist,
muss zufällig sein (ein synonym kann leicht durch ein andres ersetzt
werden). — A 115,1^a liest
  b: *Sie fragten in der mere,*
  m: *Sie frowtten sich der mere,*
  d: *Sie fragtñ sie dẽ mere.*
der abschreiber hat den unsinn in *m* bemerkt und beseitigt;
dass er auf *m* fusst, zeigt deutlich seine conjectur *sie* (für *sich*),
während das richtige *in* ist. — es muss also bei Philipps annahme
bleiben: *d* ist aus *m* abgeschrieben. ich bemerke soeben, dass auch
Rosenhagen (Untersuchungen über Daniel vom Stricker 1890,
s. 14 ff.) sich in diesem sinne ausspricht.

 a besitzen wir jetzt nur in Docens abschrift; einige stellen
(A 5. 6. 9,5f. 11,1—12,2. 17,1—18,2. 58,9—59,2. 61,1—62,4'.
84,3f. 91,3^b. 4. 104,3f. 121,1—122,2) sind in Aretins Beyträgen
a. a. o. abgedruckt. druck und abschrift sind in zahlreichen kleinigkeiten verschieden: 5,2 *milen* dr., *mile* abschr. 5,3 *giene* (l. *gienc?*)
dr., *gieng* abschr. *eime* dr., *einen* abschr. usw. bedeutender si d
folgende abweichungen:
  6,2 *So ich in meinem riche sie iendert finden kan* dr.,
    So ich sie in minem riche halt niendert vinden kan abschr.
  6,4^a *Der erst ist min vater Gibich* abschr.; im dr. fehlt *ist*.
  9,5^a *Die starken zwelf recken* dr.; *zwelf* ~ (d. i. fehlt) abschr.

11,4^b *die furen durch die lant* dr.; *der fúr* abschr.
12,1^b *gen den fursten h.* dr.; *den ~ abschr.*
2^b *es ducht sie niemer gut* dr.; *nicht gút* abschr.
61,6^b *daz tun ich* abschr.; *ich tu ez* dr.
in den wenigen zeilen finden sich also sieben stärkere verschiedenheiten! dabei stimmt die abschrift durchaus mit der nächstverwandten hs. *m* überein, während der druck zweimal (12,2 und 61,6) sich zu *b* stellt.

Weiter: die nächstverwandte hs. *m* hat mehrfach einzelne verse ausgelassen, während *a* meist einen glatten text bietet: 41,3 *fb*, ~ *m*; *a* hat einen neuen v. in der lücke (s. die lesarten), welcher sich in *a* (Keller 604,21 f.) wiederfindet:

darumb ir mich mit streiten   licht woltent hie bestan.

in 79,1f. haben *ma* den reim gestört und deshalb einen auf v. 2 reimenden v. zugesetzt; so steht in *m* v. 1 reimlos; vor denselben schiebt *a* einen neuen v. ein, der sich in *a* 614,29f. wiederfindet:

got danck úch tugentliche   vil hochgeborner man.

95,1f. sind in *m* in 3 kurze reimpare verwandelt; *a* stellt langverse her, indem es den 4. und 5. kurzvers umstellt, also überschlagenden reim annimmt, und die ersten beiden zeilen verlängert:

Phusolt ein helt erwegen
Den bestat wolfhart der tegen   m.

Phusolt ein held der ander   der dunket sich verwegen
Den sol vns bestan wolfhart   der vil kune degen   a.

dazu vergleiche man *a* 618,16—19

Pusolt der helde zart   der duncket sich ferwegen
den sol bestan wolfhart   der vil kiene tegen.

die übereinstimmung ist gross.

An drei stellen hat *a* vereinzelte verse von *m* einfach weggelassen (den nach 99,2 stehenden, ferner 112,3. 126,4); der erste dieser drei beweist nichts, da er in *m* nur durch zufall steht. einmal (81,2) findet sich in *a* ein in *m* fehlender vers in übereinstimmung mit *b*; einmal (66,1) steht der fehler von *m* unverändert in *a*; éinmal fehlt in *a* ein verspar (54,3f.), das in *b* und *m* richtig steht.

Aus den angeführten tatsachen ergiebt sich,

1) dass Docen seinen text sehr nachlässig behandelt, daher die abweichnngen in den gedruckten strophen,

2) dass man ihm daher wohl willkürliche änderungen zutrauen darf; die gelegentliche übereinstimmung von *a* und *a* gegen die übrigen hss. darf nicht durch nahe verwandtschaft beider erklärt werden, weil *a* gar nicht der redaction *abm* entstammt (s. u.); es

bleibt nur die annahme übrig, dass Docen seine vorlage mitunter aus a corrigiert hat.

3) da, wenn m einen groben fehler hat, derselbe auch in a vorhanden ist oder war (mit ausnahme von 81,2 und vielleicht 99,2), so sind m und a auf das engste mit einander verwandt; vielleicht ist das ältere a die directe vorlage von m.

4) a, wie es uns vorliegt, ist für die herstellung des textes nicht verwendbar. ich habe indess seine lesarten angeführt, weil das ganze stück bisher noch nicht veröffentlicht war.

Nach Docen wies nun a noch strophenabteilung auf, die in den andern hss. ja nicht mehr statthat, bei dem alter von a aber recht gut hier vorhanden sein könnte. Docen giebt an, dass 174 str. erhalten seien; die abschrift umfasst 173, von denen sechs sechszeilig, eine fünfzeilig, die letzte nur zweizeilig sind. wo er im abdrucke strophen markiert, stimmt die abteilung zur abschrift. nun ist aber in A eine strophenabteilung nur äusserlich durchzuführen (s. u.), da häufig einzelne jüngere verspare die strophen unterbrechen; a erreicht die sinngemässe abteilung auch nur dadurch, dass es gelegentlich sechszeilige str. gelten lässt, einmal dadurch, dass es eine halbe str. (54,3f.) streicht, was wohl erst durch Docen geschehen ist. es ist demnach auf diese abteilung nichts zu geben.

Es hat sich uns also folgender stammbaum der hss. von A ergeben:

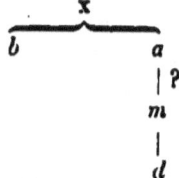

von ihnen sind für die ausgabe verwertbar nur b und m. b ist, da sie viel weniger grobe fehler hat als m, auch frei von der erwähnten interpolation ist, zu grunde zu legen, aber m immer zu berücksichtigen.

Über die handschriften des textes D habe ich in der abhandlung 'Zum Rosengarten' s. 131 ff. gehandelt; hier werde ich nur die entscheidenden momente anführen.

sh stimmen in einer grossen anzahl von stellen gegen b überein, so zwar, dass die fassung von b durch die texte CP unterstützt wird, die übereinstimmungen von sh also als gemeinsame fehler anzusehen sind. D 111,1f. b, $\sim sh$, $=$ P 199f. 133,1f. b,

∼ sh, = C 711f. 148,3—149,2 b, ∼ sh, bestätigt durch C 751f. 187—189 b, ∼ sh, sind durch den zusammenhang gesichert, da 190 unmittelbar nach 186 unverständlich ist. 195. 196 b, ∼ sh, bestätigt durch C 875 ff. 221 b, ∼ sh, bestätigt durch C 959ff. 266—268 b, in sh auf éine str. reduciert; zu b 267,3ff. stimmt C 1139—46. 314,3f. b, ∼ sh, bestätigt durch C 1288f. am deutlichsten wird dies verhältnis D 139—153: D 139 = D 151, nur die zweite hälfte weicht ein wenig ab; beide str. zugleich stehen nur in b, 139 auch in sh, jedoch in der fassung von b 151; C 759—762 erweist die str. an zweiter stelle als alt, doch hat sie hier dieselbe fassung wie b 139, also an erster stelle. diese tatsachen verlangen folgende erklärung: an zweiter stelle (D 151) ist die str. alt, und zwar nach der fassung C = b 139; der nächste bearbeiter (D², s. u.) setzte diese str. auch an die erste stelle (D 139), indem er sie an der zweiter etwas änderte; die gemeinsame vorlage von sh gab der ersten stelle die fassung der zweiten und beseitigte dann die str. an zweiter stelle, indem sie sie durch 153 ersetzte, für diese aber wieder eine neue, nur in sh vorhandene str. 152,5—8 einfügte (vgl. die lesarten).

Gehören nun sh wirklich näher zu einander als zu b, so muss eine übereinstimmung bs oder bh das echte bieten:

D 134 bh, ∼ s, bestätigt durch C 719f.

D 144 bs, ∼ h, bestätigt durch C 739—742.

D 270. 271 bs, in h ganz abweichend; bs wird durch P 286ff. bestätigt.

D 383,3f. bh, ∼ s, gesichert durch die ganz ähnlich gefassten eingänge der übrigen kampfscenen.

D 343,3f. bh, in s vier zeilen; bh wird durch P 487f. bestätigt.

Ein fall widerspricht: D 238 h fehlt bs, wird aber durch C 987—990 als echt erwiesen; das zusammentreffen von b und s in diesem fehler des auslassens muss und kann wohl zufällig sein.

Dass von den beiden nahe verwandten hss. s die vorlage treuer wiedergiebt als h, zeigt die soeben angeführte stelle D 270. 271, sowie D 12 (18), wo h von s ganz abweicht, letzteres aber durch P 9—12 als echt erwiesen wird. somit ist s überall, wo b fehlt, zu grunde zu legen, h aber zur verbesserung besonders der vielen flüchtigkeitsfehler, die s bietet, herbeizuziehen.

s¹ ist von W. Grimm zur ausfüllung der lücke von s benutzt worden; er muss also die beiden hss. für ganz nahe verwandt gehalten haben. zu vergleichen ist das kleine uns erhaltene stück nur mit b und h; in der tat stellt es sich durchaus zu h, vgl. die lesarten zu 195—197. um das verhältnis zu *s* zu bestimmen, muss man den in beiden überlieferten Ortnid-Wolfdietrich zu hilfe nehmen (für diese gedichte sind die hss. DHB III, s. VII mit *c* und *d* bezeichnet); dass OWd. in *d* (*s*¹) aus *c* (*s*) abgeschrieben sei, wird bestritten (Holtzmann, Wolfdietrich s. XX), ob mit recht? Mone (Otnit, 1821) giebt an, dass in beiden hss. str. 102—116,3 nach seiner zählung fehlen ohne äussere lücke, und zu dem nun vereinzelten v. 116,4 ein neuer reimvers zugesetzt ist; danach stammt entweder *s*¹ aus *s* oder beide aus derselben vorlage. jedenfalls ist die enge verwandtschaft beider hss. sicher.

Der text des bruchstückes *K* ist in eigenartiger verwirrung; er ist in abgesetzten halbzeilen geschrieben, jedoch so, dass immer zwei vordere und zwei hintere halbzeilen unmittelbar verbunden sind; der schreiber scheint deutsch nur ganz ungenügend verstanden zu haben; oder stellt das bruchstück vielleicht eine vorarbeit zur umsetzung in kurze reimpare dar? vgl. das Ebstorfer bruchstück der Virginal und dazu Gödeke, Grundriss I, s. 244. zur verdeutlichung gebe ich hier das ganze stück in richtiger ordnung und beziffre die folge der halbverse nach der hs.

vorderseite.

1 *Alt vnd jung sy warent*   3 *Si sprechent alle bey dir*
2 *Sy sprechent du sigest*   4 *Ain rechter aff das glaub du mi[r]*
7 *Herr dietreich wart erzurnet*   5 *von rechtem zurnen er began*
6 *Als ain hausz da das ist entzund[et an]*
8 *sEuffrit aus Niderlante*   10 *wart sein vngehurne [waich]*
9 *Er gab im noch der ges . . .*   11 *Vil manigen hertten straich*
12 *Also verkerr dein gemute*   14 *vnd mach deine ritter fro*
13 *Der edele vogt von berne*   15 *Nu frogt aber sein maister do*
16 *Das swert nam er zu den hen[den]*   18 *von berne der kune man*
17 *Des frewten sich von den chu[nen]*

rückseite.

                              2 *[zu wor]ms ann dem r[ein]*
1 *[Der ede]le vogt von [berne]*   3 *[dur]ch den helm er sach*
5 *[daz so] vil der roten mund[elein]*   4 *do zu im sprach*
6 *[sein h]ertz begunde linde'[n]*   7 *[gen d]en frawen mynnigreich*
9 *[nun sul]nt ir sein gewerte*   8 *sprach herr Diete[reic]h*
10 *[Seifrit] den kunenn man*   11 *[vnder] die armen nam*
13 *[man f]urt in von den [ringe]n*   12 *[den] vil kunen man*
14 *[vnder] die schonen frawen*   15 *[fra]wen aus dem [garten dan]*
17 *[man zo]ch im ab den [harnesch]*   16 *[de]n stoltzen werden [man]*
18 *[durch sch]ilt vnd durch [harnesch]*

Einige lesarten (530,4ᵇ. 532,2ᵇ. 547,1ᵇ) zeigen, dass *K* mit *s* fehler gemeinsam hat; wo *K* mit *h* gegen *s* stimmt, ist der text richtig (531,1ᵃ. 2ᵃ), vgl. die varianten zu diesen stellen.¹) 548,3f. stimmen *sh* im reime *Nůderlant : wigant* überein gegen *K dan : man* (die ergänzung darf für sicher gelten); letzteres ist unzweifelhaft ein fehler. *K* ist also näher mit *s* verwandt als mit *h*, und zwar so, dass es schlechter als *s* ist; es aus diesem direct abzuleiten, verbietet das (angeblich) höhere alter von *K*.

Wir gewinnen somit für die hss. des textes D folgenden stammbaum:

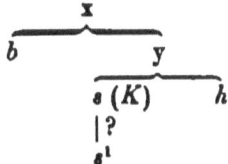

Die verwandtschaft der drei handschriften von F zu bestimmen, fehlen uns fast alle mittel, da nur einmal drei verse in zweien von ihnen, der Danziger und Prager, zugleich erhalten sind, II, 19,4—20,2

si sprach: 'der ist iu gesendet   her in Lampartenlant.'
20 *Die maget kârte sich umme,   nicht langer si dô beit.*
si saz uf ein pferdel,   dannen si dô reit.

so F¹, während F² 20,1 für *Die maget* nur *Si* liest, deshalb für 1ᵇ einsetzt *die maget vil gemeit* und entsprechend für 2ᵃ *Sie sûmete da nicht lange*, d. h. den durch änderung von 1 ausgefallenen zweiten halbvers nachholt, dadurch aber die angabe, dass das fräulein aufsitzt, verliert; 2ᵇ lautet in F² *von dâne daz [si reit].* das richtige ist demnach auf seite von F¹. überhaupt zeigt F² spuren von verderbnis oder überarbeitung; III, 14, eine str., welche D 71 entspricht, lässt zwei in den Rgn. sonst unbekannte helden Dietrichs (als brüder) auftreten, Volcnant und Hâwart, an stelle von D Sigestap und Wolfhart. F² erwähnt Volcnant und Hâwart nicht, wohl aber Wolfhart und den für Sigestap eingetretenen Alphart, die hingegen in dem verzeichnis von F² fehlen. es scheint mir demnach sicher, dass in F ursprünglich stand

Dô sprach Alphart der milde: 'ich muoz ouch an die vart.'
'ich wil mit dir riten,'   sprach sin bruoder Woljhart.

---

¹) Leider finden sich an den eben angezogenen stellen des kritischen apparates zwei störende fehler; es ist zu lesen zu 530,4 aff *sK* (nicht *hK*), zu 548,3 entlieben *h* (nicht *K*).

es scheint demnach F² das gedicht F nicht ganz rein zu enthalten.

Von den beiden handschriften des textes P, T und p, lässt sich nur sagen, dass sie von einander unabhängig sind. an stelle von P 645—648 p stehen in T nur zwei verse; die lesart von p wird durch C bestätigt (vgl. die lesarten zu D¹ XIV, 7). andrerseits ist P 641 (D¹ XIV, 6,3) und 627 (D¹ XIV, 2,1) in T besser überliefert als in p; auch die drei in p nach 669 ausgefallenen verse (D¹ XVIII, 6,2—4) standen noch in T.

Das verhältnis der fünf texte ACDFP zu einander ist von mir (a. a. o. s. 19—38) in folgender weise bestimmt worden:

A ist eine doppelte überarbeitung des originals; nennen wir letzteres A¹, so ist der text der hss. abdm A³; zwischen beiden liegt die bearbeitung A².

D stellt die bearbeitung eines auf grund von A¹ verfassten gedichtes dar. nennen wir dies D¹ (in meiner abhandlung *II), so sind D² (a. a. o. II′) und P (II^b) selbständige bearbeitungen von D¹; D² ward nochmals überarbeitet und ergab den in den hss. $bshs^1K$ erhaltenen text D³ (II^c).

C ist eine zusammenarbeitung der vorausgesetzten texte A² und D².

F hielt ich für ein auf grund von A¹ verfasstes gedicht. der stammbaum stellte sich also folgendermassen dar:

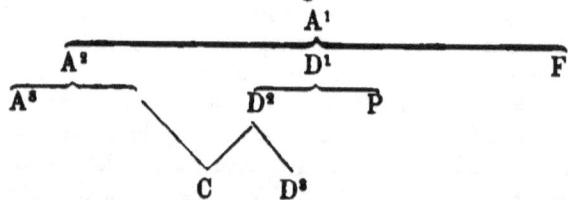

Dass C aus A und D contaminiert ist, hat schon W. Grimm erkannt; der bearbeiter legte A zu grunde und interpolierte aus D; dass die vorlagen von C nicht die uns erhaltenen texte A und D, sondern ältere fassungen derselben waren, ergiebt sich daraus, dass der text von C durchweg besser und kürzer ist als A und D. letztere liegen uns demnach nur in jüngeren bearbeitungen vor.

P ist mit D auf das engste verwandt, aber durchweg kürzer; die frage, ob unser D mit P oder mit C näher verwandt sei, wird entschieden hauptsächlich durch éine stelle, den eingang des kampfes zwischen Siegfried und Dietrich; hier stimmt P noch in drei strophen

(D^1 XVIII, 1—3) mit A überein; C und D dagegen haben diese drei durch vier neue strophen ersetzt (D 463. 464. 468. 469), welches stück dann D allein noch um drei (465—467) erweitert hat. es ist also D mit C näher verwandt; beide gehen auf D^2 zurück, welches wieder mit P eine gemeinsame quelle D^1 hat.

Ob nun A oder D dem original näher stehen, diese frage entscheidet eine betrachtung der ganzen anlage. A spricht den grundgedanken glatt aus (str. 4): Siegfried und Dietrich sollen im kampfe verglichen werden. es ergeht daher eine herausforderung an Dietrich, und zwar von seiten Kriemhilts, neben der ihr vater Gibich ganz zurücktritt; sie verspricht dem sieger rosenkranz und kuss. Dietrich nimmt die forderung an und kommt mit elf helden; neun sind seine degen, zwei, Dietleib und Ilsan, müssen besonders berufen werden. auf Wormser seite sind die kämpfer so gruppiert, dass nach einander vier riesen, vier helden und vier könige auftreten. D aber will vor allem den könig Etzel hereinbringen; die herausforderung geht von Gibich aus: er verspricht dessen vasall zu werden, der seinen rosengarten zerstören kann (D 8); der ausdruck ist ganz allgemein gehalten (13); daraufhin zieht Etzel zu Dietrich, um ihn zur teilnahme an der herfahrt aufzufordern (15); Dietrich ist bereit. nun wird auf einmal ein brief verlesen, worin Kriemhilt (nicht Gibich!) den Dietrich besonders herausfordert (25ff.); damit lenkt also D in die auffassung von A ein. ich glaube, hier ist es ganz deutlich, dass der erste verfasser von D den text A bereits vor sich hatte. dem sieger wird in D nicht mehr Kriemhilts kuss, sondern der einer beliebigen jungfrau versprochen (37); dasselbe steht in C 206, während an den späteren stellen C der vorlage A folgt (P steht auch darin A näher als DC, dass ein kuss Kriemhilts versprochen wird, P 92). von Dietrichs helden haben vier (Amelolt, Eckehart, Helmschrot und Ortwin) den einzuführenden vasallen Etzels (Rüdeger v. Bechelaren, Hartnid v. Reussen, Dietrich v. Griechen, der verbannte Frute von Dänemark) weichen müssen; Dietleib v. Steier bedarf, als mann Etzels, keiner besondern abholung mehr; nur der mönch Ilsan wird, wie in A, besonders berufen. die systematische umarbeitung der vorlage A in D ist nicht zu bestreiten.

War nun diese vorlage dieselbe, welche der contaminator C benutzte? ich glaube nicht. in AC ist Kriemhilts bote nach Bern ein herzog Sabin von Brabant, der um die liebe der hofdame Bersabe den auftrag übernimmt; sein aufenthalt bei Dietrich wird breit ausgeführt, aber nach seiner rückkehr verschwindet er aus dem gedichte. kein andrer text weiss von dieser botenreise (über F vgl. u.), es ist schon deshalb höchst unwahrscheinlich, dass sie D vorgelegen haben sollte. deshalb unterscheide ich A^1 als original (das gedicht A ohne Sabin und was mit ihm zusammenhängt) und die bearbeitung A^2 als vorlage von A^3 und C.

F direct aus A^1 abzuleiten, bewog mich früher der umstand, dass in F dieselbe einfache grundlage vorliegt wie in A: Kriemhilt besitzt den garten, von ihr geht die herausforderung aus, sie selbst belohnt die sieger mit kranz und kuss. das Prager bruchstück war damals noch nicht gefunden; so konnte ich (mit Müllenhoff HZ. XII, 535) annehmen, dass die wörtlichen übereinstimmungen im Danziger bruchstücke mit D den text A^1 selbst wiedergeben, der in A^2 und A^3 durch einführung des boten Sabin zerstört worden sei.[1])

Die auffindung der Prager blätter machte indess einen näheren zusammenhang zwischen F und D vollkommen deutlich; Singer hat deshalb (Afda. XVII, 39) meinen ansatz dahin geändert, dass er F mit D^2 aus derselben vorlage ableitete. dies ist freilich unmöglich, denn die charakteristischen eigentümlichkeiten aller zu D gehörigen texte, dass Gibich der herausforderer und Etzel an dem zuge nach Worms beteiligt ist, fehlen F gänzlich. ich gestehe offen, dass mir die stellung von F zu den übrigen Rosengärten lange zeit ein rätsel gewesen ist; jetzt allerdings glaube ich F richtig einordnen zu können. leider war, als mir die Prager blätter bekannt und zugänglich wurden, der grösste teil des vorliegenden textes bereits gedruckt, sodass sie bei der constituierung von D und seinen vorstufen keine verwendung gefunden haben; auch ist es möglich, dass infolge der schwer zu lösenden rätsel, die F aufgab, sowie infolge längerer unterbrechungen, die die vorliegende arbeit durch anderweitige tätigkeit erlitt, sich einige übersehene widersprüche eingeschlichen haben. ich bitte meine leser, in solchen

---

[1]) Singer (Afda. XVII s. 37) nimmt einen zusammenhang zwischen der botschaft Sabins in A und der der Seburg in F an; ich kann ihm darin nicht beistimmen. man bedenke: die dame Kriemhilt insceniert den kampf, bedient sich als botin wieder einer dame, der herzogin Seburg, und diese lässt sich wiederum durch eine dame, Wendelmut, zu Bern anmelden. das ist nichts als eine übermässige ausnutzung des dem frauendienerischen höfischen dichter F sehr willkommenen motivs, dass die anregung zu ritterlichem kampfe hier von einer frau ausgeht. mit der botschaft Sabins hat seine erzählung nichts gemein als eben die botschaft, und diese muss für den zusammenhang schon im ältesten texte unentbehrlich gewesen sein.

fällen stets die in der einleitung geäusserte meinung als zu recht bestehend anzusehen.

Mit A hat der text F gemein die oben erwähnte durchführung des einfachen grundgedankens (Kriemhilt steht im vordergrund, von Etzels zug ist keine rede), ein par verse II 24,1f. = A 28,1f., von den helden die in D gestrichenen Eckehart und riesen Ortwin. mit D dagegen stimmt F vor allen dingen in einer grossen partie wörtlich: II 24,3—28 = D 20,3—24. III 1—14 = D 57. 59. 58. 60—62. 64—66. 68—70. 63. 71. III 19,3—22 = D 75,3—78; der in A noch fehlende Herbort tritt in F auf wie in D. aus dem angeführten ist klar, dass F eine mittelstellung zwischen A und D einnimmt; eine solche kann zunächst die folge von contamination sein; dann hätte entweder F die beiden andern texte vor sich liegen gehabt (ähnlich wie C), oder es hätte ein schreiber eine lückenhafte handschrift von F unglücklicher weise aus einer dem texte D angehörenden hs. ergünzt (dafür könnte sprechen, dass der zusammenhang zwischen II 24,2 und 3 in der tat ein sehr loser ist, vgl. Singer a. a. o. s. 36 und unten s. XVIII). der erstere fall ist dadurch ausgeschlossen, dass der inhalt von F keinerlei für D charakteristische züge aufweist; der einzige Herbort besagt nichts, da F auch helden auftreten lässt, die weder in A noch in D vorkommen; Herbort könnte aus derselben quelle stammen wie z. b. der F eigentümliche Dankwart. aber auch die zweite der angeführten möglichkeiten ist ausgeschlossen, denn inmitten des FD gemeinsamen stückes steht F III 15—19,2 ein nur zu F passendes heldenverzeichnis; hätte eine äusserliche vermischung mit D stattgefunden, so würden wir wohl das verzeichnis in derselben form vorfinden, wie es D 72—75,2 vorliegt.

Die mittelstellung, welche F zwischen A und D einnimmt, muss vielmehr natürlich entwickelt sein, d. h. unser F und der vorausgesetzte text D^1 sind näher mit einander verwandt als mit A. dafür spricht sowohl die wahrscheinliche entwickelungsgeschichte unserer texte (s. u.) als auch die stellung, welche Eckehart und Alphart in den Rosengärten einnehmen. Eckehart nimmt in A an dem zuge teil; die grundlage von D^1 und F änderte daran nichts, sondern liess ihn nur dementsprechend in der zu anfang zugesetzten scene auftreten (D 68 = F III 13); in D^1 ward er dann durch einen helden Etzels verdrängt, blieb aber in der eingangsscene stehen. ähnlich wurde in der zugesetzten stelle Alphart eingeführt (D 58 = F III 8), ohne am zuge teilzunehmen; erst F setzte ihn im ganzen gedichte für Sigestab ein (ob als kämpfer, ist fraglich, s. u. s. XXX).

Daraus ergiebt sich, dass das auf s. XIV gegebene schema in folgender weise zu ändern ist:

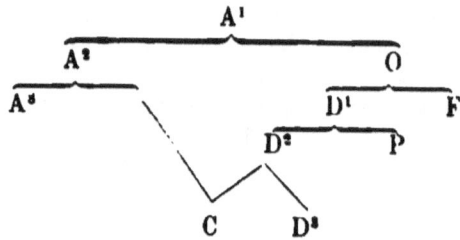

Mit O bezeichne ich nunmehr die A noch sehr nahe stehende gemeinsame grundlage von D^1 und F.

Dass die strophe F II 24 in der überlieferten form anstössig ist, hat Singer (a. a. o. s. 36) richtig bemerkt; da sie, wie sie vorliegt, aus A 28,1 f. + D 20,3 f. besteht, nimmt er an, dass sie durch contamination beider stellen entstanden sei. dabei bleibt es jedenfalls sehr auffällig, dass sowohl A 28,1f. wie D 20,3f. in diesen gedichten an stellen stehen, wo die ältere grundlage (A 27 ff., bez. D 20,3 ff.) mit den neuen zusätzen jeder redaction (in A mit Sabins ankunft, in D mit Etzels aufforderung) notdürftig verbunden sind. auch blickt der ausdruck von D(F) 20,4 in A 29,1, also unmittelbar hinter der AF gemeinsamen stelle, unverkennbar durch. es ist daher eher anzunehmen, dass zwischen F 24,2 und 3 vier verse ausgefallen sind, deren inhalt die plötzliche erregung von Dietrichs rittern *(sie wolden über die tavelen sin gesprungen)* motivierte; das kann nur die ankunft des Wormser boten (in ursprünglicher form) gewesen sein. die hier vorausgesetzte notiz musste in allen uns vorliegenden texten durch umarbeitung verloren gehen: A lässt vor und nach unserer stelle den kriegerischen einzug Sabins stattfinden; D hat die erwähnung eines boten durch Etzels einführung überhaupt unmöglich gemacht; F hat vorher die neuerfundene botenfahrt der Seburg bis zu deren rückkehr erzählt und beseitigte die nunmehr vorliegende wiederholung in seiner ungeschickten weise durch streichung von vier versen. dass die hier ausgesprochene vermutung wirklich das richtige trifft, zeigt noch die bearbeitung A^2 in der art, wie die gewiss alte strophe A 27 die scene plötzlich an Dietrichs hof versetzt; im ältesten texte stand an stelle von A 14—26 gewiss nur eine kurze, vielleicht nur éine str. umfassende notiz, welche mitteilte, dass Kriemhilt einen boten an Dietrich ab-

fertigte. dann wurde die scene direct nach Bern versetzt; in A 27.
28,1f. liegt uns noch ein deutlicher rest der alten fassung vor.
nun folgte die notiz von der ankunft des briefes, die eben in allen
texten durch überarbeitung verloren gehen musste. von D(F) 20,3
an liegt uns der vorausgesetzte text O vor, der deutlich eine erweiterung von A^1 ist: so beruhen D(F) 22.23 auf A 45, D(F) 24.25
auf A 46, D 26.27 sind neu, D 28 ist eine andere fassung von
A 47 usw. ebenso sind die zwei, ursprünglich drei strophen
F II 24.25 gewiss eine erweiterung von zwei alten strophen,
deren erstes verspar in A 28,1f. = F II 24,1f. noch vorliegt, und
deren weiterer wortlaut in A 28,3—29,1 unter der umarbeitung
noch hervorblickt.

Den gesammtumfang von F zu berechnen, ist bei dem zustande der überlieferung nicht möglich; doch lässt sich erkennen wieviel zwischen F II und III verloren gegangen ist. von den beiden
Prager blättern enthält das erste 75 verse, das zweite $^1/_2 + 79 + ^1/_2$,
also rund 80 verse; fehlt zwischen ihnen éin doppelblatt, so ergiebt
dies einen verlust von 150—160 versen; davon sind 35 durch das
zweite Danziger blatt gegeben, so dass nur 115—125 wirklich
fehlen. nun ist aber F II 28,4 = D 24,4 und F III 1,3 = D 57,3;
zwischen beiden stellen stehen in D 130 verse, etwas mehr, als
in F vermisst werden; da aber einiges erst von D^a zugesetzt ist
(s. u. s. XXff.), so ergiebt sich aus unserer berechnung zweierlei:
1) dass innerhalb der Prager blätter nur éin doppelblatt fehlt,
2) dass F auch in der lücke zwischen II und III sich D auf das
engste anschloss.

Ausserdem lässt sich noch vermuten, wieviel zwischen I und
II verloren ist. das Danziger bruchstück bietet auf jedem blatte
38 abgesetzte verse; fehlte in seiner mitte nur éin doppelblatt, so
wären das 19 strophen; fast soviel (II 1,4—19,3) bietet das erste
Prager blatt, sodass zwischen I und II nur drei verse wirklich
fehlen würden. dies ist nun offenbar viel zu wenig; wir müssen
vielmehr annehmen, dass innerhalb des Danziger bruchstückes zwei
doppelblätter, zwischen I und II also 19 strophen und 3 verse
fehlen; die lücke grösser anzusetzen, ist bei dem nahen inneren
zusammenhange von I und II durchaus unnötig.

Sehen wir von dem unbestätigten verse II 29,1 ab, so ergiebt
sich für F innerhalb der stücke I—III folgender umfang:

EINLEITUNG.

10 strophen von I,
19 „ in der ersten lücke,
28 „ (die 1. voll gerechnet) von II,
28 „ in der zweiten lücke (nämlich D 25—56 ohne vier
str. 34. 48 und zwei innerhalb 51—56, s. u. s. XXII),
22 „ (die 1. und 22. voll gerechnet) von III,
107 strophen im ganzen.[1])

Das Braunschweiger bruchstück ist zweispaltig geschrieben mit 29 halbzeilen auf der spalte, also 29 strophen auf dem doppelblatte. erhalten sind zwei in einander schliessende doppelblätter, in deren mitte, nach der offenbar grossen lücke zwischen IV und V zu schliessen, wohl zwei doppelblätter fehlen. somit würden 58 strophen ausgefallen sein, von denen éine auf die den str. IV 30 und V 1 fehlenden sieben halbverse zu verrechnen ist. innerhalb IV und V umfasste F also wohl 30 + 57 + 30 = 117 strophen.

Zu einem zahlenmässigen ansatze des zwischen III und IV fehlenden ist auf keine weise zu gelangen.

Es ist also F nicht durch contamination entstanden, sondern beruht auf derselben im eingange erweiterten fassung (O) von A, die auch die grundlage von D gewesen ist. diese vorlage liegt uns in F II 24—III mit wenigen veränderungen noch vor; dagegen ist F I—II 23 neudichtung des bearbeiters, ebenso wohl F IV und V.

Es ist nötig, hier eine genauere betrachtung des durch die vier texte FPCD bezeugten stückes einzuschieben, weil die s. 168 ff. gegebene reconstruction nicht mehr ganz aufrecht erhalten werden kann. das stück umfasst D 20,3—78.

20,3—24 stehen vollständig nur in F; in D fehlt (zufällig) die halbstrophe 23,3f.; in P finden sich 21,3f. 22, in C 24. — darauf folgt in D

---

[1]) Das Prager doppelblatt scheint das dritte eines quaternio gewesen zu sein; begann der text mit eben dieser lage, so sind vor II in der Prager hs. höchstens 160 verse verloren gegangen, ziemlich wenig, wenn man bedenkt, dass 120 von ihnen durch I und die lücke zwischen I und II in anspruch genommen werden. das Danziger doppelblatt war wohl das zweite eines quaternio; begann auch hier der text mit dieser lage, so fehlen höchstens 88 verse vor I, also ungefähr ebenso viel, wie auch die Prager hs. vor I noch enthielt. dies zusammentreffen macht es in hohem grade wahrscheinlich, dass die beiden erhaltenen doppelblätter wirklich den ersten lagen ihrer hss. angehörten. da nun die ersten seiten der hss. gewiss weniger zeilen enthielten, als die übrigen, so kommen wir zu dem schlusse, dass vor I nur etwa acht strophen verloren gegangen sind.

zunächst str. 27, der die richtige stelle durch P angewiesen wird. — 25 DCP. 26 DP. 27 P. in D etwas früher. 28 DP. 29.30 DC (doch in C infolge der contamination etwas abweichend). 31—33 DC (in C fehlen nur 31,3 f.). 34 steht nur in D und stört den zusammenhang. 35—40 DC (in C fehlen nur 38,3f.). 41.42 sind in D um zwei die strophische gliederung störende verse erweitert; in C finden sich nur 41,1f. und 42,3f. als éine strophe; in P steht allein 42. — 43—47 DP, doch in beiden texten nicht in ganz gleicher folge; C bestätigt nur 43.44,1f. — 48 steht allein in D. — 49.50 DC, in D durch mechanischen ausfall um 49,1^b—3^a verkürzt. — an stelle von D 51—56 bietet P (v. 81—96) vier andere strophen, die zum teil durch C (v. 249—254) bestätigt werden; es sind die von mir als D^1 II 29—32 angesetzten strophen, die gewiss in der form von PC dem älteren texte angehörten (vgl. anm.). — D 57 wird in ihrem ersten teile durch P v. 97 f. bestätigt; ihr letzter teil findet sich in F III 1 wieder; vgl. die anm. zu D 57, die ich aufrecht erhalte. daraus ergiebt sich zwar, dass P in seiner form des in rede stehenden stückes den Alphart nicht einführte; trotzdem stand er sicher in der vorlage von P, da er v. 261 weitere verwendung gefunden hat. — D 58.59 stehen in F in umgekehrter folge; dass darin der ältere zustand vorliegt, zeigt P 99—102 = D 59,1f. 58,3f.; die vorlage von P hatte also beide strophen in der reihenfolge von F. — 60—62 DFC (nur fehlen in C 60,3f. 62,3f.). — D 63 steht in F erst nach D 70. — 64.65 DF. — von D 66.67 findet sich in F nur das erste verspar, vgl. anm. zu F III 9. — 68—70 DF; die strophen 69.70 werden durch A 54.55 als eigentum des ältesten dichters bezeugt; über ihren wortlaut vgl. anm. zu D 69. für die stellung von F ist bezeichnend, dass die fassung dieses textes der von A am nächsten kommt. — in F folgt zunächst D 63. — 71 DF. — 72—75,2 DP, in F durch ein neu gedichtetes verzeichnis ersetzt. — 75,3—78 DFCP. von dem in D nun folgenden stücke werden lediglich str. 81.82 zu je vier versen durch C bestätigt.

Das ergebnis dieser betrachtung ist, dass D^a in diesem stücke viel mehr altes gut hat, als ich bisher annahm, und dass also P auch hier bedeutend gekürzt hat. demnach ist in dem reconstruierten stücke D^1 II zunächst str. 22 zu streichen (sie ist ein product der kürzenden bearbeitung P) und durch das am schlusse des abschnittes gegebene stück 21,5—52 zu ersetzen. ferner sind an stelle von D^1 II 33—37, die diese form ebenfalls erst durch kürzungen in PC erlangt haben, die strn. D 57. 59. 58. 60—62.

64—65. 66,1 f. + 67,1 f. 68 zu setzen, und nach II 39 sind D 63. 71 einzuschieben; fast immer ist der wortlaut von F vorzuziehen. was die reihenfolge der strophen betrifft, so stehen D 27 und 58 (bez. 59) in der überlieferung *sh* erweislich an falscher stelle; demnach wird auch D 63 in F richtiger als in D eingeordnet sein.

Zweifelhaft bleibt zunächst nur das alter von D 49. 50 und 81. 82; beide stücke sind nur durch C bestätigt und könnten demnach erst auf D^2 zurückgehen. entscheidend für 49. 50 muss die oben angestellte berechnung sein, nach welcher zwischen F II und III etwa 115—125 verse fehlen. es waren dies D 25—57,3ª ohne str. 34. 48 und innerhalb 51—56 ebenfalls um 2 str. kürzer; rechnen wir auch noch 49. 50 ab, so bleiben nur etwa 95 verse übrig; danach scheint es geraten, 49. 50 als echt gelten zu lassen und F ausserdem noch einige erweiterungen zuzugeben, auf deren vorhandensein schon der D ganz unbekannte v. F II 29,1 hinweist.

Dagegen können D 81. 82 erst in das gedicht gekommen sein, nachdem Amelolt nicht mehr als teilnehmer am kampfe erschien; er ist in A Gunther entgegen gestellt, also in F durch Nudung, in D durch Frute ersetzt. die einführung Frutes scheint mir von der teilnahme Etzels untrennbar, also erst auf D^1 zurückzugehen; andrerseits ist Nudung gewiss erst von F als kämpfer eingeführt, da sein kampf mit Gunther hier in einer weise beendigt wird, die sonst nirgend vorkommt: er wird nämlich aufgegeben, bevor er wirklich begonnen hat. somit scheint mir Amelolt erst durch D^1 aus der reihe der kämpfer verdrängt zu sein; daraus folgt aber, dass die str. D 81. 82 auch nicht älter sein können. doch standen sie wohl schon in D^1; wie sollte Amelolt in A und D^2 vorkommen und in dem sie beide verbindenden D^1 nicht?

Der vollständige stammbaum unserer hss. (abgesehen von den neubearbeitungen α und β) ist also der folgende:

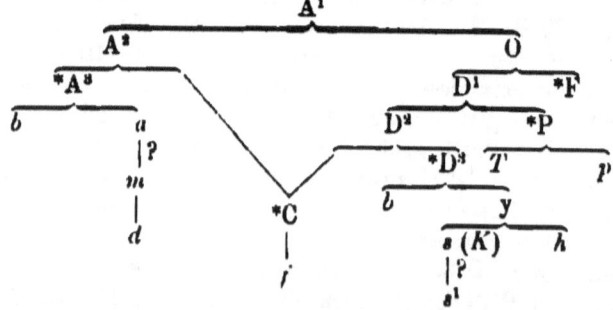

Mit * habe ich hier die uns wirklich vorliegenden texte bezeichnet. die zu F gehörigen drei hss. einzeln einzuordnen, ist unmöglich.

Was nun eine herstellung der älteren texte anlangt, so ist eine solche von A^2 mit grosser sicherheit durchzuführen durch eine vergleichung von A^3 und C, das den grössten teil des alten A^2 in sich aufgenommen hat. ich habe daher den text A^2 auf grund dieser vergleichung wiederhergestellt nach dem principe, dass alles, was von A^3 nicht durch C bestätigt wird, der interpolation verdächtig ist. wo ich von diesem grundsatze abgewichen bin, geben die anmerkungen die begründung. die zusätze von A^3 sind in die lesarten verwiesen, ebenso die änderungen im wortlaute des alten bestandes; diese sind durch gesperrten druck hervorgehoben; übereinstimmen der haupthandschriften von A^3 ist durch *x* bezeichnet.

Dagegen ist bei D eine vollständige wiederherstellung des älteren nicht erreichbar. ich gebe daher den text D^3 wieder und schliesse daran die einzelnen stücke von D^1 und D^2, die sich durch vergleichung mit P und C herstellen lassen (zu D^1 II ist die oben gegebene ausführung heranzuziehen).

Der text F muss bei dem stande der überlieferung einfach dieser folgen.

Was die vorauszusetzenden älteren fassungen angeht, so scheint folgendes sicher.

Das original A^1 wich von A^2 nur in éinem hauptpunkte ab: auf A^2 geht die erweiterung des abschnittes I durch Sabin zurück. A 1—13 bieten keinen anstoss; dagegen gehören 14—26 dem bearbeiter A^2; sie müssen natürlich eine bemerkung über die absendung des briefes verdrängt haben (etwa 1 str.); 27 ist ohne zweifel alt, ebenso zum teil 28, deren erste hälfte durch F II, 24,1f. bestätigt wird. dann leitet die str., den alten wortlaut zunächst noch durchblicken lassend, in die interpolation über, die hier A 28,3—44 umfasst. sie hat etwa anderthalb strophen verdrängt, s. o. s. XVIIIf. A 45—57 sind für A^1 in anspruch zu nehmen, da die erzählung in D 22 ff. ganz ähnlich, nur viel weitläufiger ist. A 57 und 69 sind fast gleich; die doppelsetzung ist folge des einschubs 58—68. 69. 70 unterbrechen den zusammenhang, bilden aber einen passenden übergang zu 93; sie stammen aus A^1, während 71—92 von A^2 zugesetzt sind. der abschnitt I war also in A^1 wesentlich kürzer; er umfasste 1—13. 1 str. 27. 28,1f. + $^1/_2$ str. 1 str. 45—56. 57 = 69. 70, im ganzen 31 strophen.

Es ist nun zu beachten, dass der aufbau der erzählung in A sehr regelmässig ist; das gedicht zerfällt in zwei hauptteile, die vorgeschichte und die kämpfe, jeden von vier unterabteilungen: vorgeschichte I. die botschaft, II. die auswahl der helden mit der abholung Dietleibs, III. die fahrt zu Ilsan, IV. empfang in Worms. die kämpfe: 5 (V—VIII) vier riesen, 6 (IX—XII) vier helden, 7 (XIII—XV) drei könige, 8 (XVI) Siegfried und Dietrich, XVII Ilsans massenkampf. mit str. 380 schloss A^2 und A^1. der kurze abschnitt XVII bietet einen ersatz dafür, dass abschnitt 7 kürzer als 5 und 6 ist; XVI, der hauptkampf, bildet auch einen besondern hauptabschnitt. die einzelnen stücke umfassen

I. 91 str., II. 28, III. 34,   IV. 27 str.,
5. 53,   6. 49,   7. (mit XVII) 35, 8. 40—50 str.

in A^2 hat demnach allein I einen wesentlich grösseren umfang als die übrigen stücke; unsere betrachtung berechnet für ihn in A^1 nur 31 str.; er war also ursprünglich nicht länger als die übrigen abschnitte. dieser so erreichte harmonische aufbau des textes A^1 stimmt ausgezeichnet zu der annahme, dass wir in ihm das original zu suchen haben.

Der inhalt von A^1 ist schon mehrfach kurz besprochen. über die form ist zu bemerken, dass wir an der strophischen gliederung nicht zu zweifeln haben, wenn auch mit ausnahme von F^3 und grossenteils *f* und *a* (sowie der bearbeitungen des 15. jh.) keine hs. mehr die strophenteilung markiert.

Die bearbeitung A^2 erweiterte den I. abschnitt um rund 60 strophen; auch hier ist die strophische gliederung durchführbar.

Die bearbeitung A^3 hat das gedicht durch eine grosse anzahl belangloser zusätze erweitert, die nicht selten der strophenteilung direct widersprechen. · die annahme einer doppelten interpolation, deren ältere die strophische gliederung berücksichtigte, die jüngere sie vernachlässigte, wird durch nichts unterstützt; wir haben alle durch *bma* bestätigten zusätze auf denselben mann zurückzuführen. trotzdem ist nicht zu leugnen, dass in sehr vielen fällen auch der interpolator offenbar bestrebt war, die strophische gliederung aufrecht zu erhalten; so ist wohl das verspar 32,5 f. bestimmt, unter verschiebung der abteilung die lücke 31,3 f. auszufüllen; so machen die vier den str. 38—41 zugesetzten verspare aus vier strophen sechs; so steht die erweiterung von 185 im zusammenhang mit dem fehlen von 186,1 f. in A^3 usw.; häufig treten auch vollständige zusatzstrophen auf. in der tat wäre es kaum erklärlich, dass zwischen der strophischen grundform des gedichtes und den die strophen äusserlich markierenden bearbeitungen α und β eine zwischenform ohne strophenabteilung bestanden hätte. ferner ist zu bedenken, dass auch die späten zusätze von b und amd auf strophische gliederung rücksicht nehmen: A^2 59 ist in A^3 auf zwei strophen gebracht (58,9f. + 59,1f., 59,3'f. + 59,3f.); b setzt vorher die runde strophe 58,5—8 zu; amd schieben nach der ersten der beiden erwähnten strophen eine reminiscenz aus D^1 oder P in 14 versen ein; dass sie ausserdem die zweite der in A^2 stehenden strophen um 2 ganz überflüssige verse erweitern, kann nur den zweck haben, strophische gliederung, wenn auch ganz äusserlich, zu ermöglichen; sie bringen also die 2 str. von A^2 auf volle sechs str. das gefühl für strophische gliederung ist also nie verloren gewesen. wenn nun der sich aus $bamda\beta$ ergebende text häufig gegen diese gliederung verstösst, so bleibt nur die annahme übrig, dass die gemeinsame vorlage sowohl der hss. von A^2 wie der neubearbeitungen leider sehr verderbt war.

Für die übrigen texte ist nicht mehr das alte A^1, sondern eine in mehreren stücken veränderte fassung desselben O die vorlage gewesen (s. o. s. XVIII). diese fassung erweiterte zunächst die erzählung von Kriemhilts brief durchweg und legte eine prunkvolle schilderung des gartens ein. darauf reducierte sie die ungeschickte zusammenstellung der kämpferpare lediglich durch die eine partei, wie sie A darstellte, auf eine kurze aufzählung von Dietrichs helden und schloss daran, wie es scheint, sofort die fahrt zu Ilsan an, die sendung Sigestabs zu Dietleib übergehend. dann folgte der zug an den Rhein. hier scheint ein neues stück eingelegt worden zu sein: die texte der classe D^1 haben nämlich zwei botschaften der ankömmlinge an die Wormser, eine, die Rüdeger an Kriemhilt, und eine, die Hiltebrand an Gibich ausrichtet. durch die letztere werden die kämpferpare zusammengestellt, passender als in A, da nunmehr beide parteien an der zusammenstellung mitwirken. — F hatte die kämpfer überhaupt nicht zusammengestellt, wie sich aus IV 26 ff. ergiebt; wenn es eine ähnliche botschaft wie die Rüdegers enthielt, so musste diese einer andern person als Rüdeger (der in F nicht persönlich auftritt) zugeschrieben sein. — ferner ist zu bedenken, dass von den beiden botschaften in D die an Kriemhilt der älteren fassung gemässer ist als die an Gibich; dieser tritt ja erst in der classe D als besitzer des gartens auf. ich möchte deshalb annehmen, dass O nur éine botschaft kannte, und zwar die an Kriemhilt; dem Rüdeger kann sie freilich nicht

beigelegt gewesen sein, da er erst durch D^1 eingeführt ward; wahrscheinlich ist Hiltebrand der bote gewesen; um eine zusammenstellung handelte es sich dabei noch nicht (wegen F IV 26ff.).
In der nacht vor dem kampftage, zwischen den beiden botschaften, lässt D Sigestab und Rienolt auf der wacht im kampfe zusammenstossen; von einem solchen vorkampfe scheint auch F zu wissen, wenigstens sagt Dietrich IV 16, er habe Ortwin erschlagen; dies kann nicht innerhalb der zwölf kämpfe im garten geschehen sein, da Dietrich hier jedenfalls mit Siegfried kämpfen muss. nun ist Rienolt in D für den gestrichenen riesen Ortwin von A eingetreten (beider gegner ist ja Sigestab); daraus ergiebt sich die möglichkeit eines zusammenhanges zwischen der notiz von F und dem vorkampfe in DC(P), und wir dürfen schliessen, dass bereits O den vorkampf eingeführt hatte, indem es das par Ortwin: Sigestab auf der wacht auftreten liess. D^1 ersetzte Ortwin durch Rienolt, F im vorkampfe Sigestab (den F nicht kennt) durch Dietrich selbst.

Was die kämpfe selbst betrifft, so kann O von A^1 nicht allzu verschieden gewesen sein, da die hauptabweichungen in den personen von D^1 eingeführt sind unter dem einflusse der verquickung Etzels mit unserem stoffe (vgl. verf. ZRg. s. 24ff.). nur der in D sowohl wie F auf Wormser seite auftretende Herbort kam wohl schon in O vor; er ist an die stelle des riesen Pusolt getreten. die in A auftretenden pare Pusolt : Wolfhart, Hagen : Eckehart sind in D zu éinem Hagen : Wolfhart verschmolzen, die so entstehende lücke durch das neue par Herbort: Dietrich v. Griechen ausgefüllt; letzterer ist sicher erst in D an stelle von Eckehart getreten (s. u.), und Eckehart trat in O nach ausweis von F noch als kämpfer auf. nehmen wir an, dass das par Hagen : Wolfhart bereits in O zusammengestellt war, so ergiebt sich für diesen text ein neues par Herbort: Eckehart; auf dessen vorhandensein deutet unverkennbar die eigentümliche stelle von F IV 27 hin. diese neue gruppierung des 1. und 8. kämpferpares von A dürfte die einzige wesentliche abweichung des textes O gewesen sein. dass Kriemhilt noch am schlusse jedes kampfes kranz und kuss selbst vergab, dürfte nach der in F vorliegenden darstellung über allen zweifel erhaben sein.

Im texte O erschien auch der name *Burgentriche* für das Wormser reich zuerst; er kommt in D und F vor.

Die neuerungen des nächsten textes D^1 sind meist hervorgerufen durch die einführung Etzels und seiner helden (dies motiv ist aus der Walthersage entnommen, s. u. kap. V). Etzel ist persönlich an den kämpfen nicht beteiligt; seine helden Rüdeger, Frute von Dänemark, Dietrich von Griechen und Hartnid von Reussen verdrängen die in A auftretenden Helmschrot, Amelolt, Eckehart und Ortwin. Rüdeger wurde an stelle Helmschrots dem Gernot gegenüber gestellt, weil er mit diesem in den Nibelungen seinen letzten kampf ausficht. Frute wird Gunthers gegner infolge der benutzten Dänenkriegsage; der durch ihn verdrängte Amelolt kann nun als statthalter zu Worms zurückbleiben. an Eckeharts stelle ward der schöne Dietrich sieger über Herbort; ungeschickter weise schleppte aber der bearbeiter die alte str. D 63, in welcher Eckehart sich bereit erklärt, teilzunehmen, weiter mit. Hartnid ist nur indirect an des unbedeutenden Berners Ortwin stelle getreten; der bearbeiter verband zunächst zu éinem kämpferpare spielmann und mönch, Volker und Ilsan. des letzteren bisheriger gegner Stutfuchs ward Dietleib gegenübergestellt, damit dieser beliebte held einen vollen sieg erringen konnte, nicht nur einen halben, wie in A gegenüber Walther. für diesen blieb nun als gegner der an stelle Ortwins eingeführte Hartnid übrig und musste sich mit dem unentschiedenen ausgange begnügen.

Auf Wormser seite wurde nur der riese Ortwin durch Rienolt von Mailand ersetzt; der für Pusolt eintretende Herbort stand wohl schon in O.

Der eintritt Etzels in die handlung wird in den drei texten PCD^s verschieden dargestellt: in PD ist seine teilnahme die folge der von Gibich ausgehenden herausforderung. nachdem er von dieser vernommen, setzt sich Etzel in D^s mit Dietrich in verbindung, dieser aber hat bereits selbst von Kriemhilt die kriegerische botschaft erhalten; in P ist der eingang des gedichtes innerlich dadurch einheitlicher geworden, dass Etzel den Dietrich zu sich beruft, letzterer also ganz als sein vasall erscheint; trotzdem ist Kriemhilts brief nur an Dietrich gerichtet. in C endlich zieht Dietrich erst später an Etzels hof, um den könig mitzunehmen. wir haben gewiss die darstellung von D^s als die auch den übrigen zu grunde liegende anzusehen; P versuchte den etwas unklaren eingang logischer zusammenzuschliessen, vergrösserte aber dadurch noch den widerspruch zu dem allein an Dietrich gerichteten briefe Kriemhilts; C musste ändern, weil es in der hauptsache A folgte, vgl. kap. II.

Die herausforderung geht nunmehr von Gibich aus, er ist der besitzer des gartens, der preis des sieges die lehnshoheit über des besiegten reich. Kriemhilt belohnt die siegreichen helden noch persönlich mit kranz und kuss, wie die übereinstimmung von P 92 mit AF ergiebt. In diesem sinne arbeitete D^1 den alten 1. abschnitt um (D^1 II, vgl. meine wiederherstellung und dazu die bemerkungen oben s. XXff.). es folgte, wie wohl schon in O, die fahrt zu Ilsan (D III), darauf der zug nach Worms. die mit letzterem wohl schon in O verbundene botschaft Hiltebrands an Kriemhilt (nach meiner oben ausgeführten vermutung) ist auf zwei botschaften erweitert: Rüdeger an Kriemhilt (D VI), Hiltebrand an Gibich; letztere ist hinter den vorkampf Sigestabs gegen (Ortwin, nunmehr) Rienolt gesetzt und läuft auf eine unparteiische zusammenstellung der kämpferpare hinaus (D VII). es folgen die zwölf kämpfe (D VIII bis XIX), hier nicht mehr, wie in A, in drei gruppen geordnet; doch beruht die reihenfolge von D sichtlich auf der von A (vgl. verf. ZRg. s. 24 ff.). der kampf Walthers steht in P an andrer stelle als in D^2; dass P die ältere ordnung hat, zeigt die reihenfolge der zusammengestellten pare in diesem texte 301 ff. (verf. a. a. o. s. 23f.). als entscheidungskampf gilt in D der Gibichs mit Hiltebrand, da es sich um die lehnshoheit über Worms handelt; deshalb ist er an den schluss der ganzen reihe gestellt. von Ilsans massenkampf (der in F V 9 ff. noch durchblickt) findet sich keine spur; mit der unterwerfung Gibichs schloss das gedicht.

Der bearbeiter D^2 hat seine vorlage hauptsächlich um einige neue abschnitte bereichert. auf ihn gehen zurück ein kurzer prolog (D I), die fahrt zur königin Herche (D IV), das abenteuer mit dem fährmann (D V), endlich der abschnitt D XX, wenigstens die belohnung der helden durch kuss und kranz und die nochmalige begegnung mit dem fährmann. Kriemhilt belohnt die sieger nicht mehr persönlich, vielmehr wird der preis erst am schlusse des gedichtes durch mehrere jungfrauen ausgeteilt; dass diese neuerung auf D^2 zurückgeht, zeigt die übereinstimmung von C 206. 252 mit D^3 37 gegen P 92.

Die uns in bsh vorliegende bearbeitung D^3 beschränkt sich, wie die vergleichung mit den in C erhaltenen stücken von D^2 zeigt, hauptsächlich auf das zusetzen von strophen, erweitert also mehr im einzelnen. strophische gliederung lässt sich durchweg glatt erkennen, der bearbeiter hat sie also gewiss beabsichtigt, und der text ist leidlich überliefert.

Am selbständigsten ging F mit seiner vorlage um; der lückenhafte text erlaubt nicht, den gang der bearbeitung mit sicherheit zu verfolgen, doch ist nach dem, was ich oben s. XXVf. entwickelt habe, folgendes wahrscheinlich: der neudichter liess die alte grundlage unangetastet; Kriemhilt ist besitzerin des gartens, von ihr geht die herausforderung aus, und zwar an Dietrich. die absendung der botschaft wird breit und in höfischem stile ausgeführt; sie reicht von I bis II 23. vor dem I. fragmente kann nicht allzu viel verloren sein (vgl. oben s. XX anm); was fehlt, musste etwa den inhalt von A 1—13 wiedergeben.

Von II 24 an folgt F fast ganz seiner vorlage O; die Danziger hs. markiert den abschnitt noch durch initiale. als änderungen von F sind im folgenden zu betrachten: die streichung von vier versen nach 24,3; einige zusätze (angedeutet durch 29,1); das nur zu F passende heldenverzeichnis III 15—19,2. hier liegt auch eine spur einer jüngeren bearbeitung vor: die helden Volcnant und Hawart III 14.15 müssen durch irgend einen schreiber an die stelle von Alphart und Wolfhart gesetzt worden sein.

Zwischen III und IV war der gang der erzählung etwa der folgende: abholung Ilsans; zug an den Rhein; botschaft (Hiltebrands?) an Kriemhilt; nächtlicher vorkampf, in welchem Dietrich den riesen Ortwin erschlägt (IV 16); beginn der kämpfe.

Von allen andern texten weicht F darin ab, dass es die kämpfe auf mehrere tage verteilt (IV 29).

In seiner vorlage wichen die kämpferpare vermutlich nur darin von A ab, dass das erste par Hagen : Wolfhart, das achte Herbort: Eckehart war (s. o. s. XXVI). in F werden ausdrücklich nur angeführt
    Walther : Witig (Walther siegt),
    Schrutan : Dietleib (Schrutan getötet),
    Gunther : Nudung,
am folgenden tage
    Herbort : Heime,
im V. bruchstücke
    Aldrian : Ilsan (Aldrian getötet).
daraus ist wenig zu entnehmen: Nudung ist für Amelung, Aldrian für Stutfuchs eingesetzt; die vier pare der vorlage
    Asprian : Witig   ⎫
  ⎰Dietleib : Walther ⎱
  ⎱Schrutan : Heime ⎰
    Eckehart : Herbort ⎭
sind in der durch klammern angedeuteten weise umgeordnet; ob Asprian : Eckehart zu einem pare verbunden waren, muss sehr

zweifelhaft erscheinen, da Asprian in F nirgends erwähnt wird;
entweder dieser oder Volker waren auf Wormser seite gestrichen
und durch den neu eingeführten Dankwart ersetzt. jedenfalls fällt
Eckeharts kampf frühestens in die lücke nach IV.

Die in F zuerst vorkommenden kämpfe entsprechen, nach den
darin vorkommenden personen zu schliessen, etwa dem 3. und
4. kampfe von A. voraus ging in F wohl nur der kampf des
pares Hagen: Wolfhart (die verderbte stelle III 18 beweist gegen diesen
ansatz schon deshalb nichts, weil sie in der nähe der umgearbeiteten
str. 14.15 steht). das nächste par Ortwin : Sigestab musste ver-
schwinden, da F Ortwin im vorkampfe sterben liess; der an Sigestabs
stelle getretene Alphart scheint infolge dessen als besondrer kämpfer
gar nicht aufgetreten und nur in V ausgiebig verwertet worden zu sein.

Am ersten tage fanden demnach folgende kämpfe statt;
Hagen : Wolfhart (1. par der vorlage),
Walther : Witig (4. und 6. der vorlage),
Schrutan : Dietleib (3. und 6. der vorlage),
Gunther : Nudung (10. der vorlage).
danach scheinen die kämpfe in F drei tage gedauert zu haben.
der zweite tag begann mit
Herbort : Heime (3. und 8. der vorlage).
ausserdem sind noch sicher anzusetzen
Aldrian : Ilsan (5. der vorlage),
Gibich : Hiltebrand (11. der vorlage),
Siegfried : Dietrich (12. der vorlage).
es bleiben noch übrig auf Wormser seite Gernot, Dankwart und
vermutlich Volker, auf Dietrichs seite Eckehart, Herbrand und
Sigeher; wie F diese zusammengestellt hat, ist nicht zu ersehen.

Abgesehen davon, dass F die kämpfe auf mehrere tage ver-
teilte, dürfte seine darstellung von den übrigen nicht so sehr ab-
gewichen sein, als man gewöhnlich annimmt (einführung neuer
teilnehmer ist natürlich keine wesentliche abweichung). dass
Walther einen vollen sieg davonträgt, ist durch AD wenigstens
vorgebildet; schwerlich hat in F sonst ein Wormser held gesiegt.
die unbedeutenden Wormser kommen hier so gut um, wie ander-
wärts (Ortwin, Schrutan, Aldrian). die trennung des pares Gunther :
Nudung ist eine sehr ungeschickt angebrachte pointe, die gewiss
nur dies éinetmal verwertet wurde.

Der schluss des gedichtes F wich schwerlich von dem in A
vorliegenden wesentlich ab; vielleicht war Ilsans massenkampf schon
vorher in V 9ff. verwendet.

Gern räume ich ein. dass vieles, was hier über den inhalt von F vorgetragen wurde, nur vermutung ist und bleiben wird; aber die hauptsache, dass F eine mittelstellung zwischen A und D einnimmt infolge seines frühen ursprunges aus demselben zweige der Rosengartentexte, dem auch PCD entsprossen sind (nicht infolge von contamination), halte ich für vollkommen sicher und hoffe es noch zu stützen durch die entwickelung über heimat und alter unserer texte.

Die texte C und P sind von mir verwertet worden, jener, um A^2, dieser, um die ältere fassung einiger teile von D wiederherzustellen; inhaltlich haben sie neben A und D geringen wert, doch ist es nötig, eingehend die arbeit ihrer verfasser zu verfolgen. dies geschieht in den folgenden kapiteln.

II. Der contaminierte text C.

Der contaminierte text C ist aufzufassen als A^2, aus D^2 erweitert.

Die Frankfurter hs., welche allein diese fassung enthält, markiert nicht selten noch die strophen, und zwar teilweise durch C, teilweise auch nur durch zwei striche vor dem ersten verse jeder strophe; wo die hs. abschnitte durch initiale markiert, bleibt das strophenzeichen stets weg. für die kritik des contaminierten textes haben diese zeichen so viel wert, dass sie hier kurz besprochen werden müssen. im allgemeinen verweise ich auf Grimms ausgabe von C, wo die zeichen angegeben sind, und bemerke dazu, dass auch vor v. 201. 327. 395. 931. 1192. 1358. 1752 seiner zählung (deren ich mich für C durchaus bediene) in der hs. strophenzeichen stehen, die bei ihm ausgefallen sind; auch hat Grimm nicht angegeben, dass v. 69 in der hs. durch initiale ausgezeichnet ist.

Durchweg sind strophen markiert innerhalb der abschnitte 439 bis mit 711 und 889 bis mit 1095, abgesehen natürlich von den v. 447. 575. 667. 947. 1035, die initialen haben. hier wie an allen stellen, wo die zeichen in übereinstimmung mit der strophischen gliederung von C sowohl wie von seinen vorlagen stehen, bedürfen sie keiner besonderen bemerkung.

Nicht selten stehen die zeichen so, dass sie nach der von C offenbar beabsichtigten gliederung sich vor dem dritten verse der strophe finden; dann deuten sie an, dass der contaminator die vorlage wechselt (so v. 25. 159. 207. 809. 1372, ferner 1280. 1342. 1534. 2004, an welchen stellen nicht ganz klar ist, wie der contaminator die strophen abteilen wollte). die vor v. 111. 401. 721 stehenden zeichen stimmen zur strophenabteilung der vorlagen, nicht aber zu der vom contaminator beabsichtigten; dasselbe gilt vielleicht von den zeichen vor v. 1192. 1302. 1870, die sicher im einklange mit der gliederung der vorlagen stehen.

Offenbar falsch stehen die zeichen vor v. 96. 1929, nämlich vor dem vierten verse einer strophe; sie sollten vor 97. 1930 zu stehen kommen. auch die zeichen vor 1238. 1718 (und vielleicht 1752) sind wohl fehlerhaft gesetzt, da an diesen stellen weder in C noch in seinen vorlagen eine strophe beginnen kann.

Mit sicherheit ergiebt sich aus den zeichen, dass C strophisch gegliederte vorlagen benutzte und selbst eine regelrechte strophenabteilung beabsichtigte; dies gelang dem contaminator indess innerhalb der kampfschilderungen, wo er häufig einzelne verspare verschiedenen ursprunges neben einander schob, nicht immer ganz nach wunsch.

Der gang der bearbeitung ist folgender:

C nimmt den prolog von D^2 auf, 2 strophen (W. Grimm v. 1—8). darauf folgt der abschnitt A I (Gr. v. 9—371). C 9—18 = A 1—3,2; dann sind 14 verse verloren, weil die untere hälfte des 1. blattes der Frankfurter hs. abgerissen ist; nach der lücke folgt ein aus D stammendes stück. die verlornen 14 verse waren also wohl A 3,3—5,4, sowie eine strophe, die, entsprechend geändert, etwa D^1 II,2 sein mochte. — C 19—22 = D^1 II,3.

C 23f. sind an die stelle von A 6,1f. getreten, um den übergang von D zu A zu ermöglichen; sie lauten

Die mir des garten hüetent, zwelve sint der küenen degen.
die pflegent mir der rôsen. sie sint vil üzerwegen.

C 25—37 = A 6,3—9. C 38 ist der rest eines sonst nicht belegten verses . . . *azzē breyt*; er dürfte bestimmt gewesen sein, den hinter C 31 = A 8,1 ausgefallenen zu ergänzen; dann wäre er etwa zu lesen

der vüeret in einer scheiden zwei swert unmâzen breit

nach D 46,2; doch ist auch eine andere auffassung möglich (s. anmerkung zu A 10). — es fehlen dann wieder 14 verse, die aus A 10—13,2 sich ergeben. C 39—158 = A 13,3—45,2, nur weniges ist geändert: C 55 (A 17,3) schreibt *wolgemuot* für *wolgetân*, daher ist A 17,4 geändert

lobe ze manne disen ritter, daz dünket mich vil guot.

A 22,3—23,2 fehlen in C, ebenso A 34,3f., dies verspar wohl, um die lücke A 31,3f. auszugleichen; C verschiebt also in A 32,1—34,2 die strophenabteilung.

A 43,1f. stellt C den fehlenden reim her, s. die lesarten.
A 45,3—46,2 sind in C 159—162 durch D^1 II,17 ersetzt,
der erste vers des anschlusses wegen geändert:
dô sprach der schribære: 'hie stât wunders vil.
C 163—168 folgen wieder A 46,4—47,4.
An stelle von A 48—53 hat C ein stück aus D eingeschoben,
in der hauptsache gleich D^2 II 21,13—50. D^1 II 23,3—87. es ist
aber dies stück zwischen C 188 = D^2 II,21,34 und C 205 = D^2
II,21,35 durch vier anderswoher entnommene strophen zerrissen; da
diese teilung mitten in eine strophe fällt, ist die abteilung gestört;
der bearbeiter liess daher an zwei stellen je ein verspar weg: C
169—188 entsprechen D^2 II 21,13—34, nachdem die v. 15f. ge-
strichen sind; C will hier also fünf strophen herstellen; anfang
und ende dieses stückes mussten des anschlusses wegen geändert
werden; es lautet also C 169 (= D^2 II 21,13)
Si hât ouch erzogen   eine linden, diu ist sô wit,
und C 187f. (= D^2 II 21,33 f.)
gein den sült ir bringen   zwelf recken lobelich,
daz sie mit éren vehten   mit den helden rich.
danach setzt C 189—204 die erwähnten vier strophen zu; sie
stammen aus D^1 II,18. D^2 II,21,5—12. A 52,1f. 53,1f., sind aber
stark umgearbeitet:
Ouch enpiutet iren gruoz   diu schœne Kriemhilt
von Berne hern Dietriche,   ob ir iuwern schilt
und iuwern helm liehten   vüeret an den Rin:
192 *trutz, ob ir getürret,   enpiutet iu daz megedin.*
In dem rôsengarten   git diu linde liehten schin,
darûf geworht mit listen   driu tûsent vogellin,
gesmidet ûz rôtem golde,   hol und wünneclich.
196 *swenne sie der wint erwæjet,   ir stimme ist vröudenrich.*
Sô man den balc diuhet,   durch die raren gât der wint
oben in die linden,   dâ die vogel sint:
sô singent sie gein einander,   einer kleine, der ander grôz.
200 *ez enwart nie herze sô trûrec,   daz ez der kurzewile verdrôz*
Ouch sint der helde zwelve,   die der rôsen pfleger sin.
iu enpiutet diu küneginne   trutz, daz ir komet darin.
swelhe zwelve den andern   in den rôsen gesiget an,
204 *der bluomen ze eime kranze   gît man ie dem man.*

190 dieterichen. vw'.   192 iu] vzh.   194 gewirket.   197 duhet.
rûren.   200 wart.   herze d] man.   203b gesyget in den rosen an.

daran schliessen sich zunächst D^a II 21,35—48 = C 208—216, doch so, dass D^a II 21,39f. der strophenteilung wegen gestrichen sind. die beiden in D^a dann folgenden strophen II 21,49—52 und D^1 II 23 sind in C 217—220 durch beseitigung der vier mittleren verse auf éine str. zusammengezogen, wohl weil der bearbeiter fühlte, dass die bemerkung D^1 II 23,1f. in Hiltebrands munde nicht recht passend ist.

Die nächste str. C 221—224 ist aus D^1 II 24,1f. und A 48,1f. zusammengesetzt:

Dô sprach der schribære: 'welt ir herzuo gedagen,
   welt ir sie hœren nennen,   die wil ich iu sagen.
die des garten hüetent,   daz sint die küensten man,
224 sô man sie bî dem Rîne   iender vinden kan.

Dann folgen die verse D^1 II 24,3—25,2 als éine strophe; hieran schliesst sich eine neue, des überganges zu A wegen geschaffene C 229—232:

Der vierde daz ist Hagene,   von Tronege ist er genant.
   der vünfte daz ist Volkér   von Alzeie wol bekant.
   der sehste daz ist Pûsolt,   ein rise unmâzen grôz.
232 *der sibende daz ist Schrûtân,   strites in nie verdrôz.*

und darauf A 50.51 = C 233—240 in zum teil wohl älterem wortlaute, den aber in den text von A aufzunehmen nicht anging, weil die umgebenden strophen nicht in ebenso alter fassung überliefert sind. ich gebe hier die lesarten von C: A 50,1 *heizet*] *daz ist*, so auch an den übrigen stellen. 1ᵇ *vô sîn' künheit mü seit*; dies ist unzweifelhaft nur verderbnis. 4 *und*] *er. vürsten*] *recken.* 51,1 *Stüefinc (stüffing* hs.), da C diesem helden die namensform von D^a giebt. 1ᵇ *der kan striten wol.* 2ᵃ *er git in herten stürmen.* 3 *uz*] *von.* 4 *der*] *er. ellenthafter*] *siner vrien.*

Es folgen wieder strophen aus D: C 241—248 = D^1 II 28,5—12, ferner zwei aus D^1 II 29,3f. + 31,3f., 32,1f. + 35,1f. zusammengesetzte strophen C 249—256, deren anfang absichtlich geändert ist:

'*Leset, lieber meister,*'   *sprach her Dietrich der degen,*
   '*wes süln die zwelf recken   in den rôsen pflegen?*'

die übrigen abweichungen finden sich in den lesarten zu D^1. es folgen D^1 II 36.37 (C 257—262), doch fehlt die zweite hälfte der letzteren strophe, wohl zufällig. der anfang von D^1 II 36 ist geändert:

223 künste. 224 iender] jrgent. 227 vierde] drde, *durch vorgesetztes f gebessert.*

'Nu versprich dich niht ze verre,'   sô sprach her Hiltebrant,
'ez hât diu schœne Kriemhilt   besunder nâch dir gesant.
Mit C 263 wendet sich der contaminator wieder A zu und
verlässt es in diesem abschnitte nicht mehr. C 263—278 = A 54—57,
nur hat C den vers A 56,1 beseitigt, weil ihm wie D Garte der
besitz Amelolts ist, vgl. die lesarten. nach A 57 setzt C 279—282
eine eigene strophe zu:
Wir süln boten senden   in der Hiunen lant
ze künec Etzeln dem richen,   daz im werde bekant
diniu grôze schônheit,   die sie hânt an dem Rin,
282 und daz ir dâ wellet schouwen   diu schœnen megedîn.'
sie war nötig, um die späteren, D entstammenden abschnitte hier
mit A zu vereinen. C 283—371 = A 58—80,1; darauf ist leider
in C ein blatt mit 64 oder 68 versen, d. h. 3 v. + 15 oder 16
str. + 1 v., verloren gegangen. C 372 = A 97,2, A bietet also
für die lücke, nach abzug der sicher erkennbaren zusätze, 68 verse;
nun muss aber C an stelle von A 95, wie aus dem folgenden sich
ergiebt, zwei strophen gehabt haben, je eine für seine pare Pusolt:
Eckehart, Hagen : Wolfhart, d. h. A 100, welche str. später fehlt,
hat in C neben A 95 gestanden, doch sind die namen *Wolfhart*
und *Eckehart* vertauscht gewesen. dadurch erhalten wir aber für
die lücke 72 verse: dies zuviel ist wohl durch streichung von A
84,3—85,2 zu beseitigen.

Von A II ist infolge der besprochenen und einer zweiten
lücke nur wenig in C 372—446 erhalten. der verlorene eingang
des abschnittes war in C um éine str. länger, s. o. C 372—378
= A 97,2—98,4. A 99.100 sind, da C die kämpferpare etwas
abweichend zusamnrenstellt (s. verf. ZRg. s. 87), hier durch eine
neue, A 104 nachgebildete strophe ersetzt (379—382):
'Wer bestât uns Stüefingen,   den künec von Îrlant?
    der wil under den recken   der küenste sin genant.'
    'denne ich sinen gelîchen   ouch wol vinden kan:
382 in bestât Hartnit von Riuzen,   der künec lobesam.'
C 383—386 = A 101, nur ist Helmschrot durch Rüdeger er-
setzt, der schluss der strophe (3ᵇ.4) daher geändert:
    er hât in kurzen jâren   erslagen manegen degen hêr.'
    'in bestât von Bechelâren   der marcgrâve Rüedegêr.'
C 387—390 = A 102, nur weichen die reime durchaus ab,
vgl. die lesarten; das erste verspar war in A nur durch assonanz

386 bestelaren.

XXXVI   EINLEITUNG.

gebunden, die C beseitigt hat. v. 3 schrieb die vorlage von C
fälschlich *Amelune* (so immer, wenn Amelolt aus A aufgeführt wird),
daher wurde v. 4 geändert. C 391—394 = A 103, doch vgl. die
lesarten. C 395—398 ist infolge der veränderten zusammen-
stellung aus A 99,1f. und 104,3f. gebildet. darauf sind zwei
strophen aus D aufgenommen: C 399—406 = D¹ II 44—46, doch
sind 44,3f. und 45,3f. in C gestrichen. C 407—438 = A 105—112.
darauf fehlt in C ein blatt und mit ihm 16 oder 17 strophen;
nach der lücke sind C 439—446 = A 129.130. auf die lücke
kommen also in A 68 verse, von denen 4 (116,5f. 117,5f.) jüngeren
ursprungs verdächtig sind; auch ohne sie kann C nicht ganz gleich
A gewesen sein, da etwa bei A 121 erwähnt werden musste, dass
Rüdeger mitzog; C mag also die 16 in A überlieferten strophen (ohne
jene vier verse) und eine neu zugesetzte enthalten haben.

A III ist in C fast ganz erhalten, doch mit zusätzen aus D
versehen. C 447—498 = A 131—143. A 144.145 sind in C
499—506 unter dem einflusse von D geändert: es ward nach A
144 ein verspar D¹ III 10,1f. (C 503f.) zugesetzt und A 145,3f.
deshalb gestrichen, die verse 144,4 und 145,1 der verbindung wegen
abgeändert; C 502—505 lauten daher:

vil schiere daz der alte   sime bruoder zuo gesprach:
'Benedicite, bruoder!'   sprach meister Hiltebrant.
'nu vüeret dich [aber] der tiuvel!'   sprach der münech al zehant,
'sage mir, du alter tôre,   waz hân wir dir getân?

C 507—534 = A 146—152. durch zwei eigene verse C 535f.
Her Dietrich von Berne   dô ze in beiden kam geriten.
'hei, du alter grise!'   sprach der münech mit unsiten,
knüpft C hier D¹ III 10,3—13,8 (C 537—554) an, giebt darauf
eine nur hier belegte str. 555—558 (in den lesarten zu D¹ III mit-
geteilt), darauf D¹ III 14 (C 559—562). es folgt C 563—566,
eine aus D¹ III 15,1f. und A 153,1f. zusammengesetzte strophe:

'Ich wil iu helfen gerne,'   sprach der münech dô,
'mac ich den urloup haben,   sô bin ich der mære vrô,'
sô sprach der münech Ilsân,   'vil lieben vriunde min,
566 *erloubet mir'z [min herre] der abbet,   ich rite an den Rin.'*
darauf folgen D¹ III 15,3—17,2 (C 567—574), jedoch mit ver-
schobener strophenabteilung.

Durch dies stück aus D ist A 153,3f. verdrängt; es folgen
C 1575—60 = A 154—162 (162,3f. sind nur durch C belegt, vgl.

---

565 vil] wol.

anm.), dann wieder D¹ III 20,3—22,2 (C 611—618) mit verschobener strophenabteilung, die durch C 619f. aus A 164,3f. wiederhergestellt wird, ferner C 621—658 = D¹ III 22,3—33 (doch fehlen 26. 30,3f. 32,3f. ohne ersichtlichen grund). daran sind angeschlossen D¹ II 47. 48. (C 659—666). der abschnitt schliesst dann mit D¹ III 34 (C 667—670).

Es folgt der in A nicht vorhandene abschnitt D² IV, C 671—798. er ist im anfange geändert, weil C erst hier den könig Etzel einführt, vgl. o. 1,1f. (C 671f.) lauten daher
Der Berner mit den sinen   *reit gein Hiunen in daz lant,*
   mit ime Witege und Heime   *und ouch her Hiltebrant.*
an stelle von str. 2 stehen nur 2 verse (C 675f.):
Sie kámen ze den Hiunen   *in ril kurzen tagen.*
   wie sie enpfangen wurden,   *daz wil ich iu sagen.*
die verspare von str. 3 sind entsprechend auf zwei strophen verteilt, str. 4 aber ist durch ein neues stück von 30 versen (C 681—710) ersetzt:
   dô sie diu küneginne   *rerrest ane sach,*
682 *vil gezogenliche*   *nu hæret, wie si sprach:*
'Sit willekomen, von Berne   *herre, her Dietrich.'*
   er neic mit grôzen zühten   *der küneginne rich.*
   dô dankete ir des gruozes   *der tugenthafte man.*
686 *ouch nigen ir mit zühten*   *alle sine undertân.*
'Si mir ouch willekomen,   *sin meister Hiltebrant.*
   waz ist iuwers werbens   *her in unser lant?'*
   dô neic ir mit zühten   *der degen lobesam.*
690 *dô sprach vil tugentliche*   *diu vrouwe wolgetân:*
'Si willekomen, von Becheláren   *der milte marcman,*
   [*und*] *si willekomen úz dem klôster*   *der starke münech Ilsân.'*
   dô nigen ir mit zühten   *die recken lobesam.*
694 *dô sprach mit guoten siten*   *diu küneginne wolgetân:*
'Si willekomen, Heime,   *ein úzerwelter degen,*
   und din geselle Witege,   *der ritter úzerwegen.'*
   dô nigen ir mit zühten   *die helde wolgetân.*
698 *dô sprach vil tugentliche*   *diu vrouwe lobesam:*
'Si willekomen, von Stire   *Dietleip ein degen guot,*
   und [*si willekomen*] *von Riuzen Hartnit*   *der künec hôchgemuot.'*
   dô nigen ir die herren   *vil gezogenlich.*
702 *dô sprach mit hübeschen zühten*   *diu küneginne rich:*

---

f schreibt si *v.* 687. 692. 700. 704, *sie v.* 691. 695. 699. 703. 707
698 lobesam *aus* wolgetan *corrigiert.*

XXXVIII EINLEITUNG.

'Sî willekomen, [herzog] Amelunc,   ein recke lobesam,
    und sî willekomen ouch Eckewart,   der vil getriuwe man.'
    dô nigen ir mit zühten   die ritter ûzerkorn.
706. dô sprach aber vrou Herche,   diu küneginne hôchgeborn:
'Sî willekomen, Wolfhart   und der bruoder dîn.
    ir sît mir liebe geste,   [daz wizzet] ûf die triuwe mîn.
    waz ist iuwers werbens   her in unser lant?
710 daz saget ir mir schiere,   ir edeln recken hôchgenant.'
das stück ist wohl vom contaminator verfasst, um den empfang ebenso wie den abschied D^s IV.21 ff. auszuführen; bemerkenswert ist der versuch, mit dem ausdrucke für dieselbe oft wiederholte sache abzuwechseln.

D^s IV 5—7,2 = C 711—720, nur ist die assonanz *vogel : loben* 6,3 beseitigt; $6,3^b.4$ lauten daher
                                                   zwelf guldîn vogellîn.
718 *sie wolten in allen landen   ouch die tiursten sîn.*'
von str. 7 ist die zweite hälfte zufällig ausgefallen, die strophenabteilung von 8—10 = C 721—732 daher verschoben. 10,1f. hat C wieder die assonanz *überzogen : vogel* beseitigt:
*Sît nu die wâfenrocke   sint an dem Rîn
    sô schône überguldet   mit guldînen vogellîn* usw.
nach str. 10 setzt C, die gestörte strophenabteilung auszugleichen, zwei verse 733 f. zu:
    *diu wil ich heizen zieren   die goltsmide mîn:
    daz sol iuwer kleinoste   von mir ze dirre verte sîn.*'
11—20 = C 735—774; eine dieser strophen, 19 = C 767—770, ist nur in C belegt. — 21—27 = C 775—798, doch fehlen 21,3f. und 27,1f., wohl nur zufällig. ausserdem ist 24,3—25,2 gestrichen, da C zum teil andere helden als D hat, und durch eine neue str. nach 23,4 ersetzt (C 785—788):
*Urloup nam von Stîre   Dietleip der küene man.
    urloup nam [Hartnit] der künes   von Riuzen lobesam.
    urloup nam herzog Amelunc,   der herzoge guot.
788 urloup nam ouch Eckewart,   der grâve wolgemuot.*
Den nächsten abschnitt beginnt C mit den strophen A. 165. 166 = C 799—806. daran knüpft der bearbeiter das fährmannsabenteuer (D. V), jedoch in einer von D^s ganz abweichenden fassung. es umfasst C 807—894, ist aber nicht einheitlichen

---

729. waphenrocke.   734 klonote. firte.   786 Vr nam.   788 eckewawart.

ursprungs. zu anfang hat der bearbeiter der anknüpfung wegen wohl einiges zugesetzt; das strophenzeichen der hs. vor v. 809 markiert den anfang der vorlage; das vorhergehende verspar ist also wohl zusatz. da durch dasselbe die strophische gliederung gestört wurde, setzte der contaminator noch v. 811 f. zu; dies verspar ist aus D 203,1 f. entnommen. am schlusse finden sich 871—874 und 887—890 zwei strophen aus D XX (610 f.) wieder; dazwischen stehen 875—882 zwei strophen, welche D 195.196 entsprechen, aber inhaltlich besser als diese sind. endlich dürften 883—886 und 891—894 vom contaminator zugesetzt sein, um die verbindung zwischen stücken verschiedenen ursprunges herzustellen. der ganze abschnitt lautet:

807 [*die herren vûr sich gâhten   biz an den zweinzegesten tac*
    von den Hiunen ze dem Rine,   als uns daz buoch sagen mac.]
    Ez geschach ûf einen âbent   nâch einer vesperzît,
    daz die herren kâmen an den Rin   ûf ein gevilde wît.
    [*dô beizten dâ die herren   ûf daz grüene velt.*
    dô sluoc man ûf gar schiere   manec wünneclich gezelt.]
    dô sprach der künec Etzel: 'vil lieben herren mîn,
814 *nu râtet alle geliche,   wie komen wir über Rîn?'*
    Dô sprach der alte Hiltebrant   vil gezogenlîch:
    '*niht mit gewalte,   vil edeler künec rîch,*
    daz lân ich iuch wizzen,'   sprach her Hiltebrant,
818 '*Norpreht heizet der verge   (tuot uns daz buoch bekant).*
    Er was mîn hergeselle   hievor vil manegen tac:
    in reisen, in hernœten   mit triuwen er mîn pflac.
    der degen ist vil küene,   daz sol iu sîn bekant:
822 *swen er über vüert,   der gît im zol   den rehten vuoz und hant'.*
    Dô sprach der vogt von Berne: 'daz wære ein swœrer solt.
    wir geben ime gerne   silber unde golt,'
    sô sprach der vürste küene,   der edel degen guot,
826 '*daz er uns über vüere   mit trœlichem muot.'*
    Dô sprach der alte Hiltebrant: 'dar wil ich bote sîn,
    daz er uns über vüere,   vil lieber herre mîn.'
    '*sô wil ich mit dir rîten,   degen lobesam,'*
830 *sprach vil snelleclîche   der münech Ilsân.*
    Dô riten sie von dannen,   die stolzen degene hêr,
    mit in reit ouch balde   der edel Rüedegêr.

---

807 zwentzege. 811 dâ die] die die. grûne gras felt. 813 vil] wol.
816 vil] wol. 817 lazzē. 821 sin geseit bekant. 828 vil] wol.

dô begunde lûte ruofen. der edel degen guot:
834 'nu vüere uns über, verge, mit vrœlichem muot.'
Dô sprach gezogenliche der münech Ilsân:
'du solt uns über vüeren, vil tugenthafter man.
ez hât nâch uns gesendet Kriemhilt diu künegin.
838 vil stolzer degen küene, vüere uns über Rîn.'
'Wer hât nâch iu gesendet, ir alter beckart?
hebet iuch in iuwer zelle wider ûf die vart!
ir sült mettine singen mit iuwern bruodern guot
842 dâ heime in iuwerm klôster mit heileclichem muot.'
'Waz hât ir nu ze strâfen hie den minen lîp?
ich hân dâ heime begangen schône mîne zît.'
'ist ez dan iuwer messegewant, iuwer liehter halsberc,
846 sô volbringet ir mit grimme diu hêren gotes werc.
Ist daz iuwer infel, iuwer liehter helm vil guot,
sô dienent iu iuwer bruoder mit zornlichem muot
dâ heime in iuwerm klôster ze iuwerm gebete guot,'
850 sô sprach der verge küene mit zornlichem muot.
'Als ir die messe beginnet, ûzerwelter man,
swâ man z'iuwerm opfer dringet, dâ wil ich niht bestân.
ir künnet buochstabe schrîben, hôchgelobeter man,
854 die sêle von dem lîbe, stolzer degen lobesam.'
Dô sprach von Bechelâren der milte marcman:
'ir stolzen helde küene, lât iuwer zürnen stân,
daz wil ich umb iuch verdienen, die wîle ich hân daz leben:
858 er ist Hiltebrandes bruoder, der münech ûzerwegen.'
Dô der verge küene diu mære wol vernam,
er lief vil balde engegene dem alten wolgetân.
er sprach: 'Hiltebrant, trûtgeselle, willekomen solt du mir sîn.'
862 des dankete ime der wîse. er sprach: 'nu vüere uns über Rîn.'
Dô sprach der stolze verge: 'daz sol sîn getân.
Hiltebrant, mîn geselle, du vil getriuwer man,
du weist wol, degen küene, wie mîn site ist gewant:
866 swen ich über vüere, der gît mir zol den rehten vuoz und hant.
Des wil ich dich erlâzen, trûtgeselle mîn,
und ouch den voget von Berne (ich vüere iuch über Rîn)
und den künec Etzeln und alle sîne man.
870 nu kêret ze den schiffen, ir stolzen helde wolgetân.'

834 über fehlt. 837 f. stehen in f zweimal: am schlusse von seite 40ᵇ und am anfang von 41ᵃ; 838 vil an der ersten stelle, wol an der zweiten. 842 heilekleichů. 847 nyfel.

es folgt nunmehr D² XX 610. dann das D 195.196 entsprechende stück:
Als nu mit ganzen kreften   diu schif wurden geladen,
harte vrümecliche   vuoren sie von dem staden.
dô sprach Wolfhart der küene: 'ir helde, vernemet mîn wort:
878 *ich nime ez ûf mîne triuwe,   diz schif hât niht drî vinger bort.'*
Dô wolte ze lande [wider] kéren   Wolfhart der küene man.
der stolze ritter [küene] sprengen   ûz dem schiffe began.
entwæren im [niht] komen ze helfe   die trûtgesellen sîn,
882 *Wolfhart und sîn vil guot ros   wæren ertrunken in dem Rin.*
darauf eine verbindende strophe
Dô sprach ûz grôzem zorne   der küene Wolfhart:
'wære ich noch ze Berne,   ich kwme niemer ûf dise vart.'
sie vuoren schône ze lande,   die stolzen ritter guot,
886 *mit dem alten Hiltebrande.   sie wâren hôchgemuot.*
es folgt D² XX 611 (= C 887—890); bemerkenswert ist, dass C in der zweiten hälfte cäsurreim einführt: *lône:schône*, vgl. die lesarten. die strophe ist mit dem nächsten stücke durch einen zusatz verbunden:
Sie kérten ze den rossen   schiere und al zehant.
sie wâren unverdrozzen,   die küenen wigant.
sie stapfeten gein dem garten   wol eine raste [hin] dan,
894 *daz wizzet sicherlîche,   sie beizten ûf einen grüenen plân.*
Auffälliger weise erscheint hier das fährmannsabenteuer in einer von D ganz abweichenden gestalt. trotzdem ist nicht zweifelhaft, dass C es aus seiner vorlage D² entnahm, nicht etwa aus A²; gegen letzteres spricht die erwähnung von Etzel v. 813 und Rüdeger v. 832. 855 zur genüge; auch kann C das in D vorliegende abenteuer nicht selbst umgearbeitet haben, denn die verbindungsverse 807 f. 811 f. zeigen, dass C das stück so vorfand, wie er es giebt. es kann aber auch die fassung von D² nicht aus der von C = D² herausgearbeitet sein, denn jene ist offenbar ursprünglicher: vgl. verf. ZRg. s. 98 f. und unten kap. V. zu den dort ausgeführten innern gründen kommen aber auch äussere, welche den jüngern ursprung von C erweisen: die ganze reimerei ist höchst armselig, man vergleiche die wiederholten reime von str. 847 ff. und die dreimalige achtungsvolle anrede (*ûzerwelter man, hôchgelobeter man, stolzer degen lobesam*) während des zankes innerhalb éiner str. 851 ff.; dazu kommen die verhältnismässig zahlreichen cäsurreime 823 f. 851 f. 853 f. (eine

---

878 ich nime ez *fehlt.*   881 Weren ym nit k.

durchgereimte str.), die freilich vom contaminator eingeführt sein können wie 889 f. und wie in den vom contaminator zugesetzten strophen 885 f. 891 f. das stück 809 f. 813—870 ist also von C vorgefunden, stand aber nicht im ältesten D^a, sondern ist erst aus der fassung dieses textes herausgearbeitet. es gehören dazu noch 875—882, zwei D^a 195.196 entsprechende strophen, die das kleine intermezzo aber besser erzählen als D^a, also vielleicht aus D^a stammen und von D^a umgearbeitet sind. dagegen sind 871—874. 887—890 dem von C aufgegebenen schlusse von D^a entnommen und vom contaminator durch 883—886. 891—894 mit ihrer neuen umgebung verbunden worden. durch die versetzung jener beiden strophen ist vielleicht ein teil des textes der vorlage verloren gegangen.

Der nächste abschnitt C 895—1034 ist wieder D^a VI entnommen. die 1. strophe hat in C 895 ff. gelitten; es scheint ihre zweite hälfte (D 203,3 f.) in der vorlage ausgefallen und von C aus der ersten ergänzt worden zu sein:

Zwischen Wormze und dem [rôsen]garten   úf ein slehtez velt
dâ sluoc man úf den herren   [vil] manec keiserlich gezelt.
darunder lac ze velde   manec vürste lobelich.
898 *schône glizzen diu gezelte   gein der küneginne rich.*

C 899—906 = D^a VI 2.3, doch weichen die reime mehrfach ab in str. 2 wohl zufällig, während 3,1 C die assonanz *haben : sagen* absichtlich beseitigt hat, vgl. die lesarten.

D^a VI 4.5 sind in C auf fünf strophen ausgedehnt; str. 4 scheint in der vorlage in zwei fassungen (s. die lesarten) vorhanden gewesen zu sein, die C 907—914 zusammengearbeitet sind; C 915—918 ist ein zusatz, aus der fassung 4ᵃ der vorhergehenden strophe herausgearbeitet; C 919—926 (2 str.) entsprechen der éinen str. D 5 und scheinen aus dieser herausgearbeitet, da ihre reime in C 921—924 durchklingen. das ganze stück lautet in C:

Dô sprach der Bernære,   der vürste vil unverzeit:
  'dar senden wir Rüedegêren,   wan er der êren krône treit.
  ze dirre botschafte   ist nieman also guot
910 *sô der marcgráve,   wan er ist vrisch und hôchgemuot.*
Er kan uns diu rehten mære   her wider wol gesagen,
  in welher hande wise   der garte si ane getragen.
  er ist ein degen küener   und ouch darzuo vil milt:
914 *er ritet vür die vrouwen,   sit er treit der êren schilt.'*
Dô sprach der künec Etzel: 'got lône dir, Dietrich!
  dirre botschefte   nieman ist sô glich

EINLEITUNG.

  alsô Rüedegêr der milte, wan er ist unverzeit:
918 *er wirbet mit sime schilte sô grôze wirdekeit.'*
 Dô hiez der künec Etzel balde vür sich gân
  den von Bechelâren, den milten marcman.
  dô sprach der künec Etzel: 'getriuwer Rüedegêr,
922 *nu tuo durch unsern willen und ensûme dich niht mêr.*
 Sitze ûf, degen guoter, und rit hin, ritter unverzeit,
  in den rôsengarten vür die keiserliche meit
  und sage uns rehtiu mære her wider von den vrouwen,
926 *und obe die zwelf recken den kampf wellen houwen.'*

 C 927—1030 = D² VI 6—32, doch fehlt D 10 in C; der reim ist infolge verderbnisses der vorlage geändert 927 f. (= 6,1 f.), 973 f. (= 18,3 f.), vgl. die lesarten. an stelle von D 33 steht in C 1031—34 eine andre strophe, wohl wegen des überganges zu A vom bearbeiter verfasst:
 Ir herren, ez ist allez wâr, daz si uns enpoten hât.
  ein man künde ez in einer wochen niht gesagen, wie ez stât.
  von richer ougenweide kan iu nieman vollesagen
1034 *und von der schônheite, diu drinne ist ane getragen.'*

 Nunmehr nimmt C den faden von A wieder auf und zwar mit abschnitt IV, strophe 168, so dass durch die grossen zusätze aus D nur A 167 verdrängt ist. C 1035—1066 = A 168—176; die von mir angenommenen lücken A 168,3 f. 172,3 f. sind nicht angedeutet, die strophenabteilung ist entsprechend verschoben. einmal, C 1043 f. = A 170,3 f., hat der bearbeiter eine assonanz der vorlage beseitigt, vgl. die lesarten.

 A 177 musste in C wegbleiben, da der inhalt durch C 895 ff. aus D vorweg genommen war.

 C 1067—1118 = A 178—191, doch fehlt A 190; an einer stelle C 1093 f. (= A 184,3 f.) weicht der reim infolge verderbnisses ab, an einer andern 1117 f. (= A 191,3 f.) hat C die assonanz beseitigt, vgl. die lesarten.

 C wendet sich wieder der vorlage D zu. C 1119—1150 = D¹ VII 1—7, doch hat C mehrfach geändert, 1119,1ᵃ wegen des anschlusses (vgl. die lesarten), dann ist das ganze stück um éine str. verlängert; der bearbeiter wollte die assonanz D¹ VII 6,3 f. beseitigen, dehnte aber das verspar auf vier zeilen aus; um strophische gliederung zu ermöglichen, ersetzte er dann die sechs v. VII 4,1—5,2 durch acht neue C 1131—38:

---

917 Als. 922 vn̄ sûme. 923 vn̄ re ryt.

EINLEITUNG.

Die küenen helde beide   sich hinder schilte bugen.
úf der grüenen heide   zwei scharfiu swert sie zugen.
dô sluogen úf einander   die zwêne küenen man.
1134 *daz diu viures vlamme   úf ir beider helme enpran.*
Diu ros sie dô ersprancten,   die zwêne edeln degen.
in selben sie verhancten   mit nitlichen slegen.
die ringe begunden risen   in der bluomen schin.
1138 *wie möhte ir beider zürnen   græzer gewesen sin!*
es folgen D¹ VII 5,3—6,2, dann die aus VII 6,3f. entwickelte strophe:
Zwô vil tiefe wunden   er ime dô gesluoc
mit sime guoten swerte,   daz er in siner hende truoc.
Rienolt von Meiline   weich über die heide breit
1146 *ze siner herberge,   daz ist uns wol geseit.*

Den hauptteil des abschnittes D VII, die botschaft Hiltebrands, musste C fallen lassen, da der inhalt sich nicht mit dem aufgenommenen stücke A II vertrug. D¹ VIII schliesst sich unmittelbar an VII, 7 an. C 1151—1170 = D¹ VIII 1—6, doch sind VIII 2,1f. und 5,1f. weggelassen, wahrscheinlich weil die vorlage (wie C selbst) zwischen 4,2 und 4,3 eine überschrift hatte; der bearbeiter wollte vor und nach ihr glatte strophenabteilung herstellen.

C 1171 = D¹ VIII 8,1; str. VIII 7 scheint also gefehlt zu haben, was wegen der nach C 1171 folgenden lücke nicht ganz sicher ist. durch diese lücke (éin blatt) entgehen uns 61 oder 65 verse d. h. 3 v. + 14 oder 15 strophen + 2 v.; was hier etwa gestanden hat, ist wegen der contamination nicht festzustellen. sicher ist nur, dass der abschnitt hier beträchtlich kürzer als in D war, das stück D 303—309 also noch nicht existierte.

Innerhalb der lücke begann der kampf des pares Pusolt : Eckehart; das stück musste aus versen von A V und A XII zusammengesetzt werden; so stellt sich auch der rest C 1172—1185 noch dar:

C 1172—77 = A 202,3—204; v. 203,2 musste, da Wolfhart durch Eckehart ersetzt ist, geändert werden, vgl. die lesarten. — C 1178f. sind der verbindung wegen zugesetzt:
Úf spranc diu küneginne   ze der selben stunt.
si héte ze lange gebeitet,   des wart im sterben kunt.
C 1180—85 = A 293,3—294. A 293,3f. bilden mit dem zugesetzten verspare éine strophe.

C folgt nun wieder ausschliesslich der vorlage A.

1134 flamme. helme bran.   1136 Yn selber.   1146 herbûrge.

C 1186—1219 = A 205—212 (A VI). A 205,3f. fehlt wohl nur aus versehen. nach A 211,2 und 212,4 hat C je zwei verse mehr, vgl. die lesarten. die assonanz A 206,3f. *getruoc:guot* hat C beseitigt: *getruoc: kluoc*.

C 1220—65 = A 213—223 (A VII), nur ist A 220,1 in C durch drei verse 1248—50 ersetzt, um den vers D 342,3 (= C 1249) anzubringen. dem bearbeiter war die erwähnung des schwertes Nagelring wichtig. die stelle lautet:

Heime der degen küene   balde wider ûf gespranc.
   Nagelrinc ein vil guot swert   im an der hende klunc.
   mit eime micheln grimme   lief er dô den risen an.

hier zum ersten male erhält der contaminator die strophische gliederung nicht aufrecht. übrigens sind A 215. 220,3—222,2 nur in C erhalten.

C 1266—1361 ist in der hauptsache A VIII, doch stark aus D¹ IX interpoliert. C 1266—77 = A 224—226. die assonanz *huop : wuot* A 226,3 ist beseitigt (*huop : stuop*). darauf setzt der bearbeiter zwei verbindungsverse C 1278 f. zu und schliesst dadurch D¹ IX 3. 4 = C 1280—87 an; 3ᵃ ist dabei geändert, die strophenabteilung gestört. C 1278—81 lauten:

   er stalte sich vreislichen,   als ich iu sagen wil.
   dô trat er in die erden   der liehten bluomen vil.
Dô rief meister Hiltebrant: 'Witege, geselle min,   [sin: usw.
   nu durch minen willen   und sô liep dir der Berner mac

C 1288—91 ist eine aus D¹ IX 5,3f. und A 229,3f. zusammengesetzte strophe; A 229,3ᵃ ist der verbindung wegen geändert, vgl. die lesarten. — C 1292—1305 = A 230—233, doch fehlt A 231,1f., entweder zufällig, oder um die durch den zusatz 1278f. gestörte strophenabteilung auszugleichen. — C 1306—9 ist der verbindung wegen zugesetzt:

Dô sprach Hiltebrant der alte: 'Witege, küener wigant,
   nu viht mit im vrümecliche   mit diner starken hant,
   des hâst du iemer êre,   vil hôchgelobeter man,
1309 gesigest du dem risen   mit dinen handen an.'

C 1310—17 = D¹ IX 6. 7 (vgl. die lesarten). — C 1318—23 = A 237, doch ist zwischen die beiden hälften dieser strophe das verspar D¹ IX 9,3 f. eingeschoben, die strophische gliederung also zerstört. — C 1324—27 = D¹ IX 10. — C 1328—31 = A 238. — C 1332—39 sind aus A 239 und D¹ IX 12 zusammengesetzt; die

---

1279 die er d' liehtë.   1306 wygan.   1308 vil] wol.

reihenfolge ist A 239,1f. IX 12,1f. A 239,3f. IX 12,3f. — C 1340—45
= D¹ IX 13, doch ist zwischen die beiden hälften dieser strophe
A 241,3 f. gestellt, die strophische gliederung also zerstört; dieser
fehler soll sich wohl mit dem oben erwühnten C 1318 ff. ausgleichen. — C 1346—49 ist aus D¹ IX 15,3f. und A 242,3f.
zusammengesetzt. — C 1350—53 = D¹ IX 16. — C 1354—61
= A 243. 244.

    C 1362—1401 (Stüfing : Hartnid) stammt anfangs aus A IX
(Studenfuchs : Ilsan), später aus D XI (Stüfing : Dietleib) mit einem zusatze aus D XIV (Walther : Hartnid). der bearbeiter musste im einzelnen
sehr viel ändern; ich gebe deshalb den abschnitt zunächst ganz:

<pre>
Dô sprach der künec Gibeche: 'unser striten ist ein wiht.
    wir hân in dem garten   keiner sælde niht.
    künec Stüefinc von Îrlant,   du werder jüngelinc,
1365 nu wâpen dich vil balde   und kum her an den rinc.'
Dô sprach der künec Stüefinc: 'úf die triuwe mîn,
    nu solte ich vil billiche   der êrste gewesen sîn,
    ez hête uns wol gerrumet,   daz wil ich iu sagen,
1369 sô enwæren uns in dem garten die risen niht erslagen.'
Künec Stüefinc von Îrlant   sich in den garten huop,
    wie gar vermezzenliche   er durch die rôsen stuop!
 . . . .
Dô sprach der alte Hiltebrant: 'Hartnit, künec lobesam,
    sihst du einen vürsten   dort durch die rôsen gân?
    der ist geheizen Stüefinc   ein künec von Îrlant.
1375 mit deme solt du vehten,   edeler künec hôchgenant.'
    ['gerne,' sprach der von Riuzen, 'des hân ich guoten muot,
    daz ich durch den von Berne   wâge lip und guot.']
Dô sprancte in den garten   der künec von Riuzenlant.
    er rief ane sinen kempfen: 'wie sit ir genant?'
    er sprach: 'ich heize Stüefinc,, ein künec von Îrlant.'
1381 dô widerseiten einander   die vürsten al zehant.
Künec Hartnit von Riuzen   drabete gein disem dâher,
    er vuorte in siner hende   ein vil grôzez sper.
    sie begunden vaste neigen   gein einander dô ir sper
1385 und wolten kraft erzeigen.   in was gein einander ger.
</pre>

    1363 keine.   1365 waphen.   1368 wol *A*, *fehlt f.*   1369 So wer.
1373 einen *A*] den.   1385 und *steht in der hs., was leider in die lesarten*
D¹ XI 5,2 *nicht eingetragen ist.* erzeugé.

EINLEITUNG. XLVII

Zwei sper sie verstâchen   mit ritterlicher hant.
dô griffen ze den swerten   die recken hôchgenant.
sie beizten ze der erden   nider an daz gras.
ez was ein michel wunder,   daz ir keiner ie genas.
sie striten beide mit grimme, keiner mohte dô gesigen.
1391 *des héten sie dô beide   sich ir lebenes gar verzigen.*
Hartnît ûf in mit grimme   sluoc sîn swert, daz was guot.
er sluoc im durch die ringe, daz darnâch vlôz daz bluot.
durch helm und durch halsberc gap er im einen slac,
1395 *daz der helm und daz houbet vor sînen vüezen lac.*
[diu vil schœne Kriemhilt   dem herren gap zehant
ein helsen und ein küssen   und einen rôsenkranz.]
Mit vil guotem muote   in den satel er sich swanc,
und mit vil grôzen sprüngen   sîn ros ûz dem garten spranc.
er drabete über'z gevilde,   Süefingen liez er [dâ] ligen.
1401 *wol enpfienc in der von Berne. der künec sich siges hête*
                                                     [*verzigen.*

C 1362—65 ist zusammengesetzt aus A 245,1f. und D¹ XI 1,1f. 1366—75 = A 246—248, doch sind A 247,8 f. weggelassen, weil C zur verbindung zwei verse 1376f. zusetzen musste. 1378—81 = D² XI 4,5—8. 1382—89 = D¹ XIV 4. 5, nur sind die mittleren vier verse durch XI 5 ersetzt. 1390 f. sind aus XIV 6,1. 7,1f. herausgearbeitet. 1392—95 und 1398—1401 = XI 6.7. 1396f. ist zusatz des bearbeiters. die strophenabteilung ist zweimal gestört durch die zusätze 1376f. und 1396f., wiederhergestellt an erster stelle durch weglassen zweier verse, an zweiter durch aufnahme von 1390 f. aus D.

C 1402—57 stammt aus A X, nur sind A 263—265,2 durch zwei strophen aus D (C 1406—13) verdrängt, und die verspare 268,1f. 269,1f. 275,1f. teils absichtlich, teils zufällig weggelassen. die beiden zugesetzten strophen bestehen aus D¹ XIV 1,1f. 2,1f. XI 3,1f. 4,1f. und lauten:

Dô sprach der künec Gibeche: 'nu rich mich, [edeler] Walther,
ein herre von Wasgensteine,   setze dich ze wer.'
'vil gerne,' sprach dô Walther. einen buckeler nam er en-
1409 *mit vil zornegem muote.   sîn güete im gar verswant. [hant*
Hiltebrant hielt bi dem ringe. dô rief er al zehant:
'wâ bist du nû, Dietleip,   ein herre von Stirerlant?'

1389 dekeiner.   1391 sich *nach* gar.   1393 Suffingo slûg er.
1396 zû hantz.   1398 sich er *vor* in.   1401 sich *fehlt*.   1408 in dy hût.

XLVIII   EINLEITUNG.

  er hielt bi künec Etzeln under eime banier rôt.
 daz vuorte der von Stire, als ime diu schult gebôt.
  C 1458—1547 (Volker: Ilsan) ist zusammengesetzt aus stücken
von A XI (Volker : Ortwin), IX (Studenfuchs : Ilsan) und D XVII.
C 1458—65 = A 278. 279. — C 1466—71 = D^1 XVII 1—2,2.
— C 1472—75 = A 249. — C 1476 f. = D^1 XVII 2,3 f.
C hat also A 249 in XVII 2 hineingeschoben. — C 1478—85
= A 250. 251. — C 1486—93 stammen aus D^1 XVII 5.7;
schluss von 5 und anfang von 7 (C 1488—91) ist geändert:
  daz sach diu küneginne: ez was ir al ze leit.
  si sprach: 'vater hêre, diz laz dir sin bekleit.'
Dô sprach der künec Gibeche: 'Volkêr, lieber vriunt min,
 disen grôzen spot laz dir geklaget sin,
 den usw.
  C 1494 f. und 1504 f. = D^1 XVII 8; die strophe ist zerrissen
durch C 1496—1503 = A 252.253; da Studenfuchs durch Volker
ersetzt werden musste, so lautet A 252,1^b in C *Volkêr von dem
Rin (fülker lützel v. d. r.* hs.) und A 253,4^b *daz er mit einer videln.*
— C 1506—9 = D^2 XVII 9. — C 1510—13 hat der bearbeiter
zugesetzt:
Aller êrste dô wart erzürnet der münech Ilsân:
 mit ungevüegen slegen lief er den spilman an.
  Volkêr der videlære des münechees ouch niht vergaz:
1513 *vil manegen slac er'm ûf den helm mit sime bogen maz.*
  C 1514—17 = A 256. — C 1518—21 hat der bearbeiter
zugesetzt:
Volkêr gerachete den münech und gap im einen streich,
 daz ime sin guoter predegerstap ûz siner hant entweich.
 'du giltest mir den gigenstrich, den du mir hâst getân:
1521 *ich verschrôte dir die seiten,' sprach der münech Ilsân.*
  C 1522—29 = 283. 284, nur ist 284,1 *Ortwin* natürlich
durch *Ilsân* ersetzt. — C 1530—33 = A 257; der halbvers 1^a
lautet in C *Dem künen videlære.* — C 1534—43 = D^1 XVII
12,3—14; es fehlt also in C eine halbe strophe zwischen 1533
und 1534. — C 1544—47 = A 258.
  C 1548—91 = A XIII mit zusätzen aus D^1 XIII. C 1548—51
= A 295. C 1552—57 beruhen auf D^1 XIII 1.2. die erste hälfte
von 1 ist der verbindung wegen geändert:

  1412 einer b. 1489 b're. 1520 geyge strich.

EINLEITUNG.   XLIX

Dó sprach sin vater Gibeche: 'Gérnót, sun min,
unsern schentlichen spot   láz dir beklaget sin.
es folgen 1,3f. und zwei eigene verse 1556f.:
[*Gérnót der helt biderbe,   ein künec unverzeit,*
der vuorte ein richez zeichen,   daz wirt hernách geseit.]
sie sind ein reflex von D XIII 2; dort legt Gernot Gunthers
waffen an; C wollte dies aufnehmen, besann sich aber, dass bei
ihm Gunther erst später (wie in A) erwähnt wird, und verwies dahin.

C 1558—73 = A 296—299; geändert ist 297,1f. und 298,1
(Rüdeger für Helmschrot); ferner fehlte in der vorlage 298,2; C
beseitigte die lücke, indem es zeile 3 auf 1 reimte und nach 4
einen neuen vers zusetzte (vgl. die lesarten). die lücke A 297,4
ist durch den vers XIII 3,3 D² (= C 1565) ausgefüllt.

C 1574—77 stammt aus D; das zweite verspar ist D XIII
6,1 f., das erste ist aus XIII 5 zusammengezogen:
Dó sprach diu selbe vrouwe,   der Rüedegér gap sin gwant:
'richer got ron himel,   wis umb den marcgráven gemant!'

C 1578f. und 1584f. = A 300 (vgl. die lesarten); die strophe
ist zerrissen durch die dazwischen stehende C 1580—83 = D²
XIII 4. — C 1586f. = D¹ XIII 7,3f. — C 1587—91 = A 301
(vgl. die lesarten). — die strophische gliederung ist durch die
beiden vereinzelten verspare 1556f. und 1586f. gestört.

C 1592—1641 = A XIV mit zusätzen aus D XII. nach
A 302 setzt C zwei strophen zu; die erste, C 1596—99, ist D¹
XII 2, nur ist 2,1ᵇ ersetzt durch *sinen harnesch leite er an*, und
entsprechend 2,3 gestrichen, die strophe dann vervollständigt durch
den am schlusse zugesetzten vers
'mit weme sol ich striten?   er ist mir unbekant.'
die zweite, C 1600—3, betebt aus D XII 3,1f. und zwei neuen
versen:
dô sprancte in den garten   der künec wol bekant:
1603 *'nu wil ich hie rechen   mines bruoder wunden al zehant.'*
es folgen A 303—5, nur schreibt C stets *Amelunc* und ändert
dementsprechend, vgl. die lesarten. A 306,1f. ist durch 2¹/₂ strophe
aus D verdrängt: C 1616—25 = D XII 6. 7. 8,3 f., doch musste
Frute beseitigt werden; 7,3f. lauten daher in C
er sluoc ez mit zorne   úf herzogen Amelunc,
daz im'z bluot ran durch die ringe,   dem küenen degen junc.
A 307,3f. ist durch D XII 9 verdrängt, der letzte halbvers

1556 ein de küneg.

dieser strophe geändert in *dô was ir harte gâch* (: *sach*). in A
308,1f. hat C die assonanz *zit* : *lip* beseitigt, in A 309,1f. wegen
Amelunc geändert, vgl. die lesarten.
C 1642—1997 folgt in der hauptsache D² XVIII. ich gebe
hier nur an, inwiefern C von dieser vorlage abgewichen ist. an
den anfang setzt C die str. A 286 und verbindet damit D² XVIII *1
durch änderung der ersten 5 halbverse (C 1646 ff.):
*Wan den küenen Sivrit,   er ist ein starker man:
  der mac uns wol gerechen,   ob uns got der sælde gan.'
  er sprach: 'Sivrit, rich mich hiute   und die tohter min* usw.
dann ist D² XVIII *2,7f. durch A 322 verdrängt, die strophische
gliederung also gestört. — D² XVIII 15,1f. ist durch zehn verse
ersetzt; die ersten beiden (C 1704f.) hat der bearbeiter zugesetzt:
*'Ich enkan keinen andern vinden   dan Sivrit den degen.
  ach wære ich ze Berne,   sit ir iuch der êren hât erwegen!*
die andern stammen aus A 334,3f. 337,1—338,2. — D XVIII
18,1—3 hat C auf éinen vers 1724 zusammengezogen:
Her Dietrich leinte an einen boum,   dâ er in stände vant.
dann fehlen 20,3f.; diese lücke veranlasste wohl den bearbeiter zu
jener kürzung: er glich damit die gestörte strophenabteilung wieder
aus. — nach D XVIII 22 folgte in D² strophe XVIII 8; C hat
von letzterer nur die zweite hälfte (1744f.) beibehalten, die erste durch
vier verse ersetzt (1740—43):
*Sô sprach der von Berne: 'ir bringet ez wol zuo
  und iuwer veter Wolfhart,   swie ich darumbe getuo,
  swie mir ouch gelinge,'   spruch der unverzeit,*
1743 *'mich dünket in minen sinnen,   iu sî min leben leit.*
da 1740f. stark an A 326,3f. anklingen, ist es wahrscheinlich,
dass C dies verspar aus der vorlage A entnommen und durch das
folgende 1742f. mit dem texte D verbunden hat. — D 24—25,2
sind durch 10 verse (1750—59) aus A 342. 343. 344,3f. ver-
drängt. — D 26,1f. fehlt in C, wohl zufällig. — nach D 27 setzt
C zwei verse aus A 346,3f. zu, ändert wohl infolge dessen den
anfang von D 28 (s. die lesarten). — D 30,1f. ist durch sechs
verse aus A 347. 348,3f. verdrängt. — D 33 musste in C weg-
bleiben, weil der inhalt schon nach A erzählt war. der anfang
der folgenden strophe ward dadurch geändert (C 1794f.):
*Wolfhart kam vil schiere,   dâ er den Berner vant.
  dô vrâgete in her Dietrich: 'wie mac her Hiltebrant?'
  er sprach: 'vil lieber herre* usw.
— D 37,3f. ist hinter D 39,4 gestellt. — D 39,1f. und 40,3f.

fehlen in C, ebenso 43,3f. — nach D 46 schiebt C drei strophen aus A 351—353 ein.

Vor C 1852 = D¹ XVIII 47,1 steht in der hs. ausgestrichen folgender vers:
Do zurhiewe̊ sie die schilde dz sie yn rō dē hendē flogē.
es ist der irrtümlich zu früh geschriebene und deshalb getilgte zweite vers der folgenden strophe; merkwürdig ist nur, dass er hier anders lautet als an der stelle, wo er in richtiger folge erscheint, und dass er in der giltigen fassung an P 765 anklingt (vgl. D¹ XVIII 47 und die lesarten), in der ausgestrichenen aber gleich D⁸ 515,2 ist. es scheint, dass die vorlage von C das versspar XVIII 47,1 f. noch in der alten, durch P bestätigten fassung enthielt, dass aber der vers D 515,2, der bestimmt war, 47,2 zu ersetzen und dadurch die assonanz *zugen : kluben* zu beseitigen, bereits daneben geschrieben war; er ist dann neben den alten vers geraten, *f* hat ihn zwar gestrichen, aber doch den alten vers 47,2 unter seinem einflusse geändert. jedenfalls ist D 515,2 damit für D⁸ bestätigt.

D 48,3f. fehlt in C. — D 52 stand in der vorlage von C in doppelter fassung; C nahm 52ᵃ und 52,3f. auf (vgl. die lesarten). — nach D 53 schiebt C sieben strophen aus A 355—361 ein, doch fehlt 361,1 f. die verbindung mit dem folgenden aus D stellt C durch eine eigene str. her (1906—9):

Sie striten vintliche,   die degene unverzeit,
*   und sluogen sich grimmecliche   uf der heiden breit.*
dô nam sin swert ze beiden handen   Sivrit der küene man:
1909 *er sluoc ez uf den Berner,   daz ime daz bluot darnâch ran.*
— D 54,4 hat C durch drei verse (1913—15) ersetzt:
*   und gedenke an vroun Herchen,   die küneginne rich,*
Diu dich hât gesendet   von den Hiunen an den Rin:
*   du spræche uf dine triuwe,   du woltest der küenste sin.*
deshalb lässt C dann D 55,3 f. weg. — D 61,1 f. ersetzt C durch acht verse 1938—45; es ist A 364, durch je zwei verse vorher und nachher mit D verbunden:
1938 *dô twanc in crimmecliche   der vil küene man.*
*   des brâhte der von Berne   daz lop mit ime dan.*
(A 364).
Dô jagete in durch die rôsen   der Bernære unverzeit.
1945 *dô nimte sich nicht langer   diu keiserliche meit.*
— D 65,3f. fehlt C wie D. — nach D 67 schiebt C die strophe A 368 ein; der verbindung wegen musste geändert werden; A 368,1 lautet in C

Hiltebrant rief in den garten,   er sprach: 'lât iuwern zorn.
D 68,1 lautet
Er wante sich bi siten: durch helmes venster er dô sach.
nach D 68 hat C zwei sonst nicht belegte strophen 1978—85, die wohl aus D stammen, vgl. die lesarten. dann folgen noch A 369. 370. D 69.

C 1998—2047 = A XV; zwischen A 311,2 und 3 ist das verspar D XIX 4,1 f. eingeschoben; A 311,3 f. beseitigt C die assonanz (*vant : spranc* A, : *zehant* C). — A 313,4. 314,1 sind nur in C belegt. — A 316,4—317,4 sind in der fassung von C in den text aufgenommen; die strophe besteht indess aus ausdrücken, die D geläufig sind (vgl. XIV 6,1 f. 7,1 f.); es ist daher wahrscheinlicher, dass der bearbeiter sie zugesetzt hat, vgl. anmerkung zu A XV.

C übergeht dann Ilsans massenkampf, obgleich derselbe, wie C 1544—47 = A 258 zeigt, in der vorlage stand, und schliesst das gedicht mit A 379. 380 = C 2048—55.

Im ersten teile des gedichtes lief die tätigkeit des bearbeiters in der hauptsache darauf hinaus, die überschiessenden abschnitte von D in die vorlage A hineinzuschieben; im zweiten hatte er mit grösseren schwierigkeiten zu kämpfen, doch ist auch hier nicht zu verkennen, dass er im wesentlichen A folgte und dies nur nach seinem geschmacke aus D verbesserte. dreierlei abweichungen von der vorlage waren möglich: in den personen, in der zusammenstellung der pare, in der reihenfolge der kämpfe.

Auf Wormser seite ist nur Studenfuchs durch Stüfing von Irland aus D ersetzt. von Dietrichs helden fehlen Helmschrot, Ortwin und Amelolt; an des letzteren stelle steht Amelung, der sein dasein nur einem fehler der vorlage A verdankt (vgl. die lesarten und Philipp, ZRg. s. LVIIIf.); so kommt der ursprünglich einfache Amelolt in C doppelt vor: unter seinem echten namen bleibt er wie in D als statthalter zu Bern zurück, mit geändertem namen Amelung vertritt er den Amelolt von A. Helmschrot ist durch Rüdeger von Bechelaren aus D ersetzt; die durch streichung Ortwins entstandene lücke füllt Hartnid von Reussen aus D aus.

Zwei kämpferpare Hagen: Wolfhart und Volker: Ilsan nahm der contaminator aus D herüber; die nunmehr verfügbaren gegner Hagens und Wolfharts, Eckehart und Pusolt, stellte er zu einem neuen pare zusammen, ebenso den bisherigen gegner Ilsans Stüfing

---

1974 finst'.

(= Studenfuchs) mit dem für den gestrichenen Ortwin (in A Volkers gegner) eingetretenen Hartnid.

Auch in der reihenfolge der kämpfe war dem contaminator A massgebend, und zwar richtet er sich nach dem auftreten der Wormser helden. nur in zwei fällen weicht er ab: Hagen ist wie in D der erste Wormser kämpfer; als 2.—8. folgen der 1.—7. von A. die beiden letzten kämpferpare sind wie in D umgestellt.

Die hier gegebene betrachtung des textes C hat, denke ich, den an die spitze des kapitels gestellten satz durchweg bestätigt; die von C benutzten vorlagen waren A und D in älterer fassung, als wie sie uns noch vorliegen (also A^2 und D^2), und zwar war dem contaminator A^2 in der hauptsache massgebend, während er D^2 nur zur ausschmückung verwendete.

III. Die kürzende bearbeitung P.

Die bearbeitung P beruht direct auf D^1; sie unterscheidet sich von ihrer vorlage hauptsächlich durch eine reihe absichtlicher kürzungen. die einzige hs., welche diesen text leidlich vollständig giebt, p, beruht aber bereits auf einer vorlage, welche lückenhaft war (s. verf. ZRg. s. 23f.), so dass wir auch zufällige kürzungen constatieren müssen. der text ist von mir zur reconstruction der stücke von D^1 verwertet; hier stelle ich zusammen, was als dem bearbeiter P eigentümlich anzusehen ist (verszählung nach Bartschs ausgabe in Germ. IV).

Der prolog D I fehlt in P, vermutlich weil ihn D^1 noch nicht kannte; P könnte ihn aber auch absichtlich gestrichen haben.

D II steckt in P 1—140. gestrichen sind D II 2,3—3,4. 4,3 f. 6;[1]) II 2,1 f. und 4,1 f. sind zu éiner str. P 5—8 verbunden. II 8,1—12,2 sind durch 6 neue v. (P 17—22) ersetzt:

Etzel tete ez kunt dem Berner.   nách deme sant er zehant:
   er bat in mit im riten.   im was ein brief gesant.
   Dietrich unde Hiltebrant   kámen ze hove gegán.
20 *sie enpfienc künec Etzel   und manec biderman.*
Er bat sie mit im riten   ze Wormze an den Rin,
   des wolte er sicherliche   sin diener iemer sin.

D 13 ist ersetzt durch eine aus Alpharts Tod 80,3—81,2 entnommene strophe P 25—28:

---

[1]) Die strophenziffern beziehen sich, wenn nicht ausdrücklich D^2 angegeben ist, auf meine reconstruction von D^1, s. 167—215.

20 kong eczit.

*Her Dietrich von Berne   in sinen sal gienc.
úf stuonden die recken: wie schóne man in enpfienc!
er sprach: 'nu sitzet stille,   mine vil werden man,*
28 *und hœret gróziu mœre,   der ich iu vil ze sagene hân.'*

D 14,1 f. ist ausgefallen, wohl zufällig, da die strophische gliederung sonst gestört ist. — D 16.17 sind gestrichen.

D 22 = P 51—54 hat der bearbeiter P an stelle von 12 strophen seiner vorlage (vgl. s. 173f. und oben XXff.) eingesetzt. An stelle von D 26 steht in P 67—70:

*Daz sehste daz ist Rienolt,   ein degen eislich.
    daz sibende daz ist Stuotfuhs,   ein degen vreislich:
    der ist under sinen ougen   einer dümellen breit.*
70 *daz ahte daz ist Herbort,   ein degen unverzeit.*

in str. 27 f. sind die ziffern entsprechend geändert. an stelle von 28,1f. steht die vorher übergangene halbstrophe 26,1f. nach 28,4 stehen zwei die strophische gliederung störende verse P 79 f.:

*[er ist ouch manegem recken   in strite wol bekant.
    daz sint die zwelve von dem Rin,   die habe ich iu hie ge-
                                                [nant.']*

D 28,5—12 fehlen in P, standen aber wohl in seiner vorlage, s. o. s. XXII.

D 29—32 sind nur in P 81—96 in dieser alten, durch C 249ff. bestätigten fassung erhalten; dagegen hat P im folgenden stark gekürzt: von den nächsten alten strn. D⁸ 57. 59. 58 (vgl. oben s. XXI) stehen in P 97—102 nur drei verspare (abgedruckt s. 171 als D¹ 33.34); darauf fehlen elf strophen (nicht wie es nach s. 171f. scheinen könnte, nur fünf strn.) ganz; an ihrer stelle stehen 10 verse P 103—112:

*Dô sprach ze sime herren   der alte Hiltebrant:
    'wir süln boten senden   wite in diu lant,
    daz wir ouch zwelve kiesen,   die ir zwelven sin gelich.'*
106 *'só süln wir ez niht sumen,'   sprach dô her Dietrich.
*Dô liez er wite senden   boten in diu lant
    nâch den küenen Wülfingen   und nâch manegem wigant.
    sie kâmen dar vil schiere.   dô gienc [der alte] Hiltebrant*
110 *vür hern Dietríchen   und sprach ze ime zehant:
    ['ich hân helde erkoren,   die wil ich iu nennen.
    sie sint degene hôchgeboren.   ir müget sie wol erkennen.]*

---

67 reinolt.   68 stutfuz.   69 duñe elle hs., gebessert von *Pfeiffer.*
70 hazvart.   105ᵇ di iren sint gelich.   108 Nach deme kunen.

das letzte verspar ist wohl jüngeren ursprungs; Bartsch möchte die halbzeilen jedes verses umstellen, den klingenden reim zu beseitigen (a. a. o. s. 3); das ist nicht nötig, denn das verspar stammt schwerlich vom bearbeiter P; ich halte es für den zusatz eines schreibers, der so die innerhalb P 97—102 gestörte strophische gliederung (s. o.) wieder herstellen wollte. — D 40,1ᵃ ist des anschlusses wegen geündert: *Ich sage dir vürwar.* — D 47.48 fehlen in P und zwar sind sie gestrichen worden, s. o. s. XXII.

Der abschnitt II umfasst also in P 140 verse, von denen vier (79f. 111f.) wohl ganz junge zusätze sind; die übrigen gliedern sich in 35 oder 36 strophen, je nachdem man annimmt, dass die v. 97—102 der hs. p zwei oder drei strophen der bearbeitung P darstellen; ausserdem fehlen nach P 28 zwei verse durch zufall. die vorlage D¹ bot hier nach der oben s. XXff. gegebenen übersicht wahrscheinlich 68 strophen; der kürzende bearbeiter P hat also den text hier fast auf die hälfte des ursprünglichen umfanges reduciert.

D III umfasst in P 141—240. P ersetzt D 1,3f. durch 3,1f., offenbar fehlerhaft, wie der 4,1 entsprechend geünderte anfang von 2,1 zeigt. damit hängt zusammen, dass str. 3 dann fehlt. D 4,3— 6,4 sind wohl zufällig in P ausgefallen, weil 4,4 = 7,1 war (s. den text D² 92ff.). an stelle von D 15—17 hat P 183—194 drei sehr schlecht überlieferte strophen:

'*Wolten wir dir'z hân erlâzen,   wir héten der reise enporn.*'
'*swie vorne ûf mîn houbet   sîn tûsent blaten geschorn,*
ich sage iu, herre von Berne,   er muoz gar manhaft sîn,
186 *der mit mir sol vehten: er lât mir wol daz krenzelin.*'
'*Ich wil dir'z wol gelouben,*' *sprach dô her Dietrich,*
'*nu sûln alle hœren,   daz wizze sicherlîch,*
daz man den Wülfingen   des siges dort jach.
190 *nu volge dise reise   und habe vürbaz guot gemacht.*'
'*Ich wil iu einez râten,*' *sprach bruoder Ilsân,*
'*heizet die samenunge   alle vür iuch gân,*
swie mir dort gelinge,   daz sie mich wider enpfân.'
194 *dô sprach der voget von Berne: 'daz sol sîn getân.*'

an stelle von D 20—23 hat P nur zwei verse 203f.:
'*sô bin ich bereit,' sprach bruoder Ilsân,*
'*ich trûwe wol, daz mich ieman   türre vrœliche bestân.*'

---

183 dis habe irlan so hete wir deser reise. 184 Do sprach ilsam der monich *beginnt.* swie *und* sin *fehlen, ergänzt von Bartsch.* geschern. 185 manhaftig sy. 187 *und* 194 *fehlen, von mir ergänzt.*

EINLEITUNG.

D 27,1f. 32,1—33,2 fehlen in P, zum teil wohl zufällig; 32.33 könnte der bearbeiter absichtlich in éine strophe zusammengezogen haben, deren erste hälfte indess jetzt fehlt.
    D IV. V fehlen in P, da diese stücke erst vom bearbeiter D² zugesetzt sind.
    D VI entspricht P 241—285. die erste strophe, P 241—244, stammt aus D¹ (s. die lesarten zu D² VI 1); daran schliesst P zwei neue strophen:

Dô sprach der künec Etzel: 'getriuwer Hiltebrant,
  vierzehen tûsent recken   hân ich brâht in daz lant:
  ûz den allen solt du kiesen   zwelve der küensten man,
249 die die zwelve von dem Rine   türren wol bestân.'
Er sprach: 'ich hân zwelf recken   brâht in daz lant,
  die künnen klô decken   und sint küene wîgant.'
  dô sprach der künec Etzel   ze hern Dietrich:
253 'wir süln einen boten haben   ze der maget minneclich.'

der bearbeiter P scheint anzunehmen, dass Etzel von Hiltebrands vorbereitungen nichts wissen kann; Dietrich war von Etzels hofe nach seinem sale zurückgegangen; die könige treffen sich erst vor Worms wieder, was zur not aus D VI 1 = P 241ff. herausgelesen werden kann. P fügte daher 245—251 zur orientierung Etzels ein; 252f. vertreten D VI 3. der bearbeiter hat die botschaft Rüdegers auf das geringste mass verkürzt; er nimmt aus VI 4—12 nur 6 verspare 4,1f. 6,1f. 7,1f. 9,3f. 2 verse von 10. 12,1f. auf, die wohl als drei strophen 254—7, 258—61, 262—5 gelten sollen. darauf folgt 266—9 = VI 13; da diese strophe aber gleich VI 26 ist, so fällt das ganze dazwischen liegende stück aus. hier kann nicht der bearbeiter P allein die kürzung veranlasst haben; sie ist in diesem masse auf einen lüderlichen abschreiber zurückzuführen, da der ganze inhalt der botschaft verloren ist. — P 270—275 = D VI 27. 28, nur sind die verse 27,4—28,2 in éinen vers zusammengezogen, was wohl wieder als zufälliges verderbnis aufzufassen ist, da dadurch die strophische gliederung unmöglich wird. — P 276—279 ist eine aus D VI 31,1f. und 32,1f. zusammengezogene strophe. — P 280—283 = II 33. danach folgen noch zwei verse 284f., wohl der rest einer alten strophe:

    245 etzel gedenke an du getruwer.   246 Ich han bracht vierzen tusent recken vñ hune in d. l.   247 der aller k. *nach* 247 *steht in p ein vers mehr* (*Bartsch* 248): Daz man in der werlde irn glichen nicht vinden kan; *er ist aus* P 54 = D¹ II 22,4 *fälschlich hierher geraten.*   251 denken. küene] vzzerwelte.

*des sit ze varne bereite, ir degene hôchgemuot,
und lât iuch niht verdringen, daz dünket mich vil guot.'*
Von D VII fehlt das ganze stück 1—7, den nächtlichen kampf Rienolts und Sigestabs enthaltend. doch war es nicht der bearbeiter P, der diesen abschnitt strich, da er sich gleich nachher (s. u.) auf ihn bezieht; er fehlt also zufällig. der übrige teil von VII steckt in P 286—344. das verspar VII 9,3f. hat der bearbeiter auf sechs zeilen ausgedehnt, um den empfang Hiltebrands ausführlicher zu machen (P 292—296):

dô enpfiengen in Walther und Sivrit von Niderlant.
293 *dô enpfiengen sie in gemeine, den alten Hiltebrant.*
Nieman siner zühte an im dô vergaz.
  dô gienc der alte Hiltebrant, dâ künec Gibeche saz.
  dô sprach der künec Gibeche: 'wis willekomen, Hiltebrant!
296 *sagâ ane offenliche, wer hât dich her gesant?'*

dem zusatze entsprechend, liest P in v. 298 = VII 10,2: *daz hât künec Etzel* usw. — VII 11,3f. in P ausgefallen. — nachdem Gibich und seine beiden söhne ihre gegner erhalten haben, in P wie in D, folgt die zusammenstellung der übrigen helden, jedoch in P in andrer reihenfolge als in D; der bearbeiter P hat seine vorlage dahin geändert, dass die reihenfolge der aufzählung mit der späteren folge der kämpfe stimmt (vgl. verf. ZRg. s. 23f.). VII 14—21 stehen (oder standen) daher in P 311ff. in folgender reihe: 14,1f. 16.17.15.18.21.19.14,3f. 20. strophe 14 ist also in P auseinander gerissen; der bearbeiter stellte die strophische gliederung zunächst dadurch her, dass er 11,3f. strich; er verband also 11,1f. + 12,1f. (P 301—304), 12,3f. + 13,1f. (305—308), 13,3f. + 14,1f. (309—312). an der zweiten stelle hat er wohl aus 14,3f. eine ganze strophe gemacht, s. u. — es folgen drei strophen 313—24 = VII 16.17.15, dann aber eine strophe 325—328 an stelle von vieren, die man erwarten sollte; sie lautet:

[*Er sprach:*] *'Wer bestât mir Herborten? der ist gar ein küener
er ist grimmec sines muotes. wie wol er rehten kan!* [*man.*
der vihtet in dem garten mit ellenthafter hant.'
328 [*er sprach:*] *'den bestât Hartnit, ein künec von Riuzenlant.'*

sie stellt also ein par zusammen, das gar nicht vorkommt. hier erklärt die auf P beruhende čechische übersetzung (s. u. kap. IV) den fehler; sie hat an stelle dieser strophe 50 kurzzeilen (v. 158—190

---

284 *Daz sint. bereite fehlt.* 285 *vil fehlt.* 294 im dô *fehlt. der zweite vers dieser str. ist von mir ergänzt.* 295 bis w. 325 herwarten. 328 hertinc.

mit einschluss von 17 versen, die nicht erhalten sind, s. verf. ZfRg.
s. 18) und zählt darin folgende pare auf: Vertnyed (d. i. Herbort)
und Dietrich der schöne, Rienolt und Sigestab, Volker und Ilsan,
endlich, zwar durch eine lücke verloren, aber unzweifelhaft, Walther
und Hartnid. daraus geht hervor, dass die hs. p hinter v. 325
eine lücke von 12 langzeilen hat; diese lücke stand schon in der
vorlage von p, denn der schreiber dieser hs. hat den fehler bereits dadurch vertuscht, dass er aus 325 und 326 ein reimpar
machte, wahrscheinlich indem er 325 (= D VII 18,1) entsprechend
änderte. an stelle der so geschaffenen strophe standen also in P
vier: D 18.21.19 und eine aus 14,3f. herausgesponnene, von welcher 326—328 als rest anzusehen sind; der verlorene erste vers
mag etwa geheissen haben:
'Wer bestât mir Walthêren,   den wunderküenen man?'
die čechische übersetzung sichert also auch D VII 21 für P; die
stelle (v. 162ff.) lautet: 'Sind dir bekannt Rienolts gewaltige wunden?
(lücke) Hiltebrand sprach: 'könig . . ., Sigestab der ist beraubt seiner
stärke, denn er ist vom sattel (?) gestürzt; der würde nicht fern geblieben
sein im garten von diesem kampfe, denn er hat viel tapferkeit gehabt.'
daraus ergiebt sich noch, dass der vorkampf Rienolts und Sigestabs
in P gestanden haben muss und in unserer hs. nur zufällig fehlt. —
P 329—332 = D VII 20. — P 333—336 = D 22. darauf folgen
in P noch zwei strophen 337—44, die ich, da sie Wolfhart hier
in den vordergrund rücken (wovon in den übrigen texten nichts
steht), für einen zusatz des bearbeiters halte:
'Hüt ir mich niht gewegen,   ôheim Hiltebrant?'
   sprach der küene Wolfhart,   'daz wizzet alle samt:
ê ir ân mich vehtet   in dem grüenen klê,
340 ê wolte ich helme schrôten,   daz an dem ôren tæte wê.'
'Jâ ich, ûf mîne triuwe,'   sprach meister Hiltebrant,
   'ich hân dich gewegen   gein eime wigant,
   mit deme solt du vehten   in dem grüenen klê:
344 der kan ouch helme schrôten,   daz an dem ôren tuot wê.'
   P 345—392 = D VIII. an stelle der ersten strophe, die
von Da verfasst scheint, hat P 345—348 eine, die wohl aus
A 190.191 zusammengezogen ist:
Dô rihte man ze tische.   ein ende nam der tac.
   der Berner saz ze tische: wie wol man der recken pflac!

---

337 Habet ye mich n. gew. sprach wolfart o. h.   338ᵃ So wizzet daz
ich hore; der im texte stehende halbvers ist von mir eingesetzt.   339 und 340 ê]
Er.   341ᵃ Ja truwen, von mir erweitert.   342ᵇ und 343ᵃ von mir ergänzt.

dô beiten sie mit sorgen,   daz in kam der tac.
348 *ein ieglich küener recke   des lebenes sich gar verwac.*
es ist anzunehmen, dass A 190.191 dem original angehören und so noch in D^1 standen; der kürzende bearbeiter P schuf daraus die vorliegende strophe. — D^1 VIII 2,1f. hat P auf vier strophen 349—364 ausgedehnt; ihm lag daran, die rüstung der beiden here anzugeben:

Dô diu sunne begunde schînen,   dô blies man daz herhorn
vor Gibechen dem künege rîch   und vor den vürsten hôch-
und swer den schal erhôrte   über al daz her breit: [geborn,
352 *dô wurden die von dem Rîne   ze strîte schiere bereit.*
Sie drabeten ûf z gevilde: vinster wart der meln.
dô sach man bî den helden   vil manegen zieren helm.
ir rosse und ir schilte   heten sie guoten vlîz:
356 *schilt, harnasch, wâpenrocke   wâren alle von silber wîz.*
Dô blies man daz herhorn   vor Etzeln dem künege rîch.
ûf macheten sich die recken   und ouch von Berne her Dietrich,
und swer den schal hôrte   über al daz her breit:
360 *dô wurden die von den Hiunen   ze strîte schiere bereit.*
Sie zugen vrœliche   ûf die heide [hin] dan.
dô sach man bî dem Berner   manegen recken lobesam.
vrou Herche diu milte sante   die Hiunen in die nôt.
364 *schilt, harnasch, wâpenrocke   wâren alle von golde rôt.*

von der alten strophe D VIII 2 ist nunmehr noch die zweite hälfte übrig, welche in P 365f. lautet:

Dô die herren kâmen sô nâhe,   daz sie einander sâhen an
(diu ros liefen in den garten),   dô sweic ein ieglich man.

die dadurch gestörte strophenabteilung stellte der bearbeiter dadurch her, dass er die verse D VIII 5,4 und 6,2 strich, 5,3 und 6,1 aber zu éinem verspar verband, indem er den reim *schîn : hermelîn* schuf (s. die lesarten). — mit P 384 = D VIII 7,4 scheint der alte text abzubrechen; der schluss des kampfes, der in D^3 296—302 wohl nicht zu sehr von D^1 abweicht, wird in zwei strophen P 385—392 abgemacht:

Sie sluogen, daz die schilte   von einander vlugen,
dô sie sô krefteclîche   diu swert mit zorne zugen.

---

348 iclicher küne. dirwac.   349 Dô] Also.   350 hôchgeborn] lobesam. 353 Sie] Di.   354 helden] von dem rin. gezirten.   356ᵇ u. 357ᵃ *fehlen, sind ergänzt nach* 364, *bez.* 349.   362 dem von berne.   365 sic *fehlt.* eyne den andern.   386 sô] do.

LX EINLEITUNG.

sie wunten beide einander,   daz sie sâzen úf daz lant:
388 von wunden und von müede   entwichen in die schilte von der
Dô sie gerasten eine wile,   sie liefen zesamene mit slegen. [hant.
   ir kein wolte dem andern   des prîses niht gegeben.
   ûf stuont diu schœne Kriemhilt,   si schiet die zwêne man.
392 man wiste den küenen Hagenen   von der heide dan.
   P 393—462 = D IX. D 2,1f. fehlen in P, wohl zufällig.
— D 5.6 sind in P 407—418 durch drei strophen ersetzt:
'Neinâ, helt Witege,   trûtgeselle min,
   jâ dankent dir's die vrouwen   hie bi disem Rîn.'
   dô sprach der helt Witege: 'Hiltebrant, ich wil dir sagen,
410 waz möhte mich [ir] lop gehelfen,   würde ich ze tôde erslagen?'
Dô sprach der künec Etzel: 'nein Witege, küener degen,
   und erslehst du den [grôzen] risen,   ein lant wil ich dir geben.'
   'ich vihte niht,' sprach Witege,   ein unverzeiter degen,
414 'erslüege mich der rise,   daz lant müest ich iu wider geben.'
Swaz man ouch gerette,   er wolte sin niht bestân,
   biz ime muosten vlêhen   alle des küneges man.
   dô sprach der voget von Berne: 'nein Witege, küener degen,
418 erslehst du den [grôzen] risen,   min liebez ros wil ich dir
                                                       [geben.'
dass diese strophen jünger sind als die in DC überlieferten, macht
die steigerung des angebots (ruhm — land — ross) wahrschein-
lich, sowie die charakteristische art, in welcher Witig zweimal ab-
lehnt; der bearbeiter D² würde das stück nicht beseitigt haben,
wenn er es vorgefunden hätte. — D 8 ist allein in P 423—426
erhalten, D 9,1f. fehlt in P wie überall; es ist wohl anzunehmen,
dass die sechs verse P 423—428 éine alte, durch den bearbeiter in
ihrer ersten hälfte erweiterte str. wiedergeben (vgl. anm. zu D⁸ 319);
die durch die erweiterung gestörte strophische gliederung sollte
vielleicht durch streichung von D 15,1f. (die in *p* fehlen) wieder-
hergestellt werden. — an stelle von D 17 hat P zwei strophen
455—462:
Er gienc úz dem garten.   dô sprach der wîgant:
   'gewert mich, voget von Berne   und [vil] getriuwer Hiltebrant.'

---

388 muden.   390 ir] Ur.   390ᵇ den strit ni geg.   407 Neyn.
408 disem] dem.   409 der helt *fehlt*.   411 *die beiden halbverse vertauscht*.
nein] Nicht.   412 erslehst] geseges. gegeben.   415 rette.   417 nein]
nicht.   418 erslehst] geseges. gegeben.   455ᵇ sin swert was blutec biz
an di hant, *von mir durch den im texte stehenden halbvers ersetzt*.   456
voget *fehlt*.

abe steic her Dietrich,   daz ros nam er an die hant,
458 er sprach: 'nu nim hin, Witege,   küener wigant.'
Uf daz ros saz Witege   der degen lobelich
mit vrœlichem muote,   er was menlich.
'nu sol mir nieman drouwen   mit ellenthafter hant:
462 ich triuwe im wol entrinnen.'   des lachete meister Hiltebrant.
auch hier ist P schärfer pointiert als D; zudem stimmt D³ 332 näher zu A 244; die strophen sind also dem bearbeiter P zuzuschreiben.

P 463—492 = D X. D 3 umfasst in P sechs verse 471—476; die beiden mittleren (vgl. die lesarten) sind durch irgend einen zufall hierher geraten, vgl. D³ 336. — nach D 3 setzt P eine strophe 477—480 zu, um das wappen Heimes anzugeben; dabei ward die letzte zeile von 3 geändert:
476 'nu lône dir got, von Berne   getriuwer Hiltebrant!
Ich wânde, min wære vergezzen: sô bin ich genant.'
   er gienc in den garten.   er truoc einen grüenen schilt enhant,
   dâdurch ein strich von golde: dâbi was er bewart.
480 er vuorte úf sime helme   einen bunten lêbart.
D 5,1f. und 8,3f. sind in P zu éiner str. 485—488 verbunden, was dazwischen stand, gestrichen.

P 493—516 = D XI. D 1,3—2,4 sind durch zwei verse P 495f. ersetzt:
   der vuorte an sime helme   einen silberwizen harm.
   er drabete úf daz gevilde.   grôz wâren ime die arm.
ihr jüngerer ursprung ist deutlich: P will das wappen des Stutfuchs nennen und ihn als riesen charakterisieren, wie v. 68f. (oben s. LIV) und 322f. (vgl. lesarten zu D VII 15); dazu kommt die apokope des nom. plur. arme. — in D 4,3 führt P 503f. cäsurreim ein:
   sin helm der was gesteinet: sin manheit schein daran.
   im was liep, daz man in meinet,   und reit unzageliche dar.
an stelle des unverständlichen manheit v. 503 stand sicher ursprünglich der name von Dietleibs helmzier. dar v. 504 darf nicht dem reime zu liebe in dan geändert werden, da es dem sinne besser entspricht als dies; es ist wohl eine ziemlich junge hand, die das verspar umgearbeitet hat. auch in D 5,3f. ist cäsurreim eingeführt

---

457 her fehlt. an] in.   476 got fehlt. von] vor.   478 an der hant.
480 bunchen lowart.   504 vnvozzcaclichon.

EINLEITUNG.

zerbrâchen : râchen (vgl. die lesarten). den anstoss zu diesen reimen gab offenbar der ältere in D 5,1f., der durch C 1384f. bezeugt ist.
P 517—544 = D XII. D 1,4 und 2,1 fehlen in P, wohl zufällig. D 7ff. ersetzt P durch eine einzige strophe 539—542:
Sie sluogen ûf einander.   Gunthêre nicht gelanc.
daz bluot allenthalben   ûf die erden spranc.
ûf stuont diu schœne Kriemhilt   und schiet die zwêne man,
542 *Gunthêren unde Vruoten.   ir strit ein ende nam.*
darauf folgt in *p* noch eine elende schreiberreimerei (Bartsch 543f.):
Daz dy konigin den herten strit
Undir in beiden schit
Also in korczer zeit
Der eine was ir bruder darumme si di recken schit.
P 545—562 = D XIII, und zwar sind D 1—4 = P 545—560. der ganze schluss wird dann mit éinem verspare 561f. (= D 7,3f.) abgemacht, das durch einführung des cäsurreimes geändert ist:
dô rande über die heide   der marcgrâve mit sime schilt.
dô schiet die recken beide   diu küneginne Kriemhilt.
vor oder nach diesem verspare müssen wenigstens zwei zeilen zufällig ausgefallen sein.
D XIV (Walther : Hartnid) folgt in P erst nach XVII; dass die anordnung von P älter ist, zeigt P selbst durch seine änderung im VII. abschnitte, s. o. s. LVII.
P 563—582 = D XV. an stelle von D 2,1f. setzte P ein neues verspar, um Herborts wappen anzubringen; dadurch scheint die vorhergehende halbstrophe mit geändert; P 565—568 lauten daher:
die solt du nu rechen,   degen unverzeit:
566 *mir ist von diner manheit   grôzez wunder geseit.'*
Herbort kam in den garten.   an sime schilte was
von golde dri rôsen.   dô stuont er in daz gras.
565f. sind verdächtig, weil der ausdruck des vorhergehenden verses D 1,2 wiederholt wird. — der schluss des kampfes ist stark verkürzt: an stelle von D 4,1—5,2 stehen nur zwei verse P 575f.:
Dô er kam in den garten,   der recke lobesam,
Herbort der küene   lief den recken an.
nach D 5 folgen 2 verse P 579f., die ein rest der alten strophe D 6 zu sein scheinen:
Dietrich liez dô vallen   streiche unverzeit
dem recken durch die stahelwât,   die er sô tiuvelliche smeit.

---
542 Gunther unde frut.   566 groz.   567 *u.* 576 Herwart.   575 Dô] Also.
579 Dietrich] Mit scharten.   stricho.   580 stehelin wat. or] iz. tuvelischen.

P 581f. aber sind aus 577f. (D 5,3f.) entnommen:
*Der selbe helt kune   sluc im uf den val
Daz jener recke muste   vallen hin zu tal.*
sie haben gar keine gewähr.

D XVI (Rienolt : Sigestab) fehlt in P ganz; die vorlage muss den abschnitt an dieser stelle besessen haben, wie die anordnung von D VII in P zeigt. vielleicht hat ihn P gestrichen, weil die beiden helden schon einen kampf durchgefochten hatten.

P 583—624 = D XVII. D 2,2 fehlt in *p*, darum hat Bartsch (fälschlich, wie CD zeigen) noch D 2,4 gestrichen, er zählt also str. 2 nur als v. 587f. — D 3,1f. (P 589f.) hat P geändert, um einen namen für Ilsans schwert einzuführen:
*Er truoc eine grâwe kappen   über sin reht gewant.
   daz scharfe swert Rôsen   truoc er blôz in der hant.*
in DC führt Dietrich die Rose (D^a 513). — D 3,3f. fehlen in P; die lücke scheint sehr alt, da sie sich auch in CD findet. — D 7,3f. hat P 605f. geändert:
gedenke, degen küene,   wâge hiut din leben,
606 *und daz riche ze Alzeie   si dir ze eigen gegeben.'*
Volker besitzt Alzeie sonst überall von jeher; auch die bezeichnung *riche* zeigt den jüngeren ursprung dieser notiz. — D 8 umfasst in *p* 6 zeilen 607—612; die beiden mittleren 609f. sind sicher unursprünglich; der zusatz scheint veranlasst dadurch, dass 607f. in *p* in umgekehrter reihenfolge stehen (vgl. die lesarten). mit D 8,3 = P 611 setzt das bruchstück T ein. — an stelle von D 11,1f. bietet P vier verse 617—620:
*Zehant der münech Ilsân   an Volkêren lief:
  er sluoc im mit der Rôsen   eine wunden alsô tief,
  er sluoc in uf den helm,   daz er viel uf diu knie.*
620 *daz geschach Volkêre   bi sinen ziten nie.*
diese erweiterung hängt wohl damit zusammen, dass P den abschnitt XVII mit D 12,2 abbricht: der bearbeiter verband D 11,3—12,2 zu éiner strophe.

Nunmehr folgt der abschnitt D XIV in P 625—648. in P fehlen D 1,3f. 3, dagegen ist D 6 sechs verse lang P 639—644; die beiden letzten 643f. stammen wohl aus D X 5,1f., sind also

---

589 rechte *g.*   606 alzheim.   617 Czuhant *T*, Zulest *p.* munich *T*, kune *p.*   618 im] in *Tp.* der fehlt *p.* alsô fehlt *T.*   619 daz fehlt *T.* viel] muste *p.*   620 Vor den monich vallen iz was im gschen nie *p.* volkeren *T.*

zu streichen. D 7 ist in *p* richtig überliefert, in *T* auf zwei
verse zusammengezogen; *p* wird durch C 1390f. bestätigt.
P 649—828 = D¹ XVIII. P leitet den abschnitt durch
zwei neue verse ein (649f.):
   Nu héten die vürsten alle   vil nâch gar gestriten.
      dô hête der voget von Berne   sîn rehten gar vermiten.
damit hängt zusammen, dass P das verspar D 2,3f. streicht. —
mit P 668 = D 5,4 bricht *T* ab; von dem blatte, das mit dem
erhaltenen zusammenhing, ist noch ein schmaler streifen vorhanden,
der die versanfänge von P 669—694 = D 6,1—13,2 darbietet:
str. 6   *Ich* . .   *E(r)* . .   *E* . .   *k* . .
str. 7,1f. *d* . .   *d* . .
str. 8   *d* . .   *S(w)* . .   *W(a)* . .   *W* . .
str. 9,3f.   *Nv* . .   *dv* . . ⎫
str. 7,3f.?   *dv* . .   *dv* . . ⎬ als éine str. in *T*.
str. 10   *Im* . .   *de* . .   *de* . .   *Ich* . .
str. 11   *Ic* . .   *M* . .   *W* . .   *Ja* . .
str. 12   *de* . .   *m* . .   *si* . .   *S(i)* . .
str. 13,1f. *S(w)* . .   *Ja* . .
von str. 6 ist in *p* nur der erste vers (669) erhalten: *T* war vollständig, wie die reste zeigen, wenn auch der wortlaut etwas anders gewesen sein mag, als ihn C 1673—75 und D³ 471,2—4 geben. — das verspar 7,1f. hat Bartsch mit unrecht auf drei zeilen 670—672 erweitert. — D 7,3f. fehlen *p* und hier in *T*, wohl zufällig; in *T* scheint das verspar nach 9,4 gestanden haben, vgl. die versanfänge. — D 9,1f. steht in *p* 677f., hat aber in *T* gefehlt; da in *T* nach 9,4 noch zwei verse standen, die strophe also auch ohne 9,1f. vollständig war, so wäre es möglich, dass jenes verspar erst von einem späteren schreiber herrührte; die frage hängt, da es offenbar Biterolf 7992ff. entspricht, mit der andern zusammen, wie sich der Rg. zu dem Biterolf verhält. nach den in kap. V angestellten erörterungen ist anzunehmen, dass die str. in der fassung von *p* aus dem originale stammt. — 12,3 habe ich *sachsen*, wie *p* Dietrichs schwert nennt, durch *Rôsen* nach D ersetzt; P 717f. scheint nämlich anzudeuten. dass P den namen *Sahs* oder *Eckesahs* erst aus dem Eckenliede entnommen hat, s. u. auch 13,4 bietet *p* den namen, s. die lesarten. — an stelle von D 14,1—16,2 hat P nur zwei verse 697f.:
   Dô gienc vil balde [*von*] *dannen   meister Hillebrant,*
      dâ er sînen herren   hern Dietrichen vant.

---

649 Nv *T*, Do *p*. fursten *T*, hern *p*. alle *fehlt p*. gar *fehlt T*.   650 der foit *T*, dytherich *p*. sein fechten *T*, sinen strit *p*.

der zusammenhang spricht dafür, dass P hier gekürzt hat; aus demselben grunde fehlen D 18,1—19,2 und 21,1—23,2 ganz in P; die streichung des letzteren stückes ward durch die übereinstimmung von 20,4 mit 23,4 erleichtert. P beabsichtigt dabei wohl folgende strophenabteilung: P 697f. + D 16,3f. 17. 19,3—20,2. 20,3f. + 23,3f. — D 25,1f. fehlt wohl nur zufällig in P. — in 25,3f. (P 717f.) hat der bearbeiter die namen *Wolfditriches sachs* und *Ecken swert* für Dietrichs schwert angebracht. erklärlich scheint mir des bearbeiters angabe nur, wenn sie direct auf dem Eckenliede beruht. dort bekommt Ecke (str. 21ff.) von der königin die brünne, die früher Wolfdietrich trug, ferner ein schwert (str. 31), dessen geschichte später (str. 79ff.) erzählt wird, das durchweg ein *sahs* heisst und später in Dietrichs besitz übergeht. P hat nun angenommen, dass dies *sahs* so gut wie die brünne von Wolfdietrich stamme. Singers ansicht (Anzfda. XVII s. 42), dass der bearbeiter unter Wolfdietrichs sachs die Rose verstehe und von Eckes schwert (Eckesachs) unterscheiden wolle, kann ich nicht teilen; die bezeichnung *sachs* führt nur Eckes schwert; ihm ist *Wolfditriches sachs* = *Ecken swert* wegen des Eckenliedes. — D 26 fehlt; vielleicht ist diese str. erst von D^2 zugesetzt, wie sicher D 28.29. dagegen fehlen D 33.34 nur, weil der schreiber *p* von 32,4 auf 34,4 übersprang *(nôt : nôt).* auch D 35,3f. sind sicher nur zufällig ausgefallen. mit P 744 = D 37,4 hört vorläufig jede übereinstimmung von P und CD auf; P hat stark interpoliert, und zwar war die nächste veranlassung, dass der bearbeiter Dietrich und Siegfried zu pferde kämpfen lassen wollte. er schuf damit die sonderbarkeit, dass Dietrich D 33 aufsitzt, D 35 wieder absitzt und P 749 (s. u.) zum zweiten male aufsitzt. in D^2, und ebenso schon in D^1, geschieht der kampf zu fusse, in A zu pferde. das original (A^1) liess die helden sicher zu pferde kämpfen, wie die übereinstimmung von A 347f. mit D^3 496. 499 zeigt. D^1 behielt das aufsitzen bei, liess aber Dietrich wieder absteigen, damit er (D^3 503) die tür des gartens mit den füssen aufstossen konnte, und demgemäss den kampf zu fusse geschehen. P behielt nun das türaufstossen bei (P 742 = D^1 XVII 37,2), wollte aber den kampf doch nach ritterlicher weise zu pferde geschehen lassen und schuf dadurch seinen sonderbaren text.

P bietet demgemäss an stelle von D^2 38—51 folgendes in der hauptsache neu verfasste stück (P 745—810):

Er sprach: 'herre, her Dietrich,   *tuot iuch sorgen buoz.*
ez zimet niht edeln vürsten,   *daz sie striten ze vuoz.*

746 edeln *fehlt.*

iuwer vater hât selten   mit kempfen sô gestriten.
748 gein den sinen vinden   kam er ie geriten.'
Dietrich was bereit,   in den satel er dô spranc.
   des seite ime Kriemhilt   mit den vrouwen danc.
   zesamene sie dô riten,   die zwêne helde gelich,
752 Sivrit der hürnine   und ouch von Berne her Dietrich.
Mit starken mannes kreften   und ouch mit ritterschaft
   brach Sivrit der hürnine   úf den Bernære den schaft.
   alsô tete der Bernære   sines schaftes ort,
756 daz sie beide lâgen   hinder den rossen dort.
Sich huoben grimmege slege,   die sluogen die zwêne man.
   nu hebet sich umb die rôsen   aller êrste ein striten an.
   ez wart umb die rôsen   nie kampf sô engestlich,
760 dan dô der hürnin Sivrit vaht   und ouch von Berne her
Sie wâren beide küene,   ir kein den andern vlôch.   [Dietrich.
   diu ros sach man gebogen,   diu man dannen zôch.
   sie sluogen durch die schilte   úf liehtez ir gewant,
764 daz vil der stahelringe   von in dannen dranc.
Spannenbreite schivern   ze stücken sich dô kluben,
   daz sie den schœnen vrouwen   under diu ougen stuben
   von den liehten schilten.   dô weinete manec wîp,
768 daz die recken beide   sô quelten iren lip.
Sie wâren beide küene   und sô gar unverzeit,
   daz keiner [dem andern] wolte entwichen   eines vuozes breit.
   swâ sie eine wîle stuonden,   dâ vlôz des bluotes bach,
772 daz man vor ir vüezen   des grases niht ensach.
Sivrit der was küene,   sîn wâpen starc genuoc.
   mit vil grôzem grimme   úf Dietrichen er sluoc,
   daz er muoste entwichen   ze ende des garten dan.
776 daz sach der küene Wolfhart: daz was im leide getân.
Er rief mit lûter stimme: 'pfî herre, her Dietrich!
   waz sol iuwer name sô hôch   und ouch sô lobelich?
   ir vehtet sam ein zage,   daz ist an êren blôz.
780 durch got seht ane die vrouwen,   der mündelin liuhtent rôt.'
Alsô von Wolfharte   diu rede dô geschach,
   der edel voget von Berne   durch helmes venster sach:

748 don *fehlt*.   753 starken] rittor.   754 Brachte.   759 die *fehlt*.
760 dan *fehlt*.   762ᵇ di horn man denne zoch.   763 sic] Di.   764 Daz
dy stalringe vil.   dannen *fehlt*.   765 stucke.   772 daz gras.   773 genuoc]
gut.   774 Ufe in *beginnt*.   vil grôzem *fehlt*.   775 er] dytherich.   778 lebelich.
779 ist] oz.

783 die vil schœnen vrouwen   sâzen nâhe darbî.
. . . .
Der edel voget von Berne   sluoc Sivriden ûf diu knie.
dem küenen Wolfharte   geschach sô liebe nie.
er sprach: 'herre, her Dietrich,   slaht aber einen dar,
788 lâzet in niht ûf stân,   sô werdet ir siges gar.'
[ûf spranc der küene Sivrit,   er was ein sneller degen.
er lief aber ane den Berner   mit ungevüegen slegen.]
Dô rief in den garten   sin vater Sigemunt:
'und werdet ir gelastert,   Sivrit, an dirre stunt,
komet ir in daz alter,   waz sült ir ze einem man,
794 ob iu der voget von Berne   hiute gesiget an?'
Dô Sivrit daz erhôrte,   daz ime sin vater rief,
mit ungevüegen slegen   er den Berner ane lief.
Balmungen warf er umbe   mit kreften in der hant
798 und sluoc ûf Dietriches helm,   daz ez lûte erklanc.
Er sluoc Dietrichen   durch brünne und durch schilt.
des erlachete bî den vrouwen   diu schœne Kriemhilt.
sie triben einander umbe   ûf der heide sûder:
802 der ein sluoc disen her,   sô treip in diser hin wider.
Dô in der herten schilte   von swertes orten niht bliben,
einander sie mit swerten   mit zorne umbe triben.
ze beulen handen sie sluogen: vil ringe von in dranc.
806 sie kunde nieman scheiden.   manec vrouwe ir hende want.
Dietrich muoste wîchen   von engestlichen slegen.
wol er kande Sivrit,   den zierlichen degen.
ouch vorhte er Balmungen,   sin wâpen starc genuoc.
810 under wîlen Dietrich   mit listen wider sluoc.

Die interpolation von P umfasst zunächst die drei strophen 745—756, d. h. sie geht gerade so weit wie der kampf zu pferde. sicherlich sind dadurch ein par ältere strophen verdrängt worden: in D¹ könnten D XVIII 42.45.46 gestanden haben. — die vier folgenden strophen P 757—772 sind aus drei älteren D XVIII 47—49 (D² 515—517) herausgearbeitet: zuerst steht 48 mit verändertem anfang; dann eine, deren anfang aus 49 stammt; es folgt

<small>nach 783 fehlt ein vers, s. s. LXVIII. 785 Daz sach der kune wolfhart her gesach im so libe nie.   786 herre fehlt.   786ᵇ danc habet ie Slat abir eyn dar; letztere halbzeile zählt Bartsch als v. 787.   790 den von berne.   791 sin] sifrides.   796 er fehlt.   797ᵇ in der hant met croften daz waz.   798 lûte] sero.   801 treyben cin den andern ymo.   sider] wedir.   802 der ein] Eynö.   wider fehlt.   804 Keyn cynander.   805 vil ringe] manig ling war.   807 engelichen.   809 genuoc] gut.</small>

EINLEITUNG.

47 mit geändertem schluss; endlich 49. — die übrigen neun strophen sind wieder jüngere interpolation; die aufmunterung der beiden kämpfer durch Wolfhart und Siegmund ist sonst unbekannt; die anreizung Dietrichs durch Wolfhart im auftrage Hiltebrands, übereinstimmend mit A, folgt in P noch 811ff. = D¹ XVIII 52ff. — dass ich nach P 783 eine lücke vom umfange eines verses ansetze, ist gerechtfertigt dadurch, dass Bartschs v. 787 gar nicht vollständig überliefert ist, und dass durch Bartschs ansatz zwei verspare mit den reimen *bi : knie, nie : ie* geschaffen werden, was gewiss nicht wahrscheinlich aussieht. — P 789f., die die strophische gliederung stören, sind nichts als eine andre fassung von P 795f., die falsch eingeordnet ist. — die letzte der neun strophen, 807ff., ist aus den Nibelungen 2286,3—2287,2 Lachm. entnommen, und zwar dem texte *B; in diesem lautet 2286,4ᵇ *den vil zierlichen degen*, in *C aber *er was ein úzerwelter degen*. da die strophe am schlusse des einschubs steht, ist es möglich, dass sie bereits in der vorlage D¹ vorhanden war (an stelle von XVIII 51); allein der umstand, dass P noch mehrfach entlehnungen aus andern gedichten aufweist, die in den andern texten fehlen, macht dies nicht gerade wahrscheinlich; sie wird wohl der interpolation zuzurechnen sein. — D¹ hatte an stelle dieser neun strophen schwerlich mehr als die beiden D XVIII 50.51. — der rest des abschnittes, P 811—28, stammt unzweifelhaft aus der vorlage, wie die nahe übereinstimmung mit A 357ff. beweist; er ist daher im texte als D¹ XVIII 52ff. gegeben. leider folgt nach P 828 = D¹ 56,2 durch ausfall eines oder mehrerer blätter eine lücke, durch welche uns der schluss von XVIII und anfang von XIX entgeht. eine berechnung des fehlenden ist bei dem charakter von *p* nicht sicher möglich; doch scheint man mit der annahme auszukommen, dass nur éin blatt mit 31 zeilen fehlt (2 verse, 7 strophen, 1 vers). von den 7 strophen würden dann etwa 5 noch zu XVIII gehört haben.

P 829—860 = D XIX; der anfang fehlt. die drei ersten erhaltenen verse entsprechen Dˢ 557,2. 558,1f., scheinen also éiner strophe (D¹ XIX 5) anzugehören, aus welcher die beiden strophen Dˢ 557.558 herausgearbeitet sind. darauf folgen zwei verse P 832f. (vgl. die lesarten), welche allem anscheine nach die strophische gliederung stören; sie wenden das sprichwort '*swer den alten kezzel rûret, vœhet râm zehant*' auf Hiltebrand ganz in derselben weise an, wie es das jüngere Hiltebrandslied tut. der sie zusetzte, scheint also dies lied gekannt zu haben. — an stelle von D XIX 8,3f. hat P sechs verse 844—849, die wohl auf unsern bearbeiter zurück-

zuführen sind, da sie einen charakteristischen zug einfügen, der
den übrigen texten fehlt:
lúte rief dô Hiltebrant: 'wâ ist nu ein junger [starker] man,
845 der mit mir sül rehten? den wil ich aller êrste bestân.
Ich kume niemer von der heide, bi der triuwe min,
mir gebe dan Dietrich [die] hulde: ich tete wider die hulde sin.'
dô lachete der roget von Berne (er was wol bekant),
849 er sprach: 'nu habe hulde, getriuwer Hiltebrant.'
nach D XIX 9 stehen in P noch zwei strophen, welche der éinen
D³ 574 entsprechen; es scheint demnach, dass hier P wieder er-
weitert hat. sie lauten (P 854ff.):
Dô sprach der künec Etzel: 'nu rât, her Dietrich,
wie ich hiemite gebâre.' dô sprach der vürste rich:
'ir sült im wider geben beidiu bürge und lant:
857 er sol. iu iemer dienen mit siner werden hant.'
'Des wil ich volgen gerne. künec Gibeche rich,
habe din lant alsô ê vür dich gewalteclich
860 und diene mir darumbe vil getriuwelich
und darzuo dem Berner, daz wizze sicherlich.'
mit v. 860 bricht die hs. ab; den letzten vers der strophe habe ich
nach D³ 574,3f. ergänzt. viel kann uns durch den verlorenen schluss von
P nicht entgehen, da D¹ sicher mit der unterwerfung Gibichs unter
Etzel und Dietrich abschloss; doch ist durchaus nicht zu bestimmen,
wie der schluss des gedichtes in P, bez. D¹ gelautet haben könnte.

Zum schlusse stelle ich noch einmal die wichtigsten eigentüm-
lichkeiten des textes P zusammen: sein verhältnismässig hohes alter
zeigt sich darin, dass Kriemhilt noch selbst küsst (D¹ II 31,4),
dass eingang und schluss von XVIII noch zu A, nicht zu D stimmen,
dass die CD gemeinsamen abschnitte IV und V noch fehlen (und
zwar ohne lücke); wir durften deshalb auch die str. P 345—348
direkt aus A 190.191 ableiten. dass P trotzdem nicht eine vor-
stufe der texte CD ist, ergiebt sich zunächst aus den zahlreichen
kürzungen; mit absicht ist gekürzt die schilderung des gartens in
II (CD bestätigt durch F), gestrichen XVI (wahrscheinlich); durch
nachlässigkeit fehlen besonders grosse partien von VI und VII.
nicht selten verführt der bearbeiter in kleinen zügen selbständig;
besonders legt er wert auf genaue wappenangaben (vgl. die ein-
gänge der meisten kämpfe); eine grössere interpolation findet sich
nur in XVIII, die, wie die wappenangaben, verrät, dass P sein
publikum in ritterlichen kreisen suchte.

---

847 dy ich tet. 860 darumbe vil fehlt.

IV. Fremde bearbeitungen.

Der anfang einer **niederdeutschen** bearbeitung des Rosengartens ist uns erhalten auf dem letzten vorhandenen blatte einer Pommersfelder hs. (betitelt *Amadisica*, pap. quart., geschrieben 1470, noch 85 bll., anfang und schluss verloren), die vorher den Krane des Berthold von Holle enthält. das fragment ist abgedruckt durch Bethmann in HZ. V, 368ff.; ergänzungen dazu aus der hs. giebt Bartsch, Berthold von Holle s. XX. die hs. bietet noch 53 abgesetzte kurzzeilen; sie schliessen sich bequem zu sieben unserer epischen strophen zusammen, nur éinmal (2,3f.) vertreten zwei kurzzeilen eine halbe strophe, was gewiss als verderbnis anzusehen ist. die sieben erhaltenen strophen lauten:

1 *Men vindet in allen landen,   wâr tucht ind êre si:*
  wei sich hôd vor schande,   dâr wonet êre bi.
  tucht hevet êre,   êre hevet pris.
  wei sich des besinnet,   dei is van kunsten wis.
2 *Tô Wormisse up dem Rine   dâr is ein hof gemaket*
  lanc ind breit van rôsen: hei is sô wol geraket.
  ein felt breit, einer milen lanc
  is der rôsen ummevanc.
3 *Veir torne van grâen steinen   dei porten sollen sin,*
  dei doren van elpenbeine   . . . . . .
  up êlikem torne stût   ein arn van golde rôt,
  dei lûchten tô'r midder nacht,   as dei sonne tô middage [dôt].
4 *Dei slote sin van golde,   dei vor der porten stân.*
  wâr sach men van rôsen   ein hof sô wolgedân?
  wei heft den hof getûget?   dat hevet gedân ein maget.
  sei is eines koninges dochter,   vorwâr is mir gesaget.
5 *Sei hevet ein man getrûwet,   ein degen wol gemeit.*
  sei wil in den rôsen merken   sine vromicheit.
  hei geliket eime valken   ind draget eins lewen môt.
  hei hevet tô sinen handen   ein swert, dat is sô grôt.
6 *Dat is der van Nevelungen.   sin wâpen sin sô vast.*
  hei draget van rechter overmôt   wol fiftich munne kraft.

1,1 länden: a o u *sind meist mit übergeschriebenen punkten oder* e *ausgezeichnet.* 2 Tûch. 2,1 höff. 2 länck. wöll. 3 lanck. 4 ummevânck. 3,1 pârten. 2 dörren. elpenbeynen. 3 stad. 4 dôt *ergänzt.*
4,1 slötte. 2 Waer. höff. wöll getaen. 3 hefft. höff. eyn mäget gedân.
5,1 eynen m. 2 will. mercken. 3 cynes l. moet. 4 swerd. groed.
6,2 Her dr. overmoet. Wöll fifftich. crafft.

der maget hôden dei rôsen twelf der besten man,
dei men in koninges lande irgen gevinden kan.
7 Dei porten sín van golde, unbesloten sin dei doren.
tô êliker porten liggen dei edelen hêren vore.
dei dâr den pris vorwervet tô Wormisse up dem Rin,
men gevet en ein juncfroun kussen ind ein rôsenkrenselin.

Leider bietet das bruchstück wenig anhalt, ihm die richtige stelle unter den oberdeutschen Rosengärten anzuweisen. die königstochter will, wie in A, im garten die tapferkeit ihres geliebten prüfen; dieser geliebte ist *der van Nevelungen*: der name *Nibelunge* erscheint im Rg. nur A 177. während diese punkte wahrscheinlich machen, dass die hier benutzte vorlage A sehr nahe stand, widerspricht dem die ausführliche schilderung des gartens; sie ist zwar ganz anders gehalten als die in CD(F) vorliegende, doch schwerlich von dieser zu trennen; der niederdeutsche dichter hat dem ihm gebotenen stoffe ja eine ganz neue form gegeben. eine fassung, die A nahe steht und doch den garten ausführlich schildert, kann man nur zu F oder dem vorausgesetzten O stellen; heimat und alter dieser texte stimmen ganz gut dazu, vgl. kap. V.

Wann und wo der niederdeutsche Rg. entstanden ist, auf diese fragen giebt eine annehmbare antwort die art seiner überlieferung: er ist in ein und derselben hs. mit dem Krane des Hildesheimer ritters Berthold von Holle vereinigt, dessen poetische tätigkeit in das 3. viertel des 13. jh. fällt. wir dürfen deshalb annehmen, dass auch der nd. Rg. aus ungefähr derselben gegend und zeit stamme; ein wenig jünger als Berthold mag er immerhin sein.

Eine auffällige übereinstimmung mit CD findet sich 7,4: *men gevet en ein juncfroun kussen*, doch ist sie wohl zufällig; unter der jungfrau kann Kriemhilt selbst verstanden werden.

Um die mitte des 14. jh. ist der Rosengarten ins čechische übertragen worden. wir besitzen von dieser übersetzung reste von zwei handschriften.

1. Die reste der einen bestehen aus einer grossen anzahl von streifen, die sich zu zwei doppelblättern zusammenstellen lassen. diese doppelblätter gehören zu derselben lage, das innere schliesst an das äussere unmittelbar an, ist aber nicht das innerste, vielmehr fehlt in der mitte mindestens noch ein doppelblatt. diese hs. (in verf. ZRg. mit *C* bezeichnet), perg., stammt aus dem dritten

---
3 der maget *unlesbar, ergänzt von Bartsch.* die r. Zwölff. 7,1 Die p.
2 Die ed. 3 op den r. 4 jüncfrowen. krenselein.

viertel des 14. jh. sie ist einspaltig geschrieben und enthielt auf der seite 32—36 abgesetzte verse (verf. a. a. o. s. 16). herausgegeben wurde sie von Titz in HZ. XXV, s. 253ff. mit beigefügter übersetzung, besser und vollständiger von Patera in Časopis musea královstvi Českého, jahrg. 1881, s. 464ff. nach letzterer ausgabe habe ich sie (ZRg. s. 9—16) nochmals übersetzt (vgl. dazu die von Singer mitgeteilten bemerkungen Murkos Afda. XVII s. 35f.).

 2. Von einer zweiten hs. existiert nicht viel mehr als eine spur: Kubes fand zu Brünn einen streifen, der quer aus einem doppelblatte einer hs. herausgeschnitten ist, und Truhlář veröffentlichte ihn in den Listy filologické 1886, s. 307f. der rest des zweiten dieser blätter enthält ein par verse des Rg., der des ersten blattes gehört nicht dazu (Listy filologické 1887, s. 263 anm.). die hs., perg., war etwas älter als die erste und zweispaltig geschrieben. vom Rg. ist folgendes übrig:

vorderseite, 1. spalte (a)
 Vdassye markrabyu weliku ranu daty
 Kralowyczyu gez ynhed gye sye zassye postupaty.
2. spalte (b)
 Oblekasse wodyenye bersye do zahrady
 Swych paterzow nechagys . . .
rückseite, 1. spalte (c)
 . . . swym meczem zatye gyey hluboczye.
2. spalte (d)
 Gez zgych meczow gyskry podoblaky letyechu
 Sebrawsse swe wsye syly dasta sobye rany.
zu deutsch:
a *Es gelang dem markgrafen, eine grosse wunde zu geben*
 dem königssohne, der sofort begann vor ihm zurückzuweichen.
b *Er kleidete sich in die kleidung, schnell (?) in den garten*
 seiner vaterunser nicht achtend [ging er].
c *Mit seinem schwerte schlug er ihn tief.*
d *Dass (?) von ihren schwertern funken zu den wolken flogen.*
 Sammelnd alle ihre kräfte gaben sie einander wunden.

 Die reste der 1. hs. umfassen nach Pateras zählung 214 verse, die in zwei grössere abschnitte 1—105 und 106—214 zerfallen. das erste stück erzählt Ilsans abholung aus dem kloster von dem punkte an, wo der abt die fahrt zugiebt, ferner Ilsans zank mit Wolfhart, die ankunft vor Worms, die absendung Rüdegers an Kriemhilt bis zu der stelle, an welcher er ein angemessenes gewand fordert. das zweite stück umfasst ziemlich genau die zusammenstellung der kämpferpare durch Gibich und Hiltebrand. die übersetzung folgt wort für wort dem texte P; daher fehlen die abschnitte D IV und V. in der aufzählung der kämpferpare hat die übersetzung die reihenfolge des textes P, ist aber vollständiger als die hs. p, sodass sie die lücke der letzteren nach v. 325 erkennen lässt und ausfüllt, s. o. s. LVII. innerhalb dieses die lücke von p ausfüllenden stückes macht der čechische text v. 181f. nähere angaben über Volker: seine mutter heisst *Perchylia* und ist die schwester der *Prawhylt*. letzterer name ist verschrieben; am nächsten liegt, ihn in *Prunhylt* zu verbessern. dann hat P die Brünhilt als mutterschwester Volkers bereits gekannt (was aus der verderbten stelle P 76 nicht ganz sicher zu schliessen war); dies ist insofern auffällig, als Brünhilt sonst nur in dem jungen texte D^s auftritt an stelle einer von D^s eingeführten herzogin von Irland, s. s. 264. woher aber hat der Čeche den namen für die mutter Volkers genommen? selbständige sagenkenntnis, wie Singer Afda. XVII s. 36 meint, liegt gewiss nicht vor; wenn *Perchylia* verschrieben ist für *Perchylta* und dies gleich *Birkhilt*, Fasolts mutter im alten Eckenliede str. 228.237, so liegt die annahme nahe, dass der name bereits in der vorlage des übersetzers sich gefunden hat: der bearbeiter P kannte das Eckenlied, s. o. s. LXV, ihm ist bei seiner selbständigkeit auch die entlehnung dieses namens zuzutrauen. in der hs. p ist der name durch die lücke nach v. 325 verloren, der verlust dann wahrscheinlich um eine strophe grösser anzusetzen, als es oben s. LVII nach analogie von D geschehen ist.

Wir können nun auch wagen, den resten der 2. hs. ihre stelle anzuweisen. dass zwischen den einzelnen stücken derselben einige 30 zeilen fehlen, zeigt das andre blatt, welches reste eines anderweit bekannten gedichtes (der legende von den 10000 rittern) enthält. das macht es möglich, den resten des Rg. ihre stelle anzuweisen: sie entsprechen P 559f. (D XIII 4,3f.), 588^b.589 (XVII 2,4.3,1), 618 (etwa XVII 11,1), 640f. (XIV 6,2f.).

Auffällig ist übrigens, dass die 1. handschrift fast ausschliesslich achtsilbige, parweis gereimte verse bietet, die 2. dagegen, so viel sich erkennen lässt, viel längere verse hat. sollten wir zwei verschiedene übersetzungen vor uns haben? ich glaube lieber, dass der übersetzer gegen ende seiner arbeit nachlässiger und seiner vorlage gegenüber unselbständiger geworden ist. von dieser vorlage besitzen wir vielleicht noch einen rest in dem bruchstücke T; dasselbe giebt den text P und ist im 14. jh. in Böhmen geschrieben, kann also der übersetzung recht gut unmittelbar zu grunde gelegen haben.

V. Heimat und alter; spätere geschichte.

Der grosse litterarische einfluss, den das erscheinen der Nibelunge Not ausübte, zeigt sich nicht zum wenigsten darin, dass im laufe des 13. jh. nach ihrem vorbilde eine ansehnliche zahl volksmässiger epen in strophischer form entstand. diese gedichte lassen sich nach alter und form in zwei deutlich geschiedene gruppen verteilen; die ältere, Kudrun, Walther und Hiltegund, die grundlage der Ravennaschlacht umfassend, bildet aus der Nibelungenstrophe neue, zwar wenig abweichende, aber jedem einzelnen gedichte eigentümliche formen; die jüngere, bestehend aus Ortnid und Wolfdietrich, Alpharts Tod, sowie unseren Rosengartenliedern, verwendet die form der Nibelunge Not im principe unverändert.

In wirklichkeit freilich weicht die strophe der letzteren gruppe nicht unbedeutend von ihrem vorbilde ab.

Die auffälligste neuerung besteht darin, dass die schlusszeile nicht mehr, wie früher, eine hebung mehr als die übrigen verse haben muss, sondern nur darf. es wechseln also strophen alter form mit gleichversigen nach belieben. die erklärung dieser erscheinung liegt wohl im folgenden: für die NN. gilt es gleichviel, ob eine strophe schliesst wie 20 (Lachmann) *diu wds ze Sántên gendnt* oder wie 31 *die fróuwen léiten ín daz gólt*; im laufe des 13. jh. aber entwickelte sich die sprache dahin, dass es nicht mehr möglich war, auf eine vollkommen tonlose silbe, wie die zweite von *Santen*, einen ictus zu legen; die spätere zeit las also die beiden angeführten beispiele verschieden, das erste mit drei, das zweite mit vier hebungen. für das gefühl der dichter der oben aufgestellten zweiten gruppe war also die mischung verschiedener strophenarten schon in dem epos, dem sie ihre werke nachbildeten, vorhanden. in allen Rosengartenliedern finden sich demgemäss neben einer überwiegenden menge von gleichversigen strophen auch solche mit verlängerter schlusszeile; die kritik hat kein recht, hier ausgleichend einzugreifen.

Eine zweite abweichung vom vorbilde hat ebenfalls ihren grund in der weiterentwickelung der sprache: die verse der Nibelungenstrophe schliessen stumpf, dabei gilt nach alter weise ein versschluss ⏑ × gleich einem von der form ⏊. schon im 13. jh. aber beginnt die sprache den unterschied von worten der form ⏑ × und der form ⏊ × zu verlieren; beide werden als klingend empfunden. die verse der NN. schliessen also für die spätere zeit be-

liebig klingend oder stumpf. so ist es ganz natürlich, dass
die nachbildungen gelegentlich auch worte von der form ⊥ ⤬ im
versschlusse verwenden; dass solche schlüsse verhältnismässig selten
vorkommen, erklärt sich wohl aus dem bestehen einer traditionellen
technik. von den Rosengärten weist nur F, vielleicht in folge seines
fragmentarischen zustandes, keine beispiele auf.

Im Rg. A finden sich, meist durch C bestätigt, vier sichere
fälle: *Berne:gerne* 155.335.351, *schóne:króne* 180, dazu ein nur
in C belegter, der in den hss. von A wohl nur zufällig fehlt,
grüene:küene 220, ausserdem noch dreimal *beite:bereite* 83.192.274,
wenn man annimmt, dass hier das verbum *beiten*, nicht *biten* ver-
wendet ist. in allen diesen fällen besteht die überschiessende silbe
nur aus stumpfem *e*, es ist also möglich, dass hier nicht klingender
reim vorliegt, sondern das schliessende *e* abgeworfen ist; diese
annahme wird besonders nahe gelegt durch den reim *reht:kneht*
(= *knehte* nom. plur.) 156, durch C bestätigt; die sonst vorkommenden
apokopen sind leichterer art. ich glaube deshalb, dass in A² (und
demnach wohl auch in A¹) versschlüsse der besprochenen form nicht
vorkamen. daher habe ich auch 120,4 (wo leider die controle von
C nicht vorliegt) die lesart von *m* vorgezogen; nach *b* würde hier
allein ein klingender reim *garten:warten* vorliegen, der sich nicht
durch annahme von apokope beseitigen lässt. allein α 625,16ff.
bestätigt die lesart von *b*; ich möchte daher jetzt lieber 120,3f.
mit *b* lesen

wer der beste vehter   ist in dem rósengarten,
swenn einer nách dem andern   in den rósen beginnet warten.'

das beispiel würde aber, da C hier fehlt, nur für A² gesichert sein.
in den zusätzen dieser redaction kommt 62,3' noch ein fall derselben
art vor *worden:morden*. ebenfalls auf A² geht zurück *stunde:begunde*
381; hier kann man zweifeln, ob zweihebig oder dreihebig klingende
halbverse beabsichtigt sind (erstere nach *b*, letztere nach *m*, vgl.
anm.); es kommen ja beispiele für jenen altertümlichen bau der ersten
halbstrophe, der zwei volle hebungen des schlusses durch klingenden
ausgang ersetzt, noch in so jungen gedichten wie Alpharts Tod
und Wolfdietrich D vor, als sicheres zeichen für das oben erwähnte
vorhandensein einer tradition in der poetischen technik. in den
Rosengartenliedern würde dies der einzige fall sein. lesen wir mit
m, so scheint annahme von apokope hier unzulässig und ist nach
62,3' und 120,3 unnötig.

In D ist klingender reim zunächst an solchen stellen nicht
selten, die sicher oder wahrscheinlich vom letzten bearbeiter her-

rühren; die überschiessende silbe besteht 1) nur aus *e*: *burgære*: *zwivelære* 106, *baltenære*: *swære* 435, *mére*: *ére* 528, 2) aus *en* nach vorausgehendem *r*: *méren*: *herren* 4, *vůeren*: *růeren* 179, *hœren*: *tœren* 434, *sturen*: *gehœren* 448; in allen diesen fällen beseitigt annahme von apokope oder synkope den klingenden reim.

An vier andern stellen lässt sich D durch C controlieren *mære*: *wære* 269 (C *lin*: *an*), *gehórte*: *tórte* 543 (C *hórt*: *betórt* part. perf.); diese beiden fälle werden also durch C nicht bestätigt; anders *swære*: *predegære* 454 (: *mære* C) und besonders *besunder*: *merwunder* 140 DC. der letztere fall ist der einzige, der sich auf keine art hinwegdisputieren lässt; er ist für D² gesichert, war aber in D¹ noch nicht vorhanden, da der abschnitt IV erst von D² zugesetzt ist.

Ein klingender reim findet sich noch in einer ganz späten interpolation der hs. *s* : *zerhiewen*: *vielen* 515,5'.

C bietet ausser einer reihe von fällen, die es mit A oder D gemeinsam hat, noch fünf beispiele; das wichtigste ist 1884 *hemeren*: *getemeren*, das durch P 437 für D¹ (IX 12) gesichert wird; vielleicht glaubte sein urheber, dieser reim könne als stumpf gelten, weil *e* nach *r* geschwunden war. von den übrigen beruhen zwei auf verderbnis: *ére*: *verkére* 149 (vgl. A 43,1) und *mære*: *swære* 927 (vgl. D 210,1); ein beispiel steht an einer stelle, die ihre in C vorliegende form sicher vom contaminator erhalten hat: *vrouwen*: *houwen* 925, ein andres in einer nur in C belegten str., die vielleicht aus D² stammt: *alle*: *gevalle* 1978 (D² XVIII 68,5).

P hat ausser dem durch C bestätigten falle (s. o.) noch éinen an einer gewiss spät zugesetzten stelle: *nennen*: *erkennen* 111.

Aus dieser zusammenstellung ergiebt sich, dass die älteren texte von klingenden reimen nahezu ganz frei waren; der älteste sichere fall *besunder*: *merwunder* DC stammt aus D².

Die behandlung der cäsur hat durch die oben besprochene entwickelung der sprache ebenfalls eine veränderung erlitten. ursprünglich schlossen die vorderen vershälften entweder vierhebig stumpf oder, und das war die regel, dreihebig klingend. nachdem nun worte von der form ◡ ╳ den gleichen wert wie die von ╩ ╳ erlangt hatten, konnten sie auf der cäsur als klingend verwendet werden; beispiele dafür bieten alle Rosengartenlieder in grosser anzahl. da nun aber versschlüsse der form ◡ ╳ in der tradition als gleichwertig mit ╩ galten, so war die möglichkeit gegeben, gelegentlich auch auf der cäsur ◡ ╳ durch ╩ zu ersetzen, d. h. die vordere vershälfte dreihebig stumpf zu bauen. naturgemäss sind solche verse, da sie gegen ein richtiges metrisches gefühl verstossen, ziemlich selten; doch sind einige fälle durch übereinstimmung von AC für A² gesichert, z. b. A 143,1. da ich ihre entstehung begreifen konnte, glaubte ich mich der correctur enthalten zu müssen. die übrigen verfasser scheinen sich dieser roheit mit richtigem takte enthalten zu haben.

Die cäsuren éines verspares durch reim zu binden, war frühzeitig beliebt; auch in den Rosengärten sind die beispiele häufig, und es lässt sich ein zunehmen der cäsurreime beobachten.

In A finden sich im ganzen fünf cäsurreime; zwei von ihnen (152,1. 265,3) werden durch C bestätigt, ein dritter (246,1) ist in C durch eine notwendige änderung verloren gegangen; die beiden andern stehen an stellen, die wahrscheinlich erst von A³ zugesetzt sind (43,7. 254,3). — dagegen gehören die reime 320,3 und 342,3 dem texte A wohl nicht an; der erstere ist wahrscheinlich von C nachgetragen (320,3ᵃ also besser mit *m* zu lesen *dô sprach meister Hiltebrant*), der letztere wohl nur verderbnis der hs. *f*, da er rührend ist (342,4 ist also die lesart von *x* in den text zu setzen).

Von den in D vorhandenen cäsurreimen sind zunächst vier unbestätigte (10,3. 294,3. 352,3. 517,1) in abzug zu bringen, da sie ihr dasein vermutlich lediglich der verderbnis der überlieferung verdanken. so bleiben noch vierzehn beispiele übrig; drei von ihnen (3,1. 464,3. 511,1) werden durch C bestätigt, stammen also aus D³; zehn, darunter drei rührende, die ihr urheber vielleicht gar nicht als reime gelten lassen wollte (224ff.), werden entweder durch parallele texte als von D³ nachgetragen erwiesen (70,3. 76,1. 224,1. 272,1. 515,3. 529,3) oder stehen in erst von D³ zugesetzten strophen (155,3. 225,1. 226,1. 247,3); der letzte fall, 212,3, steht nur in *ah*, nicht in *b* und C; es wäre also möglich, dass dieser reim noch jünger als D³ wäre, doch lässt sich das kaum entscheiden, da str. 212 in der überlieferung von D³ sehr verderbt ist.

Am reichsten ist C mit cäsurreimen versehen; zwei von ihnen werden durch A, drei durch D bestätigt, s. o., ein weiterer durch P (D¹ XI 5,1), der merkwürdiger weise in D⁵ 352,1 beseitigt ist. diese sechs fälle stammen also aus den vorlagen. neunmal hat C nachweislich den cäsurreim in seine vorlagen interpoliert, wenn auch nicht selten recht ungenau (A 101,3. 320,3. D 1,3. 128,3. 224,3. 354,1. 491,3.¹) 504,1. 611,3.); danach ist in C auch A 250,3 als gereimt zu betrachten, während für A *küneginne : singen* gewiss nur ein zu-

---

¹) Demnach wird man gut tun, D¹ XVIII 25,4 lieber die lesart von D⁵ aufzunehmen.

fälliger anklang war. zu diesen fällen gesellen sich C 897 und 917, wo der endreim der vorlage in die cäsur gesetzt ist. natürlich ist der cäsurreim in den C eigentümlichen stücken besonders häufig; ich zähle zehn beispiele C 823.851.853 (eine durchgereimte strophe). 885.891.1033.1131.1135.1742.1906. dass sie häufig ungenau sind, darf uns nicht stören; hat doch der contaminator D 354,1 und 504,1 nur geändert, um die assonanzen *grimme:ringe*, *Niderlande:lange* anzubringen. im ganzen hat C 28 cäsurreime, von denen 21 anderwärts nicht bestätigt werden, also wohl auf den contaminator zurückgehen.

Auch P liebt es, cäsurreime einzuführen; nur éin beispiel für aus der vorlage übernommenen reim findet sich 505 = D^1 XI 5,1, s. o. einmal lässt sich nachweisen, dass erst der schreiber von *p* den reim nachgetragen hat: D^1 XVIII 1,1, wo *T* durch AC bestätigt wird. sonst ist cäsurreim nachgetragen D^1 X 2,3. XI 4,3. 5,3, wahrscheinlich XIX 9,3, wohl auch XIII 3,3 (dann ist hier die fassung von *f* in den text zu setzen). in selbständigen strophen findet sich cäsurreim P 111 (ganz spät) und 250; der rührende reim P 345 ist wohl verderbnis.

In den bruchstücken von F kommen sechs cäsurreime vor, davon fünf (I 5,3.9,1. II 8,1.14,3. V 22,1) in uncontrolierbaren teilen, einer (II 25,1) in dem auch in D vorliegenden passus; wie D 21,1 zeigt, ist er von F nachgetragen.

Wir sehen also, dass einige cäsurreime ziemlich alt sind, dass aber die mehrzahl erst den neubearbeitungen ihr dasein verdankt.

Über den innern bau des verses will ich nur bemerken, dass ich mich möglichst fern gehalten habe von metrischen conjecturen; zweisilbige senkungen (und auftakte) sind unsern dichtern gewiss zuzugeben unter der voraussetzung, dass keine der beiden silben einen natürlichen ton, sei es auch nur nebenton, trägt. auffälliges metrisches ungeschick zeigt nur der contaminator C, sobald er genötigt ist, sein eigenes licht leuchten zu lassen, vgl. C 385.786. 807f.1032.1575.1908.1974, wohl auch einige überlange verse in 681ff.

Über die endreime ist zunächst zu bemerken, dass alle texte ausser F gegen die strenge regel nicht selten beide verspare derselben strophe durch gleichen reim binden.

Wollen wir die endreime zur bestimmung von heimat und alter unserer gedichte verwenden, so haben wir zunächst zu untersuchen, welchen grad von reinheit der reime die einzelnen verfasser angestrebt haben. dies erkennen wir durch eine betrachtung der von ihnen zugelassenen assonanzen, d. h. solcher bindungen, die

EINLEITUNG. LXXIX

unter keinen umständen, auch dialectisch nicht, reine reime sein
können.
   In A⁸ finden sich 23 assonanzen, nämlich
b : g 15mal, dĕgen : lĕben 102.128.329.365.373, dĕgen : gĕben 189.191.
   236.358,5, haben : rertragen 170, haben : klagen 334, gehaben :
   geslagen 342, begraben : klagen 358.359, vlugen : stuben 352. —
   dazu in dem zusatze von am buochstaben : sagen 59, *1.
p : t 5mal, huop : wuot 226.247, Dietleip : kintheit 268, zit : lip 308,
   liep : liet 390.
t : c 2mal, stat : pflac 129, getruoc : guot 206.
nt : nc 1mal, vant : spranc 311.
zwei von diesen 23 beispielen sind erst durch conjectur gewonnen:
rlugen : stuben 352 (so durch C bestätigt) und dĕgen : gĕben 358,5.
— drei stellen entfallen auf die zusätze von A⁸: dĕgen : lĕben 329,
dĕgen : gĕben 358,5, liep : liet 390. von den übrigen zwanzig finden
sich fünfzehn in C wieder, die andern sind ausgefallen oder ge-
strichen.
   D⁸ enthält 32 assonanzen:
b : g 18mal, getragen : erhaben 10, sagen : haben *51, durchgraben :
   tragen 144, lagen : haben 337, gehaben : tragen 574, dĕgen : lĕben
   *196.321.521, dĕgen : ĕben *200 (conjectur), dĕgen : gĕben 315.
   319.320.558.*620, lĕben : erwĕgen 250, pflĕgen : begĕben 388, er-
   wĕgen : gegĕben *465, loben : gezogen *117.
d : g 1mal, laden : tragen 453.
p : t 1mal, zit : wip 492.
p : c 1mal, sluoc : huop 268.
t : c 5mal, guot : sluoc *323.415, guot : genuoc 422, kluoc : hôchgemuot
   *608, guot : truoc *617 (in h reiner reim).
nt : nc 3mal, kint : Kerlinc 44, hant : lanc *533, rinc : Gotelint *614.
3 einzelne fälle vogel : loben 135, überzogen : vogel 140, schade :
   haben *616.
die mit * bezeichneten sind wahrscheinlich erst durch den letzten
bearbeiter hinzugekommen, wie sicher auch dĕgen : gĕben 320, wo
C 1324 zehant : hant, P 429 zehant : gebant reimen, und die strophe
in der fassung D vier gleiche reime hat; ferner dĕgen : gĕben 558,
wo P 830 dĕgen : pflĕgen reimt (die assonanz von D ist durch inter-
polation veranlasst). ein dritter fall (kint : Kerlinc 44) wird zwar
durch P bestätigt, muss aber verderbnis sein, vgl. anm. so bleiben
für D⁸ 17 fälle übrig, von denen 2 in CP, 7 nur in C, 1 nur in P
controlierbar sind.
   C hat aus seinen vorlagen A⁸ 15 und D⁸ 9, im ganzen

LXXX   EINLEITUNG.

24 assonanzen übernommen, 15 von ihnen (9 aus A, 6 aus D) durch
reine reime ersetzt, 9 belassen (A 189.334.342.852.358.359, D 250.
315.319, sämtlich fälle, in denen $g:b$ gebunden war).   es ersetzt
A 102 dēgen : lēben   durch C 387 erwelt : helt,
  129 stat : pflac   439 stat : bat,
  170 haben : vertragen   1043 bejagen : vertragen,
  191 dēgen : gegēben   1117 geseit : gemeit,
  206 getruoc : guot   1190 getruoc : kluoc,
  226 huop : wuot   1276 huop : stuop,
  247 huop : wuot   1370 huop : stuop,
  308 zit : lip   1634 lip : wip,
  311 vant : spranc   2006 vant : zehant,
D 10 getragen : erhaben   19 getragen : ich sagen,
  135 vogel : loben   717 vogellin : sin,
  140 überzogen : vogel   729 Rin : vogellin,
  144 durchgraben : tragen   739 tragen : durchslagen,
  268 sluoc : huop   1143 gesluoc : truoc,
  453 laden : tragen   1536 klagen : sagen.
trotz dieses sichtlichen bestrebens nach reinheit der reime finden
sich da, wo C selbständig ist, wieder assonanzen: 843 *lip : zit*, 857
lēben : erwēgen, dazu die beiden groben fehler 1396 *zehant : kranz*,
1960 *gewarf : half*. letzterer wird durch D 544 verbessert; er kann
schreiberunfug sein. *zehant : kranz* aber fällt unbedingt dem con-
taminator zur last (s. o. s. XLVII); mit diesem ungeschick vertragen
sich jene besserungen insofern, als der reine reim nicht selten auf
kosten des metrums hergestellt ist. — in C finden sich also
11 assonanzen:
$b:g$ 10mal (6 aus A, 3 aus D, 1 selbständig),
$p:t$ 1mal (selbständig).

   In P finden sich 11 assonanzen:
$b:g$ 7mal *dēgen : lēben* 125.435.451, *dēgen : gēben* *411.*413.417,
   mit ungenauem vocal *slegen : gēben* *389.
$p:t$ 1mal, *breit : Dietleip* 323.
$nt:nc$ 3mal *kint : Kerlinc* 65, *hant : erklanc* *797, *dranc : want* *805
   (dazu einmal in *p erklanc : hant* 641, wo *T* genau reimt *zehant : lant*).
die mit * bezeichneten sind mit CD nicht vergleichbar und erst
infolge der neubearbeitung entstanden. ebenso ist zu beurteilen
breit : Dietleip 323 (gegenüber D 277,3 *guot : hōchgemuot*): P hat
aus dem helden Stutfuchs einen riesen gemacht und deshalb diese
stelle geändert. der reim *kint : Kerlinc* 65 findet sich zwar in D
wieder, aber wohl nur infolge später kreuzung, da die ganze stelle

EINLEITUNG. LXXXI

verderbt ist. so bleiben noch vier fälle, von denen zwei (417.435) durch D(C) als alt erwiesen werden. die beiden übrigen werden in D(C) rein gereimt:
P 125 *dëgen* : *lëben* = D 75,1 *hôchgemuot* : *guot*,
P 451 *dëgen* : *lëben* = D 329,1 (C 1350) *gëben* : *lëben*.
Zu den bisher besprochenen wirklich vorhandenen assonanzen stellen sich noch zwei, welche durch vergleichung erschliessbar sind: D 205,1 *jagen* : *sagen* vgl. C 903 *hân* : *kan*, ursprünglich *haben* : *sagen*, D 515,1 (C 1853) *zugen* : *vlugen* vgl. P 765 *kluben* : *stuben*, ursprünglich wohl *zugen* : *kluben*. so ergeben sich im ganzen 12 fälle, welche in wenigstens zweien der drei texte DCP vergleichbar sind, wie folgende tabelle zeigt:

	D.	C.	P.
1.	10 *getragen* : *erhaben*,	19 *getragen* : *sagen*	—
2.	135 *vogel* : *loben*,	717 *vogellîn* : *sîn*	—
3.	140 *überzogen* : *vogel*,	729 *Rîn* : *vogellîn*	—
4.	144 *durchgraben* : *tragen*,	739 *tragen* : *durchslagen*	—
5.	205 *jagen* : *sagen*,	903 *hân* : *kan*	—
6.	250 *lëben* : *erwëgen*,	1021 *lëben* : *erwëgen*	—
7.	268 *sluoc* : *huop*,	1143 *gesluoc* : *truoc*	—
8.	315 *dëgen* : *gëben*,	1310 *dëgen* : *gëben*,	417 *dëgen* : *gëben*
9.	319 *dëgen* : *gëben*,	1320 *dëgen* : *gëben*,	427 *samt* : *hant*
10.	321 *dëgen* : *lëben*,	—	435 *dëgen* : *lëben*
11.	453 *laden* : *tragen*,	1536 *klagen* : *sagen*	—
12.	515 *zugen* : *vlugen*,	1852 *zugen* : *vlugen*,	765 *kluben* : *stuben*.

für D^1 sind demnach vier fälle (8. 9. 10. 12) gesichert; von diesen hat D^2 einen (12), P zwei (9. 12) gebessert. für D^2 sind elf fälle (1—11) gesichert; von diesen hat D^3 einen (5), C sieben (1—5. 7. 11) gebessert.

Für C ergiebt sich als gesamtresultat, dass es von 27 assonanzen (15 aus A, 10 aus D, 2 unbestimmter herkunft) 16 durch reine reime ersetzt und 11 belassen hat.

Das gedicht F ist von assonanzen ganz frei; die aus D stammenden stücke II 24,3ff. III 1—14. 20ff. geben keinen anhalt, ob etwaige assonanzen der vorlage beseitigt wurden, da D hier selbst keine hat.

Wir dürfen aus dieser betrachtung der assonanzen den schluss ziehen, dass unsere dichter wohl reinheit der reime anstrebten, aber nicht durchweg ihr ziel erreichten; daher die häufigen besserungsversuche jüngerer bearbeiter. nur F ist als ganz rein reimend anzusehen.

An eigentlichen ungenauen oder dialectischen reimen hat A folgende:

$a:\hat{a}$ wird gebunden vor *n* (oder *m*, s. u.), eine freiheit, die sich fast sämtliche mhd. dichter gestatten; vor *r* nur *wâr:schar* 142 (und in den zusätzen von A[s] 107,7).

$a:o$ einmal *barn:erkorn* 267.

$\hat{a}:\hat{o}$ erscheint nur einmal in einer von A[s] zugesetzten str. 302,5 *hât:Gêrnôt*; 151 habe ich mit *b vrô:dô* (= *dâ*) gesetzt, doch macht die verderbnis in *f* wahrscheinlich, dass mit *m also* für *dô* zu setzen ist.

$o:\hat{o}$ einmal *nôt:got* 136.

$e:\hat{e}$ findet sich zweimal *dëgen:slegen* 300. *Gunther:hêr* 305; dass die namen auf *-her* mit kurzem *e* gebraucht wurden, zeigt *Gunther:wer* 302.

Die worte auf *-rich* und *-lich* haben in der regel *i*; nur einmal ist *Dietrich:mich* 107 gereimt.

$i:ei$ *zit:meit* 374 habe ich, da es der einzige fall dieser art ist, beseitigt, doch scheint mir jetzt ein zwingender grund dafür nicht mehr vorhanden, da auch andre reime für österreichischen ursprung sprechen, s. u.

Der reim *zit:geschiht* 198,5 gehört dem bearbeiter A[s] an; er ist als *zit:geschiet* (< *geschihet*) zu fassen.

$i:\hat{\imath}$ bindet nur der verfasser der allein in *b* stehenden strophe 58,5ff. *megedin:drin* (für *drinne*).

$u:uo$ einmal *crum:magetuom* 62.

Von diesen wenigen vocalisch ungenauen reimen sprechen für österreichische herkunft besonders *barn:erkorn*, *crum:magetuom* (beide häufig in der Krone Heinrichs vdTürlin belegbar) und, wenn echt, *zit:meit*. auch *wâr:schar* und *Gunther:hêr* können österreichisch als rein gelten. von den übrigen ungenauigkeiten erledigt sich *Dietrich:mich* durch einsetzung des gleichberechtigten *Dietrich*; auch *dëgen:slegen* war, wie sein überall häufiges vorkommen zeigt, gewiss nicht ungenau: man hatte *slegen* bereits durch ein nach analogie von worten wie *spân spane* neugebildetes *slägen* ersetzt. so bleibt als einzige wirkliche ungenauigkeit für A[2] (und A[1]) *nôt:got* übrig.

Von den reimen der zusätze ist besonders wichtig *zit:geschiet*; das verklingen des inlautenden *h* neben festbewahrtem *t* weist auf mitteldeutsche herkunft des bearbeiters.

Consonantische ungenauigkeiten: $m:n$ wird sehr häufig gebunden nach *a* (*â*), doch so, dass nur *-am*, nie *-âm*, auf *-an* oder

-*án* reimt. in weitaus den meisten fällen steht ein adjectiv auf
-*sam* oder eins der praeterita *kam nam zam* im reime; vereinzelt
ist *man: daz sam* 268.
Spirantisches *z : s* einmal *naz : was* 242.
Verklingendes *h* einmal *man : enpfân* 30.
Das ist alles, was für A² gesichert ist; wichtig ist besonders
der reim *naz : was*, weil er nicht erlaubt, A² vor die mitte des
13. jh. zu setzen.
Auffällig ist die namensform *Bechelár* im reime 113; C kann
an dieser stelle wegen ausfalles eines blattes leider nicht heran-
gezogen werden.
Der falsche rührende reim *man : man* 204,3 ist gewiss späte
verderbnis; auch hier mangelt die controle von C.
Dem bearbeiter A² ist die (mitteldeutsche) contraction von
age zu *â* eigen: *begân : verklân* (< *verklagen*) 250,5. *man : geslân*
(< *geslagen*) 291,3. nach α könnte man 250,5 *bejagen* für *begân*
einsetzen, allein das wiederholte vorkommen der contraction erlaubt
es nicht. auch der reim *orn* (< *orden*): *hôchgeborn* 384 kann A²
wohl zugetraut werden, vgl. anm.
Grösser als in A ist die zahl der ungenauen reime in D, in-
dess ergiebt die vergleichung mit CP(F), dass die mehrzahl erst
durch den jüngsten bearbeiter oder durch verderbnis hineingekommen
ist. es reimt
a : â häufig vor *n (m)*, was nicht als ungenauigkeit zu be-
trachten ist.
â : ô Gêrnôt : stât 27. *enpôt : stât* 65. *vrô : dâ* 257. *stân : krôn* 572,
einmal auch
â : o vor : klâr 260; von diesen fünf fällen stehen zwei (257.
260) innerhalb eines von D² zugesetzten stückes; 27 ergiebt P als
älteren reim *Gêrnôt : enpôt*, 65 reimt F *ergê : mê*, 572 reimt P *hant : lant*.
ê : e viermal *nêmen : schemen* 68. *gehebet : überstrebet* 458.
slegen : dêgen 508. *slege : pflege* 562. F bestätigt 68, C 508
(*slegen : üzerwêgen*); die beiden anderen gehören zusätzen von D²
an. über *slege(n)* vgl. o.; ebenso ist wohl *schemen* schon als
schämen zu fassen. dagegen hat *gehebet* sicherlich *e*; wir haben
hier eine alemannische dialectform für gewöhnliches *gehabet*.
ê : œ zweimal *Rüedegêr : mær* 209. 251, nicht bestätigt; beide
stellen liegen zwar in C vor, aber in so abweichender fassung,
dass daraus nichts über das relative alter des reimes in D zu
schliessen ist; auch P beweist hier leider gar nichts; ähnliche in
P vorkommende reime sind verderbnis.

e : ei zweimal *heilt* (= *helt*) : *geteilt* 201. 608, nicht bestätigt; ich habe beide fälle durch conjectur beseitigt, doch könnte der reim im dialecte des bearbeiters D³ rein sein, da die alemannischen hss. *h* und *s* immer *heilt* schreiben.

Die namen auf *-her* haben kurzes *e*: zweimal *Gunther* : *wer* 366. 377; CP bestätigen diese stellen nicht, haben aber gemeinsam *Walther* : *wer* D¹ XIV 1,1.

i : *i*. die mit *-lich* und *-rich* zusammengesetzten worte reimen im allgemeinen lang, doch findet sich reim auf kürze *lobelich* : *mich* 188, *minneclich* : *mich* 257. 560; *Dietrich* : *dich* 487, durchaus unbestätigt; an der letztgenannten stelle reimt C *sicherlich* : *Dietrich*. — vor *n* reimt *i* : *i* *bin* : *sin* 86, *hin* : *fin* 212 (nur *sh* in verbindung mit cäsurreim; *megedin* : *fin* b; ganz abweichend *f*), *hin* : *darin* 450 (nur *s*; *schin* : *darin* *h*), *bin* : *künegin* 466 (nur *b*; *si* : *künegin* *sh*); keine dieser stellen kann sicher für den älteren text in anspruch genommen werden. — vor *t* einmal *lit* : *nit* 62; CF zeigen, dass ursprünglich *geschiht* : *niht* stand.

i : *ie* einmal *lieht* : *niht* 428; P reimt an entsprechender stelle zwar *sin* : *min*, bestätigt jedoch die möglichkeit jenes reimes in D¹ durch die sicher alt überlieferte str. D¹ XVIII 12.

o : *ô* einmal *rôt* : *gebot* 457 (zusatz von D³).

kumen für *komen* findet sich 111 *vrumen* : *willekumen* (zwar nur in P belegt, aber notwendig in D aufzunehmen); danach conjectur 200 *vrumen* : *kumen*.

Von consonantischen eigentümlichkeiten sind anzumerken:

am : *an* (*án*) findet sich bei adjectiven auf *-sam* und den praeteritis *nam* und *kam* häufig. D³ eigentümlich ist der reim *tuon* : *ruom* 141. 152. 287. 423. 445. als rein sind sicher anzusehen die bindungen *mt* : *nt* : *samt* : *Hiltebrant* 128. 132. 262. 577, : *lant* 165. 188. 351, : *hant* 511, : *wigant* 532 (conjectur), im ganzen neunmal; ferner *nimt* : *kint* 185. 254. 442; direct bestätigt wird nur *samt* : *hant* 511 durch C, doch wird *sant* für *samt* auch sonst in CP gebraucht; der reim *nimt* : *kint* dagegen geht gewiss erst auf D³ zurück.

Schliessendes *n* wird sechsmal im reime nicht berücksichtigt: *spër* : *begërn* 156. 575, *künegin* : *bi* 231, : *si* 466 (nur *sh*, während *b* auf *bin* reimt, s. o.), *in* : *si* 502, *schade* : *haben* 616. fünf stellen gehören den zusätzen von D³ an; an der sechsten (502) reimen CP übereinstimmend *in* : *hürnin*.

s : spirantisches *z*. *was* : *saz* 134. 358. 394, *gras* : *naz* 232, *baz* : *was* 331, *lôs* : *grôz* 384. 597, *vluz* : *kus* 107. von diesen stellen finden sich in C ebenso wieder 134. 232. 358; die letztere wird indirect auch durch P bestätigt. nach andern vocalen als *a* findet sich *s:z* nur in den zusätzen von D² gebunden. — der durchaus falsche reim *schatz:was* 10,8' geht auf einen interpolierenden schreiber zurück.

Verklingendes *h* im auslaute *dô:hô* 125 (auch CP), *entwër*: *gër* 407, *:hër* 452 (beidemal unbestätigt); im inlaute *Herbort:gevorht* 280 (unbestätigt), *nit:lit* 62, *:strit* 488. die form *nit* ist D² eigentümlich; 62 reimte ursprünglich *niht:geschiht* (CF), 488 *mite: strite* (P). — somit ist für D¹ und D² nur die form *hô* nachgewiesen.

Stark dialectisch, und zwar alemannisch ist der nur D² angehörende reim *wësen:erwëgen* 243 (gesprochen *wën:erwën*), vgl. DHB IV, s. VIII.

Auffallend häufig erscheint die verbindung *it:ich* im reime: *wit:wünneclich* 162, *zit:sicherlich* 307, *strit:Dietrich* 516, doch wohl nur verderbnis; die verbesserung von 162 ergiebt sich aus C, die von 516 aus P, danach habe ich auch 307 durch conjectur beseitigt.

Verderbnis ist wohl auch *wart:scharf* 579 (lies *wart:hart*) und die rührenden reime 45. 169. 254. 402. 169 gehört nur der hs. *b* an, *sh* reimen rein; ich bin trotzdem auch hier *b* gefolgt, weil die lesart von *sh* mir erst durch conjectur entstanden zu sein scheint; ursprünglich lautete 169,4ᵇ vielleicht *ich wolte in selbe ê bestân*. 45 *genant:genant* wird zwar durch P bestätigt, doch liegt hier wohl kreuzung vor, vgl. anmerkung. 254 liegt das richtige in C vor (D² VI 32), 402 in P (D¹ XV 1).

D² sind ferner eigentümlich einige namensformen: *Bechelân* für *Bechelâren* 245. 275. 386, richtig gestellt durch CP (D² VI 27. VII 13. XIII 3); *Meilant* für *Meilân* 264. 265, richtig in C (D¹ VII 2f.); *Kerlinc* für *Kerlingen* 44. 393, an ersterer stelle auch in P infolge kreuzung, vgl. anm., 393 geben CP übereinstimmend das richtige (D¹ XIV 1).

Auffällige apokopen kommen besonders in den jüngsten teilen des gedichtes vor; ich merke hier nur die durch C 975 für D² gesicherte *Bërn(e):gewërn* 232 an; sie könnte bereits in D¹ gestanden haben.

Aus dem angeführten ergiebt sich mit sicherheit, 1) dass die bearbeitung D² alemannischen ursprungs ist; alle ihre reimeigentümlichkeiten erklären sich daraus (vgl. z. b. die einleitung Jänickes zum grossen Wolfdietrich, DHB IV); dazu stimmt die herkunft der hss. 2) dass die älteren texte D² und D¹ beträchtlich reiner

reimten; hier kamen nur vor *an (am)*: *ân*, einige scheinbare *ē*:*e*,
niht:*lieht*, *samt*:-*ant*, *as*:*az*, *dô*:*hô*; daraus ist wenig für die bestimmung der herkunft zu entnehmen.

Über die reime von P ist folgendes zu bemerken:

a:*â* findet sich wie überall vor *n* (*m*).

a:*o* vermeidet P dadurch, dass es *Herwart* für *Herbort* schreibt 573 im reime auf *gespart*, doch ist letzterer lediglich conjectur für überliefertes *gestalt*. ihre richtigkeit wird verdächtig durch den umstand, dass D³ an entsprechender stelle 405,3 *alt*: *ungevalt* reimt, was in *gestalt* noch nachklingen könnte.

ē:*e* erscheint viermal *slegen*:*gegĕben* 389, *dĕgen*:*slegen* 621. 789. 807, nirgend in übereinstimmung mit den andern texten (807 stammt der reim aus den Nibelungen, vgl. o.).

Walther:*wer* 625 wie C.

i:*ē* zweimal *ligen*:*erwēgen* 515, *gesigen*:*erwēgen* 645 (nicht *T*). an ersterer stelle liegt sicherlich verderbnis vor (der reim ist auch niederdeutsch unmöglich); CD schreiben *verzigen* für *erwēgen*. an der zweiten stelle giebt ebenfalls C 1390 das richtige *gesigen*:*verzigen*, doch genügt es hier nicht, letzteres reimwort in *p* einfach einzusetzen, da auch der innere wortlaut des versparcs geändert ist; hier liegt tatsächlich ein niederdeutsch möglicher reim *gesegen*: *erwegen* vor, den *T* vielleicht in seiner vorlage fand und deshalb änderte, vgl. lesarten zu D¹ XIV 7.

Die in *p* stehenden reime *hĕr*:*swær* 591 und *Volkĕr*:*swær* 603 sind leicht gebessert durch einsetzung von *sēr* für *swær*, wie D⁸ 443 auch an der P 603 entsprechenden stelle giebt. P 591 ergiebt sich dann der ungenaue reim *hĕr*:*sēr*, für den D³ 428 *gĕr*:*hĕr* hat. vielleicht war der sonst nicht belegte reim die veranlassung für D⁸ (oder D²; C hat die stelle nicht), die strophe umzuarbeiten: D und P geben ihr bei ganz gleichem inhalte verschiedene reime.

i:*ie* zweimal *lieht*:*niht* 691. 821, zwar unbestätigt, aber sehr wahrscheinlich alt.

vrumen:*willekumen* 201 ist oben bereits für D in anspruch genommen.

m:*n* findet sich bei den adjectiven auf -*sam* fünfmal, aber niemals in übereinstimmung mit DC, und in *samt*:-*ant* neunmal, ebenfalls ohne directe bestätigung.

Verklingendes *h*: *dô*:*hô* 231 wie CD, *Ilsân*:*slân* 227, wo D *hân*, C *getân* dafür hat.

s: spirantisches *z*. an der einzigen vorhandenen stelle 523 beseitigt P den reim ganz äusserlich *saz*:*was das* (CD *saz*:*was*);

diese beseitigung hängt wohl innerlich zusammen mit dem P eigentümlichen reime *blóz*:*rót* 779 und verrät eine niederdeutsche hand. dazu gehört ferner *glast*:*baz* T, *glast*:*rast* p 615; auch hier scheint sich in *p* das bestreben zu zeigen, einen niederdeutsch unmöglichen reim zu beseitigen. — die nichtbeachtung des auslautenden *t* findet sich lediglich in T an dieser stelle.

Über die auch in P vorliegenden fehler *kint*:*von Kerlinc* 65, *genant*:*genant* 75 s. o. — einen doppelreim *eislich*:*vreislich* 67 hat P hineingebracht. über *daran*:*dar* 503 s. o. s. LXI.

Aus dem angeführten ergiebt sich lediglich, dass in *p* spuren einer niederdeutschen hand vorkommen (227. 523. 615. 645. 779); im übrigen ist auch diese bearbeitung sicherlich hochdeutsch.

Von C gilt zunächst, dass es die reime seiner vorlagen, wenn sie nicht wirkliche assonanzen sind, bestehen lässt; unter den ihm eigentümlichen reimen finden sich, ausser einigen bindungen *m*:*n* in erlaubtem masse und einmaligem *degen*:*slegen* 1135, vor allem die wichtigen fälle *ich sagen*:*getragen* 19, :*geslagen* 1176, *huop*:*stuop* 1276. 1370; sie zeigen, dass der rheinfränkische dialect der Frankfurter hs. der heimatliche des contaminators war. *stuop* ist praeteritum des ursprünglich schwach flectierenden verbs *stappen* = hd. *stapfen*. *n* als endung der 1. pers. sing. praes. gebraucht die hs. durchaus, dagegen wird niemals *n* im reime vernachlässigt.

Ein vocalisch ungenauer reim *ēr* (= *ēre*):*spēr* 3 ist als verderbnis anzusehen (D *begēr*:*spēr*), ebenso *gewarf*:*half* 1960 (D *geschóz*:*gróz*), während *zehant*:*kranz* 1396 ein verunglückter reimversuch des contaminators ist.

F gestattet sich *a*:*â* vor *n*, einmal auch vor *r klâr*:*war*V 29.

ē:*e* wird unbeschränkt gebunden: während *nēmen*:*schemen* III 10. IV 2 auch sonst zulässig ist, kommt *bevēlt*:*erwelt* I 8 nur hier vor. hierher gehört auch *sēn* (für *sēhen*):*gestēn* V 21; *sēn* muss zunächst offenes, *gestēn* geschlossenes *ē* haben.

Die namen auf -*her* werden mit *ē* gebraucht, *Gunthēr*:*mēr* IV 18.

i:*i künigin*:*begin* IV 22 kann als reiner reim gelten, doch wird die endung -*în* sonst lang gebraucht (*sîn*:*künigin* IV 27).

o:*ó* einmal *gebot*:*tót* V 24.

u:*uo* einmal *sun*:*tuon* III 17; dieser auch anderwärts so häufig belegte reim ward aus not zugelassen: *sun* ist das einzige auf -*un* schliessende wort.

Consonantische ungenauigkeiten: *n*:*m* wird durchaus vermieden.

s: spirantisches *z* einmal *saz*:*was* II 22.

c (etymologisch = *g*): *ch* einmal *tac*:*sprach* IV 29; der dialect von F besass also spirantisches *g* im inlaute, das im auslaute als *ch* erscheinen musste (also *tach*).

h verklingt inlautend durchaus, daher *bevēlt* (für *bevēlhet*): *erwelt* I 3, *enpfān* II 1. 4. 5. 10, *slān*:*man* III 11 (wo D *man*:*hân* reimt), *sēn* (für *sēhen*): *gestēn* V 21.

Auslautendes *n* fällt im infinitiv ab: *her*:*erwer(n)* V 3.

Der zuletzt angeführte fall beweist thüringische heimat des textes F. dazu stimmt der zusammenfall von *ē* und *e*, das spirantische *g*, sowie das verklingen des *h*.

Philipp (ZRg. s. LXIIf.) will auf die reimeigentümlichkeiten der Rosengärten durchaus keinen schluss bauen, und Steinmeyer stimmt ihm (Afda. VI, 234) darin bei. für so verzweifelt kann ich jetzt, nachdem ich hier die reime im einzelnen durchgesprochen habe, die sachlage nicht mehr ansehen; wir müssen nur gleichzeitig auf die fundorte unserer hss. achten. danach halte ich vorläufig folgendes für sicher: C ist rheinfränkisch, D alemannisch, F thüringisch; in A finden sich neben einander bairisch-österreichische und mitteldeutsche spuren, erstere teilweise durch C bestätigt, also älter als letztere, die erst durch A[s] hineingekommen scheinen; P zeigt einerseits äusserlich einiges niederdeutsche, ist andrerseits in's čechische übersetzt worden, gehört also gewiss in's östliche Mitteldeutschland.

Noch einen schritt weiter führt uns die betrachtung des verhältnisses, in welchem Rosengarten und Laurin zu einander stehen. letzteres gedicht hat eine ganz ähnliche entwickelung durchgemacht wie unser Rg. (vgl. Müllenhoff im DHB I s. XXXVIff.): ursprünglich bairisch-österreichisch, erfuhr es eine umsetzung in's mitteldeutsche, die in zwei verschiedenen fassungen vorliegt; die hauptsächlich durch die Pommersfelder hs. repräsentierte steht dem bairischen texte näher als die der Frankfurter hs.; letztere ist nahe verwandt mit der jüngsten, alemannischen bearbeitung des Laurin (vgl. anm. zu Laurin 195. 477). die in betracht kommenden hss. vereinigen nun Laurin und Rg. in éinem bande: der Pommersfelder Rg. vertritt unsere stufe D[1], der Frankfurter D[2], der alemannische Strassburger D[s]; es liegt also eine ganz parallele entwickelung der beiden gedichte Rg. und Laurin vor. dazu stimmen die für sie gebräuchlichen titel: ursprünglich kommt die bezeichnung *Rōsengarte* nur unserem gedichte zu, während das andere *Laurin* heisst; die älteste vorliegende stufe, die sie vereinigt zeigt, unterscheidet noch so (die hs. p). nachdem sie aber einmal äusserlich zu einander in beziehung gesetzt waren, gab der inhalt des Laurin zu einer ausgleichung der titel anlass: in f und s heisst unser Rg. der grôze, das bisher Laurin genannte gedicht der kleine Rôsengarte. ebenso verfährt die mit s nahe verwandte neubearbeitung a (s. u. s. XCVIII); die abseits stehende β vereinigt zwar Rg. und Laurin in demselben bande, giebt aber keine titel.[1])

Diese entwickelung berechtigt uns zu folgenden schlüssen: so gut wie der älteste Laurin ist auch der älteste Rg. A^1 bairisch-österreichisch; dazu stimmt, dass sich in A spuren dieses dialectes nachweisen lassen. irgend ein spielmann brachte beide gedichte in éinem bande vereinigt nach Mitteldeutschland; dies ist unsere stufe O, auf welche zunächst F und das durch P dargestellte D^1 zurückgehen. da F sicher thüringisch ist, und P in das östliche Mitteldeutschland nahe an die niederdeutsche sprachgrenze gehört, also wohl ebenfalls thüringisch ist, so werden wir als das land, wohin O gebracht wurde, und wo D^1 entstand, ebenfalls Thüringen zu betrachten haben. hier war für einen Ostfalen die beste gelegenheit, den Rg. kennen zu lernen; die niederdeutsche bearbeitung dürfte also mit dieser thüringischen textgruppe am nächsten verwandt sein. von Thüringen aus gelangten Rg. D und Laurin nach Rheinfranken, wo C entstand; ob D^2 schon in Thüringen oder erst in Rheinfranken entstand, ist vorläufig nicht zu sagen; jedenfalls ist der bearbeiter D^2 derjenige, der die titel änderte. sein text gelangte rheinaufwärts nach Alemannien, wo Rg. und Laurin, unzweifelhaft durch denselben mann, einer neubearbeitung unterworfen wurden (D^3). dieser nicht ungeschickte dichter giebt sich am schlusse des Laurin für den sagenberühmten Heinrich von Ofterdingen aus:

Heinrich von Ofterdingen
dise âventiure gesungen hât,
daz si sô meisterliche stât.
des wâren ime die vürsten holt:
sie gâben im silber unde golt,
pfenninge unde riche wât.
hie diz buoch ein ende hât
von den uzerwelten degen.
got gebe uns allen sinen segen!

---

[1]) Dass auch Ab, ohne den Laurin zu enthalten, unser gedicht den grossen Rg. nennt, zeigt bekanntschaft des schreibers mit jener vereinigung; dass seine vorlage den neuen titel noch nicht hatte, darf man vielleicht daraus schliessen, dass nur die überschrift den neuen, die unterschrift aber noch den alten titel giebt.

diese verse zeigen, was an sich naheliegend ist, dass der überarbeiter ein fahrender spielmann war.

[Von diesem punkte der entwickelung bis zur entstehung des sogenannten Heldenbuches, wie es die hss. *s* und *s*¹ sowie der alte druck *a* bieten, ist nur ein schritt: das buch des angeblichen Ofterdingers wurde mit dem alemannischen Ortnid-Wolfdietrich D in éinem bande vereinigt und die prosaische 'vorrede' hinzugefügt, damit war das Heldenbuch geschaffen und lag uns so in *s* vor; dass die hier ebenfalls vorhandenen gedichte Sigenot und Amis lediglich angebunden sind, ergiebt sich daraus, dass sich der schreiber am schlusse des Laurin als *Diebolt von Hanowe der goltsmider* unterzeichnet. wenn eine in der anmerkung zu s. XCVIII ausgeführte vermutung richtig ist, dürfen wir diesen Diebolt eben als den vereiniger und demnach auch als verfasser der 'vorrede' ansehen; Heldenbuch und 'vorrede' sind dann um 1450 entstanden.

Die 'vorrede' enthält unter andern ein namenverzeichnis der im Rg. D auftretenden personen und andeutungen einzelner züge dieses gedichtes; dass sie auf ihm beruht und zwar wahrscheinlich auf dem texte *s* selbst, kann jetzt nicht mehr zweifelhaft sein (vgl. Philipp s. XXXVII ff.). nur in éinem punkte weicht die vorrede wesentlich vom gedichte ab: Siegfried wird von Dietrich im kampfe getötet. W. Grimm nahm deshalb an, dass die vorrede auf einem selbständigen, nicht mehr vorhandenen texte E beruhe (Der Rosengarte s. III. LXXII). indess ist diese änderung gewiss des vorredners eigentum; er kannte von der Nibelungensage nur den zweiten teil in einer der þiðrikssaga gelegentlich ziemlich nahe stehenden form und motivierte, da ihm die alte ursache des grossen kampfes unbekannt war, auf eigene hand: Kriemhilt wird von Dietrich getötet; beide standen also einander als feinde gegenüber; warum? Dietrich hat den geliebten der Kriemhilt erschlagen; dazu hatte er in der dem vorredner bekannten tradition nur gelegenheit gehabt, als er ihm im rosengarten gegenüber stand.

Ich kehre zur bestimmung der heimat unserer gedichte zurück.]

In A fanden wir spuren bairischen und mitteldeutschen dialectes, erstere durch C bestätigt, letztere nicht; die bairische schicht ist also die ältere. dazu treten im inhalte österreichische notizen: Dietleib, der repräsentant Steiermarks, gilt als ganz hervorragender held, der, obgleich noch in früher jugend stehend (str. 267 f.), doch im stande ist, dem berühmten Walther zu wider-

EINLEITUNG.   XCI

stehen; eine specielle sage von ihm wird str. 119 angedeutet, die sich sonst nur in dem österreichischen gedichte vom übeln weibe belegen lässt (HZ. XII, 369); auffällig ist auch die erwähnung des münsters zu Wien str. 122. andrerseits ist zu beachten, dass dem Rheinfranken C die bearbeitung A³ genau bekannt war; auch die hss. von A³ weisen mehr nach Franken: b stammt aus Wallerstein im Riess; die übrigen bilden eine gruppe, denen eine aus D¹ oder P stammende interpolation 59, *1 ff. gemeinsam ist; die bekanntschaft mit diesem texte konnte am leichtesten etwa in Ostfranken gemacht werden. man darf danach vermuten, dass A¹ in Österreich entstanden und von dort nach dem nördlichen Baiern gewandert ist; von hier aus gelangte ein exemplar nach Rheinfranken, wo es als grundlage von C verwendet wurde, während aus einem anderen zunächst A² und dann etwa in Ostfranken die mit mitteldeutschen eigentümlichkeiten durchsetzte jüngste bearbeitung A³ erwuchs.

Was frühere über die heimat der Rosengartenlieder geäussert haben (W. Grimm a. a. o. s. LXXVII f., Jänicke im DHB I s. XXXI anm., Philipp s. LIX ff.), ging über blosse vermutung nicht hinaus. gründe für eine bestimmte localität hat zuerst Steinmeyer (Afda. VI, 234 f.) angeführt. er setzt die entstehung von A³ und C in das nördliche Würtemberg und möchte deshalb auch das älteste gedicht dorther stammen lassen. seine gründe sind für C, dass hier das kloster Ilsans *Münchgezellen* (statt Isenburg AD) heisst, und dass an stelle von Garte, soweit dieser ort auf Sabins botenreise erwähnt wird, *Gartach* geschrieben wird; nun liegen bei Heilbronn zwei dörfer *Neckar-* und *Gross-Gartach* und dazu bei Neckargemünd ein *Mönchzell*. es ist wohl nicht zu bezweifeln, dass dem contaminator C (oder auch nur dem schreiber f) diese orte bei seiner änderung vorgeschwebt haben; doch verrät er damit keine grosse geographische kenntnis; sollte er sich Bern etwa in Schwaben liegend gedacht haben? für A³ führt Steinmeyer an, dass dieser bearbeiter die verse 22,3—23,2 (die in C fehlen) zugesetzt habe, also in der gegend zwischen Heidelberg und Augsburg wohl bewandert sei. ich bin der ansicht, dass hier von einer interpolation keine rede sein kann: die strecke zwischen Heidelberg und Augsburg ist in drei leidlich gleiche tagereisen zerlegt, die aber zu gross sind, als dass sie in wirklichkeit hätten so zurückgelegt werden können (60 bis über 80 kilometer in der luftlinie!); schreibt nun C wie A, dass die boten am vierten tage in Augsburg angekommen seien, so setzt es damit dieselbe falsche einteilung voraus, die in A³ vorliegt. ich meine deshalb, C hat 22,3—23,2 gestrichen, und zwar mit absicht: lagen ihm Gartach und Mönchzell so nahe bei Bern, wie seine angaben zeigen, so konnte er unmöglich die boten von Heidelberg über Hall nach Gartach kommen lassen; Augsburg dagegen liegt weit genug von Gartach und Mönchzell entfernt, um die annahme zu gestatten, dass C von seiner lage nur noch eine ebenso nebelhafte vorstellung hatte, wie von Bern. es ergiebt sich aus diesen stellen also wohl für C, dass dessen bearbeiter etwa östlich von Heidelberg zu hause war, aber nichts für A³ und demnach auch nichts für die vorlage der beiden.

Auch einen terminus post quem für die abfassungszeit des Rg. A hat Steinmeyer aufgestellt: die ersten drei strophen dieses textes finden sich im liede vom hürnen Seyfrid wieder, und zwar str. 1. 2 in éine zusammgezogen als 16., und str. 3 als 33. dieses gedichtes. er nimmt nun an, dass diese strophen im hürnen Seyfrid ursprünglich und im Rg. aus ihm entlehnt seien, und kommt zu dem schlusse, dass letzterer jünger ist, als die von jenem vorausgesetzten Nibelungen C und Ortnid. um zu diesem resultate zu kommen, brauchen wir meines erachtens nicht erst einen äusseren beweis. es ist mir aber sehr unwahrscheinlich, dass der hürnen Seyfrid älter als der Rg. sein soll; ich will keinen wert darauf legen, dass die 16. str. des h. S. unzweifelhaft aus den beiden ersten des Rg. zusammengezogen ist (nicht umgekehrt, wie Steinmeyer sagt, letztere aus jener zerdehnt), denn das könnte der letzte bearbeiter des h. S. getan haben; wichtiger ist, dass die drei gut zusammen passenden strn. im Rg. auch zusammen stehen, während sie im h. S. an verschiedenen stellen auftreten; das weist entschieden auf das umgekehrte verhältnis hin, dass der h. S. entlehnt hat. zur gewissheit wird mir dies durch folgende beobachtung: Rg. A 2 = h. S. 16 wird gesagt, dass Gibich drei söhne habe; im Rg. treten dann nur Gunther und Gernot auf; den dritten, Giselher, hat der dichter mit richtigem takte übergangen, da er zur zeit dieser ereignisse noch sehr jung sein musste. im h. S. erscheinen alle drei mit namen, nämlich Gunther, Gernot und — Hagen! danach hat der verfasser des h. S. den platz des dritten, in seiner quelle, eben dem Rg. A, nicht benannten sohnes eigenmächtig durch Siegfrieds mörder ausgefüllt. denn dass hier eine altüberkommene übereinstimmung mit der nordischen sagenform vorliegen sollte, ist doch wohl ausgeschlossen; in Deutschland gilt Hagen sonst nirgend für den bruder der burgundischen könige;

die auf deutschen quellen beruhende þiðrikssaga macht Hagen allerdings zu ihrem bruder, aber offenbar nur unter dem einflusse der nordischen sagenform; dass ihre quellen dies verhältnis nicht kannten, wird deutlich erwiesen dadurch, dass Hagens in Deutschland wohlbekannter vater Aldrian infolge dieser contamination in der þs. auch als vater der könige gilt.

Von einer verwendung des h. S. zur datierung des Rg. ist also abzusehen.

Die äusseren zeugnisse für die existenz unserer gedichte fliessen in älterer Zeit leider recht spärlich; am weitesten zurück würde die angabe des Albertus Argentinensis (DHS² nr. 72^d, s. 468) führen, dass der 1298 verstorbene graf Albrecht von Haigerloch *dicebatur esse unus de XII pugilibus*, wenn sie mit sicherheit auf den Rg. bezogen werden könnte; wahrscheinlich ist die beziehung jedenfalls.

Das älteste unzweideutige zeugnis ist noch immer das in der österreichischen reimchronik des Otacker v. 16597 ff. (der ausgabe von Seemüller)

doch wizzet sicherlich,
daz von Bern an hern Dietrich
solich ellen nie wart schin
gegen Sifriden dem hurnin
in dem rôsengarten,
als man von Béheim den zarten
dâ sach begên und tuon.

der von Béheim ist könig Ottokar II., und das gleichnis bezieht sich auf die schlacht auf dem Marchfelde 1278. der teil der chronik, in welchem sich das zeugnis findet, ist nach Seemüller (einleitung s. LXXXIII) im ersten jahrzehnt des 14. jh. geschrieben.

In dieselbe zeit führt die erwähnung Ilsans durch Frauenlob (DHS² nr. 80^b).

Nichts zu geben ist auf die verwendung des namens *Stutfuchs* als beiname (HZ. XII, 419f.), da dieser held eine selbständige sage hatte (s. u. s. CVI). eher könnte *Schrutan* in derselben verwendung herangezogen werden (HZ. XII, 361); *Fridericus Schrautan* erscheint in einer Regensburger urkunde vom j. 1276.

Dagegen scheint mir eine beziehung zwischen dem geschichtlichen führmann Norprecht und dem gleichnamigen vergen in CD kaum abzuweisen. Mone veröffentlichte in seiner zeitschrift für die geschichte des Oberrheins IX 423f. eine urkunde der stadt Worms (jetzt auch im Urkundenbuch der stadt Worms II, 731f.), die im j. 1290 in einem streite des klosters Schönau (*Sconogia*) mit den fährleuten Burkard, *Norpertus* und Gnanno *in passagio Vertelvar juxta Scarram* entschieden hat; die fährleute haben den dem kloster schuldigen zins nicht gezahlt und werden nunmehr dazu angehalten. die gemeinte fähre verband die linksrheinische Scharrau (*Scarra*) mit Lampertheim rechts des Rheines und befand sich unmittelbar südlich von Worms; sie war der einzige Rheinübergang zwischen dieser stadt und Heidelberg. besitzer waren ursprünglich die Rheinpfalzgrafen; diese traten sie nach 1282 (also nicht lange vor ausstellung der urkunde) dem kloster Schönau im Odenwalde nordöstlich von Heidelberg ab. es scheint nun, dass die fährleute diese abtretung nicht anerkannten und dem kloster zu zinsen sich weigerten, bis die als schiedsrichter angerufene stadt Worms sie dazu nötigte.

Es ist nun gewiss ein auffälliges zusammentreffen, dass wir 1290 einen historischen fährmann *Norpertus* bei Worms im streite mit den mönchen von Schönau finden, und dass in den Rosengartentexten CD, von denen der ältere rheinfränkisch ist, ein fährmann Norprecht im streite mit mönch Ilsan (als unterliegender teil) aufgeführt wird. man (Uhland, Germ. VI, 323. Philipp a. a. o. s. LXIV) hat bisher, wie mir scheint, zu wenig beachtet, dass nicht nur name, stellung und örtlichkeit übereinstimmen, sondern auch das feindliche verhältnis zu mönchen. ich halte deshalb einen inneren zusammenhang zwischen der urkunde und dem abenteuer in CD für unabweisbar. der dichter D^2 war derjenige, der die fährmannsgeschichte in den Rosengarten einführte; seine vorlage D^1 stammte gewiss aus Thüringen; der nächste benutzer von D^2, C, ist ein Rheinfranke. wir müssen infolge der in rede stehenden historischen beziehung D^2 selbst für rheinfränkisch halten. hier wird (nach D^2, dessen fassung für besser als die von C zu halten ist, vgl. verf. ZRg. s. 98f.) der fährmann Norprecht als ein unglaublicher eisenfresser dargestellt, den der starke mönch Ilsan durch gehörige prügel dann ganz zahm macht. ihn entsprechend zu schildern, benutzt er einen zug des mit dem Rg. bereits in einem bande vereinigten Laurin: hier bestraft der held jeden beschädiger seines gartens durch abhauen des rechten fusses und der linken hand (v. 74), Norprecht verlangt als führgeld fuss und hand (D 168, C 822). im Laurin hat die androhung der verstümmelung einen sinn, bei dem fährmann aber keinen; über allen zweifel wird die entlehnung des Rg. aus dem Laurin erhoben dadurch, dass im Laurin die angedrohte strafe nicht mehr die richtige form zeigt ('rechter fuss und linke hand' für 'linker fuss und rechte hand', DHB I, 278 anm. zu Laurin 74), und dass auch Rg. C 822 die im Laurin vorliegende änderung noch andeutet. demnach ist folgendes wahrscheinlich: der dichter D², ein Rheinfranke und den mönchen von Schönau freundlich gesinnt, vielleicht selbst einer von ihnen, führte (wohl in erinnerung an das bekannte vergenabenteuer der NN.) den verhassten fährmann Norprecht, um ihn allgemein lächerlich zu machen, in den bereits weitverbreiteten Rg. ein, schilderte ihn als groben prahlhans und liess ihn von einem mönche durch prügel demütigen; die so geschaffene figur staffierte er mit zügen aus dem Laurin aus. wir bekommen durch diese entwickelung eine ganz sichere datierung für die abfassung von D²: um 1290 muss dieser text entstanden sein, eher etwas früher, denn nach der aussöhnung zwischen kloster und fährleuten lag für eine so grobe verhöhnung kein grund mehr vor, aber nicht vor 1282, denn in diesem jahre war der pfalzgraf noch herr der fähre.

Von diesem ansatze aus sind die abfassungszeiten der übrigen texte zu bestimmen. früher als 1250 dürfte auch das älteste Rosengartenlied nicht anzusetzen sein, schon weil weder die Þiðrikssaga noch der Biterolf eine spur von kenntnis des Rosengartens zeigen; beide benutzen nur gedichte aus dem ersten drittel des 13. jh. dazu kommen sprachliche gründe: auffällige apokopen und die reimbindung s:z, die sich in allen texten findet. ferner darf man wohl die strn. A 165.166 heranziehen, die gewiss aus dem ältesten texte stammen; sie setzen die bessere vergangenheit in gegensatz zu der traurigen gegenwart, und zwar in einer weise, dass ich annehmen möchte, sie bezögen sich auf die unruhigen zeiten der bürgerkriege seit 1246. der älteste text A¹ ist also 1250 oder bald nachher entstanden; zwischen ihm und D² liegen die stufen O und D¹, die ich demnach ungefähr 1270, bez. 1280 setze. mit D¹ gleichaltrig ist F. der contaminierte text C, der noch D² und A² benutzt, kommt im alter zunächst: er füllt also spätestens in den anfang des 14. jh. A² ist demnach zwischen 1250 und 1300 entstanden. die jüngsten texte A³ und D³ gehören beide unzweifelhaft mindestens noch vor die mitte des 14. jh.; für A³ beweist dies der umstand, dass von seiner entstehung bis zur herstellung des archetypus aller unserer (dem 15. jh. angehörenden) hss. eine längere, die grosse verderbnis der letzteren erklärende zeit verflossen sein muss. zu D³ ist zu vergleichen, was Müllenhoff DHB I, s. XXXVIII über den mit ihm zusammen entstandenen jüngsten text des Laurin sagt. um eine ziffer anzugeben, setze ich A⁸ und D⁸ beide um 1325. der text P, in hss. des 14. jh. vorliegend und noch im 14. jh. ins čechische übersetzt, ist demnach ebenfalls spätestens um 1325 entstanden; viel früher darf er nicht angesetzt werden, da er augenscheinlich den noch in hss. des beginnenden 14. jh. vorliegenden text F in dessen verbreitungsgebiete abgelöst hat.

Im 15. jh. wurde A⁸ von zwei verschiedenen dichtern α und β neu bearbeitet; keiner von ihnen benutzte eine der vorhandenen hss., da weder in α noch in β sich eine spur von den zusätzen in b einer- und amd andrerseits zeigt. die ältere bearbeitung ist die in der Dresdener hs. erhaltene β; sie gehört zu dem den grundstock der hs. bildenden teile (bestehend aus Ecke, Rosengarten, Sigenot, Wunderer und Laurin, vgl. Zarncke Germ. I, 53ff.), der Ostern 1472 durch Kaspar vdRön aus Münnerstadt (Unterfranken) geschrieben wurde. Rosengarten und Laurin finden sich also auch hier mit einander in derselben hs. vereinigt, doch sind sie in keinerlei beziehung zu einander gebracht. der Laurin ist bearbeitung einer hs. der älteren, bairischen classe (DHB I, s. XXXVII und 295) und war in dieser form schon in der ersten hälfte des 15. jh. bekannt (Heinrich Wittenweilers Ring, vgl. HZ. XII, 376). wir werden den Rosengarten (und den Wunderer) nicht von ihm trennen dürfen: beide sind in dieselbe unbeholfene form gegossen, die auf den cäsuren durchgereimte Heunenweise (wie sie am schlusse des gedruckten Wunderers genannt wird, vdHagens Heldenbuch 1855 II, 534), mit der der bearbeiter nicht recht fertig zu werden wusste. statt (wie es der bearbeiter α tut) nur die cäsuren der vorhandenen verse mit dem reime zu schmücken, hat er häufig die verse zerdehnt und verschoben, ja nicht selten neue meist unpassende gedanken hineingebracht, um nur ein reimwort zu erhaschen. die bearbeitung umfasst 364 abgeteilte strophen.

W. Grimm (DHS nr. 92) glaubte dem Dresdner texte (B) eine besondere stelle anweisen zu müssen, weil in ihm Volker von Ortwin erschlagen wird; dass dies nur eine ungeschickte jüngere änderung ist, versteht sich fast von selbst. eine nähere betrachtung der stelle macht diese annahme ganz sicher: nachdem der bearbeiter in seinen str. 268.269 die acht verse A 283,5—284,6 ziemlich genau wiedergegeben hat, arbeitet er A 285.286 folgendermassen in einander (β 270.271):

Er velt in do dernider,   das er gar kavm genas.
doch stunt er auf her wider,   wie kranck vnd mat er was,
vnd wolt sich an im rechen   vnd slug do gegen im.
sein leben thet im prechen   vnd fur do gar dohin.
Do er nun was derslagen,   Volker der spilleman,
konick Gibig thet vast clagen,   er sprach: 'was sol ich than?'
die weil do was gegeben   dem Ortwein do ein krantz,
ein halssen, kussen eben.   also het er es gantz.

während β 270 ganz selbständig ist, beruht augenscheinlich β 271 auf A 286,3f. 285,1f. (in dieser folge); demnach wird die vorlage von β lückenhaft gewesen sein (es fehlten etwa A 285,3—286,2); die bemerkung A 286,4

nu enweiz ich der uns reche,   die uns sint erslagen

veranlasste, da sie infolge der lücke nicht mehr ganz klar war, den bearbeiter zu der annahme, Volker sei erschlagen worden; dies führte er in seiner neuen str. 270 aus.

Wesentlich ist für uns, 1) dass die bearbeitung zu anfang des 15. jh. auf grund einer von den oben erwähnten interpolationen freien hs. von A³ entstand, und 2) dass die heimat des schreibers unserer hs. in dieselbe gegend weist, in welcher wir wohl die heimat von A³ zu suchen haben.

Um das jahr 1480 wurde das Strassburger Heldenbuch für den druck umgearbeitet, und die strophischen gedichte, die es enthielt, durchweg mit cäsurreimen versehen; der bearbeiter verfuhr dabei beträchtlich geschickter als β. während nun im allgemeinen die gedichte, wie sie in *s* vorliegen, dem drucke mittelbar zu grunde liegen, erscheint hier an stelle des Rg. D³ der text A³. doch darf uns dies nicht weiter wunder nehmen, da sich der bearbeiter als ein belesener mann zeigt, der z. b. neben dem Ortnid-Wolfdietrich seiner vorlage auch den alten Ortnid A kannte und benutzte (DHB IV, 260ff.); so gut wie diesen, hat er auch den Rg. A³ anderswoher geholt als aus dem handschriftlichen Heldenbuche. dass ihm mit letzterem auch D³ noch vorlag, zeigt der umstand, dass er das führmannsabenteuer aus ihm in A³ aufnahm (s. o. s. III). welche hs. des Heldenbuches er benutzte, lässt sich nicht bestimmt sagen; sicher ist, dass in ihr wie in *s¹h* die strophen D 187—189 fehlten. weiter führt uns vielleicht eine betrachtung des namens des vergen: dieser heisst *Norprecht* D 192 *bs¹h*, 195 *b*, 197 *bs¹h*, 610 *h*, C 818, ebenso in der vorrede zum Heldenbuch in *s*, dagegen *Ruprecht* D 192 *a*, 610 *s*, in der vorrede in *a*. dass danach *Norprecht* die richtige form, *Ruprecht* jüngere änderung ist, ist klar. die änderung geht von *s* aus; in dieser hs. stehen die alte (in der vorrede) und neue form (D 610) neben einander; die druckredaction beruht demnach wohl auf *s* oder einer damit ganz nahe verwandten hs.; sie hat die verschiedenheiten der vorlage zu gunsten der jüngeren form ausgeglichen. ob *s* 192 und 197 die ältere oder die jüngere namensform hatte, ist infolge einer lücke nicht mehr zu erkennen; ich vermute die ältere (wie in der vorrede *s*), da *s*¹ sie hier hat.¹)

Die hs., in welcher A³ dem bearbeiter vorlag, wies keinen von den zusätzen auf, die für *b* und die gruppe *amd* charakteristisch sind. sie war also ebenso gut wie die vorlage von *β*, doch lässt sich ein engerer zusammenhang mit dieser schon wegen der wüsten tätigkeit des umdichters *β* nicht nachweisen.

Der halb bairische, halb mitteldeutsche text A³ ist in *α* natürlich einer alemannischen umarbeitung unterzogen worden. charakteristisch dafür ist die beseitigung der in diesem dialecte unmöglichen reime:

198,5f. (*zit : geschiht*) lauten hier (Keller 647, 1—4):
    ich will nit lenger warten   *wann es ist an der zeit*
    ich will hüt in dem garten   *den rysen bestan mit streit.*

250,5f. (*begân : verklân*) in *α* 659, 25—28:
    vnd hie in meinem garten   *wöllent preiss beiagen*
    schlecht man üch durch den barten   *ich will üch bald ferclagen.*

---

¹) Die vermutung drängt sich auf, dass die beiden Strassburger hss. und der alte druck folgendermassen mit einander verwandt waren:

diese verwandtschaft müsste für alle in ihnen erhaltenen stücke gelten; ich selbst konnte nur die 'vorrede' nachprüfen: bei ihr kann *α* direct auf *s* zurückgehen. was den in diesen texten erhaltenen Ortnid-Wolfdietrich betrifft, so steht dieselbe redaction dieses gedichtes noch in zwei andern hss. *a* und *b*; *s* wird DHB III, s. VII c, s¹ *d* genannt. nach DHB IV, s. V sollen sich diese hss. gruppieren in *ad* einer- und *bc* (wozu sich *α* stellt) andrerseits; ich glaube vielmehr, dass *cd* zusammen *α* gegenüberstehen (*b* kenne ich nicht); dafür spricht ausser der oben s. XII erwähnten lücke in *cd* auch der umstand, dass *a* (und *b*) nur den Ortnid-Wolfdietrich, *cd* aber das ganze Heldenbuch enthalten (dass Vorrede und Laurin in *d* fehlen, besagt bei dem fragmentarischen charakter dieser hs. nicht viel). für die beurteilung von *a* ist wichtig, dass der Laurin hier nach DHB I, s. XXXIX besser sein soll als in *s*; ich vermag auch dies im augenblicke nicht nachzuprüfen (die besseren lesarten könnten correcturen des druckredactors sein) und will überhaupt meinen ansatz der verwandtschaft von *ss¹α* vorläufig nur als vermutung ausgesprochen haben.

291,3f. (man : geslán) in α 669, 8—11:
*sie stritten zů den stunden   eckart vnd auch hagen
da warden tieffe wunden   von den zweyen geschlagen.*
374,1f. (zit : meit) in α vier verse (Keller 687, 23—30):
*der münch darnach was traben   zů der künigein
nu heissent sie begraben   vnd lassen ůwer hochfart sein
Ich hab sie zů geristet   vnd bin ir beichtvater gewesen
das sie nit me gelistet   sie seind eins teils genesen.*

Nachdem der Rg. in der form von α einmal gedruckt war, verdrängte dieser text beim publikum sehr bald alle übrigen. nur die hs. d ist wohl später als der druck geschrieben. das Heldenbuch wurde im laufe des nächsten jh. noch oft aufgelegt (1491 zu Augsburg, 1509 zu Strassburg, 1545 ohne ort, 1560 und 1590 zu Frankfurt); jede kenntnis des Rg. fusst in dieser zeit auf dem Heldenbuche. so sind auch die zu Posen gefundene dramatische bearbeitung vom j. 1533 (HZ. XI, 252ff.) und das damit verwandte Sterzinger fastnachtspiel (Germ. XXII, 420ff.) sowie zum teil des Hans Sachs tragedia 'Der Hörnen Sewfriedt' vom j. 1557 aus dem bekannten drucke geflossen (vgl. Philipp ZRg. s. LIVff., Steinmeyer Afda. VI, 230f.).

Dass unser Rosengarten sich grosser beliebtheit erfreute, zeigt die grosse masse der texte; der ganz verschiedene ton derselben beweist, dass er sein publikum in allen kreisen des volkes fand. für die niederen schichten ist A verfasst (vgl. die rohen züge str. 62. 342, der letztere durch D 490 bestätigt), gewiss von einem spielmann; er war kein künstler, aber ein ganz flotter erzähler, der ohne viel beiwerk mit knappen strichen seinen stoff darstellte; 'holzschnittartig' nennt W. Grimm seine manier mit recht.

Ganz anders F, der übertrieben vornehme, der vor lauter vornehmheit kaum das wenige, was er erfindet, darzustellen weiss; er ist der ungelenkste von allen bearbeitern unseres stoffes und hat nur das éine verdienst, dass er ihn zuerst einem ritterlichen publikum vorführte. sobald in P eine ebenfalls rittermässige behandlung vorlag, fiel sein werk der wohlverdienten vergessenheit anheim. auf uns sind infolge dessen nur fragmente gekommen, bezeichnend genug nur von hss., die vermutlich geschrieben sind, bevor P existierte. das ungeschick des dichters F erschwert ganz besonders die richtige ergänzung der vielen lücken.

Dass auch die geistlichkeit sich am Rosengarten ergötzte,

zeigt die art, wie das fährmannsabenteuer entstand; die bearbeitung D² steht zu ihren kreisen in naher beziehung.

Der contaminator C hat keinen selbständigen wert; mit der metrik steht er offenbar auf bösem fusse. für die wissenschaft freilich ist sein text von höchstem interesse — schon deswegen, weil hier ein controlierbares beispiel zeigt, dass moderne entwirrungsversuche von angeblich contaminierten gedichten herzlich wenig gewähr haben.

Für unsern geschmack ist der einzig geniessbare text D; hier ist alles frische und laune, überall offenbart sich ein, wenn auch nicht classisches, doch recht achtbares dichterisches können. wem freilich dies verdienst zuzuschreiben ist, lässt sich schwer sagen; das meiste fällt gewiss D² zu. dieser bearbeiter war ein spielmann (s. o. s. LXXXIX); sein publikum fand er, wenn darüber eine vermutung gestattet ist, wohl in den oberrheinischen städten: ist er doch ebensoweit von der roheit von A wie von der gespreizten vornehmheit von F entfernt.

VI. Die sage.

Fünf mehr oder weniger selbständige gedichte vom Rg. sind uns erhalten und erweisen durch ihre verwandtschaft eine noch beträchtlich höhere anzahl von bearbeitungen; hier ist eine gelegenheit, so gut wie selten eine, sich zu überzeugen, dass auch im 13. jh. die durchaus subjective tätigkeit eines persönlichen dichters es ist, welche sei es den überkommenen stoff frei umgestaltet, sei es durch verknüpfung vorhandener motive neuen stoff sich schafft.

Bei betrachtung der in den Rosengartenliedern behandelten sage haben wir notwendig von der in A erhaltenen einfachsten darstellung auszugehen: Kriemhilt besitzt zu Worms einen rosengarten, der von zwölf helden behütet ist; sie ist Siegfrieds braut und wünscht ihren geliebten mit Dietrich im kampfe zu messen; deshalb lässt sie an diesen die herausforderung ergehen und verspricht jedem sieger kranz und kuss; der sieg bleibt Dietrich und seiner partei. in dieser einfachsten form der sage ist bereits eine verbindung zweier motive deutlich erkennbar: 1) ein mythischer rosengarten mit einer darin thronenden jungfrau, deren liebeslohn durch kampf zu gewinnen ist, 2) der zweikampf der beiden berühmtesten helden der sage Siegfried und Dietrich, der zu gunsten des letzteren ausfällt. jedes dieser beiden motive tritt anderwärts selbständig auf: das vom rosengarten im Laurin (hier verbunden mit dem motive vom mädchenraubenden elben), der zweikampf im Biterolf und in der þiðrikssaga. schon dieser umstand, dass die beiden die Rosengartensage bildenden motive sich getrennt belegen lassen, macht es in hohem grade wahrscheinlich, dass erst unser dichter A¹ ihre verbindung vollzogen hat; vor ihm ist diese verbindung nicht bekannt.

Woher hat nun der dichter seine beiden motive bezogen? die naheliegende annahme, dass er Laurin und Biterolf gekannt und benutzt habe, bestätigt sich bei näherem zusehen nicht. im Laurin ist das rosengartenmotiv ebenso wenig rein erhalten wie in unserem gedichte; es ist hier mit einer zwergensage verbunden, von der im Wormser Rg. sich keine spur findet. es ist daher anzunehmen, dass beide dichter, A¹ wie der des Laurin, unabhängig von einander das rosengartenmotiv verwertet haben; sie haben einen weitverbreiteten mythus benutzt (über diesen vgl. besonders Hocker, Die Stammsagen der Hohenzollern und Welfen, s. 33—35; ferner Heinzel in den sitzungsberichten der phil.-hist. cl. der Wiener akademie 1885, s. 679ff., zu dessen ausführungen ich mich allerdings teilweise im gegensatze befinde).

Mit dem Biterolf hat der Rosengarten vieles augenfällige gemein: die gegenüberstellung der östlichen und westlichen helden in einem kampfe vor Worms, der zu gunsten jener entschieden wird; den kampf Siegfrieds mit Dietrich; besonders aber die scene, welche Dietrichs scheu vor Siegfried und seine aufmunterung durch Hiltebrand und Wolfhart behandelt (7801ff.). dass der Biterolf den Rosengarten benutzt habe, ist vollkommen ausgeschlossen; wie würde ein dichter, der so gern mit seiner sagenkenntnis glänzt, sich ein local wie den rosengarten und eine figur wie den mönch Ilsan haben entgehen lassen? von beiden findet sich im Biterolf keine spur. die umgekehrte annahme, dass der Rg. den Biterolf benutzt habe, ist aber nicht minder unwahrscheinlich; die einfache, in sich wohl abgerundete und durchaus volksmässige erzählung des Rg. A (von der wir auf jeden fall auszugehen haben) aus dem Biterolf ableiten zu wollen, dünkt mich eine bare unmöglichkeit; der simple spielmann A¹ müsste ein ungewöhnlicher künstler gewesen sein, wenn er aus dem ungeheuren schatze des Biterolf mit so sicherem tacte nur das herausgehoben hätte, was in den rahmen seines gedichtes passt. er war aber nur ein unbedeutender dichter: wie hätte er sonst die unwahrscheinliche zusammenstellung der kämpferpare durch Hiltebrand, ohne herbeiziehung eines Wormsers, erzählen, die kämpfe so schablonenmässig schildern und die reime so armselig handhaben hönnen? es bleibt in der tat nur der ausweg, eine dichtung vom kampfe Siegfrieds mit Dietrich anzunehmen, die von den verfassern des Biterolf und des Rg. gleichmässig ausgebeutet wurde. diese vorausgesetzte dichtung wird durch ein vom Bit. und Rg. unabhängiges zeugnis, die þiðrikssaga, bestätigt.

Ursprünglich ist Siegfried mittelpunkt der fränkischen, Dietrich mittelpunkt der bairischen, vormals gotischen sage; diese beiden kreise bestanden lange zeit geographisch geschieden neben einander, sodass sowohl von Siegfried wie von Dietrich behauptet werden konnte, er sei der unüberwindliche und vornehmste held seiner zeit gewesen. durch das medium der persönlichkeit Etzels, des vernichters der Burgunden und schützers des vertriebenen Dietrich, wurden die beiden vormals getrennten sagenkreise verbunden: Dietrich nahm anteil an der vernichtung der Burgunden. dadurch wurden aber Dietrich und Siegfried zeitgenossen; die frage, welcher von beiden den höchsten preis verdiene, drängte sich mit notwendigkeit auf. sie wurde dichterisch dadurch entschieden, dass man beide helden im zweikampfe einander gegenüberstellte; daraus, dass Siegfried besiegt wird und der preis der unüberwindlichkeit allein dem Dietrich bleibt, ergiebt sich, dass ein oberdeutscher (bairischer) dichter die frage zuerst aufwarf und entschied; ein fränkischer hätte Dietrich unterliegen lassen.

Nun erzählt die þiðrikssaga (c. 219—222) ebenfalls den zweikampf Dietrichs mit Siegfried, ohne vom Rosengarten etwas zu wissen; Siegfried steht vielmehr im dienste Isungs von Bertangaland. gerade bei der erzählung vom zuge nach Bertangaland mag der verfasser der saga teilweise recht selbständig zu werke gegangen sein; das zeigt sich darin, wie er die zwölf helden Dietrichs nach und nach zusammen sucht, um sofort nach beendigtem kampfe (c. 225) vier von ihnen wieder verschwinden zu lassen. trotzdem muss er auch den zug nach Bertangaland in einer quelle vorgefunden haben; wie hätte er sonst Herbrand c. 133 einführen, während des zuges Hiltebrands rolle übernehmen lassen und c. 225 wieder ausscheiden können? Herbrand heisst sonst Hiltebrands vater; er ist in dieser einen, keinesfalls oberdeutschen sage für den sohn eingetreten. — der kampf zwischen Dietrich und Siegfried endigt mit dem siege des ersteren; freilich ist dieser sieg nur durch die schlimmste heimtücke herbeigeführt. diese fassung der sage ist nur durch die annahme erklärbar, dass das ursprünglich oberdeutsche gedicht vom zweikampfe bereits eine fränkische umarbeitung erfahren hatte, als es dem sagaschreiber zukam; der oberdeutsche ursprung zeigt sich im siege Dietrichs, die fränkische umarbeitung in der art, wie der sieg erworben wird; der umdichter rettete so den ruf des unüberwindlichen Siegfried.

Die saga ist um 1250 verfasst; liegt zwischen ihr und dem ursprünglichen gedichte vom zweikampfe bereits eine umarbeitung, so kommt dies vorausgesetzte gedicht ziemlich hoch hinauf, mindestens in den anfang des 13. jh. damals existierte aber der Biterolf gewiss noch nicht; zwar setzt ihn Jänicke (DHB I, s. XXVIII) in den anfang des 13. jh., vMuth (HZ. XXI, s. 182ff.) sogar in das letzte jahrzehnt des 12.; allein die im Biterolf vorausgesetzten historischen verhältnisse scheinen mir dies nicht zu gestatten: Etzels feldzug gegen die Preussen (1390ff.) weist auf die zeit nach 1230, wo der Deutsche Orden sich mit der unterwerfung dieses volkes beschäftigte und von vielen fürsten unterstützt wurde; Böhmen ist ferner ein königreich (12724) unter Witzlan, richtiger 6237 Wineslan d. i. Wenzel; der erste böhmische könig dieses namens regierte 1230—53. ich möchte deshalb den Biterolf um 1240 verfasst sein lassen.[1]) viel jünger kann er nicht sein, wie die sprache zeigt; am schlusse des 13. jh., wohin ihn Weinhold (Anteil Steiermarks s. 10 u. 31) und Gödeke (Geschichte der Deutschen Dichtung I² s. 244f.) setzen, würde der Biterolfdichter sicherlich unsern Rg. benutzt haben.

Im Bit. und Rg. wird der kampf zwischen Siegfried und Dietrich zu Worms ausgefochten; Siegfried steht natürlich in nahen beziehungen zu den burgundischen königen, die ihn unterstützen. in der *ps.* dagegen stehen Gunther und Hagen auf Dietrichs seite; erst dadurch, dass Siegfried als besiegter zu Dietrich übertritt, kommt er mit jenen in berührung. dies verhältnis ist schwerlich alt, sondern durch die verbindung der zweikampfgeschichte mit der Isungsage hervorgerufen und gewiss erst durch den sagaschreiber zu dem uns vorliegenden zustande entwickelt. Siegfried kam ursprünglich direct nach seinem drachensiege zu den Burgunden; hier konnte er dann mit Dietrich kämpfen, wie es in den deutschen gedichten geschieht. fand aber der sagaschreiber die zweikampfgeschichte mit der Isungsage verknüpft vor, so war er bei ein-

---

[1]) In dem fragmente eines mhd. gedichtes von Dietrich und Wenezlan ist aus Wenzel von Böhmen ein Wenzel von Polen geworden. dies scheint mir (bei einem östorreichischen dichter!) durchaus nicht so bedeutungslos, wie es Zupitza (DHB V, s. LIV) hinstellt; man bedenke, dass Wenzel II. von Böhmen seit 1290 Polen beanspruchte und 1300 wirklich zum könige dieses landes gekrönt wurde. das gedicht ist demnach frühestens um diese zeit entstanden.

reihung dieser episode genötigt, einige personen die front wechseln zu lassen; so stellt er Siegfried einerseits und die Burgunden andrerseits auf verschiedene parteien und lässt sie erst nach beendigtem kampfe mit einander bekannt werden.

Für die vorgeschichte der sage muss ich mich hier mit den gegebenen andeutungen begnügen; ich hoffe wenigstens wahrscheinlich gemacht zu haben, dass alle beziehungen unseres Rg. zu den herangezogenen dichtungen nur indirecte sind, und dass der älteste dichter (A¹) unsere sage selbständig durch verknüpfung zweier ihm unverbunden vorliegender motive schuf. schematisch lässt sich das verhältnis der besprochenen dichtungen zu einander und zu den vorausgesetzten sagen folgender massen darstellen:

1. Isungsage,
2. kampf zwischen Dietrich und Siegfried,
3. der mythische Rosengarten,
4. der mädchenraubende elbe,

I. ihre verbindung liegt der erzählung in þs. cap. 189—230 zu grunde.
II. im Bit. mit zahlreichen andern motiven verwertet.
III. verbunden in unserem Rosengarten.
IV. verbunden im Laurin (unter dem einflusse der Dietrichsage).
V. selbständig, doch unter dem einflusse der Dietrichsage im Goldemar.

Ob die fünf den namen 'Rosengarten' führenden örtlichkeiten bei Worms direct auf die mythische vorstellung von einem feenreiche oder erst auf unser gedicht zurückzuführen sind, kann ich dahingestellt sein lassen, denn das wesentliche charakteristikum desselben ist nicht, dass es einen Rosengarten zu Worms kennt, sondern dass es die verbindung des Rosengartenmythus mit der zweikampfsage vollzogen hat. bei der grossen beliebtheit des gedichtes ist es sehr wohl möglich, dass es erst den anlass dazu gegeben hat, geeignete Wormser örtlichkeiten mit dem namen 'Rosengarten' zu belegen; die bearbeitung C zeigt durch ihren dialect, dass das gedicht frühzeitig in der Wormser gegend bekannt war.¹)

---

¹) Dass die in römischer zeit um Worms sitzenden *Vangiones* durch ihren namen (got. *waggs* = παράδεισος) anlass gegeben hätten, nach Worms

Der dichter vollzog die verknüpfung der ihm vorliegenden motive dadurch, dass er die mythische herscherin im Rosengarten durch die Burgundin Kriemhilt ersetzte; deshalb besitzt diese den garten und nicht ihr vater (dieser wird erst in D in den vordergrund geschoben, wodurch ein widerspruch entsteht, s. o. s. XV). sie veranlasst auch den zweikampf; der dichter lässt sie eben in dem charakter auftreten, in dem sie dem publikum durch den zweiten teil der Nibelunge wohl bekannt war.

Ihr vater führt wieder seinen alten historischen namen Gibeche; so hiess er wohl auch in der von uns supponierten dichtung vom zweikampfe, wenigstens weist darauf der umstand hin, dass Bit. 2620 neben dem den Nibelungen entnommenen Dancrât auch den Gibeche kennt.

Dass er drei söhne hat (A 2), ist der echten sage gemäss, ebenso, dass im verlaufe des gedichtes nur Gunther und Gernot auftreten, denn da das gedicht vor der vermählung Siegfrieds spielt, muss Giselher als noch zu jung gedacht werden.

Um den hof versammeln sich vier helden Hagen, Volker von Alzei, Walther von dem Wasgenstein und Stutfuchs, ferner vier riesen Asprian, Schrutan und seine brudersöhne Pusolt und Ortwin. über Hagen und Volker ist nichts zu bemerken. Walther heisst 'von dem Wasgenstein' wie in der ps.; den beinamen hat er vom orte seines berühmten kampfes erhalten, der ort wieder veranlasste durch seine lage, den helden zu einem vasallen des Wormser königs zu machen. der name des vierten helden war in A^1 gewiss *Stutfuhs*, darauf weist die übereinstimmung der form im Bit. und Rg. P (wo *Stulfuz*, wie *p* schreibt, sicher darauf führt). wie A^2 schrieb, bleibt unentschieden, da C ihn nicht kennt. in A^3 heisst er *Stüdenvuhs*. fast überall, wo er vorkommt (ausser dem Rg. in Dietrichs flucht, Ravennaschlacht, Alphart), heisst er *von dem Rine*, nur im Bit. ist er könig von Pülle. er steht auch im Bit. auf seite Gunthers, doch möchte ich in dieser übereinstimmung mit dem Rg. nur einen zufall sehen: Stutfuchs ist wahrscheinlich eine

---

einen rosengarten zu setzen, wie Heinzel a. a. o. s. 682 meint, halte ich für unmöglich. die Vangionen waren vollkommen romanisiert, als sie von den später einwandernden Burgunden (und Franken) verdrängt wurden, auch ihr name kaum mehr in lebendigem gebrauche, sonst würde nicht im namen ihrer stadt der alte ortsname Borbeto-magus (= Worms) über den stammnamen den sieg davon getragen haben; vgl. die entgegengesetzte entwickelung in namen wie Trier, Soissons, Paris usw.

figur, die mit der heldensage zunächst nicht viel zu tun hatte;
dass er anderweitig bekannt war, zeigt die bemerkung Bit. 9156 ff.

man tuot uns an dem mære kunt
und hœret ez noch von im sagen,
daz Stuotfuhs nicht mohte tragen
nehein ros einer mile breit,
ez entœtz mit grôzer arbeit.

auch der räuber Studfus der *þs.* cap. 85 ist hier wohl heranzuziehen. der dichter des Bit. machte diesen Stutfuchs zu einem könige von Pülle und stellte ihn auf die seite der Wormser, um unter seinen zahlreichen personen wenigstens éine zu haben, die er umkommen lassen konnte; alle andern helden mussten, weil ihre beteiligung an späteren ereignissen in der sage feststand, am leben gelassen werden. natürlich musste dieser einzige gefallene auf seite der besiegten Burgunden stehen. der dichter A¹ nahm ihn ebenfalls als mann Gibichs auf; durch ihn erhielt er den beinamen *von dem Rine*, unter dem er nun weiter bekannt wurde (Dfl. und Ravschl. nennen ihn so, ebenso Alphart¹); diese gedichte haben ihn doch wohl dem Rg. entnommen). dass Bit. und Rg. ihn gleichmässig auf die seite der gegner Dietrichs stellen, mag seinen grund darin haben, dass Stutfuchs schon, wo er selbständig auftrat, ein feind Dietrichs war; darauf weist, dass er Bit. 9274 von Dietrich, wie *þs.* cap. 86 Studfus von dem zu Dietrich reisenden Vidga getötet wird. auf fortleben der sage von dem gewaltigen Stutfuchs weisen einige stellen im Rg. P 68 f. 321 ff. 495 f., s. o.

Von den auftretenden riesen ist Asprian aus Rother und *þs.* wohl bekannt; die drei andern sind augenscheinlich vom dichter erfunden, da Schrutan und Ortwin mit anderwärts vorkommenden persönlichkeiten nichts als den namen gemein haben, l'usolt aber sonst überhaupt nicht zu belegen ist. der umstand, dass die letzteren drei wohl unter sich, nicht aber mit Asprian verwandtschaftlich verbunden werden, weist darauf hin, dass der dichter sich der besondern königlichen stellung Asprians wohl bewusst war. es ist übrigens nicht unmöglich, dass die hier auftretenden riesen (wenn auch ohne namen) in dem vorausgesetzten mythus vom Rosengarten, vielleicht als hüter, bereits eine stelle hatten; dies würde erklären, wieso hier plötzlich im gefolge der Burgunden riesen auftreten.

---

¹) Hier wie in A² in der form *Stûdenvuhs;* demnach scheint der Alphart, wie er vorliegt, mindestens A² (a. o.) vorauszusetzen.

Dass Dietrich als vogt zu Bern sitzt und Witig und Heime noch in seinem dienste stehen, versteht sich von selbst; die ganze erzählung spielt notwendig vor seiner vertreibung. neun helden stellt ihm A ohne weiteres zur verfügung; fünf von ihnen (Hiltebrand, Wolfhart, Sigestab, Witig und Heime) sind allgemein bekannt; der sechste, Eckehart *der getriuwe*, spielt in der Ermenrichsage eine rolle, die seine verwendung auf Dietrichs seite wohl erklärlich macht. es bleiben Amelolt, Helmschrot und Ortwin. Amelolt ist in A herzog und Hiltebrands bruder, in D Hiltebrands schwestermann und herr von Garda; er tritt sonst auf im Alphart und in Dietrichs flucht, beidemal als held Dietrichs, aber ohne angabe verwandtschaftlicher beziehungen; nur dass er Garda besitzt, weiss auch Dfl. Helmschrot wird im Alphart beiläufig erwähnt; in Dfl. ist wohl Helmschart, der Wolfharts *veter* heisst v. 3632, derselbe. Ortwin ist unbelegt, wenn er nicht in Rätwin (hs. Rotwin) Alph. 73 steckt. danach ist es mir wahrscheinlich, dass alle stellen, welche Amelolt und Helmschrot sonst erwähnen, erst aus dem Rg. geschöpft haben, der dichter A¹ also als schöpfer der drei besprochenen helden anzusehen ist; hier allein sind sie unentbehrlich, wo sie sonst vorkommen, stehen sie in späten oder spät überarbeiteten gedichten nur als statisten.

Für Dietrich fechten ferner Dietleib von Steier und der mönch Ilsan; beide werden richtig nicht ohne weiteres als Berner helden aufgefasst, sondern müssen besonders geladen werden. Dietleib von Steier ist in der heldensage der vertreter seines heimatlandes (wie Rüdeger der Österreichs) und tritt in der litteratur erst hervor, seitdem jenes an ihr lebhafteren anteil nimmt¹); die bevorzugte stellung, die ihm der Rg. A anweist, stimmt demnach zu der aus den reimen erschlossenen heimat dieses gedichtes. dass er mit einem merwunder einen kampf zu bestehen hatte, weiss der Rg. A wie das österreichische gedicht vom übeln weibe; auch Laurin deutet v. 1304 darauf hin.

Die figur des mönches Ilsan ist so, wie sie vorliegt, gewiss eine schöpfung des dichters A¹. zu grunde liegt wohl die person des unglücklichen prinzenhüters Elsan der Ravennaschlacht, auf die der weitverbreitete schwank von dem groben und streitbaren

---

¹) Dass diese vertreterschaft übrigens erst die folge einer localisierung der Dietleibsage in Steier ist, zeigt die ganz abweichende erzählung der *þs.*; auch der Biterolf deutet ihre späte einführung noch an, indem er Biterolf und Dietleib aus Spanien einwandern lässt.

mönche übertragen ist: man vergleiche Walther in der chronik von Novalese, Wolfdietrich, Heimir in der *þs.*, Rennewart bei Ulrich vTürheim; alle diese sind schon vor dem Rg. als mönche bekannt. unser dichter hat demnach nichts weiter zu tun gehabt, als ein bekanntes motiv an eine persönlichkeit aus der umgebung Dietrichs zu knüpfen; den Elsan aus der Ravennaschlacht auszuwählen, bewog ihn vielleicht dessen tätigkeit als hüter der jungen prinzen.[1]) wo Elsan oder Ilsan (die formen wechseln in den hss.) sonst vorkommt, stammt er aus der Ravennaschlacht (so in Dfl.) oder aus dem Rg. (so gewiss im Alphart, wohl auch im Wolfdietrich D, wo er als Hiltebrands bruder erwähnt wird; von diesem verwandtschaftsverhältnisse weiss nur der Rg., nicht die Ravschl.). wenn er mit dem Ilsung, den der in der Kopenhagener hs. erhaltene schluss des Laurin erwähnt, etwas zu tun hat (DHB I, s. LIII), so ist gewiss eher dieser aus unserem Ilsan abgeleitet als umgekehrt; wie darf man diesen eben erwähnten schluss anders beurteilen als den ganz ebenso überlieferten Walberan?

Das kloster, in welchem Ilsan lebt, nennen AD übereinstimmend Isenburg; ein historisches kloster dieses namens scheint nicht zu existieren.

Zwölf hüter hat der rosengarten, und zwölf zweikämpfe finden deshalb statt; nach dem, was wir soeben bei betrachtung der einzelnen personen des gedichtes gefunden haben, scheint der dichter diese typische anzahl erst geschaffen zu haben, denn ein ansehnlicher teil seiner helden ist augenscheinlich erst zu diesem zwecke erfunden. dem widerspricht nicht die erzählung der *þs.*, da in dieser ausser Dietrich und Siegfried 12 pare fechten, also im ganzen 13 herauskommen. auch eine herbeiziehung der Walthersage scheint ausgeschlossen; denn hier verteidigt sich éiner gegen zwölf (*þs.*) oder dreizehn (Waltharius).

Der sieg bleibt mit éiner ausnahme unbestritten Dietrich und seinen leuten; Walther allein vermag wenigstens einen unentschiedenen kampf herbeizuführen; dies hat offenbar seinen grund darin, dass er der berühmte sieger vom Wasgensteine ist (vgl. A 124). er schliesst darauf einen bruderbund mit seinem gegner Dietleib; dieser ist in der auffassung des dichters schon als kind dem gewaltigen Walther gewachsen (vgl. A 267f.); das sieht entschieden nach localpatriotismus aus.

---

[1]) In der uns allein vorliegenden späten überarbeitung der Ravennaschlacht wird Elsan von Dietrich getötet; gab es vielleicht eine ältere version, welche ihn seine unterlassung im kloster büssen liess?

Den tod finden die riesen ausser Asprian und vielleicht Stutfuchs (A 257 ist nicht ganz klar, doch macht D den tod wahrscheinlich), d. h. alle die keine weitere rolle in der sage mehr zu spielen haben.

Das gedicht D hat die sage, wie sie in A vorliegt, vor allem durch die einführung eines neuen motivs umgewandelt: dass nämlich Etzel durch einen zug gegen Gibich die lehnshoheit über die Burgunden gewinnt. die verbindung dieses motivs mit dem alten stoffe ist dadurch hergestellt, dass nicht mehr Kriemhilt, sondern Gibich der besitzer des rosengartens ist, und dass dieser, stolz auf seinen besitz, die herausforderung ergehen lässt.[1]) dadurch hat der dichter allerdings einen widerspruch geschaffen: Kriemhilts brief an Dietrich bleibt in alter form bestehen. dass D sein neues motiv aus dem Biterolf bezogen habe, scheint mir nicht anzugehen. erstens ist der Bit. nur wenig bekannt gewesen und hat gewiss nicht über seine heimat hinaus gewirkt, und zweitens handelt es sich in ihm weder um einen kampf um lehnshoheit noch um einen zug gegen Gibich, ja Etzel zieht nicht einmal persönlich mit. wir haben vielmehr in D einfluss der Walthersage zu erblicken: in dieser allein zieht Etzel gegen Gibich und macht ihn sich untertan. auch die botschaft Rüdegers zeigt im Rg. D und Bit. nur soviel übereinstimmung, als sich aus der sendung derselben person an denselben hof ergiebt; sie ist schon in den Nibelungen vorgebildet. dass Rüdeger dabei durch freigebigkeit glänzt, ist ein an seiner person fest haftender charakterzug.

Die einführung Etzels hat notwendig die folge, dass einige helden Dietrichs durch vasallen Etzels verdrängt werden: an stelle von Eckehart, Amelolt, Helmschrot und Ortwin erscheinen folgeweise Dietrich von Griechen, Frute von Dänemark, Rüdeger von Bechelaren und Hartnid von Reussen. dass Rüdeger auftritt, ist

---

[1]) Edzardi (Germ. XXVI, 172ff.) hat den eingang des Rg. D mit der scene der NN. in verbindung gebracht, in welcher der ankömmling Siegfried den könig Gunther zum kampfe um land und leute herausfordert; die fahrt Siegfrieds nach Worms soll in einer sagenform folge der allgemeinen herausforderung sein, die der burgundische könig zu anfang des Rg. D in alle welt sendet. es kann indess jetzt wohl nicht mehr zweifelhaft sein, dass Gibichs kampfesbotschaft nichts ist, als ein notbehelf des dichters D[1], der die darstellung seiner vorlage O in verbindung bringen musste mit dem neu eingeführten motive von Etzels eroberungszug; von einem inneren zusammenhange mit jener darstellung der NN. kann absolut keine rede sein.

natürlich. der Grieche Dietrich und der Reusse Hartnid[1]) zeigen bekanntschaft des bearbeiters mit einer form der Ortnid-Wolfdietrichsage, die von der oberdeutschen stark abwich und jedenfalls noch ein älteres stadium repräsentierte. es ist die gleiche form, welche auch in der ƥs. erkennbar ist, also wahrscheinlich die niederdeutsche; dass D^1 sie kennt, bestätigt auf's beste unsere ansicht von der thüringischen heimat dieses dichters.

Frute von Dänemark ist von Gunther aus seinem reiche vertrieben, lebt daher als verbannter bei Etzel und erlangt durch seinen sieg über Gunther sein land wieder; dies ist gewiss eine form der im NL. erscheinenden Sachsenkriegsage; Frute ist an die stelle der dort genannten fürsten getreten als eigentlicher repräsentant Dänemarks in der sage.

Zwei von den als kämpfer verdrängten helden Dietrichs erscheinen noch in D: Amelolt und Eckehart. jener bleibt, wenigstens in D^s, als statthalter in Bern zurück; diese anordnung mag schon durch den dichter D^1 getroffen sein, so dass also das auftreten Amelolts in D direct auf das in A zurückzuführen wäre. dass Eckehart noch auftritt, ist ein ähnlicher widerspruch wie der vorhin constatierte, dass Dietrich einen brief der Kriemhilt erhält, obgleich Etzel der herausforderer ist; vgl. übrigens s. XXVIf.

Ausser den besprochenen erscheinen in D^s, P und F noch Alphart, in D^s mit directer hinweisung auf das von ihm handelnde gedicht (624,4). zunächst wird er nur als bruder Wolfharts in dem DF gemeinsamen passus aufgeführt (P hat ihn hier gestrichen, s. o. s. XXI); im weiteren verlaufe lässt F ihn (an stelle Sigestabs) mitziehen; D erwähnt ihn nur an der vorhin citierten stelle; P lässt ihn noch einmal in begleitung Rüdegers auftreten (lesarten zu D^s VI 10,4). eingeführt ist er offenbar durch die von uns constatierte vorlage O; die quelle, der sie ihn entnahm, war gewiss das uns erhaltene gedicht von Alpharts tod, das wir freilich nur in jüngerer, durch den Rg. A beeinflusster überarbeitung besitzen.

Auf seiten Gibichs sind die beiden unbedeutenden riesen Pusolt und Ortwin verschwunden; an des ersteren stelle ist Herbort wahrscheinlich schon in O getreten (s. o. s. XXVI). Ortwin ist durch Rienolt ersetzt. die beiden neuen figuren sind sonst wohlbekannt und treten auch im Bit. auf. dass sie aus diesem gedichte entnommen seien, dagegen spricht (ganz abgesehen davon,

---

[1]) Sie treten mit einander auch in Dfl. als helden Etzels auf und sind hier gewiss dem Rg. D entnommen.

dass sie wahrscheinlich durch verschiedene dichter in den Rg. eingeführt sind) der umstand, dass sie dort verschiedenen parteien angehören, Herbort der burgundischen, Rienolt der hunnischen. D hält ferner Gibichs reich nicht mehr so geschlossen zusammen wie A: Rienolt heisst *von Meiláne*, Walther *von Kerlingen*, und trotzdem stehen beide in Gibichs diensten. noch weiter geht D², indem es aus Stutfuchs (den P noch kennt) einen könig Stüefinc von Irland macht und überdies noch eine herzogin von Irland als hofdame Kriemhilts einführt; diese herzogin wird in D³ an den meisten stellen durch Brünhilt ersetzt, deren persönlichkeit übrigens ziemlich im unklaren bleibt. als mutterschwester Volkers scheint sie schon in D¹ erwähnt worden zu sein, vgl. anm. zu D 44 und oben s. LXXIII.

Die kämpferpare sind in D neu zusammengestellt, jedoch ist durchaus zu erkennen, *welche gründe den umdichter bewogen haben, von seiner vorlage abzugehen (vgl. verf. ZRg. s. 24ff.); besonders auffällig ist das bestreben, mehr abwechselung in die schablone von A zu bringen, indem besondere beziehungen die einzelnen kämpferpare verbinden: Hagen und Wolfhart, Gunther und Frute (s. o.), Gernot und Rüdeger (wie im NL.), Volker und Ilsan (spielmann und mönch). der ausgang ist der gleiche wie in A: fast alle Wormser werden besiegt, nur Walther hält sich so, dass sein kampf unentschieden bleibt. den tod finden Asprian, Schrutan, Stutfuchs und Herbort, d. h. die beibehaltenen riesen und diejenigen helden, welche eine rolle zu spielen in der sage nicht mehr berufen sind.

Die figur des vergen Norprecht ist sicher erst durch den dichter D² in das gedicht gekommen, da er in DC auftritt, nicht aber in P (hier schliesst sich abschnitt VI direct an III an). er ist eine historische person; wie er in unser gedicht kam, ist oben s. XCIIIf. ausgeführt.

Mit Etzel ist auch seine gattin *Herche* in den Rg. gekommen; sie tritt in PCD auf. wichtig ist die form ihres namens, die von der gewöhnlichen oberdeutschen *Helche* abweicht, aber zur nordischen *Herkja* (Edda) oder *Erka* (ps.) stimmt. auch dies erklärt sich zwanglos aus der thüringischen heimat von D¹; die niederdeutsche sage hatte den historischen namen der königin *Kerka* besser bewahrt als die oberdeutsche.

D³ allein macht Ilsan zu einem predigermönche grauen ordens, also zu einem Dominicaner, obgleich gewiss seine persönlichkeit mehr zu einem mönche der vornehmeren alten orden, als zu einem bettelmönche passt; hat D⁸ vielleicht beabsichtigt, die Dominicaner dadurch, dass er ihnen den Ilsan zurechnete, zu ärgern?

Über die in F vorliegende sagenform ist schon oben s. XXIXff. bei der versuchten reconstruction des gedichtes gehandelt; ich betone nochmals, dass sie von der von A im grunde nicht verschieden ist, und besonders das für D charakteristische neue motiv von Etzels zug gegen Worms durchaus fehlt.

Eine liste der helden Dietrichs giebt III, 15ff.; sie ist freilich nicht ganz in ordnung, denn die brüder Volknand und Hawart haben unberechtigter weise Alphart und Wolfhart verdrängt; auch 18,3f. kann nicht richtig sein, vgl. anm. immerhin ist zu erkennen, dass bei Dietrich anwesend sind Alphart, Wolfhart, Witig, Heime, Hiltebrand und Eckehart; geholt müssen werden Nudung von Bechelaren, Herbrand von Biterne, Sigeher von Garte, Dietleib von Stire und der mönch Ilsan. sieben von den zwölfen hat F mit den andern texten gemein, einen (Eckehart) nur mit A; vier (Alphart, Nudung, Herbrand und Sigeher) sind ihm an dieser stelle eigentümlich. nur einer, Sigestab, fehlt in F gegen die übereinstimmung von AD; an seiner stelle steht Alphart, der in der vorlage O schon gelegentlich auftrat. die übrigen sind an die stelle der auch in D fehlenden Amelolt, Helmschrot und Ortwin getreten. Sigeher erscheint im Bit. 6854 unter Dietrichs helden und ist im Alph. 94 Alpharts vater, nimmt also die stelle ein, die meist dem Amelolt von Garte zugeschrieben wird: Rüdegers sohn Nudung ist in der sage wohlbekannt; dagegen ist Hiltebrands bruder Herbrand rätselhaft; der dichter hat entweder aus Hiltebrands vater einen bruder gemacht oder vielleicht den Herbrand gekannt, der in der ps. eine rolle spielt, was ja bei der thüringischen heimat von F nicht unmöglich wäre.

Die liste der zwölf helden von Worms ist in F nicht erhalten; im ganzen kommen elf vor, von denen sieben (Siegfried, Gibich, Gunther, Gernot, Hagen, Walther und Schrutan) allen texten gemeinsam sind, einer (Ortwin) auch in A, ein andrer (Herbort) auch in D vorkommt, zwei (Aldrian und Dankwart) wenigstens als kämpfer F eigentümlich sind. Aldrian wird in D wenigstens als Hagens vater erwähnt; Dankwart ist in der sage zwar wohlbekannt, muss aber in den Rg. vom dichter F neu eingeführt sein. der uns entgehende zwölfte held war entweder Asprian oder (wahrscheinlich) Volker.

EINLEITUNG. CXIII

Die beziehungen der Rosengärten zu andern gedichten der heldensage sind im verlaufe unserer behandlung von form und inhalt im allgemeinen schon zur besprechung gelangt; ich stelle sie hier nochmals kurz zusammen.

Von den Nibelungen ist der Rg. schon in der äussern form abhängig, wie er mit ihnen in der wahl des stoffes verwandt ist; gewiss beabsichtigte der erste dichter, mit seinem werke einen nachtrag zum inhalte der NN. zu liefern. eine ganze strophe hat ihr (in der redaction *B) der bearbeiter P entlehnt, s. o. s. LXVIII; er entnahm sie dem kampfe zwischen Dietrich und Hagen und ersetzte des letzteren namen durch den Siegfrieds.

Mit dem Biterolf steht der Rg. nur in indirecter beziehung: beide haben ein und dieselbe quelle, ein gedicht vom zweikampfe der beiden grössten helden, benutzt. ihr entstammt die scene, in welcher Dietrich durch Hiltebrand und Wolfhart zum kampfe ermuntert wird; eine nur in p erhaltene stelle D^1 XVIII 9,1f. stimmt fast wörtlich zu Bit. 7988ff.

Auch zum Laurin sind die beziehungen ursprünglich nur indirecte; erst die bearbeitung D^2 verbindet dies gedicht und Rg. durch entsprechende titel, verwertet auch einen zug des Laurin in dem neu gedichteten abschnitte V.

Die drei ersten strophen des Rg. A finden sich im Siegfriedsliede wieder, und zwar hat wahrscheinlich dies aus A geschöpft, vgl. o. s. XCII. andrerseits enthält A^s eine interpolation 329ff., die auf einer sagenform beruht, wie sie das Siegfriedslied darstellt.

Ähnlich verhält sich der Rg. zum Alphart; während die stufe O vermutlich dies gedicht voraussetzt, da es seinen haupthelden zuerst einführt, ist andrerseits die uns allein erhaltene jüngere bearbeitung des Alphart sicher vom Rg. A beeinflusst, s. o. s. CVI anm. und CVIII. eine directe entlehnung einer str. aus dem Alphart findet sich in P, vgl. oben s. LIIIf.

Schon dem ältesten dichter des Rg. scheint ein lied von Dietrichs drachenkämpfen bekannt gewesen zu sein; darauf weisen A 341 und D 66.474f. es war doch wohl die grundlage des Virginal genannten gedichtes.

Der wohlbelesene bearbeiter P verrät offenbare kenntnis des Eckenliedes, s. o. s. LXIVf. und LXXIII. dass er auch das Hiltebrandslied gekannt habe, kann nicht mit gleicher sicherheit behauptet werden; die auf dasselbe hinweisenden verse P 832f. sind vermutlich jüngeren ursprungs.

Bei der grossen verbreitung des Rg. darf es uns nicht wunder nehmen, wenn jüngere dichter ihre heldenkataloge aus ihm vermehren; besonders Heinrich der Vogler, der verfasser von Dfl. und bearbeiter der Ravschl. hat dies in ausgiebigem masse getan, vgl. o. s. CVIIff.

Es erübrigt noch, einige worte über die von mir verwendeten kritischen zeichen zu sagen. cursiver druck bezeichnet innerhalb A und D alles, was nicht durch die hss. direct bezeugt ist; in F das, was infolge beschneidens oder sonstiger beschädigung der uns erhaltenen blätter nicht mehr vorhanden ist. in eckige klammern ist alles geschlossen, was, obwohl gut bezeugt, doch schwerlich echt ist. im texte D^s bezeichnet * die partien, welche mit sicherheit dem jüngsten bearbeiter zugeschrieben werden dürfen (vor der strophennummer stehend, gilt er für die ganze strophe), im texte F den schluss einer seite oder spalte der hss. in den varianten zu A^s und D^1 bezeichnet gesperrter druck den wortlaut der nächstjüngeren bearbeitung, also A^s, bez. D^s. um den kritischen apparat nicht allzusehr anschwellen zu lassen, habe ich solche lesarten nur éiner hs., welche durch übereinstimmung einer andern hs. derselben classe mit einer unabhängigen hs. als sicher unecht erwiesen werden, nicht angeführt, doch nur bei den jüngsten texten; stimmen also z. b. bei A b und f gegen m, bei D b und s gegen h, so sind m, bez. h nicht angeführt. die sprache zu normalisieren, glaube ich mich bei A und D berechtigt, da die hss. dieser texte beträchtlich jünger sind, als die gedichte selbst; bei F habe ich mich nach den sprachformen der Braunschweiger bruchstücke gerichtet, deren schreiber dem verfasser örtlich und zeitlich ganz nahe stand.

Schliesslich ist es mir eine angenehme pflicht, allen denen, welche mir bei meiner arbeit irgendwie förderlich gewesen sind, an dieser stelle meinen aufrichtigen dank auszusprechen; mein dank gebührt den verwaltungen der kgl. bibliotheken zu Berlin, München und Dresden und der stadtbibliothek zu Frankfurt a. M. für die gütige überlassung handschriftlichen materials, besonders aber der kgl. sächsischen Gesellschaft der Wissenschaften, die auf verwendung unseres unvergesslichen Zarncke meine arbeit in liberalster weise unterstützte.

Leipzig, im september 1893.

G. Holz.

Seite XXII, zeile 1 von oben: statt V lies VI.

ROSENGARTEN A
(I).

I.

1 Ein stat lît an dem Rîne,   diu ist sô wünnesam
  und ist geheizen Wormze.   sie weiz noch manec man.
  darinne saz ein recke,   der hête stolzen muot:
  er was geheizen Gibeche   und was ein künec guot.
2 Der hête bî sîner vrouwen   drî süne hôch[geborn
  und ouch ein schœnez megedîn.   [durch die wart verlorn
  manec küener degen,   sô ma[n uns von in seit.
  Kriemhilt was si geheiz[en,   diu keiserlîche meit.
3 Sie begunde vrîen   e[in stolzer wîgant,
  der was geheizen Sîv[rit,   ein helt ûz Niderlant.
  der pflac sô grôzer sterke,   daz er die lewen vienc
  und sie mit den zegeln   über die mûren hienc.
4 Dô wart ir von dem Berner   wunders vil geseit.
  si gedâhte ir manege liste,   diu keiserlîche meit,
  wie si ze samene brâhte   die zwêne küenen man,
  durch daz man sæhe, von welhem   daz beste würde getân.
5 Si hête einen anger   mit rôsen wol gekleit,
  der was einer mîlen lanc   und einer halben breit.
  darumbe gienc ein mûre   von eim vadem sîdîn.
  si sprach: 'trutz sî allen vürsten,   daz keiner kome darin.
6 Die mir des garten hüetent,   daz sint zwelf küene man,
  sô ich's in mîme rîche   iender vinden kan:
  der êrste daz ist mîn vater,   ein künec hôchgenant.
  Gêrnôt unde Gunther   die sint vil wol bekant.

I. 1,1 Ez lît [sich *b*] a. d. R. ein stat sô w. *x*.   2 und] diu *x*. sie]
und *x*.   3 d. sô sâzen recken die hêten st. m. *x*.   4 er] der ein *x*.
was geheizzě *fb*] der hiesz *ma*.   4ᵇ ein rîcher k. g. *x*. was 2,1—3,2 *hinter*,
8,4—9,4 *vor der klammer steht, ist in f abgerissen*.   2,2 daz vierde was
ein m. *x*.   die so ward *ma*.   3 vil m. k. holt alsô m. *x*.   3,1 Die [selben *b*]
b. *x*.   3,3—6,2 in *f verloren oder verdrängt*.   3,3 sô ~ (*d. i. fehlt*) *b*.   4 Vnd
all sie *b*. zegeln *b*, schwentzen *ma*.   4,2 manch list *b*, manger liste *ma*.
4 Vnd dz sie möchte sehen von w. *ma*.   5,1 anger *b*, garten *ma*. gekleydt *b*,
durchlait *ma*.   3 D. so g. *ma*.   von *b*, mit *ma*.   6,1 küne *ma*, der aller
kunsten *b*.   2 iender] yrgand *b*, halt nyendert *ma*.

7 Der vierde heizet Hagene,   der letzet in den tôt.
  der vünfte heizet Volkêr,   der machet grôze nôt.
  der sehste heizet Pûsolt,   der sibende Schrûtân.
  der ahte heizet Ortwîn,   der ist ein küener man.
8 Der niunde heizet Aspriân,   des lîp ist unverzeit.

. . . .

  der zehende heizet Walther   von dem Wasgenstein
  und ist an dem Rîne]   der küensten vürsten ein.
9 Der eilfte heizet Stûdenvuhs,] der kan ouch vehten wol
  und gît in den strîten   d]en recken swæren zol.
  der zwelfte heizet Sîvrit,   ein] helt von Niderlant,
  der strîtet nâch grôzen êren mit] sîner vrîen hant.'
10 Si sprach: 'der dâ durchvüere alliu wîtiu lant,
  man vünde keinen küenec,   der dâ wære sô hôchgenant.
  und kæme er in die rôsen   selbe zwelfte sîner man,
  ich spriche ez sicherlîche, im müeste misselingen dran.'
11 Dô sprach der helt Walther, ein küener degen guot:
  'solhe widertrutze   durch iuwern übermuot
  enpietet ir rîchen künegen, die iu sint unbekant?
  man vünde noch snelle helde, die vüeren durch diu lant,
12 Die wol getörsten vehten   vor künegen hôchgemuot.
  gevrieschen'z die Wülfinge, ez diuhte sie niemer guot.

7,1 l. mangë i. f. 6,3—8, 2 *sind in x verschoben, um die lücke 8,2 auszufüllen:*
  die mir des garten hüetent, die sint mir wol bekant:
  der êrste ist mîn vater,   ein rîcher küenec genant.
7 Der ander heizet Gunther,   der dritte Gêrnôt.
  der vierde heizet Hagene,   der enlât niht durch die nôt.
  der vünfte heizet Volkêr,   gar ein küener man.
  der sehste heizet Pûsolt,   der sibende Schrûtân.
8 Der ahte heizet Ortwîn,   von dem man wunder seit.
  der niunde heizet Aspriân,   des lîp ist unverzeit.
(6.4ᵇ Gibich e. r. k. g. *ma*, kunig gebich genant *b*. 7,2ᵇ der v'zagt nye
durch kain not *ma*. 8,1 wonder *b*, vil *ma*). 9,1 Stûdenvuhs *x*, Stufti]ng *f*.
1ᵇ und hât gestriten wol *x*. 2 stryten *b*, stürmen *ma*. 3 von] ûz *x*
4ᵇ m. ellenthafter h. *x*. nach 9,4 in *f rest eines verses*]azzē breyt, *vgl. anm*.
  9,5 die zwelf starken recken sûln der rôsen pfleger sîn.
  trutze und widertrutze,   daz nieman kome darîn! *x*
(5 zwelf ~ *ma*. starken recken ~ *b*. 6 nyemā *ma*, vmer keyn' *b*).
10, 1—13,2 ~ *f (abgerissen)*. 10 *b* ~ *ma*. 11.1 *u*. 2 *vertauscht ma*.
1 Dô ~ *ma*. Walther] Volkêr *x*, *vgl. anm*. 2ᵇ die ir thundt durch *b*.
3 irs den r. *b*. kunigen *b*, fürsten *ma*. sind pekant *ma*. 4 die] sie *b*.
mengen held der für *ma*. 12.1ᵇ gen fürsten h. *ma*. 2 Gefryschen *b*,
Erfûren *ma*. nymer *b*, nicht *ma*.

her Dietrich von Berne   und sîne dienestman,
die hânt bî unsern zîten   daz beste ie getân.
13 Ervüeren sie diu mære,   sie vüeren über Rîn.
des müeste enkelten manec helt,   des sült ir sicher sîn:
der anger würde gerœtet   und von bluote naz.'
dô sprach diu küneginne: 'wie möhte uns wesen baz!
14 Hête ich einen boten,'   sprach diu künegîn,
'der dâhin gein Berne   mîn diener wolte sîn,
deme sô wolte ich lônen   mit mîner milten hant,
daz er den Wülfingen   disiu mære tæte bekant.'
15 Dô sprach ein vürste junger,   ein herzoge von Brâbant:
'ir hât ûf iuwerm hove,   küneginne hôchgenant,
eine schœne juncvrouwen,   der hân ich, daz ist wâr,
mit sper und ouch mit schilte   gedienet ahte jâr.
16 Si ist geheizen Bersâbe,   diu edel herzogîn.
gebet ir mir ze wîbe   daz schœne megedîn,
iuwer bote wolte ich werden   gein Berne in daz lant,
nâch den Wülfingen   würd ich von iu gesant.'
17 Si nam in bî der hende   und vuorte in al zehant
in eine kemenâten,   dâ si die maget vant.

12,3 vnd all sîn *b*. 4 gezyten *b*. 4ᵇ noch ye das pest get. *ma*. 13,2 manig
held engelten *ma*. sûlt *ma*, must *b*. 3 wirt *f*. 14,2 diener] bote *x*.
3 u. 4 *vertauscht x*. 3 sô ∾ *fma*. ich wol lonenn *ma*. 4 disiu mære]
die rede *x*.
14,5 'Ich enwil iuwer bote niht sîn,'   sprach Volkêr der degen,
'und kæme ich gein Berne,   sô müeste ich mich erwegen,
daz ich mîn vrischez houbet   den Wülfingen müeste lân.
ich wil durch iuwern willen   der botschaft niht bestân.' *x*
(5 en ∾ *ma*. 6 must *b*, het *ma*. 7ᵇ must dem Wolffing lan *b*. 8 der]
die *x*. botschafft *b*, rayse *ma*). 15,1 vürste] herzoge *x*. junge *x*.
herzoge] herre *ma*. 2ᵇ eine juncvroun h. *x* (ein hertzogin h. *b*, ayn j. gar
gemaid *ma*). 3 juncvrouwen] herzoginne *x*. der] die *b*. 4ᵃ mit
schilte und [mit ∾ *ma*] sper *x*.
15,5 ich hân durch ir willen   *aller* tegelich
manec sper zerbrochen,   daz wizzet sicherlich. *x*
(5ᵇ all wollen wôchentlich *b*, täglich *m*, taglich vnd alle wochen *a erst
hinter* 6. 6 Zwey sper oder drew z. *b*). 16,1 diu] ein *x*. 2 mir wie
zu w. *x*. schœne] selbe *x*. 3 daz *x*, die *f*.
16,5 'Trutz, daz si'z widerrede,'   sprach diu künegîn,
'der selben juncvrouwen   solt du gewaltec sîn,
darzuo ein riches herzoctuom   mach ich dir undertân
und darzuo silber unde golt,   des ich genuoc hân.' *x*
(6 soltu dann g. *b*. 7,8 ∾ *ma*). 17,1 bî] mit *b*. der ∾ *f*. al *f* ∾ *b*.
2 maget] juncvroun *x*.

si sprach: 'vil edel Bersâbe,   schœne und wolgetân,
du solt disen ritter   loben ze eime man.
18 Er wil unser bote werden   gein Berne in daz lant.
nâch den Wülfingen   wirt er von mir gesant.
die tiursten ûz dem lande   die koment uns über Rîn,
sich hebet ein michel houwen: wie möhte uns baz gesîn!'
19 'Ich enbin niht iuwer eigen,'   sprach diu herzogin,
'welt ir die helde morden,   daz sol ân mîne schulde sîn.
im wirt ân mich gelônet,   sol er gelücke hân.
er sol durch mînen willen   der botschaft niht bestân.'
20 Er sprach: 'nemet von mîner hende   diz guldîn vingerlîn.
ob ich dâ ze Berne   verliese daz houbet mîn.
daz ir doch sült wizzen,   daz ich nâch ritters sîten,
juncvrouwe, durch iuwern willen   gein Berne sî gerîten.'
21 Si sprach: 'swar ir komet der lande,   sô müeze iuch got bewarn.'
man sach mit grôzen êren   den herzogen von ir varn.
dô nam ûz sîme lande   der vürste lobesam
vünf hundert ritter küene,   die wâren wolgetân.
22 Dô schiften sie vil balde   ze Wormze über Rîn,
dô nuosten sie die êrsten naht   ze Heidelberge sîn.

17,3 vil ∾ r. Bersâbe] megtin b, junckfraw ma. wolgetân r, wol
gemût f.   4 ritter] recken r. Lobe zû manne dysin ritt' dz dûnket mich
vil gût f.   18.1 daz x, dy f.   2ᵇ so han ich yn g. f.   3 tiursten]
vûrsten x.   3ᵇ die ∾ r. uns ∾ r.
    18,5 der anger wirt gerœtet   und von bluote nas.
            vil edeliu herzoginne,   wie möhte uns wesen baz! x
(6 junckfrawe ma).   19,1 en ∾ fma.   2 helde] liute x.   3 ân mich]
sin wol x.   4 der b, die fma.   20.1 diz] daz x.   3 sült ∾ r. wizzet x.
20,5 'Geschiht iu ze Berne kein leit,   ir vil werder man,
        daz wizze got von himel,   daz ich unschuldec bin daran.'
        dô enpfienc si tugentliche   daz vingerlîn von der hant.
        dô wurden liehtiu wangen   mit trehenen überrant. x
(5 vil ∾ ma.   6 wais ma.   himel ∾ b.   do pin ich vnsch. an ma.   7 doch b.
Do enpf. sie von dem recken das gulden v. ma.   8 Do wurden ir vor der künigin
nasz ire [rote ∾ a] wengelein ma).   21,1 sie b, Die f.   swâ ir in dem
lande vart x.   2 sahe den hertzogen mit b.   von ir ∾ b.   3 er
samente in dem l. x.   der vürste] die fürsten ma, der recken b.   4 ritter
küene] werder ritter ma, ∾ b.   4ᵇ er mit ym da nam b, er do zû [z ∾ m]
jm nam ma.
    21,5 sie hielten ritterliche   ze Wormze an der schar.
        dô sie alle kâmen   mit einander dar. x
(5 wirdigleichen ma.   der b, ayner ma.   6 alle ma. nu b).   22,1 vil
balde] mit einander ma, ∾ b.

an dem andern âbent,   die recken hôchgenant,
dô kâmen sie gein Halle   in der werden Swâben lant.
23 An dem dritten âbent   kâmen sie geriten
dâhin gein Nördelingen   nâch ritterlîchen siten.
an dem vierden tage   kâmen sie mit êren dô
in die guoten stat ze Augespurc,   dâ wurden sie vil vrô.
24 Darnâch kâmen sie gein Garte   und sâhen Berne an.
dô sprach der herzoge,   der ritter lobesam:
'nu bindet ûf die helme,   ich wæne, es sî uns nôt:
ich vürhte, daz uns vrou Kriemhilt habe versendet in den tôt.'
25 Dô sprach ein küener ritter   ze dem vürsten guot:
'dô ir sô zagelîche   woltet wenden iuwern muot,
dô soltet ir uns billîch   bî Rîne hân gelân.
ir hât mit iuwern worten   vil zagelîche getân.'
26 Dô sprach der herzoge: 'des werdet ir wol gewar,
ob ich zagelîche   hie vehte an der schar.
sol ich hie ze Berne   verliesen mînen lîp,
ich mache tûsent witewen,   die noch sint ritters wîp.'
27 Zehen hundert ritter hête   der Berner lobesam,
die ime ze den zîten   wâren undertân.
die hête ze hûse geladen   der Berner unverzeit,
mit in die schœnen vrouwen,   sô man uns von im seit.
28 Die recken hêten gezzen,   die tâveln wâren blôz.
dô man den herren wazzer   al umbe und umbe gôz,
dô huop sich von den tâveln   ein wünneclîchiu schar.
dô sprach der voget von Berne: 'nemet alle war,
29 Sitzet alle stille   und gebet mir iuwern rât:
uns koment vremede geste,   swie ez darumbe stât.
verwâpent vîntlîche   und rîtent durch mîn lant
gar âne mîn geleite,   daz ist mir wol bekant.

22,3—23,2 ~ f, vgl. anm.   22,4 werden ~ ma.   23,1 abend ma,
tag b.   3 mit êren] ze abend ma, ~ b.   4 vil] harte a, alle b, ~ m.
24,1 gein] zû f. gartach f, garten x. B. do an f.   1ᵃ Dô sie gein
Garte kâmen x.   2 h. jungex. der] ain ma, ir b. lobesan elde' lobe-
san f. 4 ich v. uns habe vr. Kr. vers. x.   25,1 ein r. küene wider
den v. x.   3 bî dem R. x.   4 mit iuwern worten] in vremden landen x.
vil] gar b.   als zaglich nye g. ma.   26,1 d' iûnge h. f.   2 hie vehte]
werde vehten x.   3 und sol x.   4 tûsent] vünf hundert x.   27,2
die wâren im tegelîche ûf der marke u. x. (jm auff der marck täg-
lich ma).   4 sô] als x.   in b.   28,2 wazzer vor gôz f.   3 sich von ~ f.
vor b. den tâveln] dem tische x.   4 voget ~ x. B. ir herren n. x.
29,1 iuwern] den f.   3 vîntlîche] wol mit grimme x.

30 Wie süln wir sie enpfåhen? sie sint unverzeit.
   nieman sie mac erkennen.   daz ist mir vil leit.'
   dô språchen sie alle geliche, hern Dietrlches man:
   'mit herten swertes slegen   süln wir sie enpfån.'
31 An den stunden kåmen   die geste vür den sal
   und erbeizten ritterliche,   vrœliche überal.
   . . . .
   . . . .
32 Wolfhart der was gegangen   an ein venster stån,
   er sprach: 'lieber herre,   die geste ich gesehen hån.
   wære ich nu gewåpent   in die ringe min,
   sô wolte ich vür die reise   niht ze himelrîche sîn.'
33 Dô gienc an ein venster   ein herzogîn zehant,
   diu was ze gîsel gesetzet   in Lampartenlant.
   ir zuht und ir êre   hête si vil unverlorn.
   diu selbe herzoginne   von dem Rîne was geborn.
34 Si sprach: 'mir sint die geste   ein teil wol bekant:
   er ist geheizen Sabin,   ein herzoge von Bråbant.
   waz haltent sie sô lange?   ich wil diu mære ervarn.'
   man sach die herzoginne   die reise niht langer sparn.
35 Über hof gienc si dråte,   då si die geste vant.
   'sît gote willekomen,   ein herzoge von Bråbant
   und alle iuwer diener,   swie die sîn genant!
   her Dietrich von Berne   der ist iu niht rehte erkant,

30,1 süln] wellen *x*. sie sint] die geste *x*. 2 mac ~ *x*. erkennet *x*. vil leit] wol geseit *x*. 3 alle] vil *f*. 4 herten] scharfen *x*. 31,1 d. selben st. *f*. an den stunden] Under den worten *b*, Mit denselben worten *ma*. 2 dô orb. [sie ~ *ma*] vrœl. die geste fl. *x*. 1 u. 2 *in ma vertauscht*. 3.4 ~, *vgl. anm*. 32,3 und w. *x*. mîn] stehelîn *x*. 4 die] dyse *f*. riche ~ *x*.
32,5 zehen hundert recken   tåten sich dô an
     manec schœniu vrouwe   verwåpente ir man. *x*
(5 ritter gewappneten sich *ma*). 33,1 an ein venster *nach* herzoginne *x*. *nach* 2:
     3' si was ein alsô wol   getåniu herzogîn,
     daz in der stat ze Berne   niht schœners mohte gesîn. *x*
(3' si] Die *b*. alsô ~ *b*. 4' Das sie in *b*. schöner *b*). 3 vil ~ *x*. unverlorn] niht verlorn *x*. 4 was *vor* von *x*. 34,1 eins teyls *b*, ~ *ma*. 3.4 ~ *f*, *vgl. anm*. 8 Wes haltet ir denn hie jr werdent d. m. erf. *ma*. 4 Do sach man *ma*. die reise ~ *ma*. 35,1 über den h. *b*. das erste si ~ *f*. die geste] den recken *b*, den hertzogen *ma*. 2 Sie sp'ch sit *fb*. ein] edel *f*. 3 u. darzuo a. *x*. diener] dienest *f*. 4 ~ *b*. der edel voget von Berne der ist iu unbekant *ma*.

36 Daz ir gât sô verwâpent,   ir recken unverzeit,
   und sit her komen mit grimme,   daz mac iu werden leit.
   daz müejet in vil sêre   und alle sîne man:
   mit zehen hundert recken   sô wil er iuch bestân.'
37 'Getörsten wir, juncvrouwe,   mit iu vür in gân
   und möhten iuwer geleite,   vil edeliu maget, hân,
   ich und alle mîne man,   die mit mir hie sin,
   des würde iu wol gelônet   ûf die triuwe mîn.'
38 'Nu bin ich ellende hie,'   sprach diu schœne meit,
   'möhtet ir mîn iht gniezen,   daz wære iu unverseit.'
   des dankete ir mit zühten   der herre von Brâbant:
   'wir hân an iu geleites gnuoc.'   si nam in bî der hant
39 Und vuorte in zühteclîche   ûf hern Dietrîches sal.
   dâ gruozte er die hêrschaft   besunder überal:
   'got grüeze tûsent stunde   den wirt vil hôchgeborn,
   den diz edel gesinde   hât ze herren ûz erkorn.'
40 Des antwurte ime in zühten   der Berner lobesam,
   alsô ez tugentlîche   einie vürsten wol gezam:

36,1 gât sô ∽ x.   verwappent sind so hert b,   verw. reitent ma.   2 mit
grimme nach sit f. bekomē f. mit grimme] in diz lant x (diz] sein ma).
3.4 ∽ ma. in vil] her dittrich b.
36,5 'uns wâren hie ze Berne   die verte unbekant,
      darumb hân wir unser ringe   gevüeret in diz lant. x
(5 Er sprach vns b.   da waren vns ma.   die] der b.   6 vnsern barnasch ma).
37,1 Er sp'ch get. f.   in] den vürsten x.   2 und ∽ x.   möhten wir edeliu
herzogin iu. ma.   vil edeliu maget ∽ x.
   3 iu würde ez wol gelônet   ûf die triuwe mîn
      von mir und allen mînen man,   die mit mir hie sin. x
(3 es] sin bma).   38,1 Nu] Jâ x.   hie nach ich x.   nach 2:
   3' ich vuorte iuch vür den vürsten,   der ist alsô gemuot,
      daz er niht gerne   wider schœne vrouwen tuot'. x
(3' Ja für ich úch ma.   4' erz a.   niht] also ma.   durch frawen willen ma).
3 herre] hertzog ma, ∽ b.   39,1 Und] Si x.   hern Dietrîches] des Ber-
ners x.   2 die hêrschaft] die recken b, dz gsinde m, die fursten vnd daz
gesinde a.   besunder] da b, ∽ ma.   nach 2:
   3' got grüeze daz gesinde   und die dienestman.
      und die schœnen vrouwen,   die sint sô wolgetân. x
(3' Er sprach got b.   4' sô ∽ ma).   39,3—40,4' ∽ b (wolgetân: wolgetân).
39,3 grüsz auch t. ma.   vil ∽ ma.   4 diz] das ma.   edel ∽ ma.   hât vor
erkorn ma.   zû aynem h. ma.   ûz ∽ ma.   40,1 in] mit ma.   lobesam] hoch-
geporn ma.   2 Als ain herr von recht kund er wol geparn ma.
   3' 'got danke iu vür daz gesinde   und die dienestman
      und vür die schœnen vrouwen,   die sint sô wolgetân. x
(3' Er sprach got ma.   die ∽ ma.   4' sô ∽ ma).

'got danke iu tûsent stunde, ir recke wolgeborn,
wan mich diz gesinde hât ze herren ûz erkorn.
41 Sît willekomen enpfangen. ir sült mich wizzen lân,
ob ich bî mînen zîten iht wider iuch habe getân,
daz ir sô wol verwâpent vür mîne tâveln sît gegân.
hêtet ir rehte sinne, ir soltet ez hân gelân.'
42 Des antwurte ime in zühten der herre von Brâbant:
'dô wâren uns hie ze Berne die wirte vil unbekant:
wem solten wir hân gelâzen die ringe stehelîn?
uns hât vür iuch geleitet ein schœnez megedîn.'
43 Si sprach: 'vil edeler vürste, lât sie geniezen mîn
durch aller vrouwen êre . . . . . .
und daz ir wellet êren die himelische meit.'
dô sprach der voget von Berne: 'daz sî iu unverseit.'
44 Dô sprach der herzoge ze dem vürsten hôchgenant:
'heizet lesen dise brieve, die sint iu gesant:
sie sendet iu von Rîne ein hêrin künegîn,
ir vater heizet Gibeche, der bote wir hie sîn.'

40,3 reckon *b*, reich' *ma*. wolgeb.] hôchgeb. *x*. 4 diz] daz *x*. hât *ror*
erkorn *x*. ze eime b. *x*. ûz ∼ *x*. 41,1 w. vnd enpf. *ma*. 2 iht ∼ *f*.
3 ∼ *in* (in *a* ergänzt: Darvmb ir mich mit striten licht woltent hie
bestân). sô] also *b*. wol ∼ *b*. 3ᵇ fur tisch sollent gon *b*. 4 rehte
sinne] recken sin *b*, sein recht *ma*.
41,5 ich spricho es ûf mîne triuwe, ez müezen die recken jehen,
daz ez mir hie ze Berne niemer ist geschehen.' *x*
(5 *das zweite* ez] das *ma*. die recken] all mein ritter *ma*. 6 mir ye hie *b*.
nie ay *b*). 42,1 in] mit *x*. herre ∼ *x*. 2 wirte] verte *x*. vil ∼ *x*.
3 ∼ *b*. 4 eins *f*. 43,1 vil ∼ *fb*. edeler ∼ *f*. vürste] b're *f*. sie ∼ *f*.
2ᵃ ∼ *ma*. 2ᵇ ∼ *b*. Des biden ich vch edel fürste die rede m' nieman v'kore *f*.
Die red sült ir [mir ∼ *a*] nit verkern als lieb uch alle frawe sein *ma*.
3 vnd durch die hymelischen kunigin *b*. (daz ir wellet êren) auch zû vordrinkt
durch *ma*. 4 unverseit *fb*] nu versait *ma*.
43,5 Und hête's vür mich geleitet der aller tiurste man,
sô er ûf erden daz leben ie gewan,
sie möhten sîn niht geniezen als tiure als umbe ein hâr,
sie müesten daz leben verliesen, daz sage ich iu vürwâr.'
9 der edel vürste von Berne wolte gân hin dan,
der herzoge von Brâbant bat in dô stille stân. *x*
(5 Jch sprich es sicherlich vnd het *b*. sie *b*, in *a*, ir *m*. pelayt *ma*. der
ba, den *m*. turste *a*, túristen *m*, kunst oder der herlichste *b*. 7 Er möcht *ma*.
als tiure] rocht *ma*. 8 Er müste *ma*. das zweite daz ∼ *b*. 9 gân] sin gangen *b*,
vor zorne sein *m*.. hin *b*, von *m*. wolt vor zorne wolt dannen gan *a*. 10 dô *a*
∼ *m*. Do bat in d. h. v. pr. st. st. *b*). 44,1 D. spr. tugentliche d. h.
ûz Brâbant *x* (gütlichen *ma*. ûz] von *ma*). 2 Nû h. *f*. disen brief
der iu ist *x*. 3 sie] den *x*. sendêt *f*. v. dem R. *x*. 4 w. nu hie
s. *x*. (nu ∼ *m*, hie ∼ *ma*).

45 'Swaz darane geschriben stê,   daz lese ein glêrter man.'
    ûf spranc dô vil schiere   der Berners kapelân.
    er nam den brief in die hant,   dô er in ane sach,
    er kêrte sich hinumbe   und lachete unde sprach:
46 'Swer ritter welle werden   oder ritter worden sî,
    der trete herzuo und hœre   und sî mir nâher bî.
    ein künegîn von Rîne   hât boten her gesant,
    ez stât an disem brieve,   ir recken hôchgenant.
47 Si heget einen anger   mit rôsen wol bekleit,
    der ist einer mîlen lanc   und einer halben breit.
    darumbe gât ein mûre,   ein vadem sîdîn.
    trutz sî allen vürsten,   daz ir keiner kome darin.
48 Des garten hüetent zwelve   der aller küensten man,
    sô man sie bî dem Rîne   iender vinden kan.
    die ir des garten hüetent,   die tuot si iu bekant:
    der êrste ist ir vater,   ein richer küenc genant.
49 Der ander heizet Gunther,   der dritte Gêrnôt.
    der vierde heizet Hagene,   der enlât niht durch die nôt.
    der vünfte heizet Volkêr,   gar ein küener man.
    der sehste heizet Pûsolt,   der sibende Schrûtân.
50 Der ahte heizet Ortwîn,   gar küene, alsô man seit.
    der niunde heizet Asphrîân,   des lîp ist unverzeit.
    der zehende heizet Walther   von dem Wasgenstein
    und ist an dem Rîne   der küensten vürsten ein.
51 Der eilfte heizet Stûdenvuhs   und hât gestriten wol,
    der gît in den strîten   den recken swæren zol.
    der zwelfte heizet Sîvrit,   ein helt ûz Niderlant,
    der stritet nâch grôzen êren   mit ellenthafter hant.
52 Die recken wellen mit triuwen   der rôsen pfleger sîn:
    trutze *und widertrutze*   daz keiner kome darin.
    dar sült ir zwelve bringen,   die den zwelven sîn gelîch.'
    'waz süln sie dâ schicken?'   sprach her Dietrich.

45,2 schiere] balde *x*.   45,3—46,2 in *f verdrängt*.   45,4 hin ~ *b*.
vmb *b*, dan *ma*.   46,2ᵇ wie hie geschriben sy *b*.   3 v. dem R. *x*.
4 recken] herren *x*.   47,1ᵃ Diu hât e. garten *x*.   3 m. vnd ein *b*.
3ᵇ dz ist ein borte breit fîn *f*.   4 si sprichet tr. *x*.   ir ~ *x*.   ein' *f*.
48—53 in *f bis auf geringe spuren verdrängt*.   48,2 sie *b*, ir *a*, ~ *m*.
iender *a*, yrgand *b*, nyendert *m*.   3 *das zweite* die ~ *ma*.   uch *b*, vns *m*,
vns hie *a*.   4ᵇ der] Das *b*.   der k. gebich gen. *b*.   49,2ᵇ d. gefloch nye d.
kaine not *ma* (geflochm, foh *a*).   50,1 gar ~ *ma*.   m. vns s. *b*.   51,2 der] Vnd *ma*.
3 ein helt *b*, geboren *a*, ~ *m*.   4ᵃ Vnd viecht jn hohen er *ma*.   52,1.2 ~ *ma*.
pflegen *b*.   2 Sie sprechen trutz das vmor k. k. d. *b*, *vgl. anm*.   3 dar *b*, da *ma*.
bringen *b*, vinden *ma*.   den] yenen *m*, den iren *a*.   4 schicken *b*, machen *ma*.

53 'Und gesigent die zwelve   den in dem garten an,
   rôsen ze eime kranze   gît man ie dem man,
   ein helsen und ein küssen   von der jungen künegîn,
   und muoz vor allen recken   iemer getiuret sîn.'
54 'Numme dumme âmen!'   sô sprach her Dietrich,
   'wie sint dise vrouwen   sô rehte wunderlich,
   daz ir vil selten keiniu   wil nemen einen man,
   ich enhabe mit ime gestriten   oder muoz in noch bestân.
55 Sleht er mich ze tôde   oder sêre wunt,
   sô küsset er's minnecliche   an ir rôten munt,
   darzuo hât er verdienet   einen rôsenkranz.'
   'sô belîbet, herre von Berne,   sô haltet ir iuwer houbet ganz!'
56 Alsô sprach von Garte   der alte Hiltebrant,
   'aber ich wil rîten an den Rîn,'   sô sprach der wîgant,
   'vil lîhte wirt mir ein rôsenkranz   von der künegîn,
   ein helsen und ein küssen: des muoz ich getiuret sîn.'
57 Dô schemete sich her Dietrich,   daz er die rede hête getân.
   er sprach: 'getriuwer Hiltebrant,   du solt mich wizzen lân,
   wie daz wir mit êren   komen an den Rîn.'
   dô sprach der alte Hiltebrant: 'daz sol geschehen sîn.'
58 'Vil mê stât an dem brieve,'   sprach der kapelân,
   'trutze und widertrutze,   ob ir ez getürret lân.
   komet ir niht ze dem Rîne,   ir recke lobesam,
   ir getürret niemer mêre   an vürsten stat gestân.'

53,1 ges. sie die *ma*. den zwölffen in *b*. den] disen xij *ma*. in dem garten ~ *ma*. 2 ydem *b*, dem selben *ma*. 4 und] Er *ma*. recken] konigen *b*. getiuret] gekronet *b*.   54,1ᵃ Nomine domine *f*, Nymmer dum namen *b*, Ey numer dume namen *m*. sô ~ *x*. Des wundert sich do zware der herre dietberich *a*. 2 Wes zîhent mich die vrouwen? sie sint sô w. *x* (sie *b*, die *ma*). 3.4 ~ *a*. vil selten ~ *bm*. 4ᵃ ich enh. in den bestanden *x*. 55,1 o. hawet er mich sunst s. w. *b*, o. hawet mir tieffe wunden *ma*. 2 tugentlichen *b*. 3ᵃ sô h. e. erarnet *x* (hon ich *b*, hat erst ainer *ma*). 4 herre v. B.] ir hie heime *x*. haltet ir] belîbet iu *x*.   56,1 ~ *f*. 2 aber *nach* wil *x*. rîten ~ *x*. sô ~ *x*. nach 2 *setzt f zu:* Zû den schonē frawē dz sie w'den mir bekant. 3ᵃ und wil ein krenzel verdienen *b* (Ain kr. w. ich verd. *ma*). der jungen k. *x*. 4ᵇ muoz mir bereit sin *b* (m. mein aygen s. *ma*). 57,1 Dô] Des *x*. her Dietrich] der von Berne *x*. 3 daz ~ *x*. m. grôzen ê. *x*. 4 geschehen] sicher *b*, werlich *ma*. *f setzt hier eine str. zu, vgl. anm*. 58,1 Vil ~ *x*. 3 und k. *x*. recken *x*. 4 sô get. ir *x*.
[58,5 Und komet ir ze dem Rîne,   als ich iu sagen wil,
   sô werdet ir bestanden   mit swertes slegen vil,
   und komet ir in den garten,   sprach daz megedin,
   iuwer keiner sî sô küene   daz er getürre vehten drin.'] *b*

59 'Dirre brief ist bœse,'   sprach von Berne der küene man,
    'des müezen die boten enkelten,   den lip verlorn hân.'
    zehen hundert ritter   ir harnesch leiten an,
    vil manec schœniu vrouwe   half bereiten ir man.
60 Dô entwichen in die geste   niht umb ein kleinez hâr,
    sie bunden ûf ir helme,   daz sage ich iu vürwâr,
    und griffen ze den swerten   (sie wâren unverzeit)
    und nâmen ze den armen   ir schilte wâren breit.

———

9 'Solhe widertrutze,'   sprach her Dietrich,
  'machent helde küene,   daz wizzet sicherlich. r
(9ᵇ spr. meyster hiltebrant b.   10ᵇ edeler wygant b).   59,1ᵃ Der br. der
ist [gar ∾ m] b. ma, Da sprach ditrich das ist bôfs b.   1ᵇ stât daz
geschriben daran r (das b, es ma). nach 2 zunächst eine interpolation in
ma, vgl. anm.:
[*1 'Noch stât mêr geschriben,'   sprach aber der kapolân,
    'in dem garten dâ stecket   ein vano ist wolgotân,
    der ist von rôtem golde   alsô wol bereit,
    dardurch ein silberwizer strich   wol einer ellen breit.
    darumbe sô gât ein liste   mit guldînen buochstaben,
    die bediutent die âventiure,   alsô wir'z hœren sagen.
 *2 Des pflegent die zwelf recken   biderbe unde guot,
    rich und ouch edel   und darzuo wolgemuot.
    die sint vroun Kriemhilte   alle undertân:
    swem si den vanen reichet,   der muoz die âventiure bestân.
 *3 Es heizet ouch ir vater   künden über alliu lant,
    swer die rôsen brœche   mit gewalteclîcher hant,
    dem welle er mit dienste   werden undertân,
    und werde er aber sigelôs,   er müeze im allez lân.']
(*1,1 mer m, daran a.   2 van der ist m.   4 silber ∾ a.   6 peteüten
vns die m. — *2,1 die ∾ m. vnd auch gât m.   2 hochgemût corrigiert
aus wolgem. m. — *3,1 vatter gibich k. m.   2 gewaltiger m.   3 wil a.
4 must a.   4ᵇ so müfs er jm lassen alles daz er ye gewan m). darauf
in x:
59,3' 'Nu wol ûf, al die mîne,'   sprach her Dietrich,
    erslabt die edeln geste   und tuot daz endelich!'
(3' mynen bma.   4' Vnd erschl. ma.   edeln ∾ ma) und nur in ma:
    [5' daz sie solhiu mœre bringen   her in miniu lant,
    daz wirt hiute gerochen,   daz sie werden geschant.]
(5' mine a, mein nigen m).   3ᵇ wâpenten sich dô an x.   4 vil ∾ r.
4ᵇ verwâponte ir man x.   60,1 Dô] Jâ b, ∾ ma.   nit als vn f.   kleinez
∾ x.   3 und] sie x.   sie wâren] ir muot was r.   4 und] sie x.
60,5 Dô sprach gar tugentliche   der herre von Brâbant:
    'nu dar, ir werden ritter,   und sît alle gemant!
    vliehen daz ist bœse,'   sprach der werde man,
    nu wer sich ein ieglicher   des besten, des er kan.' r
(5 gar ∾ ma.   gezogenlich ma.   here b, helt ma.   7 daz ∾ b.   ist hie b. b).

61 Der edeln herzoginne   zergienc ir gleite zehant.
   si gienc mit trûregem muote,   dâ si Wolfharten vant.
   si sprach: 'Wolfhart, herre,   lâz dir sîn gekleit,
   vil tugenthafter ritter,   daz mîn herzeleit.'
62 Si sprach: 'der Bernære   versinnet sich niht baz,
   er hât gein den gesten   gewendet sînen haz.
   nu hilf den edeln gesten,   des hâst du êre und vrum,
   sô wil ich dir ze lône   geben mînen mâgetuom.'
63 Des antwurte ir mit zühten   der vil küene degen:
   'ich enkan deheiner vrouwen   mit êren niht gepflegen:
   mîn herze enist niht wîse,   ez ist unzühte vol,
   ez ist mîn grœstiu vröude,   swenne ich vehten sol.
64 Doch swer den edeln gesten   hiute tuot kein leit,
   den erslahe ich endelîche,   daz habet ûf mînen eit.'
   des neic im dô vor liebe   diu edel herzogîn.
   man zôch dar Wolharte   daz guote ros sîn.
65 Wolfhart der vil küene rief,   daz ez durch den helm erdôz
   (sîn kraft und sîn sterke   die wâren harte grôz):

61,2 t'regē *f*, fryem *b*, schreiendem *ma*.   3 beklaget sin *f*.   4ᵃ ∽ *r*.
vil] Wol *f*.   4ᵇ die mine h'tze pin *f*, Mein angst vnd myn [vil ∽ *b*] grofs
hertzleyd *bma*.
   61,5 er sprach: 'saget mir ez balde,   edeliu herzogîn,
      mac ich ez gewenden,   daz tuon ich ûf die triuwe mîn. *r*
(5 sag *ma*. ez] vil *ma*. du edle *ma*.   6 widerwenden *ma*).   62,1 der
[voget ∽ *b*] von Berne *r*.   2 gewendet] gekeret *b*.   nach 2:
      3' ich was ûf eine genâde   ir geleite worden,
         nu heizet er sie alle   ze dirre stunde morden. *r*
(3' sîne ∽ *b*. geleyter *b*.   4' heizet] lasset *ma*. er sie] sie der von bern *b*.
ze dirre stunde ∽ *b*).   3 edeln] werden *b*.   4 ze lône ∽ *r*.
   62,5 und koment sie mit êren   wider an den Rîn,
      touc ich dir niht ze wîbe,   ich wil dîn kebese sîn. *r*
(6 touc] Fûg *ma*. ze wîbe] zû den eren *ma*. so wil ich *b*. kebese] pûle *ma*).
63,1 Wolfhart der *r*. vil ∽ *r*.   2 Jâ kan ich *b*(*ma*).   3 en ∽ *f*.
4 ez] Das *ma*, ∽ *b*. grœstiu] bestiu *r*.
   63,5 vil edeliu herzoginne,   ich wil iuch vrî lân
      und wil durch iuwern willen   den gesten bî gestân. *r*
(5 dich *b*. 6 dynen *b*. ston *b*).   64,1 Doch ∽ *r*.   2 slahē *f*. daz
habet ∽ *r*.   3 des] dô *r*. neigete *ma*. dô ∽ *r*. vor] von *r*.   4 dar]
do *f*. Dar z. man *b*.
   64,5 ân stegereif in den satel spranc   der vil küene man,
      dô kêrte der werde degen   ze den gesten hin dan. *r*
(5 er in *bm*. 5ᵇ ∽ *bm*. vil ∽ *a*. man] weigand *a*.   6 Des seyt ym die
hertzogin guten danck *b*).   65,1 u. 2 verlauscht *b*. vil küene] degen *ma*,
∽ *b*. den ∽ *f*. helme *f*. doz *f*.   2ᵇ was unmâzen gr. *r*.

'ich hilfe hiute den gesten,   daz wizzet alle gar.
her Dietrich, lieber herre,   nu nemet miner rede war.
66 Ir, vil edeler vürste,   gedenket rehte dran,
ob ir ze boten sendet   einen biderman,
getörste er niht gewerben,   drumb ir hêtet in gesant,
under allen recken   müeste er sin geschant.'
67 Des lobete in mit zühten   der alte Hiltebrant:
'nu lône dir got, Wolfhart,   du stolzer wigant!
ich hân selten gesehen   sô vil diner bescheidenheit,
ich spriche ez ûf mine triuwe,   alliu schande ist dir leit.'
68 Dô sprach Hiltebrant der alte: 'vil lieber herre min,
enpfâch nâch dinen êren   baz die geste din:
du solt sie diner wirtschaft   hie geniezen lân
und tuo in daz beste,   daz stât dir vil wol an.'
69 Dô sprach der Bernære: 'getriuwer Hiltebrant,
nu rât mir daz beste,   vil küener wigant,
wie daz wir mit êren   komen an den Rin,
daz wir die widertrutze   triben in dâ wider in.'
70 'Wir müezen ze dem Rîne,'   sprach her Hiltebrant,
'dâ süln wir helme houwen,'   sô sprach der wigant,

65,3 u. 4 *vertauscht* ma. jâ hilfe ich x. hiute] ye ma, ~ b. alle gar]
vûrwâr x. 4 her ~ x.   4ᵇ nû hor ein rede die ist war f, myn red ist
on far b.   66,1 ~ ma.   Ir] Dû f, ~ b.   nû ged. b.   gedencke f.   rehte
~ b.   dran] her an f.   2 ir] dô f.   sendet] sentes f.   3 er dan n. f.
w'ben fb.   drumb ir] als ir in x.   in] vfs b.   h. in ges.] hiessent sagen ma.
4 er vmer sin b.
66,5 ob nu disen werden recken   hie geschiht kein leit,
verlorn hêtest du din êre,   ein recke unverzeit. x
(5 nu ~ ma. dise b, den ma. recken] gesten ma.   5ᵇ geschoch laid jn
ewrem land ma.   6 Jr wert der verlorn vnd wert auch geschant ma).
67,1 D. antwurte im m. x.   2 du] ein x.   3 selden me ges. f.   68,1 der
alte cor Hilt. ma, ~ b.   vil] wol f, ~ b.   2 nu enpf. wol x (enpfâhent
ma).   nâch] mit b, ~ ma.   dinen ~ x.   êren ~ ma.   baz ~ x.   d. lieben
g. b.   din] das ir salig müssent sein ma.   3 jr sûlt — uwor ma.   hie ~ x.
4 thût — euch ma.   69,1 der von Berne du getr. x.   2 vil] du ma, ~ b.
3 daz ~ x.   mit grôzen ê. x.   4 Vnd dz f.   in dâ] hin ma, ~ b.
69,5 Die man uns enpiutet   in unser eigen lant.
ez wirt an in gerochen,   daz ist mir wol bekant.
jâ wil ich niemer mêro   werden ein vrumer man,
ich enreche [dan] die widertrutze,   ob ich'z gevüegen kan. x
(6 Das wir an jn werden gerochen das sul jn werden bekant ma.   7 Ja nu
w. b.   mêre ~ b.   w. kain piderman ma.   8 en ~ ma).   70,1 her] maister
ma, ~ b.   2 sô ~ x.   2ᵇ vn liechten schildes rant a.

'daz daz bluot dâhin vliuzet und git den widerswal.'
'danc habe,' sprach dô Wolfhart, 'sô wil ich ûf die wal.'
71 'Wol dan, ir werden geste,' sprach Wolfhart sâ zehant,
'leit abe und lât behalten iuwer stehelîn gewant
und ezzet mînes herren brôt und trinket sînen wîn,
man git es iu willeclîche, swie lange ir hie wellet sîn.'
72 Des vröuten sich die geste mit vrœlîcher art.
vil manec liehter halsberc dô behalten wart.
pfeller unde samît leiten sie mit vröuden an.
man sach die edeln geste zühtecliche gân.
73 Dô gap man den küenen recken eine grôze kraft,
daz man ûf der vürsten hove heizet wirtschaft.
dô beliben sie ze Berne unz an den zehenden tac,
die wîle manec ritter mit in kurzewîle pflac.
74 Zehen hundert marc goldes gap in der Berner dô,
die hôchgelobeten geste machete er alle vrô
und kleite sie alle geliche in guot pfellergewant,
beslagen wol mit golde: daz nâmen sie zehant.
75 Dô gienc der herzoge mit vünf hundert sîner man
vil gezogenlîche vür den Berner stân.
er sprach: 'vil edeler vürste, möht ez in hulden sîn,
den urloup hêten wir gerne: wir wolten an den Rîn.'
76 Dô sprach der voget von Berne, der degen unverzeit:
'mîn urloup und mîn hulde diu ist iu unverseit.

70,3 dâhin] dar vfs b. ~ ma. 4ᵃ dô sprach [der degen ~ b] W. r.
sô ~ r. ich w. r. wil auch b, w. mit a(m). 71.72 haben in ma diese
folge: 72,1.2. 71,2.1.3.4. 72,3.4. 71,1 dan] ûf r. sâ] al f, so ma, ~ b.
2 Vnd legeud von euch ewer b, Sy alle do von jn wurffen ir st. m(a).
3 und ~ r. 72,2ᵇ vö libe do gezogen wart f. 3 samit
u. [auch ma] pf. l. s. dô an r. 4 gân] stân r.
73,1ᵃ Man g. den werden gesten r. 2 der ~ r. hove] bôsen b,
lebon a, ~ m. 3 beliben] wâren r. vnz a, biz fbm. 4 mit in ~ r.
kurzewîle] ritterschefte r. 74,3 und] man b, er ma. guot ~ r. 4 daz
was bœsl. r. wol ~ r.
74,5 dô sprach der herzoge: 'ich muoz ez von schulden jehen,
daz ich bî mînen zîten iuwer glich nie hân gesehen. r
(5 d. h. von prabunt ma. ez ~ ma. 6 gezyten b. ewern bm. glychen
bma. nie] nit mo b). 75,2 vil] vil gar ma, gar b. tugentlichen b, züchtig-
leichen ma. 3 vil] wol f, ~ r. edeler ~ ma. in] mit ma, mit
ewern b. gesîn r. 4 den u.] iuwern u. r. wir w.] und w. r. 76.1
voget ~ r. degen] vürste r. 2 diu ~ r. ist] sî r.

ich geleite iuch ûz mim lande   mit vünf hundert man.
welt ir hie langer beliben,   daz ist liebe mir getân.'
77 Des dankete im tugentliche   der herzoge Sabîn:
'vil edeler voget von Berne,   wir wolten an den Rîn.'
die herren von dem Rîne   wurden in stahel dô gekleit.
der edel vürste von Berne   dô selbe mit in reit
78 Mit vünf hundert sîner man,   sô er sie tiurest vant.
er geleite sie mit êren   durch Lampartenlant.
dô sie von Berne kâmen   und Garte sâhen an,
dô sprach der herzoge   ze dem Berner lobesam:
79 'Nu kêret wider, herre,   heim in iuwer lant,
ir hât uns verre gedienet   mit [iuwern] helden hôchgenant.
swaz ir nu welt enpieten   der keiserlichen meit,
daz wirt ir endeliche   dâ von mir geseit.'
80 Dô sprach der Bernære: 'nu saget der künegîn,
si müeze ir widertrutze   selbe trîben in,
die si nûr hât enpoten   in mîn eigen lant.
des mac wol enkelten   manec küener wîgant.
81 Saget ir, ich habe ze Berne   rôsen alsô vil,
wan daz ich ir hôchvart   niht übersehen wil.
sehzec tûsent recken   bringe ich über Rîn,
die wol getürren vehten   umb rôsenkrenzelin.
82 Dannoch bringe ich zwelve   ûf den *grüenen* plân,
die in dem rôsengarten   wol ir zwelve getürren bestân.'

76,3 man] degen *x*.   4 und w. *x*.   hie~*x*.   4ᵇ man sol iuwer
schône pflegen *x* (schön *b*, wol *ma*).   77,2 vil] Wol *f*, ~ *b*.   voget]
vürste *x*.   wolten] wöllend *b*, wärn gern *ma*.   *nach* 2:
S' swaz man von iuwern tugenden   singet oder seit,
ich nime ez ûf mîne triuwe,   daz ist diu wârheit.   *x*
(4'ᵃ ~ *ma*.   4'ᵇ es ist alles ein w. *b*, daz ist mir allez worden in rechter w. *a*).
3 herren] geste *x*.   dô ~ *x*.   bekleit *f*.   4 dô ~ *x*.   78,1 sîner ~ *x*.   mannen *x*.
1ᵇ als er die geste vant *x*.   4 herzog junge *x*.   *darauf setzt a* 1 r. *zu*:
Got danck euch tugentliche vil hochgeborner man.   *das verspar 79,1.2 lautet
in x*:
Nu rîtet wider gein Berne,   ein vürst aller tugent vol,
wir komen nu ze dem Rîne   ân iuwer geleite wol.
1 Nu ~ *b*.   gein B.] heym *b*.   1ᵇ jr habt vns gnûg getan *ma*.   2 nun allaine
zû d. R. wol *ma*.   *nach* 2 *setzen ma* 1 *v. zu*:   Von ewren tugenden vnd züchten
ch nun sagen sol (nun *m*, iemer *a*).   4 dâ ~ *x*.   mir wol ges. *x*.   80,2—97,1
~ *f, vgl. anm*.   80,1 der von Berne *x*.   saget mære der *f*.   2 tr. wider
ein *ma*.   3 hab *b*.   4 noch maniger *ma*.   küener ~ *ma*.   81,1 alzo *b*.
2 ~ *m*.   wan] Dann *a*.   ir die h. *a*.   4 vehten] streiten *ma*.   82,2 zwölf
mann *b*.   die auch auff *ma*.   grüenen ~ *bma*.   2 die ~ *ma*.   rôsen ~ *b*.
wol *nach* zwelff *m*, ~ *a*.   türren *ma*.

urloup nam mit zühten der von Bråbant.
der edel vürste von Berne reit heim in sîn lant.
83 Kriemhilte der küneginne wurden diu mære geseit,
des vröute sich heimlîche diu keiserlîche meit.
Kriemhilt diu küneginne dô niht langer beit,
mit ir juncvrouwen si sich dô bereit.
84 Diu junge herzoginne gienc ir an der hant,
die wolte si ze wîbe geben deme von Bråbant.
[diu selbe juncvrouwe truoc ein kleit an,
dardürch dâ schein ir lîp, der was sô wolgetân.
85 Ir arme wåren wîz, blanc als ein hermelîn.
under den juncvrouwen mohte si diu schœnste sîn.]
mit den selben meiden si ime engegene gienc,
wie rehte güetlîche in diu künegin enpfienc:
86 'Wis gote willekomen, ein herzoge ûz Bråbant!
waz enpiutet uns der von Berne in unser eigen lant?'
er sprach: 'edeliu künegîn, des werdet ir wol gewar,
er wil vür iuch bringen eine ungevüege schar.
87 Iu enpiutet der von Berne, vil edeliu künegîn,
ir müezet iuwern widertrutz trîben wider in,
den ir im hât enpoten in sîn eigen lant,
und des müge wol enkelten manec stolzer wîgant.
88 Er sprichet, er habe ze Berne rôsen alsô vil,
wan daz er iuwer hôchvart niht übersehen wil.
sehzec tûsent recken bringet er über Rîn,
die wol getürren vehten umb rôsenkrenzelîn.
89 Darzuo bringet er zwelve ûf den *grüenen* plân,
die in dem rôsengarten iuwer zwelve wol türren bestân.'
'wol mich, ein werder vürste, ein herzoge ûz Bråbant,
daz ich dich ie gein Berne ze boten hân gesant!

82,4 Vnd rait do hin mit eren wider jn s. l. *ma.* 83,3 Nit lenger da
sie beyt die keyserliche meyt *b.* 4 dô ∾ *b.* 84,2 wîbe] lone *ma.*
84,3—85,2 *zusatz? vgl. anm.* 3 juncvrouwe] hertzogin *b.* die trûg *ma.*
4 dâ ∾ *ma.* ir der l. *ma.* 85,1 blanc] recht *ma.* 2 den] den ander *b*,
siebenzic *am.* 3ᵃ Mit dem magtum *b.* 4 diu künegîn] crimhilt *ma.* 86,1
Bis *bma.* gote∾*b.* w. gabein ain herr von *ma.* 2 her jn *ma.* eigen ∾ *ma.*
3 edeler kunig *b.* 87,1 d. vogt v. *ma.* 1ᵇ in ewer eygin lant *b.* 2 ewer *b.*
widert] hin wider *ma*, ∾ *b.* am *schlusse zugesetzt* die ir ym hond gesandt *b.*
3.4 ∾ *b.* den] Die *ma.* enpoten habt *m.* 4 stolzer ∾ *m.* 88,2 eûch
ewr *ma.* 89,1 her auff *ma.* grüenen ∾ *bma.* 2 rôsengarten ∾ *b.*
2ᵇ die ewern wol getorren best. *b.* 3 Nun wol *ma.* *das erste* ein ∾ *ma.*
werder] edler *ma.* ein herre von *ma.* 4 ie ∾ *ma.* ze boten ∾ *bma.*

90 Des gât ez an ein houwen, daz man siht daz bluot,
   sô siht man helme schrôten   manegen ritter guot.
   swer vrume boten sendet,   der verliuset niht daran.
   nu wil ich dir geben,   swaz ich dir gelobet hân.'
91 Dô gap si ime ze wîbe   die jungen herzogin
   und darzuo ein herzoctuom,   daz solte sîn eigen sîn.
   er sprach: 'vil edeliu künegin,   möht ez mit[iuwern]hulden sîn,
   sô vuorte ich gerne ze lande   die lieben vrouwen mîn.
92 Mit iuwerm rôsengarten   wil ich niht haben pfliht.'
   'nu vüere sie, swar du wilt,   ich enwer dir es niht.'
   dô neic er ir mit zühten,   der herre von Brâbant,
   und vuorte sie vrœlîche   in sîn eigen lant.

II.

93 **Dô** sprach der von Berne: 'getriuwer Hiltebrant,
   die zwelve in dem garten   sint dir wol bekant:
   rât, wâ wir zwelve vinden,   die sie getürren bestân.'
   dô sprach der alte Hiltebrant: 'dâ muoz ich wîle zuo hân.
94 Sivrit von Niderlande   ist iu wol bekant,
   der stritet nâch grôzen êren   mit ellenthafter hant,
   der hât bî sînen zîten   strites vil getân.
   mit dem müezet ir vehten,   ein vürste lobesam.
95 Pûsolt den helt erwegen   den bestât Wolfhart der degen.'
   dô sprach Wolfhart *der küene*: 'des wil ich mich erwegen,

---

90,2 schrôten] hawen *ma*. von manigen rittern g. *m(a)*. 3 vfs sendet *b*. 4 swaz] das *ma*. 91,2 darzuo] zû ir *ma*. ir eygen solte *ma*. 3 vil ∾ *b*. mag *b*. 92,2 swar] wo *b*. ja weren ich d. *ma*. es] sin *b*. 3ᵃ Do nam er sie fil tugentlich *b*. neigte *ma*. er ∾ *a*. herre ∾ *b*. 4 vrœlîche] mit ym heim *b*.
II.
92,5 Her Dietrich von Berne   in sîme sinne saz,
   in muote der widertratz,   des er niht vergaz. *r*
(5 dennocht in *ma*. also safs *b*. 6 der] die *b*. wider dratz *ma*. des] der *b*). 93,1 du getr. *ma*. 2 g. die sind *ma*. 3 wu wöllend wir *b*. dörsten *ma*. 4 H. der alte *ma*. 94,1 von] vas(em) *m(a)*. der ist *ma*. 95,1 den] ein *m*. gar erw. *b*. der konn degen *b*. *a macht* 2 r. *daraus*:
   Phusolt ein held der ander der dunket sich verwegen
   Den sol vns bestan wolfhart der vil kuno degen.
2 der küene] der togen *ma*, ∾ *b*. wil] han *ma*. *a vertauscht* 2ᵇ *und* 3ᵃ. *nach* 2 1 *v. zugesetzt* (3'): Ich wil in gern beston er ist ein koñner degen (degen *b*, man *ma*).

und slahe ich in ze tôde, er ist ein ungetoufter man,
des muoz ich mich erwegen, ich ensünde niht daran.'
96 'Wer bestât den risen, der dâ heizet Ortwîn?
der wil under allen recken der küensten einer sîn.
durch vorhte er nie enwolte keinen strît gelân.'
'Sigestap der junge sol uns den bestân.'
97 'Wer bestât den risen, der dâ heizet Schrûtân?
dem sint die risen alle durch vorhte undertân.'
'dem ich ouch sînen gelîchen vil wol vinden kan:
Heime der ritter küene sol uns den risen wol bestân.'
98 'Wer bestât denn einen risen, der heizet Aspriân?
der treit zwei swert mit ime, dâmite er vehten kan.'
'gein deme wil ich schicken einen stolzen jungen man:
Witege der vil starke der mac in harte wol bestân.'
99 'Wer bestât nu Volkèren, den ûzerwelten degen?
der ist in herten stürmen gein hunderten erwegen.

95,3 ein vngetrüwer man *ma*. 96,1ᵇ der O. geheisen ist *ma*. 2 Der
ist vnder allen rissen [der ist ∾ *a*] der dúrste mit aller list *ma* (aller *m*,
siner *a*). 3 enwolt er nie *b*. f. wolt er also k. str. nie gel. *ma*. 97,1
vns nû den *ma*. 2 *f setzt wieder ein, rgl. anm.* durch vorhte] an dem
rin *b*, sampt *m*, mit willen *a*. nach 2:
3' swenn er sin swert ûz ziuhet und zo strite gât,
vor zorne er siner vinde keinen leben lât.
5' Wœre vor ime ein breitez her, swenn in bestât sin zorn,
die hêten sicherliche daz leben alle verlorn.' *x*
(3' swenn] Als *ma*. ziuhet] zoch *m(a)*. 5' Vnd wer *ma*. 6' Vnd hat
sicherlichen sinen lib ouch verlorn *m(a)*). 3 ∾ *b*. ouch ∾ *ma*. 4 ritter]
vil *ma*, ∾ *b*. risen wol ∾ *x*.
97,5 In stürmen und in strîten ist er unbetrogen.
ich sage iu wœrliche, er hât vier ellenbogen.
mit sînen langen armen kan er strîten wol,
er gît in den stürmen den recken swæren zol.' *x*
(5 er gar *a*. vnverdrogen *ma*, 5ᵇ ist er ein grwlich man *b*. 6 sicher-
lichen *ma*. vier] eben *ma*. striten] mit rissen *ma*). 98,1 denn] uns denn
m(a), ∾ *b*. einen] den *x*. der dâ *x*. 2 troit jn siner scheid zw. *ma*.
mit ime ∾ *x*. 3 stolzen ∾ *x*. 4ᵇ sol uns den bestân *x*.
98,5 Er treit ein swert zer sîten, kein helm wart nie sô guot,
und slüege ez ûf in Witege, ez müeste rôren daz bluot
vaste darnâch vliezen, daz tete der küene man.
er enhât an ime niht, der rise Aspriân. *x*
(5 zur siten *a*, ∾ *bm*. 6 ûf in ∾ *ma*. reren *a*, selber rûrren *m*. 6.7 Der
vor ym möcht blyben es ist gehertet mit trachen plât. Da von must das
plut dar nach gen *b*. 8 en ∾ *ma*). 99,1 uns nu *x*. folk(h)art *ma*.
ûz erwelten ∾ *x*. 2 stürmen] strîten *x*. 2ᵇ gar erwegen *b*. gein
∾ *ma*. v'wegen *f*. *nach 2 setzt m zu:* Ich wil jnn gern bestan er ist ein
küner degen.

er kan ouch wol videln   und wil niht der beste sin.'
'mit deme lân wir vehten   den jungen Ortwin.'
100 'Wer bestât uns denne Hagenen,   den mortgrimmen man?
    der getar ein breitez her   al eine wol bestân.'
    'deme ich sinen gelîchen   vil wol vinden kan:
    Eckehart der starke   sol uns den bestân.'
101 'Wer bestât den jungen,   den künec Gêrnôt?
    der hât vil der recken   verwundet in den tôt.
    er hât in kurzen jâren   erslagen manegen man.'
    'Helmschrôt der junge   sol uns den bestân.'
102 'Wer bestât Gunthêren,   den ûzerwelten degen?
    der getar in herten strîten   wâgen wol sin leben.'
    'mit deme lân wir vehten   minen bruoder Amelolt,
    der verzeite nie in stürmen,   darumb bin ich im holt.'

99,3.4 in f rerloren. 3 ouch ∾ b. niht ∾ ma. baeste] künste ma. 4 deme]
jm so ma. vehten] stritten ma. jungen] tegen ma.
99,5 Und koment sie in den garten, die zwêne küenen man,
sie tretent vil der rôsen   tiefe in den grüenen plân.
swie gar hôch her Volkèr   ein recke wil sin,
sô enhât er niht mit strîte   an dem jungen Ortwîn.' x
(5 Und ∾ ma.   6 zertrettint ma.   vil ∾ b.   der] die b.   tiefe ∾ ma.
in den] vff dem ma.   7 gar hôch)] das ma.   her ∾ b.   ouch ein ma.
wil] muge ma.   8 Er en hat nit ma.   mit] in dem b).   100 ∾ f.   1ᵇ den
[wunder ∾ m] künen man ma. nach 2:
3' wir hœren von dem küenen   wol eine wârheit sagen,
er habe wol tûsent ritter   al eine ze tôde erslagen. x
(3' wol ∾ ma.   4' al eine vor wol ma.   ze tôde] ouch ma).
100,5 sie sint wol glich einander,   die vürsten lobesam.
eiâ, wie gar ritterlîche   wirt ez von in getân! x
(5 Sy glichent wol ma.   6 Hey a.   ez ∾ ma.   jn beiden ma).   101,1 best.
vns denn ouch d. ma.   den künec ∾ x.   2 der r.] edeler r. x.   ver-
wundet] verhouwen x.   3 man] degë her f.   4 in f rerdrängt.
101.5 Sie gelichent wol einander,   die zwêne küenen degen,
sie stritent ritterlîche,   die helde ûzerwegen,
und koment sie in den garten,   daz sage ich iu vürwâr,
der junge künec muoz vliehen   hin ze siner schar
9 mit bluotigen ringen   vor dem küenen degen,
wan Helmschrôt der junge   ist gar ûzerwegen.' x
(5 küenen] junge ma.   degen] man b.   6 helde] fürsten ma.   ûzerwegen]
vnerwegen a, vnuerwegen b, vnuerzagt m.   7 daz ∾ b.   8 hin ∾ b.
9.10 ∾ a, 9ᵇ.10 ∾ m.   10 ûzerwegen] vnuerwegen b).   102,1 best. vns
den [kunig ∾ ma] G. x.   G. sinë brûd' f.   1ᵇ—3ᵃ ∾ ma.   ûzerwelten ∾ b.
1ᵇ den fürstë vzerwelt f.   2 getar] kan f.   striten] stürmë f.   wol wâgen b.
2ᵇ gefëhte als ein helt f.   3 dem so l. b.   vehten] striden f.   minen bruoder]
den b'tzogë f.   amelolt a, abolt m, amelog b, amelûng f.   4 in stürmen]
in stryt b, ∾ ma.   4ᵇ der snelle degen jüng f.

103 'Wer bestât ir vater, den künec hôchgeborn?'
'daz tuon ich', sprach Hiltebrant, der degen ůzerkorn,
'der selbe künec Gibeche ist gar ein küener man.
swie grâ mir der bart ist, er wirt es niht erlân.'
104 'Wer bestât uns Stůdenvuhsen, einen recken von dem Rîn?
der wil under den recken der küensten einer sîn.'
'dem ich nu sînen gelîchen niender vinden kan,
in bestůende dan mîn bruoder, der starke můnech Ilsân.'
105 'Noch weiz ich dort einen, vor deme ich sorge hân:
wer sol uns in den rôsen den zwelften helt bestân?
der ist geheizen Walther von dem Wasgenstein
und ist an dem Rîne der küensten recken ein.'
106 'Deme ich sînen kempfen, weiz got, niht vinden kan,
wan Dietleip von Stîre, der ist ein starker man.
hůlf uns der degen junge, vil lieber herre mîn,
sô möhten wir niit vröuden wol rîten an den Rîn.'
107 Dô sprach der wol gezogene von Berne her Dietrich:
'ich hân ime gedienet kleine, daz riuwet iezuo mich.
wist er diu rehten mære von Kriemhilte ůbermuot,
sô rite mit uns an den Rîn der edel degen guot.
108 Hêt ich nu einen boten', sprach her Dietrich,
'der mir wolte werben die boteschaft endelich,

103,1 Sie gelîchent wol einander, die zwêne küenen·man.
sô wil ich willeclîche künec Gibechen bestân. *x*
(2 williglichen *b*, ouch werlich selber *ma*). 3 ~ *f*. Gibeche ~ *b*. der
ist *ma*. küener] vnuerzagter *b*. 4 es] sîn *x*. *nach* 4 *setzt f zu:* Duhte
sich noch eins so kûne d' kûneg lobesan.
104,1 stůffingê den küneg vô yrlant *f*. einen recken ~ *b*. 2ᵇ d' künste
sin genant *f*. *nach* 2:
3' er hât grôze sorge, in getůrre nieman bestân.
man siht den selben vůrsten in hôhen êren gân. *x*
(4' selben ~ *ma*. ouch in *a*(*m*)). 3 nu ~ *x*. niender *a*, nirgêt *fbm*.
104,5 hůlf uns von Îsenbůrge der liebe bruoder mîn,
sô möhten wir mit êren wol komen an den Rîn. *x*
(5 ysenberg *a*, jlsenburg *b*, hochenburg *m*. 6 S. m. w. jn dem garten
mit frôden wol gesin *ma*). 105,1 Noch] Dennoch *b*, Dar nach *ma*. dort
~ *x*. dem s ich sorgeha han *f*. 2 sol] wil *x*. den rôsen] dem [rosen *ma*]
garten *x*. helt ~ *x*. 4 recken] vůrsten *x*. 106,1 kempfen] gelîchen *x*.
weiz got ~ *x*. niht] niender *a*, nirgand *bm*. 2 wan] Den *b*, Ez si
dan *f*. dietweil *b*. 3 degen ~ *f*. j. h'tzoge *f*. 107,2 im] Dietleibe
wênec *x*. kleine ~ *x*. iezuo ~ *x*. 3 rehten ~ *x*. von Kriemhilte]
durch ir *x*. 4 sô] er *x*. uns] mir *x*. edel] selbe *x*. 108,1 nu ~ *x*. 2 mir
daz *x*. die boteschaft] und tæte ez *x*.

mit deme sô wolte ich teilen   bürge unde lant.'
    dô sprach der junge Sigestap: 'ich wirbe ez al zehant.'
109 Des dankete ime in zühten   der Berner unverzeit.
    Sigestap der junge   gein Stire balde reit,
    er suochte Dietleiben,   den vil snellen degen.
    gein vünf hundert rittern   was er in strite erwegen.
110 Sigestap der junge   gein Stire geriten kam,
    als eime degen küene   harte wol gezam.
    dô enpfienc in tugentliche   Biterolf zehant,
    er vrâgete in der mære: diu tete er ime bekant.
111 Dô sprach der alte Biterolf: 'ir müget tôren sin,
    daz ir durch rôsen willen   ritet an den Rin,
    und daz ir welt volgen   einer unsinnigen meit,
    diu durch ir grôze affenheit   daz mort zesamene treit.'
112 Dô sprach aber Sigestap: 'ez enwirt mir niemer leit.
    ich bin deste holder   der keiserlichen meit,
    daz si gerne siht vehten   die recken unverzeit.
    des versuochet dâ manec ritter   die sine manheit.'
113 Dô sprach der alte Biterolf: 'got gebe iu allen heil,
    daz ir von dem Rine bringet   rôsen ein michel teil.
    Dietleip ist niht hie heime,   er ist ze Bechelâr
    bi dem milten marcgrâven,   daz sage ich dir vürwâr.'
114 Sigestap der junge   urloup von dannen nam
    und reit hin gein Bechelâren,   der degen lobesam.
    dô enpfienc in tugentliche   der [milte] marcgrâve starc
    und darzuo manec ritter,   ir keiner daz verbarc.
115 Sie vrâgeten in der mære,   diu wurden in kunt getân.
    dô der milte marcgrâve   diu mære dô vernam,

108,4 der junge nach Sig. z. 109,1 in] mit z. 2 balde] er dô z.
reit zweimal f. 3 er] und z. snellen] jungen z.
109,5 'ich bringe in her schiere, als ich gedâht hân.
jâ twinget in sin übermuot, daz er mir's niht versagen kan.' z
(5 schiere ~ bma. ich üwer ma. 6 mir's] vns ma). 110 ~ b. 3 her
Bit. ma. 4 dô vr. er in ma. 111,1 müget wol z. 2 ritet] welt
riten b(ma). 3 unsinnigen] ungetriuwen z. 4 Vnd ir g'rzê affenheit
dz mort f, Die do mort vnd kampf gern b, Die mort vnd ouch gern kempfe
ma. 112,1 aber ~ z. S. der junge z. en ~ fb. 2 bin ir d. z.
3 ~ a. 4 ~ ma. dâ ~ b. die ~ b. 113—128 ~ f, vgl. anm.
113,2 bringent v. d. rin der r. ma. 3 hie ~ ma. bechelare a, betlare b,
rethelare m. 4 daz ~ b. sage ich dir] ich ûch sage ma. 114,1 von
dannen] do m, do von im a. 2 und] Do ma. hin] er do m, ~ a.
degen] riter a, ~ m. tugentsam ma. 3 starg b, sprach m, ~ a. 4 mengen ma.
115,1 vrâgeten in] frowtten sich ma. 2ᵇ die rede wol vern. ma.

er sprach: 'rítet ir ze dem Ríne, daz ist kintlích getân.
ir möhtet alsô sanfte ze Berne rôsen gezogen hân.
116 Die zwelve in dem garten sint mir wol bekant,
daz sint wol die küensten, die haben alliu lant.
werdet ir in dem garten sigelôs oder erslagen,
sô wirt alliu disiu werlt ir spot ûf iuch tragen,
[daz ir alle volget einer vâlandín
und welt durch rôsen willen rîten an den Rîn.']
117 Dô sprach Sigestap der junge: 'des hân wir uns erwegen,
daz wir in dem garten strîtes wellen pflegen.
swer uns hât vür tôren, der tôret sêre daran.
sie slahent uns niht sêre, komen wir ûf den plân.
[wir hân in schiere vergolten mit starken slegen grôz,
wir machen sie under den helmen aller vröuden blôz.]
118 Vünde ich niuwan Dietleiben, den küenen jungen man,
ob er uns in dem garten wolte bî gestân,
zergangen wær unser swære', sprach der vürste klâr,
'und vröute sich mîn gemüete, daz sage ich iu vürwâr.'
119 Des danketc ime mit zühten der milte marcman:
'Dietleip ist niht hie heime, wil ich dich wizzen lân:
er ist ze den Sibenbürgen, dâ ist er worden wunt
von eime merwunder des libes ungesunt.'
120 Dô sprach Sigestap der junge: 'ich muoz ze ime dar.
jâ sol man in den rôsen werden wol gewar,
. . . . [waten.'
swenn einer gein dem andern durch die rôsen beginnet
121 Dô sprach der marcgrâve: 'got gebe iu allen heil,
daz ir von dem Rîne bringet rôsen ein michel teil.
ich spriche ez zewâre, ich gan iu der êren wol.'
Sigestap reit von dannen, als er von rehte sol.

115,3 an den rin *b*. 4 gezogen] gebrochen *ma*. 116,1 die sint *ma*.
2 daz] Die *m*, Si *a*. küensten] dürsten *ma*. die] als sie *b*. 3 Vnd w. *ma*.
disiu] die *ma*. sp. zû üch haben *ma*. 5.6 *vgl. anm.* volget] wöllent *m*.
vâlandîn] valschen valandin *a*, falschen folgen *m*. 6 rôsen] iron *ma*.
117,1 der junge ∾ *bm*. 3 vor kint hat der thôret sich *ma*. 4 erslachen *ma*.
5 starken ∾ *ma*. also grofs *ma*. 118,1 niuwan] nit wann *b*, den *ma*.
küenen ∾ *bm*. 2 beston *bma*. [iht ∾ *m*] eynen w. best. *m(a)*. 4 daz ∾ *b*.
119,1 margraffe *ma*. 2 hie ∾ *ma*. daz wil *ma*. 120,2 [vil ∾ *b*] wol
werden *bma*. 3 Wer der best fechter ist [als ∾ *b*] in dem [rosen ∾ *ma*]
garten *bma*. 4 gein] nach *b*. durch die] in den *b*. waten] warten *b*.
121,1 der milt m. *b*. 2 rossen bringent *ma*. 3 zewâre] furware *bm*.
4 S. der jung *b*. reit] kert *b*. sol] solt *ma*.

122 Er wolte zen Sibenbürgen.   dô er gein Wiene kam,
    dô vant er Dietleiben   vor einie münster stân.
    dâ wart er schône enpfangen   von dem degene dô.
    daz er in hête vunden,   des wâren sie beide vrô.
123 Dô vrâgete er in der mære,   diu wurden im kunt getân.
    'welher ist der eine,   der mich sol bestân?'
    'er ist geheizen Walther   von dem Wasgenstein
    und ist an dem Rîne   der küensten vürsten ein.'
124 'Jâ daz tuon ich gerne,   ich hære von deme wol sagen,
    er habe bî sinen zîten   recken vil erslagen,
    und sleht er mich ze tôde,   er ist ein biderman.
    ich wil in ûf mine triuwe   willecliche bestân.'
125 Dietleip unde Sigestap   kêrten von Wiene dan.
    dô kâmen wol vünf hundert   Dietleibes man.
    dô zogeten sie gein Garte   ûf einen anger breit.
    dem edeln Bernære   wurden diu mære geseit.
126 Mit vünf hundert rittern   er gein ime reit.
    er enpfienc sie wol mit êren,   die recken unverzeit.
    er umbvienc in mit den armen,   Dietleiben den jungen man,
    er halste in unde kuste in,   als ime wol gezam.
127 Er sprach: 'sage mir, Dietleip,   ûf die triuwe dîn,
    ob dich iht müejen die trutze   von der künegîn,
    die si uns hât enpoten   in unser eigen lant.
    ob wir daz niht rechen,   sô werden wir alle geschant.'
128 'Sie mügen uns wol müejen',   sprach Dietleib der degen,
    'ê ich sie vertrüege,   ich verlür ê mîn leben.
    jâ wil ich in dem garten   der küensten einen bestân.
    mir muoz ein krenzelin werden,   ob ich'z gevüegen kan.'
129 Sie zogeten mit einander   gein Berne in die stat.
    der liute und ouch der rosse   mit êren man dô pflac.

122,1 zû den *ma*, gen den *b*. 2 eime] dem *ma*. 3 schöne] wol *ma*
124,1 tuon] höre *ma*. v. d. h. i. sagen *ma*. 3 und ∾ *ma*. 4 vff die
tr. min *ma*. werlichen *a*, billich *m*. 125,2 dytleiben siner m. b*ma*.
3 zugen *ma*. 126,1 recken *ma*. 3 ∾ *ma*. 4 ∾ *a*. 127,1 spr. diet-
leb sage *m(a)*. 2 müe b*ma*. die] den *m*, der *a*. widertrutz *b(ma)*.
von d. kün.] vff dem rin *ma*. 3 Die vns die künigin enb. h. *ma*. 4 Vnd
ob *ma*. 128,2 wölte e verlieren *ma*. 3 wölte *ma*.
    128,5 des antwurte ime mit zühten   der Berner lobesam:
        'alliu lant müezen dich vürhten,   wirst du ze eime man.' *x*.
mit 129 setzt *f wieder ein*. 129,1 Dô z. sie *x*. 2ᵃ Lüten vnd rossen *b*,
∾ *ma*. plogë man do bat *f*.

mit ezzen und mit trinken   pflac man ir aller wol,
alsô ein edeler vürste   ze rehte sîner geste sol.
130 Sus wâren sie ze Berne unz an den sehsten tac.
die wîle manec ritter   dâ kurzewîle pflac.
dô samente der von Berne   sehzec tûsent man,
die kâmen bî einander   ûf einen grüenen plân.

III.

131 Noch hèten sie niht alle   die zwelve ûz erkorn.
'wie bringen wir ûz dem klôster   den münech wolgeborn?'
dô zogete der von Berne   mit sehzec tûsent man
vil balde gein Ísenbürge   ûf einen grüenen plân.
132 Dô sluoc man ûf den herren   vil manec schœne gezelt
vür daz selbe klôster   ûf ein wîtez velt.
dô gienc der münech Ilsân   eines morgens vür ein wer:
er sach ûf der heiden   ligen ein vil breitez her.
133 Sie lâgen ûf ir eigen, daz was im alsô zorn.
'waz diutet disiu hervart?' sprach der münech ûzerkorn,

129,3—130,2 ~ b (pflac : pflac).   3 aller] rehte f, ~ m.   4 Reht als f.
alsô man edeler vürsten z. r. pflegen s. ma.   130,1 Sus] Dô ma.   vns a,
biz fm.   2 recke m(a).   dâ ~ ma.   kurzewîle] ritterschefte ma.
3 der Bernære r.   zwentzeg dûsent f.   4 kâmen] hielten ma, held b.
einen] eime r.
130,5 mit stahel und mit îsen   wâren sie wol bekleit,
alsô sie wolten an den Rîn,   die recken unverzeit. r
(5 gecleydet b).
III.
131,1 Der recken wâren eilve,   die eilve solten bestân.
dannoch solten sie haben   den starken münech Ilsân. r
(1 r. der warn b.   die die e. b.   wolten ma.   2 starken ~ ma).   3 d'
faut v. f.   2. sie mit einander die s. r.   sehzec] zehen f.   4 vil balde]
dâhin r.   jlsenburg ba, ylsmberg m, münzegesellen f.   132,1ᵃ Ûf sl. m.
dem von Berne r (d. bernner ma).   vil ~ r.   schœne] hêrlîch r.   2 wîtes]
grüenes r.   3 gienc] was r.   eines morgens vür] gegangen an r.
4 vil ~ r.   133,1 Sie] Und r.   eigen ~ f.   was] tete r.   2 be-
diutet r.   münech ~ r.   hôchgeborn r.

'ach rìcher got von himel, wie sol ez nu ergàn?
nu wære ich gein gote vil gerne ein guoter man.
134 Des enwellen übel herren und bœse liute niht.
ich hebe mich wider an den mort, swaz mir dâvon geschiht.'
dô verkêrte sich diu varwe an dem grimmen man:
gel und bî wîlen grüene sìn varwe wart getân.
135 Sich samente sìn gemüete, diu übel was im komen.
dô wurden dem guoten bruoder sine heiligen sinne benomen.
daz sâhen sine bruoder an dem vürsten hôchgeborn,
daz er was erzürnet. sie vorhten alle sinen zorn.
136 Nieman getorste in vrâgen, waz im wære geschehen.
er sprach: 'ich hân ûf der heiden vil manegen man gesehen.
swie wir darumbe gebâren, daz tuot uns sicher nôt.
nu helfet mir ez rechen, oder iuch verteilet got.
137 Besetzet iuwer klôster, vil lieben bruoder mìn,
und wâpent mich vil balde in die ringe stehelîn,
sô wil ich zuo ze in rîten ûf die heiden breit.
daz sie dâ her sint komen, daz mac in werden leit.
138 Ich wil sie bestân al eine, die sehzec tûsent man.
sie rûment mir den anger, ob ich'z gevüegen kan,
ez ensî dan, daz mir breche daz swert in mìner hant.
vil manege tiefe wunden tuon ich in bekant.'
139 Dô wart der münech Ilsân in stahel wol bereit.
wie gar vermezzenliche er ûz dem klôster reit!
einen schaft vil grôzen den vuorte er vor der hant.
er îlte über'z gevilde, der küene wîgant.
140 Des wart gewar zem êrsten der alte Hiltebrant,
daz der münech Ilsân ûz dem klôster kam gerant.

133,3 nu] mir *x*. 4 vil~*x*. gerne *nach* ioh *x*. guoter m.] bider-
man *x*. 134,1 en ~ *f*. übel] bœse *x*. 2 hebe] gibe *x*. an] in *x*.
dâvon] darumbe *x*. 3 diu] sìn *x*. grimmen] gûten *f*, mortgrymmen *b*.
4 bî wìlen] ouch *ma*, ~ *b*. grüene] rot *f*. wart sìn v. *x*. 135,2 Do wart *f*,
jâ wâren *x*. bruoder ~ *x*. heilegen ~ *x*. s. gar ben. *x*. 3 vürsten
~ *f*. 4 erz. was *x*. 136,2 ich ~ *f*. vil manegen man] ein breites
her *b*, e. grosses h. *ma*. 3 darumbe] dar jnn *b*. 3ª Dz wir vns wol h'-
weren *f*. tuot] ist *x*. 4 Er sp'ch nû h. *f*. 4ª ich riche ez sicherliche *x*.
iuch] mich *x*. 137,1ª Daz lìt an iu selben *x*. vil ~ *x*. 2 stehelîn] mìn *f*.
3 ze ~ *fbm*. 4 dâ ~ *x*. 138,1 sehzec] zehen *f*. 3 en ~ *f*. 4 vil ~ *x*.
139,1 bereit] gekleit *x*. 2 ritterliche *x*. 3 den ~ *x*. vor der] in
sìner *x*. 140,1 Dô wart sìn *x*. gewar *vor* der *x*. 2 das] dô *x*. ûz
dem klôster] mit sin' kotte *f*.

dô sprach der alte Hiltebrant: 'vil lieber herre mîn,
seht ir dort einen rîten?   ir sûlt sicher sîn,
141 Der hât in sîne herzen   und ouch in sîne wân,
er welle diz vil grôze her   al eine wol bestân.
ich wil gein ime rîten,   ez ist der bruoder mîn,
daz ich im künne gesagen,   wer dise herren sîn.
142 Und kœme er sus in ditze her,   daz sage ich iu vürwâr,
ê er uns rehte erkante,   slüeg er sich mit der schar.
wol kenne ich sînen unsite   und sîne ellenthafte hant.'
den helm er dô mit vlîze   ûf sîn houbet bant.
143 Sîn ros zôch man im dar.   wie balde er drûf gesaz!
Hiltebrant der alte   sîner wîsheit niht vergaz.
wie gar ritterlîche   er gein sîme bruoder reit!
ein sper nam ouch der wîse,   der degen unverzeit.
144 Dô wart er mit nîde   von dem müneche ane gerant.
dô entweich im an der juste   der alte Hiltebrant.
sînen helm liehten   er von dem houpte brach.
dô der münech Ilsân   sînen bruoder ane sach,
145 Dô sprach der münech Ilsân: 'waz hân ich dir getân?
du soltest durch mînen willen   dise reise hân gelân.
und hêten iu mîne bruoder   ie getân kein leit,
ich wære es selbe ein recher,   daz habe ûf mînen eit,
146 Wan daz ir uns verwüestet   unser eigen gar.
und wæret ir ander liute,   diu iuwer michel schar
möhte mit keinen êren   von mir komen niht,
wan allez iuwer strîten   daz wære gein mir ein wiht.
147 Sol daz klôster niht geniezen   der mîner manheit?
bint ûf den helm vil schiere,   dir sî widerseit.'

140,3 der alte] zů ym *f*. vil] wol *f*, ~ *b*.   4 des sûlt ir *x*.   141,1
Der] Er *x*. wân] můt wan *f*.   2 diz] daz *x*.   vil ~ *x*.   3 ich wil] doch
muoz ich *x*. ez] er *x*.   142,1 sus ~ *x*. ditze] daz grôze *x*.   2 Ee dan er *f*,
E das er *ma*. rehte ~ *x*.   so slůg er *f*, er slůege *x*.   3 sô erkenne ich
[wol ~ *ma*] *x*. vnside *f*, vnsynn *b*, vnfriden *ma*.   143,1ᵇ darûf er [dô ~ *b*]
saz *x*.   2 doch niht *f*.   3ᵇ g. s. br. er do r. *f*.   4 ouch ~ *x*. der degen]
ein vûrste *x*.   144,2 an der juste] mit kunsten *b*, mit gunste *ma*.   3 lieh-
ten ~ *x*. er] dor wîse *f*.   4 Vil schiere dz d' alte sînê brůder zů gesprach *f*.
145,1ᵃ Sage mir dů alder thore *f*.   2 dise] die *x*.   3.4 in *f* verdrängt, *vgl*.
anm. ie] vch *ma*.   4 es] sin *b*.   4ᵃ Ich wer es üch geweesen ein richter *m*, Ich
het ez an in gerichtet *a*. daz habe] dez nim *a*, ~ *b*.   146,1ᵃ Warûm wolt
ir wůhsten *f*.   alsô gar *x*.   2 iuwer michel] krefftig *m*, krefftigoste *a*.
3 möhte] Sie mochtend *b*, Die m. *ma*.   4 daz ~ *x*.   147,1 daz] vnser
fbma. d'r minen *fa*, myner *bm*.   2 vil schiere ~ *x*.

des antwurte ime in zühten   der alte Hiltebrant:
'noch enist dir unser reise   ze rehte niht bekant.
148 Uns enpiutet von dem Rîne   ein jungiu künegîn.
ir vater heizet Gibeche,   gewaltec über Rîn.
si ist ein geborniu künegîn,   sô man uns von ir seit.
Kriemhilt ist si geheizen,   diu keiserlîche meit.
149 Si hât einen garten,   mit rôsen wol bekleit,
der ist einer mîlen lanc   und einer halben breit.
des garten hüetent zwelve   der aller küensten man,
sô man sie bî dem Rîne   iender vinden kan.
150 Dar süln wir zwelve bringen,   die sie türren dâ bestân.
der rôsen ze eime kranze   gît man dâ ie dem man,
ein helsen und ein küssen   von der künegîn.
ouch sol er vor den recken   getiuret iemer sîn.
151 Der helde hân wir eilve,   die sint der mære vrô.
woltest du mit dem zwelften,   bruoder, strîten dô,
sô wære dir mîn herre   niut ganzen, triuwen holt,
ouch gæb er dir willeclîche   beidiu silber unde golt.
152 Wær ez daz uns gelünge,   hernâch über tûsent jâr
man von uns seite und sünge,   daz sage ich dir vürwâr.
wilt du doch niht strîten,   vil lieber bruoder mîn,
sô rît durch mînen willen   doch mit uns an den Rîn.'
153 Dô sprach der münech Ilsân: 'lieber bruoder mîn,
erloubet mir'z der abbet,   ich rîte an den Rîn.

147,3 in] mit *x*.   4 en ∾ *f*.   unser] diu *x*.   4ᵇ niht rehte wol bek.
a(bm).   148,2 d' ist gew. *f*.   3ᵃ si ist ein schoeniu maget *a* (gar schön *b*,
ouch schöne *m*).   sô] als *x*.   uns ∾ *f*.   4 si ∾ *f*.   149,1 Si] Diu *x*.
4 iender] yrgent *fbn*, nirgent *m*.   *mit str*. 149 *endet a*.
150,1 *in x auf* 3 *v. ausgedehnt:*
  Dar süln wir zwelve bringen,   die den zwelven sîn gelîch
  und dâ mit in strîten,   daz wizzet sicherlîch,
  alsô daz unser zwelve   ir zwelve getürren bestân.
2 dâ ∾ *x*.   3 der jungen k. *x*.   4 er muoz v. allen r. iemer ge-
kroenet sîn *x*.   151,1 helde] helfe *f*, recken *x*.   mære] rede *x*.
2 Woldestâ den zwolften do bestan vil lieb' brûd' ylso *f*.   2ᵇ br. senden
also *m*.   4 er gît dir w. sîn s. u. sîn g. *x*.   152,1 ez ∾ *x*.   erlünge *x*.
3 doch ∾ *x*.   vil ∾ *x*.   4 doch ∾ *x*.
152,5 ich muoz in dem garten   der tiursten einen bestân.
  wilt du niht strîten,   sô sich mîn vehten an. *x*
(4 künsten *m*.   6 w. d. n. fechten s. s. mich stritten gan *m*).   153,1 Dô]
So *f*, vgl. anm.   1ᵇ wol lieben frûnde min *f*.   2 min h're der appt *f*.
r. mit uch a. *b*, r. mit dir a. *m*.

kume ich in den garten,   des enkiltet manec man.
doch getar ich die zwelve   al eine wol bestân.'
154 Ze dem apte reit her Dietrich   und Dietleip der degen,
sie kunden wol nâch êren   schœner zühte pflegen,
Witege unde Heime   nâch ritterlichen siten.
mit in kam ouch Eckehart   getriuweliche geriten.
155 Gein in gienc der abbet   mit siner bruoderschaft.
er enpfienc die geste   mit ir grôzer kraft.
dô bat in umb den münech   her Dietrich von Berne.
des hulfen ime die recken   alle biten dô vil gerne.
156 Dô sprach der abbet: 'herre,   ez enist niht unser reht,
daz wir iht süln vehten.   wir sin gotes kneht.
wir süln tac unde naht   ze dienste sin bereit
dem gote, der uns geschaffen hât.   der münech si iu verseit.'
157 Dô sprach der münech Ilsân: '[her abbet,] habet ez ûf minen eit,
ob disen werden recken   in den rôsen geschiht kein leit,
daz ich wol understûende,   woltet ir mich riten lân,
die bruoder müezen's enkelten,   ob ich'z gevüegen kan.'
158 Dô sprach der abbet schiere: 'vil lieber bruoder min,
welt ir mir dannen bringen   ein rôsenkrenzelin,
die wile wellen wir büezen,   sit ir gerne ritet dar.'
des begunden lachen   die herren alle gar.
159 Dô sprach der münech Ilsân: 'ich wil'z hân ûf minen eit,
iu muoz sicherliche   ein krenzelin sin bereit,

153,3.4 in f verdrängt. Keme m. des] sin b, sy m. engulte m. 4 ich
alleine die sw. m.   154,1ᵃ Ze ime r. der von Berne x.   2 sie] die x.
4 in] dem b, jm m.   ouch ∾ b, vor kam m. der getriuwe E. ger. x.
154,5 Amelolt und Helmschrôt   und der junge Ortwin,
    der wolte under den zwelven   niht der bœste sin. x.
155,1 Gein in] Herûz x.   do mit f.   2 grozzan f.   4 des] dô x.   dô vil
∾ x.   156,1 en ∾ f.   2 süln ∾ x.   4 münech] helt x.   157,1 es
∾ x.   3 u. 4 vertauscht m.   3 ∾ b. d. ir w. underståendet m.
4 des müezen die müneche enkelten, den lip verlorn hân. x (vnd den l. m).
157,5 Daz klôster würde gerichet   vürbaz iemer mêr,
    daz muoz aus verderben',   sprach der degen hêr,
    'und swaz ich der müneche   iemer kume an,
    des muoz ez in allen   an daz leben gân.' x
(5 gericht b, geuffet m. vürbaz ∾ b.   7 komen jemer m.   8 des] Es m.
ez ∾ m. in ∾ b).   158,1ᵃ Der apt d' rede ser ersehrag er sp'ch f.
schiere ∾ x.   vil ∾ f.   3 die wilo] So f.   bûzzë vw' sûnde f.   3ᵇ und
r. ir g. d. x.   4ᵇ die recken an der schar x (der] die m).   159,1ᵇ daz
habt danck vff meynen eydt b, des habent üch minen eit m.   2 So ds
vch m. f.

mich enwelle denn in dem garten   mit strite nieman bestân.
nu heizet iuwer müneche   her vür mich alle gân.'
160 Dô hiez man alle die bruoder   ûz dem klôster gân.
sie kâmen in grôzen sorgen   dô vür den küenen man.
dô sprach der münech Ilsân: 'ich muoz an den Rîn.
habet mich in iuwerm gebete,   vil lieben bruoder mîn.
161 Bitet got von himel,   daz er mir gebe heil,
sô bringe ich iu von Rîne   der rôsen ein michel teil.
iuwer sint zwêne und vünfzec,   als ich geprüevet hân:
alsô manegen recken   wil ich dort bestân.
162 Sendet mich got her wider,   ir lieben bruoder mîn,
ich bringe iuwer iegelîchem   ein rôsenkrenzelîn.'
dô sprâchen sie vil gelîche,   diu ganze bruoderschaft,
sie wunschten ime heiles   alle ze sîner kraft.
163 'Got wellen wir vür iuch biten   tac unde naht,
daz er iu verlîhe   kraft unde maht
und iuch her wider sende,   vil lieber bruoder mîn.'
aller êrste riten mit vröuden   die recken an den Rîn.
164 Dô sie solten biten   umb des müneches heil,
dô santen sie im vlüeche   nâch ein michel teil.
sie bâten Crist von himel,   daz wil ich iu sagen,
daz er niemer kœme wider,   er würde tôt geslagen.

IV.

165 Dô riten gein dem Rîne   die sehzec tûsent man.
sie sâhen manegen bûren   neben in ze acker gân.

159,3 en ∾ *f.*   4 n. h. unser bruoder alle v. m. g. *x.*   160,1 ∾ *b.*
hiez] liesz *m.*   alle vor ûz *m.*   bruoder] monichen *m.*   gân bin dan *f.*   2 sie]
So *f.*   2ª dô stuonden sie mit [grôzen ∾ *b*] sorgen *x.*   dô ∾ *x.*   vor
dem k. m. *x*   4 Nû habent *f.*   vil] wol *f.*,∾ *x*   161—162,1 ∾ *m* (bruoder
mîn: bruoder mîn).   161,1 Vñ bident *f.*   Bittend alle glych vmb myn seld
vnd mein heil *b.*   2 iu ∾ *b.*   von dem R. *b.*   der ∾ *b.*   3 geprüevet]
gedacht *b.*   4 dort] in dem garten *b.*   162,1 mich dan got *f.*   ir ∾ *b.*
2 sô bringe ich *x*   3.4 ∾ *x*, vgl. anm.   163—164,2 in *f* verdrängt, vgl.
anm.   163,3ᵇ jr lieben br. m. m.   4 riten d. r. m. vr. an *m.*   164,1 u.
2 vertauscht *m.*   2 nâch vor vlüeche *m.*   3ᵇ alsô wir ['z ∾ *m*] hœren s. *x.*
4 niemer] niht *x.*   tôt gesl.] ze tôde erslagen *x.*
IV. 165,1 die] wol *f.*   2 sie sâhen] dô sach man *x.*

dirre herren site   was guot und wol geriht:
keime armen manne   nâmen sie des sînen niht.
166 Die vürsten und die herren   dô hêten rehten muot:
swâ sie hin reisten,   dâ zerten sie ir eigen guot.
dô wiste sie von lande   meister Hiltebrant.
diu rehte strâze gein Wormze   diu was im wol bekant.
167 An dem eilften morgen,   alsô wir'z hân vernomen,
wâren die geste gein Wormze   an den Rîn komen.
dô schiften sie mit einander   ze Wormze über Rîn.
dô wart ir aller êrste gewar   Kriemhilt diu künegîn.
168 Kriemhilt diu küneginne   gienc dô al zehant
mit vrœlichem muote,   dâ si ir vater vant.
. . . .
. . . .
169 Si sprach: 'vater, lieber herre,   hâst du niht vernomen?
der edel vürste von Berne   ist in daz lant komen.
nu rît im engegene,   daz stât dir wol an,
mit manegem werden recken,   den maht du wol hân.'
170 'Du hâst mir gerâten rehte,   liebiu tohter mîn.
vünf hundert ritter küene   süln schiere bereit sîn
in vil guot pfellergewant,   daz mügen wir wol haben.
wir süln deme von Berne   an hôchvart niht vertragen.'
171 Nu was der künec Gibeche   an êren unverzeit.
vünf hundert ritter edel   dô wurden schiere bereit
in pfeller und in hermelîn,   vil rîchheit lac daran.
wol enpfiengen sie den von Berne   und alle sîne man.

___

165,3ᵇ ist nu gar ein wiht *x* (nu] gegen jm *m*).   4 Kemē *f*.
166,1 dô ∾ *x*.   rehten] guoten *x*.   3 dô] Nû *f*.   sie] die herrē *f*.   von dem l. *x*.   meister] der alte *x*.   4 Wormze] dem rîne *f*.   wol ∾ *f*.
167 *in f verdrängt, vgl. anm.*   167,1 wir'z] wir *m*.   2 Der fürste von berne jst jn das land komen *m* (*vgl.* 169,2 *ebenfalls nach* vernomen).   3 mit einander ∾ *b*.   4 aller êrste] zum ersten *b*.   168,1 al] vil *f*, gar *m*, ∾ *b*.
3.4 ∾ *fbm*, *vgl. anm.*   169,2 edel ∾ *m*.   Dz d' küneg etzel und d' b'n' sint her zû lande kom *f*.   3 im] yn *f*.   4 werden] guoten *b*, ∾ *m*.   4ᵇ dz stet dir wol an *f*.   den] die *m*.   maht du] wir *b*.   170,1 Er sp'ch dâ *f*.   mir wol ger. *x*.   rehto ∾ *x*.   2 küene ∾ *x*.   süln ror sîn *f*.   schiere] dâ *x*.   3 vil guot ∾ *x*.   3ᵇ wir sollen pris beiagen *f*.   4 süln] wellen *x*.   deme v. B.] den stoltzē gesten *f*.   an] ein *b*, mit *m*.   171,1 Nu] Dô *x*.   niht verzeit *x*.   2 edel ∾ *x*.   dô] die *b*, ∾ *m*.   wurden] wâren *x*.   3ᵃ Jn hermlin gewant *b*, Jn pfellen gewant *m*.   vil] grôz *x*.   4 den v. B.] küneg etzel *f*.

172 Er enpfienc in ze den armen, von Berne hern Dietrich.
daz stuont dem künege Gibechen   dô vil ritterlîch.
. . . .
. . . .   [spötte sin.
173 Dô sprach der voget von Berne: 'wir müezen iuwer ge-
daz wir durch rôsen willen   sin komen an den Rin
und durch solhiu mære   dâher vüeren mînen schilt.
daz bringet zuo mit hôchvart   iuwer tohter Kriemhilt.
174 Daz si gein edeln recken   ist sô gar betrogen!
warumbe lât ir den willen ir?   warzuo hât ir sie gezogen?
welt ir ir alsus volgen,   ir verlieset manegen man,
ouch mac ez iu ze jüngest   an iuwer leben gân.'
175 'Si mac ez vollebringen,   si hât recken vil,
die alle gerne vehtent.   striten ist ir spil.
daz lât si durch nieman   umb keiner hande drô.
swenne sie süln vehten,   sô sint sie harte vrô.'
176 Dô sprach der Bernære: 'ir hât vil helde guot,
des smæhet ir alle künege   durch iuwern übermuot.
ich muoz ouch die mîne bringen, ob ich iht recken hân.
ir redet deme gelîche,   alsô sie nieman türre bestân.'
177 Dô leiten sich die Wülfinge   vür Wormze ûf daz velt.
ûf sluoc man deme von Berne   manec êrlîch gezelt.
die stolzen Nibelunge   muosten in des jehen,
daz sie solhez rîchez gezelt   nie mê hêten gesehen.
178 Kriemhilt diu küneginne   ir hôchvart niht vergaz.
si sprach ze ir juncvrouwen: 'zieret iuch diu baz.
ich muoz ze deme von Berne   ûf den grüenen plân,
den wil ich enpfâhen   und alle sîne man.'

172,1ᵃ ∾ m. Auch enphyng er zû d. a. f, Er umbrienc in mit d. a. b.
2 er halste in unde kuste in, daz stuont im ritterlich x (er) Jch b.
das erste in ∾ m. im] ouch m, ∾ b).   3.4 ∾ fbm, vgl. anm.   173,1
voget ∾ x.   4 br. allez zuo x. mit hôchvart ∾ x.   174,1 edeln] den x.
gar ∾ f.   2 den] ir x. das zweite ir ∾ x.   3 alsus ∾ x.   4 ouch] und x.
ez ∾ x. ze jüngest] zu letzst b, lichte m. selbe an daz l. g. x. 175,1 Er
sp'ch sie f.   2ᵇ—4ᵃ ∾ m (vehtent : vehten).   3 Des lezzet f. si] sich b.
3ᵇ noch durch keynen dro b.   4 fehtë sollët f. harte] alle x. 176,1
vil ∾ x. helde] recken x.   2 versmâhet x. künege] vürsten x.
3 iht ∾ x.   4 alsô] als f, als ob x. getürre x.   177 ∾ f, vgl. anm.
1 vür] zû m.   2 êrlich] schone m.   3—4ᵃ ∾ m (gezelt : gezelt). nebe-
ling b.   4 sie ∾ b.   178,2 nu zieret x. diu] die f. dester m, ∾ b.

179 Dô wart wol gezieret manegiu schœne meit
    und manegiu schœne vrouwe,   sô man uns von in seit,
    mit golde und mit gesteine, daz gap sô liehten schîn.
    driu hundert vrouwen stuonden   vor der küneginn.
180 Diu hêre küneginne   diu wart gezieret schône:
    man satzte ir ûf ir houbet   eine rîche krône,
    von golde und von gesteine   gap si liehten schîn.
    dô sprach Wolfhart der küene: 'ich sihe her gân die
                                                [künegîn.
181 Durch ir grôze hôchvart   enwird ich ir niemer holt.
    si wænet, wir nie gesehen   gesteine oder golt.
    kum ich ir alsô nâhe,   ich gibe ir einen [backen]slac,
    daz si unz an ir ende   mîn wol gedenken mac.'
182 Dô sprach Hiltebrant der wîse: 'nein dû, lâz dînen zorn.
    slüegest du die künegîn,   dîn êre wære verlorn.
    rich ez an ir recken,   hât si dir iht getân,
    sô wirt man dich loben   vür einen biderman.'
183 Dô sprach der voget von Berne: 'ir hôchgelobeteu degen,
    ir sült iuwer zühte   vor den vrouwen pflegen,
    sô wirt iu wol gesprochen   vou der künegîn,
    daz si niht welle wænen,   daz wir gar tôren sîn.'
184 Daz gelobeten ime die recken.   sie wâren unverzeit.
    dô kam diu küneginne   und manegiu schœne meit.
    'sît willekomen, [herre] von Berne   ein vürste lobesam
    und alle dise herren,   der ich niht genennen kan.'

179,2 sô] als x.   4 ez stuonden wol driu h. vor d. k. x.   180,1ᵃ ∼ m.
Kriemhilt diu b. hêre ∼ b. das zweite diu] Do m, ∼ b.   2 man] si x.
das erste ir ∼ x. rîche] guldîne x.   3ᵇ daz gap l. sch. b, vnd von rotten
modelin m. 4 der küene ∼ x.   4ᵇ dort [her ∼ m] kumet diu künegîn x.
181,1 grôzo ∼ x. hôchvart willen x. en ∼ fb.   2 w. dz wir f. nie
nach gesehen x. kein gest. b, me gest. m.   4 unz] biz fbm. an ∼ f.
ir] mîn f. mîn nach si x.   182,1 sprach ∼ f. der wîse ∼ x. dû ∼ x.
lâz] twinc x.   2 wære] hêtest du x.   183,1 voget ∼ x. hochgelopter
bm.   2 iuwer zühte] ewer synn b, ∼ m (setzt dafür am ende zu witze).
3 von] vor x.   4 welle] alle f, ∼ m. gar] icht m, ∼ b.   184,1 sie]
die x.   2 in b auf 2 r. zerdehnt, in m wieder gekürzt:
    Da kamen schön frawen [vnd die kunigin gemeydt
    Mit manchen schönen frawen ∼ m] die warn [so ∼ b] wol goton.
x las also: Dô kâmen schœne vrouwen und diu künegîn gemeit.
3 gote wilk. x. lobesam] vnu'zeit f.   4 dise] dîne x. herren] recken b,
ritter m.   4ᵇ die sint auch gemeit f. der] die m. nemen m.

185 Ich hœre sit diner kintheit vil singen unde sagen,
du habest bî dînen ziten der recken vil erslagen.
des vröuwet sich mîn gemüete,' sprach diu künegîn,
'daz ir under den vürsten müget der tiurste sîn.'
186 'Ich bin niht der tiurste, vil edeliu künegîn,
sô wil ich under den recken ouch niht der bœste sîn.
swer des niht geloubet, daz ist mir vil leit.
iuwer hôchvart wirt enkelten manec ritter gemeit.'
187 Sô sprach der von Berne, der küene wîgant:
'ich bin durch âventiure komen in diz lant.
ir seht gerne morden die recken unverzeit.
ich hân iuwer küme erbiten, vil keiserlîchiu meit.
188 Ir enputet iuwern widertrutz mir und mînen man,
und heten bî unsern ziten iu nie kein leit getân.
e denne ich daz vertrüege, daz wil ich iu sagen,
ich und mîne recken wolten e werden tôt geslagen.'
189 Si sprach: 'nu habet guoten muot, ir unverzeiter degen,
ich wil iu dise wochen einen vride geben,
daz ir gar wol geruowet und iuwer dienestman.
swelch iuwer dan türre vehten, der wirt mit strîte wol
190 Ein vride wart gegeben unz an den ahten tac. [bestân.'
wie rehte erlîche man dô der geste pflac
mit ezzen und mit trinken! des gap man in genuoc.
den klâren win diu künegîn selbe vür die geste truoc.

185,1 sit] von *x*. kintheit] künhoit *b*, kuntheit *m*. 2 in *x* auf 3 *v*.
erweitert:
    daz wiste ich rehte gerne bî allen mînen tagen,
3' daz ich, edeler vürste, von iu hœre jehen.
    ich hân sîn küme erbiten, biz ich iuch hân gesehen.
(2 ~ *m*. daz] Da *b*. 3' edlo fürsten *m*. 4' erbeittet bifs das ich üch
geschehe *m*). 4 daz ~ *x*. ir müget under *x*. den] allen *x*. wol der
küenste sîn *x*. 186,1.2 ~ *x*. vil] wol *f*. 3 Was *f*. vil] sichor *bm*. 4 ge-
meit] unverzeit *x*. 187,1 Alsô *x*. ein küener w. *x*. 2 diz] daz *x*.
4 hân *nach* erb. *f*. erboidet *f*. vil] jr *m*, ~ *b*. 188,1 Vw' *fbm*. mînen]
manegem *x*. 2 und] der iu *m*, Wor uch *b*. hêten ~ *x*. hatten vch
nie bî *f*. unsern] sînen *x*. iu ~ *fbm*. nie kein l. hât get. *x*. 3 denne]
daz *x*. 4 und al m. *x*. wolten] müesten *x*. tôt ~ *x*. erslagen *x*.
189,1 nu ~ *x*. 2 iu] dir *bm*. dise wochen] ahte tage *x*. 3 ir] du *bm*.
gar ~ *x*. gerâwist *mb*. und alle *x*. iuwer] dîn *bm*. dienest ~ *x*. 4 Wel-
cher *bm*. türre] wello *x*. wol ~ *x*. 190 ~ *f*, *vgl. anm*. 1 unz] bifs *bm*.
2 dô ~ *m*. der frömde g. *m*.

191 Dô lâgen sie mit vröuden unz an den niunden tac,
die wîle manec ritter dâ kurzewîle pflac.
an dem zehenden morgen der vride wart ûf gegeben.
des muoste dô enkelten manec küener degen.

V.

192 Kriemhilt diu küneginne dô niht langer enbeit,
mit ernste und mit vlîze si sich dô bereit.
si sprach: 'seht ir die zwelf recken in dem garten stân?
die hüetent mir der rôsen, ir tugenthafter man.
193 Der mit eime strîtet', sprach diu künegîn,
'ein helsen und ein küssen muoz ime bereit sîn.
ich sihe aber under in allen keinen solhen man,
vor deme ich mîner recken dörfte sorge hân.'
194 Dô sprach gar zornlîche der alte Hiltebrant:
'kéret wider ze iuwerm gesinde, ir werdet anders geschant.
iuch und al iuwer recken lobet ir ze vil.
ich spriche ez ûf mîne triuwe, sich hebet ein hertez spil.'
195 Man nam die küneginne und vuorte sie von dan.
si sprach: 'ez wirt gerochen, ob ich'z gevüegen kan.'
si gienc ze ir vater und kleite ez ime zehant:
'mir hât übel gesprochen der alte Hiltebrant.'
196 Dô sprach der künec Gibeche: 'dâ tuot er übel an
und ist wærlîche gar unrehte getân.
ich wil dich selbe rechen, liebiu tohter mîn.
sie mügen ie gote klagen, daz sie ie kâmen an den Rîn.'

191,1 lâgen] wâren *x*. unz] biz *bm*. 2 dâ] der *m*, ~ *b*. kurzewîle] rittorschefte *x*. 3 gegeben] geseit *f*. 4 dô] vô yn *f*. küener degen] recke vil gemeit *f*.
V. 192—202,2 *in f verdrängt oder verloren*. 192,1 dô ~ *m*. en] sie sin *m*.
2 dô ~ *b*. 3 seht ir] sichstu *bm*. all in *m*. 4 der] myner *b*. ir] du *bm*.
193,1 eime] jnen *m*. also spr. *m*. 2b das müs sin eigen sin *m*. 3 aber zu anfang *m*. solhen ~ *bm*. 4 dörfte sorge] dörff ich sorge *b*, sorge sülle *m*.
193,5 dô sprach der von Berne: 'diu rede ist ein wiht,
 und hörte daz Wolfhart, er vertrüege es niht.' *x*
(6 es] sin *bm*). 194.1 zörniglichen *b*. 2 ze ~ *m*. 3 alle *nach* recken *m*.
4 vff die trüwe min *m*. hertez] michel *m*. 195,1 nam *nach* kün. *bm*.
196,1 dâ tuot er] du det ir *m*. 2 Das ist gar wunderlich getan *m*. 3 vil liebe *m*. 4 S. m. gotte wol kl. d. s. sint komen über r. *m*.

197 Dô sprach der küene Gibeche: 'wâ ist nu Pûsolt,
dem ich bî mînen zîten   ie bin gewesen holt?
daz man mîne tohter betrüebet hât,   daz sol im wesen leit.'
dô sprach der rise Pûsolt: 'herre, ich bin bereit.'
198 Dô sprach meister Hiltebrant: 'sihst du daz, Wolfhart?
nu hebe dich, lieber neve mîn,   ze ime hin ûf die vart.'
dô sprach der starke recke,   der wüetende Wolfhart:
'wir hân dise reise   al ze lange gespart.'
199 Dô spranc in den garten   Wolfhart der küene man.
dô lief in der rise   gar griulîchen an.
in des risen lîbe   ime daz herze wiel.
dô sluoc er Wolfharten,   daz er in die rôsen viel.
200 Hiltebrant der alte   rief Wolfharten an:
'wie bist du gevallen   ûf disen wîten plân!
solt du von eime risen   werden nu erslagen,
ritter unde vrouwen   mügen dich wol klagen.'
201 Wolfhart der küene   wider ûf spranc:
'noch lebe ich . . . .   sunder mîner vinde danc.'
. . . .
. . . .
202 Dô lief er den risen   gar griulîchen an.
dô muoste vor im vliehen   der *ungevüege* man.
er sluoc im tiefe wunden   vil michel unde grôz,
daz ein bach bluotes   ûz sîme grôzen lîbe schôz.
203 Ûf racte ime die vinger   der rise Pûsolt.
er sprach: 'nu enwürde du nie   keime kristen holt,
des muost du enkelten,   daz wil ich dir sagen.'
dô wart dem grôzen risen   sîn houbet abe geslagen.

197,1 die künigin vater min wo *m*.   2 ie ~ *b*.   3 man] er *b*.
hat betrubt *b*.   198,2.3 ~ *b* (Wolfhart: Wolfhart).   3 recke] rise *m*.
wundinde *m*.   4 ze] so *m*.
198,5 ich ensûme mich niht,   wan es ist nu zît.
ich muoz in den garten,   swaz mir darumbe geschiht.' *x*
(5 ich ~ *m*. wan] denn *m*.   6 beschicht *b*).   199,2 gar ~ *b*.   3 hertze
sin wiele *m*.   200,2 So wie *bm*.   disem *m*.   wîten ~ *b*.   3 solt du]
Wiltu *m*.   nu ~ *m*, vor werden *b*.   4 Vor ritter *m*.   201,2ᵇ an des rissen
dang *m*.   3.4 ~ *x*, *vgl. anm*.   202,1 er den risen] in der rise *b*. gar
~ *b*.   2 ungevüege] grewlich *bm*.   mit 202,3 beginnt *f wieder*.   3 vil
~ *x*.   4 eine *b. f*.   bluotes] vô blûde *f*.   4ᵇ von sîme lîbe vlôz *x*.
203,1 im] er *x*.   2 n. woltistu k. kr. nie werden h. *m*.   Do sp'ch der vil
getrûwe dû würde nie cristê holt *f*.   3ᵇ für war ich dir dz sagen *f*.
4 grôzen ~ *x*. r. Pûsolt *s. x*.

204 Dô kam diu küneginne   und gap ime ein krenzelîn,
    ein helsen und ein küssen   muost ime bereit sîn.
    dô gienc ûz dem garten   Wolfhart der küene man.
    wol enpfienc in der von Berne   und alle sîne man.

VI.

205 Dô sprach der künec Gibeche: 'wâ bist du, Ortwîn?
    du solt balde rechen   den lieben bruoder dîn,
    der hie vor uns allen   lît ze tôde erslagen.
    ich kan in *unz* an mîn ende   niemer volle geklagen.'
206 È er daz wort ie vollen sprach,   dô kam Ortwîn:
    'owê dînes tôdes,   *vil* lieber bruoder mîn!
    der anger sî vervluochet,   der die rôsen ie getruoc.
    dâvon muoz verderben   von mir manec ritter guot.
207 Mir ist geschehen leide,   ouch ist mir vil zorn.'
    daz hôrte meister Hiltebrant,   der degen hôchgeborn.
    er sprach ze sîme ôheim: 'hœrst du daz, Sigestap,
    wie der rise limmet?   nu hilf im in sîn grap.'
208 Dô sprach der junge Sigestap: 'des hân ich mich erwegen.
    sît ich bin komen über Rîn,   sô wil ich strîtes pflegen.
    wær er noch sô ungevüege,   doch wil ich in bestân.'
    des dankete ime der Berner,   der vürste wolgetân.

204 *in f verdrängt.* 1 rosenkrentzelin *bm.*   2ᵇ m. do sin eigen s. *m.*
VI. 205,1 wâ bist du] wâ ist nu *m,* ~ *b.*   2 daz er niht wil r. d.
l. br. sîn *x.*   3.4 ~ *f.·* hie vor lit *bm.*   4 enkan *m.* unz] bifs *bm.* vollen
clagen *m.*   206,1 ie ~ *x.*   2 Er sp'ch ûwe *f.* owê] sô wê mir *x.* vil]
wol *f,* du *m.* ~ *b.*   4 dâvon muoz] Es werdent noch *b,* Er wirt noch *m.*
von mir ~ *x.* ritter] degen *x.* guot] klûg *f.*
206,5 dînes tôdes muoz enkelten   von mir noch manec man.
    er mac sich billîch vürhten,   der mich sol bestân.' *r*
(5 von] vor *m*).   207,1 Alsô rette er mit leide und mit grôzem
zorn *x.*   2 der] ein *x.*   3ᵃ dô spr. meister Hiltebrant *x.* limmet]
lûnet *b,* komt *m.* 4 sîn] ein *x.*
207,5 strît mit im vrœliche,   ein ritter lobosam,
    dir enwelle got niht helfen,   du gesigest ime an.' *x*
(5 dann got *b.* helfen] by bestan *m*).   208,1 der junge ~ *x.*   2ᵃ ich
bin darumb her komen *b,* ~ *m.* sô] wil ich] daz ich wil *m(b).*   3 und
wær *x.* sô] also *bm.* ich wil in doch *m(b).*   4 got welle mich be-
hûeton vor dem ungevûegen man *x.*

209 Dô spranc in die rôsen   Sigestap der küene man.
    dô lief in der rise   gar vreislîchen an.
    ich sage iu vürwâr,   von zorne daz geschach:
    sie sluogen vaste zesamene,   ir keiner dô niht ensprach.
210 Dô streit sô kreftecliche   der rise Ortwîn.
    dô mohte in wol riuwen   der liebe bruoder sîn.
    dô wart sô vreislîche   ûf den ritter junc geslagen.
    Sigestap der küene   wolt ime des niht vertragen.
211 Mit schirmen sich lange nerte   Sigestap der küene man.
    êrste muoste von ime entwîchen   der rise vreissam.
    er valte in ze der erden,   daz wil ich iu sagen.
    dô wart Ortwîn der rise   von dem recken tôt geslagen.
212 Dô sûmte sich ze lange   Kriemhilt diu küneginn.
    dô satzte si dem ritter ûf   ein rôsenkrenzelîn.
    ein helsen und ein küssen   gap si dem jungen man.
    dô kêrte er vroelîche   ze den Wülfingen dan.

VII.

213 Dô sprach der künec Gibeche: 'sô wê mir dirre nôt!
    wie ligent mîne recken   in dem garten tôt!
    zwêne küene degene   die sint mir erslagen.
    vil starker rise Schrûtân,   daz wil ich dir klagen.'

209,1 in den garten x.   küene] junge x.   2 griulichen x.   3 daz
s. ich x.   4 sie] dô x.   vaste] sie x.   dô ∼ x.   en ∼ f.   210,1 sô kr.]
gar vroelîche x.   der grŷme r. f.   3 sô vr.]   gar krefteclîche x.
junc ∼ x.   4 küene] junge x.   des ∼ x.   211,1 lange] do m, ∼ b.
nerte] vriste x.   küene] junge x.   2 êrste] dô x.   nach 2:
3' dô sluoc im tiefe wunden   Sigestap der küene degen.
dô muoste sich der rise   des siges dô verwegen. f.
4 d. w. der rise Ortwîn ouch ze tôde erslagen x.   212,1 ze] niht x.
2ᵃ ûf satzte si Sigestabe x.   dô] Doch f.   4 er sich fr. f.   Do enhette er
kein wonden sehent das was do Die edeln wolfûngen warn des all fro bm
(was do] wol an mir m).   6 wurdent m).
212,5 dô enpfienc in der von Berne   und alle sîne man.
man zôch im abe die brünne,   dô kuolte der ritter wolgetân. f.
VII. 213,2 1. mir m. x.   3 degene] held b, recken m.   die ∼ r.   m. ze
tôde ersl. x.
213,5 Nu rich mir mîn herzeleit,   daz stât dir wol an,
      sô wil ich mit dir teilen   allez, daz ich hân.
      gedenke in dîme herzen,   daz sie dîne mâge sint.
      du richest sie billîche,   wan sie sint dînes bruoder kint.' x
(5 mir] du m.   7 sie] dis m.   8 billîche] mugelich m.   wan] denn m).

214 Dô sprach vil grûsliche   der rise Schrûtân:
    'wâ ist er nu sô lange,   der mich sol bestân?
    mich riuwent alsô sêre   diu mines bruoder kint,
    diu nûr in dem garten   ze tôde geslagen sint.'
215 Dô sprach der alte Hiltebrant: 'Heime, hœrst du daz?
    mit deme solt du vehten,   Schrûtân ist dir gehaz.
    er klaget alsô sêre   diu sines bruoder kint.
    sîn kraft und sîn sterke   diu ist gein dir ein wint.'
216 Dô sprach der helt Heime: 'ich enwil sîn niht bestân.
    er ist ze ungevüege   und ouch ze vreissam,
    und slüege er mich ze tôde,   ez wære der werlte spot.'
    dô sprach meister Hiltebrant: 'dâvor behüete dich got.'
217 'Ich rede ez niht darumbe,   ich wil in doch bestân.
    got welle mich behüeten   vor dem ungevüegen man!'
    dô spranc in den garten   der degen lobesam.
    des dunkete ime der Berner   und alle sine man.
218 Dô sach man den ungehiuren   durch die rôsen gân.
    dô rief ûz grôzem zorne   der rise Schrûtân:
    'wes wilt du dich trœsten,   du wunderkleiner man?
    ich trûwe dîner tûsent   wol eine hie bestân.'
219 Dô sprach der ritter Heime: 'daz sint die rede dîn.
    mir welle got niht helfen,   ez muoz dîn ende sîn.'
    des erzurnte der ungehiure,   er gap im einen slac,
    daz der helt Heime   gestrecket vor im lac.

214,1 vil ~ *x*. griuliche *x*. 2ª Welcher ist nu der *b(m)*. 3 diu
~ *x*. 4 diu dâ *x*. erslagen *x*. 215 ~ *x*, rgl. anm. 216,2 beide
x] sô *x*. ânfûge *f*. ouch ~ *x*.
216,5 wûrden die liute innen   dîner zageheit,
vil hôchgelobeter recke,   daz wære mir vûr dich leit.' *x*
(5 Vnd werdent *m*). 217,1ª Nû redent nit dar jn *b*, Nô rede nicht dar
wider *m*. 2 welle] sol *b*, mûfs *m*. ungevüegen] griulîchen *x*. 217,3' —
231 ~ *b*. nach 2:
3' wære er drî stunt minner,   er wære [mir] dannoch grôz genuoc.
vervluochet sî diu muoter,   diu in *ie getruoc*' *m*
(4' ie getruoc] ouch trûg). 3 heyme der *f*. degen] ritter *m*. 4 der ~ *m*.
Bernære] vô berne *m*. 218,1 den ungehiuren] auch dê resen *f*. 2 riet] rûfft
er *m*. 3ᵇ ~ *m*. 4 ich trûwe] Nû getrûwett ichs doch wol *m*. wol eine hie] ze *m*.
219,1 ritter] junge *m*. 2 dan ez *f*. Du enweist nit an mir die starcke
manheit min *m*. 3 des] Do *m*. er] vnd *m*. 4 vor jm gestreckt *m*.
219,5 Hiltebrant der alte   rief *dô* Heimen an:
'du bist gar lasterliche   gevallen ûf disem plân
vor rittern unde vrouwen,   die hânt ez wol gesehen.
du muost dich iemer schemen,   daz ez dir ist geschehen.' *m*
(5 dô ~ *m*).

220 Úf spranc der helt Heime   und lief den risen an.
    dô sluoc er tiefe wunden   dem ungevüegen nuu.
    der klê wart ouch geroetet   ûf der heiden grüene.
    sie striten vrümeclîche,   die stolzen helde küene.
221 Heime der ritter edel   dô Nagelringen sluoc
    ûf den risen Schrûtân,   daz er's schiere hête genuoc.
    zwischen sînen brüsten   schriet er im wunden wît.
    sus vaht er mit dem grôzen   eine lange zît.
222 Er lief in ane mit grimme   und gap im einen slac,
    daz der rise langer   vor ine gestrecket lac.
    er stach in ze der erden,   daz wil ich iu sagen.
    dô wâren der risen drîe   ze tôde nu erslagen.
223 Dô kam diu küneginne   und gap ime sin krenzelîn,
    ein helsen und ein küssen   muost ouch sîn eigen sîn.
    dô gienc ûz dem garten   der ritter wolgetân.
    dô enpfienc in der Bernære   und sîne dienestman.

VIII.

224 Dô sprach der künec Gibeche: 'sô wê mir dirre nôt!
    wie ligent mîne diener   sô jæmerlîche tôt!
    der anger sî vervluochet,   der die rôsen hât getragen!
    darumbe sint mîne recken   ze tôde mir geslagen.
225 Sie wâren in ganzen triuwen ze dienste mir bereit.
    Aspriân, starker rise,   daz lâz dir wesen leit.'
    er sprach: 'vil lieber herre, ir sült an mir niht verzagen.
    ich wil die risen rechen,   die uns sint erslagen.'

    220,1 in *f auf* 3 *v. erweitert, vgl. anm.*   220,3—222,2 ∾ *m.*
221.2 er's] er sîn *f*.   3 eine wânde *f*.   222,1 lief an yn *f*.   3 stach]
felte *m*.   4 Do wart der rise strúthan ouch ze tode erslagen *m*.   223,1
D. k. criemhilt d. k. Vnd g. heimë ein rosen cr. *m*.   2 ouch ∾ *m*.   nach 2:
Die ere gewañ heim zû wormesz an dem rin *m*.   3 wolgetân] lobesam *m*.
4 Jnn enpf. d. von berno v. alle s. man *m*.
    223,5 dô sprach der von Berne: 'ich bin dir entriuwen holt.
    ich wil mit dir teilen   mîn silber und mîn golt.' *m.*
    VIII *ist in f stark mit teilen von D durchsetzt*.   224,2 Nû ligen mir
die recken jn dem gartten tod *m*.   4 mir *nach* sint *m*. mîne recken] die
risen *m*.   225,1 S. w. mir mit irem dienst mit trûwen ye ber. *m*.   2 Vil
st. r. A. d. sig dir geclägt *m*.   3 vil] wol *f*.   4 w. vns d. *m*.
    225,5 die starken Wülfinge   machent es uns ze vil,
    des muoz ich under in machen ein *vil* hortez spil.' *m*
(6 vil ∾ *m*).

226 Sô sprach ûz grôzem zorne   der rise Aspriân:
    'ich bringe sie in grôze nôt,   ob ich'z gevliegen kan.'
    er wâpente sich mit grimme,   in die rôsen er sich huop.
    mit zwein scharfen swerten   er durch den anger wuot.
227 Dô sprach meister Hiltebrant   ze Witegen dem degen:
    'Witege, nu wis gemant   mit ime strites ze pflegen.
    dîne guoten swerte   mac nieman widerstân:
    du erslehst in wol ân schaden,   den risen Asprîân.'
228 Dô sprach der helt Witege: 'daz râtet ir mir sît
    daz ich bin hie ellende,   des enkilte ich manege zît.
    daz ir mich heizet striten   mit des tiuvels man,
    und wæret ir mîne vriunde,   ir soltet ez hân gelân.
229 Er slüege ân sînen schaden   ein her ze tôde wol.
    mîn herze und mîne sinne   mich dâvor behüeten sol,
    daz ich iht mit im vehte.'   sprach der stolze man,
    'swelher ez anders wære,   ich wolte in gerne hie bestân.'
230 Dô sprach der Bernære: 'du solt mich gniezen lân.
    daz ich mit dir wil teilen   allez, daz ich hân.
    disiu grôze reise   diu wære gar ein wiht,
    bestüendest du des dînen   in dem garten niht.'
231 'Wie hazzet ir mich sô sêre,   als ich iuwer vînt sî?
    doch ist der ungehiure   vor mir strites vrî',
    alsô sprach der helt Witege.   'die rede sûlt ir lân.
    strîte mit im, swer dâ welle,   ich wil sîn niht bestân.'
232 Hiltebrant der alte   nam sînen herren [hin] dan.
    'wie râtet ir nu, herre?   als ich gedâht hân,

226,1 Sô sprach] Also retto *m*.   2 Jch wil sie bringen *m*.   grôze ~ *m*.
ich gefochten *k. m*.   3 Asprian der küne sich in den gartten *h. m*.
4 den anger] die rosen *m*.   wuot] stûb *f*.   227—229,2 in *f* verdrängt.
227,1 spr. sich *m*.   2 wis] biss *m*.   nach 2: Wir wöllen mit dir teilen
die bürge vnd ouch die land *m*.   4 erslahest *m*.   228,1b jch weisz nit
waz ir mir ratten sidt *m*.   2 Doch so bin ich *m*.   229,1 wole ze todo *m*.
3ᵃ Wer solde mit dë tyfel fehten *f*.   stolze] junge *m*.   4 ez] er *m*.   4ᵇ den
getörste ich wole best. *m*.
229,5 'Du strâfest mich mit gewalte',   sprach meister Hiltebrant.
    'nu râte ich dir daz beste,   du küener wigant.
    dir und dînen mâgen   gibe ich guoten rât.
    nu lâz dich niht langer biten,   wan ez dir übel stât.' *m*
(7 dinem.   8 lange.   wan] denn.   stât] anstât).   230,1 der von berne *m*.
mich helt gen. *f*.   2 wil ~ *m*.   teile *m*.   ich ouch han *m*.   3 diu ~ *m*.
4 des] den *fm*.   in dem garten ~ *m*.   231,1.2 ~ *f*.   sô sêro ~ *m*.
3 alsô] Do *f*.   4 Da stritte *m*.   wil ~ *m*.   232,2 nu] lieber *r*.

woltet ir ůn iuwern Schemminc   umb sinen Valken geben.
sô begünde er wâgen   sinen lip und ouch sin leben.'
233 Dô sprach der Bernære: 'lieber gæbe ich ime ein lant.
wil er es niht gerâten,   ich gibe ez ime ze hant.'
Hiltebrant sprach: 'herre,   daz sol stæte von iu sin.'
'nu werdet ir es bürge,   ich gibe ez im ûf die triuwe mîn.'
234 'Wes hâst du dich [noch] berâten?'   sprach meister Hiltebrant,
'daz lâz mich wizzen balde.   küener wîgant.
ein riches herzoctuom   wil dir mîn herre geben:
dir wirt Osterdingen.   darumbe wâge du dîn leben.'
235 Dô sprach *der helt* Witege: 'und gæb er mir al sîn lant,
doch bestüende ich sîn niht'.   sprach der wîgant.
'er sol vor mîme lîbe   gar âne sorge sîn:
ich bestân sîn niht   ûf die triuwe mîn.'
236 'Neinâ, helt Witege,   bestant du den degen,
sô wil dir mîn herre   sînen Schemminc geben
umb dînen guoten Valken.   gesigest du ime an.
daz guote ros Schemminc   wirt dir undertân.'
237 Dô sprach der alte Hiltebrant: 'ich wil dîn bürge sîn,
daz dir ez gît vür eigen   der liebe herre mîn.'
dô sprach der helt Witege: 'sô wil ich in bestân.
und si denne ouch widerseit   dem ungevüegen man.'
238 Dô spranc in den garten   Witege zehant.
des dankete ime her Dietrich   und her Hiltebrant.
Aspriân der küene   was ganzer manheit vol:
mit zwein scharfen swerten   kunde er vehten wol.
239 Swenne er solte strîten,   daz was ime ein wint.
an lief er mit grimme   dô Wielandes kint.

232,3 welt *x*. schēmўg *f*, schÿnnīg *b*, schimling *m*.   4 er aller
êrste w. *x*.   sînen ~ *x*.   ouch sîn ~ *b*.   233,1 der von Berne ich gæbe
im lieber *x*.   2 es] aber sin *b(m)*.   3 Hiltebrant] er *x*.   liebcr herre
mîn *x*.   von iu ~ *x*.   4 nu ~ *x*.   es] sin *m*, mein *b*.   234—236 *in f verdrängt*.
234,2 lafs ouch m. *m*.   balde ~ *m*.   du küner *m*.   3 richez ~ *m*.   4 du
din] das *m*.   235,1 der helt ~ *bm*.   alles *bm*.   2 doch] Dennocht *m*.
also sprach *m*.   4 nit als vff *m*.   236.1 Witego ~ *m*.   1ᵇ nû bestant
den risen wittich du werder tegen *m*.   2 ~ *b*.   dir vor sînen *m*.   3ᵃ Gegen
jm du ficht *m*.   4 sch. daz wirt *m*.   danach *m*: So wil ich sprach wittich
den risen gern bestan.   237,1 Hilt. d. a. sprach *x*.   wil ~ *f*.   dîn ~ *x*.
2ᵃ er gît dir ez ze eigen *x*.   3 dô] So *f*.   sô] dan *f*.   4ᵃ nu si im
w. *x*.   ungevüegen] ungchiuren *m*.   238,1 zehant] der wygant *f*.   2 ~ *m*.
her Dietrich] der von Berne *b*.   her H.] meister H. *b*.   3 ganzer ~ *f*.
239,2 dô ~ *x*.

doch was der helt Witege   in striten unverzeit:
üz zucte er Mimingen,   der herte helme sneit.
240 Dô sprungen sie zesamene,   die zwêne küenen man.
vil krefteclîcher slege   wurden von in getân.
von den zwein swerten   kam Witege in nôt:
sine liehten stahelringe   wurden von bluote rôt.
241 Sîn goltvarwer schilt   wart im geslagen von der hant,
daz er ze kleinen stücken   muoste stieben ûf daz lant.
daz guote swert Witege   in beide hende nam,
dô lief er zornlîche   den starken risen an.
242 Er sluoc im tiefe wunden   durch sîne brünne guot,
daz darnâch muoste vliezen   sîn rôsenvarwez bluot.
von des risen bluote   sô wart der anger naz.
Asprîân wolt ime entrinnen,   swie küene er gewesen was.
243 Dô beit ouch niht langer   Kriemhilt diu küneginn:
ûf satzte si dô Witegen   ein rôsenkrenzelîn,
ein helsen und ein küssen   gap si dem küenen man.
dô gienc der helt Witege   ze den Wülfingen dan.
244 Daz guote ros Schemminc   dô wart im undertân.
den Valken ouch her Dietrich   ze ime dô genam.
in stürmen und in striten   was ez niht ein wiht,
ez enliez sînen herren   in keinen næten niht.

239,3 doch] Auch f. der helt] her x. strite b. 4 zucte] zôch x.
merungen b. der] daz durch x. 240—242 in f fast ganz verloren.
240,2 krefftiger m. wart m. 4 stehelin ringken m. 241,3 guote
~ x. sw't mymeng f, sw. aller êrste x. Witege nach hende f. 242,2
nâch] durch m. rôsenvarwez] eigens rofsen farwes m, eygin b. 3 Do
vô f, Vnd von m. sô ~ x. 4 A. muoste vliehen, als küene als
er was x (muoste) begunde m). 243,1 beit ouch] sûmte sich x. beidet f.
2 dô ~ x. 3 küenen] werden x.
243,5 Dô sprach der von Berne: 'du bist ein biderman,
du hâst hie dem dînen   êrlîche gesiget an.
ich sol Schemminges   gerne mich erwegen,
ich gibe dir in gerne,   du bist ein küener degen.' x
(6 ror 4 b. hie ~ bm. êrlîche] glich m. 7 sol] wil m. mich nach
sol b. mines schingen m. gerne ~ m. 8 jn dir m. gerne ~ m. bist
ein ~ m). 244.1 dô ~ x. im] Witegen x. 2 den] sînen [guoten
~ b] x. ouch ~ x. dô ~ x. nam x. 3 ez] er m. Wyteg ûf sin ros
do saz er sp'ch ez ist n. e. w. f. 4 en ~ fb. liez] lezzet f.

IX.

245 **Dô** sprach der küne Gibeche: 'unser strîten ist ein wiht.
wir hân in dem garten keiner sælde niht.
Stûdenvuhs von dem Rîne sol sich es nemen an,
er mac uns wol gerechen. er ist ein starker man.'
246 Dô sprach grimmecliche Stûdenvuhs von dem Rîn:
'nu solte ich vil billiche der êrste gewesen sîn.
ez hête uns wol gevrumet, daz wil ich iu sagen,
sô wæren uns in dem garten die risen niht erslagen.'
247 Stûdenvuhs von dem Rîne sich in den garten huop.
wie gar vermezzenliche er durch die rôsen wuot!
dô hête er grôze sorge, in getörste niemau bestân.
man sach in zornliche durch die rôsen gân.
248 Dô sprach der alte Hiltebrant: 'vil lieber bruoder Ilsân,
sihst du einen vürsten dort durch die rôsen gân?
der ist geheizen Stûdenvuhs dâher von dem Rîn.
mit deme solt du vehten, lieber bruoder mîn.
249 'Ich bestân in willecliche', sô sprach her Ilsân,
'des strîtes in dem garten ich küne erbîten hân.'
er zôch eine kutten über sîn stehelin gewant,
den schilt nam er zem arme, den helm er ûf gebant.
250 Der mûnech vil kürliche durch die rôsen wuot,
des begunde lachen vil manegiu vrouwe guot.
dô sprach diu küneginne: 'ir möhtet [lieber] ze kôre gân
und hülfet messe singen, daz stüende iu vil baz an.'
251 Dô sprach der mûnech Ilsân: 'vil keiserlîchiu meit,
mir ist von iuwerm garten sô rehte vil geseit.

IX in f zerrissen. 245,2 keine fm. 3 sich es] sich sin b, es sich m.
4 rechan m. starker] biderb m. 246,1 sprach] kā m. grymmelich b, ~ m.
St. do her von m. 2 vil ~ x. 3 ez] daz x. wol ~ f. 4 So wer f.
247,2 ritterliche x. wuot] stâb f. 4 zörmiglich b. 248.1.2~b (gân : gûn).
der alte] meister m. 2 einen] den f. dort ~ m. 3 der] er x. dûher
~ b. 249,1 bestân in] fehtë f. sô ~ x. her] der mûnech x. 2 er-
boidet fm. 3 kutten] grûwe kappen x. 4ª d. sch. begunde er vaz-
zen x. bant x.
249,5 Dô spranc in den garten der mûnech Ilsân.
dô spotten sîn die vrouwen, die dâ sâzen ûf dem plân. x.
250,1ª Dô er sô vrœliche x (freyssiglichen b). 2 vil ~ x. 3 zû kore
moht ir lieber g. f. 4 vil ~ x.
250,5 wan daz ir in den rôsen wellet prîs begân
und sleht man iuch ze tôde, ich wil iuch schiere verklân.' x
(5 w. grofsen pr. m. 6 schlûgo m. man] er b). 251,2 garten] anger x.
vil] wol f.

durch iuwer rôsen willen sint die recken tôt geslagen.
mir muoz der rôsen werden, swaz ich ir mac getragen.'
252 Dô sprach vil zornliche Stûdenvuhs von dem Rîn:
'wær ich nu guotes muotes, ich müeste lachen dîn.
warzuo hât uns der Berner sinen tôren her gesant?
er solte ez billich hân gelân, hét er mich rehte erkant.'
253 Dô sprach der münech Ilsân (er héte recken sin):
'ich muoz dich innen bringen, ob ich ein tôre bin.'
dô huop er ûf die vûst und gap im einen slac,
daz der helt Stûdenvuhs vor im in den rôsen lac.
254 'Owê mir des lasters', sprach Stûdenvuhs von dem Rîn.
ûf spranc er zorniclîche und nam daz swert sîn.
'[mir ist bî mînen zîten daz laster nie mê geschehen.
in stürmen und in strîten muoste man mir *des besten* jehen.]
255 Owê mîner éren, wie hân ich die verlorn!'
dô sprungen sie zesamene, die recken hôchgeborn.
[êrste kâmen sie zesamene, die mortgrimmen man.
dô trâten sie die rôsen gar tiefe in den plân.]
256 Der anger wart benetzet, er wart von bluote rôt.
sie brûhten beide einander in vil grôze nôt.
durch die helme dicke sluogen die zwêne küenen man.
sie blicten beide einander gar vintlîchen an.
257 Stûdenvuhse von dem Rîne dô wart ein slac getân,
daz ime daz bluot vil sére über sîniu ougen ran,
durch helm und durch die ringe vil nâhe bî daz leben.
dô wart dem müneche Ilsân der prîs vil schiere gegeben.

251,3 die ∽ x. ze tôde erslagen x.   252,1 vil] gar b, ∽ m.   2 und
wære x. nu ∽ x. lachen] spotten f.   3ᵃ weme hât der von Berne x.
4 er solte es niht hân getân x (es) sin b).   253,1ᵇ ir hond recken sin b,
∽ m.   3 ûf huop er die v. x.   254,1 mir ∽ m.   2 zorniglich b.   4 so
müste m. das best bm.   255,1 die] hie m.   3 Aller erst bm. die zwene
mortgr. m.   256,1 genetzet b. er wart ∽ x. von irem plût b, v. dem
bl. m. sô rôt x.   2 vil ∽ x. nach 2:
   3' ir keiner wolte dem andern in strîte niht vertragen.
   sie striten kreftecliche, also wir'z hœren sagen. x.
3 sluogen ∽ x. küenen ∽ f.   4 gar vintlîchen] grwlich b.   257,1 dô
∽ x.   2 bluot vil sére] rôte bl. b, bl. so rot m. sîniu] diu b.   3 durch
die ringe] rüeke f, auch b. bî] an b.   4 dem ∽ x. der prîs] die êre x.
vil schiere] dâ m, ∽ b.
   257,5 dô wurden dâ gescheiden die ritter lobesam.
   dô gesigete münech Ilsân Stûdenvuhse an. x
(5 ∽ m. dâ ∽ b. geschiden b.   6 der mönich m. dem rifsen St. m).

258 Dô sûmte sich niht langer   Kriemhilt diu künegin,
    ûf satzte si dem müneche   ein rôsenkrenzelin,
    ein helsen und ein küssen   gap si dem küenen man.
    er sprach: 'edeliu künegin, ich muoz der rôsen mêre hân.
259 Ich hân zwêne und vünfzec bruoder, edeliu künegin,
    der gelobete ich iegelichem ein rôsenkrenzelin.
    hât ir niht alsô manegen,   der mich getürre bestân,
    sô wil ich die rôsen rouben, des müezet ir iemer schande hân.'
260 Dô sprach diu küneginne: 'ich hân noch recken guot,
    daz mîn rôsengarte   vor rouben ist behuot.
    swenne die zwelve gestrîtent, du tugenthafter man,
    wilt du mê vehten,   sô wirst du bestân.
261 Alsô manegen du abe wirfest', sprach diu künegin,
    'alsô dicke wil ich dir geben ein rôsenkrenzelin.
    ich gibe dir mîne triuwe,   du wirst es niht erlân.'
    'dâ benüeget mir wol an,   wan ich sie gerne bestân.'

X.

262 Dô sprach der künec Gibeche: 'waz sol nu mîn leben?
    daz ich unser keime   den pris al hie mac geben!
    wan ich weiz einen recken,   der ist ein starker man,
    der mac uns wol gerechen,   als ich gesagen kan.
263 Der ist geheizen Walther   von dem Wasgenstein
    und ist an dem Rîne   der küensten vürsten ein.
    durch den mînen willen   sol er mir bî gestân,
    sô wil ich mit im teilen   allez, daz ich hân.'
264 Dô sprach der küene Walther: 'ich hân'z iu vor geseit,
    sô woltet ir alles wænen,   ich rede vor zagheit.

258,2 monich ylaan *fm.* 3 küenen] werden *x.* 4 der rôsen] ir *x.*
259—261 ∽ *f.* 259,1 vil edle *m.* 2 Den *b.* ich ∽ *b.* 3 manchen recken *b.*
türre *m.* 4 iemer ∽ *b.* 260,1 noch ∽ *m.* 2ᵇ ist vor roube wole
beh. *m.* 3 swenne] Als nû *m.* 4 Wiltu dann me stryten du wurdst dan
best. *b.* 261,1 m. als du *b.* abe wirfest] aber über winst *m.* do sprach *m.*
2 Ye als dicke so w. *m.* 3 es] sin *bm.* 4 begnügt *bm.* mich *m.*
X. 262,1 nu mîn] unser *x.* 2 daz ∽ *x.* mac nach ich *x.* al hie]
niht *x.* 3 wan ∽ *x.* starker] junger *b*, küner *m.* 4 gesagen kan]
gedâht hân *x.* 263—265,2 in *f* verdrängt. 263,3 den ∽ *bm.* mir bî]
einen *m.* beston *bm.* 264,2 sô] Ja *m.* wollend *bm.* alles] alzu *b*, os
alles *m.* rede es v. *m.*

ich wiste wol, daz der *Berner* hète mauegen guoten man.
darumbe enlân ich's niht, ich wil den mînen bestân.'
265 Dô sprach *der junge* Dietleip: 'ich hân mich's aue genomen,
ich bin durch sinen willen an den Rin komen.
ich wil mit ime striten', sprach der junge man,
'swie er bî sinen ziten sô vil grôzer dinge habe getân.'
266 Des dankete im der von Berne und her Hiltebrant.
den schilt begunde er vazzen, den helm er ûf gebant.
er spranc in den garten, alsô wir'z hân vernomen.
wol gar schierer Walther was gein ime komen.
267 Dô sprach der von Wasgensteine: 'bist du Biterolfes barn?
wer hât dich ze strite her gein mir erkorn?
du bist niht gewahsen noch ze eime man:
wie wilt du eime recken mit strite vor gestân?'
268 Dô sprach gar zornliche der junge Dietleip:
'waz welt ir, werder recke. mîner kintheit?
des bringe ich iuch wol innen', sprach der junge man,
'nu enschônet mines libes niht. sô tuon ich iu daz sam.'
269 Dô sprach der kliene Walther: 'waz sol der übermuot?
waz hilfet guotiu triuwe, der darwider übel tuot?
guotiu triuwe an tôren lützel helfen kan.'
dô sprungen sie zesamene, die mortgrimmen man.
270 Sie striten mit einander, als ich iu sagen wil:
manheit unde sterke sie beide hèten vil.
ir helme und ir brünne liezen dô ir schin,
dardurch ran ir beider bluot. des lachete diu künegin.

264,3 Berner] von bern *bm.* guoten ∾ *m.* 4 ich's] ich *b*, ich sin *m*.
265,1ª Dietleib sprach *bm.* mich's] mich sin *b*, mich *m*. 4 sô vil ∾ *x*.
grôziu dinc *x*. 266,1 her] meister *x*. 2 bant *x*. 3 dô spr.
Dietleib in *x*. 4 wol gar] vil *x*. schiere *x*. was ror Walther *x*.
267,1 der ∾ *f*. von Wasgensteine] küene Walther *x*. 2 her ∾ *x*.
ûz erk. *b*. 3 noch ror niht *x*. 4 gein eime *b(m)*. 268,1.2 ∾ *f, vgl.*
anm. zorniglichen *b*. 2 werder recke] nû *m*. 3 des] Doch *m*, sin *b*.
4 nu] Jr *m*, ∾ *b*. en ∾ *f*. daz sam] alsam *x*. 269,1.2 ∾ *f*. 2ª ∾ *m*.
dar wider *m*, do kein (= gein) *b*. 3 Er sp'ch gûde *f*. an jungen t. *x*.
lützel] niht *x*. gehelfen *x*. 4 mortgrymogu *f*, zwêne küenen *x*.
270,2 hèton sie beide *x*. 3 *beide* ir ∾ *x*. dô ror liezen *f*. hellen schin *b*,
liechten schin *m*. 4 dardurch] darûz *x*. ran] dran *f*, spranc *x*.
  270,5 gras unde wurzeln stuonden ûf dem plân,
    daz trâten sie ûz der erden, die zwêne küenen man. *x*
(5ª Gros vnd witzelin *m*. 6 daz] Grofs *m*).

271 Ir goltvarwe schilte   schrieten sie von der hant,
    daz sie in kleinen stücken   von in stuben ûf daz lant.
    sie liezen von ir schirmen,   die zwêne küenen man:
    helme und ouch ir schilte   zerhiewen sie ûf dem plân.
272 Dô sprach meister Hiltebrant: 'seht ir, vrou künegîn,
    wie dise recken strîtent?   ez muoz ir ende sîn.
    ir einer mac dem andern   niht gesigen an.
    sie slahent tiefe wunden: von schirmen hânt sie gelân.'
273 Dô sprach diu küneginne: 'nu saget mir, wîser man,
    wie sol ich sie nu scheiden,   die recken lobesam?'
    'sô jeht in siges beiden,   ril edeliu künegîn,
    und gebet ir iegelîchem   ein rôsenkrenzelîn.'
274 Kriemhilt diu küneginne   langer dô niht beit,
    mit zwein krenzelînen   si sich dô bereit.
    si sprach: 'ir beide habet danc,   ir sît zwêne biderman,
    ir hât in den rôsen   daz beste beide wol getân.
275 Ir hât beide gewunnen,   des wil ich iu jehen,
    ritter unde vrouwen   hânt ez wol gesehen.
    nu lât von iuwern strîte,   ir sült gesellen sîn,
    sô gibe ich [iuwer] iegelîchem   ein rôsenkrenzelîn.'
276 Sie bunden abe die helme   und nigen der künegîn.
    ûf satzte's ir iegelîchem   ein rôsenkrenzelîn,
    ein helsen und ein küssen   gap si dô ie dem man.
    dô wurden eitgesellen   die stolzen recken wolgetân.
277 Dô sprach der von Berne: 'ir hât beide wol gestriten
    in dem rôsengarten   nâch ritterlîchen siten.
    der anger ist bekleidet   mit iuwer beider bluot.
    Kriemhilt diu küneginne   ist vil diu baz gemuot.'

271,2 in kl.] ze kl. *x*. von in ∾ *x*.   4 ouch ir ∾ *x*. zerhiewen] zer-
schrieten *m*, schrieten *b*.   272,1 ir nit *b*, ∾ *m*.   2 dise] die *x*.   273,1
sage m' dû w. *f*.   2 sie ∾ *x*.   3 jeht] sprechet *b*.   vil] wol *f*, ∾ *b(m)*.   4 ir ∾ *x*.
274,1b niht [dô ∾ *b*] langer b. *x* (enbeyt *b*).   2 rosenkrantzlin *bm*.   dô ∾
b(m).   3 ir beide ∾ *x*.   4 den rôsen] dem garten *x*. aller beste *b*.
beide wol ∾ *x*.   275,1.2 ∾ *f*. des] das *bm*.   3 striten *x*. gesellen
sült ir s. *x*.   4 ∾ *b*.   276,1 Abe bunden sie *x*. neicten *x*.   2 ∾ *m*.
ûf satzte's] dô gap si *b*.   3 dô ∾ *x*.   4 u. 5 ∾ *m* (man:man). wurden
sie *b*. stolzen ∾ *b*. wolgetân] lobesam *b*.
    276,5 mit armen sie sich umbviengen,   die zwêne küeneu man,
        ze den Wülfingen   giengen sie mit einander dan. *x*
(6 dem *bm*. dan] do *m*, hin dann *b*).   277,1 beide ∾ *x*.   4 vil ∾ *x*.
diu] die *f*, deste *x*.

XI.

278 Dô sprach der künec Gibeche: 'wâ ist nu Volkêr,
dâher von Alzeie   ein stolzer degen hêr?
mit deme sô wil ich teilen   bürge unde lant.
des lâz mich geniezen,   vil küener wigant.'
279 Dô sprach der küene Volkêr: 'ich nime es mich an.
ich wil mit einr videln   des besten, des ich kan.'
den schilt begunde er vazzen   (dô wolte er in die nôt).
darane stuont ein videl,   diu was von golde rôt.
280 Dô spranc in den garten   Volkêr der spilman:
'swer gein mir welle vehten,   der trete ûf den plân.'
'wer ist der mit der videln?'   sprach dô Ortwîn,
'er gât sô ritterlîche,   er mac ein degen sin.'
281 'Er ist geheizen Volkêr,'   sprach meister Hiltebrant,
'mit deme solt du vehten,   ein küener wigant.'
'ich bestân in willeclîche,'   sprach dô Ortwîn,
'ich verschrôte ime die videln,   des sült ir sicher sîn.
282 Daz er nie mê gevidelt   keine guoten man.'
Ortwîn der küene   spranc ûf den grüenen plân.
'waz welt ir mit der videln?'   also sprach Ortwîn,
'ich bin durch kurzewîle   niht komen an den Rîn.'
283 Dô sprach der küene Volkêr: 'ein videler wil ich noch sîn.
ich kan wol gestrichen   mit dem videlbogen mîn:
swaz ich dâmite erreiche,   daz muoz von einander gân.'
sie liefen beide einander   vil grimmeclîchen an.

XI. 278,1 fulker f, folkhart m, der walther b.   2 stolzer] küener x.
3 deme] ime x. ich ∼ f.   4 mich hinte gen. x. vil] du m, ∼ b.   279,1
nime es mich] muoz mich's nemen x (mich sin b, mich m).   2 eime] ym
bm. das zweite ich ∼ f. nach 2:
  3' mine striche sint sô süeze   und ouch niht ze guot:
  ich striche durch herte helme,   daz dardurch gât daz bluot.' x
(3' sô ∼ b. ouch ∼ b.   4' darnach m.   gât] rinnt b).   3 dô ∼ x. or
wolte x.   4 stuont] stat b, stûndent m.   280—282 in f verdrängt.   280,2
tretto gen mir vff m.   3 u. 4 vertauscht b.   dô] sich bm.   280,4—281,3
∼ m (Ortwîn : Ortwîn).   gât] ridt b.   281,1 walther b.   3 dô] sich b.
4 verschrôte] versuch b.   sült ir] sol er m.   282,1 nie mê] nymer bm.
3 alsô ∼ b. spr. sich bm.   4 kurzewîle] giogos willen m.   283,1 küene]
kunig b, helt m.   1ᵇ ich w. ein vid. s. x.   2 vil wol strîchen x.   4 Du
lieffen sie aber beide vil gr. einand' an f. vil grimmeclîche] grewlich b, ∼ m.
  283,5 dô sluogen sie zesamene,   die zwêne küenen man,
  daz sich ein iegelîcher   ein teil niht versan. m
(5 küne.   6 teil sich n. verstan mag).

284 Ortwin der degen küene   vil grôzer sterke pflac:
    er gap dem videlære   vil manegen herten slac,
    daz ime der sweiz und ouch daz bluot   durch die ringe ran.
    dô muoste von ime entwichen   Volkêr der spilman.
285 Kriemhilt diu küneginne   gap dô Ortwin
    ein helsen und ein küssen   und ein rôsenkrenzelin.
    Ortwin der küene   gienc ûz dem garten dan,
    wol enpfienc in der von Berne   und alle sine man.

XII.

286 Dô sprach der küene Gibeche: 'unser schande diu ist grôz:
    keiner kurzewile   mich noch nie sô sêre verdrôz.
    ach richer Crist von himel,   daz wil ich dir klagen!
    nu enweiz ich der uns reche,   die uns sint erslagen.'
287 Dô sprach der helt Hagene: 'lieber herre min,
    ich wil uns alle rechen,   oder ez muoz min ende sin.'
    den schilt begunde er vazzen,   der vil küene man.
    man sach in ritterliche   springen ûf den plân.
288 Dô sprach meister Hiltebrant: 'sihst du daz, Eckehart?
    du getriuwer degen,   nu hebe dich ûf die vart.
    mit deme sô solt du vehten,   ein getriuwer man.
    du hâst bî dinen zîten   gar grôziu dinc getân.'
289 Dô sprach gezogenliche   der getriuwe Eckehart:
    'unser beider striten   enwirt niht langer gespart.'
    den schilt begunde er vazzen,   der getriuwe man.
    er sûmte sich niht langer,   er spranc ûf den plân.
290 Dô wuot durch die rôsen   der getriuwe Eckehart,
    dô begegente ime Hagene   mit einer snellen vart.

284,1 Ortwin] Ylsan *f*. degen ∼ *x*. vil ∼ *x*. 2 ∼ *m*. Da g. er völckern m. grewlichen schl. *b*. 3 der sweiz und ouch ∼ *x*. daz rôte bl. *x*.
284,5 sinen schilt mit der videln   schriet er im von der hant,
    daz er ze kleinen stücken   muoste stieben ûf daz lant. *x*.
285 ∼ *f*. 1 am *schlusse* ein rofson crentzelin *m*. 2ᵇ mûste sin eigen sin *m*. 3 küene] junge man *m*. gieng do *m*. dan ∼ *m*.
XII *in f aufgegeben, nur* 286. 293,2—294 *verwendet*. 286,1 diu ∼ *x*. 2 noch ∼ *x*. 3 Crist] got *x*. 4 Nû weiz ich ich nit *f*, ich enweiz nieman *x* (en ∼ *b*). 287,2 wil sie vnfs *m*. 3 schilt] helm *m*. küene] wege *m*. 4 den] dem *m*. 288,2 nu ∼ *m*. 3 sô ∼ *m*. ein] du *m*. 4 gar ∼ *m*. 289,1 spr. dor gez. *b*. 2 en ∼ *b*. niht] nû nit *b*. 3 schilt] helm *m*. erfassen *m*. 290,1 getriuwe] grülich *m*.

sie gruozten dô einander,   die recken unverzeit.
nâch dem *guoten* gruoze   der vride wart ûf geseit.
291 In dem rôsengarten   huop sich ein michel spil.
sie trâten in den anger   der liehten rôsen vil.
sie striten krefteclîche,   [die zwêne küenen man.
ez wurden tiefe wunden   mit den swerten geslân
durch helm und durch brünne,]   alsô wir'z hân vernomen.
zwêne küene helde   wâren zesamene komen.
292 Aller êrste wart erzürnet   der getriuwe Eckehart:
an lief er den helt Hagenen   mit einer snellen vart.
er sluoc im tiefe wunden,   dem mortgrimmen man.
Hagene muoste vliehen   vor im ûf dem plân.
293 Dô kam diu küneginne   ze der selben zît
unde schiet mit listen   der zweier recken strît.
ûf satzte's Eckeharte   ein rôsenkrenzelîn,
dô wolte si in küssen.   'des enmac niht gesîn.
294 Daz mir daz widervüere,   daz wære mir iemer leit:
ich enlân mich niht küssen   eine ungetriuwe meit.'
dô gienc ûz dem garten   der degen lobesam.
wol enpfienc in der von Berne   und alle sîne man.

XIII.

295 'Owê dirre schanden!'   sprach der künec Gêrnôt,
'ê daz ich in laster lebete,   vil lieber wære ich tôt.'
dô hiez er ime bringen   sînen goltvarwen schilt.
'uns hât brâht ze laster   mîn swester Kriemhilt.'
296 Dô spranc in den garten   der vürste lobesam.
man sach in ritterlîche   durch die rôsen gân.
dô rief ûz dem garten   der künec Gêrnôt:
'swer mit mir welle strîten,   der springe in dise rôsen rôt.'

290,3 dô] sich *bm*. 4 guoten ∾ *bm*. geseit] geton *b*. 291 *vgl. anm.*
1 rôsen ∾ *m*. 2 den] dem *m*. 4 swerten] worten *m*. 6 helde] togen *m*.
292,3 der mortgrim man *m*. 4 vor im *vor* vliehen *bm*. darvff *m*. den *bm*.
293,2 unde ∾ *m*. Schiett sie m. leisten *m*. 3 saste sie do E. *f*. 4 küssen
er sprach *x*. des] das *bm*. enmac] ensol *m*, sol *b*. sîn *x*. 294,1
iemer] sicher *b*, ∾ *m*. 2 lazze *f*, enlasz *b*, lânfee *m*. 3ᵇ Eckehart von
dan *b*(*m*).
XIII. 295,1 der ∾ *x*. 2 das ∾ *x*. in] mit *x*. vil ∾ *x*. 3ᵃ dô
begunde er varzen *x*. 4 Das entût niemant dann m. schw. kr. *b*, Vnd
jnn bringet nieman dannon dann m. schw. cr. *m*. 296,4 strîten] vehten *x*.
dis rofeen *m*. die rosen *b*, disen *f*.

297 Dô sprach meister Hiltebrant: 'hœrst du daz, Helmschrôt?
dir enpiutet ûz dem garten   der künec Gêrnôt,
daz du ze ime springest   in die rôsen rôt.'
. . . .
298 Dô sprach *der junge* Helmschrôt: 'ich wil iu gerne bestân.'
den schilt begunde er vazzen,   er spranc ûf den plân.
dô wuot er durch die rôsen,   sô wir ez hân vernomen.
zwêne werde vürsten   zesamene wâren komen.
299 Sie sluogen ûf einander,   die zwêne küenen man.
wie gar ritterliche   sie striten ûf dem plân!
sie teilten dô ir eigen bluot   ûf dem anger wît.
von den helden beiden   huop sich ein vil grôzer strît.
300 Aller êrste wart erzürnet   Helmschrôt der degen:
an lief er Gêrnôten   mit herteclîchen slegen.
dô muoste von im wichen   der küene Gêrnôt.
er lief vor den vrouwen umbe,   sô sêre vorhte er den tôt.
301 Dô sûmte sich niht langer   Kriemhilt diu künegîn
und satzte ûf Helmschrôte   ein rôsenkrenzelîn,
ein helsen und ein küssen   gap si dem jungen man.
Helmschrôt der junge   gienc ûz dem garten dan.

XIV.

302 Dô sprach vil zornlîche   der künec Gunther:
'unser keiner ist sô küene,   der sich setze ze wer,
er enmüeze vor in vliehen   oder vallen ûf den plân.
darumbe enlân ich's niht.   ich wil den mînen ouch bestân.'

297,1 Helmschrôt] rûdeger *f*. 2 der ∼ *b*. 2ᵇ g'not der küneg her *f*. 4 ∼ *bm* (in *f* aus *D*). 298,1ᵃ Helmschrot sprach *bm*, Do spr. d' margrafe *f*. 2 ∼ *f*. 3 sô] als *x*. v'nome han *f*. 4 werde] junge *x*. danach setzt *f* zu: Sie zogū beid ir gûden swert so wir ez han v'nomen. 299,1ᵃ Dô sl. sie zesamene *x*. 2 gar] rehte *x*. sie beide striden *f*, striten sie *x*. 3 dô ∼ *x*. eigen] beider *x*. 4 helden] degenen *x*. vil ∼ *x*. 300,1 Alrest do w. *f*. Helmschrôt] rûdeg' *f*. 2ᵇ ∼ *m*. herlichen *b*. 3ᵃ Vo rûdeg' mûste w. *f*. dô] Daz er *m*. von im ∼ *m*. entwichen *x*. 3ᵇ ∼ *m*. der ∼ *b*. küene] kunig *b*. 4ᵃ ∼ *m*. sô] alsô *x*. 301,1ᵇ das edel megotin *f*. 2 ûf satzte's *x*. Helmschrôte] dē margrauen *f*. 3 jungen] edeln *f*. 4 Do gyng ûz dô gartē der margraue lobesum *f*. nach 4: Wol enpfieng jnn der von berne vnd alle sine man *m*.
XIV. 302,1 vil] gar *x*. 2ᵇ der sich gar kûme erwer *m*, das er sich kunde erweren *b*. 3 en ∼ *x*. must *b*, mûfu *m*. in] ym *bm*. 4 en ∼ *f*. lazzē *fbm*. ich ez *f*, ich sin *m*, ich *b*. ouch ∼ *x*.

303 Dô sprach meister Hiltebrant: 'hœrst du daz, Amelolt?
der recke klaget sêre, mit deme du vehten solt.
daz sie sint worden sigelôs, wie vaste er daz kleit!
sprinc ze ime in den garten, stolzer degen vil gemeit.'
304 'Ich bestân in willecliche,' sprach herzoge Amelolt,
'swaz des geslehtes ist, dem wirde ich niemer holt.
kein helt wart nie sô küene, sie habent iu vûr niht.
es enhât mich niht wunder, daz in smâcheit dâvon geschiht.'
305 Den schilt begunde vazzen der unverzeite degen.
dô spranc in die rôsen der herzoge ûzerwegen.
des erschrac niht sêre der küene Gunther,
er ensûmte sich niht langer, er spranc gein ime her.
306 Dô sie zesamene kâmen, die vürsten unverzeit,
dô wart vintliche von in beiden widerseit.
ir goltvarwe schilte schrieten sie von der hant.
helm unde brünne wart von in durch entrant.
307 Amelolt der küene was gar ein starker man,
er lief gar grimmecliche dô den küenec an
und sluoc im tiefe wunden, alsô wir'z hœren sagen.
wan sîn swester Kriemhilt, sô wære er ze tôde erslagen.
308 Dô kam diu küneginne in einer kurzen zît
und gevriste ir bruoder sînen jungen lîp.
ûf satzte's Amelolte ein rôsenkrenzelîn,
ein helsen und ein küssen gap ime diu künegin.

302,5 Mîn bruoder tiefe wunden durch die brünne hât.
ich vürhte, er müeze sterben, der junge Gêrnôt.
ach richer got von himel, lâz dir geklaget sîn,
daz wir ie gevolgten Kriemhilte der swester mîn!' x
(5 tiefe] disse m. 6 mufs b. 7 ach ~ m. von himel ~ m. 8 gevolgten] goeshent m. der lieben sw. m). 303,1 amolt m, amelog b, amelûng f. 2 Wie der küneg klaget vil edeler ritter jûng f. 3 sigelôs worden x. vaste] sêre x. 4ᵇ ein recke unverzeit x (ritter m). 304,1 amelûng fm, amelog b. 2 swaz ~ f. Dem geslehte f. ist dem ~ f. am schlusse setzt f zu: sie sin alt od' jûng. 4 en ~ f. 4ᵇ swaz in darumbe geschiht x. 305,1 beg. er v. x. 2 sprenget f. die rôsen] den garten x. herzoge] helt b, ritter m. vnverwegen bm. 4 en ~ fm. sprengete f. 306,1.2 in f verdrängt. 2 künelichen m. 3 sie beide v. f. 4ᵇ wurden gar zertrant b, wurdent sere verschnitten m. 307,1 der küene ~ bm. gar ~ x. ein [starcker ~ m] küner m. bm. 2 dô lief er x. zornecliche x. dô den ~ x. k. Guntherôn an x. 3.4. in f verdrängt. und] Er b. wir'z] wir m. 4 Hett gethon krinhilt er het in erschlagen b. 308,1 ~ f. 2ᵃ Do friste sie yrô brûder f. friste m. nach 2 setzt f zu: Sich mohte lichte han v'sûmet dz vil edel wîp. 3 h'tzog amelûng f.

309 Dô gienc ûz dem garten   der herzoge Amelolt.
    er sprach: 'ich hân dem künege   gegeben sînen solt.'
    des begunde lachen   der alte Hiltebrant.
    wol enpfienc in der von Berne   und manec wîgant.

XV.

310 Dô sprach der künec Gibeche: 'waz sol unser leben,
    sit ich und mîne recken   müezen in schanden streben?
    wir hân in dem garten   keiner sælde niht.
    ich wil selbe in die rôsen,   swaz mir dâvon geschiht.'
311 Dô spranc in den garten   der künec al zehant.
    'dort vert der künec hêre,'   sô sprach Hiltebrant.
    wie balde künec Gibeche   dô sînen kempfen vant!
    Hiltebrant der alte   ze ime in den garten spranc.
312 Dô sprach der künec Gibeche   ze dem recken unverzeit:
    'ich hân vil vernomen   von iuwer wîsheit.'
    'daz ist, alsô got wil,'   sprach meister Hiltebrant,
    'ez mac iu ze vruo komen,   vil küener wîgant.
313 Nieman sol selbe loben   sîne manheit,
    ob ime misselinge,   daz ez ime iht werde leit.
    ez kumt maneger in sîn alter,   der niht sinne enhât,
    dem doch vil nôt wære,   gæbe man im wîsen rât.
314 Man missebiutet ez gerne,   der niht sælde enhât:
    er wirt ze eime tôren,   swenn ez im übel gât.'
    dô sprach der künec Gibeche   ûz ungevüegem zorn:
    'nu sî iu widersaget,   ir recke hôchgeborn.'
315 Dô sprach meister Hiltebrant   der alte unverzeit:
    'daz hât mich gar unbillîch,   daz ir mir widerseit.

309,1 amelong *f.*   2 ich han v'soldet den edeln küneg jûng *f.*   künege] fursten *b.*   sînen] einen *m.*   3 des] dô *x.*
XV. 310,2 sit ~ *x.*   und al m. *x.*   müezen ~ *f.*   schandë also str. *f.*   streben] sweben *b*, stan *m.*   3 jâ hân wir *x.*   keine *f.*   4 wil] muoz *x.*
die rôsen] den garten *x.*   dâvon] darumbe *x.*   311,1 al] dô *m,* ~ *b.*
2 dort] dâ *x.*   hêre] gybeche *f.*   sô ~ *x.*   spr. meister H. *x.*   3 balde] snelle *x.*   dô ~ *x.*   kempffer *bm.*   4 her Hilt. *x.*   alte] küene *x.*   zo ime] spchrang *f.*   spranc] alzûhaut *f.*   312,2 !ch vil han *f.*   4ᵃ duz mac dir wol gevrumen *x.*   vil] gar *m,* ~ *b.*   313,1 Nieman sp'ch d' alde sal l ben *f.*   ensol *m.*   2 ist ez daz im misselinget, ez mac im werden leit *x.*   3 sinne] wîsheit *x.*   en ~ *fb.*   4 u. 314,1 ~ *bm* (hât : hât).
314,1 ez deme g. *f.*   en ~ *f.*   2 swenn] sô *x.*   315,1 meister] der alte *x.*
der alte] ein recke *x.*

swaz wir nu beide einander ze leide hân getân,
daz verenden wir mit den swerten, die rede súln wir lân.'
316 Dô nam diu rede ein ende von den vürsten unverzeit.
sie griffen ze den swerten. ir schilte wâren breit.
dô striten mit einander die zwêne wîsen man.
vil harte ritterlîche wart ez von in getân.
317 Sie vâhten mit einander, ir manheit diu was grôz:
daz viur von ir helmen hôch in die lüfte schôz.
sie striten mit einander, ir keiner mohte gesigen.
dô hûten sie sich beide des libes gar verzigen.
318 Hiltebrant der alte in strîte witze pflac:
er gap dem künege Gibechen einen schirmslac,
daz er dô muoste vallen ûf den grüenen plân.
des erschrac sîn tohter und alle sîne man.
319 Kriemhilt diu küneginne diu stuont ûf zehant:
'durch aller vrouwen êre, getriuwer Hiltebrant,
nu enslaht mir niht ze tôde den lieber vater mîn.'
dô sprach Hiltebrant der alte: 'wâ ist denne mîn krenzelîn?'
320 Ein krenzelîn von rôsen gap ime diu schœne meit,
ouch wolte si dô küssen den recken unverzeit.
dô sprach Hiltebrant der alte: 'des ensol niht sîn.
ich wil ez heim behalten der lieben vrouwen mîn.
321 Ich hête es lützel êre, daz kan ich iu gesagen.
nu heizet iuwern vater ze der herberge tragen.'
dô gienc ûz dem garten der alte Hiltebrant.
wol enpfienc in der von Berne und manec wîgant.

315,3 nu beide ~ bm. 4 verenden] verrihten x. 316,1 Diu rede
nam b. 2 bereyt bm.
4 dô wart ritterlîche gestriten ûf dem plân
317 Mit slegen und mit stichen, als ich iu sagen wil.
sie kunden boiderthalben grôzer slege vil.
ich sage iu vürwâr, die zwêne alton man,
die striten wîslîche ûf dem grüenen plân. x
(317,1 slachen m. stechen m. 2 ~ m. 4 witzeklîche m. grüenen]
witten m). 318,1 witze] wîsheit x. 3 dô ~ x. nider ûf x. grüenen
~ x. 319,1 das zweite diu ~ bm. al zeh. m. 2 Sie sp'ch dorch f.
3 en ~ fb. 320,2 ouch] dô x. dô] in x. 3 spr. meister h. m. der alte~bm.
4 ez bin heim f.
320,5 diu hât triuwe und êre unde biderbekeit.
warumbe solte ich küssen eine ungetriuwe meit? x
(5 triuwe] gewalt m. das erste und ~ b. biderbkeyt b] lib m. 6 ich
dann k. b. ein vngetriuwes wip m). 321,1 Des hête ich x. kan] wil x.
sagen x. 2 herbûrge f.

XVI.

322 **Sivrit** von Niderlande   reit ûf den grüenen plân:
     'wâ ist nu der mine,   der mich sol bestân?
     vürhtet er sich sô sère   oder trûwet er niht genesen?
     jâ solten wir von rehte   die êrsten sin gewesen.
323 Man seit uns, er wære küene,   der vürste hôchgeborn:
     daz er sô zage wære,   daz hête ich wol versworn.
     warzuo sûmet er sich sô lange?   er hât niht recken sin.
     swie ich ez kan gevüegen,   er kumet es niemer hin.'
324 Dô sprach meister Hiltebrant: 'herre, hœrt ir daz?
     iuch strâfet der hürnine   und ist iu gar gehaz.
     vil edeler vürste von Berne,   gedenket an schœniu wip
     und vehtet mit Sivride   und wâget iuwern lip.
325 [Iuch strâfet vlizecliche   der hôchvertige man,
     und hât ime bî iuwern ziten   nie kein leit getân.
     des lâz du in enkelten,   vil edeler vürste guot,
     daz er dir übel sprichet   durch sînen übermuot.]'
326 Dô sprach der von Berne: 'hêtest du min in triuwen pfliht,
     du enrietest mir mit Sivride   hie ze strîten niht.
     ir enrâtet mir niht   wan ze kampfe spâte und vruo:
     ir unde Wolfhart   bringet ez tâlanc darzuo.
327 Râtet ir mir von dem lîbe,   vor vürsten sit ir ein wiht:
     doch lât iu mîn bruoder   mines erbes niht.
     würd ich in disem garten   hie ze tôde erslagen,
     sô würdet ir nâch mîm tôde   mich gar sère klagen.'

321,5 Dannoch solten strîten   zwêne mortgrimme man,
       Sivrit von Niderlande   und der Berner lobesam. *x*
(5 solttent sie str. *m.* mortgrymmen *bm*).
   XVI *ist in f fast ganz durch D verdrängt.*   322,1 roit] spranc *x*.
dem *f.* grüenen ∾ *bm*.   2 nu ∾ *bm*.   3 sich] mich *x*.   getrûwet *x*.
nit zu gen. *bm*.   4 jâ] Doch *b*, Ouch *m*.   323—334,2 ∾ *f*.   323,1ᵃ Keme *m*.
2 also ein zag *b*.   3 lange der fürste von berne er *m*.   4 es] sin *b*, ∾ *m*.
hin] heim *m*.   324,2 hürnine] herre siffrit *m*.   gar ∾ *b*.   3 vürste] herre *m*.
von Berne ∾ *b*.   schœniu] edel *m*.   4 hor siffrit *m*.   325,2 Vnd ir hond *b*.
3 des lâz du in] Daz müstent sie *m*.   326,1 in] mit *m*.   2 en ∾ *m*.
Sivride] ym *b*.   hie ∾ *bm*.   3 ir ∾ *m*.   enrâtet] ratent *b*, Enratte *m*.   wan]
dann *b*, da *m*.   kempffen *m*.   327,1 von dem libe] vor lieb *m*.   2 doch]
Vnd *m*.   3 Vñ den eit wil ich uch sagen *m*.   disem rosengarten *b*.   hie
∾ *b*.   4 werdent *m*.   mich nach ir *b*.

328 [Dô sprach *der alte* Hiltebrant: 'ir velschet uns daran.
   . . . . , ...
   wir râten iu ze aller zît   ze aller wirdekeit,
   dâvon iuwer êre   werde michel unde breit.'
329 'Bestüende ich Sîvriden,   ez gienge mir an daz leben,'
   alsô sprach der von Berne,   'hœrâ, wîser [man und] degen:
   er ersluoc ûf eime steine   einen trachen vreissam,
   dem mohten alle künege   niht gesigen an.
330 Er hât bî sînen zîten   recken vil erslagen.
   dannoch sint drîu dinc an im,   diu wil ich dir sagen:
   er treit ein swert sô guot,   daz er ûf dem steine vant,
   daz herte helme velschet   und ist Balmunc genant.
331 Daz ander ist ein brünne,   daz wizze sicherlîch,
   die macht aller brünnen meister,   der werde Eckerich.
   er hât in von kinde   in der smitten erzogen,
   dâvon ist der helt   an der brünne unbetrogen.
332 Er worhte sie wol mit vlîze   nâch der meisterschaft.
   er wiste wol, daz er solte   gewinnen grôze kraft.
   goldes und gesteines   lît *gar* vil dar an.
   kein swert wart nie sô guot,   daz sie gewinnen kan.
333 Daz dritte wil ich dir nennen,   daz er ist hürnîn
   und wil âne sorge   vor allen recken sîn.
   daz ich mit ime værhte,   ich wære ein tumber man:
   rât mir niht mit ime ze vehten,   wilt du mîne hulde hân.']
334 'Owê mînes leides!'   sprach meister Hiltebrant,
   'sült ir under allen recken   iemer sîn geschant?
   daz ich'z dâ heime niht enwiste,   daz wil ich gote klagen.
   süln nu alle recken   ir gespötte von iu haben?'
335 [Dô sprach gar zornlîche   her Dietrich von Berne:
   'ir sæhet mich mit Sîvride   strîten alsô gerne.

328,1ᵃ Hiltebrant sprach *bm*.   2 ∼ *bm*.   3 *das zweite* ze aller] nach
üwer *m*.   329,1 Gestund *b*.   daz] myn *m*.   2 alsô ∼ *m*.   höre *m*.
3 schlůg *m*.   4 niht] noch nie *m*.   330,1 gezyten *b*.   2 an im ∼ *m*.
diu] da von *m*.   dir] uch *b*.   3 sô ∼ *m*.   4 velschet] schrot *m*.   pal-
mung *b*, polung *m*.   331,1 ist ∼ *m*.   wissent *b*.   2 die macht aller
brünnen ∼ *m*.   eckhart *m*.   3 ∼ *m*.   von eynem k. *b*.   332,1 sie wol
∼ *m*.   nâch] wole mich *m*.   2 das der selb gewun gr. *b*.   3 vnd edels
gest. *b*.   gar ∼ *bm*.   333,1 nemen *m*.   ist er *b*.   2 vor] den *m*.   3 tum-
ber] dorecht *m*.   4 niht *nach* ime *b*.   334,2 sült] Wöllent *m*.   3 en
∼ *f*.   4 süln] sol *x*.   nu vor von *f*.   alle recken] al diu werlt *x*.   ge-
spötte] spot *x*.   von] an *b*, zů *m*.   335. 336 ∼ *f*.   335,1 zornniglich *b*,
züchtklich *m*.

ich hête in êrste bestanden,   wær er niht hürnin,
und ob er under allen recken   der bœste wolte sin.'
336 Dô sprach gar zornliche   der alte Hiltebrant:
'noch ist nieman in dem garten   wan Sivrit ûz Niderlant.
ez hât unser iegelicher   dem sinen gesiget an.
er wartet iuwer in dem garten,   swenn ir in welt bestân.']
337 'Du sæhest alsô gerne,   daz ich verlûr daz leben min,
und daz ich in dem garten   bestüende den hürnin.
swaz du mir des gerætest,   ez dünket mich ein wiht:
Sivrides von Niderlande   des bestân ich niht.'
338 Er sprach: 'lieber herre,   nu volget mir hin dan,
ob ich beidenthalben   einen rât vinden kan,
wie wir bestân mit êren   vor Kriemhilt der künegin,
ob ir beidenthalben   ungevohten möhtet sin.'
339 Er brâhte in von dem gesinde   dan in einen grunt.
er sprach: 'herre von Berne,   sit ir ungesunt?
sô saget mir, lieber herre,   warumb nâmet ir's iuch an,
dô ir in dem garten   des iuwern niht enwoltet bestân?'
340 'Du strâfest mich vil ze lange,'   sprach her Dietrich,
'ich hête in êrste bestanden,   wære er min gelich.
hête er vleisch und bein,   ich wolte in gerne bestân,
und ob er vier brünne   hêt über einander ane getân.'
341 'Jâ,' sprach meister Hiltebrant,   'man sol iuch ein vorteil geben.
ir getorstet gein wilden würmen   wol wâgen iuwer leben:
dort in eime walde   dâ wâret ir manheit vol:
ir vehtet niht vor vrouwen,   dâ man pris bejagen sol.
342 Bestât ir in niht balde,   ich mache iuch ungesunt.'
'wie wilt du ez ane grifen?'   'daz tuon ich dir kunt.'
her Hiltebrant der alte   sine vûst hêt ûf gehaben:
dô wart von dem alten   der vürste in sinen munt geslagen.

335,3 êrste] von erst *bm*.   4 vnder den r. allen *m*.   bœste] dürste *m*.
wolte ~ *m*.   336,1 zorniglich *b*.   2 wan] dem *m*.   ûz] von *m*.   337,3
rætest *x*.   ez] daz *x*.   4 Sifrit v. nyd'landen *f*.   338,1 nu ~ *x*.   mir]
miner ler *f*.   bin] her *f*.   rât] friden *f*.   338,3—341 ~ *f*.   338,3 mit eren
beston *bm*.   vor ~ *bm*.   der] die *bm*.   4 múgent *m*.   339,1 in] einen *m*.
dem] irem *m*.   dan ~ *bm*.   einem grunde *m*.   3 nô] Nû *m*.   sagent es m. *m*.
here myn *m*.   nement *m*.   úch denn *m*.   4 in dem garten *nach* iuwern *bm*.
des] den *b*, ~ *m*.   en ~ *b*.   340,1 ze vil *m*.   2 êrste] zum ersten *bm*.   4 ge-
tân ~ *b*.   341,1 Jâ] Do *m*.   2 getorrent *m*.   würmen] tierren *m*.   4 fech-
tent aber n. *b*.   pris bejagen] ere bringen *m*.   342,1[b] ir werdet min
unges. *x* (min) sin mim *b*).   2 ez] daz *x*.   3 her ~ *x*.   3[b] het schir
sin faust erhaben *b*, schierre sin funst vff hûb *m*.   4 und wolte sinen
herren in sinen munt hân geslagen *x*.

343 Er sluoc in sô sêre,   daz er viel ûf daz lant.
    her Dietrich wart erzürnet,   des enkalt Hiltebrant.
    sîn swert er mit dem knopfe   in sîne hant dô nam,
    dô sluoc er vil swinde   sînen dienestman.
344 Er sprach: 'du muost spottes   wol werden ungesunt. [munt.'
    du geslehst mich niemer mêre   mit der viuste in mînen
    mit sîme vlachen swerte   begund er im slege geben,
    dâvon hete Hiltebrant   vil nâch verlorn sîn leben.
345 Daz ersach Wolfhart   und rief sînen herren an:
    'waz tuot ir, herre von Berne?   slaht ir iuwern dienestman?
    [ir getürret vor den vrouwen   keinen prîs begân:
    dâ ez nieman sæhe,   dâ wâret ir *ein küener man.*
346 Swer iuch vûr einen recken hât,   der ist darane betrogen
    und hât wærlîche   in sînen munt gelogen.]
    ir strîtet mit den iuwern,   die mit iu habent pfliht,
    Sivrides von Niderlande   des bestât ir aber niht.'
347 Dô sprach der Bernære: 'nu lâz die rede stân.
    ich hân bî mînen zîten   sô zagelîch nie getân.
    nu ziuch mir her Valken,   daz guote ros mîn.
    er wirt von mir bestanden,   und wære er îtel stehelîn.'
348 Dô sprach der wüetende Wolfhart: 'diu rede gevellet mir wol:
    ir redet, als ein degen   von rehte reden sol.'
    er zôch im dar sîn ros   ûf den grüenen plân.
    dô spranc in den satel   der Berner lobesam.
349 Dô reit in den garten   der Berner al zehant.
    dô kam gein ime vil snelle   Sivrit ûz Niderlant

343,1 Doch sl. er *x.* sô sêre ∾ *bm.* viel] begunde sincken *bm.* 2 her
hilt. *b*, meister hilt. *m.* 3 sîn] daz *x.* sîne] dio *x.* dô ∾ *x.* 4 vil]
gar *x.* sînen lieben d. *x.* 344,1.2 ∾ *f.* gespottes *m.* wol] vol *m.*
w. vnd vng. *m.* gesunt *b.* 2 schlechst *m.* mêre ∾ *b.* der] diner *bm.*
3 sîme] dem *x.* 4 her Hilt. *x.* 345—346,2 ∾ *f.* 345,1 sînen] den *m.*
2 ûweren magen vnd d. *m.* 3 get. aber v. *b.* pr. do beg. *m.* 4ᵃ u. 4ᵇ ver-
tauscht *m.* dâ ez] daz es *m.* ein küener man] kune als man gicht *b*(*m*).
nach 4 *setzt b zu:* Vor rittern vnd vor frawen getörrent ir fechten nit.
346,1.2 ∾ *m.* 3 mit iu] ze iu *x* (zuo z'iu?). 4 Sifridë *f.* den *f.*
347,1ᵃ Er sprach wutender wolffhart *b*, Er spr. wider wolffh. *m.* nu ∾ *x.*
2 ∾ *b.* by allen m. *m.* 3 her den V. *x.* 4 îtel ∾ *fm.* 348,1.2
∾ *f.* der wüetende ∾ *m.* gefallent *m.* 2 Dû redest *b.* 3 zôch]
brâhte *x.* dar yme *f.* dar ∾ *x.* 3ᵇ er zôch er im ûf den plân *x* (er)
vnd *m*). 4 ân stegereif (er) in den satel spranc der *vil* küene
man *x* (spr. *das det* d. *m.* vil ∾ *bm.* man vnd wigant *m*). 349. 350 ∾ *f.*
349,1 al ∾ *bm.* 2 vil ∾ *b.*

ûf eime guoten rosse,   alsô wir'z hœren sagen.
ez hête in herten striten   nâch hôhen êren în getragen.
350 'Wâ wâret ir sô lange?'   sprach der hürnin.
'ich kume dir noch ze vruo   ûf die triuwe min.
[ir und diu küneginne   künnet spæher liste vil,
daz ich ûf mine triuwe   niht langer vertragen wil.]
nu bint ûf den helm,   ez mac dir werden leit.
durch diner hôchvart willen   sô sî dir widerseit.'
351 Dô sprach der küene Sivrit: 'vil edeler voget von Berne,
ich hôrte in eime jâre   nie kein dinc sô gerne.'
beide sie sich verbunden,   die zwêne starken man.
sie ranten grimmecliche   beide einander an.
352 Sie triben diu ros zesamene,   diu liefen alsô siu vlugen.
ir sper gar zerbrâchen,   daz siu in die lüfte stuben.
sie beizten von den rossen   ze der selben zît.
in dem rôsengarten   huop sich ein vil grôzer strit.
353 Sie sprungen ze einander   dâhin ûf die wal
und enplôzten von den siten   zwô liehte klingen val.
sie bugen sich hinder die schilte   und huoben ein vehten an,
daz in der sweiz mit kreften   durch die ringe ran.
354 Sie striten krefteclîche,   die zwêne küenen man.
dô sach man ir beider ringe   risen ûf den plân.

. . . .

und swâ sie hin sprungen,   dâ wart der anger bluotgevar.
355 Sie sluogen ûf einander   mit starken slegen grôz,
daz ir beider gesinde   der kurzewîle verdrôz.
von ir swertes slegen   und von ir helme schal
mohte nieman gehœren   in dem garten überal.
356 Sivrit von Niderlande   der was ein starker man.
er lief vil zornlîche   hern Dietrichen an,

349,4 hat bm. nâch] jn m. das letzte in ~ bm.   350,1 hurin b, ort-
win m.   2 ûf] des gib ich dir b.   4 mîne] die m.   langer ~ m.   6 dîner]
ûwer m.   willen sô ~ m.   sî dir] sint úch m.   351,1 vil] wol f, o b, ~ m.
voget] vûrste x.   2 in eime jâre] bî mînen zîten x.   4 dô ranten sie
b. ein. [griulichen ~ m] an b(m).   352,1ᵇ die sie do schlûgen b, ~ m.
2 ir] diu x.   daz siu] und x.   3 erbeizten x.   4 vil ~ x.   grôzer]
michel x.   353,1.2 ~ bm.   3 hinder] under x.   die schilte und ~ f.
3ᵇ die zwêne küenen man x.   4 sie liefen [gar ~ b] griulîche
[beide ~ b] einander [aber ~ m] an x.   nach 4: Syfrid jagt in vmb vnd
vmb vor ym uff dem plan bm.   354 ~ f.   2 ûf] vnd ~ m.   3 ~ bm.
4 und ~ m.   bluotgevar] farw m.   355,1 grôz] gar b.   2 ~ bm.   356,1
der ~ x.   2 vil] gar x.

er sluoc im eine wunden   in sinen stahelhuot,
daz darnâch muoste riunen   von ime sin eigen bluot.
357 'Wie stritet noch min herre?'   sprach heimlîch Hiltebrant.
'er vihtet leider übel,'   sprach Wolfhart al zehant,
'er hât eine tiefe wunden   in sîme stahelhuot
und ist vil sêre berunnen   mit sîme eigen bluot.'
358 'Er ist noch niht erzürnet,'   sô sprach her Hiltebrant,
'nu ruof in den garten,   vil küener wîgant,
und mane in mînes tôdes,   man welle mich begraben:
sô beginnet mich min herre   harte sêre klagen.'
359 Wolfhart rief in den garten,   daz ez durch helm erdôz:
'sô wê mir mînes leides,   daz ist michel unde grôz!
Hiltebrant ist erstorben,   den wellen wir begraben:
verliuse ich mînen herren,   wie sol ich daz leit verklagen!'
360 'Ist Hiltebrant erstorben,'   sô sprach her Dietrich,
'sô vindet man in ganzen triuwen   niender sin gelich.
nu hüete dich, küener Sivrit,   dich gât diu nôt an, [hân.
ez ist min schimpf gewesen,   swaz ich unz her gestriten

356,3 eine] ein dieffe *m*, tieff *b*. in] durch *x*. stahelhuot] stehelin
hût *b(m)*. 4 von ime *ror* rinnen *b*, *ror* muoste *m*. 357,1 heimlîch]
meister *x*. 2 al ∼ *x*. 3 in sîme] durch sînen *x*. stehelin hût *b(m)*.
4 und] er *x*. vil] auch *b*, ∼ *m*.
357,5 Swaz er mac gehouwen   ûf den hürnîn,
    daz hilfet in gar kleine,   lieber ôheim mîn.
    er tribet in umbe und umbe,   den vârsten hôchgeborn,
    und scheidet man sie niht schiere,   den lîp hât er verlorn.
    9 Verliesen wir den herren   durch die rôsen rôt,
    sô mügen wir ze gote   wol klagen unser nôt.
    daz wir volgen einer vâlandîn,   des sin wir betrogen.
    wir möhten wol dâ heime   rôsen hân gezogen.' *x*
(5 hürnîn] herren *m*. 6 gar ∼ *m*. 7 u. u. u. jn den garten d. v. *m*. 8 sie ∼ *b*.
9 Vnd liesent *m*. 10 gote ∼ *m*. klagen unser n.] slahen die grofse n. *m*.
11 vâlandîn] sôlichen meit *m*. 12 wol *ror* rôsen *m*). 358,1 sô
∼ *x*. her] meister *x*. 2 nu ∼ *x*. vil] du *m*, ∼ *b*. 3ª sprich,
ich si erstorben *x* (gestorbe *m*). 4 harte] gar *bm*.
358,5 Were niuwan erzürnet   her Dietrich *der degen*,
    ich wolt umb Sivriden striten   niht eine haseluuz geben:
    sô möhte er ime mit strite   keine wîle vor gegân,
    er müeste vor im wichen   oder vallen ûf den plân.' *x*
(5 niuwan] nit dann *bm*. min herre erz. *m*. der degen] von berne *bm*.
7 u. 8 *vertauscht b*. gan *m*. 8 vor] von *m*). 359,1 durch den h. in-
drofs *b*. 2 mînes] dises *x*. 4 ich dan mînen *b(m)*. erclagen *m*, tragen *b*.
360,1 Hilt. doch erst. *f*. sô] also *m*, ∼ *b*. 2 in ganzon triuwen] in dem
land *b*, ∼ *m*. niender] nirgêt *f*, yrgand *b*, nümer me *m*. am schlusse vff
mine trúwe *m*. 3 diu ∼ *x*. 4 mîn] ein *x*. unz her] biz h' *f*, noch *b*,
∼ *m*.

361 Ich hân von dinen schulden   verlorn einen man.
    den ich *unz* an min ende   niht verwinden kan.
    nu wer dich kreftecliche,   des ist dir nu vil nôt.
    uns zwêne enscheidet nieman   wan des einen tôt.'
362 Dô sprach der küene Sivrit: 'ir künnet dröuwens vil.
    swaz ir mit mir stritet,   daz sol sin min spil.
    swer's enkiltet an dem houpte,   der muoz den schaden hân.'
    dô liefen sie beide einander   griulichen an.
363 [Her Dietrich von Berne   wart gar ein zornec man.
    man sach im eine vlammen   ûz sime munde gân,
    als von der essen tuot daz viur.   Sivride dem wart heiz,
    daz von sime libe   durch die ringe ran der sweiz.]
364 Hern Dietrichen von Berne   bestuont ein grôzer zorn:
    dô sluoc er Sivriden   durch harnesch und durch horn,
    daz ime sin bluot vil rôtez   vaste vlôz hin ûf daz gras.
    her Sivrit muoste vliehen,   sô küene als er gewesen was.
365 Her Dietrich jagete in umbe   mit starken slegen grôz.
    dô viel er der küneginne   nider in die schôz.
    dô warf si einen stûchen   über den *küenen* degen.
    dâmite si gevriste   hern Sivride lip und leben.
366 Dô sprach diu küneginne: '*wurdet ir* ie ein biderbe man,
    des sult ir disen recken   min geniezen lân.'
    dô sprach der von Berne: 'diu bete ist ein wiht.
    swes ir mich *nu* bitet,   des entuon ich niht.
    [iuch ritter unde vrouwen   bringe ich alle in nôt,
    ir müezet alle sterben   von mir umb Hiltebrandes tôt.]'

361,1.2 ∾ *f.*   2 unz] bis *bm.*   niht] númer *m.*   3 nu] Vñ *f.* des
ist] es tuot *x.*   nu vil] nû *b,* sicher *m.*   4 en ∾ *fm.*   4ᵇ w. der [bitter
∾ *m*] tôt *x.*   362. 363 ∾ *f.*   362,2 sol sin] ist *m.*   3 swer's] Wer sin
bm. der] das *m.*   4 b. gen ein. *m.*   griulichen ∾ *m.*   363,1 zorniger *m.*
2 vlamme] dunst *b.*   ûz] von *m.*   3ᵃ Als von eim trachen gienge *m.* dem
∾ *b.* wart] was *m.*   4 ran] flofs *m.*   364,1 bestuont] begreif *x.* ein]
sin *b,* der *m.*   grôzer ∾ *bm.*   2ᵃ er sl. den küenen Sivrit *x.*   3 vil
∾ *x.*   rot *b*(*m*).   vaste ∾ *x.*   vlôz] ran *x.*   bin ∾ *x.*   4 sô] als *x.* ge-
wesen ∾ *x.*   365—367 ∾ *f.*   365,1 vmb vnd vmb *bm.*   sl. also gr. *m.*
2 dô viel] Das *m.*   nider] viel alle vil *m.*   die] den *m.*   3 küenen ∾ *bm.*   4 si
nach gevriste *bm.*   friste *m.*   hern ∾ *m.*   lip und] ouch sin *m.*   366,1
wurdet ir] wurd du *b,* wirdistâ *m.*   2 disen] den *m.*   3 bete] rede *m.*
4 nu ∾ *bm.*   b. werlich des *b.*   5 bringe ich alle] jch wil üch alle
bringen *m.*   6 von mir *nach* alle *bm.*   sterben tod *m.*   umb Hilt. t.] vmb
daz hiltebrant ist tod *m.*

367 Allez daz in dem garten was, daz wolte er hûn erslagen
  von hern Dietriches zorne, alsô wir'z hœren sagen.
  Hiltebrant der alte tet als ein biderbe man:
  er spranc in den garten und rief sînen herren an.
368 Er sprach: 'neinâ, lieber herre, lât iuwern *grôzen* zorn.
  ir hât wol gesiget, sô bin ich wider geborn.'
  her Dietrich der edel sach Hiltebranden an:
  dô entsleif im sîn gemüete, dem vürsten lobesam.
369 Dô sprach der voget von Berne: 'vil edeliu küneginne,
  nu tribet iuwern widertrutz selbe wider in,
  sô lân ich gerne mînen zorn hie an dirre stunt.'
  dô sluoc sich diu küneginne mit der viuste in ir munt.
370 Dô sprach diu küneginne: 'ir sît ein vrumer man,
  wan man iuwern gelîchen *niender* vinden kan.'
  ûf satzte si deme von Berne ein rôsenkrenzelîn,
  ein helsen und ein küssen muost ime bereit ouch sîn.

XVII.

371 Dô reit in den garten der münech Ilsân:
  'wâ sint zwêne und vünfzec, die mich sûln bestân?'
  zwêne und vünfzec helde kâmen ûf den plân,
  die bestuont ze rosse der münech Ilsân.
372 Under den zwein und vünfzegen reit in einer an.
  er hafte ûf sîme lîbe ein sper der münech Ilsân.
  . . . .
  die stach er durch einander nider ûf den plân.

367,2 zorne ∽ *b*. 4 rûfft *m*. 368,1 *zu anfang* Hiltebrant rief in den gartē *f*. neinâ lieber herre ∽ *f*. neinâ] min *m*. grôzen ∽ *fbm*. 2 ir] nu *x*. wol] ir *x*. sô] nu *x*. wider] aber *x*. 3 der edel] der küne *m*, ∽ *b*. sach] blicte *x*. entsleif] erweichete *b*, erwachte *m*. 369,1 voget ∽ *x*. vil] wol *f*, dû *m*. vw' *fb*. 3 gerne ∽ *bm*. hie] vnd *b*, ∽ *m*. dirre] der selben *b*(*m*). 370,1 vrumer *m*.] biderman *x*. 3 niender] nirgēt *fbm*. 4 ouch ∽ *x*.
XVII. 371—378 ∽ *f*. 371,2 sint nû zw. *m*. 3 helde] recken *m*. 372,1 und ∽ *b*. 2 er hafte] Er het *b*, Do hafft er *m*. sinon *m*. 3 ∽ *bm*. 4 die] Do *m*. durch] ouch *m*.

373 Er valte sie zer erden   der vil küeue degen:
    under den zwein und vünfzegen   verlurn zwelve ir leben,
    die andern brâhte der münech   in solhe angest und nôt,
    daz sie die vinger ûf racten,   wan sie vorhten den tôt.
374 Ze der küneginne   spranc der münech unverzeit:
    'wâ sint zwei und vünfzec krenzelin,   keiserlichiu meit?
    swenne die rôsen gewahsent,   sô lât mich wider darin.'
    zwei und vünfzec krenzelin   gap ime diu künegin.
375 Er sprach: 'zwei und vünfzec küssen   wil ich von iu hân,
    ich spriche ez ûf mine triuwe,   ir werdet es niht erlân.'
    swenne si in solte küsseu,   den münech Ilsân,
    sô reip er sie sô harte,   die künegin wolgetân,
376 Mit sime langen barte,   den der münech truoc,
    daz der küneginne   darnâch ran daz rôte bluot.
    'alsô sol ich küssen   eine ungetriuwe meit.
    wer iuwer wille vollebrâht,   daz wære mir vil leit.'
377 [Dô sprach der von Berne   ze der künegin:
    'iuwer vater Gibeche   muoz min eigen sin:
    stete bürge liute   und ouch darzuo diu lant
    muoz er ze lêhen eupfâhen   von unser vrien hant.
378 In reisen und in stürmen   muoz er uns sin undertân
    mit lande und mit liuten,   daz welleu wir von im hân.'
    alsô wart der künec eigen   und ouch al sin guot.
    daz machete vrou Kriemhilt   und ir übermuot.]
379 Dô sprach der Bernære: 'küneginne lobesam,
    hân wir in den rôsen gesiget,   sô lât uns urloup hân.'
    si sprach: 'nu ritet mit heile,   ir unverzeiter man.
    swer ime selbe koufet spot,   der muoz die schande hân.'

373,1 ∼ m. vil ∼ b.   2 ir] daz m.   3 mönich ylsang zû jungste
in grofs not m.   4 die ∼ m. wan ∼ b.   374,1 unverzeit] zu der zyt b,
in der zit m.   2 du k. m. m.   3 gewachsen sint so ladent mich bedent-
halb herin m.   4ᵃ u. 4ᵇ vertauscht m. Do gab m. künegin] keiſserliche
meit m.   375,1 zwei und vünfzec küssen] so mengen kuis m.   2 triuwe]
orden m. du wurst sin bm.   4ᵃ Er r. sie mit sinem bart m. k. so w. m.
376,1 ∼ m.   2 rôte ∼ m.   3 ich ouch k. m.   4 vil] sichor bm. vol
gangen sicher es w. m. l. m.   377,2 v. künig g. m.   3 liute ∼ m. dar-
zuo ∼ m. 4 eupfâhen] haben b. vrien] eygin b.   378,1 stürmen] nötten m.
uns ∼ m.   von im ∼ m.   3 k. gebich e. b.   ouch ∼ bm.   alles bm.
4 vrou ∼ b.   379,1 in bm auf 2 v. ausgedehnt: Du sprach der von berne
zu der kunigin Jch wenn ich hab gesiget zu wormfs an dem rin (ich hab)
wir habent m).   3 si sprach ∼ x.   4ᵃ der sin selbe spottet x (sin
sich m).   die schande] den schaden x.   bm setzen nach 4 zu: Des sind
wir [hie ∼ b] ann dem rin mit schaden vber laden (schanden m).

380 Urloup nam her Dietrich und manec wîgant
und riten heim gein Berne in sîn eigen lant.
sie hêten bî dem Rîne êren vil bejeit.
keinen garten hegete mê Kriemhilt diu schœne meit.

XVIII.

381 [Dô sie ze Berne wâren tac und stunde,
manec ritter kurzewîle dâ begunde,
turnieren unde stechen und aller vröuden vil.
daz triben die ritter edel unz an daz selbe zil,
382 Unz daz sie urloup nâmen von dem vürsten guot.
dô was manec ritter vrisch und hôchgemuot,
daz sie vrœlîche kâmen heim in ir lant
von dem Rîne von Wormze, tuot uns diz buoch bekant.
383 Wan sie grôze êre an dem Rîne hêten erstriten,
des kâmen sie vrœlîche alle heim geriten.
dô sprach gezôgenlîche der müneoh Ilsân:
'vil edeler vürste von Berne, lât mich urloup hân.
384 Ich muoz wider gein Îsenburc in daz klôster guot.
jâ gelobete ich mînen bruodern,' sprach der hôchgemuot,
'daz ich wolte bringen der rôsen von dem Rîn
und wolt ieglîchem geben ein rôsenkrenzelîn.'
385 Dô sprach der von Berne, ein vürste unverzeit:
'mîn lîp und mîn guot ist dir unverseit,
daz teile ich mit dir gerne, du wunderkliener man.
du hâst mir bî dînen zîten liebes vil getân.'
386 Des dankete ime der münech, dem vürsten hôchgemuot.
dô reit er gein Îsenburc in daz klôster guot.

380,1 her Dietrich] der von Borno *x*. 2 riten] reit *x*.* heim] mit
grôzen êren *x*. heim *r* or in *b*. 3 dô was in an d. R. êren v. bereit *x*
(in] jme *m*). 4 rôsengarten *x*. schœne] keyserlich *b*, ∽ *m*.
XVIII ∽ *f*. 381,1 und] vnd nacht vnd *m*. stunden *m*. 2 m. edel
r. m. kurzewîle] stechen *m*. 3 aller vröuden] hattent kurtz wîle *m*.
4 roken *m*. unz] bis *bm*. an] vff *m*. 382,1 Unz] Bifs *bm*. der furstin *b*.
2 dô] Daz do *m*. vrisch] frôlich *b*. 3 daz] Do *m*. 383,1 eren *m*. Rîne]
stryte *b*. hêten] hant *m*. erstriten] gewonnen *b*. 2 Dos warn sie all frôlich
heym kommen *b*. 4 nû l. *m*. 384,1 wider vmb *m*. jlsenburg *b*, ylmfsburg *m*.
daz klôster guot] den orden *bm*. 2ª Ja globent ir mynem brûder *m*. hôch-
gemuot] hochgeborn *bm*. 4 geben] bringen *b*. 385,2 ist] sy *b*. dir] euch *bm*.
3 gerne ∽ *b*. wunder] werder *m*. 4 dînen] minen *m*. 386,1 ime ∽ *b*.
hôchgemuot] hoch geborn *m*. 2 jlsenburg *b*, ylmfsburg *m*.

dô er in daz klôster kam,   alsô wir'z hœren sagen,
dô erschrâken sine bruoder,   daz er niht was erslagen.
387 Dô hiez er die müneche   alle vür sich gân:
'ich bringe diu rôsenkrenzelin,   als ich gelobet hân.'
ûf satzte er ie dem bruoder   ein rôsenkrenzelin:
dô dructe er's mit den vingern   in diu houpt hinîn,
388 Daz in'z bluot beidenthalben   über die ôren ran.
er sprach: 'diu rôsenkrenzelin   kämen mich niht umb sus an.
næmet ir siu ân smerzen,   diu rôsenkrenzelin,
des hêtet ir grôze sünde,   vil lieben bruoder mîn.'
sie liten ê ir kumber   und ir ungemach,
ir keiner ez widerrette.   vor vorhte daz geschach.
389 Dô sprach gar zornlîche   der münech Ilsân:
'ir büezet mîne sünde,   die ich hân getân.'
daz gelobeten sie gelîche   dem vürsten hôchgeborn,
ir keiner ez widerrette,   sie vorhten sînen zorn.
390 Sie sprâchen: 'lieber herre,   sît ir sît wider komen,
sô hân wir iuwer sünde   gar ûf uns genomen,
des vröuwet sich unser gemüete   und ist uns allen liep.'
hiemite endet sich   daz Rôsengarten liet.]

387,1 die andren m. m.   2 Er sprach ich bm.   3 ie ~ m. ein]
die m.   4ª Er dratte jnn mit sinem finger m.   diu] ir m.   houpt] köpff b.
388.1 jm m.   ôren] stirnen m.   2 kommen b. vmb sunst b, alsus m.
3 Vnd nemet m.   3ᵇ ~ b.   4ª das wer sunde b. ir vil grofs m. vil
~ b.   5 ê nach kumber m.   6 forchten m.   388,5—390 ~ b, das dafür
zusetzt:
   Hie mit lassen wir difs bûch an dem end sin
   Vnd ist gantz vnd gerecht zu synem ende kommen
   Als es ist zu wormfs in dem rosengarten vernommen
(390,4) Hie mit endt sich des rosengarten lied
   Got behût vns aller bösen dictt
Das ist der rosengart von wormfs vnd ist geschriben worden von cristi vnsers
heren guburt tusent virhundert vnd drû vnd funfftzig vff mitwoch nechst
vor vnser frawen cleybung tag.   389,2ª Ir helffent mir defs myn sünde
bûfsen m.   nach 2 Ir müfsent alle glich zû bûfse bestan m.   390,2 iuwer
sünde α] verstanden m.   3 unsor] vns m.   4 daz] des bm.   am schlusse
schreibt m:
   Vud gantz vnd gerecht wole zû ende komen
   Als wir es jn dem bûch gantz han vernomen
   Got mûs vns zû helffe komen. Amen.

ROSENGARTEN D
(II).

D³.

I.

1 **W**az man von rîchen künegen singet unde seit,
   wie sie bî ir zîten wurben nâch grôzer wirdekeit!
   sie striten mit einander umb prîs nâch beger
   und vuorten ritterlîche ir schilte und ouch ir sper.
*2 Von den selben helden hân wir wunder vil vernomen,
   wie sie bî ir tagen ze strîte sint bekomen.
   solher âventiure seit man uns von in *baz*,
   wie sie einander bestuonden sô gar ân allen haz.
 3 Sie kunden schilte zerhouwen und liehtes helmes dach.
   durch willen schœner vrouwen liten sie ungemach
   von ir scharfen swerten, diu sie vuorten in der hant.
   des muoste von in enkelten manec küener wîgant.
*4 Sie beretten manege reise, ir lop daz wolten's mêren.
   grôz wart ir *giuden.* nu hœret von den herren,
   wie sie einander riefen von Hiunen an den Rîn.
   des vrôute sich bî dem Rîne manec kluogez megedîn
*5 Und ouch vil schœner vrouwen, die ez gerne wolten sehen,
   welhem man under den recken daz beste *solte* jehen.
   daz tete man deme von Berne und sînen helden guot:
   sie vâhten an dem Rîne mit ellenthaftem muot.

I. 1,1 unde *hf*] oder *s*. 2 grôzer *sf*, ∼ *h*. 3 umb *hf*] noch *s*. nâch] vnd *s*. 4 *das erste* und *hf*] Sú *s*. ouch ir ∼ *h*. 2,1 wunder ∼ *h*. 2 tagen] zîten *h*. 3 Solche *sh*. uns ∼ *h*. baz] daz *sh*. 4 sô gar] vil dick *h*. 3,1 liechten *h*. 4 des *hf*] Das *s*. küener *sf*] stulter *h*. 4,1 beretten] priesten *h*. daz ∼ *h*. 2 giuden] reisen *hs*. 3 riefen] reisten *h*. von Hiunen] gen wurms *h*. den] dem *h*. 4 clûg *h*. 5,1 vil ∼ *h*. 2 solte] wolt *sh*. 3ᵇ vnd meister hiltebrant *h*. 4 Sy fohten frümeclichen es worent zwen wigant *h*.

*6 Bī dem Rīne was gesezzen   starker helde vil.
   von kluoger Aventiure   ich iu sagen wil,
   wie sie einander reizten   von Hiunen an den Rīn
   und wie sie dā striten   vor Kriemhilte der künegin.
*7 Ein vart begunde sich heben gein Wormze an den Rīn
   vūr den künec Gibechen   und Kriemhilte *die* tohter sīn.
   sie wolten brieve senden   gar wīten in diu lant.
   al dar kam *dō* vil *schiere* manec vrecher wīgant.

II.

8 Der künec was gesezzen   dā ze Burgentrīch,
  er was geheizen Gibeche,   daz wizzet sicherlīch.
  der hēt einen rōsengarten   ze Wormze an dem Rīn:
  swer ime den tōrste brechen, des diener wolte er sīn.
9 *Wær aber daz er dem selben mit strīte gesigete an,
  der solte ime mit dienste   wesen undertān.*
  ez gienc umb den garten   ein borte was spannen breit:
  sō vil des rōten goldes   was darane geleit
10 Und *manec* edel gesteine   was darin getragen
   in den selben borten,   der umb den garten was erhaben.
   dō was in dem garten   vröude und wünne kluoc:
   wizzet, daz der garte   truoc rōter rōsen genuoc.

6,2 kluoger] schöner *h.* als ich *h.* statt 6,3—7 hat *h* 4 *v.:*
Von Kriemhilt der schönen die was so gemeit
Das man iemer mere singet vnde seit
Von mangen selzenen wunder des sy sich vnderwant
Vnd hat einen vatter der was in wol bekant.
6,3 von hinen *s.* 7,1 habon *s.* 2 Vor dem *s.* die] der *s.* 4 dō] dar *s.*
vil frecher manig w. *s.*
II. 8,1 *s, vgl. p.* Ze wurmez an dem rine ges. *h.* dā ~ *h.* 2 er] Der *h.*
was geheizen *sp*] heisset kúnig *h.* 3 der *hp*] Er *s.* hat *s.* rōsen *sp*, ~*h.*
4 Er sprichet wer *s.* tōrste] gedōrste *h,* durre *s.* wolte *sp*] wil *h.* 9,1.2
~ *sh,* ergänzt aus *p.* 3 ez] Do *h.* gienc] gat *s.* 4 Dz sund ir alle
wissen und sy vch für wor geseit *h.* 10,1 manec *f*] das *s.* 1ª So vil
dez roton goldes *h.* 2 den] dem *h.* 2ª Also es zu einer muren *s.* der
~ *s.* erhaben] get'gen *h. nach* 2:
3' dō koste der selbe garte manegen rīchen schatz:
sō vil des edeln gesteines   darin geleit was. *sh*
(3' Wissent daz dar in was gewúrket richer schats *h.* 4' geleit] gewúrke *h*).
3 dō was *h,* Ez was *f,* Man funt *s.* 4 Do was in dem garten r. r. gen. *h.*

11 Des garten muosten hüeten zwelve der küensten man,
  sô sie der künec Gibeche *iender* mohte gehân
  und in allen landen mohte ûz erwegen,
  die des rôsengarten mit strîte solten pflegen.
12 Ein banier, die sie vuorten, diu was schône bereit:
  ein strich von rôtem golde was darin geleit,
  anderhalp dargegen ein strich von silber wiz.
  man vant in dem garten manegen kluogen vliz.
13 Dô sante der künec Gibeche *über alliu* lant,
  ob *iender* wære gesezzen ein künec sô *hôchgenant*,
  der mit zwelf helden den sînen gesigete an,
  dem wolte er mit willen werden undertân.
14 *Dô wurden dem künege Etzeln diu mære kunt getân.*
  dô besamente sich der vürste mit vierzehen tûsent man,
  alsô er wolte rîten ze Wormze an den Rîn.
  dô möhte dem künege Gibechen liebers niht geschehen sîn.
15 Dô vuor der künec Etzel gein Berne in diu lant.
  dô sach man mit im rîten manegen wîgant.
  dô erbeizten *dâ* die herren vür Berne ûf daz velt,
  sie sluogen ûf vrœliche manec wünneclichez gezelt.
16 Dô wurden deme von Berne diu mære schiere bekant,
  daz der künec Etzel wære komen in sîn lant.

11,1ᵃ Do worent in dem garten *h.* der] die *h.*   2 sô sie] Die *h.*
der k. G.] die kungin *s.*   iender] iergent *sh.*   han *h.*   3 und] Alder *h.*
landen iergunt m. *h.*   4 striten *h.*   12 *s, vgl. p.*
  Dô was der rôsengarte ganz und wol bereit:
  sô vil der hübeschen gezierde was darin geleit.
  dô was in dem garten manec kluogiu maget wiz,
  dô truogen sie von gezierde manegen wunderlichen vliz. *h*
(3 was *doppelt.* clûg megde wz).   13,1 über alliu *A* 59,*3] in die *s.*
2 iender] iergent *s.*   hôchgenant] freiden rich *s.*   3 gesige *s.*
  13 Daz enpôt künec *Gibeche* künec *Etzeln* in sîn lant,
    wolt er den [rôsen]garten schouwen, daz er kæme al zehant
    und mit im bræhte zwelve, die sînen wæren gelich,
    und læge er im obe, er wolte im dienen sicherlich. *h*
(1 enbot sich k. Gibeche] etzel.   Etzeln ∾ *h.*   3 zwelff held.   4 leget
im).   14 ∾ *s*, 1—3 *in h auf 1 v. zusammengezogen:* Do sprach er zů dem
boten er wölte gerne do sin, *aus p ergänzt.*   2 samte p. mit] und ge-
wan p.   4 möhte] konde p.   dem ∾ p.   nit lieber *h.*   geschehen ∾ p.
gesin p.   15,1 Dô] So *s.*   gein Berne] dem berner *h.*   2 magan
stöltzen w. *h.*   3 Do sú erb. *s.*   dâ ∾ *sh.*   vür] von *s.*   d. wit f. *h.*
4 wünderlich *h.*   16,1 schiere ∾ *s.*   2 daz] Wie *s.*

des vröute sich sîn herze   dem vürsten vil gemeit.
mit vünf hundert recken   er gein ime reit.
17 Dô sprach gezogenlîche   von Berne her Dietrich:
'sît gote willekomen,   von Hiunen ein künec rîch!
waz ist iuwers gewerbes   her in mîn eigen lant?'
dô sprach der künec Etzel: 'daz sage ich iu zehant.
18 Ez hât der künec Gibeche   boten ûz gesant,
ob ieman getürre rîten   gein Burgentrîche in'z lant.
er hât einen rôsengarten   ze Wormze an dem Rîn:
swer in ime bræche,   des diener wolte er sîn.
19 Wellet ir mit mir rîten,   von Berne her Dietrich,
des vröute sich mîn herze,   daz wizzet sicherlîch.'
dô gelobete ez ime der *Berner*   und meister Hiltebrant.
dô kêrten's ze herbergen,   dâ er manegen ritter vant
20 Sitzen über ir tâveln,   ir lîbes wâren's guot,
mit vrœlîchem herzen   erhebet in dem muot.
sie wolten alle springen   über die tâveln glîch.
'durch got nu sitzet stille,'   sprach her Dietrich.
21 Dô tâten sie mit willen,   des sie der wirt dô bat.
her Dietrich von Berne   ze einne banke trat:
'nu merket alle ir herren,   uns ist ein brief gesant,
solhiu âventiure   kam nie mê in diz lant.'
22 Dô rief der von Berne   sîme kapelân,
sînen schrîbære   hiez er ouch vür sich gân.
er sprach: 'ich verbiute,   daz nieman hinnen gê,
ê daz wir alle gehœren,   swaz an dem brieve stê.'
23 Dô der schrîbære   den brief ûf gebrach,
hei, wie lûte er lachte!   nu hœret, wie er sprach:
'*diz ist von einer meide   ein boteschaft wunderlich.*'
'*nu leset schiere, meister,*'   *sprach her Dietrich.*

16,3 den f. *s*, der fürste *h*.   vil] wol *s*.   4 h. starken r. *h*.   17,2
von den h. *h*.   ein ∾ *s*.   king etzel r. *s*.   3 ûwer werben *h*.   mîn
eigen] daz *s*.   4 der ∾ *s*.   18,2 getar geritten *h*. Búrgendē *h*.   4 Er
sprichet wer *sh*.   in ime bræche] ime den brichet *h*.   wolte er] wil ich *h*.
19,1 von Berne ∾ *s*.   2 mîn] sîn *s*.   3 Berner] von bern *sh*.   zů der
herb. *h*.   er] man *s*.   20,1 ir] einer *h*.   ir lîbes wâren's] ensszend *s*.   2 er-
hebet in dem *h*, frowet sich ir *s*.   3 die] ein *h*.   vfs glich *h*.   4 nu ∾ *s*.
21,1 dô *hF*, ∾ *s*.   3 Er sprach nûn *sh*.   ir herren *hF*, ∾ *s*.   22,2 ouch
∾ *s*.   sich *sF*] in *h*.   3 gê] gang *sh*.   4 hörent *h*.   an *hF*] in *s*.   stê]
stand *sh*.   23,2 hei] Hören *s*.   3.4 ∾ *sh*, *aus F' ergänzt*.   4 schiere]
herre *F*.

24 'Ez stât an disem brieve   wunders alsô vil.
   swer ritter ist worden   oder ritter werden wil,
   der hœre disiu mære   und sol her zuo mir stân.'
   'waz stât denn an dem brieve?'   sprach der kapelân.
25 'Uns hât ir gruoz enpoten   diu schœne Kriemhilt,
   ob her Dietrich von Berne   getürre sinen schilt
   und ouch sinen helm vüeren   gein Wormze an den Rîn:
   nu trutz und tratz, her Dietrich!   sprach daz megedîn.'
26 Dô sprach der von Berne: 'ir herren, ich wil iu sagen,
   möhte ich niht geriten,   man müeste mich dar tragen,
   sît mir diu maget schœne   ir trutz enpoten hât.
   sô leset vürbaz, meister,   swaz an dem brieve stât.'
27 'Künec Gibeche ist ir vater   und ist uns wol bekant:
   dâ nidene bî dem Rîne   dâ dienent ime diu lant.
   Gunther ist ir bruoder,   der ander Gêrnôt.'
   'sô leset vürbaz, meister,   swaz an dem brieve stât.'
28 'Ez hât diu schœne Kriemhilt,   sît daz si ein kindel was,
   gezieret einen anger,   darinne daz grüene gras,
   mit mûren und mit zinnen,   einer halben mîlen breit,
   darinne die lichten rôsen   und bluomen vil gemeit.
29 Si hât in dem garten   eine linden erzogen wol,
   darunder schône gerihtet   einen balc swarz als ein kol.
   swenne man den balc ziuhet,   durch die rœren gât ein wint
   obene in der linden,   dâ diu vogellîn sint.
30 Sô hebet sich ûf der linden   ein schal sô vröudenrich
   von maneger süezen stimme   sô rehte wünneclich:
   sie singent wider einander,   kleine und dâbî grôz.
   ez wart nie herze sô trûrec,   daz der kurzewîle verdrôz.

24,1 an *hF*, in *s*. disem *sF*, dem *h*. wünderen *h*.   2 Wer zû r. *sh*.
oder zû r. *h*.   3 her ~ *s*.   4 denn ~ *s*.   in *sh* folgt zunächst str. 27
(richtige folge in *p*).   25,2 getare *h*, dar *s*.   3 helm] schilt *h*.   gefüeren *h*.
4 nu] Vnd *h*.   her Dietrich] von bernne *s*.   sprichet *h*.   26,1 ir herren
~ *s*.   2 Vnd m. *h*.   ritten *s*.   dar p] do bin *s*, ~ *h*.   3 trutz] grûs *h*.
4 meister ~ *s*.   27 steht in *sh* nach 24.   2 das zweite dâ ~ *s*.   3ª Der
ander ist ginter *s*.   der] das *h*.   ander] dirtte *s*.   4 sô] Nu *h*.   meister ~ *s*.
28,1 daz ~ *s*.   kindelin *sh*.   2 angor] acker *s*.   3ª *p*; Von der m. [bitz
~ *s*] an die z. *sh*.   4 rôsen] blûmē *h*.   bluomen] dz gras *h*.   29,1 hat
erzogen in *s*.   erzogen wol] schon vnd hol *s*.   2 gerihtet] gezierde *h*.
3 ~ *h* auſſer wint.   4 der] die *h*.   30,2 süsser *s*.   wünneclich *hf*] minêclich *s*.   3 wider] gein *f*, vnder *s*.

31 Diu linde ist alsô schœne und dâbî alsô wît,
    daz si vünf hundert vrouwen vil guoten schate gît.
    diu linde ist umbehangen mit pfeller alsô rôt,
    wan ez diu küneginne durch ir hôchvart gebôt.
32 Ir vindet under der linden ein gestüele sô wünneclich,
    geworht von helfenbeine, herre, her Dietrich,
    darunder den liehten marmel alsô ein spiegelglas,
    darûf lît pfeller und sîde, daz besserz nie enwas.
33 Ez koment under die linden schœner vrouwen vil,
    die durch kurzewîle erhebent manec spil.
    welt ir dâhin rîten, die âventiure besehen,
    sô wizzet, herre, her Dietrich, dâ muoz ein strît geschehen.
*34 Die rœren die sint riche von manegem vogel kluoc,
    der man ûf der linden vindet sitzen genuoc
    ûf dem rôten golde, ir gevider daz ist breit.
    man vindet in dem garten sô vil der hübescheit.
35 Wir süln nâch rôsen rîten gein Wormze an den Rîn,
    schouwen mit spilnden ougen manec kluogez megedîn
    mit ir rôten mündelînen, ir neckelîn sint gemeit,
    ir schônheit ist vil mêre, denne man uns seit.
36 Sie hânt bî dem Rîne zwelf ritter ûz erwelt
    (in stürmen und in strîten ist ie der man ein helt),
    die des rôsengarten pflegent mit ellenthafter hant.
    man gît in eine juncvroun, darzuo ein wîtez lant.
37 Gein den sült ir bringen zwelve, die sint gelîch.'
    'waz sol ich dâ schaffen?' sprach her Dietrich.
    'swer dem andern ane gesiget, der sol der beste sîn:
    sô küsset in ein juncvrouwe und setzet im ûf ein krenzelîn.'
38 'Nu küsse sie der tiuvel!' alsô sprach Wolfhart,
    'mac ich es über werden, ich kume niht an die vart.

31,1 *beide* alsô] so *s.* dâbî ~ *s.* 2 daz si f ~ *sh.* h. schôner fr. *sh.*
vil guoten f] dio lind *sh.* 3 umbeûangen *h.* pfeller alsô] silber vnd mit
gold *s.* 32,2 herre ~ *s.* 3 darunder] Vnd *s.* 4 pfellor semit sit *s,
vgl. f;* semit vnd pfeller *h.* daz nût b. *h.* nie en ~ *h.* 33,2 erhebent]
habent *s.* 3 besehen] an sehen *h.* 4 herre] min herre *h,* ~ *s.* be-
schehen *s.* 34,1 Dio] Jr *h.* die ~ *s.* 2 ~ *s.* 4 in dem garten]
vnder der linden *h.* sô ~ *s.* 35,1 süln *h, vgl.* f] wellent *s.* 2 manigez *s.*
kluogez] stültz *h.* 3 ir neckelîn vd*H.*] ir nekno *h,* ~ *s.* sint sü gom. *s.*
4 vil] noch *h.* denne] wanne *s.* man von u. *h.* 36,4 in] iederman *sh*
vnd darzû *s.* 37,1 dem *h.* 2 solt *h.* ich denne do *h.* 3 swer f]
Weller *s(h).* sol f] wil *sh.* 38,1 alsô ~ *s.* 2 Vnd mag *h.* es f] sin *sh.*
werden *hf*] sin *s.*

sie wolten uns *gerne* reizen   gein Wormze an den Rin:
ritet ir dâhin, her Dietrich,   ich wil hie heime sin.
39 Solher âventiure   wil ich gerne enpern.
würde ich dâ zerhouwen,   ez müeste mir lange swern,
sit daz diu künegin hât erdâht   einen wunderlichen vunt,
sô hân ich mir hie heime   einen rôten munt.
40 Si hât uns enpoten   von ir richeit,
von ir rôten mündelinen   und neckelinen gemeit:
mich dünket an den sinnen,   dâ louf ein wunderlicher snarz:
ich næme lieber eine juncvroun   miuleht unde swarz.'
41 Dô sprach gezogenliche   meister Hiltebrant:
'wir süln nâch rôsen riten   gein Burgentriche in'z lant,
sô wirt uns ûf dem wege   vil lihte ein krenzelin:
daz gibe ich dan vroun Uoten   der lieben vrouwen min.'
42 'Von hundert kemenâten   ist uns wol geseit,
die habe in dem garten   diu künegin vil gemeit.
si mac ez wol volbringen,   diu künegin ist sô rich.'
'nennet die zwelf recken,'   sprach her Dietrich.
43 Dô sprach der schribære: 'ez ist uns her getragen.
wellet ir mich hœren,   ir namen wil ich iu sagen.
der êrste ist künec Gibeche   und ist uns wol bekant:
dâ nidene bî dem Rine   dâ dienent ime diu lant.
44 Der ander daz ist Gunther,   ein degen vil gemeit.
der dritte daz ist Gêrnôt.   von deme man wunder seit.
der vierde daz ist Hagene,   Aldriânes kint.
der vünfte daz ist Walther,   dâher von Kerlinc.
45 Der sehste daz ist Volkêr,   von Alzeie genant,
vroun Kriemhilte swestersun,   ein videlære *bekant*.

38,3 gerne] auch *sh*.   4 ritet] Enbettent *h*.   dâhin] hin wider *h*.   her
Dietrich ~ *h*.   hie] do *s*.   39,1 Solher *hf*] Solich *s*.   2 Vnd w. *h*.   dâ]
dort *h*.   mûz *h*.   3 wunderlichen ~ *s*.   4 mir] ouch *h*.   hie ~ *s*.
40,1 Si hât uns] Vnd vns hat *s*, V. v. ouch *h*.   ir] siner *h*.   2 münde *h*.
2ᵇ ir nekli sint gem. *h*.   3 dem sinne *h*.   4 næme] minne *h*.   1. heim
ein *s*.   miuleht] mûtlich *s*.   41,2 Burgentriche] bürgenden *h*.   4 Uoten]
fûtin *s*.   liobsten *s*.   42,1 uns] mir *h*.   2 vil ~ *s*.   nach 2:
3' darinne sint vürsten grâven   ritter dienestman,
   der ist âne mâze,   nieman sie gezeln kan. *sh*
(3' vürsten ~ *s*.   ritter gr. dien. *s*).   3 wol *hf* ~ *s*.   4 Nement *sh*·
die ~ *h*.   43,2 Vnd w. *h*.   hœren] merken *h*.   iu ~ *h*.   4 *das zweite*
dâ *hf* ~ *s*.   44,1 Der] Das *h*.   daz ~ *s*.   2 der] Das *h*.   daz ~ *s*.
3 der] Die *h*.   daz ~ *s*.   4 dor] Das *h*.   daz ~ *s*.   dâher] ein holt *h*.
45,1 Der] Das *h*.   daz ~ *s*.   alizi *s*, alse *h*.   2 kriemhilt *s*, brúnhilt *h*.
bekant] genant *sh*.

der sibende daz ist Stüefinc,   ein künec üz İrlant,
der vihtet alsô sêre   und ist ein wîgant.
46 Der ahte daz ist ein rise   und heizet Aspriân,
der vüert zwei swert in einer scheiden,   dâmite er vehten kan.
der niunde *daz* ist ein rise   und heizet Schrûtân,
dem sint die Priuzen unz an daz mer   mit vorhte undertân.
47 Der zehende *daz* ist Rienolt,   von Meilâne genant.
der eilfte daz ist Herbort,   ein herzoge wol bekant.
der zwelfte daz ist Sivrit,   ein künec üz Niderlant,
der vüeret *der* zwelf swerte ein,   daz ist Balmunc genant.'
*48 'Daz sint übeliu mære,'   alsô sprach Wolfhart.
'geschriwen si über ir leben,   daz ir ie gedâht wart!
ich gibe iu's mîne triuwe,   und wirt diu maget ein wîp,
si möhte *es* wol enkelten: ez gât ir an den lip.'
49 'Ez wil sich rehte heben,'   alsô sprach Hiltebrant,
'ich vröuwe mich der mære,   diu uns sint gesant.
ez kumet nu vil ebene,   des ich bî wîlen bat:
ich gedenke noch, Wolfhart,   du werdest strîtes mat.'
50 'Du seist mir von dem tiuvel,   ôheim Hiltebrant.
ich wil niht nâch rôsen rîten   gein Burgentriche in'z lant.
solt ich gein Wormze rîten   umb einen rôsenkranz?
ich wære lieber heime,   sô belibe mir der schedel ganz.'
51 Dô sprach der von Berne: 'wer weiz, wie'z dort ergât!
nu leset vürbaz, meister,   swaz an dem brieve stât.'
dô sprach der schrîbære: 'ir herren, ich wil iu sagen,
ez muoz ein ieglîch ritter   zwelf knehte ze sîne lîbe haben.'
52 'Wâfen,' sprach dô Wolfhart,   'daz ir ie wart gedâht!
wie hât si sô manegen ritter   üz ze velde brâht?

45,3 der] Daz *sh*. daz ~ *s*. stúeffing *h*. schiffing *s*. igerlant *s*, nid'-
lant *h*.   46,1 Der] Daz *s*(!). daz ~ *s*. und ~ *s*. 2 der ~ *h*. in
einer scheiden ~ *h*. dâmite] mit dem *h*.   3 der] Das *h*. daz ~ *sh*. und
~ *s*.   4 die lant von Pr. *s*. unz an] bis vff *h*. mit] von *h*.   47,1 ~*h*.
daz ~ *s*. reinbolt *s*.   2 der] Das *h*. daz ~ *s*. 3 daz ~ *s*. 4 das
erste der ~ *h*. das zweite der *p*, ~ *sh*. cinz *sh*. daz *p*, ~ *sh*.   48,1
alsô ~ *s*.   2 Geschruwon *sh*. si ~ *h*. ie ~ *s*.   3 iu] ir *h*.   4 möhte]
möchtin *h*. es] sin *sh*. gât ir] ging in *h*.   49,1 rehte] lihten *h*.   1b—
3a ~ *sh* (heben: eben), *aus f ergänzt*.   3 des *hf*] also *s*.   50,1 den
dúfeln *s*.   2 rîten ~ *s*. Burgentriche] búrgenden *h*.   3 gein Wormze
sf] noch rosen *h*. ritten gē búrgēdē *h*.   4 wære] belib *h*. 1. hie *b. h*.
belibe] blîbet *h*.   51,1 got *s*.   3 ir herren ~ *h*. vch mere *s. h*. 4 iec-
licher *h*. sîme lîbe] im *h*.   52,1 ~ *s*. dô ~ *s*.   2 üz ~ *h*. velde vz
nü br. *h*.

wer hât gehœret sagen   von sô vil recken ie?
und woltet ir mir volgen,   wir beliben alle hie.'
*53 'Er wolte, daz man im vlêhte,'   sprach Alphart der bruoder sîn.
'du wirst es niht erlâzen,   du muost gein Wormze an den Rîn.'
'Kriemhilt hât iu enpoten   und heizet iu mê sagen,
ir môhtet lieber heime   krenzelîn ûz nezzeln tragen
*54 Dan dâ ze Burgentriche   die liehten rôsen rôt.
ir müezet nâch êre vehten   und komet es in nôt.
die der rôsen hüetent,   die künnen vehten wol.
ez sint ritter und risen,   daz man wizzen sol.
*55 In stürmen und in striten   sint sie muotes ganz.'
dô sprach der von Berne: 'ich muoz haben einen kranz,
ich muoz ouch gesehen,   swaz in dem garten sî,
und solte mir grôz kumber   darumbe wesen bî.'
56 'Wê der rede herte!'   alsô sprach Wolfhart,
'möht ich es über werden,   ich kœme niht an die vart.
ich wil ir lân ir rôsen.   ich hân ir heime genuoc.
ich hân manegen sumer gegangen,   daz ich ir nie keine truoc.'
57 'Er wolte, daz man im vlêhte,'   sprach meister Hiltebrant.
'nu strâfe mich niht mêre,'   sprach Wolfhart zehant,
'ich wil mich niht mê rüemen,   denn ich volbringen mac:
ich gœbe iu vür ir küssen   lieber einen slac.'
58 *Dô sprach Alphart der junge: 'ich wære ouch gerne dar.
*nu rât, lieber bruoder,   ob ich mit iu var.'
'ich sage dir, Alphart, bruoder,   swie ez uns dort geschiht,
ir kusses enpir ich wol,   ir strîtes verswer ich niht.
59 Ich var mit mîme herren   billîche, swar ich sol,
und lieze er mich hie heime,   ir kusses enpære ich wol.
*solt ich nâch eime küssen   gein Wormze an den Rîn?
*ich belibe mir lieber âne,   möht ich hie heime sîn.'

52,3 hat dz geh. *h.* sagen ∾ *h.* 4 wellent *s.* 53,1 alffhart *s*,
alpart *h.* 2 Zwor du *sh.* es] sin *sh.* mere *h.* 4 l. hie h. *h.* krenzelin]
ein krantz *h.* nezzeln] negelin *s.* 54,1 Dan dâ] Wanne *s.* 2 nach ôre
v.] ez ervechten *h.* kumen *s.* es] sin *sh.* 4 wizzen] golôben *h.* 55,1
muotes] irs libez *h.* 2 rosen kr. *h.* 3 u. 4 in *h* vertauscht. ouch ∾ *s.*
gesehen] versûchen *h.* 4 Vñ solt ich tieffer wûnden niemer werden fry *h.*
56,1 herte ∾ *s.* alsô ∾ *sh.* 2 Vü m. *h.* es] sin *sh.* 3 *das zweite* ir]
die *h.* 4 manegen] disen *h.* nie ∾ *h.* 57,1 meister ∾ *s.* 2 stroffent *h.*
3 dan] wanne *s.* 4 in ∾ *h.* ir] dz *h.* 58,3 ez ∾ *h.* beschihet *s*, ge-
schehe *h.* 4 verswer] enbir *h.* 59,2 ∾ *s.* 3 kuße *h.* 4 mir ∾ *s.*
âne] heim *s.* ich hie heime sîn] ez ongesin *s.*

60 Dô sprach Witege der küene: 'reht alsô ist ouch mir,
   und lieze mich mîn herre,   ich belibe hie heime bî dir.'
   'nein,' sprach aber Wolfhart, 'wir wellen alle dar,
   und wæren unser tûsent,   gar vrœliche an die schar.'
61 'Des hân wir iemer êre,'   sprach meister Hiltebrant,
   'Kriemhilt diu schœne   hât nâch uns gesant:
   ich wil mit iu rîten   gein Wormze an den Rîn,
   sô wirt mir ûf dem wege   vil lîhte ein krenzelîn.'
62 Dô sprach Wolfhart der küene: 'wer weiz, wie ez dort lît!
   die der rôsen hüetent,   die lânt uns ungestriten nit.
   ie der man sol mit im vüeren   ein altez sîdîn drum:
   wirt ime sîn houbet entrennet, sô ist ez ime vrum.'
*63 Dô sprach Eckehart der getriuwe: 'ich wære ouch gerne dar,
   wan daz ich mit den Harlungen bin bekümbert gar.
   wist ich, wem ich die lieze,   mit iu rûmt ich diu lant.'
   'sô enpfilch sie Diethêre,'   sprach meister Hiltebrant.
*64 Dô sprach Heime der küene: 'ich wære ouch gerne dar,
   und lieze mich mîn herre,   der âventiure næme ich war:
   wan daz ich doch wæne,   mîn lîp reisen muoz:
   durch keiner rôsen willen   rite ich niemer einen vuoz.'
*65 'Als ist ouch mînen dingen,' sprach her Dietrich,
   'solt ich nâch rôsen rîten,   ez diuhte mich effenlich:
   sô muoz ich den trutz versuochen, den uns diu meit enpôt.
   nu leset vürbaz, meister,   swaz an dem brieve stât.'
*66 Dô sprach der schrîbære: 'herre, her Dietrich,
   und lâzet ir die rôsen,   ez stât iu lesterlich,
   und türret ouch niht strîten, daz ez ieman vrumez siht,
   wan mit den würmen in dem walde, diu schœne Kriem-
                                  [hilt giht.

60,1 Dô ∼ h. der küene ∼ s... reht h vgl. f, ∼ s. 2 und ∼ s.
hie ∼ s. 3 aber ∼ sh. 4 u. noch t. h. 61,1 meister ∼ s. 2 sch.
iuncfrŏwe h. nâch ∼ h. u. har ges. h. 4 sô] Do h. vil lîhte] villich h.
62,1 der küene ∼ s. 2 das zweite die ∼ h. uns ∼ h. nit] nicht lit h.
3 altez ∼ s. sidenen trŏm a. 4 houbet] kopff s. sô] zû dem h. ez ∼ h.
63,1 ouch ∼ h. dar] dâhin sh. 2 das ∼ s. 2ᵇ [so ∼ h] gar bek.
bin sh. 3 wem] wenne s. rûmt ich] ich rûmte vor mit h, ruschett ich
in s. 4 sô] Do h. dietter s, diet'ichen h. meister ∼ s. 64,1 ouch ∼ h.
3 reisen] die reise h. 4 k. schlahte r. h. willen ∼ h. rite] gekem s.
niemer ∼ h. einen ∼ s. 65,1 minem dinge h. her Dietrich] meister
hiltbrant s. 2 nâch zweimal h. offenlich h. 3 sô] Doch h. uns] mir h.
enpôt] enbot hä h. 66,2 und ∼ s. 3.4 *weichen in h stark ab:*
   Ir turent mûn streiten die schone kriemhilt gicht
   Mit wurmen in dem walde dz nieman fromê sicht.

*67 Si müge deme von Berne   des prises niht verjehen,
    si enhabe von sinen handen   einen starken strît gesehen.
    ir sült balde îlen   gein Wormze an den Rîn
    in den rôsengarten   ze kluogen juncvrouwen fîn.
*68 Dâ wirt mit scharfen swerten   des lobes vil erstriten.
    des heizet iuch vrou Kriemhilt   und iuwer recken biten,
    ir sült komen balde,   ir Sîvriden wil si nemen:
    und lâzet ir die rôsen,   ir müget iuch iemer schemen.'
 69 'Wâfen, iemer wâfen!'   sprach her Dietrich,
    'waz tuont mir vrouwen leides an!   wie sint sie sô wunder-
    daz ir vil selten keiniu   wil nemen einen man   [lich,
    und ouch bî ime slâfen,   ich müeze vor mit ime gestriten
 70 Gît ime got daz glücke,   daz er mir obe gelît,   [hân.
    sô gât er an ein bette   und vröuwet sich der zît.
    sô bin ich sêre verhouwen   und ouch gar sêre wunt.
    durch willen schœner vrouwen   küsse ich einen rôten munt.'
*71 Dô sprach Sigestap der junge: 'ich wil an die vart.'
    'sô wil ich mit dir rîten,'   alsô sprach Wolfhart.
    dô sprach der von Berne: 'daz hân ich gerne vernomen:
    Sigestap der junge   wil mir ze helfe komen.'
 72 Dô sprach Hiltebrant der alte: 'ich wil der êrste sîn,
    und darnâch der von Berne,   der liebe herre mîn.'
    Wolfhart was der dritte   und huop sich an den rinc.
    der vierde was von Tenemarc   ein stolzer jüngelinc.
 73 Der vünfte daz was Sigestap,   ein helt gar lobelîch.
    der sehste daz was Rüedegêr,   der milte marcgrâve rîch.
    der sibende daz was Heime,   gar ein küener degen.
    der ahte daz was Witege,   ein ritter ûzerwegen.

67,1 mügent h. des prises] keiner pris h. jehen s.   2 ∾ h. Sú hab
danne v. s.   4 juntfrowelin s, megetin h.   fin ∾ h.   68,2 und iuwer]
idren s.   3 balde ∾ s. J. s. balde ilen sy wil sifriden n. h.   4 müget]
müssent h.   4 müget] müssent h.   69,1 beide wâfen] wasa h.   iemor wâfen
succimal s.   2 an ∾ s.   wie ∾ h.   3 vil selten A ∾ s.   nemen wil s.
Das kriemhilt dio schöne fröwe wil nemen man h.   4 i. wil sl. h.   müeze]
wil h.   vor ∾ h.   im ∾ h.   hân ∾ h.   70,2 oin hohez b. s, ein schonez
b.schlaffen h.   3 das erste sêre ∾ s.   gar ∾ s.   71,1 wil] were gerne h.
2 ich g'ne m. h.   alsô ∾ sh.   72,1 so wil ich h.   2 liebeste s.   3 sich]
ouch s.   4 der stolz s.   73,1 Der] Das h.   daz ∾ sh.   w. sich S. h.
helt gar lobelich] stülzer jüngeling h.   2 dor] Daz sh.   daz ∾ s.   der
milte] ein milter h.   3 der] Daz sh.   daz ∾ s.   degen] man s.   4 der]
Das s(!).   daz ∾ sh.   ein ritter ∾ s.

74 Der niunde daz was Hartnît,   ein künec ûz Riuzenlant,
   der vuorte ein rat von golde   *und* was ouch wol erkant.
   der zehende was von Kriechen   der schœne Dietrich,
   der vihtet alsô sêre,   daz wizzet sicherlîch.
75 Der eilfte was von Stîre   Dietleip der hôchgemuot,
   der wolte durch sie wâgen   sînen lîp und ouch sîn guot.
   'nu hân wir einlef kempfen   sô rehte wünneclîch:
   wâ nemen wir den zwelften?'   sprach her Dietrich.
76 'Dâ sol ich umbe ruochen,'   sprach meister Hiltebrant,
   'dâ wil ich in suochen,   dâ ich in bî wîlen vant:
   weme wellen wir lâzen   den münech Ilsân?
   nâch deme wil ich rîten,   daz klôster muoz er lân.'
77 Dô sprach der von Berne: 'wie mac daz werden wâr?
   nu ist er in dem klôster   gewesen *zweinzec* jâr.
   solt ich in deme enpfüeren,   dem er sich hât ergeben,
   ich hête *es* iemer sünde,   næm ich in ûz dem guoten leben.'
78 'Wizzet ir niht, lieber herre,   waz iu der münech swuor,
   dô ir ime erloubtet,   daz er in daz klôster vuor?
   er gelobete iu eine reise   und swuor iu einen eit,
   swenne ir woltet *rîten*,   sô wolte er sîn bereit.'
*79 . . . .
   'wie würde ich des innen   von der maget rîch?
   . . . .
   müget ir uns [niht] gesagen,   alsô ez hie geschriben ist?'
*80 'Ich lise,' *sprach der schrîber*,   'alsô ez geschriben stât:
   swenne *zweier* wochen   und *zweier* mânede *zît* vergât,
   sô stilt ir bereite   mit iuwern helden sîn
   ze *einen* sunnegihten   ze Wormze an dem Rîn.'
81 *Nâch* Amelolte von Garte   wart ein bote gesant.
   den enpfienc sô schöne   der alte Hiltebrant.

74,1 Der] Daz *s*. daz ∾ *s*. w. von rüssen hartung ein king rich *s*.
Hartnît ∾ *h*. 2 *hp* ∾ *s*. füeret *h*. und ∾ *h*. 3 z. dz w. *h*. 3ᵇ ein
stültzer jüngeling *h*. 4 *hp*, ∾ *s*. 75,1 Der] Daz *s*. 2 der] Er *s*.
sînen ∾ *h*. ouch sîn] alles *h*. 3 kempfen] ritter *h*. 76,1 Dâ sol ich]
Daz lan uch *s*. meister∾*s*. 3 weme] Wen *h*. wir] ir *h*. w. danne l.*s*.
lôsen *h*. den ∾ *s*. 77,1 werden *hfp*] wesen *s* 2 gewesen *hf*] ge-
sin *s*. zweinzec *fp*] zwei und drîzec *sh*. 3 solt *hp*] Sol *s*. dem] an
den *h*. 4 es] sin *s*. 77,4—87,3 ∾ *h*. 78,4 rîten ∾ *s* (*vgl*. 100,4).
79,4 müget] Getürent *s*. 80,1 sprach der schrîber ∾ *s*. 2 zweier w.]
zwo w. *s*. zweier m.] zwen m. *s*. zît] sich *s*. 4 einen ∾ *s*.
81,1 Nâch *f* ∾ *s*.

er vuorte in vûr vroun Uoten: 'dise lâz dir bevolhen sin.'
'sô enpfilhe ich dir wider die lieben sûne min,
[Wolfhart unde Sigestap, dîner swester kint.
du wizzest, lieber bruoder, daz sie mir liep sint].'
82 'Sô enpfilhe ich dir wider,' sprach meister Hiltebrant,
'*des Bernæres erbe, beidiu liute und ouch sin lant,*
und Diethern, sinen bruoder, den lieben herren min,
und die jungen Harlunge lâz dir enpfolhen sin.
[*der* sol pflegen vrou Uote, durch daz ich sie bite:
wir nemen in ir herren, Eckehart muoz ouch mite.]
*83 Hœret ir daz, vrou Uote und bruoder Amelolt?
ich enpfilhe iu lant und liute, silber unde golt.
harnesch, liehte ringe, unseriu snellen marc
diu sol man uns her ziehen, ze den brüsten sint siu starc.
*84 Man sol den herren schrôten drier hande gewant,
den stolzen rittern besunder,' sprach meister Hiltebrant,
'*ie ze* vierde ein krippe, daz ist nu der site.
nu hœre, swaz ich dir sage, tuo, swes ich dich bite.'
*85 Dô schiet von vroun Uoten meister Hiltebrant.

. . . .

er sprach: 'hœrst du, lieber ôheim, swaz ich dir enpfolhen
des solt du in helfen und solt iu bî gestân.' [hân?
*86 Dô sprach gezogenlîche von Berne her Dietrich:
'waz *diutet ditze* rûnen? redet ez offenlich!
welt ir'z vor mir heln, und ich gewaltec bin?
wol ûf, wir wellen hinnen, der münech muoz der zwelfte
*87 [Dô sprach ze Diethêre von Berne her Dietrich: [sin!'
'rît mir nâch Dietleibe, *dem degen lobelich.*
er sol uns komen schiere, daz solt *du* in wizzen lân,
und sage mir Rüedegêre, er sül mir bî gestân,
*88 Und der milten marcgrævinne, der rîchen Gotelint,
daz si mir her sende ir liebez swesterkint,
und ze ieglîchem zwelf ritter, des sint die helde wert,
und ze ieglîchem zwelf knehte, den koufe ich allen swert.']

81,3 disen *s.* 82,2 *aus f.* Aller berner erbe und ir lant *s.* 3 den *f]*
dez *s.* 5 der] Die *s.* 83,3 liehtten *s.* 84,3 ie ze v.] Ez fird *s.* 4 swes]
waz *s.* 85,4 des] Daz *s.* 86,2 diutet ditze] ist ez daz *s.* rettent *s.*
3 welt] Vnd *s.* 87,1 *am schlusse zugesetzt* der man *s.* 2ᵇ, 3ᵃ ~ *s.* 3 daz]
und *s.* du ~ *s.* 4 ~ *s.* mir margrof r. *h.* es sol *h.* 88,1 Und] Vor *s.*
milten] richen *s.* die rich *os.* 2 lieben *h.* 3 und ~ *h.* des] daz *s.* helde]
herren *h.* wol wertt *sh.* 4 ze ~ *h.*

III.

89 Sie rusten sich ûf balde.   die recken vil gemeit.
   hern Dietriches reise   was manegem vil leit.
   dô huoben sich die herren   gein Îsenburc an die vart,
   dâ der münech durch rôsen   herûz gezücket wart.
90 Dô reit ze aller vorderst   meister Hiltebrant.
   her Dietrich von Berne   kam ime nâch gerant.
   sînen schilt und sper vuorte   selbe der degen hêr,
   alsô tete ouch meister Hiltebrant.   mit in reit nieman mêr.
91 An dem vünften morgen   und eine wîle dâvor
   dô wâren die herren komen   gein Îsenburc an daz tor,
   dô die müneche sungen   mettîne alsô vruo.
   die herren mit den schilten   stapfeten vaste zuo.
92 Hiltebrant begunde klopfen: 'balde lât mich în.
   ich wil in disem klôster   ein predegære ouch sîn.'
   der münech rief wol balde: 'wer klopfet an dem tor?
   balde luoge hinûze,   wer nu sî dâvor.
93 Bringet mir mînen harnesch   und mîn vil guot swert
   (swaz sie denne suochent,   des werdent sie gewert)
   und mînen helm liehten,'   sprach der münech Ilsân,
   'wellen sie den münech twingen,   daz wer ich, ob ich kan.
94 Ich hân den mînen harnesch,'   sprach der münech Ilsân.
   'wæren ir dâ drîzec,   ich wolte sie bestân,
   mir breche dan daz swert   in der hende mîn,
   wir wellen in dem klôster   von iu ungesêret sîn.
95 Balde luoge hinûze,   wer vor der porten sî.'
   'herre, ez ist ein alter   und vüeret wolve drî
   und vüeret ûf dem helme   ein guldîn sarbant.'
   'wâfen, iemer wâfen!   ez ist mîn bruoder Hiltebrant.'

III. 89,1ᵃ Vff saszent do die herren *h*. vil ∼ *s*.   2 reisen *h*. 3 an] ûf *h*.   4 durch der r. willen *s*.   her ∼ *h*.   90,1 ze ∼ *h*. meister ∼ *s*. 2 kam ime] her *h*.   3 und sin sp. *s*, und ouch sp. *h*.   4 teto] reit *h*. in] im *h*.   91,1 und ouch ein ∼ *s*.   2 dô *sp*, ∼ *h*.   3 müneche] heren *s*. Do der münich wolte mette singen also frû *h*.   4 vaste] rast hin *h*, en *s*. 92,2 disem *sp*] dem *h*.   ouch ∼ *s*.   3 wol balde ∼ *s*.   4 lûgent *h*. nu ∼ *s*.   93,1 mir ∼ *h*. vil ∼ *s*.   2 Wez *s*.   3 liechten helm *h*. der ∼ *s*.   4 w. 94,1 ∼ *s* (Ilsân : Ilsân).   94,1 Ilsân ∼ *h*.   2 dû] dar *s*, den zwen vnd *h*.   2ᵇ ich griff alle an *h*.   3 brechte *h*. daz] mîn *h*.   den henden *s*.   4 ungeserton s*h*.   95,1 Balde] Nûn *s*. lûgent *hs*.   2 v. der w. *h*.   3 und] So *h*.   ûf] er an *h*.   helmo ein] schilto das *h*.   4 *beide* wâfen] wafa *h*.   *das zweite* wâfen ∼ *s*.   ez] dz *h*.

96 'Bî ime hebet ein junger　　ûf eime snellen marc.
　　mich dünket an den sinnen,　ez sî ein helt starc.
　　er vüeret an dem schilte　　einen lewen griulich.'
　　'er mac ez wol volbringen,　ez ist mîn her Dietrîch.'
97 Dô trat vür die porten　　der müneclı Ilsân.
　　dô truoc er ob den ringen　eine grâwe kutten an.
　　dô truoc er ob den beinen　zwô dicke grâwe hosen.
　　er trat vür die porten,　der mære wolte er losen.
98 'Benedicite, bruoder!'　sprach meister Hiltebrant.
　　'nu geleite dich der tiuvel,'　sprach der münech al zehant,
　　'daz du jârlanc rîtest　ûf des strîtes vach!
　　du möhtest bî vroun Uoten　lieber haben guot gemach.'
99 'Daz tæte ich, ob ich möhte,'　sprach meister Hiltebrant.
　　'ich muoz nâch rôsen rîten,　man hât nâch uns gesant,
　　Kriemhilt diu schœne,　ich wil ze ir hôchgezît.'
　　'ez schînet wol, lieber bruoder,　daz ir ein tôre sît.'
100 'Mîn herre heizet dich bitten,'　sprach meister Hiltebrant,
　　'daz du ime die triuwe leistest,　die du im gæbe mit der hant:
　　du gelobetest im eine reise　und swüere im einen eit,
　　swenne er wolte rîten,　sô woltest du sîn bereit.'
101 'Nu mac ich niemer reisen,'　sprach der münech Ilsân,
　　'doch weiz ich wol darumbe,　daz ich'z gelobet hân:
　　wirret iuch iht ze Berne,　sô wil ich mit iu varn,
　　der reise dâhin gein Wormze　wil ich mich bewarn.'
102 Dô sprach Hiltebrant der alte:　'lieber bruoder mîn,
　　brüederlîcher triuwe　solt du ermanet sîn.

96,2 dem sinne *h*. 3 er] Der *h*. gremelich *h*. 4 wol ~ *s*. min ~ *s*. 97,2 den ringen *hp*] der bringen *s*. 3 ob] an *h*. 4 Do trat er *h*. der mære ~ *h*. 98,1 Benedicite bruoder *hfp*] Vnde veniris *s*. 2 leite *h*. al ~ *s*. 3 du io j. *s*. des *f* ~ *sh*. stritendez wank *h*. 99,1 möhte *hf*] wolt *s*. meister ~ *s*. 2 Kriemhilt die schon hat *s* (*gegen fp*). 3ª Daz wir sollent komen *s*. ich wil *fp* ~ *sh*. hochzit *s*.
99,5 mich dünket an der wise, diu rede sî gemelich.
　wirret iuch iht ze Berne, *herre, her Dietrich?*' *sh*
(5 gemeinlich *h*. 6 Wurt *sh*. herre ~ *sh*). 100,1 dich *f*] ûch *sh*. 2 ime ~ *s*. triuwe] wortt *s*. im ~ *s*. gæbe] gelobestest *s*, gelobt hest *h*. der] diner *s*. 3ª *h* = *f*. Du geb din trw *s*. 4 wolte] die woldest *h*. rîten] reisen *s*. sô woltest du] dz dú werest *h*. 101,2 darumbe ~ *s*. 3 sô] dar *h*. 4 der] Die *s*. dâhin ~ *s*. mich ~ *s*. bewarn *hfp*] sparn *s*. 102,1 spr. meister H. *h*. 2 *s* vgl. *f*. Briederlich *s*. Rit mit vns gen würmes so wirt vns ein krentzelin *h*.

ez stât an dem brieve,   als uns diu maget enpôt:
mir noch inme herren   tete helfe nie sô nôt.'
103 'Ir helfet iuwerm bruoder,'   sprach her Dietrich,
'und lât ir *in al einen*,   ez stât iu lesterlîch.'
'*herre, ich wil im volgen*,'   *sprach der münech Ilsân*,
'*ich belibe lieber heime*,   *woltet ir mich's erlân*.
104 Nu wil ich iuc]h gerne helfen,'   sprach der münech Ilsân,
'nu luo]get mich, her Dietrich,   waz ich ze strîte hân.'
dô zôch er] abe die kutten   und warf sie in daz gras:
hei,] wie wünnecliche   der münech gewâfent was!
105 'Waz traget ir under den hosen?'   sprach meister Hiltebrant.
'daz tuon ich, lieber bruoder,   mîn alt sturmgewant.'
dô schouwete der von Berne   des münechess Ilsân swert:
'eines vrischen predegerstabes   sît ir wol gewert.
*106 Swen ir *dem* banne entslahet   mit dem predegerstap,
ich gibe iu des mîne triuwe,   ez volget im in sîn grap.
wisten'z bî dem Rîne   die snellen burgære,
ê sie bîhte spræchen,   sie würden ê zwîvelære.'
*107 'Ich wil gein Wormze rîten   und schouwen des Rînes vluz,
nâch eime rôsenkranze,   nâch einer juncvroun kus.
nu wizzet, mîn her Dietrich,   ez wirt dâ vollebrâht,
daz Kriemhilt möhte wellen,   daz si's nie hête gedâht,
*108 *Der* rôsen noch *der* bluomen,   daz sol man glouben mir.
sît ir nâch hübeschen recken   ist worden alsô gir,
sô wellen wir sie lân schouwen   manegen werden man,
der ir den stoup von den ougen   wol abe geblâsen kan.

102,3 als] daz *s.*   4 noch] vnd *h.* det noch nie h. so n. *s.*   103,2 lât *h,*
vgl. fp] blibent *s.*   in al einen *vgl. fp*] heim *s*, mich hie heimen *h.*   3.4 ∾ *sh,*
ergänzt aus f(p).   4 Aber ich *f.*   *mit 104 beginnt b; was vor den klammern*
steht, ist in b abgerissen.   104,1 iuch ∾ *s.*   2 ∾ *s.*   mich her Dietr.] lieber
herre *h.*   ich ∾ *b.*   striten *h.*   3 ab *shf*] vz *b.*   kutten *bf*] kapp *sh.* und
shf] er *b.*   4 hei ∾ *s.*   gewâfent *bf*] verwaffent *sh.*   105,1 under den
hosen *shf*] dur oben *b.*   3 schouwete *sh*] schutte *b,* such *f.*   munich *bsh.*
4 Er sprach *beg. shf.*   vrischen] güttten *sh.*   wol *shf* ∾ *b.*   106,1 Wem ir do
mit gebent eine slag *b.*   Wenne *h.*   dem] den *sh.*   dem] ûwerm *h.*   predeger ∾ *s.*
3 snellen] edelen *sh.*   bûrgengen *h.*   4ᵃ Eb sû úch bihttent *s,* E sie vch bichte
horten *h.*   107,1 Er sprach *beg. b.*   und ∾ *sh.*   2 *das zweite* nâch] vii
nach *b.*   3ᵃ ∾ *h.*   nu] Daz *s.*   Dietrich ∾ *s.*   4 *das erste* daz ∾ *sh.*
4ᵇ sie hatz nie gedahtt *s(h).*   108,1 *beide* der] die *b,* durch *sh.*   sol man]
sollen ir *sh.*   2 hübeschen] hünschen *h,* hünen *s.*   worden] gewesen *b.*   alsô]
so *s,* ir *h.*   3 wellen] sollent *sh.*   werden] künen *sh.*   4 ir] in *sh.*   den
stoup] den mosz *s,* daz niesch *h.*   von] vor *b.*   abe ∾ *sh.*

109 Wellet ir hie beiten, ir lieben herren min.
  wellet ir hie ezzen, ich gibe iu guoten win:
  die müneche müezen's gelten,' sprach der snelle man,
  'ez si in liep oder leit, ez wirt in doch getân.'
110 Dô besamente sich der abbet mit sîner bruoderschaft.
  sie bâten got von himel über des müneches kraft.
  dô sprach *ze der samenunge* von Berne her Dietrich:
  'lât ir in niht her wider in, ich zerstœre iuch sicherlich.'
111 Dô sprach zehant der abbet: 'daz si iu unverseit,
  daz ir in hinnen vüeret: daz ist uns allen leit.
  nu *hât ditze klôster des mannes iemer vrumen.*
  er si lebende oder tôt, er ist uns willekumen.'
112 Dô sie dâ gâzen und getrunken, man zôch dar ein marc
  was Schemminges bruoder, michel unde starc.
  sin swert daz gurte er [selbe] umbe, der münech Ilsân:
  mit grimmeclichem zorne er ez bi dem gehilze nam.
*113 Dô gienc er vür den abbet, der münech Ilsân.
  er sprach: 'vil lieber herre, iuwern urloup muoz ich hân.
  wir müezen alle dienen von Berne hern Dietrich.'
  'ich gibe iu gerne urloup,' sprach der abbet sicherlich.
114 Dô hiez er im balde bringen sin sper und sinen schilt,
  dâmit er bi sinen ziten dicke hete gespilt.
  . . . . daz guote ros wart von im überschriten.
  urloup nâmen die herren, von dem klôster sie dô riten.

109,1 beiten] erbeizen *h*, essen *s*. 1ᵇ lieber hore min *sh*. 2 Vnd w. *h*, Oder w. *s*. gibe iu] wil vch geben *b*. 3 m. m. ez doch engaltë *b*. 3ᵇ die in dem closter sint *sh*. 4 Ein ander esse die gerst ich wil ir one sin *sh* (4ᵃ Die anderen müssent essen gersten *h*). 110,1 sament *b*. 2 got von himel] allo glich *sh*. 3 spr. sich *b*. ze der samenunge *p*~*bsh*. 3ᵇ *b* = *p*. der von bernne der firste löbelich *sh* (der f.] ein f. *h*). 4ᵇ *sh* vgl. p. daz clost' zurstorë i[ch] *b*. 111,1 vch sich'lichë vnu'seit *b*. 3.4 ~ *b*, ergänzt aus *p*. statt dieser str. haben *sh* eine andere:
  Dô wart ze tische gesetzet von Berne her Dietrich,
  anderhalp dargegen, daz wizzet sicherlich,
  Hiltebrant der alte, ein ûzerwelter man.
  dô pflac ir alsô schöne der münech Ilsân.
(1 von Berne ~ *s*. 2 dargegen] der tegen *s*. 3 der vsi erwelte *h*. 4 alsô ~ *s*). 112,1ᵃ Do sy do gesassen gedrunken vn gassen *b*. zôch dar] hiez her ziehen *h*, hiess erhaben *s*. einj die *sh*. 2 beg. Ein ros *bsh*, was] Von *b*. starc] gros *b*. 3 duz ~ *sh*. 4 u. 113,1 ~ *s* (Ilsân : Ilsân). 4ᵃ Als zorneclichen *h*. bi] mit *b*. 113,1 er ~ *h*. 2 herre] apt *b*. iuwern] ein *s*, ~ *h*. *am schlusse setzt s zu:* Von dem aptt ob er mirz gun. 4ᵃ Ich erlöp es vch gerne *h*. 114,1 balde] her *h*, ~ *s*. vn auch *s*. *b* (~ *f*). 2 bi sinen ziten *bf*] sin dage *sh*. mit *nach* hête *b*. 3 . . . .] Benig *h*, Schemning *b*, ~ *s*. im *shf*] dem muniche *b*. 4 namen do die *sh*.

115 Dô volgeten im vûr daz klôster,   die müneche und ir man.
    sie begunden alle vluochen   dem müneche Ilsân:
    'daz du dich hâst gescheiden   von dîner bruoderschaft,
    des muost du werden erstochen   und niemer sigehaft!
116 Er ist ein nun sô starke,   wir sîn mit ime betrogen:
    er hât uns mit unserm hâre   vil dicke umbe gezogen,
    swenne wir niht entâten,   daz er uns gebôt,
    wir liten] in disem klôster   angest unde nôt.'
*117 Dô sprâch]en die alten bruoder: 'wir wellen got loben
    (er hât u]ns mit unserm hâre   vil dicke umbe gezogen),
    daz uns der voget von Berne   her nâch ime kam.
    wir hoffen, wir sîn erlœset   von dem unsælegen man.'
118 An dem vünften morgen,   dô ûf brach der tac,
    dô kâmen die herren ze Berne,   dâ daz gesinde lac,
    âne Wolfhart al eine   der lac an einer sunderstat.
    dô er diu mære hôrte,   er huop sich ûf den pfat.
119 Er gienc ze den helden,   ze eime er dô sprach:
    'nu hœret, ir herren alle,   mîn grôz ungemach:
    ez hât der voget von Berne   einen münech mit ime her brâht.
    ich enkan niht wizzen,   waz er mit ime habe bedâht.'
120 'Spottest du mîn?' sprach Heime.   'nein helt, vernim mîn wort:
    wilt du es niht gelouben,   sô sich in selbe dort.'
    ûf sprungen dô die herren   alle samt zehant,
    dô tâten sie ane ir schuohe   und ander ir gewant.

115,1 Im volget h(s). die ∽ sh. ir] darzu ir b, ouch s, ∽ h.   2 zu
fluchen b.   4ᵃ Dort muz er werden erstochen f, Daz mustu durchschossen
werden b, Dez werdestu erstochen sh. u. w'dest n. b.   116,1 sô shf, ∽ b.
mit ime] an im h, daran s.   2—4 ∽ h (betrogen : loben). unserm hâre]
den oren s. vil bf] so s.   3 entâten b(f)] wolten dân s.   4 wir liten
rgl.. f] Er brohtt uns s. disem] dem s.   4ᵇ in a. u. in n. s (b rgl. f).
117,1 Do sprach ein alt br. got wil ich iemer l. sh.   2 uns] mich s, ∽ h.
vnsermo grisen hare b, den oren sh. vil] so h, ∽ s.   3 her ∽ b. Er det
mir an dem lip jemerlich pin sh.   4 vnsenigē b. Daz ich in aln stunden
in aln nôten mist sin s, D. i. zû a. zitten in sorgen müste h.   118,2 kâmen
d. h. rgl. fp] waren die heren kumē bsh. ze Berne bp(f) ∽ sh.   3 al eine
der hf ∽ bs.   4 huop] maht b.   119,1 Do ging er sh. ze den helden]
fir die herren s, sy h. ze eime fp] wider heim b, zû in sh.   3 nu hœret]
Merkent sh. min] dis sh.   4 voget ∽ sh. her ∽ sh.   4 Nân kan
ich sh. habe] hat gedahtt sh.   120,1 ∽ h. das erste min] nit s. nein
helt ∽ s. vernymestu s.   2 es] mir sh.   3 dô ∽ bs. samē glich z. b.
4 Sie leiten an sh.   4ᵇ ∽ h. ander] ouch s.

121 Die der schuohe niht kunden vinden,   die liefen barvuoz,
    hern Dietrichen ze enpfâhen   mit ir hübeschen gruoz.
    sie liefen alle geliche,   ze der porten was in gâch,
    âne Wolfhart al eine.   der sleich hinden nâch.
122 Dô sprâchen dâ die herren   alle samt gelich:
    'sît gote willekomen,   von Berne her Dietrich!
    sît ouch willekomen,   der alte Hiltebrant!
    wot der übel tiuvel!   waz sol der münech in ditze lant?'
123 'Waz welt ir hie, her münech?'   sprach der küe[ne Wolfhart,
    'hebet iuch ze der zellen   balde ûf die [vart!
    ich wil mit iu niht verre   reisen in vremediu lant.'   [brant.
    'ir endürfet iuch sîn niht schemen.'   sprach meister Hilte-
124 'Wer ist der ritter junge?'   sprach der münech Ilsân,
    'wil er es niht gerâten,   einen drüzzelslac muoz er hân.'
    'des enpære ich gerne,'   sprach Wolfhart ernestlich.
    'welt ir unbescheiden werden?'   sprach her Dietrich.
125 'Wer ist der ritter junge,'   sprach der münech dô,
    'der sich mit sîm übermuote   wiget alsô hô?'
    'du wirst in wol erkennen,'   sprach meister Hiltebrant,
    'jâ ist er dîner swester sun,   daz tuon ich dir bekant.'
126 'Ist ez denne Wolfhart?'   sprach der münech Ilsân,
    'daz ich in niht erkenne,   den selben jungen man!
    nu lâc er in der wagen,   dô ich in ze leste sach.
    daz ich von im solte lîden   daz grôze ungemach!
127 Sie sint nâch dir gewahsen,   Wolfhart und Sigestap;
    ân grôze stürme koment   sie niemer in ir grap.

121,1 der] die *b*.   2 bübischen *b*, milten *s*, süessen *h*.   4 al eine der ~ *b*. sleich *bfp*] liff *sh*.   122,1 dâ ~ *bs*. samt ~ *sh*.   3 Vnd *s*. *sh*. der] h' *b*.   4 Wot *s*, Wet *h*, Wilt *b*. übel ~ *bs*. sol *s*, sicht *b*, wolt *s*.
123,1—3 ~ *h* (lant: lant). wollent *s*, *vgl.* wizzet *p*] suchent *b*. hie ~ *s*. 1ᵇ *b vgl. fp*, spr. W. der kien man *s*.   2 Her munich *beg. b*. hebet *sf*] richten *b*. ze der zellen *s*, *vgl. f*, ~ *b*. balde heim uf *b*. ûf die vart *b(fp)*] hin dan *s*.   3 Ich w. nyt m, ich reisen farn in fr. l. *s*. in die fr. *b*.
4 endürfet] sollent *sh*. sîn ~ *bh*.   124,1 ritter] tegen *sh*. Ilsân] do *b*, danach zugesetzt Der mirs mit sime vbermute butet so rohte ho *b*.   2 es] sin *sh*. gerâten] enbern *s*, sagen *b*. er vô mir h. *bs*.   3 enbir *sh*. gerne] wol *sh*. ernestlich] vnerschroklich *sh*.   4 Nu *beg. b*.   125,1 m. aber do *b*, m. eilsan do *s*.   2 sich *sh/*] mirs *b*. sîm *bf*, ~ *sh*. wigot] budet *b*, wirfet *f*. alsô *sh/p*] so reht *b*.   4 jâ ~ *sh*. Er ist *sh*. sun *shf*] kint *bp*.   4ᵇ *sh vgl. fp*. sprach der munich zu hant *b*.   126,2 Daz ich in danne han funden den vil kienen man *sh* (in danne) den *h*).   3 Er lag *sh*. leste] nehste *sh*.   4 Ich enwist nit *beg. bsh*. das *zweite* daz *b*, diz *s*, so *h*.   127,2 An ir gr. *b*. ir *sh/*] kein *b*.

nu müeze sie got behüeten!'   sprach der müuech Ilsân,
'daz ich sie hân vunden,   die zwêne jungen man!'
128 'Die rede lât belîben,'   sprach meister Hiltebrant,
'und rüstet iuch vil balde,   ir recken alle samt,
daz wir betwingen bî dem Rîne   die helde lobelîch.'
'wof ûf, wir müezen hinnen!'   sprach her Dietrich.

IV.

129 Dô reit der küuec Etzel   wider in sîn lant,
mit ime der von Berne   und meister Hiltebrant.
Wolfhart unde Sigestap   und der müuech Ilsân,
die wâren ir herren   mit ganzen triuwen undertân.
130 Dô der küuec Etzel   wider heim kam,
dô sach nun mit im rîten   manegen werden man.
gein in gienc vrou Herche,   diu edel künegîn.
si enpfienc dô die herren   mit maneger juncvrouwen fîn.
131 Dô nam der küuec Etzel   den Berner mit der hant,
anderhalp dargegen   den alten Hiltebrant.
der dritte daz was Rüedegêr,   ein marcgrâve rîch.
er vuorte sie vür die künegîn,   si was minneclîch.
132 Dô sprach gezogenlîche   diu edel künegîn guot:
'sît willekomen, von Berne   ein vürste hôchgemuot,
und ouch willekomen,   *meister* Hiltebrant.'
dô enpfienc si wol mit zühten   die recken alle samt.
133 Dô seiten sie diu mære   der küneginne guot
von der boteschefte,   diu was sô hôchgemuot.
man seite ir von dem garten,   der wære schône bereit,
darinne wære *nâch wunsche*   manec juncvrouwe vil gemeit.

127,4 Sît daz s(h). sie ∾ sh. jungen] küene h(s). 128,1 lât] las b.
2 iuch vil shf] wir vns b. 2ᵇ sh vgl. f. recken sf] herren h. zu den
hunē in daz lant b. 3 wir dort betw. sh. bî dem Rîne ∾ sh. helde b(f)]
fursten sh.
IV. 129,1 reit bf] für sh. 4 ganzen ∾ bs. triuwen] willen s. 130,2
rîten] kumē. werden] stoltzen s, ∾ h. 3 gein in gienc] Des frôte sich h(s).
4 Do enpfing sie sh. mangen sh. junc ∾ h. 131,1 den Berner shf]
b'dith'ich b. 2 dargegen] ging b. der alt b. 3 daz ∾ bs. Rüedegēr ∾ b.
ein] der milt sh. 4 sie also schon f. h(s). si was ∾ sh. milteclich s,
rich h. 132 ∾ b. 1 edel] alte h. 2 Sint got w. sh. 2ᵇ er diettrich s.
3.4 ∾ h. meister] her s. 133,1.2 ∾ sh. 3 man seite shf] Sy seiten b.
w. so sch. sh. breit b. 4 darinne wære sf] Do sonen b, Do some lieplich
inne h. nâch wunsche *aus f ergänzt.* juncvrouwe] keyserlich wip b.
vil ∾ bs.

134 Sie seiten ir von dem giuden,   daz an dem Rine was,
sie seiten ir von dem gevügel,   daz ûf der linden saz,
sie seiten ir von den meiden,   die wæren schœne und glanz,
ez trüeg ieglichiu ûf ir houpte   von rôsen einen kranz.
135 Sie seiteu ir von den zwelven,   die wæren schône ze velde
'von ir wâfenrocken   hât nieman volle vernomen: [komen:
ûf ieglichen ist gesmidet   zwelf guldine vogel,
man muoz ir lieht gesiune   in al der werlte loben.'
136 Dô sprach gezogenliche   diu küneginne rich:
'nu bringet uns der rôsen,   von Berne her Dietrich,
daz wil ich umb iuch verdienen,   die wîle ich hân daz leben,
und iu mit mînen henden   riche gâbe geben.'
*137 Dô sprach der juncvroun einiu: 'ach got, möhte [ez sîn!
swelher herre uns bruhte   der rôsen von dem Rîn,
und swelher durch unsern willen   kumet da[r geriten,
der hât den pris gewunnen   nâch vürstlichen siten.'
138 Dô sprach ze in vrou Herche   diu edel künegin:
'nu hân ich mir ze hûse   manege vrouwen fin.
nu dar, ir zieren helde,   verdienet richen solt,
daz ich und mîne meide   iu iemer wesen holt.
*139 Wert iuch vrümecliche   durch den willen mîn,
daz wil ich iemer mêre   umb iuch verdienende sîn.
und slahet tiefe wunden   nider ûf den grunt,
des danket iu hie heime   manec rôter munt.

---

134 ~ s.   1 guto b.   daz zu wormeſs in dë b.   2 dem gevügel h(f)] den fogeln b.   daz] die b.   saasen b.   3 mcgdin h.   waren b.   schœne] hübsch h.   4 Jecliche trůwe vff h.   4ᵇ einen rosenkrantz h.   135,1 zwelven f] zwelf helden bsh.   2 volle ~ sh.   4 lieht ~ sh.   gesinnē b, geschmid s, genüder h.   in] uber sh.   aller b.   der] die h, ~ s.   136,1 gezogenliche shf ~ b.   rich shf] gezogenlich b.   2 Nu] Ir sh.   der shf] die b.   4 Vnd wil vch b.   die riche b.   137,1ᵃ Do sprach die frowe s, Sprachent do die frôwen h.   ez] dz h.   2 swelher b.] Der sh.   der] die b.   von wurmez ab dem r. sh.   3 und ~ sh.   welicher h're bs.   dar] gon wurmez sh.   4 gewunnen] erfohtten s, erworben b.   138,1 ze in ~ bsh, vgl. f.   vrou Herche bf] gezogelich sh.   2 mir ze h.]   (doch hie) heim h(s).   vrouwen f.]   (clâgez) megetin s(h).   3 nu dar bf] Neina sh.   ir bf ~ sh.   4 daz f] Schaffent das b, Darumb wil sh.   iu nach ich b.   139,2 mêre ~ h.   umb iuch nach ich h.   3 und ~ sh.
      3ᵇ mit ellenthafter hant,
ich gibe iu eine juncvroun,   darzuo ein witez lant. sh
4 iu] iederman sh.   darzuo] vnd s).

140 Hânt sie bî dem Rîne   ir rocke überzogen,
ûf iegelîchen gesmidet   zwelf guldîne vogel,
sô wil ich ûf die iuwern   alle samt besunder
ûf ieglîchen heizen smiden   zwelf guldîniu merwunder.'
*141 Aller êrste hiez vrou Herche   die kisten ûf tuon,
dô begunde diu vrouwe werben   umb sô grôzen ruom.
si sprach: 'nemet daz gesteine   und daz golt sô rîch,
slaht ez ûf die rocke   sô rehte wünneclîch.'
142 Die goltsmide hiez si smiden   mit ellenthafter hant.
manec liehtez merwunder   wart in dô bekant,
daz ez von den rocken   harte liehte erschein.
ieglîchez hêt in sîm munde   einen liehten karfunkelstein.
*143 Den hamer hiez si slahen   ûf daz golt sô rôt,
wan ez diu küneginne   allez dô gebôt.
darin was gevüeget   manec edel stein,
der durch sîne tugende   sô wünneclîche schein.
144 Dô hiez si die helme   alle samt durchgraben
mit dem edeln gesteine,   die die zwelf helde solten tragen.
darîn was gehenket   manec kleinez perlîn,
daz durch sîne tugende   gap sô unverborgen schîn.
*145 Diu gedecke hiez si machen   manegem snellen marc,
ze den sîten enge,   ze den brüsten starc.
dô sprungen siu gar wîte   und wâren es gemeit,
daz man von der âventiure   noch singet unde seit.
146 Ein gezelt hiez si machen,   daz koste rîche habe:
golt und edel gesteine   schein gar liehte drabe.

140,1 Hat b. rocke shf] ritt' b.   2 Vf die ieg. b. geschmide s, ~ h.
am schlusse setzt b zu: Man mus ir liht gesinnē in allor der werlt loben.
3 ûf bf, ~ sh.   4 heizen] hiess sy b. guldîniu bf, ~ sh.   141,1 Aller
~ s.   1ᵃ Do begundo die fr. h. b. kist b.   2 begunde] wolte hs. vrouwe]
künigin h.   2ᵇ vm bris vnd vm rûm h(s).   3 gold und gesteine rertauscht s(h).
4 Vnd beg. sh. rocke] nackon b, recken sh.   142,1 Die] Den b.   2ᵇ dz
wz in wol bek. h(s). in shf] im b.   3ᵃ hs rgl. f. recken h. Der maniges
vfser dē rocken b. harte liehte] so wunenclich s.   4 ~ h. einen sf] dē b.
karfunkel ~ s.   143 ~ b.   1 Die baner hiess sy wicken mit dem golde
so fin h.   2 Wan ez do gebot die edel künigin h.   3 was] wart h.
144 ~ h.   1 si] die kingin s. samt ~ s.   2 das erste die] daz b. helde]
kenpfer s.   3 gehenket] genet b. mangez bs. klein b, liehttez s.   4 daz
~ b. sô] ez b. unverborgen] wuneclichen s.   145,1 deck s. manig snel sh.
2 siten waren sie enge s(h).   3 und] dez sh. es] sin b, sie sh.   4 von
~ b. der Âv.] dem wunder sh.   146,1ᵇ costlich vō richeit b.   2 gar
liehte] vil b. am schlusse von andrer hand waz wol bereit b.

ez bran nahtes als ein kerze,   daz man dâvon gesach.
darunder die zwelf helde   heten guot gemach.
147 Goldes und edels gesteines   was darin getragen vil.
man vant under dem gezelte   manec schœnez spil.
*die tâveln wâren helfenbein,   klâr als ein spiegelglas.
*obene in dem knopfe   der liehte karfunkel was.
148 Diu gezierde was bereitet   sô rehte wünneclîch,
alsô sie solte vüeren   ein künec sô gwalteclîch.
*darunder wart ir giuden: sie muosten im alle verjehen,
*daz sie bî ir zîten   nie kein schœner gezelt heten gesehen.
149 Dô wart diu wîte heide   alliu samt beströut
mit manegem rîchen gezelte   wart der künec ervröut.
dem künege muosten dienen   sehzehen witiu lant,
darûz kam ime ze helfe   manec küener wîgant.
150 Dô hiez diu küneginne   balde vür sich stân
die edeln zwelf kempfen,   die ze strite solten gân.
dô manete si ir helde,   diu edel künegin:
'nu lât iuch niht übergiuden   ze Wormze an dem Rîn.
151 Wert iuch vrümecliche   durch den willen mîn,
daz wil ich iemer mêre   umb iuch verdienende sîn.
slahet tiefe wunden   mit ellenthafter hant.
ich gib iu eine juncvroun   und darzuo [ein witez lant.'
*152 Dô sprâchen die recken alle,   sie wolten ez gerne tuon,
an dem Rîne werben   umb prîs und umb ruom,
daz die schœnen vrouwen   müesten der werlte jehen:
der prîs der ist ervohten.   'wol ûf, ez muoz geschehen!'

146,3 bran] luhte *b*. nahtes] eben *s*, ~ *h*. als man vo einre kertzě sach *b*. man by nahtt d. *s*. 4 Do vnden *b*. heten *nach* darunder *bsh*. holde] kenpffen *sh*. fil gůtt *sh*. 147,1 Golt u. edel gesteine *bsh*. 2 schœnez] herlich *sh*. 3 holfenboinē *bsh*. klâr] glat *sh*. 148,1 was *sh f*] wart *b*. 2 sie solte vüeren *h*(*s*), rgl. *f*] wolte farē (*nach* koyser) *b*. künec *h*(*f*)] richer koyser *b*, first *s*. so rehtt gw. *sh*. 148,3—149,2 ~ *sh*. 4 zîten *nachgetragen b*. 149,3ᵃ Ym waren vndertonig *s*(*h*). sehzehen] zehen *sh*. 4 küener] stolzer *sh*. 150,2 ~ *b*. edeln ~ *h*. kempfen] stültzer ritter *h*. gân] ston *s* (: gân). 3ᵇ die kunigin lobesan *b*. 4 übergiuden *hf*] vberwinden *b*, überkomen *s*. 151 *b*(*f*): *statt dieser str. steht in sh str.* 153. 4 iu] vwer icklichem *b*. ein witez lant *ergänzt nach* 139,4 *sh*. 152,1 Do sprach der von bernne er wolt ez gerne dân *sh*. 2 Den prisz zů erworben vnd ouch den rům *s*. 2ᵃ Varēt an den rin *b*. R. zů worben *h*. und ~ *b*. 3 schone frauwe mus *b*. der worlte] dor warheit *h*(*s*) *nach* vrouwen. 4 der ist] sū *s*, were *h*.

*153 Alsô manete si ir helde,   diu edel künegin rich,
besunder den von Berne,   den edeln Dietrich.
si sprach: 'neinâ, Berner,   tuo ez durch den willen min,
schaf, daz din lop erhelle   ze Wormze an dem Rin.'
154 Dô sprach der voget von Berne: 'edeliu künegin,
ez wirt von mir zerhouwen   liehter helme schin,
ez wirt ouch übergozzen   mit heizem bluote naz.
ich slahe tiefe wunden,   vürwâr wizze daz.
155 Sô wellen wir hinnen riten   durch dinen übermuot
und wellen des niht lâzen   durch keiner slahte guot,'
*sprach der voget von Berne,   'edeliu künegin,
*wir tuon ez allez gerne   durch den willen din.
156 Möhten wir sie betwingen   mit ellenthafter hant,
daz uns müeste dienen   künec Gibeche und sin lant
*mit sinen starken helden,   mit schilte und ouch mit sper,
*in herverten und in reisen,   swâ wir sin begern.'
157 Dô enrette niht mêre   von Berne her Dietrich.
von dannen begunde sich rüsten   manec helt lobelich.
urloup nam von den vrouwen   manec werder man.
vil *manec* guoter segen   wart in nâch getân.
158 Urloup nam der von Berne   ze der küneginne hêr.
urloup nam von Bechelâren   der milte Rüedegêr
ze den schœnen vrouwen,   die dâ sâzen in dem sal.
urloup nâmen die herren alle   ze der vrouwen überal.

152,5 'Gebet uns urloup, vrouwe,   den pris wellen wir bejagen,
    daz man iu diu mære   her wider künne gesagen,
    der garte si zerstœret   und ouch die rôsen rôt,
    sit ez diu küneginne   durch ir hôchvart gebôt.' sh
(5 uns ~ h.   6 wider ~ s.   kume s.   7 ouch ~ h.   8ª Sit de ez frô
kriembilt h).   153 *in sh an stelle von* 151.   1 ~ h.   Do also s.   ir]
die s.   diu edel künegin ~ s.   2 den v.] der v. bh.   der edel b.   3 Si
sprach ~ sh.   Lieber berner s, edeler b. h.   4 erhelle s] erhebe b, werde
erschellen h.   154,1 voget ~ sh.   3 ez] Vnd sh.   überg.] begossen sh.
mit] von sh.   heizem ~ sh.   4 wisset shf (*vgl.* 155,4 din).   155,1 Wir
wellen sh.   riten] farn sh.   dinen] vnsorn hs.   2 des] das bsh.   3 Also
beg. sh.   voget ~ sh.   4 allez] alle h, also s.   156,2 müeste dienen]
wurd underdenig sh.   3 sper sh, spern b (*doch ist* n *von jüngerer hand
nachgetragen*.   4 das erste in] An b.   herverten] hoffart sh.   und ~ b.
157,1 enrette b, *vgl.* f] sumde sich h(s).   2 von ~ sh.   3 So vermesse-
lich verwoffet sich manig man sh (So) Also h).   4 manec ~ b.   Da wolltent
die heren [allen ~ s] varn [do ~ s] von dan sh.   158,1 ze shf] vô b.
2 nam der vô b.   3 ze shf] Von b.   schœnen sf, ~ bh.   vr. allen b.   die
dâ h] da sy b, süs, die f.   4 ~ h.   herren] recken s.   alle ~ s.   ze der sf]
v₀ den b.

159 Urloup nam Hiltebrant, gar ein küener man.
urloup nam sîn bruoder, der münech Ilsân.
urloup nam dô Sigestap an der selben vart.
urloup nam sîn bruoder, der küene Wolfhart.
160 Urloup nam dô Heime, ein ûzerwelter degen.
urloup nam dô Witege, ein ritter sô erwegen.
urloup nam von Riuzen Hartnit ein künec rîch.
urloup nam von Kriechen der schœne Dietrich.
161 Urloup nam von Stîre Dietleip der hôchgemuot.
urloup nam von Tenemarc der junge künec Vruot.
urloup nam künec Etzel und alle sîne man.
alsô vrischlîche huoben sie sich von dan.
162 Dô brâhten sie ûf die heiden manege banier rîch.
diu ros wâren verdecket alsô wünneclîch.
ûf den gekrônten helmen manec zimier lac,
daz dâvon erlûhte rehte alsô der tac.
163 Dô hiez der künec ûf blâsen balde sîn herhorn.
darzuo begunde sich rüsten manec helt hôchgeborn.
der sturmvane wart bevolhen meister Hiltebrant.
dô vuorte er die herren mit vröuden durch diu lant.

V.

164 Dô vuoren sie von den Hiunen mit einer grôzen maht,
daz sie in zweinzec tagen und ouch ein teil der naht
wâren bî dem Rîne an der stat, dâ Wormze lît.
dô huop sich umb die rôsen ein engestlîcher strît.

159,1 küoner] vsserwelter s, bider h. 2 ∾ h. 3 dô hf, ∾ bs. 160,1 dô hf
∾ bs. ûzerwelter bf] kiener s. 2 dô h ∾ bs. sô b] uz s. 3 russenlant b.
161,1 ∾ h. 1 u. 2 rertauscht s. Dietleip] ein degen s. der ∾ bs.
3 man shf] dienestman b. 4 vermesselich sh. huoben] füren sh. sich
∾ sh. 162,1 rich f] wit b. Vff brachen do die heren mit manger baner
wit sh (manger] ir h). 2 r. die warë b. verdecket sh, vgl. f] vberdecket b.
alsô f] gar sh, ∾ b. wuneklich b, frylich s, herlich h. am schlusse zu-
gesetzt an der zit sh. 3 gekrônten] liechten h, ∾ s. zimier] gezinber s,
licht' stein b. 4 daz] Der b. erl. also schone r. b. der] wer es s, ob es
were h. 163,1 king ezel sh. ûf nach blâsen h, ∾ s. balde ∾ sh. sîn]
daz s, die h. 2 darzuo] Dannan sh. 3 enpfoln s. 4 vuorte] geleitet s.
ladet h. danach Dannan fûrent do die h'ren mit frôden durch dz lant h.
V. 164,1 Dannan fûrent [do ∾ s] die hern mit [so ∾ s] grosser m. sh.
3 Do waren die heren komen an den rin d. w. l. s, Warent do komen gen
wurmez an den rin h. 4 umb die rôsen] in dem gartten sh. engestlicher]
(vil) grosser h(s).

165 Dô Hiltebrant der alte   des Rines vluz ersach,
    alsô vermezzenliche   er ze den helden sprach:
    'ir herren von den Hiunen,   nu merket alle samt,
    haltet iuch wisliche   in des küneges Gibechen lant.'
166 Dô stiez er in den anger   die banier von der hant.
    dô sprach ze den recken   der alte Hiltebrant:
    'ir herren von den Hiunen,   nu beitet alle hie.
    al solhen starken vergen   ensâhen iuweriu ougen nie,
167 Als einer ist bî dem Rîne,   den kenne ich harte wol:
    swer wider sinen willen   herüber varn sol,
    der bedarf guotes glückes,   sol ime beliben daz leben.
    nu wil ich ze ime rîten,   ob er uns welle vride geben.
168 Jâ ist der selbe verge   ein ungevüeger man.
    er hât zwêne süne,   die sint sô vreissam.
    den er sol über vüeren,'   sprach meister Hiltebrant,
    'von dem wil er hân vergen solt   einen vuoz und eine hant.'
169 Dô sprach der von Berne: 'daz wære ein tiurez pfant,
    solte ich ime lâzen   einen vuoz und eine hant,
    sô kæme uns diu übervart   hart tiure an.
    daz wizzet sicherlîche,   ich griffe in ê selbe an.'
170 Dô sprach der münech Ilsân: 'lât mich der bote sîn
    ze dem selben vergen   noch hiute an disem Rîn.
    er wænet, ich sî ein waller,'   sprach der münech Ilsân,
    'swenne er mînen bart ersiht,   der selbe grôze man.'
171 'Diz ist ein seltsæn mære,'   Wolfhart schiere sprach,
    'wie künde sich daz gevüegen,   daz grôze ungemach

165,1 ersacb] ansach *b*.   2 helden] herren *h*.   Do hub er mit gewalt
nu horët wie er spr. *b*.   4 des küneges] king *sh*.   166,1 ∼ *b*. in] ûß *h*.
anger] acker *s*.   von] üs *h*.   2 ze] vō *b*, vnder *s*.   recken] herren *h*,
hünen *s*.   3 herren] recken *sh*.   nu beitet] erbeissent *sh*.   4 al]
Einen *s*, ∼ *h*.   starken] grossen *sh*.   gesâhent *hs*.   167,1 ist *nach* Rine *s*.
dem] dieseme *b*.   harte] also *hs*.   2 her ∼ *sh*.   3ᵇ sol er dz leben
han *h*.   ime beliben] er behalten *s*.   daz] sin *s*.   4 ∼ *h*. Zû dem wil
ich r. ob er u. frist wil g. *s*.   168,1 Jâ] Nûn *s*, Vnd *h*.   gar ein *sh*.   ein
also *b*.   ungevüeger] grosser *sh*.   2 er hât] Vnd hat ouch *s*, So het er *h*.
zwelf *hs*.   sô] alle *h*, ∼ *s*.   3 ∼ *b*.   4ᵃ Wer vber farn wil der mus im
lassen *b*.   vergen solt ∼ *s*.   und] ob *b*, ∼ *h*.   169,1 tiuroz] übel *sh*.   3 Do
sprach [der ∼ *s*] von bernne [her dittrich ∼ *h*) der [wünder ∼ *s*] kienne
man *sh*.   4 sicherliche] uff min truwe *sh*.   170,1 lât mich der] ich wil
ein *sh*.   2 disem] den *sh*.   171,1 ist ein] sint *sh*.   schiere] sicher *b*.
2 künde] kan *sh*.   *das erste* daz] diz *s*, dz nûn *h*.   daz gr.] diz gr. *sh*.

von disen helden allen   gein eime einegen man?
wie süln] wir dan zwelf helden   iemer mê gesigen an?
172 Wir süln ime sô rehte vlêhen,   alsô man eim esel tuot,
sô er niht wil secke tragen,   mit eime knütel guot,
und süln denne sprechen: nu vüere uns über Rîn,
daz dir's der tiuvel lône,   der liebe herre dîn!'
173 Sie wâren manege mîle   geriten und gerant.
die herren von den Hiunen   tâten sich dô bekant,
daz sie unverzaget wæren   in stürmen und strîtes nôt.
dô sach man ûf der heiden   manege banier von golde rôt.
174 Ûz der stat ze Wormze   nam man der geste war,
ritter unde vrouwen   sâhen alle dar.
dô sach man ûz den helmen   erschînen manegen stein.
'diz ist ein vrî gesinde,'   sprâchen sie al gemein,
175 'Und ist ein glîch *gesmîde*   mit golde wol durchwegen.
mich dünket an der wîse,   sie wellen strîtes pflegen
in dem rôsengarten   bî unsern helden hie.
sie wæren ze dem Rîne   anders komen nie.
176 Ir ist vil ân alle mâze,   gar ân alle zal:
man siht bî dem Rîne   vol graben unde tal
und ir liehte hütten   gar wünneclîche stân.
daz sich solher geste   Kriemhilt niht wil erlân,
177 Des schende sie der tiuvel   mit ir helden guot
al umb ir brieve senden,   die si zen Hiunen tuot!
si erhebet mit ir helden   manegen strît durch ir hôchvart.
ie der man sehe ze ime selben,   wie er sich bewart.'

171,3 helden] recken *sh*.   einegen ⁓ *b*.   4 wie süln wir *h*(*b*), Wollent
ir *s*.   den in dem gartten zw. *h*(*s*).   helden iemer mê ⁓ *sh*.   172,1 sô rehte
⁓ *sh*.   eim esel] dem esel *s*, den eseln *h*.   2 sô] Wanne *sh*.   eime knütel *h*]
starken stecken *b*.   173,1 mîle] wîle *h*.   2 herren] recken *sh*.   dô ⁓ *sh*.
3 vn in str. b*sh*.   4 von golde ⁓ *sh*.   174,1 ze] vô *b*, ⁓ *s*.   3 Man
sach *sh*.   ûz] vsser *b*, ab *h*, ob *s*.   erschînen] erglesten *sh*.   4 vrî] frisch *sh*.
4ᵇ *u*. 173,1ᵃ ⁓ *h*.   175,1 ⁓ *b*.   gesind sprochen si alle mit rottem g. *s*.
wol ⁓ *s*.   durchgraben *h*.   2 der wîse] den sinen *s*, dem sinne *h*.   strîte
haben *h*.   3 bî]von *s*, mit *h*.   unsern] disen *sh*.   4 anderz an den rin *sh*.
176,1 vil *nach* mâze *h*, ⁓ *b*.   *beide* alle ⁓ *sh*.   gar] vnd ouch ⁓ *s*, mein sy gar *h*.
2 bî] an *sh*.   vol *h*, vil *b*, wol *s*.   graben *h*, greuê *b*, berg *s*.   unde tal] ane zal *b*.
3ᵃ Der gezelt vnd auch ir huttê *b*.   177,1ᵇ vnd [ouch ⁓ *s*] ir heilde g. *sh*.
2 al umb] Mit *sh*.   3 erhebet] hebet *h*, hat *s*.   helden] hende hoffart *h*.   h. ge-
haben m. *s*.   durch ir hôchvart ⁓ *sh*.   4 sehe] lüge *sh*.   4ᵇ wann ez
ist zit *s*, wie dar nach lit *h*.

Hols, Rosengarten.   7

178 An den selben stunden   gienc der münech zehant
    einhalp des Rînes,   dâ er den vergen vant:
    'wilt du über vüeren   zwelf bruoder gotelich?
    daz wellen sie dir lônen,   daz wizze sicherlich.'
179 Jensît an dem Rîne   der guote verge sprach,
    dô er den münech Ilsân   mit sîner kutten sach:
    'jâ, vil lieber bruoder,   ich wil iuch gern über vüeren.'
    dô begunde er mit dem riemen   daz schif vaste rüeren.
180 Dô er kam herüber   und sach, daz er was bereit,
    er sprach: 'her münech sô veiger,   waz hât ir mir geseit?
    rîtet ir wallebruoder   in iuwerm lande alsô,
    sô mac der übel tiuvel   iuwers gebetes werden vrô.
181 Rîtet ir in iuwerm lande   alsô sêre durch got
    mit harnesch und mit ringen,   daz ist der grœste spot,
    der in tûsent jâren   ie mê erhaben wart.
    waz hât ir mir gelogen,   ir alter lasterbart!'
182 Der verge zôch daz ruoder,   ûf den münech er sluoc.
    münech Ilsân mit dem barte   hête liste dô genuoc:
    er underspranc dem vergen   daz breite ruoder lanc.
    sie sluogen ûf einander   manegen herten swanc.
183 Der münech zôch den vergen   ze ime an den staden.
    sie begunden von herten streichen   in dem sweize baden,
    daz daz bluot vür den vergen   ûf die erde viel.
    sie sluogen mit den viusten   einander in den giel.
184 Der münech gap dem vergen   einen herten druc,
    daz er ze der erden   muoste tuon einen buc.

178,1 zehant] elsan *b*.   2 einhalp] Enhalb *h*, Iedes halb *b*, Do hin *s*.
der Rînes] an dem rine *h*, an den rin *s*.   3 Er begunde lute ruffen *beg. bh*,
Er rûfft *beg. s*.   gebrud' gutlich *b*.   179,2 Ilsân ∽ *b*.   3 durch got *nach*
über vüeren *s*, *vor* über v. *h*.   4 er ∽ *b*.   zu rurē *b*.   180,1 kam er *b*.
her *h*, ∽ *bs*.   2 sô ∽ *sh*.   3 Vnd *beg. sh*.   wol bruder *b*, waldbrüder *h*,
also brûder *s*.   4 übel] leidig *h*, ∽ *s*.   gebetes] gofertez *s*, ∽ *h*.   werden]
wesen *sh*.   181,1.2 ∽ *h*.   in iuwerm lande ∽ *b*.   sêre] mit harnasch vñ
mit ringē *b*.   2ᵃ ∽ *b* (*doch vgl. v.* 1).   beide mit] in *s*.   ist nu wol der *b*.
3 tûsent jâren] diesem iare *b*.   182,1 zôch] zuhtt *sh*.   2 dô ∽ *sh*.   3 dez
breidē ruders *b*.   4 Do slûgen sû *sh*.   183,1 zôch] zuhtte *sh*.   vss' dē
schiffe zû im *b*.   2 Do begundent su *sh*.   herten] starcken *h*, ∽ *s*.   in dem
sweize *vor* von *h(s)*.   3 das bluot] sy bede *b*, ez *h*.   vür den vergen] vor
in *s*, dem verien *h*, ∽ *b*.   fielen *b*.   4 mit den viusten ∽ *b* (den ∽ *s*).
den giel] dem giel *h*, die kiefelen *b*.   184,1 herten] vngefugen *sh*.   2 muoste
tuon *nach* er *b*.   tuon] nemen *sh*.

'numme dumme âmen!' sprach der verge zehant,
'al solher starker tiuvel wart mir nie mê bekant.
185 In stürmen und in striten wart ich nie gevalt:
nu hât er mich betwungen sô gar in sînen gewalt,
als ich von siben jâren sî ein kleinez kint.'
mûnech Ilsân mit dem barte sprach: 'mich wunder nimt,
186 War dir, küener verge, diu sterke komen sî.
nu hân ich manegen helden sô dicke gewonet bî
mit mîme scharfen swerte, daz ich trage in der hant.
wil er es niht gerâten, ez geschiht im ouch zehant.
187 Nu werfet hin daz ruoder und grîfet ze dem swert:
ir werdet von mîme lîbe strîtes wol gewert.'
dô sluogen sie ûf einander manegen herten streich.
mûnech Ilsân mit dem barte was dem strîte niht ze weich.
188 Er sprach gar zorneclîche: 'nu wer ich doch mich.
nu bin ich doch ein kempfe zweier vürsten lobelîch,
des Berners und künec Etzeln dâher ûz Hiunenlant:
die wellen sich lâzen schouwen, die vürsten beide samt,
189 Noch hiute an disem Rîne mit ir helden snel.
du muost uns über vüeren, daz wizze âne spel.
. . . . ,
. . . . ,
190 'Sô lât iuwer strîten,' der verge schiere sprach,
'sô rehte liebe geste ich nie mê hie gesach,
sô die von den Hiunen ' mit ir helden fîn,
sît nâch in hât gesendet Kriemhilt diu künegîn.
191 Solt ich mich denne setzen wider die helde vrî,
sô möhte mir gröziu tôrheit vil nâhe wonen bî,

184,3 Numne dumine amē *b*, Númer dümmer amen *h*, Immer dum nobis *s*.
4 al] Kein *s*, ∼ *h*. sullichen starken *b*. 185,1 ∼ *h*. gevalt] vber strebet *b*.
2 oben *am ende von jüngrer hand b*. 3 sî nach ich *b*. 4 dem barte] der
kütten *h*, ∼ *s*. sprach ∼ *b*. wunder nimt] vber wint *b*. 186,1 Nu mag
er wenē *beg. b*. dir küener verge] dir verige *h*, disem fergen *s*, mir *b*.
2 ich doch *b*. helt *b*. sô dicke ∼ *bs*. 3 trage] han *h*. der] miner *h*.
3ᵇ daz er sin hende want *b*. 4 es] sin *sh*. im] dir *s*. ouch] al *b*.
187—189 ∼ *sh*. 188,1 mich] min lip Wan daz ir botwingēt mich. 3 etzel *b*.
dâher] die *b*. 189,2 spel] spil *b*. 3.4 ∼ *b*. 190,2 sô] Also *sh*. rehte
∼ *sh*. mê hie ∼ *sh*. ingesach *b*. 3 ∼ *h*. sô] Also *s*. die recken von *s*.
4 Ez hat nach in *b*. 191,1 wider die helde] gegen disen heilden *s*,
gen disem helde *h*. 2 vil nâhe] wol *s* ∼ *b*.

sit daz ir vrou Kriemhilt   selbe hât begert.
swaz ir an mir gesinnet,   des sûlt ir sin gewert.'
192 Dô hiez er ze den staden   schiffe bereiten genuoc:
darin trat vermezzenliche   manec ritter kluoc
mit sîme gekrônten helme   gar vrilîche an der stunt.
Norpreht hiez der verge   und sprach durch den munt:
193 'Sît gote willekomen,   ir herren ûz Hiunenlant!
ir wâret mir wærlîche   vor gar unbekant.
hân ich iuwer keime   ze leide iht getân,
der darumb wil zûrnen,   der sol mir'z varn lân.'
194 Dô sprâchen die recken alle,   sie wolten'z gerne tuon.
alsô schuof ime der verge   selb eine stæte suon.
darnâch vuorte er über   manegen werden gast,
des schilt und ouch des harnesch   gap gar liehten glast.
195 **Dô** trat in daz schif   der küene Wolfhart.
dô sprach der verge Norpreht: 'ez ist übel hie bewart.
der lange stât ze tobene,   er mac wol der tiuvel sin.
belîbet er in dem schiffe,   er tritet ez in den Rîn.'
196 Dô hiez man ûz springen   Wolfharten den küenen degen.
er hete vil nâch versûmet   umb sin werdez leben.
hêten im niht geholfen   die gesellen sîn,
Wolfhart wære ertrunken   ze Wormze in dem Rîn.
197 Norpreht der verge   anders niht enpflac
mit sinen vil snellen schiffen   unz an den dritten tac,
wan daz er über vuorte   künec Etzeln und sîne man.
dô sach ûz der stat ze Wormze   manec vrouwe lobesam.
198 Ûz der stat ze Wormze   vil der liute sprach:
'bî allen unsern tagen   kein ouge nie gesach

191,3—205,4 ∼ *s*, aus *s¹* ergänzt.   3 ir] ez *b*.   selbe ∼ *b*.   4 an mir gesinnet] dan mûtent *s*, den an sy mûtet *h*.   192,1 er ime *b*.   schiffe nach bereiten *sh*.   3ᵃ Mit iren krôneten helmen *sh*.   gar ∼ *sh*.   frislich *b*, frölich *s*.   4 munt] grunt *b*.   193,1 herren] hilt *s*, recken *h*.   vîser *b*.   2 wærliche vor] alle weis got *b*, ∼ *s*.   gar] wol *b*.   4ᵃ Der mit mir zûrnen wil *sh* (welle *h*).   mir'z] es *sh*.   194,1 recken] hilt *s*, herren *h*.   alle ∼ *sh*.   2 schuof] maht *b*.   ime nach verge *sh*.   verige norprecht *b*.   stolzen *sh*.   4 ouch des ∼ *sh*.   harnesch] helm *sh*.   195.196 ∼ *sh*.   197 steht in *sh* erst nach 199.   1 der verge ∼ *b*.   nit anders *bs*.   2 Den beg. *b*.   sinen] dryen *sh*.   vil ∼ *sh*.   unz] bis *bh*.   3 wan] Den *s*, ∼ *b*.   man] vnd'tan *b*.   4 vîser *b*.   ze] vô *b*.   Das sehent [do ∼ *s*] die heren und die frowen [all ∼ *s*] an *sh*.   198,1 Vîser *b*, In *sh*.   ze] vô *b*.   vil der liute] manig [ritters ∼ *s*] frowe *sh*.   2 tagen k. o. nie] sitten nie kein mensch *s*.   Ez gesach nie auge so vil vf einê dag *b*.

sô vil der stolzen helde   vûeren über Rîn.
Kriemhilt diu schœne   mac wol in nœten sîn.
199 Koment sie in den garten,   wœrlîche ez geschiht
solher grôzer ungevuoc,   daz nun mir vergiht,
Kriemhilte sîn erslagen   ir besten helde zart.
solhiu grôziu reise   nie mê *gebrûwen* wart.'
200 Dô er über brâhte   manegen stolzen *degen*,
dô sprach der künec Etzel: 'nu sult ir merken eben,
ir *vil* stolzer verge,   daz wir iu niht *envrumen*,
weder golt noch silber,   unz wir wider kumen.
201 Bringe ich dan her wider   manegen küenen *degen*
von Kriemhilte recken,   sô wirt iu *gegeben*
mîn guot mit solher triuwe,   daz ir mir's saget danc.
nu lât iu bî dem lîne   niht die wîle sîn ze lanc.'
202 'Ach vürste und lieber herre,'   der verge schiere sprach,
'geschiht iu in dem garten   hie kein ungemach
von Kriemhilte recken,   daz wære mir sêre leit.
nu komet, swenne ir wellet,   sô bin ich iu bereit.'

VI.

203 Alsô kâmen dô die helde   vür Wormze ûf daz velt,
sie sluogen ûf vrœliche   manec wünneclich gezelt.
des küneges von den Hiunen   gezelt was alsô starc,
wan ez hête gekostet   mê denne tûsent marc.
204 Dô sprach Wolfhart der küene: 'warumbe sin wir her komen?
[ze strîten] umb des rîches krône?   *des* hân ich noch niht
                                                    [vernomen.

198,3 der ∼ *sh.* stoltzer *sh.*   4 schone zumphé leckerin m. *b.* wol]
vol *b.*   199,1 ez] das *sh.*   schir *am schlusse von jüngrer hand b.*   2 Sulich
grosse *h(s).*   vergiht] gleubet *b.*   3 sîn] sy *h,* werden *s.*   4 ∼ *b.* reisen *s.*
gebuwen *sh.*   200,1 Dô] Als *sh.*   stolzen ∼ *bs.*   degen] recken leben *bh,*
hilt zu loben *s.*   3 ∼ *h.*   ir vil ∼ *s.*   vil] her *b.*   vrumen] geben *b.*
3ᵇ das wir dir nû nützet gent *s.*   4 Ich gip vch *beg. h.*   golt u. silber *ver-
tauscht sh.*   unz] zu lone bis *b.*   her wider *h(s).*   kumen] went *sh.*   kumô wider
[eben *von jüngerer hand zugesetzt*] *b.*   201,1 küenen] stolzen *sh.*   degen]
helt *bsh.*   2 iu gegeben] mit vch gedeilt *bsh.*   3 solher ∼ *sh.*   trûwen *h.*
4 nu ∼ *b.*   4ᵇ die zit nût wesen lang *h,* nit dunken zu lank *s.*   202,2 in
dem garten] vô krimhelte recken *b.*   3 wære] ist *b.*   sêre] werlichen *b.*
4 nu ∼ *b.*   4ᵇ ir vindent mich bereit *sh.*
VI. 203 ∼ *b.*   1 dô ∼ *s.*   helde] herren *h.*   vür] gen *h.*   ûf] an *h.*
2 slugent do uff *s.*   wünneclich] schön *h.*   3 dz gezelte *h,* ∼ *s.*   alsô] so *h.*
4ᵃ Der ez solt han geköffet es kostet me d. *h.*   204,1 her] vs *b.*   2 daz
richen *b.*   trone *h.*   des] daz *bsh.*   niht vern.] vnu'nomê *b.*

oder durch willen schœner vrouwen? der mir daz tæte bekant,
sô wolte ich helme schrôten,' sprach der küene wîgant.
205 Dô sprach der helt Witege: 'wir süln alle jagen
einen boten in den garten, der uns diu mære künne sagen,
ob die helde bî dem Rîne ze dem strîte sîn bereit,
oder ob in dem garten sî diu künegîn vil gemeit.'
*206 'Jâ,' sprach Hartnît von Riuzen, 'mir ist ein mære geseit,
vünf hundert schœner vrouwen sîn ûf der heiden breit:
in dem rôsengarten muoz der strît geschehen.'
'wolte got,' sprach Wolfhart, 'daz ich in ein stunt solte
*207 Dô sprach Hiltebrant der alte: 'lieber ôheim mîn, [sehen!'
du wirst strîtes wol gewert ze Wormze an dem Rîn.
ê dan wir uns gescheiden ûz den rôsen rôt,
wizze ûf mîne triuwe, du kumest es in nôt.'
208 Dô sprach der voget von Berne, der vürste hôchgemuot:
'ze dirre boteschefte ist nieman alsô guot
alsô [Rüedegêr] von Bechelâren der marcgrâve milt:
der vüeret vor den vrouwen wol der êren schilt.'
209 Dô sprach der künec Etzel: 'ach milter Rüedegêr,
rît hin in den garten und ervar uns diu mær,
ob die herren von dem Rîne ze strîte sîn bereit,
oder ob in dem garten sî diu künegîn gemeit.'
210 Dô sprach der marcgrâve: 'ich hôrte ein mære sagen,
eines rîchen küneges bote sol rîchiu kleider tragen,
den man wil senden ze sîme ebengenôz.
trüeg er niht rîcher kleider, sîn laster würde grôz.'

204,3 oder sh f] Ob b. willen nach vrouwen s, ∽ h. der du mir das bek. b.
4 willen wir b. schrôten sh f] zur hauwen b. küene ∽ sh. 205,1 der helt bf, ∽ sh.
W. der küene h. alle] ein hasen b, ∽ s. 2 garten senden sh. künne sh,
vgl. f] h'wider b. sagen bf] gesagen sh. 3.4 ∽ b. 3 ∽ h. ze dem
strîte ∽ s, ergänzt aus f. 4 vil ∽ s. Mit 206 beginnt s wieder. 1 Jâ]
Do sh. rufsenlant b. ist ein] sint die sh. 3 beschehen sh. 4 in ein
stunt ∽ h. ane sehen h. 207 steht in sh schon nach 204 (s-lesarten ent-
stammen also s¹). 1 wolfhart lieber bs. 2 wol] gnûg s, ∽ h. ze Wormze]
hie h, ∽ s. an dem] by disem sh. 3 dan wir] das man sh. ge-
scheidet s, nun scheide h. vîs' b. den] disen sh. 4 Das wissest h. Ich
geben vch das m. tr. wir kumê b. es] sin bsh. 208,1 voget ∽ sh. 3 marc-
grâve sf] edele furste b. 209,1 ach ∽ sh. 2 hin] vns b. die rechte
mere b. 3 herren] recken sh. stritten sh. 4 oder ∽ b. ob ∽ sh. 210,1 der
marcgrâve bf] rüdiger der milt sh. h're ich b. ein ∽ h(s). 2 Ez solle
beg. s(h). sol ∽ sh. 3 man] einer h, er s. woltte sh. sîme] eime sin b.
eben sh f, ∽ b. 4 riche bsh. cleider an b. würde] were h(s). vil groz b.

211 Dô hiez der künec Etzel   ein gewant hervür tragen,
    daz koste zweinzec tûsent marc,   mit golde wol durchslagen:
    darin was genæjet   manec edel stein,
    der durch sine tugende   sô wünnecliche schein.
212 Dô sprach der von Berne: 'nemet daz gwant sô *rich,
    sô müget ir wol riten   eines küneges boten gelich*
    vür die schœnen vrouwen   in die rôsen hin,
    sô müezen sie alle schouwen   ûf daz golt sô fin.'
213 Dô Rüedegêr der milte   ersach daz guldin gwant,
    dô enpfienc er'z alsô schône   und leite ez ane zehant.
    *er besach ez über die brüste,   dâ was ez alsô guot.
    *mit vrœlichem herzen   wart er hôchgemuot.
214 *Von dem klâren golde   gap daz gwant richen glast.
    *dem milten marcgrâven   an vröuden nie gebrast.
    sin ros stuont gesatelt   ûf der heiden breit:
    er reit niht al eine,   ein kneht mit ime reit.
215 Dô er vür den garten kam,   abe stuont der küene man.
    dô wolte der marcgrâve   vür die schœnen vrouwen gân.
    er trat von dem rosse   nider in daz gras.
    vil schiere ez von sim knehte   dô gebunden was.
216 Dô wuot er durch die rôsen,   der küene *wigant*,
    daz von ime erlûhte   sin guldin gewant.
    er kam vür die vrouwen,   als ein richer bote tuot.
    sie wâren under der linden   alle samt hôchgemuot.

211,1 ein gewant *f*] bald *sh*, ~ *b*.   2 Ein gewant *beg. bsh.* daz *bf*, ~ *sh.* koste wol *b.* zweinzec] zwelf *h*, ~ *s.* daz waz mit *b.* wol *bf*, ~ *sh.* am schlusse zugesetzt starg *b.*   4 durch sine tugende *sh(f)*] vfser dē gewande *b.* schein *shf*] erschein *b.*   212,1 nim *b.* d. clare gew. *b.* sô rich *f*] so clor *sh*, ~ *b*.   2 aus *f*; Darinne ritten ir für eine richen künges botten zwar *h*, Do in gant ir wol fir ein king zwor *s*, Do ritest du mit erē vor die frauwē alle sampt *b.*   3 vrouwen ~ *s*. So begegnet dir in dē gartē frauwē vn megetin *b.*   4 sô müezen sie] Die dir *b.* alle dan *b*, all vff ûch *s*.   213,1 Rüedegêr der milte *sh(f)*] der margrefe *b.* sach *b.* guldin] schönne *sh*.   2 Er enpfing *sh*. leite *sh(f)*] det *b.*   3 besach] zoch *sh*. 4 wart er] er was *h*.   214,1 dē golde clare *b*. Do gap daz goltt von dem gewant lichten glast *sh* (lichten] so rechte *h*).   4 Doch reit er *s(h).* sinj sin *sh*. kn. herman *h*.   215,1 kam vor er *h, nach* er *s*. 1ᵇ von dem ros er do stûnt *h*, in den gartten wolt er ston *s*.   2 milt margrefe *b*. schœnen ~ *sh*.   3 trat] erbeisset *sh*. gras] lant *sh*.   4 Wie bald ez sin kneht herman [do ~ *s*] von ym bant *sh* (gebant *h*).   216,1 ~ *sh*. dor wūder kune man *b (verbessert nach f).*   2 ~ *s*. Das do *h*. sin guldin *hf*] das schone guldēn *b*.   3 schonē frauwē *b*. als noch *bh*, also nit *s*. richer *bf*, ~ *sh*. 4 Mit freiderichem herzen erfrowet er in den müt *s*, M. frölichem h. sy worent hoch gemüt *h*.

217 Ein gehimelze obene swebete   vor der künegin.
    die gruozte er tugentliche,   der milte marcgrâve fîn.
    dô wart er wol enpfangen   von der küneginne hêr.
    dô dankete ir mit zühten   der milte Rüedegêr.
218 Dô sprach der vrouwen einiu: 'er ist uns unbekant.
    sage, vürste rîche,   wie bist du genant?'
    dô sprach der marcgrâve   sô rehte tugentlich:
    'ich diene künec Etzeln   und von Berne hern Dietrich.
219 Durch solhe âventiure   bin ich her gesant:
    diu schœnste under iu allen,   wie ist diu genant?'   [meit,
    'diu schœnste under uns allen   ist Kriemhilt diu schœne
    eines rîchen küneges tohter,   von der man wunder seit.
*220 Vünf hundert schœner vrouwen   muoz man bî ir sehen.
    in disem rôsengarten   muoz der strît geschehen.
    Kriemhilte der schœnen   ist der gewalt gegeben,
    swelhe zwêne si scheidet,   die behaltent wol daz leben.'
221 Dô enrette niht mêre   der milte Rüedegêr.
    dô wart er wol enpfangen   von einer juncvroun hêr.
    die schœnen vrouwen liepten   sich lieplîchen an.
    den dankete tugentliche   der milte marcman.
*222 Die schœnen vrouwen sâzen   bî ime in einer schar.
    der schœnsten under in allen,   er nam ir genuoc war,
    dâbî hête er gerne   die künegin bekant:
    er wolte ir sagen mære   von dem künege ûz Hiunenlant.
*223 Zwelf rîche küneges tohter   sâzen vor im in daz gras.
    diu schœnste under in allen   gar schône gezieret was.
    si was ouch an dem lîbe   ein stolziu maget kluoc.
    eine krônen von rôtem golde   si ûf ir houpte truoc.
224 Diu krône was gezieret   mit vünf stollen wünneclich,
    alsô schône gezieret   mit edelm gesteine rich.

217,1 obene] von der sunen s, für die sünnen h.   2ª Do grûste sú mit
zihtten s, Sy grûste tugentlichen h.   3.4 ~ b.   4 ir] er h, in s.
218,1 uns hf] mir b, ~ s.   2 vürste rîche s(h)f] degë kune b.   4 von
Borne shf, ~ b.   219,3 ~ bh.   4 der shf] dë b.   220,1ª hs vgl. p.
Zwolf riches kuniges doht' b.   muoz] wirt b.   2 disem] dem sh.   4 võ en-
ander scheidet b.   daz] ir sh.   221 ~ sh.   3 lietë b.   222 ~ s.
1 Fúnf húndert schöner fröwen sassent vor ir an der schar h.   2 Die
schönst h.   2ᵇ wie ist die genant h.   3 bî ~ b.   gerne nach künegin b.
gekant b.   4 fremde mer b.   Hiunenl] vngerl. h.   223,1 richen bs.   im]
ir sh.   daz] dem sh.   2 gar ~ b.   3 ouch ~ sh   224,1.2 ~ s.

swenne sich wolte neigen   diu edel künegin,
sô gap daz edel gesteine   von der krônen liehten schin.
*225 In dem êrsten stollen   lac ein korallelin,
in dem andern stollen   ein edeler smâract fin,
ob den zwein stollen   ein liehter karfunkelstein,
der ze allen ziten   sô rehte wünnecliche erschein.
*226 In dem dritten stollen   lac ein liehter jâchant,
in dem vierden stollen   ein schœner adamant,
ob den zwein stollen   ein liehter rubin guot,
der bran ze allen ziten   als ein heiziu gluot.
*227 In dem vünften stollen lâgen   zwei bilde guldin.
daz ein was Sivride gelich,   daz ander der künegin.
ob den stollen allen   lac manec edel stein,
der durch sine tugende   sô wünnecliche erschein.
228 Érste was der marcgrâve   vür die künegin komen.
er sprach: 'vil edeliu künegin,   noch hât ir niht vernomen,
warumbe ich von den Hiunen   an den Rin bin gerant.
vil edeliu küneginne,   daz tuon ich iu bekant.'
229 Dô kniewete der marcgrâve   vür die künegin al zehant,
alsô tugentliche   gap er ir den brief enhant.
vor ir stuont ein schriber,   si bôt in ime dar.
si sprach: 'leset, lieber meister,   sô nemen wir sin war.'
*230 Dô der schribære   den brief ûf gebrach,
heiâ, wie lûte er lachte!   nu hœret, wie er sprach:
'ez stât an dem brieve   wunders alsô vil
von zwein rîchen künegen: der ez nu merken wil,

224,3 Wanne sie sich *sh*. edel künegin] stolz maget fin *sh*. 4 gabe *b*.
die edel gestei ne*b*, das golt *s*. liehten *s*] vnu˘borgen *b*, gar wúneclichen *h*.
225,1 ~ *h*. In] Vf *b*. korallelin] krallelin *s*, lieht' robin *b*. 2 lag ein *b*. edeler]
liht' *b*, ~ *s*. smaletin *b*. 225,3.4 u. 226,3.4 *in sh vertauscht*. 225,3 ob]
Vf *b*. ein liechter *h*, lag der lihte *b*, lag ein schoner *s*. 4 ze allen
ziten] vō der cronē *b*. 4ᵇ also ein kertz schein *s(h)*. 226,1 der lieht *b*.
2 schœner] edeler *h*. lag der lieht ad. *b*. 3 ob] Vf *b*. ein] lag ein *s*,
lag der *b*. lieht *b*, ~ *s*. 4 ~ *h*. 227,1 lag zw. gulden bildin *b*.
3 ob] Vf *b*. allen] obenen *h*, ~ *s*. gestein *bh*. 4 Der vō der cronē durch *b*.
schein *sh*. 228,1 Aller erste *b*. was] ist *b*. 2 vil ~ *sh*. noch *shf*, ~ *b*.
hât ir *bf*] han ich *s*, hant wir *h*. niht *shf*] daz it *b*. 3 bin ror ich *b*.
an den Rin] gon wurmez *s*, ~ *h*. bin ger.] bin komen vn gesant *s*, her sigent
bekomen *h*. 4ᵇ daz dunt mir bek. *b*, das hetten wir gerne vernomen *h*.
229,1 al *b*, ~ *sh*. 2 gap *shf*] leit *b*. enhant] in die hant *sh*, in ir h. *b*.
3 vor *shf*] By *b*. 2ᵇ *s = f*. balde sy im dar rief Der schriber kam zu ir
dar *b*, er gap in selben dar *h*. 4 lies *b*. lieber meister] dē brief *bs*. 4ᵇ daz
man ez vber al hor *b*. 230,2 heiâ ~ *bs*. 4 ~ *b*. zw. also r. *s*. künegen]
firsten *s*. nu ~ *h*.

*231 Der darf wol lieplich lachen, disiu mære sint sô klâr:
uns enpiutet künec Etzel und der Berner her vürwâr,
sie wellen heime suochen Kriemhilte die künegin
und ir starken helden mit strîte wonen bî.
232 Ez sprichet der künec Etzel und her Dietrich von Bern,
Kriemhilte der schœnen wellen sie strîtes gewern:
sie wellen ir hie zertreten die bluomen und daz gras,
daz siu begozzen werdent mit heizem bluote naz.'
233 Dô sprach diu küneginne: 'daz selbe ich in enpôt.
der strît muoz geschehen in den rôsen rôt.
ist ez daz sie mînen helden mit strîte gesigent an,
sô muoz in vater und bruoder sîn dienstes undertân.'
*234 Dô sprach ein juncvrouwe ze dem marcgrâven zehant:
'neinâ, vürste rîche, tuo ez wîte erkant,
der garte sî zerstœret, darinne die rôsen rôt,
sît daz ez diu vrouwe durch ir hôchvart gebôt.'
*235 Dô diu küneginne hôrte unde sach,
daz diu juncvrouwe ze dem marcgrâven sprach,
si stuont ûf von dem gestüele, ze in beiden si dô trat.
der milte marcgrâve der juncvroun rede niemer bat.
*236 Dô sprach diu juncvrouwe: 'ez ist der wille mîn,
sît daz ez hât gehœret diu edel künegîn,
sô bite ich iuch hie hœren den sanc der vogellîn,
oder ich muoz von ir hulden iemer mê gescheiden sîn.'
*237 Dô tete der marcgrâve alsô ein biderman,
der sich ze vrouwen hulden wol gelieben kan:

231,1 Der bedarf b, Derf h, Der mag s. disiu] die sh, also b. klâr
~ b. 2 Zwar beg. b. enpiutet] betraget b. der king sh. her ~ sh.
3 wellen] suchent b. suochen ~ b. die schone kr. b. 4 helde b. mit
strîte ~ b. wonen] wo b. 232,1.2 hf, ~ bs. 3 hie ~ sh. bluomen shf]
rosen b. 4 Daz es von blût mahtt werden naz s, Daz ez von dem blûte
wird gogossen also naz h. 233,1 in shf] dar b. 3 mit strîte ~ bs.
4 in nach bruoder h, ~ b. min v. u. min br. b. sîn] wesen sh. dienstes ~ sh.
234,1 Dô sprach] Daz hort b. zehant] sy sprach b. 2 tuo ez wîte] tû vns
bas h, du bist wîte b. bekant sh. 3 Sprich beg. b. darinne] vnd sh.
4 die frauwe krimhelt b, frô Krimhilt h, die kingin s. gebôt) dar I bot b.
235,1 Dô] Wie balde daz b. 1ᵇ ir beider red ersach s, ir liebe me' ge-
sprach h. 3 stuont] sprang sh. dô ~ bs. 4ᵇ sú mit ym reden batt s,
mit rede sy do b. h. 236,1 ez ist] so ist ez wol b. 2 edel] here h, ~ s.
3 hie, lant s(h). gesang sh. 4 oder] ob b. muoz] wil sh. ir] fern b,
uwern sh. mê ~ sh. 237,1 als vo art ein b. 2 lieben s.

er sprach ze der küneginne,   ir garte wær schöne bereit.
des vröute sich ir herze,   der künegin gemeit.
238 Dô sprach der marcgrâve,   der degen unverzeit:
'möhte uns werden ze hœren   ab der linden breit
von maneger süezen stimme   gesanc der vogellin!'
'daz sol vrîliche geschehen,'   sprach diu künegin.
239 Die belge hiez man drücken,   durch die rœren gienc der wint
obene in die linden,   dâ diu vogellin sint:
siu sungen under einander,   kleine und dâbî grôz.
ez enwart nie herze sô trûrec,   daz der kurzewîle verdrôz.
*240 Manec vogellin sô kleine   dâ sô lûte sanc,
daz ez in den lüften   alsô wîte erklanc.
sie sungen under einander,   lèrche und nahtegal,
daz ez ûz dem rôten golde   sô liepliche erhal.
241 Dô sprach der marcgrâve   sô rehte tugentlich:
'ir hât hie ûf erden   ein ganzez himelrich.
möht ich darinne belîben,   die wîle ich leben mac,
mir wære bî disen vrouwen   ein ganz jâr als ein kurzer tac.'
242 Dô spilte ein juncvrouwe   die rotten sô wünneclich:
swer daz spil hôrte,   der wart vröudenrich.
hinder sich trat der marcgrâve   und zôch abe sîn gewant:
der juncvroun mit der rotten   der gap er'z in ir hant.
*243 Dô sprach diu juncvrouwe: 'waz vürsten mac diz wesen,
der sich sô rîcher gâben   gein vrouwen mac erwegen?
er mac wol sîn ein vürste   oder sîn genôz
oder ein rîcher keiser: sîne gâben sint sô grôz.'

237,3 ze der küneginne ir] ir zů mit worten der *sh*.   4 ir herze der]
die *h*. Und seese lieplich darinne mang juncfrowe gemeit *s*.   238 *hf*, ~ *bs*.
1 ~ *h*, *ergänzt aus f*.   3 süesse *h*.   4 vriliche] fri *h*.   239,1 blasbelge *b*.
hiez] dot *s*, begünt *h*.   der] ein *sh*.   2 in *shf*] vf *b*.   4 en ~ *sh*.
ie v'dros *b*.   240,1 *das erste* sô ~ *sh*.   dâ sô] das gar *b*, daz do *sh*.
2 lüften] wolken *b*.   alsô] gar *h*, ~ *b*.   wîte] lute *b*, wünenklich *h*.   3 lèrche
die lerchen *b*, tröstel *h*, die trostelen *s*.   die n. *bs*.   4 rôten ~ *h*. Liep-
liche] wunneclich *s*, rehte lûte *h*.   241,2 ir hât *shf*] Nu hant ir *b*.   hie ~ *b*.
3 möht] Solte *sh*.   beliben] leben *h*, wesen *s*.   4 d. schône vr. *b*.   ganz ~ *sh*.
als] nit *s*, ~ *h*.   kurzer ~ *bs*.   242,1.2 ~ *h*.   also mineclich *b*. Ein junc-
frowe spilte röttelin so rehtte wuneclich *s*.   2 das spil] die stymme *b*.   er-
hortte *s*.   der wart] or mieste wesen *s*.   2b d' must frauwen sich *b*.
3 hinder sich] Vber sy *b*.   trat *sf*] stånd *hb*.   und] er *b*.   sin guldé g. *b*.
4 *das zweite* der ~ *sh*.   ir] die *sh*.   243,2 vrouwen] mir *sh*.   243,3b—
251,3a *lücke in h*.   3 oder] vn edel *b*.

244 Dô sprach diu küneginne: 'er ist uns unbekant.
    sage, vürste riche,   wie bist du genant?'
    dô sprach der marcgrâve   sô rehte tugentlich:
    'ich diene künec Etzeln   und von Berne hern Dietrich,
245 Und vroun Herchen der milten   bin ich undertân:
    ich bin geheizen Rüedegêr   der von Bechelân.'
    si sprach: 'helt, von dinen tugenden   ist mir vil geseit.
    sihst du vor dir sitzen   zwelf juncvroun wol gemeit?
246 Der wil ich dir eine geben,   edeler vürste rich,
    mit einer guldinen krônen   und darzuo ein künecrich.'
    dô sprach der marcgrâve   als ein rehter biderber man:
    'wie lützel mir vrou Gotelint   dirre genâde gun!
*247 Ich wil mich mit der benüegen,   küneginne kluoc,
    sît daz mich got von himel   des êrsten zuo z'ir truoc,
    sô wil ich ir stâte lâzen,   daz ich ir gelobet hân,
    und mich aller vrouwen mâzen,   dâ geloubet an,
*248 Und wil ouch bî ir alten,   der mir daz leben lât
    iuwer recken in dem garten,   daz alles an gote stât.
    süln wir hinnen vüeren   die rôsenkrenze kluoc,
    ez enwart nie schapel alsô sûr,   daz man ie ûz getruoc.
249 Durch solhe âventiure   bin ich her gesant,
    wenne wir süln komen   mit verwâfenter hant,
    oder wâ wir süln striten,   daz tuot mir hie kunt.'
    dô sprach diu küneginne: 'al hie an dirre stunt.
250 In disem rôsengarten   muoz der strit geschehen.
    mit beiden minen ougen   wil ich in ane sehen.

244,1 diu küneginne] der juncfrowen ein s.   uns s*f*] mir b.   unbek.] nit wol
bek. s.   4 dem king s.   von Borne s*f*, ~ b.   245,1 Und ~ s.   2 der ~ s.
3 si sprach helt] Ach firste s.   diner tugent b.   4 dir] mir s.   wol ~ s.   246,1 wil]
gib s.   geben ~ s.   2 und ~ s.   3 rohter ~ s.   biderman s.   *danach*
Der sich zu frauwen hulden wol gelieben kan b.   4 dirre genâde] mit dem
falken s.   Er sprach frauwe wie vbel mir daz gezeme Daz ich ein ander
neme b.   247,1 mit diser frauwê lafsê gnugê b.   An der wil ich mich lon ben.
edel k. gût s.   2 des ersten] daz erst b, von ersten s.   zuo ~ bs.   4 Vnd wil
mich an diser vr. m. dz man mir gleubet [zwar *von jüngerer hand*] b.
248,1 Und] So s.   ouch] ich s.   mir] mich s.   daz ~ s.   2 Vber b.   alles]
noch s.   3 süln] So wellen b.   crenzelin s.   so klug b, gût s.   4 en ~ s.
nie] nie kein b, kein s.   alsô] nie so s.   sur v'dient b.   d. kein man s.   ûz ~ s.
249,1ᵇ sin wir an den rin gerant b.   2 wenne wir süln s*f*] Wir wellent
sicher b.   gewaffent' b.   3 oder s*f*, ~ b.   hie ~ s.   kunt *f*] be-
kant bs.   4 al hie] iezent s.   stunt s*f*] stat b.   *danach* So ist mir liep
wanne man kunt s.   250 ~ s.

swelhe zwêne ich scheide, die behaltent wol daz leben.
heiz sie komen, swenne sie wellen, die sich des strîtes hânt
[erwegen.'
251 Von dannen schiet her Rüedegêr umb den mitten tac.
dô reit er alsô balde, dâ daz gesinde lac.
sie schriwen alle gelîche: 'ach milter Rüedegêr,
nu sage uns alsô balde von den recken mær.'
*252 Dô vrâgete der von Berne den marcgrâven al zehant:
'wâ hât ir nu gelâzen iuwer guldîn gewant?'
dô sprach der marcgrâve: 'herre, her Dietrich,
ich liez ez einer juncvroun, daz wizzet sicherlîch.
*253 Diu machete in dem garten vröuden alsô vil:
ez gehôrte ûf erden nie kein man süezer spil
von harfen und von rotten, dan diu juncvrouwe kan.'
dô sprâchen die herren alle: 'du bist ein milter man.'
254 Dô mohten sie ân diu mære langer niht gewesen.
dô sprach Rüedegêr der milte: 'ich bin im paradîse gewesen.
dâ sint vrouwen inne und wünneclîchiu kint,
daz ez aller ougen ir trûren abe nimt.
*255 Dâ schînet ûz der sîden vil manec rôter munt.
ir lachen und ir kôsen tuot uns vröude kunt.
gegrüezet wirt sô schône vil manec ritters lîp.
ez gesâhen nie ougen sô wünneclîchiu wîp.
*256 Solt ich ez al durchgründen, ich wære unmüezec gnuoc,
die vröude, die ich gesehen hân in dem rôsengarten kluoc.'
sô sprach der marcgrâve, 'sô werdet mir niemer holt:
deme dâ wirt ein küssen, daz ist ein rîcher solt.'

250,3 ich vô enander sch. *b*.   251,1 Von dannen schiet *b(f)*] Vrlop nam *s*.
den] en *b*.   2 reit] kam *s*.   3 gelîche] gemein *s*.   mit 3ᵇ *beg. h wieder*.   ach]
vil *h*, ~ *s*.   4 alsô ~ *bs*.   von den recken] die wunderlich *s*, die wüßen-
chen *h*.   252,1 graffen *b*.   al ~ *sh*.   2 hât ir nu] er hatte *sh*.   iuwer]
daz *s*, sin *h*.   3ᵇ so rechte tügenlich *h*, odeler faut vo bern *b*.   *mit*
3 *bricht b vorläufig ab*.   4 liez] gap *h*.   daz ~ *s*.   253,2 gehorten *h*.
uf der e. *h*.   kein ~ *h*.   so sûessen *h*, grosser *s*.   3 *das zweite* von ~ *s*.
rotten] gigen *s*.   dan] daz *s*, alz *h*.   4 ~ *h*.   254,1 Dô *hf*, ~ *s*.   Sie
möhtte *s*.   langer *hp*] andorz *s*.   gewesen *hp(f)*] sin genesen *s*.   2 dô ~ *s*.
gesin *h*.   3 vrouwen] iuncfröwen *h*.   inne ~ *s*.   4 ~ *h*.   daz ez] Die
ouch *s*.   255,1 *u*. 2 *in s vertauscht*.   Dâ schînet ~ *s*.   d. cloren *s. s.*   für
1.2 *hat h*:   Do schinet vz d' siden manig stobes wip.   3 sô] gar *h*.
vil ~ *h*.   4 ~ *h*.   256,1 alz *sh*.   2 die ich gesehen hân ~ *s*.   hân
nach ich *h*.   3 *das erste* sô] Do *sh*.   *das zweite* sô ~ *s*.   4 deme]
Wem *h*.   wirt] mag werden *h*.

*257 Dô sprach Wolfhart der küene: 'nu bin ich aber vrô,
    daz ich bin her geriten   und niht beleip al dô:
    wer solte denne erben   daz paradîs vûr mich?
    dâ wil ich ane schouwen   manec mündel minneclîch.'
*258 'Sô ist ez aber swære,   daz uns diu meit enpôt:
    der strît muoz geschehen   in den rôsen rôt.
    [diu linde ist umbehangen   vûr der sunnen schîn.
    dâ darf nieman trûren,   man vindet juncvroun fîn.
*259 In solher ahte wîse   der garte ist ane geleit.
    die recken von dem Rîne   sint alle ze strîte bereit.]
    uns kan nieman gescheiden   ân einen starken strît.'
    'des vröuwe ich mich,' sprach Wolfhart,   'daz ez alsô lît.
*260 Süln wir denne strîten   der küneginne vor,
    daz daz under der linden   sehent die vrouwen klâr,
    sô wirt ein schimpf erhaben,   ez gât ein siufzen nâch.'
    den recken von den Hiunen   was ze strîten gâch.

VII.

*261 Dô sprach Sigestap der junge: 'mir ist ze strîte gir.'
    dô sprach Wolfhart der küene: 'alsô ist ouch mir.
    sô süln wir einen boten senden,   daz ez sich niht ziehe lanc
    ze strîten in dem garten.   daz rede ich âne wanc.'
*262 'Wen wellen wir dar senden?'   sprach her Dietrich.
    'daz sage ich iu schiere,'   sprach der marcgrâve rîch,
    'dâ süln wir hin senden   den alten Hiltebrant,
    der kennet bî dem Rîne   die recken alle samt.'
263 Der tac nam ein ende,   diu naht den sige gewan.
    dô verwâfente sich sô schiere   Sigestap ein junger man.

257,2 her bin *h*. niht] ich nút *h*, ⁓ *s*. al] nit *s*.   3 solte] woltt *s*.
4 mindelin minenclich *s*, bild wüňeclich *h*.   258,1 swære] wor *h*. uns
diu meit] man uns heim *h*.   2 Der garte ist gezieret mit d. r. r. *h*.
3 vûr] von *s*.   259,1 ist *vor* der *h*.   2 dem Rîne] hünen *s*. alle ⁓ *h*.
3 uns] Sie *s*. starken] grosse *h*.   4 ich ⁓ *h*. sprach ⁓ *s*.   260,1 Soll-
ten *s*.   2 klâr] dort *s*. Dz sú die fröd ane schöwen vz der linden clor *h*.
3 sô] Do *h*. schimpf] strit *s*. ez] da *h*. siufzen] fúri *h*.   4 *das zweite* den ⁓ *s*.
was] wart *h*. strite *h*.
  VII. 261,1 dor junge ⁓ *s*. ist ouch *s*.   1ᵇ zů strite gach ist   mir *h*.
3 ez sich] aús *h*. ziehen *h*.   4 strit.   262,1.2 ⁓ *s*.   3 dâ] So *s*. hin
⁓ *s*.   4 bekennot *h*.   263,1 Der tac u. diu naht *vertauscht s* (*gegen f*).
1ᵇ der in nach den sy gewan *h*.   2 waffent *h*. sô ⁓ *s*. schiere] bald *s*.
der iúnge *h*.

sineu schilt begunde er vazzen,   den helm er ûf gebant,
ein sper grôz als ein arm   nam er in sine hant.
264 Ir zelt und ir hütten   wâren wünnecliche gemacht.
Sigestap der junge   pflac dô der schiltwaht.
dô begegente im ûf der verte   Rienolt von Meilant.
er vrâgete in, wie er hieze.   er seite ez ime al zehant:
265 'Ich bin geheizen Rienolt   dâher von Meilant.
sage, degen küene,   wie bist du genant?'
Sigestap der junge   im sins namen niht enseit.
dô widerseiten sie einander   ûf der heiden breit.
266 Sie treip ûf einander   ir beider grôzer zorn.
sie ruorten diu ros vaste   ze den siten mit den sporn.
die schefte sie zerstâchen   mit ellenthafter hant.
sie griffen ze den swerten   schiere dô zehant.
267 Zweier vürsten kempfen   zesamene wâren komen.
ein ungevüeger schade   wart von in dô vernomen.
Rienolt der küene   gap Sigestabe einen slac,
daz der ritter edel   vor im ûf dem satelbogen lac.
268 Des slages sich erholte   Sigestap der junge man,
harte snellecliche   reit er in wider an.
eine ungevüege wunden   er ime wider sluoc.
dô her Rienolt der wunden *enpfant*,   von der ban er sich
269 Dô beleip er ûf der *warte*,   Sigestap der junge man, [huop.
unz ez begunde tagen.   er huop sich *dô von* dan
und seite von âventiure   hern Dietriche mære,
wie im ûf der *warte*   dâ geschehen wære.

263,3 sinen] Den *h*. bant *s*.   4 sine] die *h*.   264,1.2 ~ *s*.   3 verte]
heide *h*.   4 vrâgete] forschett *s*.   im ez *h*.   al ~ *s*.   *mit* 265,2 beg. b
wieder.   küene] junger *s(h)*.   267,2 vngefuger strit vn schade *b*.   268,3 Er
ime beg. *b*.   4 enpfant] gefult *b*.   *statt* 266 —268 *haben sh nur êine str.:*
265,5 Sie stâchen ûf einander,   die zwêne küenen man.
sie striten vrümecliche,   die ritter lobesam.
Sigestap der junge   Rienolte ein wunden sluoc.
wie balde sich Rienolt   ab der warte huop!
(5 Do stochent sy *h*.   6 vrümecliche] mit einander *h*.   6ᵇ die zwen kienen
man *s*.   8 balde ~ *s*.   rienolt der groise *h*.   wahtten *s*).   269,1 warte]
fart *b*.   2 unz] Bis *b*.   dô von] vnd' dez h' *b*.   *das erste verspar heifst
in sh:*
Also Sigestap der junge   ab der warte kam,
dô reit er under daz gesinde,   der vil küene man.
(1 wahtten *s*.   2 vil ~ *s*).   3 und seite] Do seit er *sh*.   von âventiure]
die mere *h*, ~ *s*.   3ᵇ h. d. von bernne die m. *s*, dem edelen berner *h*.
4 warte] fart *b*, wahtten *s*, schiltwacht *h*.   dâ ~ *b*.   geschehen] gelungen *sh*.

270 Dô sprach der voget von Berne: 'getriuwer Hiltebrant,
nu rît ze dem künege   hie ûz Niderlant,
ob er uns welle suochen   zwelf küene degen,
sô wellen wir ûz den unsern   zwelve dargegen wegen.'
271 Dô ensûmte sich niht lange   der alte Hiltebrant,
dô reit er ze künec Gibechen   dem mæren wigant.
dô wart er wol enpfangen   von den helden ûf der wal,
den dankete tugentlîche   Hiltebrant überal.
272 Dô sprach gezogenlîche   der alte Hiltebrant:
'edeler künec rîche,   ich bin her ze iu gesant,
ob ir ûz iuwern helden   welt suochen zwelf degen,
sô wellen wir ûz den unsern   zwelve dargegen wegen.'
273 Dô sprach der künec Gibeche: 'ich wil der êrste sîn
ze strîten in dem garten   vor der tohter mîn.
ich hân'z bî mînen zîten   dicke mê getân.
in dem rôsengarten   wil ich der kempfen einen bestân.'
274 'Sô bin ich in der ahte,   hundert jâr sîn mir gezalt:
sô bestân ich iuch selbe,'   sprach Hiltebrant der alt.
'wer bestât mir Guntheren,   mînen sun den degen guot?'
'den bestât von Tenemarke   der junge künec Vruot.'
275 'Wer bestât mir sînen bruoder,   der heizet Gêrnôt?
mit sweme er hât gestriten,   die sluoc er alle tôt.'

270,1 voget ∼ *s*.   2 vîser *b*. Ervar vnz die mer an dem king gippich
zû hand *s*.   3 uns] vîser sinē helden *b*.   4 vîser *b*.   ûz den unsern] vnser *s*.
die str. heifst in h:
    Do rûffet der von berne   meister hiltebrant
    Do kam er also balde   do er die herren vant
    Do sprach der von berne   zû meister hiltebrant
    Rit hin zû künig gippich   vñ dû im die mere bekant
271,1 en ∼ *s*. der alte ∼ *s*.   2 zu dem k. *b*. Er kam bald do er den king
vant *s*.   3 vf d' bal *b*, vsz niderlant *s*.   4 den] Do *s*. tugentlîche] in mit
zühtten meister *s*. über al ∼ *s*. *die str. heifst in h:*
    Das wir von den hûnen   sint dar vm her gerant
    Das er in dem garten   den strit nût ziehe lang
    Do ward er schon empfangen   von dem küng in dem sal
    Do danckot im zúchteclichen   hiltebrant der alt.
272,1 der alte] meister *sh*.   2 her ∼ *sh*.   3 ûz iuwern helden ∼ *b*.
helden] recken *h*. degen] in die not *b*.   4 vîser *b*. den ∼ *h(s)*. zwelve
∼ *b*. dargegen wegen] schicken in die rosē rot *b*.   273,1 Dô *shp*] Ja *b*.
2 strîte *b*. vor der] durch die *s*, durch willen der *h*.   3.4 ∼ *s*. zîten] tagen *h*.
3b so dicke gerne get. *h*.   4 Nu wil ich beg. *h*. rôsen ∼ *h*.   274,1 der]
sülicher *h*. hundert *hp*] LX *s*, ∼ *b*.   2 sô ∼ *sh*. Ich best. *sh*.   3 mir
den G. *b*.   mînen sun *nach* mir *sh*.   275,1 mir den *s*. *b*. der ∼ *bs*.
heizet ∼ *b*.   2 gestriten] gefochten *h(s)*. die *shp*] ein teil *b*. alle *shp*, ∼ *b*.

'daz sage ich in schiere   und wil iuch'z wizzen lân:
den bestât Rüedegêr   der von Bechelân.'
276 'Wer bestât mir Hagenen?   der muoz ouch an die vart.'
'den bestât von Garte   min ôheim Wolfhart.'
'wer bestât mir Walthêren,   von Kerlingen genant?'
'den bestât Hartnît,   ein künec ûz Riuzenlant.'
277 'Wer bestât mir Stüefingen,   einen künec ûz Irlant?
der vihtet alsô sêre   und ist ein küener wigant.
ich sage dir sicherlîche,   er ist ein helt guot.'
'den bestât von Stîre   Dietleip der hôchgemuot.'
278 'Wer bestât mir einen risen,   der heizet Aspriân?
der vüert zwei swert in einer scheiden,   dâmite er vehten kan.
er ist ein rise lange,   daz sî dir geseit.'
'den bestât Witege,   der Mimingen treit.'
279 'Wer bestât mir einen risen,   der heizet Schrûtân?
dem sint die Priuzen unz an daz mer   durch vorhte undertân.
den hân ich ûf mîne hove   wol zweinzec jâr gezogen.'
'den bestât Heime,   der hât vier ellenbogen.'
280 'Wer bestât mir einen ritter,   der heizet Herbort,
der in allen stürmen   keinen strît nie gevorht?
er ist ein degen küene,   daz wizze sicherlîch.'
'den bestât von Kriechen   der schœne Dietrîch.'
281 'Wer bestât mir Volkêren,   von Alzeie genant?
er ist ein videlære,   ein helt ze sîner hant.
er ist bî den besten,   die ich bî mir hie hân.'
'den bestât min bruoder,   der münech Ilsân.'
282 'Wer bestât mir Sîvriden,   den künec ûz Niderlant?
der vüeret der zwelf swerte ein,   daz ist Balmunc genant.

275,3 daz ∾ b. schiere] sich' b.   4 der] der her h(s).   276,1 mir den b. b.
3 ein helt von k. b, do her von k. h.   4 vfser b.   277,1 mir] mir den b,
denne h, ∾ s. vfser b. igerlant s, eg'lant b, vngerlant h.   2 ∾ b. alsô
∾ s. küener ∾ h.   3 u. 4 vertauscht b. ich sage dir] Wissest s(h).
4 der ∾ b. · 278,1 der ∾ bs.   2 der] Er b, ∾ h.   3 ein rise] gros
vnd b.   4 der Mimingen] den schemningê b.   279,1 mir aber b. der
∾ bs.   2 unz an daz] bis an das h, vf dem b, vnden an dem s. durch
forchtë wil b, ∾ sh.   3 Ich han in sh.   4 hât] dreit b.   280,1 der ∾ bsh.
2 Der sich in keinen nötten von stritte nie gefohtte sh (von str.] noch in
striten h).   3 degen] heild sh.   281,1 mir den v. b.   2 Frowe kriem-
hilt swester sun ein fidler bekant sh (brůnhilt h).   3 ich irgê by b. Wisz
sicherlich er ist ein kiener man sh.   282,1 mir den s. b.   den] ein sh.
vfs' b.   2 das zweite der ∾ sh.   eins bsh.   daz ∾ bsh.

er vihtet umb mîne tohter,   daz wizze sicherlîch.'
'den bestât von Berne   mîn her Dietrich.'
283 Dô sprach der künec Gibeche: 'ist dir iht worden kunt,
Rienolt ûf der warte   wart mir nehten wunt?
er mac nie mê gevehten,   daz sî dir geseit.'
'dô viel Sigestap von dem rosse,   daz was uns allen leit.'
284 Urloup nam von dem künege   meister Hiltebrant.
dô reit er alsô balde,   dâ er daz gesinde vant.
sie riefen alle gelîche: 'Hiltebrant, getriuwer man,
nu rât uns in triuwen,   wie süln wir'z grîfen an?'
285 'Der rede sült ir swîgen,'   sprach meister Hiltebrant,
'man hât gein iu geteilet,   daz tuon ich iu bekant,
zwelve der küensten helde,   die ich ie gesehen hân.
doch getrûwe ich gote von himel,   wir gesigen in allen an.
286 Bereitet iuch ril balde,'   sprach meister Hiltebrant,
'ze strîte in dem garten   und rüstet iuch dar zehant,
daz ros unde harnesch   nâhe bî iu sî.
ich hoffe, ez werde im garten   etelîcher ein künec vrî.
287 Swenne ich einre ruofe,   der sol mich verstân:
ein ritter nâch dem andern   sol ze strîte gân.
dâbî sült ir merken,   daz ir bejaget ruom.'
dô sprâchen die recken alle,   sie wolten'z gerne tuon.

VIII.

288 Dô wart recken meister   der alte Hiltebrant.
er schuof, daz die hütten   wurden alle verbrant.

282,4 Den bestot min her v. b. her d. *sh*.   283,2 warte] fart *b*,
wahtten *s*. gewont *b*.   3 fehtten *sh*. dir vor gos. *h*.   4 Sigestap begund
lachen vnd sprach ez ist mir leit *sh* (ez] dz *h*).   284,1 von] zû *h*.   1ᵃ Do
sumet er sich nit lange *b* (*sh rgl. p*).   meister] der alt *sh*.   2 reit] kam *sh*.
daz gesinde *sh*, *vgl. p*] sin h'ren *b*.   3 riefen] schrugent *sh*.   4 in] an din *s*,
anden *h*.   süln ⁓ *b*.   285 *steht in sh hinter* 286.   1 Der] Die *b*. Verwoffent
ich [vil ⁓ *s*] bald ir beild vil gemeit *sh* (Dar wuffent *h*.   beild] recken *h*).
2 Man hat sich in dem gartten gegent uch bereit *sh* (gegent uch] so ritter-
lich *h*).   3 die] so *sh*.   286,1 vil ⁓ *b*.   1ᵃ Die red lant bliben *sh*.
2 den g. *b*.   Vnd rüstent ûch [vil ⁓ *s*] bald ir recken al sant *sh*.   4 hoffe]
gedencke *h*.   etelîcher] noch hût *h*.   ein ⁓ *b*.   287,1 Swenne] Wem *b*.
eime] einen *h*, ⁓ *b*.   3 bejaget] behalten *h(s)*.   4 recken] hern *sh*.   alle ⁓ *sh*.
   VIII. 288,1ᵃ Do gap rot *s*, Es wart do ze rate *h*.

dô sach man ûf dem velde manegen helt starc
mit sime gekrônten helme, bî ime manec snellez marc.
289 Dô hiez der künec ûf blâsen balde sîn herhorn.
darzuo begunde sich rüsten manec helt hôchgeborn.
sie riten gein dem garten gar vrîliche ûf dem plân
mê denn einen starken roslouf. dô sweic ie der man.
290 Hagene von Tronege kam hervür gerant.
einen silberwîzen schilt vuorte er in der hant.
er vuorte ûf dem helme zwei guldîniu wisenthorn.
er sprancte in den garten und rief mit grôzem zorn:
291 'Wâ nû, von Berne getriuwer Hiltebrant?
mit weme sol ich nu strîten? daz tuo mir bekant!'
dô sprach Hiltebrant der alte: 'daz ist Wolfhart.
der hebet bî dem künege und ist ze strîte wol bewart
292 Under einer banier wîten, si ist von golde rôt.'
alsô vrîliche sprancte Wolfhart in die nôt.
sîn helm was gesteinet und gap liehten schîn.
er vuorte an dem schilte einen wolf was guldîn.
*293 Er vuorte ûf dem helme, der degen sô gemeit,
zwô silberwîze stangen, von den man wunder seit,
darane die goltschellen, daz rede ich âne wanc,
swenn er den helm erschutte, daz ez vil lûte erklanc.
294 Sîn ros gienc in sprüngen, was wîz als ein harm.
er vuorte iu der hende ein sper grôz als ein arm.
sie riten ûf einander, die zwêne küenen man.
diu ros stiezen einander ze tôde ûf der ban.

288,3 sach man *hf*] hielt *b*. ûf dem velde] an dem geüilde *h*. manig *b*.
4 bî ime] vnd sim *s*, do by ir *h*. manec ~ *sh*. snel *bh*(*s*). 289,1.2 ~ *s*.
ûf blâsen *nach* hiez *h*. der ~ *h*. künig etzel *h*. balde ~ *h*. sîn] die *h*.
2 darzuo] Dannan *h*. 3 rosengarten *b*. gar ~ *sh*. frislich *h*, frolich *s*. dem
plân] der ban *sh*. 4 einen starken ~ *h*. rofsez löffe *h*. 290,2 silberwîzen *h*(*s*)*f*]
silberē *b*. in *shf*] for *b*. 3 Do fürtt er *sh*. wisent ~ *sh*. 4 sprang *bh*.
in *shf*] vor *b*. rief vf *b*, rüfft her fir *s*. grôzem *hp*, ~ *bs*. 291,3 ist] dût *s*.
4 hebt *sh*, helt *b*. und ist ~ *sh*. 292,1 eime *b*. *bs*. witen ~ *b*. si ist]
ez ist *b*, ist sy vor rôt *h*, ~ *s*. 2 frislich *b*, vnmesslich *s*, vermessenc-
lichen *h*. sprancte] trat *b*, stappfet *s*. in *shp*] an *b*. die nôt *bp*] den dot *sh*.
3 gap] ein *b*. 4 Do fürt er *h*. wz rot g. *h*. Er fürtt III marder höbt
an dem schilte sin *s*. 293.1 Do fürtt er *sh*. sô] vil *h*. 2ᵃ Ein silber-
wisz stangen *sh*. den] der *s*, dem *h*. 3 golt] gulden *b*. 4 er] man *b*.
schutte *s*, rurte *b*. 294,1 dz was *h*, vnd was *s*. 2 Do fürtt er *sh*. in
der hende ~ *b*. grôz *sh*, *rgl. f*] dicke *b*. 3 riten] rustē *b*, stoch *s*.
4 *s rgl. fp*. Manig slag swinde wart vō getan *b*, Sy stechent vf einander
dz sy vielent nider vf der ban *h*.

8*

295 Sie kâmen von den rossen, hinder die schilte sie sich bugen,
harte vreisliche zwei scharfiu swert sie zugen.
sie striten mit einander, die zwêne zornegen degen,
dô wolte sich iedeweder des prises niht erwegen.
296 Sie sluogen ûf einander, die zwêne küenen man,
daz diu viures vlamme ûf ir beider helme enpran,
daz sich muoste verkêren ir liehter brünnen schln.
wie möhten dô die helde zorneger gewesen sin!
297 Sie sluogen ûf einander, alsô sie wæren blint.
von ir beider swerten gienc viur alsô ein wint.
die ringe begunden rîsen nider in daz gras.
wie gar ez von ir vüezen in die erde getreten was!
298 Dô sie müede wâren, sie sâzen ûf daz lant.
wie bald einer dô dem andern den helm abe gebant!
in was von den slegen worden alsô heiz,
sie wischten von den ougen den stoup und ouch den sweiz.

---

295 b ordnet: 3, 4, ein zugesetzter v. (Die ros sy sere rurtē zu dē sitē mit
den sporn), 1, 2. 1 ~ h. die p] zwen b. 1ᵇ vff daz lant s. 2 fris-
lich b. Sie griffen nach den swerten mit frolicher hant s, Sy griffent nach
den swerten die zwen küene man h. danach Sy slūgont vf einander die recken
lobesan h. 3ᵃ h rgl. p. Einre wolt den andern zwingē b, Sú slūgen vff
nander s. zwêne ~ b. zornegen ~ s. 3ᵇ die ritter vs erlesen h. 4 ied-
wederz s. 4ᵃ Do w. einre dē andern b. des prises] stritez sh. nie b.
verwegen s, gegeben b. 296,1 ~ s. Sie] Do h. 2 ~ sh. flammē b.
Statt 296,3—297 stehen in b:
  [Sie drungen vf enander die zwene kune man
  Manig slag swinde wart von in getan
296,5 Einre wolt dē andern betwīgen die zornigē degen
  Do wolt einre dem andern dez prises nit . . .]
  Sie strittē mit enander ein vil lange zit
  Sie begunden enander driben vf der heide wit
297 Die ringe begunden risen nider vf das gras (= 297,3 sh)
  Wie gar ez vō irē rosen in die erde gedredē waz (= 297,4 sh)
  Sie warē bede also schone zu velde kumen
  Sie dadent wol daz bestē also wir hant v'nomen.
296,3 lihtten s. 4 helde] herren h. gewesen ~ s. gesin s.
297,1 u. 2 vertauscht h. sluogen ûf] stritten mit h. alsô] rech alz ob h.
sie nach wæren s. 2 beider ~ s. swerten] helmen h. viur alsô ein] ein
für rotter h. 3 in] vf b. 4 wie gar ez] Daz sh. vüezen] rosen b. in
die erde] so gar sh. v'drettet h. zertretten s. 298,1 Dô] Also sh. 1ᵇ die
zwene kune man b. danach setzt b zu:
  Sie sassen by enander nider vf die ban
  Do leitē sy die swert vō in vfser der hant.
2 dô nach bald s, ~ h. einer] ietweder sh. abe] wider vz b. 3 den ~ s.
Sie waren bede samet vō strite also h. b. 4 stoup] dampf b.

299 Dô sie der wint erwâte, die zwêne küenen man,
    sie sprungen ûf gar balde   und huoben wider an.
    sie sluogen ûf einander   nâch den alten siten.
    aller êrste wart engestlîche von in dâ gestriten.
300 Swie küene her Hagene wære, sô gerou in doch diu vart,
    sô schriet im durch die ringe der küene Wolfhart.
    durch schilt und durch halsberc sluoc er im w[unden wît,
    des begunde trûren   Hagene an der zît.
301 Dô was hern Hagenen giuden vil schiere dâ gelegen.
    aller êrste begunde Wolfhart   sîn gar vriuntlîche [pflegen.
    schiere] hête er gevüeret   einen ungevüegen slac,
    daz ime der] küene Hagene   vor den vüezen gelac.
302 Ûf spranc diu küneginne, von der man wunder seit:
    dô schiet si von einander die recken unverzeit.
    wære si dar niht komen, Wolfhart hêt in [ze tôde] erslagen.
    dô muoste man hern Hagenen   ûz dem garten tragen.
*303 Hiltebrant der alte   ruofen dô began:
    'wie nû, her Wolfhart,   wunderküener man?
    nu sült ir iuwer zürnen gein mir lâzen sîn:
    ich hân iuch strîtes wol gewert ze Wormze an dem Rîn.'

299,2 gar ∽ sh. huoben] griffent ez s, gr. el ûd' h. 3 n. dem a. b.
4 Ez wart [von den recken ∽ s] so düfelich [von in ∽ h] gestritten sh.
danach folgt in sh (vgl. 301,1.2 b):
    Hagenen von Tronege sîn giuden was nâch gelegen.
    Wolfhart begunde sîn mit streichen vaste pflegen.
(1 sîn] dz h. nâch ∽ s. 2 W. von garten beg. h. mit streichen ∽ h).
die v. bilden mit 300,1.2 die str. 300 in sh. 300,1 sô] doch h. doch ∽ h.
1ᵇ sy namë ime doch d. v. b. 2 sô] Do h, ∽ b. 3.4 ∽ sh. schilt u.
halsberc vertauscht b. 4 Daz b. 301,1.2 stehen in sh schon vor 300.
giuden] gut b. beg. sin W. g. b. 3.4 ∽ sh. hête] ht b. an stelle von
301 steht in sh:
    Sie begunden einander prüeven   angest unde nôt,
    den liehten harnesch verwen   mit dem bluote rôt.
    Wolfhart von Garte   der vil küene man
    sluoc Hagenen von Tronege. daz er lac ûf der ban.
(1ᵇ in a. v. in n. s. 2 dem ∽ s. Daz ir beider schilte von blüte wurdent
rot h. 3 von Garte ∽ s. der] ein h. 4ᵇ d. e. zû der erden bekam h).
302,2 unverzeit] wz erwalt h, bed sant s. 3 nit dar sh. in] hagë b.
4 m. hagen von trowe sh. vîser b. 303,1.2 in sh nur ein r. Do sprach hilt-
brant [wo nû ∽ s] wolffhart du kiener man (du) ein h). danach zugesetzt
Mich dunkt [an den sinnen ∽ s] du sigest komen [hie ∽ h] uff stritez baa sh
(sigest] bist h). 3 vwern zorn b. solt[u] din zirnen sh. 4 ∽ s. Ich
wene ich habe dich stritez gewert hie bi disem rin h.

*304 Wolfhart begunde ruofen (im was der spot zorn),
daz sin stimme lûte   als ein wisenthorn:
'ich wil noch mê striten ûf dem alten grunt,
mir werde denne ein küssen von eime rôten munt.
*305 Verbindet mir die wunden,' alsô sprach Wolfhart,
'durch willen schœner vrouwen wil ich wider ûf die vart.'
Hiltebrant der alte zornecliche sprach:
'swiget stille, Wolfhart, und habet iuwer gemach!'
*306 Hiltebrant der alte *in under den* arm nam
und vuorte in von dem ringe, den ûzerwelten man.
er zôch im ûz *den* harnesch. dô sprach der wigant:
'ich muoz noch baz striten und hie versuochen mi[ne hant.'
*307 Dô rief der küene Wolfhart wider ûf den plân:
'wâ sit ir nû, her Hagene? ich wil iuch noch mê bestân.'
des antwurte ime diu küneginn vil balde an d[er zit:
'ir hât den pris gewunnen *ûf dirre heiden wit.*'
*308 Dô schiet er ûz dem garten, Wolfhart der küene man,
mit alsô hôhen êren, daz er *im* hête gesiget an.
dô sprach der voget von Berne: 'Wolfhart ist ungezogen,
daz er sich vor Hagenen slegen hât hiute sô sêre gebogen.'
*309 Wolfhart der küene zornecliche sprach:
'swiget, min her Dietrich, und habet iuwer gemach!
mich dünket an den sinnen, ez ensi niht ein kintspil.
Sivrides slege von Rine wirt iu noch ze vil.'

304,1 begunde ruofen] dem kienen *sh*. im ~ *sh*. der spot] die red *sh*.
2 Er begund [lut ~ *h*] rieffen *beg. sh*. wisent ~ *sh*. 3 Er sprach *beg. sh*.
vf den *b*, durch den *sh*. 4 kus *b*. 305,1 alsô ~ *sh*. 2 ~ *s*. wider ~ *h*.
4 swig *sh*. stille ~ *sh*. Wolfhart] lieber ôhin *sh*. hab din gem. *sh*. 306,1 in]
Wolfhart *b*. den] sinê *b*. 1ᵇ sprach [nú ~ *s*] wol [hin ~ *h*] dan *sh*.
2 und] Er *sh*. ûzerwelten] (vil) küenen *h(s)*. 3 den] das *b*, sin *s*, dem *h*.
3ᵇ dem stolzen wig. *s*, den küenen wig. *h*. 4 Er sprach *beg. sh*. muoz]
wil *sh*. baz] me *sh*. 4ᵇ mit verwoffenter hant *sh*. 307,1 Wolfhart rûfft
vil lutte ûber den witen plan *sh*. 2 bystu *sh*. nu her ~ *sh*. Hag. von
trowe *sh*. iuch] dich *sh*. noch ~ *sh*. 3 des] Do *sh*. vil balde ~ *s*.
der selben z. *s*. 4 Sie sprach er wil nim stritten hab dir den priss
[sicherlich ~ *s*] *sh*. 4ᵇ sich'lich *b*. 308,1 er ~ *sh*. vîser *b*. 2 hôhen]
grossen *sh*. im] hagë *bsh*. 3 voget ~ *sh*. 4 daz er] Er hat *sh*. vor]
von *sh*. hât ~ *sh*. sô] gar *h*, ~ *s*. 309,2 min her Dietrich] lieber
here *sh*. 2ᵇ *u*. 3ᵃ ~ *b*. und ~ *s*. 3 dem sinne *h*. ensi] enist *b*, sû *sh*.
4 vo dem R. *bh*. werdent *sh*. noch] nach *s*, auch *b*, al *h*.

IX.

310 Dô rief der künec Gibeche: 'Apriân, bist du bereit?
  umb Hagenen von Tronege   ist mir ûzer mâzen leit.
  nu bist du der aller græste,   den ich iender mac hân:
  nein, edeler degen küene,   des solt du uns geniezen lân.'
311 Ûf spranc der rise   lanc und dâbî grôz:
  'nu weiz ich in dem garten   niender mînen genôz.'
  er wâfente sich mit grimme   und huop sich ûf die ban.
  dô rief under den Hiunen   Hiltebrant der küene man:
312 'Wâ bist du nû, Witege,   der liebe geselle mîn?
  tuo ez durch den von Berne,   den lieben herren dîn!
  sihst du in dem garten   den risen Aspriân?
  ne]inâ, degen küene,   den solt du hie bestân.' [gesagen,
313 Dô sprach der helt Witege: '[Hiltebrant,] kanst du mir iht
  hân ich dir dînen vater   oder bruoder ie erslagen,
  daz du mich hâst verrâten   gein des tiuvels man
  und mich hâst gein ime gestellet?   nu grif in selbe an.'
314 Alsô sprach der helt Witege,   der degen unverzeit:
  'Hiltebrant, mich dünket,   dir sî mîn leben leit.
  nu wil ich doch niht strîten   mit des tiuvels man:
  ich nœme niht zweinzec tûsent marc,   daz ich in griffe an.'
315 Dô sprach der von Berne: 'nein Witege, küener degen,
  ich wil dir iemer mêre   lîhen unde geben,
  *bringest du den risen   hie ûf valles wanc,
  *ach Witege, ritter küene,   des wil ich dir sagen danc.

IX. 310,2 ûzer mâzen] getruwelich s, an trúwen h. 3 iender] irgë b.
Han ich dir din dage ie kein dinst geton sh (bi minen tagen h). 4 edeler
degen] asprigon sh. kúener h, ~ s. uns] mich sh. 311,1 dâbî ~ bs.
2 Er sprach beg. b. 2ᵃ Ich weisz in [al ~ s] der welt sh. niender] niergë bs.
3 wappent b. 312,4ᵃ Ach wittich kúene ritter h(s). hie b, hütte s, ~ h.
313,1 der helt ~ sh. ach hiltebrant h, ~ s. iht ~ b. 2 hân ich fsh]
ob ic]h b? dînen ~ b. oder dînen brûder h, ~ s. ie] ie hab b, ~ sh.
4 nu b, dú h, ~ s.
313,5 er ist sô grôz und sô lanc,   der tiuvel, wider mir:
  ach richer Crist von himel,   mîn arbeit klage ich dir!' bh
(5 beide sô] also h. wider mir] für mich h. 6 Das mir nach sinem striten
nüt ist worden min begir h). 314,1 der helt ~ sh. 2 Hiltebrant vor
dir s, ~ h. 2ᵃ m. d. an min sinen s, m. d. a. dem sinne h. 3.4 bf, ~ sh.
315,1 nein ~ sh. 2 mêre] me s, ~ bh. 3 hie s, ~ bh. 4ᵃ ~ h.
ach ~ s. ritter ~ h. kúener h. dir sich'lichen s. b.

*316 Alsô sprach der voget von Berne: 'daz solt du glouben mir:
vellest du den risen, ich wil ez lônen dir.
daz solt du glouben, Witege, ûzerwelter man:
Schemminc daz guote ros wil ich dir wider lân.
*317 Daz brâhtest du ûz dem berge von dem lieben vater dîn.
helt, nu velle den risen: ez sol dîn eigen sîn.
ez wart mir dô vor Garte, dô du strite mit Amelolt.
ich wil dir'z wider lâzen: helt, verdiene den solt.'
318 Dô *sprach der helt Witege:* '*würde mir daz undertân,
sô wolte ich willecliche den risen gróz bestân.*
noch wil ich niht strîten,' sprach Witege der wîgant,
'ez werde denn umb daz guote ros bürge der alte Hiltebrant.'
319 Her Hiltebrant wart bürge, tuot uns daz buoch bekant.
. . . .
'noch enwil ich niht strîten,' sprach Witege der küene de[gen,
'mich wâfen dan marcgrâf Rüedegér und welle mir suone
[geben.'
320 Dô wart schiere gewâfent Witege der küene degen. [ben.
umb Rüedegérs sun Nuodunc wart im ein stætiu suone gege-
den schilt bôt ime Heime: 'got müeze dîn selbe pflegen.'
dô spranc er in den garten, Witege der küene degen.
321 Der rise kam geschriten, *er héte vreislîchen ganc:*
oberhalp des gürtels was er siben klâftern lanc. [degen,
'nu müeze mich got behüeten!' sprach Witege der küene
'ich vürhte, der lange tiuvel bringe mich umb mîn leben.'
*322 Er ist sô grôz und sô lanc, der tiuvel, wider mir:
ach rîcher Crist von himel, mîn arbeit klage ich dir!
werder Crist von himel, wilt du mir bî gestân?
wilt du mir niht helfen, mîn vröude muoz vergân.'

316,1 Alsô ∽ *b*. voget ∽ *sh*. 2ᵇ der vnferzatte man *sh*. 2.3 ∽ *sh*.
es] sin *b*. 317,1.2 ∽ *s*. du brecht *h*. ûz] vfser *b*, von *h*. lieben ∽ *h*.
2ᵃ Erslestu den r. *h*. sol ∽ *h*. 3 do vor garten *b*, in dem garten *h*,
in dem stritte *s*. 4 helt ∽ *sh*. verdinstu *sh*. 318,1.2 ∽ *bsh*, *aus f er-
gänzt*. Dô] So *f*. 4 bürge *vor* umb *b*. der alte] meister *h*, ∽ *s*.
319,1 Her ∽ *sh*. bürge vor dz ros *b*, birge fir dz pfertt *s*. 3 en ∽ *sh*.
küene degen *bsf*] wigant *h*. *nach* 3: [Noch en ∽ *h*] gegen dem langē risen
[vnd ∽ *h*] wagē min w'[dez leben *bh*(s). 4 wâfen *bf*] verwoffe *s*(*h*).
mir auch *s. b*. 320,1 schiere ∽ *sh*. verwoffent *sh*. 2 Nuodunc] nodog *b*,
∽ *sh*. im ∽ *sh*. 3 bôt] furt *b*. er »prach got *bsh*. 4 sprenget *sh*.
er ∽ *sh*. ;321,1.2 ∽ *bh*. 1ᵇ vnd waz wunderlich getan *s*, *nach p ver-
bessert*. 3 ∽ *b*. degen] wigant *s*. 322 ∽ *sh*. 1 beide sô ∽ *b* (*vgl.
aber* 313,5). 3 by bestân *b*.

323 Der rise mit den zwein swerten   huop ûf Witegen an,
    daz er muoste wichen   gein den vrouwen [hin] dan.
    *doch vaht er listecliche,   Witege der helt guot.
    *er kunde sich wol behüeten: wie vaste er wider sluoc!
*324 Dô was under den recken   keiner sô gar überzelt
    alsô Witege der küene,   wær er niht gewesen ein helt,
    Schemminc daz guote ros   müeste sîn verlorn.
    doch muoste'z im sûr werden,   dem ritter hôchgeborn.
325 Dô sprach Hiltebrant der alte: 'Witege, vliuhst du [hin] dan?
    Schemminc daz guote ros   wil mîn herre im selben hân.'
    dô huop er sich an den risen,   Witege der wîgant,
    un]d erreichte in mit Mîminge   und sluoc im abe ein hant.
*326 Der rise wart erzürnet: mit der andern hant
    sluoc er Witegen den küenen   ûf sînes helmes want,
    daz er muoste strûchen   nider in daz gras.
    von des risen zorne   im daz geschehen was.
327 Der rise der sluoc Witegen,   daz er viel ûf diu knie.
    ez was ime bî sînen tagen   vor geschehen nie.
    ûf spranc *der helt* Witege   dem risen zwischen diu bein:
    er schriet im abe einen vuoz,   dem risen gar unrein.
328 Er sprach: 'ez wirt dir sûre,   daz du mich brâhtest ûf diu knie.
    daz wizze sicherliche,   des wirst du gevellet hie.'
    er sluoc im abe ein ahsel,   alsô wir hœren sagen:
    sie möhten *niender* zwêne   ûf einer bâren hân getragen.
329 Dô rief diu künegîn: 'Witege,   du solt mir den risen geben.'
    er tete, als er's niht hôrte,   unz er im nam daz leben.

323,1ᵇ *sh rgl. f;* slug wittich dē kunē man *b.* ûf ⁓ *s.*   3 helt] degen *sh.*
4 gehüeten *h.*   324,1 Dô was] Do waz er *b,* Ez waz *sh.*   recken] heilden *sh.*
keiner ⁓ *b.*   überzelt *s,* vnu'delt *b,* vberleit *h.*   2ᵃ ⁓ *b.*   der küene
wittich *h.* Vnd wor *b.*   er] wittich *b.*   3 Sinez libez so vermessen schem-
mig hatte er verlorn *sh* (Einez l. *h.* hatte er] werc *h*).   4 zû sure *sh.*
ritter] recken *h,* firsten *s.*   325,1ᵃ *sh rgl. f;* Hiltbrant begunde ruffen *b.*
2 wil andern m. *b.* im ⁓ *h.*   3 der kien wigant *sh.*   4 erreichet *h,* reichtte *s,*
langte *b.* Mîminge] sim swert *s.*   326,1 andern] einē *b.*   2 Er slug *bsh.*
3 in] vf *b.*   4 im daz *b,* ez ym *s,* das *h.*   beschehen *sh.*   327,1 *sh rgl. p;*
Von des risen slag kam wittich vf die knie.   *das zweite* dor ⁓ *s.*   diu] ein *sh.*
2 By aln sinen dagen waz ez [im ⁓ *h*] gesch. n. *sh.*   3 der helt p] do *h,*
⁓ *bs.*   4 einen *sh rgl. p*] den rechte *b.*   gar ⁓ *sh.*   328,1ᵃ Ez mûsz
dir werden zû sure *s(h).*   2 ⁓ *h.*   Wissestu uf min truwe du wurst
gef. h. *s.*   3 sluoc] schriett *sh.*   wirz *sh.*   4 sie] Ez *b.*   niender] niergen *b.*
baren *b.* Ez mahtten IIII starg kneht kum han getr. *s,* Ez m. die gesellen
noch niergunt h. getr. *h.*   329,1 ergebē *b.*   2 ⁓ *h.*   als er's niht hörte]
ez nit *b.*   unz] bis daz *b.*

dô kêrte er sich herumbe: 'waz welt ir, stolziu maget?
welt ir den risen langen? der sî iu unversaget.'
*330 'Waz solte mir ein tôter?' sprach diu küneginne zart,
'sît dîn lîp von mir des êrsten ane geruofen wart,
dô bûte du mir ein toubez ôr und woltest mîn niht verstân.
sît du in hâst erslagen, sô solt du in selbe hân.'
*331 'Vil edeliu küneginne, sô zimet ez iu vil baz,
daz ir in selbe habet, wan er iuwer eigen was.
mîn herze stuont in vröuden, dô ich in betwanc
und er muoste vallen von mînes swertes klanc.'
332 Dô schiet er ûz dem garten, Witege der wîgant.
Schlemminc daz guote ros gap im der Berner an sîne hant.
darûf was schiere gesezzen der degen lobelîch.
er sprach: 'nu vürhte ich niemer künec noch keiser rîch.'

X.

333 **Dô** rief der künec Gibeche: 'wâ bist du nû, Schrûtân?
rîch dînen gesellen, ûzerwelter man!
hân ich dir bî mînen zîten ie kein guot getân,
vor mîner tohter schœne solt du mich's geniezen lân.'
334 Ûf spranc der rise, grôz was sîn zorn,
daz er sînen gesellen in dem garten hête verlorn.
er sprach: 'nu kumet ez hiute einer in grôze nôt,
daz ich wil hie rechen des küenen Aspriânes tôt.'
335 Dô wart im sîn gesmîde balde hervûr brâht.
er wâfente sich sô swinde, alsô er hête gedâht.

329,3 her] hin *s*, ∽ *h*. vnd sprach was *h*(*b*). 4 der] er *sh*. 330,2 sit]
Sint *b*, Do *sh*. von mir daz erste *b*, dez ersten von mir *h*(*s*). 3ª Ich rief
zu dir ich bat dich Du were orelos *b*. büte] kertest *s*. und] du *b*. mîn]
mich *bsh*. 4 sit] Sint *b*, Vnz *s*, Bis *h*. sô *b*, du *s*, nû *h*. du ∽ *sh*.
331,1 Vil ∽ *sh*. sô] daz *s*, ∽ *h*. ez ∽ *sh*. 2 er vor [hin ∽ *h*] ûwer *sh*.
3 betwanc] vberwant *sh*. 4 ∽ *h*. und] Daz *s*. 332,1 schiet] reit *b*.
er ∽ *sh*. vîsor *b*. 2 an] wid' in *b*. 3 ges. wittich d. *b*. degen] fûrste *sh*.
4 ich *vor* vûrhte *s*, ∽ *h*. niemer] nit me *sh*. *nach* 4: Also sp'ch wittich
so rech vermessenlich *h*.
X. 333,1 nû ∽ *sh*. 3.4 ∽ *s*. zîten] tagen *h*. guot] dienst *h*. 4 Nein
asprion küener dú solt mich gen. l. *h*. 334,3 es] sin *b*. grôze ∽ *b*. Er
sprach sin mâsz [noch ∽ *s*] einer engelten und sin komen in not *sh* (sin
komët sint *h*). 4 daz] Oder *sh*. hie] hütte *s*, noch hût *h*, ∽ *b*. des
küenen ∽ *sh*. 335,1 Ym wart *sh*. balde *nach* im *b*. 2 so swinde *b*,
vil balde *h*, mit gryme *s*. er ez *b*. *b*.

er wolte den prls erwerben vrilfche ûf der ban.
dô rief under den Hiunen Hiltebrant der küene man:
336 'Wâ bist du nû, Heime, der liebe geselle min?
sihst du den risen langen, geborn von dem Rin?
mit deme solt du striten, daz tuon ich dir bekant.'
dô spranc er in den garten, Heime der küene wigant.
337 Er sprach: 'mir hât getroumet, daz ich bî minen tagen
mi]t dem tiuvel selben einen strit sol haben.
den sihe ich in dem garten vor minen ougen stân.
nu muoz von minen handen ein starker strit ergân.'
338 Der rise kam geschriten und was ein grôzer man.
mit ungevüegen slegen griffen sie einander an.
sie sluogen ûf einander, dem risen niht gelanc:
daz bluot durch die ringe ûf die rôsen spranc.
339 Swie grôz der rise wære, Heime der kleine man
begunde in vaste triben vor im *in dem garten* dan,
daz er muoste wichen ûf der heiden breit.
daz was der küneginne getriuweliche leit.
340 Sie striten mit einander niht gar lange zit,
sie begunden einander triben ûf der heiden wit.
der rise grôz und lange gap Heimen einen slac,
daz der ritter edel vor im dô gelac.
341 Er lac doch niht lange, [Heime] der küene wigant:
er spranc ûf gar balde, ein swert in siner hant
schutte er krefteclîche, den schilt er ze rücke swanc.
er sprach: 'her rise lange, des slages sage ich dir danc.
342 É denne man uns scheidet noch hiute ûf disen tac,
mac ich ez gevüegen, ich vergilte dir disen slac.'

335,3 *sh vgl. p.* Also frislich hub er sich vf die ban *b*. 4 ein kiener *s*.
336,2 von *shp*] an *b*. 3ᵃ *sh vgl. p.* Vor dir in·dem gartē stan *b*. 4 er
∼ *sh*. küene ∼ *sh*. 337,1 es hat mir *b*. daz ich] do her *h*, ∼ *s*. 2ᵃ Wie
ich mit übelen dúfeln *s*, Dz ich mit dem vbelen túfel *h*. 3 in dem
garten] alhie *b*. vor minen ougen] [noch ∼ *s*] hütte vor mir *sh*. 4 sich
vō *b*. 338,2 Mit starken swinden slegen lieff er hein an *sh*. 4 ∼ *s*.
Daz daz bl. *b*. durch die ringe] vō dē risen *b*. vast vf *h*. rōsen] erde *h*.
339 ∼ *sh*. 2 in dem garten] hin *b*. 340,1.2 *lauten in sh:*
Sie striten mit einander, die zwēne küenen man,
vor den schœnen vrouwen vrœliche ûf der ban.
(2 frilich *h*). 3 gap ∼ *b*. 4 edel] küene *h*. vor im] vor sin fiessen *s*,
vnder sinem schilt *h*. dō ∼ *sh*. 341,1 Doch lag er *h(s)*. 2 gar balde]
swinde *s(h)*. ein] daz *sh*. 3 zu dē ruck *b*. 4 her] ir *h*, ∼ *s*.
slages] strechez *h*, strites *s*. 342,1 Er sprach beg. *b*. denne] dns *h*, ∼ *s*.
noch hiute *steht auch vor* scheidet *b*.

Nagelringes ecke   im an der hende klanc:
dô sluoc er dem risen   die tiefen wunden lanc.
343 Dô sluogen sie ûf einander   slege unmâzen grôz:
daz viur von der hitze   in die luft erdôz.
umbe warf dô Heime   sîn swert an der zît,
er stiez ez durch den risen: zergangen was der strît.
344 Dô der rise lange   tôt zer erden kam,
Hiltebrant der alte   rief dô den küenen an:
'ach edeler helt Heime,   ritter wol gezogen,
dîn sterke noch dîn ellen   hât mich niht betrogen.'
345 Dô der rise lange   tôt was gelegen,
dô begunde wider ruofen   Heime der küene degen:
'wâ sît ir nû, vrou Kriemhilt,   edeliu küneginˀ
hât ir der risen langen   iht mê an dem Rîn?'
346 Dô sprach Wolfhart der küene,   der ritter unverzeit:
'Kriemhilte der schœnen   mac wol wesen leit
umb ir brief senden,   daz si zen Hiunen hât getân.
des siht si dise [langen] risen   nie mê ze tische gân.'

XI.

347 Dô sprach der künec Gibeche: 'wâ bist du nû, Stûefinc?
wâfen dich vil balde   hie an disem rinc.
hân ich dir bî mînen tagen   ie kein guot getân,
vor mîner tohter schœne   solt du der kempfen einen bestân.'

342,3 ∽ h.   3ᵃ Nach gerling by dem ecke b. im f, ∽ bs. an bf] in s.
der sf] siner b.   klanc bf] erclang s.   4 Er al. do h(s).   343,2 viur ∽ b.
hitze] hitznunge b.   1.2 lauten in sh (vgl. 340,1.2 b).
    Sie striten mit einander   [gar unlange zît.
    sie begunden einander] trîben   ûf der beiden wît.
([—] ∽ h).   3 dô ∽ bs.   Heime nach swert b.   der selben z. h.   an der
zît] in den henden sin s.   danach zusatz Sie begunden einander triben vff
der heiden hin s.   4ᵇ gar zorneklich b.   danach zusatz Do lag der rise vff
der heid wit s.   344,1—3 lauten in sh:
    Dô schiet ûz dem garten   Heime der wigant.
    dô sprach gezogenliche   meister Hiltebrant:
    'Heime, ein herzog hêre   und dâbî wol gezogen,
(3 hêre ∽ s).   4 sterke] krafftt sh.   noch] vnd sh.   elent bs.   niht] noch
nie sh.   345.346 ∽ sh.   345,2 Heime ror wider b.   4 risen ∽ b.
346,4 Daz b.
    XI. 347,1 sprach shp] rief b.   nu ∽ sh.   2 Vervoff sh.   hie] noch
hüttin h.   3.4 ∽ s.   keinen dienst get. h.   4 Neina stûeffing küener dz
soltú mich geniessen lon h.

348 Dô wâfente sich vil balde   Stûefinc der küene man.
    alsô vrœliche   kam er ûf die ban.
    'mit weme sol ich nu strîten?   der tuo mir daz bekant.'
    'mit Dietleibe von Stîre,'   sprach meister Hiltebrant.
349 Hiltebrant der alte   ruofen dô began:
    'wâ bist du nû, von Stîre   Dietleip ein küener man?
    sihst du einen recken?   den solt du bestân.'
    'daz ergât im hiute ze leide,'   sprach der unverzeite man.
350 Dô huop er bî dem künege   under einer banier guot.
    . . . . vuorte von Stîre   Dietleip der hôchgemuot.
    diu banier was geneiget,   dâ er sie vuorte an.
    dô sprancte in den garten   der wunderküene man
351 Gein sîme widersachen,   der was im unbekant.
    er vrâgete in, wie er hieze.   er seite ez ime zehant:
    'ich bin geheizen Stûefinc   dâher ûz Îrlant.'
    dô widerseiten sie einander,   die helde beide samt.
352 Ze den brüsten sie dô stâchen   beide samt ir sper.
    den rossen sie verhancten.   in was ze strîte ger.
    *sie treip ûf einander   ir beider grôzer zorn.
    *sie stâchen ûf einander,   die recken hôchgeborn.
353 Die schefte sie zerbrâchen,   ir krachen daz was hel.
    sie kâmen von den rossen,   die recken alsô snel.
    *sie sluogen ûf einander,   die zwêne küenen man.
    *sie striten gar vrümeclîche,   die vürsten lobesam.
354 Sîn swert zucte von Stîre   Dietleip der hôchgemuot,
    er sluoc ûf Stûefingen,   daz daz bluot darnâch wuot.
    Dietleip vuorte geswinde   einen ungevüegen slac,
    daz ime Stûefinges houbet   vor sînen vüezen lac.

348,1.3 *lauten in sh:*
    Ime wart sîn gesmîde   balde her vür brûht.
    er verwâfente sich mit grimme,   alsô er hête gedâht.
(2 alsô] dz *h*).   3^b der mir daz det bekant *sh*.   *mit* 349,1 *bricht b vorläufig ab.*   2 bist du *sf*, ~ *h*.   nû *hf*, ~ *s*.   Dietleip *hf*, ~ *s*.   ein vil k. *h*.   3.4 ~ *sh, ergänzt aus p*.   350,1 einem paner *s*.   2 . . .]
Die paner *sh*.   3 diu] Sîn *h*.   3^b do fûrt er oúch an *h*.   4 sprang er *h*. wunder ~ *s*.   351,1 sîner — die — vnerkant *s*.   2 ~ *s*.   im es *h*.
3 vngerlant *h*.   4^b die zwen kúene wigant *h*.   352,1 dô ~ *s*.   stâchen] saten *s*.   samt ~ *s*.   2 hengetent *s*.   beger *h*.   3 treip ûf] stochent mit *h*.   4 Do st. sy *h*.   353,1 brochen *s*.   daz ~ *s*.   2 recken *hf*] heild *s*.   alsô ~ *s*.   3 sie] Do *h*.   4^a Sy str. mit einander *h*.   4^b = 3^b *s*.
354,1 ~ *h*.   bochmûtt *s*.   2 ein daz ~ *h*.   darnâch *fp*] durch die ring *sh*.
3^a D. von stire sy fûrt *h*.   geswinde ~ *h*.   ungevüegen ~ *s*.   3^a *h vgl. fp*.
Daz schiffing der kien *s*.   dot vor *s*.   sînen *sf*] den *h*.   lac *hf*] gelag *s*.

355 Er gâhete von dannen,   in den satel er spranc,
von zorne und ouch von grimme   sîn ros vil wîte er swanc.
er reit ûz dem garten,   Stüefingen liez er ligen.
sich hête der künec Gibeche   sînes gewinnes gar verzigen.

XII.

356 Er sprach: 'owê sun Gunther,   daz lâz dir geklaget sîn,
Stüefinc ist ouch erslagen.   daz ist diu beswærde mîn.
gedenke, sun lieber,   hiute wol daran.'
. . . .
357 Ûf spranc der künec Gunther,   zürnen er began.
êrste begunde trûren   manec rinescher man.
er sprach ûz grimmem muote: 'bringet mir mînen harnesch
ich muoz ouch versuochen   der Hiunen übermuot.' ·[guot!
358 Er wâfente sich mit grimme, ·   ûf sîn ros er saz.
ein krône von rôtem golde   an sîme schilte was.
dô sprancte er in die rôsen,   die wâren im wol bekant.
dô rief under die Hiunen   der alte Hiltebrant:
359 'Wâ bist du nû, von Tenemarc   der junge künec Vruot?
ez hebet in dem garten   Gunther der degen guot:
mit deme solt du strîten,   du junger helt starc.'
'gerne,' sprach künec Vruote,   'er vertreip mich ûz Tenemarc.
*360 Er nam mir ouch mîn erbe,   daz mir mîn vater lie.
gît mir got daz glücke,   daz ich gesige hie,
wir werden niht gescheiden   âne wunden tief.'
ûz grôzem übermuote   künec Gunther rief:

355,1 ∼ h.   2 vil ∼ s.   er ∼ s.   sprang h.   3 Do r. er h.   4 der
∼ h.   gar hp, ∼ s.
XII. 356,1 owê ∼ s.   sun] künig h.   2 ouch ∼ s.   ist] sint h.   3.4 ∼ sh,
3 *ergänzt aus p.* liber son p.   357,1 der ∼ s.   1ᵇ in so grossem zorn h.
2 s rgl. fp.   Er beg. trôwen mangem hübschen man h.   3 grimmem muote]
grossem zorne h.   bringet] lange s.   4 Nú m. ich h.   358,1 mit
grimme] vil balde h.   er ror ûf h.   gesas h.   3 sprang s.   in] vnder h.
4 die hp] den s.   359,1 Tenemarc] stire h.   ein iünger h.   2 ez] Er h.
3 du ∼ h.   4ᵃ Das tûn ich vil gerne h.   vertreip h, *rgl. p*] treip s.
vas dem marg s.   360,1 ouch ∼ h.   das zweite mir ∼ h.   2 Vnd beg. h
3 wir werden] So wirt ez h.

*361 'Hâst du iht hinder dir gelâzen, daz vindest du wol hie.
keines vrien mannes herze   an vröuden nie gelie
durch dîn grôzez dröuwen,   daz dir gât durch dînen munt.
swaz du hâst gelâzen,   daz wirt dir hie wol kunt.'
*362 Er sprach: 'mich hât übergangen   eines sælegen tages schîn,
daz ich gein mîme vinde   ein kempfe sol sîn.
ich wil im glückes wünschen,   der mich gein im hât gestalt.
mit im wil ich gerne strîten,'   sprach der künec bait.
363 Sîn helm was gesteinet   und gap ouch liehten schîn.
er vuorte driu marders houbet   an dem schilte sîn.
sîn banier was gezieret,   dâ er siu vuorte an.
dô sprancte er in den garten,   der unverzeite man.
*364 Dô sprach der künec Vruote: 'mir tuot mîn schade wê.'
'ich getrûwe gote von himel,   sîn sol werden mê,
ê daz man uns scheidet   hie ûf disem plân.'
alsô tiuvellîche   griffen sie einander an.
365 Künec Gunther von dem Rîne,   der degen vil gemeit,
zôch von sîner sîten   ein swert unmâzen breit.
alsô tiuvellîche   sluoc er ûf den künec Vruot,
daz man von ime sach vliezen   daz rôsenvarwe bluot.
366 Dô stuont der künec Vruote   in ritterlîcher wer
alsô vermezzenlîche   vor dem künege Gunther.
er vergalt im alsô balde   sînen strît sô grôz:
er sluoc ûf in mit kreften,   daz daz bluot von ime vlôz.
367 'Ach Gunther, dich wil triegen   dîn grôz übermuot.
du næme mir mîn erbe   und mînes vater guot:
daz wil ich dir gelten,   als ich dir's schuldec bin.
ich getrûwe gote von himel,   du gevüerest mir ez niemer hin.'

361,1 iht *nach* dir *h*. dir] mir *s*. wol ~ *s*. 2 keines vrien] Einz freiden *s*. 3 durch ~ *s*. 3ᵃ Dúrch die grossen trúwe *h*. daz] die *h*. dînen] den *h*. 4 hie ~ *h*. 362,1 volgangen *s*. 2 minen figenden *s*. k. bût sol *h*. 3 wunschen gelúckes *h*. hât~*s*. stalt *s*. 4 gerne ~ *s*. künec] iûgen *h*. 363,1 ouch ~ *s*. 2ᵃ Do fûrt er das marmel *h*. 3 gezieret] geneigot *h*. siu] ez *sh*. 4 er ~ *s*. unverzeite] wunderkúene *h*. 364,1 Vruote ~ *s*. 2 gote von himel] sprach ginter *s*. sol] wol *s*. 3 ê daz] Ob *s*. vns nu sch. *h*. 3ᵇ sprach der kúne man *h*. hie ~ *s*. 365,1 künec ~ *h*. vil ~ *s*. 2 Er *beg. s*. zôch *sf*] fûrte *h*. von sîner sîten *vgl. f*] in sîner hende *h*, ~ *s*. væer mossen *s*, das was vnm. *h*. ein swert *vor* breit *s*, *nach* fûrte *h*. 3 künec Vruot] man gût *s*. 4 rôsenvarwe] rot *s*. 366,3 vergalt *hf*] galt *s*. alsô balde ~ *h*. sin stritten slege worent gr. *h*. 4 ein daz ~ *h*. von ime vlôz] dúrch die ringe dos *h*. 367,1 betriegen *h*. grôz ~ *s*. 3 dir's ~ *h*. 4 ~ *h*.

368 'Noch hâst du's niht ervohten,   wis niht alsô vrô,'
    alsô sprach der künec Gunther   ûz übermuote dô,
    'ez wirt in den vröuden   verlorn manec spil.
    Tenemarc daz guote lant   ich dir noch niht lâzen wil,
369 Ich werde dan baz betwungen,   denne ich noch hie bin.'
    dô sprach der künec Vruote: 'du gevüerst mir'z niemer hin,
    du darft dich des niht vröuwen,   sag ich dir ie genôt.'
    dô huop sich von den recken   êrste angest unde nôt.
370 Ez giengen ûf einander   slege âne zal:
    schilt harnesch begunde erklingen,   daz ez vil lûte erhal.
    dô rach der künec Vruote   sînen alten haz.
    er sprach: 'ich sage dir, Gunther,   ich wil dich grüezen baz,
371 Sit du mir hie bist komen   ûf des strîtes vart.
    daz wizze sicherlîche,   du wirst hie niht gespart.
    alsô du mir hâst gedienet,   alsô wil ich lônen dir
    mit mîme guoten swerte,   daz solt du glouben mir.'
372 Alsô sprach der künec Vruote   dâher ûz Tenemarc.
    er sluoc ûf künec Gunthern   manegen slac vil starc.
    er tete ime vil balde   alles lachens buoz.
    er schriet im durch daz houbet,   daz bluot viel im ûf den
373 Ez ran im vür diu ougen,   daz er niht gesach.   [vuoz.
    ûf spranc diu küneginne,   nu hœret, wie si sprach:
    'wir sûln von einander scheiden   die zwêne küenen man.'
    dô sprach der künec Vruote: 'nu gât von mir hin dan.
374 Ich lân mich niht scheiden,   ich wizze denne wie.
    joch sol ich mîn guot lant   niht gewinnen hie?
    nu ist ez doch mîn erbe   von dem vater mîn:
    lât er mir des niht wider,   ez muoz sîn ende sîn.'

368,1 Noch] Jo *h*. 's ~ *s*. bis nût *h*, mit sigen *s*.   2 alsô ~ *h*.
3 vröuden ~ *h*. manig gût sp. *s*.   4 noch niht] nú *h*.   369,1 u. 2 in
h vertauscht. werde sîn d. *h*. denne] wanne *s*. noch hie] betwungen *s*.
2 der ~ *s*. 2ᵇ füerstú ez von mir hin *h*.   3 Dez darf dú *h*. des] sîn *s*.
niht] wol *h*. dz sag *h*. ingenot *s*.   4 êrste vor von *s*, ~ *h*.   370,1 gie *h*.
slege] swert *h*.   2ᵃ Schiltt helm h. beg. klingen *s*. vil ~ *s*.   3 der
~ *s*.   371,1 hie ~ *s*. bekomen *s*. des ~ *sh*. stridendez *h*.   2ᵃ D.
wissest vf min trúwe *h*. hie ~ *s*.   4ᵇ dez wil ich strelen dir *s*.
372,1.2 ~ *s*.   2 m. herten sl. *h*. vil starc rd *Hagen*, ~ *h*.   3 u. 4 ver-
tauscht *s*. ime] king ginter *s*. vil balde ~ *s*. alles ~ *h*. lachen *s*.   4 den
helme dz dz blôt dar vz wot *h*.   373,1 ~ *h*.   3 u. sy v. *h*. zwêne ~ *s*.
4 der ~ *s*. nu ~ *h*.   374,1 Nú lon ich *h*.   2 joch ~ *s*. ich nút
m. *h*. niht ~ *s*.   3ᵇ daz mir min vater lie *s*.   4 Vnd beg. *h*. ers *h*.
des ~ *h*.   4ᵇ ez got ym an dz leben *s*.

375 Des antwurte ime diu künegin an der selben zît:
    'ich wânte, ez wære umb rôsen hie der iuwer strît.
    welt ir denne vehten umb bürge und wîtiu lant,
    sô vüeret ir von dem Rîne ein vrevellîchez pfant.'
376 'Mîn lant ist mir lieber denn iuwer rôsen kluoc.
    sit daz mich mîn muoter ûf erden ie getruoc
    und ich erwuohs ze witzen, die ich nu hân ganz,
    sô ist mir mîn erbe lieber denn iuwer rôsenkranz.'
377 Dô greif er nâch dem swerte sô rehte grimmeclîch.
    die vrouwen vielen alle ane den künec rîch:
    'nu hât ir doch gewunnen iuwer lant mit wer.' [Gunther.'
    er sprach: 'ich gloube ez niemer, ez spreche dan künec
378 'Ich wil dir'z wider lâzen,' sprach künec Gunther dô,
    'ich stân mit tiefen wunden vor dir gar unvrô.
    hân ich dir iht ze leide getân, daz wil ich niemer tuon.'
    alsô schuof der künec Gunther im selben eine stæte suon.
379 'Numme dumme âmen!' sprach meister Hiltebrant,
    'wir hân den übeln tiuvel in den garten gesant:
    er vihtet ritterlîche, künec Vruote ist unverzaget:
    Tenemarc daz guote lant hât er wider bejaget.'
380 'Got sitzet an dem rehten, der alliu dinc wol weiz,'
    alsô sprach der von Berne, 'wir verwen disen kreiz
    der künegîn mit dem bluote, des si gedenken muoz.
    von ir brieve senden tuon wir ir lachens buoz.'
381 Dô sprach der künec Gibeche: 'sun, mîn herze klaget,
    daz du dich den last twingen, den du dicke hâst gejaget.'
    dô sprach der künec Gunther: 'ez sol alsô sîn:
    wir hân'z mit hôchvart verdienet ûf die triuwe mîn.'

375,2 der ~ s.   3 vehten] stritten s.   u. vm witi h.   witiu ~ s.
4 vrevellîchez] fröidenriches s.   376,1 Frô beg. h.   denn] wanne s.
8 und ~ s.   wohz. s.   witzen] wissen h.   nu] nit s.   4ᵇ vbel unde gût h.
4 Mir ist h.   denne] wan s.   kranz] clâg h.   377,2 do alle h.   3 gewer s.
4 künec ~ h.   378,1 'z ~ s.   künec ~ s.   2 mit] in s.   vor] fon s.
gar ~ s.   3 iht ~ h.   l. nú ût get. h.   4 der ~ s.   Gunther] frût h.
stæte ~ s.   379,1ᵃ Núm' dümen vanen h, Númer dum nobis s.   3 ist ~ s.
380,2 alsô] Do h.   von Berne] bernere h.   verwen] v'üirrent h.   kreiz] prinz s.
3 der] Die h.   dem ~ s.   3ᵇ sy begossen was h.   des] daz s.   4 von]
Vmb h.   4ᵇ fúrwor so wissent das h.   ir rdHagen ~ s.   lachen s.
381,1 der ~ sh.   sun ~ s.   h. dir daz kl. s.   h. dir daz kl. s.   2ᵃ Daz
dich einer hat betwúngen h.   3 der ~ s.   vatter es h.   alsô ~ h.   4ᵃ Wir
hant ez beschuldet mit vnser hoffart s.

XIII.

382 Dô rief der künec Gibeche: 'wâ bist du, Gêrnôt?
dînes bruoder wunden wellen im tuon den tôt.
neinâ degen biderbe küene und unverzaget,
schaffâ, daz man iemer mêre von dir singet unde saget.'
383 'Ich enweiz, waz ich sol strîten, lieber vater mîn.
und hête mîn swester Kriemhilt ir hôchvart lâzen sîn,
sô lægen uns niht erslagen ritter und risen tôt,
und stüende si in dem garten niht alsô schamerôt.
384 Daz du ir hâst verhenget, des ist si worden ze lôs,
daz muoz man an ir schouwen: ir hôchvart ist sô grôz,
si ist der ruoten entwahsen, si gæbe niht vil ûf dich.'
dô sprach der küenec Gibeche: 'ach sun, daz riuwet mich.'
385 Sînes bruoder harnesch leite der degen an
und verwâfente sich balde, der wunderküene man..
dô sprancte er in die rôsen, die wâren im wol bekant.
dô rief under die Hiunen der alte Hiltebrant:
386 'Wâ bist dû nû, Rüedegêr dâher von Bechelân?
Gêrnôt hebet in dem garten, den solt du bestân.'
Rüedegêr tete balde, daz im Hiltebrant gebôt:
er sprancte ze sîme vînde in die rôsen rôt.
387 Dô stâchen sie ûf einander, die zwêne küenen man,
alsô vrilîche ûf der selben ban,
daz ir beider brünne wurden von bluote rôt.
Rüedegêr brâhte Gêrnôt in angest und in nôt.
388 Wie balde ein juncvrouwe ir beider strît ersach,
mit ir rôtem mündelîne si zühtecliche sprach:

XIII. 382,1 der ∼ s.   2 im] mir s.   3 â ∼ s.   biderbe hf] jung s.
: derb und kúener vertauscht h.   und hf, ∼ s.   4 â ∼ s.   mêre ∼ s.
von dir vor iemer s.   383,1 en rd Hagen, ∼ sh.   sol ∼ h.   strîten] vechten h.
2 und ∼ s.   gelosen s.   3 lege sh.   4 stüende si] stundent s.   niht vor
n h.   384,1 Nú hant ir verhenget das sy ist siglos h.   2 schouwen]
zehen s.   3 das zweite si] vnd h.   niht vil ûf] wenig vmbe h.   4 der ∼ s.
ich sun ∼ s.   385,1 leite] det h.   2 wunder ∼ s (vgl. v. 3b h). Sich
vaffent also b. der recke wol geton h.   3 sprang s.   sprancte er] spra-
:hent h.   3b der wúnder küene man h.   4 die hp] den s.   386,1 nu
Rüedegêr] von dem rine s.   dâher] der here s.   4 sprang s.   vînde] wid'-
-achen h.   387,2 vrilîche] frôlîchen frefenlîchen h.   selben ∼ h.   3 wart h.
4 das zweite in ∼ s.   388,2 M. i. r. münde nú hörent wie sy spr. h.

'ach richer Crist von himel, wellest des vürsten pflegen,
der sich sô richer gâben gein mir hât begeben!'
389 Kriemhilt die schœne diu rede sêre verdrôz: [vlôz:
si sluoc die juncvroun in den munt, ' daz daz bluot von ir
'warumb wünschest du gelückes eime vremeden man?
tætest du'z *dem* minen, ez wære baz getân.'
390 Dô Rüedegêr der milte daz bluot an der juncvroun sach,
er begunde vaste striten ûf Gêrnôtes ungemach.
ûf spranc diu küneginne, von der man wunder saget,
si schiet sie von einander, die recken unverzaget.
391 Dô sprach diu küneginne: 'du edeler marcman,
du hâst in dem garten dîn bestez wol getân,
daz muoz ich iemer jehen unz an daz ende min:
du hâst êrliche erstriten den pris an disem Rin.'
392 Dô schiet ûz dem garten der milte marcman.
Hiltebrant der alte ruofen dô began:
'Rüedegêr der milte, der degen unverzaget,
der hât an Gêrnôte grôze êre bejaget.'

XIV.

393 **Dô** rief der künec Gibeche: '[wâ bist du,] Walther von
verwâfen dich vil balde noch hiute an disem rinc. [Kerlinc,
hân ich dir mine tage ie keinen dienst getân,
ach Walther, *degen* küene, des solt du mich geniezen lân.'
394 Er wâfente sich mit grimme, ûf sîn ros er saz.
ein lewe von lâsûre an sîne schilte was.
'mit weme sol ich nu striten? der *tuo* mir daz bekant!'
'mit Hartnide von Riuzen,' sprach meister Hiltebrant.

388,3 uch ∼ *h.* vürsten] ritters *h.* 4 ergeben *h.* 389,1 schœne]
küniginne *h.* sêro ∼ *s.* 2 den munt] dz múl *h. ein* daz ∼ *h.* von ir
vlôz] dar vs doz *h.* 3 warumb ∼ *h.* glig *s.* 4 den *sh.* baz] mir
lieber *h.* 390,1 Dô] Also *h.* 2 vaste] ser *s.* 3 do die k. *h.* 4 si]
Vnd *h.* sy do von *h.* unverzaget] vzwelt *h.* 391,1 du edeler] vil lieber *h.*
391,2—392,1 ∼ *s* (marcman : marcman). 3 unz] bis *h.* 392,4 grôze
êre] den gerosten spris *h.*
XIV. 393,1 der ∼ *s.* 2 vil ∼ *s.* noch ∼ *s.* 3 bi minen tagen *h.*
4 ach] Nein *h.* degen küene] von cerling *h.* degen ∼ *s.* 394,1 ver-
waffent *h.* mit grimme] vil balde *h.* er ror ûf *h.* gesas *h.* 2 glasúre *h.*
3 weme] wanne *s.* nu ∼ *s.* tuo] dete *sh nach* daz.

9*

395 Hiltebrant der alte   ruofen dô began:
'wâ bist du nû, von Riuzen   Hartnît ein küener man?
. . . .
. . . . ;
396 Dô huop er bî dem künege   under einer banier guot:
daz rât vuorte von Riuzen   Hartnît der hôchgemuot.
sîn banier was von pfeller,   dâ er ez vuorte an.
dô sprancte in den garten   der unverzagete man.
['mit weme sol ich nu strîten?   der mir'z tæte bekant!'
'mit Walther von Kerlingen,'   sprach meister Hiltebrant.]
*397 Den schilt begunde er vazzen,   den helm er ûf bant.
alsô nîdeclîche   er ûf Walther dô rant.
diu sper sie zerstâchen   mit ellenthafter hant.
sie kâmen von den rossen   nider ûf daz lant.
*398 Sie sluogen ûf einander,   die zwêne küenen man.
sie striten ritterlîche,   die degen lobesam,
daz sich ûz der linden   manec vogellîn zehant
. . . .
*399 Alsô sie müede wurden,   sie sâzen ûf daz lant.
wie balde einer dem andern   den helm abe gebant!
in was von den slegen   worden alsô heiz,
sie wischten von den ougen   den stoup und ouch den sweiz.
400*Dô sie der wint erwâte,   die zwêne küenen man,
*sie sprungen ûf vil swinde   und griffen ez wider an.
ûf spranc vrou Kriemhilt,   diu küneginne wîs,
und schiet sie von einander   und gap iedewederm den prîs.
401 Dô schiet ûz dem garten   Hartnît der küene man.
Hiltebrant der alte   ruofen dô began:
'*Hartnît* hât ervohten,   und ist uns worden schîn.
des trûret in dem herzen   Kriemhilt diu künegîn.'

395,1 dô ~ s.   2 ein küener man] der tegen hochgemût s.   3.4 ~ sh.
396,1 b. kestlich schon vnde gût s.   2 hôchgemuot] tegen gût s.   3 sîn]
Die h. von pfeller] geneget h.   3ᵇ do fûrt erz oûch an h.   4 sprang sh.
dem h.   4ᵇ d. wunderküene m. h.   5 wenne s.   nu ~ s.   397,1 Den
schilt nam er zû den armen dz sper in sin hant h.   2 nûdeclich s, ver-
messenlichen h.   dô ~ s.   3ᵃ D. schefte s. zorbrachent h.   4 nider] under s.
398,2 S. str. mit einander frilich vf der ban h.   3 ~ s.   ôgelin h.   4 ~ sh.
399,1 ~ s.   2 vgl. 298,2. Wie balde] Je s.   einer dem andern] ietweder h.
band s.   3 worden ~ s.   4 von den ougen] ab s.   ouch ~ s.   400,1 Dô]
Dz s, Also h.   zwêne ~ s.   2 ûf vor und s, ~ h.   vil ~ s.   swinde]
balde h.   ez wider] einander h.   3 vrou Kriemhilt ~ s.   4 das erste
und] Sy h.   den ~ s.   401,2 dô ~ s.   3 Hartnît] Walter sh.   ervohten]
erlich gefochten h.   und] dz h.   uns ~ h, uns ouch w. s.   4 in dem] an irem h.

XV.

402 Dô rief der künec Gibeche: 'Herbort, ez gât an dich!
    edeler degen küene,   nu verwâfen dich:
    hân ich dir bî mînen tagen   ie keinen dienst getân,
    neinâ, degen küener,   des solt du mich geniezen lân.'
*403 Sich verwâfente dô mit grimme   der herzoge Herbort.
    dô sprach diu küneginne: 'seht ir jenen dort?
    möhtet ir den betwingen,   ir ûzerwelter man!'
    den schilt bôt ime diu künegîn.   dô reit er hin dan.
404 Dô sprancte in die rôsen   der unverzagete man.
    alsô vrilîche   huop er ûf der ban:
    'mit weme sol ich nu strîten?   der tuo mir daz bekant!'
    'mit Dietrîche von Kriechen,'   sprach meister Hiltebrant.
405 Hiltebrant begunde ruofen   sô rehte grimmeclîch:
    'wâ bist du nû, von Kriechen   schœner Dietrîch?'
    alsô sprach gezogenlîche   Hiltebrant der alt:
    'Herbort hebet in dem garten   und ist noch ungevalt.'
406 Dietrîch tete balde,   daz im Hiltebrant gebôt:
    er sprancte mit sîme gesmîde   in die rôsen rôt
    gein sîme widersachen   ûf der selben vart.
    sie stâchen ûf einander,   die recken alsô zart.
407 Sie kâmen von den rossen   nider ûf daz lant.
    sie griffen nâch den swerten   mit ellenthafter hant.
    *sie begunden einander trîben   ûf der heiden entwer.
    *sie sluogen ûf einander: in was ze strîten ger.
408*Sie striten mit einander   gar unlange zît.
    *sie begunden einander trîben   ûf der heiden wît.

XV. 402,1 der ∾ s.   2 edeler] Neinâ h.   küner h.   3.4 ∾ s.   403,1 dô
∾ s. der ∾ s.   3 das zweite ir ∾ s.   4 hin] von h.   404,1 sprang s.
die rôsen] den garten h.   2 freüenenliche h.   huop er ∾ s.   3 nu ∾ s.
3ᵇ (der mirz ∾ h] det bekant sh.   405,1 begunde] der alte h.   sô rehte
∾ h.   2 ∾ h.   3 Do sprach hiltebrant der alte so rech gezogenlich h.
4 hebet noch in s.   4ᵇ das wisset sicherlich h.   406,1 balde] do gerne h.
im ∾ s.   2 sprang s.   Do sprangt zû sinem vigende in den garten do h.
3 siner widersach s, sinen w. h.   4 Do st. sy h.   recken] helde h.   407,2
ellenthafter] freüenlicher h.   3 ûf der heiden] in den garten h.   zu
entwer s.   4 strite beger h.

sie triben in dem garten   einander hin ze tal.
swie küene Herbort wære,   sô muoste er nemen einen val.
409 Dietrich vuorte geswinde   einen ungevüegen slac,
daz ime Herbortes houbet   vor den vüezen gelac.
'nu bist du gevallen,   daz ist mir niht gar leit.'
dô schiet ûz dem garten   Dietrich sô gemeit.

XVI.

410 Dô rief der künec Gibeche: 'wâ bist du, Rienolt?
verwâfen dich vil balde,   wilt du verdienen den solt
vor der küneginne.   joch bist du vor hin wunt.'
'jâ wil ich gerne striten,'   sprach Rienolt durch den munt.
411 Dô die rede erhôrte   der alte Hiltebrant,
er begunde ruofen   Sigestaben ze hant:
'wol hervür, degen junger,   uns tuot dîner helfe nôt:
du muost mit Rienolte vehten,   der ist iezuo mê dan halber
412 Ir vüeget wol zesamene,   ir sît beide kranc.'   [tôt.
Sigestap der junge   mit vröuden ûf spranc.
dô sluogen ûf einander   die zwêne küenen man.
dô sprach ûz der linden   manec juncvrouwe wolgetân:
413 'Wes ziht diu künegîn Rienolt?   er ist doch vor hin wunt.
wie treit si an ir herzen   sô manegen valschen vunt!
wænet si mit ir siechen   den prîs hie bejagen?
und sint ir in dem garten   ritter und risen erslagen.
414 Si wænet ouch vertrîben   der Hiunen übermuot
mit ir spitelsiechen   von lande und ouch von guot.'
dô sprach Brünhilt diu guote: 'wærlîche, sô wolte gân
der wagen vür die rinder,   alsô verre ich mich verstân.'

408,3 in dem garten ∼ h.   4 swie] Wer s.   sô] doch h.   mieste s, mûz h.
409,1 geswinde ∼ s.   ungevüegen] swinden s.   2 lag h.   3 gar ∼ s.
4 sô] vil h.
XVI. 410,1 der ∼ s.   2 vil ∼ s.   den ∼ s.   3 joch] nu h.   4 ich
wil s. Rienolt] er s.   411,1 Dô] Also h.   3 fir her s. din helff s. diner
helfe tût unz n. h.   4 der ∼ h. iezuo mê dan ∼ s.   412,2 ûf] für
her h.   3 ∼ s.   4 dô sprach] Das sach h. frowe s.   413,1b den
degen iûng h.   2 an] in h. valschen ∼ s.   3 den prîs ror mit s.
W. s. mit er noch pris erj. h.   4 in dem garten ∼ h.   414,1 Wenet sy h.
ouch ∼ h.   3 crimhilt s. guote] zarte h. wolt wol gon s.   4 rinder]
reder s. verre ∼ s.

415 Swaz dâ die vrouwen retten, die stolzen helde zart
die sluogen ûf einander vrilîche ûf der vart
alsô vrevellîche mit ir swerten guot.
Sigestap der junge Rienolte eine wunden sluoc,
416 Daz man daz bluot sach vliezen über sînen lîp hin dan
er sprach: 'wærlîche [daz] dir diu künegîn niht engan
daz du langer lebest, daz ist mir worden kunt,
daz si dich heizet vehten mit starken helden gesunt.
417 Wære dir diu küneginne in ganzen triuwen holt,
si gæbe dir in dem spitel silber unde golt
und hieze dîn schône pflegen, alsô man vor hât getân
an den spitelsiechen: des solt du gelouben hân.'
418 Rienolt begunde zornecliche jehen:
'nu hân ich manegen rüemer dicke mê gesehen
ûf der breiten erden, junc und dâbî alt,
der doch muoste vliehen, sô ez mit swerten galt.'
419 Mit den selben worten brâhte Rienolt einen slac,
daz im Sigestap der junge vor sînen vüezen gelac.
Rienolt sprach mit zorne: 'wâ nû, ein junger degen?
wie ist dîn grôz giuden hie sô balde gelegen!'
420 Dô Wolfhart der küene sînen bruoder vallen sach,
alsô zornecliche er ûf der verte sprach:
'owê Sigestap, bruoder, wie tuot ez dem herzen mîn,
daz ich an disen stunden sol niht ein kempfe vür dich sî.'
421 Dô Sigestap der junge erhôrte sîns bruoder wort,
er spranc ûf geswinde, mit sînes swertes ort
sluoc er Rienolte eine wunden tief.
ûz der schœnen linden diu küneginne rief:
422 'Du solt in lâzen leben, werder helt guot.
du hâst in dem garten erworben prîses gnuoc.'

415,1 dâ ~ s. retten] spruchent h. 2 die] Sy h. ûf] an h. 3.4 ~ s.
416,1 lîp] schilt s. hin ~ h. 2 er] Sie s. dirs h. 3 lange s. worcer
kunt] wol bekant h. 4 dich ~ h. gesunt] gât h. 417,3 schône ~ s
vor hin h. h. 4 an den] Also andern s. des] do s. 418,1 R. der grosse lieg h.
2 mê ~ s. 3 erden] beide s. 4 mieste s. Die d. müsten h. 419,1 Mit
An h. selben ~ h. 2 der junge ~ s. sînen] den h. 3 ein ~ s. junger
küener h. 4 grosses h. so balde hie h. 420,2 snelleclichen h. 8 wie
~ h. ez] dz so we h. mîn] din s. 4 an] zû h. sol nach dich h. r ht
ein] din s. 421,1 horte h. 3 sluoc er vor eine h. Er schlug s. riezo't
dem grossen h. 422,1 werder] iûnger h. 2 prîses gnuoc] prîs genu̇̈: s

Sigestap der junge   kêrte sich niht an *ir* ruof,
unz er Rienolte   grôz leit und ungemach geschuof.
423 Er begunde in suochen   durch harnesch unde schilt,
daz dâvon muoste vallen   *ze tal* der degen milt
und vor der küneginne   niemer strites mohte getuon.
Sigestap der junge   hête ervohten grôzen ruom.
424 Dô schiet ûz dem garten   Sigestap der junge man.
Hiltebrant der alte   ruofen dô began:
'Sigestap der junge   der ist unverzaget:
er hât an Rienolte   grôzen prîs bejaget.'

XVII.

425 Hiltebrant der alte   ruofen dô began:
'wâ sûmet sich sô lange   der münech Ilsân?
wie vürhtet er sich sô sêre?   tar er niht hervür gân,
den klê mit bluote begiezen,   alsô er dicke hât getân?
[und ouch hie bedecken   mit sîner kutten wît,
unz ime diu küneginne   einen kempfen gît.]'
426 'Jâ, lieber bruoder,'   sprach der münech Ilsân,
'swaz ir mir gebietet,   daz sol sîn getân.
darzuo bin ich ze strîte   wol bereit hie.'
alsô vrœliche   der münech in den garten gie.
427 Dô truoc er ob den ringen   eine grâwe kutten an,
ein swert in sîner hende   truoc der münech Ilsân.
. . . .
. . . .
428 'Sît daz der küneginne   ist ze strîte ger
(daz man vor ir strîte,   drumb bin ich komen her).

422,3 ir] der kingin s*h*. 4 unz] Bis *h*. reinbolt dem jungen *s*, rienolt dem grossë *h*. gröz ~ *h*. und ungemach ~ *s*. 423,1.2 in *h* nur *ein v*.: Do sprach er zû rienolt diner rede dú engilt *h*. 2 ze tal ~ *s*. 3 und] Vntz er *h*. niemer] nien *s*, rúme *h*. strites] santez *h*. getuon] gesten *s*. 4 der junge ~ *h*. an rienolt grossen *h*. 424,2 dô ~ *s*. 3 der ist] ein degen *h*. 4 er ~ *h*. grözen] den grössten *h*.
XVII. 425,1 dô ~ *s*. 2 der ~ *s*. 3 getar *h*. 4 vergiessen *h*. er dicke *h*(*f*)] man fur *s*. 5 hie~*h*. 6 Vntz daz *s*, Bis *h*. 426,1 der ~ *s*. 2 mir ~ *s*. sin getân] ich griffen an *h*. 3 bereitet wol zû strîten *h*. 4 den garten *hfp*] die rosen *s*. 427,1 den ~ *h*. grâwe~*h*. 2 der ~ *s*. 3.4 ~ *shfp*. 428,1 S. d. die k. nach str. hat beger *h*.

sô gebe's nur einen kempfen in die rôsen lieht,
oder ich zertrite sie alle und leibe ir keine niht.'
429 Dô begunde sich walken der münech Ilsân
in dem rôsengarten. nieman greif in an
in den liehten rôsen. des was der münech gemeit.
daz was der küneginne ûzer mâzen leit.
*430 Dô begunde der münech Ilsân die rôsen gar zertreten.
in hête diu küneginne lützel des gebeten,
daz er in dem garten treip sô grôzen übermuot,
daz dûhte vroun Kriemhilte dô ze nihte guot.
431 Dô sprach diu küneginne: 'lieber vater mîn,
lâz dir disen grôzen spot hiute geklaget sîn,
den *in dem garten* tribet der münech Ilsân.
hâst du keinen sô küenen, der in türre bestân?
*432 Daz sîn grâwiu kutte iemer werde geschant!'
dô begunde lachen der münech Ilsân zehant.
er sprach bescheidenlîche: 'vil edeliu künegîn klâr,
vluochen ist verboten, daz sage ich iu vürwâr.
*433 Ich weiz wol umb den orden, ich bin ein klôsterman.'
dô sprach diu küneginne: 'sô hâst du unreht getân,
hâst du dich underwunden, daz du wilt dienen got,
und hâst mir hie erzeiget dînen grôzen spot.'
*434 'Den orden trage ich rehte: sich an den predegerstap,
den mir in dem klôster der abbet selbe gap.
er hât mich ûz gesendet, ich sol bîhte hœren.'
dô sprach diu küneginne: 'der münech wil uns tœren.
*435 Ich vürhte, uns welle betriegen der alte baltenære.
sîn rede mich sêre verdriuzet, sîn spot lît mir swære.
ein scharfez swert er vüeret vür sînen predegerstap,
der abbet was wol unsælec, dô er dir'z in die hende gap.'

428,3 's ∼ h. 4 oder *hp*] Wanne *s*. 4ᵇ ich lieber einen niet *h*. ir] in *s*.
429,1 walken *hf*] walgern *s*. 2 in] An *s*. 4 der kün.] kriemhilten *h*.
430,1 Ilsân ∼ *h*. gar] vast *h*. 2 der] dar vmb *s*. 4 vroun] do *h*. dô
ze nihte *vdHagen*] zû núte *h*, nit gar *s*. 431,2ᵃ *h rgl. pf*; Disen spott
loez dir befoln *s*. hiute] vnd *s*. 3 ∼ *s*. in dem garten] hie *h*. 4 ge-
túr *h*. 432,1 werde] sy *h*. 2 lachen *vor* zehant *s*. der fri münch *h*.
zehant ∼ *h*. 3 gezôgenlichen *h*. vil ∼ *s*. 433,2ᵇ so hebstú vbel
an *h*. 3 vberwunden *h*. 4ᵃ Vnd mir den hie erzôgest *h*. 434,1 *das
zweite* den] minen *s*. stap] stûl *h*. 3 sülle *h*. 435,1 betriegen ∼ *h*.
2 sêre ∼ *s*. 3 vüeret] brúefet *h*. sînen] einen *h*. 4 vnsenig *s*. Saga was
der múnich nút vnselig der dir in ze hant gap *h*.

*436 'Edeliu küneginne,   joch hête er witze genuoc:
er sach an mine libe,   daz ich'z mit éren truoc.
in stürmen und in striten   ist grâwer orden reht.'
'nu geleite dich der tiuvel   in die helle sleht!
*437 Ich sage dir sicherliche,   er gestât dir niemer abe,
wan du dienest *ime* mit vlize   mit dime predegerstabe.
. . . . ,
. . . .'
*438 'Nu vürhte ich niht sô sêre,   vrouwe, daz hellesche viur.
ich wil noch hiute geschouwen   manec mündelin gehiur
in dem rôsengarten   mit minen ougen snel,
und solte ich von strite   verliesen hie min vel.
*439 *Daz* miere kam in'z klôster,   *daz* mich her truoc,
man gæb ie *dem* man ein küssen   von einer vrouwen kluoc,
swer hie getürre striten   umb einen rôsenkranz.
durch *daz* wil ich brechen   schilte und helme ganz.'
*440 Dô sprach gezogenliche   diu edel künegin zart:
'nu küsse dich der tiuvel   an dinen rûhen bart!'
mit hazze und ouch mit nide   diu rede dô gelac:
'dir wirt mit scharfen swerten   gegeben manec slac.'
*441 'Des bin ich begernde   in miner bruoderschaft,
daz ûf mich werde geslagen   mit hertes swertes kraft.
sô wil ich mich biegen   und ouch daz wüllin gwant,
daz ez ze den Hiunen   vroun Herchen wirt bekant
*442 Und ouch den rôten münden,   der maneger bi ir wonet,
swie sêre *mir* diu kutte   über minen lip hie donet.
ir müezet selbe sprechen,   ê dirre schimpf ein ende nimt,
daz iuwer besten helde   si einer vor mir ein kint.'

436,1 joch ~ *h*. er hatte *h*.   2 mîme libe] minen geberden *h*.   ich'z mit êren] ich in wol *h*.   3ᵇ ist grosz ordenz r. *s*.   4 Nu geleite] Darvmb leitet *h*.   437,1 sicher *s*.   stot *h*.   2 ime] dem tüfel *h*, ~ *s*.   mit vlize ~ *h*. 3.4 ~ *sh*.   438,1 sô] also *s*.   vrouwe] als *h*.   hellesche] helle *h*.   2ᵃ Ich müsz an schowen *s*.   4 von strite] vmb die rosen *h*.   439,1 *beide* daz] die *sh*.   kement *h*.   trûgent *h*.   2 dem] der *sh*.   2ᵇ vnd ein infrôwe kl. *h*.   3.4 ~ *s*.   4 daz] die *h*.   schilte *vdHagen*] schif *h*.   440,1 edel ~ *s*.   2 küsse] grüsse *h*.   3 ouch ~ *s*.   3ᵃ In rede vnd ouch in hasse *h*.   diu] der kingin ir *s*.   dô ~ *s*.   4 gegeben] noch hû *h*.   441,1 Das *h*. begern *s*.   2ᵃ Das man mich vaste slage *h*.   3 mich biegen] die kütten regen *h*.   ouch ~ *h*.   4 ze den Hiunen ~ *s*.   Herchen] kriemhilt *s*. 442,1 mindelin *s*.   mange *s*.   bî ir wonet] zû ir wût *h*.   2 mir *vdHagen*] mich *s*, mit *h*.   diu] min *h*.   minen] den *h*.   hie ~ *s*.   donet] spannet *s*. 3 ê] eb *s*, e dz *h*.   dirre] der *h*.   nimt] nume *h*.   4 Vwere bester held einer wirt noch gen mir ein wint *h*.

443 **Dô** sprach der küneč Gibeche: 'wâ bist du, Volkêr?
ich wil dir hiute klagen mines herzen sêr,
diu mir hie erzeiget der münech Ilsân.
edeler degen küene, den solt du grîfen an
*444 Mit dîne guoten swerte, helt gar unverzaget.
hœrst du, wie spotlîche er mîner tohter saget,
wir sin in dem garten alle samt sin spot?
möhtest du in betwingen (daz dir des helfe got!),
*445 Des hêtest du iemer êre, und wir des grôzen ruom.'
dô sprach Volkêr der spilman, er wolte ez gerne tuon,
swaz er *iemer* möhte ûf *des strîtes* vart,
und ouch dem vrîen müneche erschüten sînen bart.
446 Volkêr der spilman was ze strîte wol bereit.
dô vuorte er an sîm schilte eine vîdeln *vil* gemeit.
dô spranc in die rôsen Volkêr der spilman.
also tiuvellîche griffen's einander an.
[sie sluogen ûf einander, die zwêne küenen man.
starke swinde slege gap ime der münech hin dan.]
447*Sie striten mit einander gar unlange zît.
*sie begunden einander trîben ûf der heiden wît.
der münech sach ane die vrouwen, tuot uns diz buoch bekant.
darumbe begunde in strâfen meister Hiltebrant:
*448 'Pater noster, bruoder! wilt du den orden stœren
durch willen schœner vrouwen?' 'swic, lâz mich gehœren.
mîniu ougen müezen schiezen ûf der minne spil,
darumbe bin ich ein kempfe ûf der heiden zil.'
449 'Sô wer dich vaste, muosbart!' sprach meister Hiltebrant,
'wir sin durch *êren* willen komen in diz lant,

443,1 sprach *hfp*] rüfft *s*. der ~ *s*. 2 dir noch h. *h*. 2ᵇ min grozz
geswer *s*. 3 diu] Den *s*. der ~ *s*. 4 edeler] Neina *h*. küner *h*.
grîfen an] boston *h*. 444,1ᵇ das soltú nút enlon *h*. 2 Höre wie *h*. er vor
m. *h*. 3 alle *vor* in *s*. samt ~ *s*. spot] zagen *h*. 4 in] den *h*. dir] vnz *h*.
des ~ *s*. hülffe *h*. 445,1 hatten wir *s*. wir ~ *s*. das *zweite* des] sin *h*,
~ *s*. grôzen] iemer *h*. 2 spilman] küne *h*. 3 ~ *s*. iemer *cd Hagen*, ~ *h*.
vf stritendez v. *h*. 4 ouch ~ *s*. vrîen] feigen *h*. schitten *s*. 446,1 spil-
man] küne *h*. wol ~ *s*. 2 vil] wol *h*, ~ *s*. 3 sprangt *h*. die rôsen] den
garten *h*. der spilman] ein küner man *h*. 4 ~ *h*. 5 Sy stritten mit
einander die recken lobesan *h*. 6ᵃ Mit starcken swinden slegen *h*. ime
~ *h*. 447,3 uns ~ *s*. diz buoch] dz lied *h*. 4 meister *hf*] der alt *s*.
448,1 orden] garten *h*. 2 swic] dú *h*. 3 schiezen ~ *h*. 4 darumbe *j*
Nu *h*. ich doch *h*. zil] hie *s*. 449,1 mûzbart vaste *h*. 2 êren *f*]
iren *sh*. diz] das *h*.

*die lâz an dîme lîbe   werden niht verlorn.'
*sie sluogen ûf einander,   die helde hôchgeborn.
*450 Ez giengeu ûf einander   slege âne zal.
schilt harnesch begunde erklingen,   daz cz vil lûte erhal.
die ringe begunden rîsen   in die rôsen hin.
sie lâgen dâ zerstrôuwet,   alsô wæren sie gesât darin.
451 Dô brâhte der mûnech Ilsân   einen ungevûegen slac,
daz ime der videlære   under den vüezen gelac.
doch lac er niht lange,   Volkêr der spilman:
er spranc ûf geswinde,   den mûnech lief er an.
452*Der mûnech begunde in trîben   ûf der heiden entwer:
*eine wîle jagete er'n hin,   eine wîle her.
ûf spranc diu küneginne,   von der man wunder saget,
und schiet sie von einander,   die helde unverzaget.
453 Dô sprach diu küneginne: 'ein juncvrouwe wil dich laden,
einen brief in'z klôster seuden   und darin tragen,
daz man dir setze ze buoze   ze vasten alsô vil.'
'daz tuon ich vil gerne,'   sprach der mûnech, 'ob ich wil.
454 Swaz ir mir hie klaget,   des tuot in alles nôt,
wan iu lît hie erslagen   risen und ritter tôt.
die bîhte hân ich gehœret: diu buoze ist in ze swære,
die sie hânt enpfangen,'   sprach der predegære.
*455 'Dîn klôster müeze verbrinnen,'   sprach Volkêr der spilman,
'dâ du inne soltest wesen,   du alter grâwer man!
dich und dîne bruoder   wil ich alle dem tiuvel erwegen.
du hâst mir mit dîne [predeger]stabe   sô starke streiche
*456 'Nu müeze uns got behûeten,   daz ist bezzer vil, [gegeben.'
mich und mîne bruoder,   als ich dir sagen wil.

449,3 nit werden *s*. Das die von dinem libe ist wordin geschant *h*.
4 sie] Do *h*. ûf ∾ *s*.   4ᵇ die recken wol bekant *h*.   450,1 gie *h*.   slege]
swert *h*.   2 clingen *s*.   vil ∾ *s*.   3ᵇ in der r. schin *h*.   4 dâ ∾ *s*.
gestrôwet *h*.   sy worint *h*.   451,1 ungevûegen ∾ *s*.   2 der vide-
lære] felker der spilman *s*.   under den] von sinen *h*.   S ∾ *s*.   4 Vf spr.
er *h*.   452,1 ûf der] die *s*.   2 jagete er'n ∾ *s*.   *das zweite* eine wîle]
die ander *s*.   4 und] Do *h*.   4ᵇ die recken vserwelt *h*.   453,1ᵇ *beg.*
münch *h*.   dich wil vor ein *h*.   2 und darin] den soltú dar *h*.   3 sezet
nach vasten *s*.   ze buoze *hf*, ∾ *s*.   ze vasten *sf*, ∾ *h*.   4 vil ∾ *s*.   454,1 mir
∾ *s*.   des] daz *sh*.   alles] werlich *h*.   2 wan ∾ *h*.   hie ∾ *s*.   ritter vnd
risen *h*.   3 ich han *s*.   bûz die ist *h*.   ze ∾ *h*.   455,1 mûs *h*.   Volkêr
∾ *h*.   spilman] widiler *h*.   2 grâwer man] baltiner *h*.   *mit* 455,3 *beg. b
trieder*.   alle ∾ *sh*.   erwegen] befeln *s*, enpfelen *h*.   4 sô starke] grosse *sh*.
456,1 uns] sy vnd mich *b*.

min predegerstap ist lieht   unde dâbî scharf,
ich vüere in mit kreften,   daz ich niemans darzuo bedarf.
*457 Daz hân ich wol erzeiget   in disen rôsen rôt.'
dô sprach der videlære: 'gar liht ist iuwer gebot.
ir möhtet vür die kutten   lieber klâre sîden tragen,
sit man iuch ûz dem klôster   ze strîte ûz sol jagen.'
*458 'Ez tuot einer vür den andern,'   sprach der münech guot,
'ez hât mich ane gerbet,   daz ich bin hôchgemuot,
von den Wülfingen,   die hânt ez dicke gehebet:
in stürmen und in strîten   wart ir nie keiner überstrebet.
*459 Daz hân ich hiute güebet   den jungen ze bilde vor,
daz sie hânt geschouwet   ûf mînes strîtes spor.
in stürmen und in strîten   was mir ie nâch êren gâch.
swenn ich wider kume in'z klôster,   sô tuon ich ouch darnâch.'
*460 'Ich enweiz niht umb dîn klôster,   du ungewisser kapelân.
wær ich bî dînen bruodern,   ich hieze sie von dir gân.
dîner hanttæte   bin ich worden gewar.
er ist ein küener keller,   der dîn pflegen getar.'
*461 Dô sprach der münech Ilsân: 'wâ ist diu künegîn hêr?
hât si der hübeschen videler   bî dem Rîne iht mêr?
swie suoze ir sîten hellen,   ir videlboge ist kranc.'
dô truoc er einen predegerstap,   der was ûzer mâzen lanc.
*462 Dô hête der münech Ilsân   übermuotes begangen vil
in dem rôsengarten,   als ich iu sagen wil:
er hête dâ zertreten   die bluomen und den klê.
daz tete dem künege Gibechen   und sîner tohter wê.

456,3 lieht unde dâbî ~ h. dâbî ~ b.   4ᵃ Der fier ich einen mit kr. s,
~ h.   4ᵇ darzû ich niemanz bedarf h(s). niemā b. bedarf h, endarff b, darf s.
457,1 wol erzeiget steht am schlusse b. disen] den sh. rôt ~ b.   2 spr.
völker sh. videlære] spilman s, küene h.   2ᵇ clein ist dîn gebet Dz dir
din aptt besezet het s, ich bin komen von dir in not h.   4 Sit daz sh.
vfa' dü b. ûz h ~ b.   458,1ᵇ. 2ᵃ ~ s. guot] do h.   2ᵃ Es ist mir an
geborn h. dez bin ich sh.   3 die hânt ez dicke] hat dicke wol b.   4 ir
~ bh.   459,1 ze bilde vor] zu einē bilderwar b, zû bild gar s, balde vor h.
2ᵃ Daz sú den schinp an sehent s, Das sullent schöwen h. hie vff sh. mines
~ sh.   4 wider ~ sh.   460,1 en ~ bs.   2 sy alle b.   3 Also ich
[nú ~ s] dîner hunt bin w. gew. s(h).   461.462 ~ b.   461,2 hübeschen
~ h. bi] vff s.   bî dem Rîne nach si h.   3 hellen] klingent h. videlboge
ist] videlen die sint h.   4 der ~ s.   ûzer] usz s, der h.   462,1 der ~ s.
begangen ~ h.   2ᵃ In den roten rosen h.   3 dâ ~ s.   die bluomen]
das gras h. vnd ouch h.   4 dem ~ s.

XVIII.

463 Dô rief der künec Gibeche: 'wâ bist du, Sîvrit?
   wâfen dich vil balde   und tuo, des ich dich bit,
   daz du mich hiute rechest   und die lieben sûne mîn:
   Kriemhilt mîn tohter   sol dîn eigen sîn.'
464 Ûf stuont diu küneginne,   tuot uns daz buoch bekant.
   si gienc gezogenlîche   vür den künec ûz Niderlant.
   si kuste in vriuntlîche   an sînen rôten munt.
   si sprach: 'stritet vrümeclîche,   ez wirt iu noch manec kunt.'
*465 'Kriemhilt, schœniu vrouwe,   ir sült ân sorgen leben.
   mir wirt in dem garten   der prîs schône gegeben.
   swer mit mir sol strîten,   und het er zweier manne muot,
   ich getar in wol betwingen   mit mîne swerte guot.'
*466 'Ach Sîvrit, lieber herre,   Sigemundes trût,'
   sprach Kriemhilt diu schœne   ze ime überlût,
   'got müeze dîn selbe pflegen,   alsô holt ich dir bin!'
   'nu lebet sunder sorgen,   edeliu künegîn.
*467 Ich getar ez wol ervehten,   daz ir mir's saget danc:
   in stürmen und in strîten   tet ich nie abewanc,'
   alsô sprach her Sîvrit   der degen hôchgeborn.
   'swaz mîn swert begrîfet,   daz muoz iemer sîn verlorn.'
468 Swie gar er hürnîn wære,   zwêne harnesche leite er an.
   dô spranc er in den garten,   der wunderküene man.
   'mit weme sol ich nu strîten?   der tuo mir daz bekant!'
   'daz solt du mit deme von] Berne,'   sprach meister Hiltebrant.

XVIII. 463,2 Verwatfen hs. des] daz bsh. 3 hiute sf] nú h, ~ b.
lieben ~ sh. 4 mîn tohter] die schône sh. sol doch b. 464,1 stuont shf]
sprang b. buoch bf] leid h. 2 vîs' b. 3 vriuntlîche sf] togentlich b,
güetlichen h. an shf] vor b. 4 strit sh. vrümeclîche bf] friztlich s,
frôlichen h. ez ~ sh. dir wurt sh. 465,1 Er sprach beg. sh. du
solt sh. sorgen] angest sh. 3 zweier] driger sh. mânes b. 4 getar]
truwo s, getrüwe h. zû twingen sh. 466,1 Sigemundes h] sigent
minderz s, mins einigë mannes b. 2ª [Also ~ h] spr. die kingin sh.
3 selbe] iemer h, ~ s. holt] liep sh. bin] sy sh. 4ª Nun losset vwer
sorge sh. 467,1 getar] getruwe sh. zu erfehtten s, zerfüllen h, besetze b.
2 gedot b. 3 her] der hirnen s, der küne nach Sivrit h. degen] first sh.
4 Frauwo muget beg. b. muoz iemer sîn] ist eweclich s, ist alles sament h.
468,1 zwêne] zweyer manne bsh. 2 sprangt bh. 2ᵇ sh vgl. f. syferit
der b. wunder ~ b. 3 tuo] dett nach daz sh. mit 468,4 bricht b ab,
doch steht noch am schlusse der seite: Do sprach hiltbrant.

469 Hiltebrant der alte   rief: 'lieber herre mîn,
    ich hân iu grôze êre   behalten an dem Rîn.
    seht in dem garten   Sîvriden an:
    edeler voget von Berne,   den sült ir noch hiute bestân.'
470 Dô sprach der von Berne: 'Hiltebrant, du spottest mîn.
    ich hête lieber viere   bestanden an dem Rîn,
    dan daz du mich hâst verrâten   gein dem tiuvels man,
    den kein swert kan verhouwen.   du grîf in selbe an.'
471 Er wolte niht mit im strîten   und reit von ime hin dan
    ûz dem rôsengarten.   zürnen er began.
    von zorne und ouch von grimme   den helm er abe bant.
    Hiltebrant der alte   kam hernâch gerant.
472 'Waz lât ir mich al einen,   verzageter Dietrich?'
    sprach Hiltebrant der alte   sô vaste zorneclich,
    'türret ir in dem garten   Sîvrides niht bestân,
    laster unde schande   müezet ir iemer hân.'
473 'Ich wil niht mit im strîten,   ich grîfe in ouch niht an.
    bringet mir in den garten   einen andern biderman,
    der sî von vleische und beine   als ein ander mîn gelîch,
    mit deme wil ich strîten,'   sprach her Dietrich.
474 *'Wâ sol ich den nemen?   daz sült ir mir sagen.'
    *er sprach: 'sô lât mich strîten   von Burgentrîche mit Hagen.'
    dô sprach zornecliche   Hiltebrant der alt:
    'nu sît ir dicke geriten   nâch strîte in einen walt.
475 Dâ bestuondet ir mit strîte   risen tier und man
    und getürret vor den vrouwen   eines einegen niht bestân.
    *des hât ir iemer schande,   swâ man daz von iu saget:
    *her Dietrich von Berne   ist an strîte gar verzaget.'

469,1 der alte *sf*, ~ *h*.   rief *sf*] begünde rüffen *h*.   vil liober *h*.
2 Ich hab úch behalten dise g'ss ere hút an disem rin *h*.   3 an ~ *h*.
4 noch hiute ~ *h*.   470,2 hette mir *h*.   3 daz ~ *s*.   dem] des *h*.
4 kan *h/p*] mag *s*.   du ~ *s*.   471,3 ouch von ~ *s*.   den *h/*] sin *s*.
er vor sin *s*.   gebant *h*.   4ᵇ nach ym rant *s*.   472,1 Waz] Wo *sh*.
2 sô vaste ~ *s*.   3 Getúrent *h*.   sifrit *h*, ~ *s*.   nit einen best. *s*.
4ᵇ müssent wir alle *h*. *h*.   473,1 mit im nút *h*.   das zweite ich *hf*] vnd *s*.
2 Ir beg. *h*.   3 vleische *und* beine *vertauscht s* (*h* = *f*).   vnd von *s*, vnd
ouch von *h*.   ein ~ *s*.   474,2 sô ~ *s*.   burgentrut *s*, búrgenden *h*.   3 ge-
zögenlichen *h*.   4 ir ~ *h*.   dicke *und* nâch strite *vertauscht h*.   475,1 mit
strite *hf*] in rüssen *s*.   risen *hf*, ~ *s*.   vnd ouch *s*, vnd do bi *h*.   2 dúrent *s*.
ir vor *h*.   vor den vrouwen *hf*] in dem garten *s*.   einen *sh*, nach niht *s*.
einegen ~ *s*.   3 daz] es *h*.   4 an strite ~ *s*.

476 Von zorne *vlôz ime* daz wazzer   über sinen bart.
   '*warumbe* weinest du, ôheim?'   alsô sprach Wolfhart,
   *'hât ir in den garten   brâht einen biderman,
   *wil nieman mit im strîten,   ich grîfe in selbe an.'
477 'Sam mir got, du entuost!'   sprach meister Hiltebrant,
   'wir sin durch êren willen   komen in diz lant:
   nu kan ich niht wol wizzen,   wie ez uns sol ergân:
   her Dietrich von Berne   wil Sivrides niht bestân.
478 Wilt du mir helfen, ôheim,'   sprach meister Hiltebrant,
   'sô wâfen dich vil balde   und sitze ouch ûf zehant,
   rît ze einer lîten,   dâbî in einen grunt:
   mir und mîne herren   muoz ein zürnen werden kunt.'
479 Er *gienc* ze sîme herren   sô rehte grimmeclîch:
   'wes hât ir iuch berâten,   herre, her Dietrich?'
   'owê, lieber meister,   wes hât ir iuch bedâht?
   hât ir in den garten   einen andern kempfen brâht?'
480 'Wâ sol ich den nemen?'   sprach meister Hiltebrant,
   'ich wolte, daz ir nie wæret   komen in diz lant!
   sît ir iuch Sivrides   niht getürret wern,
   sô sprechet, ir sît *worden* siech,   des wil ich iuch helfen
481 'Owê,' sprach der von Berne,   'daz ich ie her gereit! [swern.'
   sô swer, lieber meister,   selbe büeze ich dir den eit.'
   'wol ûf!' sprach der alte,   'sît ir sît ungesunt,
   sô rîten ze einer lîten,   dâbî in einen grunt.
482 Sie kâmen dar geriten   ûf *ein grüenez* gras.
   sô vil der hôhen berge   und der lîten bî in was.

476,1 vlôz ime *vgl. fp*] begunt fliessen hiltebrant *hs* (fliessen *nach*
wazzer *s*). sinen *sfp*] den *h*.   2 warumbe *f ~ sh*. Weinstu aber *sh*. alsô *f*
~ sh.   3 ein andern man *s*.   4 ieman *h*.   477,1 Sumer got ir liegent ir
laster balg *s*.   2 êren] iren *h*. in diz lant] an den rin *h*.   3 wol *~ s*.
4 her *~ s*. von Berne *~ s*. sifrit *sh*.   478,1 Woldestu *h*. ôh. wolfhart *h*.
meister *~ s*.   2 verwaffen *h*. vil *~ s*. ouch *~ s*.   3ᵃ Rit by einer
siten *s*. einem *s*, den *h*.   4 zürnen *hf*] sorn *s*.   479,1 gienc *fp*] reit *sh*.
zorneclich *h*.   2 berâten] bedohtt *s*. herre *~ s*.   4 Vnd hant *h*.
einen *sf*] keinen *h*.   480,1 solt *h*. meister *~ s*.   2 nie her w. k. gen
bûrgëdë in *h*.   3 iuch *sf ~ h*. Sivrides] sifrides strites *h*, mit sifrit
stritez *s*. niht *hf ~ s*. dorrent *s*.   4 worden *f ~ sh*.   4ᵇ daz hilff ich
ûch sw. *s (h vgl. f)*.   481,1 her] han *s*.   2 *~ s*.   3 So *beg. h.* sint
worden ung. *h*.   4 sô] Vnd *h*. einer] der *h*. einen] dem *h*.   482,1 Sie] So *h*.
dar geriten] von den rossen *s*.   ûf] nider vff *s*, sy erbeisten in *h*.   ein
grüenez *f*] daz *sh*.   2 berge] b'ren *h*. und der liten *~ s*. bî in *h*]
vmb sú *s*, neben in *f*.

'wol nider von dem rosse!'   sprach meister Hiltebrant.
her Dietrich saz von dem sinen   und gap im'z an die hant.
483 Vil schiere hête er gebunden   ze eime boume diu marc.
der junge der was blœde,   der alte der was sture.
er gienc hin die rihte,   dâ er hern Dietrich vant.
'ez wirt noch anders geschaffen,'   sprach meister Hiltebrant.
484 'Welt ir den prîs bejagen,   ir müezet vürbaz gân.'
'nein,' sprach der von Berne,   'lâz uns hie bestân.'
'saget ûf iuwer triuwe,   sît ir'z, her Dietrich,
deme der voget Dietmâr   sîn erbe liez und sîn rîch?'
485 'Jâ ich bin, deme her Dietmâr   allez sîn erbe lie,
und stân sicherlîche   vor dînen ougen hie.
ich wart dir ouch enpfolhen   und darzuo al mîn lant.'
'sam mir got, ir lieget!' sprach meister Hiltebrant.
486 'Ir wurdet nie mîn herre,   verzageter Dietrich,'
sprach Hiltebrant der alte   sô rehte zorneclîch,
'ê ich iuch ungestriten lieze,   ir êrelôser man,
daz wizzet ûf mîne triuwe,   ich griffe iuch ê selbe an.'
487 Dô sprach der von Berne: 'sô triuget dich dîn sin,
soltest du mit mir strîten,   swie gar ich ein zage bin,
daz wizze ûf mîne triuwe,   ez müeste geriuwen dich,
swie dicke du mich heizest   verzageter Dietrich.
488 Dâvon, lieber meister,   rede mir geswinde nit:
waz möhte dich gehelfen,   daz ich mit dem tiuvel strit?
waz hêtet ir deste mêre,   würde mîn lip verlorn?
wer solte mit Sivride strîten?   er ist ein îtel horn.'
489 'Ich hœre manegen nennen,   man heizet in Dietrich
und ouch den voget von Berne,   den vürsten lobelîch:

482,3 Also (= Do vdHagen) sprach meister hiltbrant Wol ab dem
rosse s (h vgl. f).   4 saz von dem sinen und ~ s. im'z an die] im sin s.
483,1 hête er gebunden und ze eime boume vertauscht h.   2 Die jungen
waren bl. die alten waren st. s.   3ᵃ Do gieng er an gerichte h.   hern
~ s.   4 Nû wirt es a. h.   484,1 bejagen] gewinnen h.   so müssent ir h.
2 du loss h.   hie] stille h.   bestân f] ston sh.   3 So beg. s.   ir her h.
4 der voget f] her sh.   und sîn rîch fp] sicherlich s, ~ h.   485,1 ich by
ez s, bin ich der selbe h.   her Dietmâr] er h.   allez f, ~ sh.   2 sicher-
lîche f] ouch s, noch hût selber h.   3 ich] Vnd h.   ouch ~ s.   darzuo]
ouch s.   alz h, ~ s.   4 So mer g. s.   486,1 verzagte h.   2 sô hf]
also s.   3 ungestr.] vnbstanden h.   4 wisse s.   iuch ~ s.   ê ~ h.
487,1 trüg dich list d. h.   2ᵃ So solt ich mit dir str. s.   3ᵃ Das wissest
sicherlîchen h.   müs h.   4 verzagte h.   488,1 gered s.   2 dich] vch h.
strit] ficht h.   4 solte hf] sol s.   ein hf] doch s.   489,1 nemen h.
heizet in h, vgl. f] gibtt ym s.   2 beide den] dem s.

man heizet iuch von Berne,   ir sît ein rehter schalc.'
'sam mir got, ir lieget,   ir alter lasterbalc!'
490 Alsô sprach *der wîse*   dô sinen herren an.
er gedâhte: 'möht ich erzürnen   den vürsten lobesam!'
dô sprach Hiltebrant der alte: 'daz tuon ich, ob ich mac.'
die viuste twanc er zesamene   und gap sîm herren einen slac.
491 Êrste wart erzürnet   von Berne her Dietrich:
er sluoc ûf Hiltebranden   gar unverwizzenlîch.
mit sîne guoten swerte   gap er im einen slac,
daz ime der alte Hiltebrant   vor sînen vüezen gelac.
492 'Du dünkest dich sô übel   mit worten ze aller zît
und list vor mir gestrecket   reht als ein altez wîp.
du wænest, dich getürre   mit strite nieman bestân.'
er mohte in niht gewinnen,   er muoste in vor im ligen lân.
493 Wolfhart der küene erhôrte   sînes swertes klanc:
er huop sich gein der lîten,   er hêt einen übeln gedanc.
er sprach: 'lieber herre,   erslaht ir mâge und man
und getürret vor den vrouwen   eines einegen niht bestân?'
494 Diu rede begunde müejen   von Berne hern Dietrich.
er sprach: 'iuwer zorn und der mîne   sint gar ungelîch.
wer weiz, waz in dem *garten*   noch von mir geschiht?
nu trit herzuo, Wolfhart,   wilt du des selben iht!'
495 'Daz sol ich wol gehüeten,'   alsô sprach Wolfhart,
'daz ich mit iu strîte,   ez wirt von mir gespart.
ich weiz wol, lieber herre,   daz ich iuch mîden sol.
wæret ir rehte erzürnet,   des günde ich iu wol.'
496 'Sô rît hin, lieber Wolfhart,   es mac niht werden rât,
brinc mir mîn guot ros,   daz dort gebunden stât.

489,3 vch den vogt von *h*. ir] vnd *h*. 4 Somir g. *s*. 490,1 ~ *h*.
der wise] er *s*. 2 möht ich] möbtestu in *s*. 3 dô ~ *s*. 4 fúst *h*.
und] er *h*. 491,1 Êrste] Es *h*, Do *s*. 2ᵇ so reht zörneclich *s*. 4 ime
~ *h*. der alte *nach* Hilt. *h*. 492,1 Er sprach *beg. zh*. mit worten]
ietzúnt *h*. 2 vor mir] nú hie *h*. reht ~ *s*. 3 dich dúrre *s*, ich ge-
túre *h*. 4ᵃ Er mobtt in durch sin harnesch nit gewinnen [an ~ *s*] *zh*.
(sin) den *h*). 4ᵇ ~ *h*. 493,1 horte *h*. sînes swertos] des helmes *h*.
2 der lîten] den lûten *s*. einen ~ *s*. 3ᵇ slahont ir so ring vwer man *h*.
4 dúrent *s*, getúrent ir *h*. vor den vrouwen *h*, *vgl. f*] in dem gartten *s*.
ein einigen *h*, einen *s*. 494,1 hern ~ *s*. 2.3 ~ *s*. 3 garton *f*,~*h*.
495,1 *h vgl. f*; Ich sol mich vor úch hieten so spr. w. *s*. 2 ich nit mit *s*.
2ᵇ han ich mich bedaht *s*. 4 zû recht *h*. 496,1 mag ez *s* (*h* = *p*).
werden *h*] wosen *p*, sin *s*. 2 Vnd beg. *s*. daz dort *h*/*p*] do ez *s*.

rit über dinen ôheim: mac er niht genesen,
man muoz mich in dem garten lân die rôsen lesen.'
497 Wolfhart der küene kam al dar gerant.
'tobest du aber, tiuvel?' sprach meister Hiltebrant.
'nein ich, lieber ôheim, ich rite gezogenlich:
mich hât ze dir gesendet mîn herre, her Dietrîch.
498 Er hât mich heizen vrâgen, mügest du niht genesen,
man muoz in in dem garten die rôsen lâzen lesen.'
'sô rit hin, lieber ôheim, und sprich, ich sî tôt,
sô hebet sich in dem garten angest unde nôt.'
499 Wolfhart nam daz guote ros, dâ ez gebunden stât,
er brâhte ez sîme herren, als ez an dem liede gât.
darûf was schiere gesezzen von Berne her Dietrîch.
er was erzürnet sêre, daz wizzet sicherlich.
500 Er vrâgete balde mære: 'wie mac Hiltebrant?'
dô sprach gezogenlîche Wolfhart zehant:
'owê, lieber herre, mîn ôheim der ist tôt.'
[er sprach:] 'sô hebet sich in dem garten angest unde nôt.'
501 Her Dietrich was erzürnet, von Wolfharte er dô reit:
er kunde im niht gevolgen ûf der heiden breit.
er beizte ze der erden (trûrec was sîn sin)
vür den rôsengarten: sîn ros sluoc er von im hin.
502 Er klopfete an den garten: 'balde lât mich în
ze Sîvride dem küenen, swie gar er hürnîn sî!
ez lît durch in erslagen meister Hiltebrant:
ich wil ez an im rechen, wær er ein steines want.'
503 Er begunde zürnen sêre, daz man in niht în liez:
mit sînen beiden vüezen er an die tür stiez.
in den selben stunden was Wolfhart ze ime komen:
daz guote ros ûf der heiden hête er ze ime genomen.

496,3 frage in mag *s.* 4 Bistû mir by dinen tagen holde gewesen *h.*
497,2 Lobestú *h.* 3 nein ich *hf]* Mein *s.* ich *hf]* so *s.* 4 dir] vch *h.*
min] din *s.* 498,1 geheissen *s.* mabttu *s (h vgl. f).* du ⁓ *h.* 2 muos *sf]*
sol *h. ein in* ⁓ *h.* 3 sô] Do *h.* lieber ⁓ *s.* 499,1 dâ] alz *h.* 3ᵃ Dar
vf sas mit eren *h.* von Berne ⁓ *s.* 4 sêre ⁓ *s.* 500,1 vrâgete *hf]*
forschet *s.* 3 der ⁓ *s.* 501,1 was] wart *h.* 2 niht *hf]* nie *s.*
3 erbeist *h.* gar trurig *s (h vgl. f).* 4 Hin *beg. h.* sîn] das *h.* 502,1 kl.
am g. *s.* 2 küenen] wilden *h.* gar *hf]* wol *s.* 3 ez] Er *h.* meister *hf]*
der alt *s.* 4 ez] mich *h.* vnd wer *h.* 503,1 sêre *hf]* vast ror zürnen *s.*
2 beiden sinen *h.* die tür *hf]* den garten *s.* 3 in] An *h.* 4 ûf der
heiden ⁓ *h.*

504 **Hervûr** spranc Sivrit   ûf den wîten plân.
    er' sprach: 'wâ ist der mîne,   der mich wil bestân?
    wie vûrhtet er sich sô sêre?   trûwet er niht genesen?
    nu wæren wir mit rehte   die êrsten wol gewesen.
505 Nu hât er mich versûmet,   daz ich der hinderste bin.
    swie stille ich darzuo swîge,   er kumet es niemer hin.
    er wænet ze allen zîten   der küensten einer sîn,
    her Dietrich von Berne,   und tuot *des niender* schîn.'
*506 Daz erhôrte der von Berne,   der vürste lobesam,
    Sivrides ruofen: zürnen er began.
    er gienc durch die rôsen   reht als ein wîgant.
    einen schilt wîzen   vuorte er vor der hant.
507 Daz ersach ein herzoginne,   diu was ûz Îrlant:
    'ich sihe den voget von Berne   mit verwâfenter hant.
    er kumet über'z gevilde   mit grôzem übermuot.
    er treit ûf sîme houpte   einen liehten helm guot.
508 Sînen schilt vesten   vüeret er vor der hant.
    ich râte, daz sich hüete   Sivrit ûz Niderlant.
    swer den man twinget   mit sînes swertes slegen,'
    sprach diu herzoginne,   'der ist ein küener degen.'
509 Er rief über'z gevilde,   der vürste hôchgeborn,
    daz sîn stimme *erlûte*   als ein wisenthorn:
    'wâ sint nu die *helde*,   die *alsô vreislich* sint?
    ich bestân immer einen,   und wære er des tiuvels kint.
510 Wâ ist nu Sivrit *der küene*,   ein künec ûz Niderlant,
    der mîn sô lange hât begert   mit verwâfenter hant?
    ich kume im noch ze vruo,   des sol er sicher sîn.
    wir müezen helme schrôten   vor der künegîn.

504,2 der mîne] er nûn *s*.   3 nit zû gen. *s*.   Er fúrchtet sich *h*.
3ᵇ dz er nút trúwet gen. *h*.   4 wol *vor* die *h*.   505,1 d. ich on ein
der h. *sh*.   2 darzuo] nú *h*. es] sîn *h*.   2ᵇ er firtt mirz immer hin *s* (*h* = *p*).
4 des niender] nûn nirgent *s*, im nút *h*.   506,2 Sifrit *s*.   er zirnend beg. *s*.
3 reht ∼ *s*.   4 ∼ *s*.   507,1 diu was *hf*] do har *s*. igerland *s*, vnger-
lant *h*.   2 Sie sprach beg. *sh*.   voget ∼ *h*.   508,1 Sînen] Finen *h*.
vesten *hf*] wiesz *s*.   2 sich for ym hiet *s*.   3 man ∼ *h*.   twinget *hf*]
kennet *s*.   3ᵇ mit sinen slegen kant *s*.   4 herz.] kúniginne *h*. der *hf*]
er *s*.   degen] wigant *s*.   509,1 riet] gie *h*.   2 daz ∼ *s*.   erlúchte *h*,
luhte *s*.   wisent ∼ *s*.   3 *verbessert aus f*.   Er sprach wo sint die nûn die
über mich so bissig sint *s*, Er spruch wo sint nu kúnig gippich gesinde *h*.
4 iuwer ∼ *s*.   wære er] werint ir *h*.   510,1 der küene *f* ∼ *sh*.   ein
künec ∼ *s*.   2 begert *fh*] gewarttet *s*.   3 im] dir *h*.   soltú *h*.

511 Wir mûezen schilte houwen   mit kreften von der hant,
    daz den strit ane schouwen   die vrouwen alle samt.
    wir mûezen einander bringen in angest und in nôt,
    den lichten harnesch verwen mit dem bluote rôt.'
512 Hervûr spranc Sivrit,   er wart nie sô vrô:
    'jâ Dietrich, ich vůrhte niht dîn zůrnen noch dîne drô.
    ich wil dich hiute grüezen mit dem swerte mîn,
    daz ist geheizen Balmunc   und gît liehten schîn.'
513 Dô sprach der von Berne: 'des gruozes danke ich dir
    mit mîme swerte *Rôsen*,   *daz ist sô* liep ouch mir.
    ez wil dich hiute grüezen   und wirt dir ouch erkant:
    zewâre ez muoz dir dringen durch dînes helmes want.'
*514 Zesamene sie dô sprungen, die zwêne küenen man.
    manec slac geswinder   wart von in getân.
    man sach daz viur streben   von des helmes want
    also von einer essen: daz schuof ir *starkiu* hant.
515 Harte vermezzenliche   zwei scharfiu sie zugen.
    dô zerhiewen sie die schilte, daz sie von den henden vlugen,
    die spæne von den schilten: *des* weinete manec wîp:
    'süln zwêne vůrsten milte   verliesen ir lîp
516 Durch der küneginne willen, des ist *gar* ze vil.'
    'lât strîten,' sprach Kriemhilt, 'ez ist mir ein kindes spil.'

511,1 schilte houwen] helme schroten *h.* von *f*] vor *sh.*   2 strit *hf*]
schinpff *s.* schouwen *hf*] sehent *s.*   3 bringen *hf*] triben *s.*   4 dem ∽ *s.*
bl. so rot *h.*   512,1 er wart *hf*] vnd wartt ouch *s.*   2 ich vůrhte niht ∽ *h.*
zůrnen *hf*] zorn *s.*   3 hiute ∽ *h.* den swerten *h.*   4 ist geheizen *hf*]
heist *s.* git mir l. *h.*   513,1 grüessen *h.*   2 *verbessert aus f.* Mit mim
gůtten swertt daz solttu glöiben mir *s*, Min ros vnd oûch min sw'te sint
oûch gar liep mir *h.*   3 wirt *hf*] dût *s.* ouch ∽ *h.* erk. *hf*] bekant *s.*
4 zewâre] Fůr wor *h.* dir ∽ *h.* dringen *hf*] schroten *s.* dînes] hertes *h.*
gewant *s.*   514,1 sie dô ∽ *s.* zwêne ∽ *s.*   2 geswind *s.*   3 streben]
gerne *h.*   3ᵇ von den helmen gon *h.*   4 Also daz fir von *sh.* einer]
der *h.* starkiu ∽ *s.*   4ᵇ sach man von in gan *h.*   515,1 sú swey *h.*
scharfiu *hf*, ∽ *s.* sie ∽ *h.* zugen *f*, gezugent *s*, erzúgent *h.* nach 2 *setzt s
vier verse zu:*
       3' und diu drůmer nider vielen ûf daz lant.
       sie vâhten vrůmeclîche   mit ellenthafter hant.
    Mô denne spannenlange sie die schilte zerhiewen,
       daz sie ûf daz gestûele ze den vrouwen vielen.
3 ∽ *s.* des ∽ *h.* manig edel w. *h.*   4 Vnd *beg. h.*   516,1 ist gar *f(h)*]
wer vil *s.*   1ᵇ sy sprochent ez ist zů vil *h.*   2 strîten] vechten *h.* ein *hf*]
kum *s.* kint sp. *h.*

wer gesach durch rôsen   ie strit sô grimmeclich,
dan vaht Sîvrit ûz Niderlant   und von Berne her Dietrich?
517 Sie treip ûf einander   ir beider grôzer zorn.
sie sluogen ûf einander,   die vürsten hôchgeborn.
dâ die helde stuonden,   von bluote ran ein bach,
daz man vor ir vüezen   des grases niht ensach.
*518 Ez giengen ûf einander   die slege âne zal.
schilt harnesch begunde erklingen,   daz ez vil lûte erhal.
von ir beiden swerten   daz viur gar sêre stoup:
sie möhten von den slegen   beide sin worden toup.
519 Sîvrit gedâhte an'z küssen,   daz im Kriemhilt hête getân,
dâvon der degen junger   aber eine kraft gewan.
dô vaht er tiuvellîche   ûf der heiden wît:
her Dietrich muoste vliehen   Sîvrides strît.
520 'Seht, wie er nu vliuhet,   von Berne her Dietrich,
von Sîvride dem küenen   sô rehte vorhteclich!
ist daz er in betwinget,   von Berne den küenen helt,
sô hân ich mir Sîvriden   vür alle nun ûz erwelt.'
*521 Alsô sprach Kriemhilt: 'also hân ich mich bedâht:
ez wirt der von Berne   noch hiute darzuo brâht,
daz er mir muoz dienen,   die wîle er hât daz leben.
darzuo sô twinget in Sîvrit   der ûzerwelte degen.'
522 Zehant sprach Brûnhilt,   ein vrouwe wolgetân:
'warumb swiget ir niht, vrou Kriemhilt? lât iuwer giuden stân!
swenne der voget von Berne   ze rehte erzürnet wirt,
er sleht tiefe wunden,   der manegiu lange swirt.'
*523 Sie striten mit einander,   die zwêne küenen man,
vor den schœnen vrouwen   vrîlîche ûf der ban.

516,3 rosen willen s. 3ᵇ ie solichen stritt s, ie so g'ue strit h, verbessert nach p. 4 vaht p] fihttet sh. 517.2 vürsten] recken h. 4 das gras h. 4ᵇ daz blut nider fliessen sach s (h = p). 518—539 befinden sich in s in unordnung; ihre folge ist 525,3—530,4. 519,3—525,2. 531,1—539,4. 518,3—519,4. 539,4ff. 518,1.2 ∼ s. gie h. slege rd Hagen] swert h. 3 ir beiden] den sarfen h. gar ∼ h. sêre] vaste h. 4 beide ∼ s. 519,1ᵇ das er von kriemhilt nam h. 2 junger ∼ s. aber ∼ h. gewan] nam h. 3.4 stehen in s zweimal, vgl. oben. 4 dieterich von berne h. 520,1 nu ∼ s. vliuhet) wehot h. 1ᵇ u. 2ᵇ vertauscht h. 2 rehte ∼ s. 3 ist ez daz s. den von b. s. küenen ∼ s. 4 hân ich mir] hant wir h. sifrit den künen h. 521,1ᵇ ich han es wol bedacht h. 4 Des betwinget in h. 522,1 Brünhilt] kriemhilt h. frowelin s. 2 iuwer hf, ∼ s. stân hf] übergan s. 3 ze hf, ∼ s. wirt ∼ h. 4 wunden tief h. manegiu] iûnge h. 523,2 filich s.

	sîn swert vuorte geswinde	Sivrit ûz Niderlant:
	des muoste von im wichen	der von Berne zehant.
*524	'Sih ich dich aber vliehen,	verzageter Dietrich?'
	sprach Hiltebrant der alte	sô rehte zorneclich,
	'des muost du iemer mêre	lasterliche leben,
	und wirt dir in disem garten	des prîses niht gegeben.'
*525	Disiu rede begunde müejen	von Berne den küenen man:
	dô sach er sînen meister	gar vintlichen an.
	er trat im vil nâhe,	als ich gesprechen mac:
	er hete sîne meister	gerne gegeben einen slac.
*526	Her Dietrich von Berne	sîn swert mit nîde zôch:
	Hiltebrant der alte	mit listen von im vlôch.
	er sprach: 'ich wil dîn niht bîten	hie ûf diser spor,
	wan du slüegest mich lîhte,	alsô du tæte vor.'
*527	Zesamene sie dô sprungen,	die zwêne küenen man.
	schilt harnesch begunde erklingen,	alsô sie vor hêten getân.
	Sivrit ûz Niderlande	sîn swert ze handen nam:
	er begunde den von Berne	trîben ûf der wîten ban.
*528	Dô rief der küene Witege	Hiltebranden an:
	'.	ûzerwelter man,
	sprich ze dîme herren	und strâfe in aber mêre!
	süln wir hie verliesen	den prîs und ouch die êre?'
529	Dô begunde lûte ruofen	der alte Hiltebrant:
	'nein, getriuwer helt von Berne,	wilt du werden geschant?
	sich ane die schœnen vrouwen,	die sint gar wünneclich,
	gar lieplich ane ze schouwen	und dâbî vröudenrich.
530	Sich ane die schœnen vrouwen,	geborn an dem Rîn:
	sie sitzent under der linden	und spottent alle dîn.

523,3 geswinde] bald s. 4 des ∼ s. der von Berne vor muoste s. Hiltebrant der alte kam her nach gerant h. 524,1 dich ∼ h. verzagte h. 2 sô rehte ∼ s. 3 lasterliche] in laster s. 4 in disem garten] vor den frôwen h. der brisz sh. niht] mûg s. 525,1 Die rede h. 1b von p. her dittrich s. 2 meister] h'ren s. gar ∼ s. 3 vil zû nohe s. 4 sîne meister nach gegeben h. 526,2 von im] dannan h. 3 beiten s. diser spor] stritez ban s. 4 libtter s. 527,2a Helm vnd schilt erklûngent h. clingen s. sie] ez s, ∼ h. hate s. 3 zû beden handen sh. 4 von Berne] berner h. vmb trîben s. 528,1 küene] king s. 2 ∼ h. 2a O biltbrand s. 3 sprich] Trit h. 4 Vnd beg. h. hie ∼ h. ouch die ∼ s. 529,1 lûte ∼ s. der alte] meister h. 2 Wo nú von berne ein fürste wol bekant h. 3.4 ∼ s (3a = 530,1a). die f, ∼ h. 4 ze ∼ h. 530,1 geborn an] sint geborn von h. 2 sie ∼ h. und hf] sú s.

alte und junge zemâle,   sie redent alle von dir.
[sie sprechent,] du sist ein rehter affe,   daz solt du glouben
531 Her Dietrich wart erzürnet,   riechen er began,   [mir.'
als ein hûs, daz dâ dimpfet   und ist enzündet an.
Sîvride ûz Niderlande   wart sîn gehürne weich.
er gap im nâch dem bluote   vil manegen herten streich.
532 'Alsô verkêre dîn gemüete   und mache dîne ritter vrô!'
der edel voget von Berne   vorhte sînes meisters drô.
daz swert nam er ze handen,   von Berne der *wigant*,
des vröuten sich von den Hiunen   die ritter alle samt.
*533 Rôse wart erswungen   in des Berners hant.
Sivride dem küenen   sluoc er die wunden lanc
durch horn und durch ringe   mê denne spannenwît.
Sîvrit muoste vliehen   des Bernæres strît.
534*Sie striten mit einander   gar unlange zît:
*sie begunden einander trîben   ûf der heiden wît.
swaz er in hête getriben her,   daz treip er'n wider [hin] dan,
dâvon diu schœne Kriemhilt   trûren dô began.
*535 Zehant sprach Brünhilt,   ein vrouwe wolgetân:
'wâ sît ir nû, vrou Kriemhilt?   iuwer giuden wil zergân.
wâ ist nu daz *ellen*,   daz dâ Sîvrit treit?
man siht in vaste wîchen   ûf der heiden breit.'
536 Also rette diu küneginne,   si was sô hôchgeborn:
'nu mac iu niht gehelfen   sîn brünne noch sîn horn.

---

mit 530,3 *beg. die 1. seite von* K. Júng vnd alt *h.* zemâle *h,* sy warent *K,*
~ *s.* redent *s,* sprechent *K,* spitzent *h.* von *s,* ab *h,* bey *K.* 4 rechter *hK,*
~ *s.* aff *hK,* olf *h.* soltu gelôben *h,* glaub du *K,* gloub *s.* 531,1 dieterich
von berne *h.* wart erzürnet *hK.* begund zirnen *s.* 1ᵇ von rechtem zurnen
er began *K.* 3 hûs *hKf*] fir *s.* da das *K.* timpfet und ~ *K.* ist *sK,*
wirt *h.* 3 gehürne *sf,* vngehurne *K,* horne *h.* 4 dem bluote *hf,* der
pflihtt *s,* der ges::::*K.* vil *K,* ~ *sh.* 532,1 verkêre *sK* (*vgl. f*), vber *h.*
ritter *sK,* diener *h.* 2ᵇ *h vgl. f;* fohtt sin meister do *s,* Nu frogt aber
sein maister do *K.* 3 er ~ *s.* zu beiden handen *h,* zu den hen[den] *K.*
bernne her dietrich der *s.* wigant] [küne ~ *s*] man *hsK.* 4 den ~ *s.*
mit 4ᵃ *bricht K vorläufig ab.* ritter] recken *h.* 533,1 u. 2 in *s vertauscht.*
ensprüngen *h.* 2 d' küne *h.* w. tief vnd lang *h.* 3 horn] harnesch *s.*
wit] lang *h.* 4 Sifrit der küne m. *h.* der Bernæres] sifrits *s.* 534,2 triben
~ *h.* 3 her *und* hin *vertauscht h.* Do in sifrit hat getriben do dreip in
dietrich wider hin dan *s* (*h vgl. f*). 4 dô ~ *s.* 535,1 frowelin *s.*
3 das ellen daz *vdHagen*] das ellende das *h,* die edelheit die *s.* dâ *noch*
Sivrit *h,* ~ *s.* treib *h.* 4 wîchen] flihen *h.* 536,1 si] do *h.* 2ᵃ Waz
mag uch nûn geh. *s* (*h vgl. f*). noch *hf*] vnd *s.*

die ringe begunden risen   von dem küenen man:
ez ist umb sinen sige   gar schiere nu getån.'
*537 'Ich wil in baz versuochen,'   sprach dô Kriemhilt.
'ob er im ane gesige,   der stolze degen milt.
sol er den pris verliesen   ûf der heiden breit,'
sprach diu küneginne,   'daz ist mir umb in leit.'
538 Sie striten mit einander,   also sie wæren blint.
zweier halsberge   macht er in einen wint,
*her Dietrich von Berne,   mit sime guoten swert.
*sie wâren gein einander   strites wol gewert.
539 Er schriet im von dem libe,   reht als ez wære ein bast.
von des Berners swerte   sach man des viures glast.
man sach daz bluot vliezen   über sinen goltvarwen schilt.
dô muoste sêre weinen   diu schœne Kriemhilt.
540 Si spranc von dem gestüele,   den sleiger si von ir swief,
also zornecliche   si durch die rôsen lief,
dâ si sach in nœten   Sivriden stân.
si bat die vrouwen alle,   sie solten mit ir gân.
541*Dô tâten ez die vrouwen   alle durch die nôt,
*wan ez diu küneginne   durch ir hôchvart gebôt.
sie sprungen ûf geswinde,   nâch der künegin was in gâch,
durch bluomen und durch rôsen   liefen sie ir nâch.
542 Dô begunde ruofen lûte   diu küneginne rich:
'nu lât iuwer vehten,   von Berne her Dietrich!
lât iuwer striten   al durch den willen min,
lât iu des prises jehen   ze Wormze an dem Rin.'
543 Dô tete der von Berne,   also er's niht gehörte,
unz er mit grôzen slegen   ime sin houbet tôrte.
er ahte dô gar kleine,   swaz diu küneginne sprach,
unz er Sivride dem küenen   den helm von dem houpte brach.

536,4 vmb den sinen *h*. gesig *s*. gar] ietzúnt *h*. nu *f*, ~ *sh*.
537,1 wil ~ *h*. dô ~ *s*. 2 angesigen muge *h*. 4 umb in] an trúwen *h*.
538,1 alsô] also ob *s*, rech als *h*. 2 halsberge] halp der berge *s*, grosser
halsper *h*. in] in gar *h*, ~ *s*. 539,1 reht ~ *s*. ez wære] wor er *s*.
2 des ~ *s*. 3 man] Vnd *s*. 4 muoste] begûnde *h*. *v*. 4 *steht in s zweimal, an
erster stelle*: Dez truret gar sere frowe krimhiltt, *an zweiter*: Do mieste
schier weinen die schon krimhiltt. 540,1 von ir] vmbe *h*. 3 u. 4 *ver-
tauscht s*. si sach *f*, sach sie *sh*. in grossen nöten *nach* sifrit *s* (*h* = *f*).
541,2 durch ir hôchvart] frö kriemhilt *h*. 542,1 Dô] Sy *h*. lût rúofen *h*.
2 nu] Ir *h*. vehten] striten *h*. von Berne ~ *s*. 3 Ir *beg. h*. 4ᵃ Hant
vch den pris gewûgne *h*. 543,1 rech als or nût *h*. hortte *s*. 2 or]
ein' *h*. Vntz er sifrit dem kienen vmb trote *s* (*h vgl. f*). 3 dô ~ *s*.
swaz *hf*] daz *s*. 4 unz] Bis *h*. 4ᵇ daz hôbtt vff brach *s*.

544 Swaz man der stahelstangen zwischen sie geschôz,
die zersluoc der Berner alle   mit sinen slegen grôz.
. . . .
. . . .
545 Dô rief diu küneginne   die vrouwen alle an:
'warumb helfet ir mir niht biten   den hôchgelobeten man,
daz er durch iuwern willen   sin striten lâze sin?
daz wil ich umb iuch verdienen,'   sprach diu künegin.
546 Dô riefen dâ die vrouwen   alle samt gelîch:
'lât iuwer striten,   von Berne her Dietrich!
lât iuwer vehten   durch unsern willen sin!
lât iu des prises jehen   ze Wormze an dem Rin.'
547 Der edel voget von Berne   durch helmes venster sach,
daz sô vil der rôten mündelin   wider in dô sprach:
sin herze begunde weichen   gein den vrouwen minneclich.
'nu sült ir sin gewert,'   sprach her Dietrich.
548 Sivriden den küenen man   under die arme man dô nam.
man vuorte in von dem ringe,   den wunderküenen man,
under die schœnen vrouwen,   den künec ûz Niderlant.
man zôch im abe den harnesch,   dem stolzen wîgant.
*549 Durch schilt und durch harnesch   was er verhouwen wît.
er sprach: 'in dem Berner   der tiuvel selbe lît,
daz hân ich hiute enpfunden   an disem einegen man:
solch herter stritgeselle   kam mir nie ûf die ban.
*550 Man sprichet, der tiuvel vliehe   daz kriuze, daz ist wâr:
het ich den Berner erkennet   vor eime halben jâr,

544,1 stahel] stelin s. dar zw. s. sie ~ s. geschôz] do schos h. 2 Berner] von berne h. alle ~ h. 3.4 ~ fsh. 545,2 warumb] Wan h. hôchgelobeten] werden s. 3 lâze vor sin str. h. 4 iuch ~ h. verdienen] iem'e verdienot sin h. 4ᵇ ~ h. 546,1 dâ ~ s. samt ~ s. 2 Ir beg. h. 3 Ir beg. h. vehten] stritten s. al durch h. 2 ᵇ durch den wiln min s. 4 lât] Wir süllent h. des ~ s. prises] strites h. ze Wormze] hie s, [von v]ns K. mit 546,4ᵇ beg. K wieder. 547,1 helmes venster hf] sin helm s, den helm er K. 2 daz sô] Also h. wider in f] zû ym shK. dô ror zu K, ~ s. 3 weichen] entlieben K, linde'[n] K. 548,1 den arm s. man dô f] man s, ~ hK. 2 den [ringe]n K. wunder] vil K, ~ s. 3ᵇ aus dem [garten dan] K. 4 den fhK] sin s. 4ᵇ [de]m stoltzen werden [man] K, vnd schôt im die wunden lag h. 549,1 schilt und harnesch vertauscht sh. das zweite durch ~ h. mit 549,1ᵃ bricht K ab. 1ᵇ worent sü me den spanne wit h. 3 hiute] wol h. disem] dem s. 4ᵇ kam nie me vf disen ban h. 550,1 flühet h. das zweite das] vnd h. 2ᵃ Hatte ich den von bernne kant s. ein halbes h.

ich hête in ouch gevlohen,   daz sült ir glouben mir.
mir wirt nâch sîme strîte   niemer mê sô gir.
*551 Der tiuvel in der hellen   mit im strîten sol!'
dô sprâchen dâ die vrouwen: 'wir wisten ez lange wol:
swenne der voget von Berne   rehte erzürnet wirt,
er sleht tiefe wunden,   der manegiu lange swirt.'

XIX.

552 Dô bat diu küneginne   und die vrouwen al zehant
umb einen stæten vride   den alten Hiltebrant.
dô sprach der von Berne: 'des enmac niht sîn,
er gesige dan in dem garten vor der künegîn.'
553 Dô sprach der von Berne: 'du alter balder grîn,
du muost noch hiute vehten   mit künec Gibechen von dem Rîn.
er sol dir wol vergelten,   swaz du mir hâst getân,
und sol dir'z in trenken,   mich triege dan mîn wân.'
554 'Nu wil ich gerne strîten,' sprach meister Hiltebrant,
'ich bin von den Hiunen   gein Burgentriche gerant,
daz ich durch schœne vrouwen ein kempfe wil wesen.
wâ sûmet sich sô lange   künec Gibeche ûzerlesen?'
555 Er verwâfente sich mit grimme und huop sich ze ime dar
gezieret als ein engel.   man nam ir beider war.
dô sluogen ûf einander   die zwêne küenen man,
daz ob ir beider helme   schiere ein viur enpran.
*556 Der künec von dem Rîne   wolte rechen sîniu leit:
dô zôch er von sîner sîten ein swert, daz vil wol sneit.

550,3 ouch ∽ s.   3ᵇ das wissent von mir h.   4 nâch] zû h.   4ᵇ nieman me begir h.   551,2 dô ∽ sh.   2ᵃ Die frowen sprachent s.   lange] vor hin h.   3 von recht h.   4 die tieffen h.
XIX. 552,1 bot] botten s.   diu küneginne und ∽ s.   al zehant] alle sant h.   3 des] das sh.   en] ein h, ∽ s.   4 sige s.   der künegîn] den megotin s.   553,1 balter grin h, backen grin s.   2 vehten] strîtten h.   von] an s.   3 er] Der h.   wol ∽ s.   swaz] das s.   mirs h.   zû leide hast sh.   4 mîn] din h.   554,1 ich doch gerne h.   2 Nú bin ich h.   Burgentriche] búrgenden h, wurmez s.   3 schöner fr. willen h.   wesen] sin h.   4ᵇ der künig von dem rin h.   555,1 mit grimme] vil balde h.   huop sich] kam h.   4 schiere] ouch h, ∽ s.   556,1 sin sh.   2 sînor] der h.   vil ∽ s.

dô vaht er tiuvellîche   ûf der heiden wît.
Hiltebrant der alte   muoste vliehen Gibechen strît.
557 Der künec von dem Rîne   zôch sîn swert gar hôch.
Hiltebrant der alte   von ime mit listen vlôch.
*dô huop den schilt vaste   der alte Hiltebrant:
*er vorhte, daz sîn laster   würde geschellet in diu lant.
558 Dô sprach der von Berne: 'Hiltebrant, du küener degen,
ersleht dich künec Gibeche,   vroun Uoten wirt gegeben
*ein ander man junger,   des ist diu vrouwe wol wert.
*nein, Hiltebrant du alter,   versuoche baz dîn swert.'
*559 Dô sprach meister Hiltebrant: 'würde ich denne erslagen,
sô hôrte man vroun Uoten   lûte ir jâmer klagen
[und ouch heize weinen.   ir triuwe ist sô grôz
ie gein mir gewesen,   sît uns diu triuwe beslôz
*560 Und si mir wart gegeben   von rehten triuwen ze ê,
sô tæte ir rôtem munde   vürbaz iemer wê],
solte si denne nemen   einen andern man vür mich,
sô wil ich vürbaz strîten   umb die vrouwen minneclîch.'
*561 Er schriet dem künege Gibechen   durch harnesch und durch
dô sprach Hiltebrant der alte: 'der rede du enkilt. [schilt.
wil er vroun Uoten geben   einen andern man vür mich,
sô wil ich baz strîten,   dâvon hüete dich.'
*562 Dô sprach Witege der küene: 'herre, her Dietrich,
Hiltebrant der alte   vihtet listeclîch.'
êrste begunde er suochen   die êrsten schirmslege:
er hête den künec Gibechen   under sîner pflege.
*563 Dô sprach der von Berne: 'Hiltebrant hât sin
und hât ouch vil der liste.   swie vînt ich ime bin,

556,4 der alte ~ s. Gibechen] des b'ners h.   557,2 von ime ~ h.
dannan floch h. 4 vorhte] wahtte s. daz ~ sh. geschellet] enhellen h.
witte in sh. 558,1ᵇ H. der ist ein d. h. dich ~ h. 2 der king s.
Gibeche ~ s. wirt geg.] wil ich geben h. 3ᵃ Einen anderen man iüngen h.
4 ~ h. 559,1 meister ~ s. 1ᵃ Neina her von berne h. vnd wurd h. denne ~ h.
2 von frô h. lûte ~ sh. ir ~ h. j. vnde clagen h. 3 ouch] ein h.
sô ~ s. 4 ie] Ouch h, ~ s. 560,1 si ~ h. rechter trûwe h. zû
der ee s. 2 dett es irm mindelin rot s. vürbaz] daz s. iemer] iomer s.
wê] me h. 3 denne ~ h. nemen] bitten h. eines anderen mannes h.
561,2 dô ~ s. der alte ~ s. der rede] diettrichs der red s, her dieteriches
rede h. engiltest s. 3 geben ~ h. 4 bas] frôlich h. 4ᵇ vmbe die
früwen minneclîch h. 562,1 herre ~ s. 4 den ~ h. sîner] sim s.
563,1 sin] fil sinen s, sinne vil h. 2 hât ouch ~ s.

sô hœre ich sin lop gerne   wit über alliu lant.
nu helfet alle biten   vür den alten Hiltebrant.'
*564 Sie sluogen ûf einander   slege âne zal.
schilt harnesch begunde erklingen,   daz ez vil lûte erhal.
Hiltebrant der alte   brâht einen grôzen slac,
daz ime der künec Gibeche   vor den vüezen lac.
565 Dô riefen die juncvrouwen   die küneginne an:
'welt ir iuwern vater   alsô verderben lân?'
sprâchen dô die vrouwen,   'daz ist ein arger list:
welt ir niht gedenken,   daz er iuwer vater ist?'
566 Dô rief diu küneginne   Hiltebranden an:
'nu hâst du doch gesiget,   du solt dîn striten lân.'
'welt ir mit iuwern helden   mîme herren sîn undertân,
sô wil ich iuwern vater   langer leben lân.'
567 Zehant sprach vrou Brünhilt: 'wâ bist du, Kriemhilt?
der Berner wil dir dienen,   ob du in enpfâhen wilt,
alsô du hiute sprœche,   dô er mit Sîvride streit.
mich dünket an den sinnen,   er sî dir ze dienste unbereit
568 Und ouch der künec Etzel   mit manegen küenen degen,
die du hâst von den Hiunen   gein Burgentriche erwegen
in dînen rôsengarten   durch dînen übermuot.
des lît dir erslagen   ritter und risen guot.'
569 'Mîn darf nienian spotten,'   sprach diu künegîn hêr,
'ich trage an mîme herzen   leit und herzesêr.
ez ist mir niht ergangen,   alsô ich hête gedâht:
mîn vater und mîne bruoder   sint in ze dienste brâht.'
570 'Gieng ez mir nâch gedenken,'   sprach meister Hiltebrant,
'sô wolte ich niht mê vehten   umb bürge und wîtiu lant.
sô bin ich von gedenken   wærlîche ungewert:
ich wolte genuoc gewinnen   mit· schilte und mit swert.

563,3 hœre] harte h. lop] lip h. wit ~ h. lant] sant h. 4 got
bitten h. vür] vber h. alten ~ h. 564,1 Sie sluogen] Es gie h. slege]
swert h. 2 clingen s. vil ~ s. hal s. 3 grôzen] vngefüegen h. 4 der
~ s. den] sinen h. 565,1 junc ~ s. 2 Vnd beg. h. 3 dô die
vrouwen] sú s. 4ª Sol er nit geniessen s (h vgl. p). 566: nach 1
setzen sh zu: Du solt mir minen vatter longer lebend lon. 2ᵇ. 3ª ~ s.
3ᵇ vnd minz herzen undertan s. sîn] wesen h. nach 566 folgt in sh 571.
567,1 vrou ~ sh. 4 dem sinne h. 568,2 hâst nach Hiunen s. bürgen-
den h. erwegen] vs gowesen h. 3 Her beg. h. das erste dînen] disen h.
4 des ~ s. guot] dot s. 569,2 herzesêr] swer s. 3 gangen s. 4 in
~ s. 570,1 meister ~ s. 2 ich ~ h. niht mê] nüme h. wîtiu] vm
wit h, ~ s. 3 sô] Nú h. wærliche ~ s. 4ᵇ on schilt und [an ~ s] sw. sh.

571 Nu muc ich'z wol gesprechen   sicher ân allez spel.
    ich getrûwe ez wol [ze] erzeigen   mit den recken snel.'
    dô sprach diu küneginne: 'diu rede dünket mich tump:
    mit schilten und mit swerten,   diu sint worden krump.'
572 Dô schiet ûz dem garten   meister Hiltebrant,
    mit ime künec Gibeche   und Sîvrit ûz Niderlant.
    sie giengen mit einander   vür künec Etzeln stân.
    dâ gap der künec Gibeche   ûf kriuze und ouch die krôn.
573 Dô begunde klagen   der künec *lobesam:*
    'hiute vruo was ich ein künec,   nu bin ich ein armer man.
    mîn kriuze und mîne krônen   muoz ich noch hiute ûf geben
    und wider enpfâhen ze lêhen.   waz sol mir daz leben?'
574 Dô sprach der künec Etzel: 'ir sült iuch wol gehaben
    und sült bî dem Rîne   die krônen selbe tragen
    und sült darumbe dienen   von Berne hern Dietrich
    und ouch darzuo mir selben,   daz wizzet sicherlîch.'
575 Dô sprach der von Berne,   der vürste vil gemeit:
    'mir und dem künege Etzeln   sült ir sîn bereit
    mit iuwern starken helden,   mit schilte und ouch mit sper
    in herverte und in reisen,   swâ wir es begern.'
576 Dô sprach der künec Gibeche: 'daz sol geschehen sîn.
    ich wil iu gerne dienen   mit den helden mîn,
    mit Gunther und [mit] Gêrnôte   und Sîvride ûz Niderlant.'
    'mit den sol uns benüegen,'   sprach meister Hiltebrant.

XX.

577 Dô sprach gezogenlîche   meister Hiltebrant:
    'nu rüstet iuch vil balde,   ir recken alle samt,
    daz wir den kranz enpfâhen   und den kus sô guot
    ze eime rîchen solde,   sô werden wir hôchgemuot.'

---

571 *steht in sh schon nach* 566.   1 ich wol sprechen *s.* allez ~ *s.*
2 truve *s.* orzigen *s,* bewisen *h.* den] minen *h.*   3 dô ~ *s.*   4 Mîn
schild vnd mîn swert sint mir w. kr. *s.*   572,4 der ~ *h.* kriuze ~ *h.*
ouch die ~ *s.*   573,1 beg. sich kl. *sh.* klagen ~ *h.* lobesam] vsz nider-
lant *sh.*   2 vruo ~ *s.* armer man] armen *h,* s. m. genant *s.*   574,1 der
~ *s.* behaben *h.*   3 *u.* 4 *vertauscht h.* und] Dar vnder *h.* darumbe] ir *h.*
4 darzuo ~ *s.*   575,1 vil] wol *s.*   2 dem ~ *h.*   . 3 ouch ~ *s.*   4 her-
verte] hoffart *h.* reisen] vbermût *h.* es] sin *sh.*   576,1 der ~ *s.* beschen *s.*
2 iu ~ *s.*   3 *das zweite* und] mit *h.*   4 mit den] Do mit *h.* uns] vch *h*
    XX. 577,2 vil ~ *s.*   3 sô] also *h.*

578 Dô sach man die zwelf kempfen in den garten gân.
  gein ieglichem kam gegangen ein juncvrouwe wolgetân.
  sie wurden umbevangen, ir vröude diu was ganz.
  dô wart den einlef kempfen ieglichem ein rôsenkranz
579 Gesetzet ûf sin houbet, gekusset an sinen munt.
  dô sprach Wolfhart der küene: 'nu ist mir worden kunt
  der solt ze Burgentriche, der mir heim enpoten wart.
  den hân ich hie ervohten mit mime swerte scharf.
580 Ich hân den kranz enpfangen und den kus sô guot
  ze eime richen solde, sô bin ich hôchgemuot,'
  sprach Wolfhart der küene, 'ze einer gâben minneclich.'
  der rede begunde lachen von Berne her Dietrich:
581 'Wolfhart ist ungezogen, daz sage ich iu vürwâr:
  er setzet rôsenkrenze ûf ungestrâltez hâr,'
  alsô sprach der von Berne, 'wie ist ez sô gar verlorn,
  daz man manegem êre biutet, der darzuo ist niht geborn.'
582 'Lât iuwer spæhe rede, herre, her Dietrich.
  min hâr ist mir gerihtet gar unverwizzenlich:
  ich gibe iu's mine triuwe, ich dünke iuch nie sô tump.
  alsô ez mir ist gerihtet, ich trüege ez lieber krump.
583 Hagene von Tronege mir mines hâres pflac:
  mit sime scharfen swerte gap er mir manegen slac.
  mir sint ze sûr worden alle die rôsen kluoc:
  durch halsberc und durch ringe er mich gar sêre sluoc.'
584 'Nu enweiz ich, waz sie meinen,' sprach der münech Ilsân,
  'daz ich ouch hân ervohten und mir niht werden kan:
  die helde sint besoldet, und ich bin ungewert.
  ich muoz ez baz versuochen mit mime guoten swert.'
585 Dô greif er nâch dem swerte sô rehte grimmeclich:
  'mir muoz ein schapel werden, daz wizzet sicherlich,

578,1 kempfen] helde *h*. in den garten vor die zw. *h*. 2 gegangen
~ *s*. 3 diu ~ *s*. ganz] groez *s*. 579,1 sin] ir *h*. sinen] dem *h*.
2 worden] fröde *h*. 3 heim enpoten] do ein twonnet *h*. 580,1 den kranz]
die rosen *s*. sô] alsô] *h*. 2ᵇ des fröwet sich min mût *h*. 3 minneclich]
rich *h*. 581,1 daz ~ *s*. 2 vngekemtes *h*. 3 sô] also *s*. 4 man
~ *h*. nút ist *h*. 582,1 rede spehe *h*. herre ~ *h*. 2 mir ~ *s*. gerihtot]
gekembet *h*. gar ~ *s*. vnuermessenlich *h*, vnd wizzclich *s*. 3 iu's] ich
dez *sh*. 4 geslichtet *h*. 583,1 Tronege ~ *h*. 2 scharfen] gûten *h*.
3 sint] w'c *h*. 4 gar ~ *s*. 584,1 on ~ *sh*. der ~ *s*. 2 das] Waz *s*.
ouch vor und *h*, ~ *s*. hân ~ *h*. 3 bin] noch *h*. vnbewartt *s*. 4 ver-
suochen] ervchtten *s*. 585,2 daz wizzet ~ *s*.

oder ich wil die rôsen treten,   man seit mir niemer danc.
waz ziuht man mir die rôsen   in dem garten vor sô lanc?
586 Diu linde muoz es enkelten,   daz ich gesûmet bin:
daz himeltuoch vür die sunnen   daz slahe ich von ir hin,
daz dâvon muoz rîsen   des liehten goldes glast.
mit mîme scharfen swerte   erschelle ich manegen ast.
587 Die vogel ûf der linden   werdent alle erlôst.'
dô sprach diu küneginne: 'des hân ich keinen trôst.
sît ir ein guoter bruoder,   sô tuot mir keinen gewalt.'
'sô gebet mir mîn schapel,'   sprach der münech balt.
588 'Den kranz gæb man dir gerne   iezuo an dirre zît,
wan daz an dem küssen   ein grôz gebreste lît:
dich wil kein juncvrouwe küssen   an dînen rûhen bart,
daz wizzest sicherlîche,'   sprach diu künegîn zart.
589 'Bin ich denne der tiuvel,   daz ich hân ein rûhen bart?
solhiu smæhe rede   mir nie erboten wart.
den orden trage ich rehte   durch den süezen Crist,
daz wizze, küneginne,   swie vînt du mir bist.
590 Ich wil doch niht lâzen,   ich wil haben mîn reht,
oder ez lît von mîner hende   tôt ritter unde kneht.'
dô sprach diu küneginne: 'daz solt du lâzen sîn.
mich und dich versûenet   ein kluogez megedîn.'
591 . . . .
diu truoc an ir hende   ein rôsenkrenzelîn,
maneger hande rôsen   mit liehter sîden klâr.
si satzte'z dem vrîen müneche   obene ûf sîn kurzez hâr.
592 Die selben [schœnen] juncvrouwen   er under die arme nam.
sîn leit und sîn trûren   von sîme herzen kam.
wer gesach ûf erden   ie kein bilde sô zart?
si kuste den münech Ilsân   an sînen rûhen bart.

585,3 treten — 4 rôsen ∾ h.   4 die rôsen *nach* garten s.   vor sô] dz
gabe so rechte h.   586,1 es] sin sh.   2 vür die] von der s.   daz ∾ h.
von ir hin] alz enzwey s.   3 ∾ s.   4 manogen] ir den s.   587,1 wurden h.
3 ir ∾ s.   4 mir] nû h.   balt] zû hant h.   588,1 iezuo ∾ s.   dirre] der h.
2 daz ∾ s.   gebreste] bresten s.   4 u. 589,1 ∾ h (bart : bart).   2 nie]
neine h.   3 ihs crist h.   4 wissest h.   küneginne] sicherliche h.
590,1 *das erste* wil] wold h.   2 minen henden h.   tôt *nach* lit h.   4 mûsz
forsienen s.   4ᵇ ein rottes mündelin h.   591,1 ∾ sh.   2 truoc] treit h.
henden h.   3 Mit *beg. h.* mit liehter] dar vnder die h.   4 oben ∾ h.
sîn ∾ h.   kurzez ∾ s.   592,1 nam] fie h.   2 kam] gie h.   3 vf der
erden h.   kein ∾ s.   4 Ilsân ∾ s.

593 'Gæbe mir daz klôster   solher vrôude lust,
    ich getæte vür die porten   niht sô manegen just,
    ich lebete in der kutten   iemer âne quâl.
    die mine wolte ich küssen   mê dan tûsent mâl
594 Ze dienste disem bilde,   diu hie vor mir stât.
    hête ich in dem klôster   solher vrôude rât,
    alsô mir diu juncvrouwe   in dem garten hât getân!
    nu muoz mich iemer riuwen,   daz ich sie hie muoz lân,
595 Ir lachen und ir kôsen   und ir lieplîch anegesiht.'
    der münech hête ze mâle   sich ze ir verpfliht.
    er hête sich vil gerne   der bruoderschefte erwegen,
    solt er der schœnen vrouwen   mit êren hân gepflegen.
596 'Daz wære der bruoderschefte   gar ein arger wanc,
    und wæren iu under dem hâre   diu ôren noch sô lanc,'
    alsô sprach der von Berne,   ein vürste unverzaget,
    'und würde ez in dem klôster   von iu dem apte gesaget.'
597 'Des aptes und der bruoder   der valschheit ist sô grôz:
    swer in bræhte diu mære,   daz ich wære lîplôs,
    des vrôuten sie sich alle   und græben im rîchen solt.
    mir ist in dem klôster   ·der müneche keiner holt.'
598 'Der rede mich sêre verdriuzet,'   sprach einer, der was wunt,
    'mir ist in dem garten   grôz arbeit worden kunt.
    swaz ieglîcher hât vrôuden,   sô bin ich an vrôuden laz.
    mir tæte ze minen wunden   ein guotiu salbe baz
599 Denn al diu rôten mündelîn,   diu stânt an vrouwen kluoc.
    Wolfhart von Garte   mir mine wunden sluoc:
    er hât mir versêret   durch harnesch ganze hût.
    den smerzen muoz ich klagen   stille und überlût.

593,1 fröden *h.* glust *sh.* 2 dette *s.* 3 quâl] úal *h.* 4ᵃ Ich wolte sy denne küssen *h.* 594,1 diu] das *h.* stât] ist *h.* 2 Vnd *beg. h.* fröden *h.* rât] lust *h.* 3 garten hie het *h.* 4 hie ∽ *h.* 595,1 anegesiht] ane neben *s.* 2 sich *vdHagen* ∽ *h.* Der münch hatte sú gerne gefürtt mit ym heim *s.* 3 er] Der múnich *h.* vil ∽ *sh.* gerne *vor* erwegen *s.* 4 Das er der iuncfröwen mit fröden solt han gepfl. *h.* 596,3 alsô ∽ *sh.* 3ᵇ der für vil gemeit *h.* 4 von iu *vor* gesaget *h.* 597,1 Der aptt *s.* die br. *s.* brüderschaft *h.* valsch *s.* sô ∽ *s.* 3 sie ∽ *h.* 4 Vnd ist mir *h.* keiner holt] ein köner held *h.* 598,1 *das zweite* der ∽ *s.* 3 freid *s.* *das zweite* vröuden] gemiete *s.* 4 guotin] senftes *h.* 599,1 alle rote *h.* *das zweite* diu ∽ *h.* die do stont *s.* vrouwen] fröden *h.* 2ᵃ Einer mir in dem gartten *s.* mine] die *h.* 3 Nú hat er *h.* versêrot] verhöwen *h.*

600 Nu ist ez umb mich niht,   ich genise noch wol:
   ich klage vier recken,   daz man wizzen sol,
   die sint *hie* erslagen   umb ein kleinez guot.
   waz gīt man uns ze solde,   daz uns betrüebet *ist* der muot?
601 Stüefinc unde Schrūtân,   die zwêne sint erslagen,
   Herbort unde Asprīān   hœret man nieman klagen,
   die durch Kriemhilte willen   verlorn hânt līp und leben.
   man siht sie niht deste minner   in grôzen êren streben.
602 Des pflege ir der tiuvel,   alsô mīn Wolfhart pflac!
   mit sīme guoten swerte   gap er mir manegen slac.
   mir *sint* ze sûr worden   al die rôsen kluoc.'
   'mir ist ouch ze schaden komen,   daz mich mīn ros her
603 Hagene von Tronege,   ez ist mir entriuwen leit,   [truoc.
   hâst du von mīme lībe   hie keine arbeit.
   der mich hête gelâzen   dâ heime in Hiunenlant,
   dir wære niht sô leide   geschehen hie von mīner hant.'
604 Sô sprach *der küene* Wolfhart: 'mir ist leide geschehen.
   einer ganzen vriuntschaft   solt du mir verjehen.'
   'gerne,' sprach dô Hagene,   'diu schult ist niht dīn:
   den mort hât gebrûwen   · Kriemhilt diu künegīn.'
605 Vriuntschaft gâben die herren   einander ûf der wal.
   dô hôrte man in dem garten   ruofen überal:
   'man sol diu ros her ziehen,   die geste wellen [hinnen] varn.
   die denne hie belībent,   die müeze got bewarn.
606 Die denne sint erslagen,   der sêlen pflege got.'
   daz dûhte den münech Ilsân   allez samt ein spot:
   'ir müget iuch wol vröuwen,   daz ich wol beten kan.
   ich vergibe iu iuwer sünde   und entslahe iu den ban.
607 Ich bin ein guoter bruoder,   ich mache iuch sünden vrī:
   mir wonet von dem klôster   sô grôze genâde bī.

600,1 Nu] Vnd *h*. ez ∼ *h*. genese *h*. noch ∼ *h*.   2 Wir clagent ouch rittor d. m. glōben s. *h*.   3 hie ∼ *sh*.   4 solde] lone *h*. ist ∼ *s*.   4ᵇ wz erhôhet vns den mût *h*.   601,1 die zwêne ∼ *s*.   2 unde ∼ *s*.   nian ∼ *s*.   3 Vnd *beg. h*.   willen ∼ *h*.   hânt *vor* verlorn *s*.   3ᵇ v'brant hant ir leben *h*.   4 sie ∼ *h*.   grôzen êren] hohen frôden *h*.   602,3 sint *rd Hagen*] ist *sh*.   die ∼ *s*.   4 ∼ *h*.   603,1 Tr. sprach ez *s*.   ez ∼ *h*.   mir ist an tr. *h*.   2 hie ∼ *s*.   4 niht sô leide] zû leide nût *h*.   hie ∼ *s*.   604,1 Sô] Do *s*, ∼ *h*.   der küene ∼ *sh*.   2 Ein guntz *s*, Einer stetten *h*.   3 *u*. 4 *vertauscht s*.   dô ∼ *s*.   605,1 einander die herren *h*.   2 ruofen *nach* man *s*.   3 diu ros ∼ *s*.   geste] herren *h*.   4ª Die hie heim went beliben *h*.   606,1 sêlen ∼ *s*.   2 samt ∼ *s*.   3 wol beten] bicht hören *h*.   4 dem b *s*.   607,1 sô ∼ *s*.

solte ich in dem garten bî disen vrouwen leben,
ich wolte in vûr ir sünde geringe buoze geben.'
608 Dannen begunde sich rüsten manec küener *degen.*
dankes und genâde wart dô vil *gegeben*
von den rôten mündelînen, die dâ stuonden an vrouwen kluoc.
des vröute sich von den Hiunen manec ritter hôchgemuot.
609 Alsô sie ûf diu ros gesâzen, ir vröude diu was grôz.
manec ritter von den Hiunen sînen harnesch ze ime slôz.
der von Berne und künec Etzel mit ir helden fîn
die vuorten die rôsenkrenze mit vröuden über Rîn.
610 Diu schif und ouch die vergen hêten sich bereit.
darîn trat vermezzenlîche manec helt vil gemeit.
sie vuoren mit den schiffen über Rîn zehant.
Norpreht hiez der verge und was in wol bekant.
611 Hiltebrant der alte pflac der soumschrîn.
drîzec marc goldes liez er an dem Rîn,
daz wart dem vergen ze lône und ein guotez gwant.
'er hât ez wol verdienet,' sprach meister Hiltebrant.
612 Dannen vuor vermezzenlîche manec helt guot
und ouch manec ritter und recke hôchgemuot.
an dem zwelften morgen, tuot uns diz buoch bekant,
dô wâren die herren komen gein Bechelâren in daz lant.
613 Dô erbeizten dâ die herren gein Bechelâren ûf daz velt.
sie sluogen ûf vrœlîche manec wünneclîch gezelt.
dô sprach der marcgrâve alsô ein biderman:
'alsô liebe geste ich noch nie gewan.'
614 Dô stalten sich die herren an einen wîten rinc.
dô sach man gein in wîchen die schœnen Gotelint,

607,3 dem] disem *h.* bî ∼ *h.* disen schonen fr. *s.* in disem garten *vor*
leben *h.* 4 ir] die *h.* ringe *h.* buoze — 608,1 manec ∼ *h.* degen]
heild *sh.* 2ᵃ Dang vnd genod *s,* Dancken vnd gnaden *h.* dô ∼ *s.* ge-
geben] geteiltt *sh.* 3 dâ ∼ *h.* stont *s.* an den fr. *h.* 4 dea ∼ *s.*
ritter hôchgemuot] heilt gemeit *s.* 609,1 sy sich vf *h. das zweite* diu ∼ *s.*
grôz] gantz *h.* 2 den ∼ *s.* Die recken von den hunen der harnesch der
wz glantz *h.* 3 Der berner vnd dor k. *h.* ir] sinen *h.* 4 die v.] Sy f. *h.*
610,1 ouch ∼ *h.* 1ᵇ fúnden sy bereit *h.* 2 Darin so tr. vnfermessen-
lich m. kiner h. *s.* vil gemeit ∼ *s.* 3 Sy schiften mit den rûderen
vber vf das lant *h.* 4 Ruprehtt *s.* 611,1 pflac] was *h.* soumschrîn *f]*
römer schin *s,* sômer schirm *h.* 2 marc] marthes *h.* 3 vnd vil gût *h.*
4 meister ∼ *s.* 612,1 guot] clôg *h.* 2 und ouch ∼ *s.* 3 diz
buoch] das lied *h.* 4 in] vff *s.* 613,1 ∼ *s.* 2 frolich vff *s.*
wünneclîch] schön *h.* 3 alsô] von art *h.* 614,2 in wichen] ir riten *h.*

11*

nâch ir sach man swanken   manec kluogez megedin.
dô enpfienc sie vil schône   diu milte marcgrævin.
615 Dô sprach der marcgrâve: 'lieber kamerære mîn,
nu trac her vrœliche   mîn brôt und mînen wîn.
ich hân liebe geste,   des vröuwet sich mîn muot.
nu biut ez in schône   und grîf in mîn guot.'
616 Dô sprach der kamerære: 'herre, ez ist iuwer schade.'
dô sprach der marcgrâve: 'den wil ich gerne haben.
swaz ich in mac êren bieten   und schaffen guot gemach,
darumbe lobet mich maneger,   der mich nie gesach.'
617 Die tische wurden bereitet   mit tischlachen guot.
wîn und wilpræte   daz man darûf truoc.
sie lebeten dô mit schalle.   in was der koste nôt:
Wolfhart was von hunger   nâch gelegen tôt.
618 Dô sie gâzen und getrunken,   man zôch her diu marc
manegem küenen recken,   sîne ringe wâren starc.
sie stuonden ritterlîche   ûf dem wîten plân.
dô verwâfente sich mit gezierde   manec helt wolgetân.
619 Ein buhieren begunde sich heben: sie zerstâchen manegen
ie der man ûz herzen grunde   versuochte sîne kraft. [schaft.
. . . .
. . . .
620 Wolfharten übel muote   und was im alsô leit,
daz Witege der küene   Schemminc daz guot ros reit,
daz im in dem garten   ze solde was gegeben:
daz begunde müejen   Wolfharten den degen,
621 Daz er die gâbe hête enpfangen   vûr in sô minneclîch.
Witege der küene   gie vûr hern Dietrîch.
er sprach gezogenlîche: 'vil lieber herre mîn,
swie gerne ich iu nu diente,   sô enmac es niht gesîn.

614,3 swanken] wichen h. kluogez] schön h. 4 sie vil schöne] schön
recken s. marg'üe rich h. 615,2 tragent h. mîn ~ s. vnd oúch h.
mînen ~ s. 3.4 ~ s. 4 bietent h. griffent h. 616,1 nein herre h.
3 in er mag gebitten h. 4 ~ h. 617,1 mit gûten dischl. s. guot]
clûg h. 2 wilpræte] brotfleische h. 3 lebent s. dô ~ s. 3ᵇ in waz zû
der fertt goch s. 4 nâch nach tôt s. 618,1 Do sy do g. h. trunken sh.
zôch her] hies her ziehen h, hûp vff s. 4 mit gezierde] vil balde h. helt]
ritter h. wol ~ s. 619,1 bohieren h, busunen s. manig sper vnd schafft s.
2 vz sines herzen h. 3.4 ~ sh. 620,1 übel muote und] von garten
dem h. im ~ h. 2 daz guot ros] do h. 3 daz] Der h. solde] lone h.
4 don degen — 621,1 enpfangen ~ h. wünnenclich h. 2 küne degen h.
3 vil ~ s. 4 Ich kan nit wissen wie ym mag sin s.

622 Ich weiz niht wol warumbe,   ez dûnket mich niht guot,
    daz mich sô sêre hazzet   der Wülfinge übermuot.
    swie stille ich darzuo swige,   got weiz mîn herze wol.
    ze solhen âventiuren   man niht vil reden sol.'
623 Dô sprach gezogenlîche   von Berne her Dietrich:
    'welt ir dan hinnen rîten   ze künec Ermenrich,
    sô gedenket an die eide,   die ir mir hât gesworn,
    darane sult ir niht wanken,   ir recke hôchgeborn.'
624 'Jâ, wolte ich wanken,   vürste *vil gemeit,*
    mîn lîp der sî verwâzen,   briche ich den eit.'
    dannen vuor dô *Witege*   ûf der selben vart.
    daz kam sider ze leide   dem jungen Alphart.
625 Dô ruoweten dâ die herren   vor Bechelâren ûf dem plân
    unz an den vierden morgen: dô vuoren sie von dan.

    . . . .
    . . . .

626 An dem vünften morgen,   tuot uns daz liet bekant,
    dô wâren *die herren* komen   gein Hiunen in daz lant.
    dô seite man diu mære   der edeln küneginn,
    wie daz die herren kæmen   von Wormze ab dem Rîn.
627 Dô vröute sich vrou Herche,   si was sô hôchgemuot.
    dô wurden sie wol enpfangen   von manegem megedîn guot.
    sie wurden wol enpfangen,   die helde überal.
    sie vuorte diu küneginne   ûf einen wîten sal.
628 Dô vrâgete umb die rôsen   diu künegîn lobesam.
    dô antwurte ir geswinde   der münech Ilsân:
    'vil edeliu küneginne,   mir ist der solt gegeben,
    den wil ich mir behalten,   die wîle ich hân daz leben.'

622,1 u. 2 *vertauscht s.* weiz] kan *h.* wol ∾ *s.* wol wissen *h.*
1.2 *danach in h wiederholt* (1ª Do sprach wittich der küne. mich ouch nút).
3 darzuo] nú. herze] mudrê *h.* 4 âventiuren] dingen *s.* 4ᵇ nie man
r. a. *h.* 623,2 hinnen] heim *s.* künec] dem keiser *h.* 4 nit wenken *s,*
gedencken *h.* recken *h,* firsten *s.* 624,1 ∾ *h.* wenken *s.* vil gemeit] hoch
gemût *s.* 2 mîn] Vw' *h.* der ∾ *s.* 2ᵇ brechent ir die eit *h.* 3.4 ∾ *h.*
vuor dô Witege *vdHagen*] fürent die heren *s.* 4 daz *vdHagen*] Do *s.*
625,1 ruoweten] worent *h.* dâ ∾ *s.* vor] ze *h.* 2 unz] Bis *h.* dritten *h.*
2ᵇ do für jederman darfon *s.* 3.4 ∾ *sh.* 626,1.2 ∾ *s.* dô] Wo *h.*
2 die herren] sy *h.* 4 das ∾ *s.* 627,1 Dô] Des *h.* vrou Herche] iro
herze *h.* sô ∾ *s.* 2 ∾ *h.* 3 wol] schon *h.* helde] herren *h.* 4 fürt-
tent *s.* 4ᵇ in den schönen sal. 628,1 vrâgete] forschot sy *h.* umb die
rôsen *nack* künegîn *h.*

629 Dô ruoweten dâ die herren   ûf der bûrge wûnnesam
    unz an den niunden morgen.   dô vuor ie der man von dan.
    dô vuor heim gein Kriechen   der schœne Dietrîch.
    dô vuor heim gein Riuzen   Hartnît ein künec rîch.
630 Dô vuor heim gein Tenemarc   der junge künec Vruot.
    dô vuor heim gein Stîre   Dietleip der hôchgemuot.
    dô vuor heim gein Bechelâren der milte marcman.
    dô vuor heim in daz klôster   der münech Ilsân.
631 Dô der münech Ilsân   wider heim kam,
    man wolte in niht în lâzen,   den wunderkûenen man.
    er stiez an die porten,   daz si ûf brach.
    dô schuof er in dem klôster   allez ungemach.
632 Her Dietrîch von Berne   und meister Hiltebrant
    vuoren mit ir helden   wider in ir lant.
    dô sach man gein in wîchen   die herzoginne Uot,
    diu enpfienc die herren,   si was wolgemuot.
633 Si vrâgete sie diu mære: 'wie stât ez an dem Rîn?'
    dô sprach Hiltebrant der alte: 'liebiu vrouwe mîn,
    dâ hân wir sie betwungen   mit ellenthafter hant.'
    alsô nimet daz buoch ein ende   und ist der Rôsengarte
                                                 [genant.

629,1 dâ ~ *s*. 2 unz] Bis *h*. vuor ie der man] fûrent *sy h*. 3 heim ~ *h*. gein] von *s*. 4 heim] hin *h*. ein] der *h*. 630,1 heim] hin *h*. 4 heim ~ *h*. 631,1ᵇ in das closter kam *h*. 2 wunder ~ *s*. *mit* 631,2 *schliefst h; es folgt die unterschrift:*

   Laus tibi criste explicit liber iste Quis hoc scribebat
   thoma vogel de valesia nomen habebat Amen
   Non amat ille ihesum qui fert plia ihesum etc. etc. etc.

Reste von D¹ und D².

D² I.

1 **Waz** man von richen künegen   gesinget und geseit,
  die hievor hânt geworben   nâch grôzer wirdekeit!
  sie striten mit einander   umb prîs nâch beger
  und vuorten ritterlîche   ir schilte und ir sper.
2 Durch die schœnen vrouwen   sie liten ungemach.
  sie kunden schilte verhouwen   und liehter helme dach
  mit ir scharfen swerten,   diu sie vuorten in der hant.
  des muoste von in enkelten   manec küener wîgant.

D¹ II.

1 **Ein** künec was gesezzen   dâ ze Burgentrich,
  der was geheizen Gibeche,   daz wizzet sicherlich.
  der hêt einen rôsengarten   erzogen bî dem Rîn:
  swer ime den zerbræche,   des diener wolte er sîn.
2 Wær aber, daz er dem selben   mit strîte gesigete an,
  der solte ime mit dienste   wesen undertân.
  ez gienc umb den garten   ein borte was spannen breit:
  sô vil des rôten goldes   was darane geleit
3 Und manec edel gesteine   was ouch darin getragen,
  diu lûhten ûz dem borten,   der umb den garten was er-
  ez was in dem garten   vröude und wünne genuoc: [haben.
  hei, waz der garte rôsen   und liehter bluomen truoc!
4 Des [garten] huoten zwelf recken   biderbe unde guot,
  edel unde rîche   und dâbî hôchgemuot.
  . . . .
  . . . .

---

1 *fd*, ~ *p*.   1,3 mit einander *d*] frümeclichen *f*.   nâch beger *d*] vnd auch vm ere *f*.   4 ritterlîche *d*] keiserlichen *f*.
II. *in f sind belegt*: 3. 17. 18. 21,5—14; 17—38; 41—50. 23,3—25,2. 28,5—12. 29,3 f. 31,3—32,2. 35,1 f. 36—37,2. 44,1 f. 45,1 f. 46—48. 1,1ᵇ *d*; zu borge edel und rich *p*.   4 Her jach beg. *p*.   2,1 den s. *p*.   3.4 *d*, ~ *p*.
3 ~ *p*.   2ᵇ *d*; für war ich vch daz sagen *f*.   4,3.4 ~ *p*, *vgl. anm.*

5 Die hèten einen vanen,   der was sô bereit:
  dardurch ein strich von golde,   wol einer ellen breit,
  anderhalp dargegen   ein strich von silber wiz.
  ir sült rehte merken,   darane lac grôzer vliz.
6 Dô sante der künec Gibeche   über alliu lant,
  ob iender wære gesezzen   ein künec sô hôchgenant,
  der mit zwelf helden   den sinen gesigete an,
  dem wolte er mit willen   werden undertân.
7 Dô wurden dem künege Etzeln   diu mære kunt getân.
  dô besamente sich der vürste   mit vierzehen tûsent man,
  alsô er wolte riten   ze Wormze an den Rin.
  dô kunde künec Gibechen   liebers niht geschehen sin.
  (8—12,2 = D³ 15—19,2).
12,3 dô gewerte in her Dietrich   und meister Hiltebrant.
  sie giengen balde dannen,   dâ er die recken vant
13 Sitzen über ir tâveln,   ir lîbes wâren's guot,
  mit vrœlichem herzen   erhaben in dem muot.
  sie wolten alle springen   über die tâveln glich.
  'durch got nu sitzet stille,'   sprach her Dietrich.
14 Dô tâten sie mit willen,   des sie der wirt dô bat.
  her Dietrich von Berne   ze eime banke trat:
  'nu hœret, ir herren alle,   mir ist ein brief gesant,
  daz nie solhiu mære   sint komen in diz lant.'
15 Her Dietrich von Berne   hiez sinen kapelân
  und sinen schribære   balde vür sich gân.
  er sprach: 'ich verbiute,   daz nieman hinnen gê,
  ê daz wir alle gehœren,   swaz an dem brieve stê.'
16 Dô der schribære   den brief ûf gebrach,
  hei, wie lûte er lachte!   nu hœret, wie er sprach:
  'diz ist von einer meide   ein boteschaft wunderlich.'
  'nu leset schiere, meister,'   sprach her Dietrich.

5,1 eine v. di p. breit p.   2ᵃ Da durch ginc ein stric p. von golde vgl. d A 59,*1, ⌒ p. wol A 59,*1] der was p.   3 dargegen d, ⌒ p. strich der was v. p.   6 d, ⌒ p.   7,2 samte p. mit] und gewan p.   4 geschehen sin d, gesin p.   8—12,2 in p durch 6 neue v. ersetzt.   13 d, in p durch eine str. aus Alphart verdrängt.   2 erhaben] erhebet d.   14,1.2 d, ⌒ p.   3 nu Fd, ⌒ p.   4 solhiu Fd] so wundirliche p. diz d] die p. 15,1 F(d), ⌒ p.   2 und F] Her hiz p.   sich] in p.   danach zusatz: Nu horet lieben herren unde ouch vil werden mas p.   3ᵃ Fd; Ich wil hi vor bitten p.   hinnen Fd] von uns p.   4ᵃ d(F); Nu leset ane meister p. brieve] b'n'e p.   16,1.2 dF, ⌒ p.   3.4 F, ⌒ pd.   4 schiere] herre F.

17 'Hie stât an disem brieve   wunders alsô vil:
    swer si ritter worden   oder ritter werden wil,
    der sol diu mære hœren   und nâhe zuo mir stân.'
    'waz an dem brieve geschriben stê?'   sprach der kapelân.
18 'Si lât iuch *schône* grüezen,   mîn vrou Kriemhilt,
    her Dietrich von Berne,   ob ir iuwern schilt
    und iuwern helm vüeret   ze Wormze an den Rîn:
    helt, trutz, ob ir türret!   sô sprach daz megedin.'
19 Dietrich von Berne   hiez den boten sagen:
    '*wes* entörste ich in dar vüeren?   ich törste in wol dar
    leset vürbaz, meister,   wer dâ si diu meit,   [tragen!
    diu mir enpoten hât ir trutz,   als *ir* mir hât geseit.'
20 'Ir vater heizet Gibeche   und ist ein künec rîch.'
    'den selben ich wol erkenne,'   sprach dô her Dietrich,
    'ir bruoder heizet Gunther,   der ander Gêrnôt.
    leset vürbaz, meister,   swaz uns diu meit enpôt.'
21 'Dô vleiz sich mîn vrouwe,   sit daz si ein kint was:
    si hât einen garten,   darinne ein grüenez gras,
    mit mûren und mit zinnen,   einer halben mîlen breit:
    hei, waz der anger rôsen   und schœner bluomen treit!
22 Ez gât in dem garten   wunderlichez wilt:
    ich wæne, daz in rôsen   sô schône nie würde gespilt.
    des garten hüetent zwelve   der aller küensten man,
    daz man in der werlte   ir gelîch niht vinden kan.
23 Vünfzec kemenâten,   als uns der brief nu seit,
    heizet darin bûwen   diu minnecliche meit.
    si mac ez wol volbringen,   si ist ein küneginne rîch.'
    'nu leset uns von den zwelven,'   sprach dô her Dietrich.
24 Dô sprach der schrîbære: 'ich wil's iu niht verdagen.
    welt ir ir namen hœren,   ich kan's iu wol gesagen:

---
17 *df̅*, ~ p.   1 *in f geändert, rgl. anm.*   3 m's ane horê *f*.
4 den br. *f*.   18,1 lezet *p*.   schône] sere *p*.   m. iuncfrouwe kr. *p*. Uns
hât ir gruoz enpoten diu schœne Kriemhilt D̄ (1ᵃ *in f geändert*).
2 Herre her d. *p*.   2ᵃ *in f geändert*. ob *fô*] daz *p*. vw' *f*.   3 und iuwern
helm *f(ô)*, ~ *p*.   helm lihten *f*. ze Wormze *pô*, ~ *f*.   4 halt ~ *f*. ge-
türret *f*.   sô sprach *pô*] enbâdet vzh *f*.   19,2 wes] Warume p. en ~ *p*.
in nicht dar *p*. in noch wol *p*.   3 vürbas *ô*] ane *p*.   4 also mir *p*.
20,1 Lrē *p*.   3 Lrē *p*. und der *p*.   4 vürbas *ô*] ane *p*.   21,1 sit *ô*]
wile *p*.   2 hatte *p*. *an stelle von* 22 *hat Dᵃ ein stück von 12 str., s. schlufs
von abschnitt* II (21,5—52).   22,2 ni worden *p*.   3 zwelf recken der *p*.   4 irē
glichen *p*.   23,3 volbringen *ô*, vorbringen *p*, vollendē *f*.   4 leset] saget *f*.
dô] von Berne *f*.   24,1ᵇ welt ir herzuo gedagen *f*.   2 ir namen *p(ô)*]
sie *f*. horē nennē *f*.   2ᵇ die wil ich iu sagen *f*.

der êrste heizet Gibeche   und ist uns wol bekant:
von dem mer *unz* an den Rîn   im dienent witiu lant.
25 Der ander daz ist Gunther,   sîn sun vil unverzeit.
der dritte daz ist Gêrnôt,   von deme man wunder seit.
der vierde daz ist Hagene,   Aldriânes kint.
der vünfte daz ist Walther,   geborn von Kerlinc.
26 Der sehste daz ist Volkêr,   von Alzeie genant,
vroun Kriemhilte swestersun,   ein videlære *bekant*.
der sibende daz ist Stuotvuhs,   ein degen vreislîch,
der vihtet alsô sêre,   *daz wizzet sicherlich*.
27 Der ahte daz ist ein rise,   der heizet Asprîân,
der treit zwei swert in einer scheiden,   dâmite er vehten kan.
der niunde daz ist ein rise,   *der* heizet Schrûtân,
dem sint die Priuzen unz an daz mer   durch vorhte undertân.
28 Der zehende *daz* ist Rienolt,   von Meilâne genant.
der eilfte daz ist Herbort,   ein herzoge wol bekant.
der zwelfte daz ist Sîvrit,   geborn von Niderlant,
der treit der zwelf swerte ein,   daz ist Balmunc genant.'
29 'Wes ist in nu ze muote   oder wes hânt sie gedâht,
daz sie sô manegen recken   hânt zesamene brâht?
vrou Herche bî *den Hiunen*   gwan nie sô manegen degen.
sagâ ane, schrîbære,   wes süln die zwelve pflegen?'
30 'Ir sült zwelve kiesen,   die ir zwelven sint gelîch.'
'waz süln die dâ schaffen?'   sprach dô her Dietrich.
'dâ sol ir iegelîcher   den andern *wol* bestân:
ir habet *es* iemer êre,   gesigent die iuwern den zwelven an.'

24,3 heizet] daz ist *f*. und ist uns *pd*] der ist vch *f*. allen wol *p*.
4 unz] biz *p*. dâ nideno bî dem Rîne dâ dienent ime diu lant *D*²*.
25,1 daz ist *fd*] sin son *p*. 1ᵇ *f*; der ist ein degen unvorzeit *p*. 2 *aufser*
25,1 *und* 28,3 hat p statt des der vor *der nummer stets* Daz. daz ist *fd*] sin
son *p*. 3 allorianis *p*. statt 26 *hat p eine aus* 28,1. 26,3.4. 28,2 *neu gebildete str.*; 26.1.2 *stehen daher an stelle von* 28,1.2.   1 sehste *d*] elfte *p*.
ᵇ vn ist vns vor einen vedeler genant *p*. *zu* 3.4 *vgl. anm.*   27,1 ahte *d*]
nunde *p*.   3 niunde *d*] zende *p*. der h.] her h. *p*, und h. *d*.   4 unz *d*]
biz *p*.   28,1.2 *d*.   4 palmut *p*. *nach* 28 *setzt D*ᵃ *2 str. zu*:
28,5 'Nu wil ez sich heben,'   alsô sprach Hiltebrant,
'ich vröuwe mich der mære,   diu uns sint gesant.
ez kumet nu vil ebene,   des ich lango bat:
ich wæne, veter Wolfhart,   du werdest vehtens sat.'
9 'Nu lâz die rede belîben,   veter Hiltebrant.
ich wil durch rôsen willen   niht rîten in daz lant.
solt ich gein Wormze rîten   umb einen rôsenkranz?
ê wil ich heime lieber   mîn houbet halten ganz.' *f*.
29,1 haben *p*.   2 m. richen recken *p*.   3.4 *in f geändert*. don Hiunen]
dem rin *p*.   30,3 wol ⁓ *p*.   4 es] sin *p*. dy uwern zcwölffe dē eren zcwelfen *p*.

31 'Warumbe süln wir vehten?'   sprach dô her Dietrich,
   'ich gehôrte bî mînen geziten   nie mære sô wunderlich.'
   'swer dort gesiget, herre,   der muoz gewert sin,
   in küsse diu meit Kriemhilt   und gebe ime ein krenzelin.'
32 'Nu küsse sie der tiuvel!'   alsô sprach Wolfhart,
   'mac ich mich behüeten,   ich kume niht an die vart.
   ez hœret maneger gerne   von den rôsen sagen:
   er möhte lieber dâ heime   eine riusen vür ein schapel tragen.'
33 'Du wilt, daz man dir vlêhe,'   alsô sprach Alphart,
   'du wellest oder enwellest,   du muost an die vart.'
   . . . .
   . . . .
34 'Ich var mit mîme herren   gerne, swar ich sol:
   ich belibe gerne hie heime,   ich enpære ir küssens wol.
   doch sage ich iu zewâre,   swie mir dort geschiht,
   ich enpære gerne ir küssens,   aber ir kampfes niht.'
35 Dô sprach der helt Witege: 'daz selbe reht sî ouch mîn:
   ich enpir ouch wol ir küssens,   mac ich es überec sîn.'
   'nein,' sprach aber Wolfhart,   'wir wellen alle dar,
   und wæren unser tûsent,   gar vrîliche an die schar.'
36 'Des hân wir iemer êre,'   sô sprach her Hiltebrant,
   'Kriemhilt diu schœne   hât nâch uns gesant:
   ich wil dâhin rîten   gein Wormze an den Rîn
   und bringen mîner vrouwen   ein rôsenkrenzelîn.'
37 'Wer weiz,' sprach aber Wolfhart,   'wie iu dort geschiht?
   die dort der rôsen hüetent,   lânt ir vergebenes niht.
   ie der man sol mit im vüeren   ein altez sîdin drum:
   wirt ime sîn houbet entrennet,   sô ist ez ime ein vrum.'
38 'Wâfen, iemer wâfen!'   sprach her Dietrich,
   'waz tuont mir vrouwen leides an!   wie sint sie sô wunder-
   daz ir vil selten keiniu   wil nemen einen man   [lich,
   und ouch bî ime slâfen,   ich müeze vor mit ime gestriten
                                                              [hân.

  31,2 mære] botschaft p.   3ᵃ Welch' des tages ist ein h're f.   3ᵇ der
sol der tiurste sîn f.   4 gebit p.   den küsset ein juncvrouwe und
setzet im ûf ein krenzelîn f.   32,1 alsô f, ~ p.   2ᵃ Kome do hine
wer do wlle f.   kume p] wil f.   niht f] nummer p.   4 ein alde rusen p.
33,1 alsô ~ p.   Alphart ó 53] wolfhart p.   2 enwellest] wolle p.   3.4 ~ p,
vgl. anm.   34,1 Her sprach beg. p.   gerne vor mit p.   3 sewâre] vor
war p.   4 aber] ader p.   35—39 in p durch 10 neue v. ersetzt (Bartsch
103—112).   35,3.4 ó, ~ f.   36,1ᵃ.2 ó, in f geändert.   37,2 die lant
ir vch verg. f.   3.4 ó, ~ f.   38.39 ó, ~ fp, vgl. anm.

39 Gît ime got daz glücke, daz er mir obe gelit,
sô gât er an ein bette und vröuwet sich der zît.
sô bin ich sêre verhouwen und ouch gar sêre wunt.
durch willen schœner vrouwen küsse ich einen rôten munt.'
40 Dô sprach Hiltebrant der alte: 'ich wil der êrste sîn.
der ander sîst du selbe, vil lieber herre mîn.
der dritte daz sî Wolfhart, ein sneller jüngelinc.
der vierde daz sî Sigestap, der kumet an den rinc.
41 Der vünfte sî von Tenemarc ein künec, der heizet Vruot.
der sehste daz sî Rüedegêr, ein degen hôchgemuot.
der sibende daz sî Hartnît, ein künec von Riuzenlant,
und ist von vroun Herchen her ze uns gesant.
42 Der ahte daz sî Heime, der ist sô reht üzerwegen.
der niunde daz sî Witege, ein vreislîcher degen.
der zehende sî von Kriechen der schœne Dietrich,
der vihtet alsô sêre, daz wizzet sicherlich.
43 Der eilfte sî von Stîre Dietleip ein sneller degen:
der helt wil ouch strîten, die wîle er hât daz leben.'
'alsô hân wir eilve sô rehte lobelîch:
wâ vinden wir den zwelften?' sprach dô her Dietrich.
44 'Der ist uns leider verre,' sprach meister Hiltebrant,
'iedoch wil ich in suochen, dâ ich in bî wîlen vant:
ê ich in dâ heime lieze, den münech Ilsân,
und râtet ir ez, herre, er muoz ûz sîme klôster gân.'
45 Dô sprach von Berne her Dietrich: 'und möhte ez werden wâr?
er hât in sîme klôster gelegen wol zweinzec jâr.
solt ich in gote enpferren, dem er sich hât gegeben,
ich hête ez iemer sünde, verstôrte ich ime sîn leben.
46 'Wizzet ir niht,' sprach Hiltebrant, 'waz iu mîn bruoder
dô ir ime erlouptet, daz er in sîn klôster vuor? [swuor,

40,1ª d, in p geändert. wel selbe der p. 2 ff. aufser 43,1 hat p statt
des der vor der nummer stets Das. 3 daz ∽ p. 4 das ∽ p. 41,1 tene-
marken p. 2 das h, ∽ ps. 3 das h, ∽ ps. 4 vr. beyohen p.
42,4 h, ∽ ps. 44,1 zu verre p, vremede f. sprach meister H. pd]
so sp'ch er h. f. 2 beide in f, ∽ p. 4 ir ez] is p. 45,1 D. spr.
der Bernære: 'wie mac daz w. w.? f. 2 hât] ist Dª. sîme klôster]
sin' kotte f. gelegen] gewesen Dª. wol] me dan f. 4 es] sin p.
46,1 niht fs, ∽ p. sprach Hiltebrant] herre f. mîn bruoder] der
münech Dª. 2 dô ir ime erlouptet daz er fs] Do min bruder ilsam p.
sin] daz Dª.

er gelobete iu eine reise und swuor's iu einen eit,
swenn iu sin nôt wære, er wolte iu sin bereit.'
47 [Gein Garte nâch Amelolte ein bote wart gesant.
den enpfienc wol mit êren sin bruoder Hiltebrant.
er vuorte in vûr vroun Uoten: 'lâz sie dir bevolhen sin.'
'sô bevilhe ich dir,' sprach Amelolt, 'diu lieben kinder min.'
48 'So bevilhe ich dir hin wider,' sprach meister Hiltebrant,
'des Bernæres erbe, beidiu liute und ouch sîn lant,
und Diethern sînen bruoder, den lieben herren min,
und ouch die Harlunge lâz dir bevolhen sin.']

D².

21,5 Si hât in dem garten eine linden erzogen wol,
darunder schône gerihtet einen balc swarz als ein kol.
sô man den balc diuhet, durch die rœren gât der wint
obene in die linden, dâ die vogel sint.
9 Sô hebet sich ûf der linden ein schal sô vröudenrîch
von maneger süezen stimme sô rehte wünneclîch:
sie singent gein einander, einer kleine, der ander grôz.
ez wart nie herze sô trûrec, daz ez der kurzewîle verdrôz.
13 Diu linde ist also schône und dâbî also wît,
daz si vünf hundert vrouwen vil guoten schate gît.
diu linde ist umbehangen mit pfeller also rôt,
wan ez diu küneginne durch ir hôchvart gebôt.
17 Darunder stât ein gesidel, daz ist also rîch
von edelm helfenbeine, daz wizzet sicherlich,
underleit mit marmelsteine lûter als ein glas:
darûf lit pfeller und sîde, daz bezzers niht enwas.
21 Darzuo koment vrouwen, der ist also vil,
die pflegent grôzer vröude und maneger hande spil.
dâhin sûlt ir rîten, die kurzewîle sehen.
ouch wizzet, herre von Berne, dâ muoz strîtes vil ge-
[schehen.

46,3 swuor's] swuor *D²*. 4ᵃ *f*, ∼ *p*. nôt] aller nodest *f*. sô woite
er *D²*. sin zu einer hervart bereit *p*. 47. 48 *f*, sind zusatz von *D²*.
47,3 vn sp'ch laz *f*. 4 kinde *f*.
D². 21,5.6 *d*, in *f* mit benutzung von 9.10 auf 4 v. gebracht. 9.10 *d*,
∼ *f*. 11 So singêt sie *f*. 12 herze *d*] man *f*. 13 *d*, in *f* geändert.
14 gût schede *f*. 15.16 *d*, ∼ *f*. 20 pfeller *d*] matran *f*. bezzers *d*,
bezz' *f*. 23 ryden welt ir die *f*.

25 Ir sült iuch bereiten   und rīten an den Rīn,
    dâ seht ir mit spilnden ougen   manec schœnez megedīn:
    ir münde die sint rôsenrôt,   ir helse sint snêwīz.
    in dem rôsengarten   dâ vindet ir allen vlīz.
29 Si hât ir bī dem Rīne   zwelf recken ûz erkorn:
    swer in den garten komen wil,   der muoz sīn verlorn:
    sie süln vehten in dem garten   mit ellenthafter hant:
    man gīt *in* eine juncvroun,   darzuo ein wītez lant.
33 Gein den sült ir bringen   zwelve, die sint gelīch.'
    'waz sol ich dâ schaffen?'   sprach her Dietrich.
    'swer dem sīnen ane gesiget,   der sol der tiurste sīn:
    den küsset ein juncvrouwe   und setzet im ûf ein krenzelīn.'
37 'Nu küsse sie der tiuvel!'   alsô sprach Wolfhart,
    'mac ich es überec werden,   ich kume niht an die vart.
    sie wolten uns *gerne* reizen   gein Wormze an den Rīn:
    rītet ir dâhin, her Dietrich,   ich wil hie heime sīn.
41 Solher âventiure   der wil ich enpern.
    würd ich durch sie verhouwen,   ez müeste mir sêre swern.
    hât in der übel tiuvel erdâht   den wunderlīchen vunt?
    ich vinde wol hie ze Berne   einen rœselehten munt.
45 Noch hân wir hie heime   vil manege schœne meit,
    der iegelichiu von golde   eine krônen ûf treit,
    mit den wil ich tanzen   unde vrœlīch sīn:
    vehtet ir in den rôsen   vor der künegīn.'
49 Dô sprach gezogenlīche   der alte Hiltebrant:
    'wir süln nâch rôsen rīten   in künec Gibechen lant,
    sô wirt uns ûf dem wege   vil līhte ein krenzelīn,
    daz gibe ich dan vroun Uoten,   der lieben vrouwen mīn.

D¹ III.

1 '**Sô** wil ich nâch im rīten,'   sprach dô her Dietrich.
    dô liez er sīn ros bringen,   der recke lobelīch.
    dô huoben sich die herren   gein Īsenburc an die vart,
    dâ der münech durch rôsen   herûz gezücket wart.

———

25 rident *f*.   32 in] ir yeclichë *f*.   33ᵇ.34 *ð, in f geändert*.
39.40 *ð, ∽ f*.   51.52 *ð, ∽ f*.
III *ist in f mit ausnahme von* 1—9 *fast ganz erhalten*.   1,3.4 *ð, in p
durch* 3,1.2 *ersetzt*.

2 Dô reit ze aller vorderst meister Hiltebrant,
 Dietrich von Berne kam nâch ime gerant.
 er vuorte selbe sinen schilt und was ein vürste hêr.
 wan er unde Hiltebrant, den zwein volgete nieman mêr.
3 An dem vierzehenden morgen und ein lützel dâvor
 dô kâmen sie geriten ze Îsenburc vür daz tor,
 dâ die müneche sungen mettîne alsô vruo.
 die herren mit den schilten stapfeten vaste zuo.
4 Hiltebrant begunde klopfen: 'balde lât mich in!
 ich wil in disem klôster ein predegerbruoder sin.'
  (4,2—6 = D⁸ 92,3—94).
7 'Warte vür die porten, warte, wer dâ si.'
 'dâvor *habet* ein alter man, der vüeret wolve dri
 und vüeret ûf dem helme ein guldin sarbant.'
 'wâfen!' sprach der münech, 'daz ist min bruoder Hilte-
8 'Bi ime habet ein junger, der vüeret einen lewen. [brant.'
 ich gehôrte vor disem hûse nieman sô vil gedrewen
 noch bi minen ziten nieman sô torsteclich.'
 'er mac ez wol volbringen, ez ist von Berne her Dietrich.'
9 Dô gienc gein der porten der münech Ilsân,
 gewâpent in die ringe, die kappen truoc er an,
 über siniu bein gesniten zwô dicke grâwe hosen.
 er gienc gein der porten, er wolte der mære selbe losen.
10 'Benedicite, bruoder!' sprach meister Hiltebrant.
 'nu vüeret dich der tiuvel!' sprach bruoder Ilsân zehant,
 'daz du nu järlanc ritest under des strites dach:
 du sæzest vil baz dâ heime und hêtest din guot gemach.'
11 'Ich tæte, ob man mich lieze,' sprach meister Hiltebrant,
 'ich muoz nâch rôsen riten, man hât nâch mir gesant,

2,1ᵃ *d*; Do cloyphet an di phorten *p*. 3,1.2 *in p schon vorher*. An *d*,
In *p*. dâvor] da wer *p*. 3.4 *d*, ∾ *p*. 4,1 begunde klopfen *d*] cleyphet
an die phorten *p*. lât *d*, laz *p*. 4,2—6 ∾ *p*, *vgl. anm.* 7,2 habet]
helt *p*. vüeret w. *d*] hat an sime schilde schoner w. *p*. 3 *d*, ∾ *p*. *nach* 4
setzt p zu Waz schildes vurt der ander hastu daz icht bekant. 8,1ᵃ *d*; Daz
ist ein starker junger man *p*. hebet *d*. 9,2 di slappen *p*. 3 sin bein *p*.
4 w. die mere *p*. 10,2 dich ab' d' *f*. 2ᵇ spr. der münech al zeh. *D*⁸.
2 nu ∾ *D*⁸. ritest *fd*] wilt riten *p*. under] nâch *f*. des *f*] dines *p*. dach]
vach *fd*. 4 du soltest bi diner vrouwen billiche haben d. g.
gem. *f* (guot *pd*, ∾ *f*). 11,1ᵃ Daz t. ich, ob ich möhte *fd*. so spr. *f*.
meister *pd*] her *f*. 2 muoz *fd*] wil *p*. nâch rôsen riten *pd*] gein würmes
an den rin *f*. man *pd*] do *f*.

ein edeliu küneginne,   ich wil ze ir hôchzît.'
'ez schinet wol, her bruoder mîn,   daz ir ein alter tôre sît.'
12 'Die rede lân wir bliben,'   sprach meister Hiltebrant,
'ich wil dich lâzen wizzen,   wes mîn herre ist her gerant:
er manet dich einer reise,   du swûere's im einen eit,
swenn *ime* dîn *nôt* wære,   du woltest ime sîn bereit.'
13 Dô antwurte ime in zorne   der münech Ilsân:
'ich weiz wol die gelûbede,   die ich hân getân:
hie in disem lande   wil ich [eine] hervart varn.
wil er ze verre rîten,   ich kan ez wol bewarn.'
14 'Volge uns *vil* balde,'   sprach dô her Dietrich,
'liezest du uns al einen,   daz wære unweidelich.'
'herre, ich volge iu gerne,'   sprach der münech Ilsân,
'ich belibe gerne heime,   woltet ir mich's erlân.
15 Ich wil iu helfen gerne,'   sprach der münech Ilsân,
'nu luoget mich, her Dietrich,   waz ich ze strite hân.'
dô swanc er abe die kutten   und warf sie in daz gras:
sô rehte wünnecliche   der münech gewâpent was.

11,3ᵃ ein schœniu juncvrouwe *f*. hochgezit *fδ*.   4 ez schinet *pδ*] Ich horen *f*.   her bruoder mîn *p*, *rgl. δ*] sp'ch d' monich *f*.   tôre *pδ*] narre *f*.   12,1 laz wir *p*.   1ᵃ Dich bitet mîn herre von Berne *f*. 2 wes] war umme *p*. daz du gedenkest an den eit, den du im tæte in die hant *f*.   3 du gelobetest im eine reise und swûere im e. e. *D*ᵃ (reise) reine *f*).   4ᵃ *f*, ~ *p*. ime) vns *f*. aller nodest *f*. ime ~ *fδ*. sin zcu eyner hervart ber. *p*.   13,1 u. 2 *in f vertauscht (gegen p u. δ)*. 'Jâ wil ich niht herverten,' sprach d. m. I. *f(δ)*.   2 weiz *pδ*] gedenken *f*. die gel.] der gel. *f*.   ich im h. *f*.
   3 ist es iu nôt ze Berne,   dâ wil ich hin varn.
   welt ir gein Wormze an den Rîn,   daz wil ich bewarn.' *f(δ)*.
nach 13 *schiebt* *D*ᵃ *eine, f allein noch eine str. ein:*
13,5 'Neinâ, vil lieber bruoder,'   sprach aber Hiltebrant,
'ich mane dich bruodertriuwe,   die tuo uns bekant
und hilf uns von dirre nœte,   vil lieber bruoder mîn,
darumbe wil ich dir iemer   bereit mit dienste sîn.' *f(δ)*.
[9 Er sprach: 'hêt ich den urloup,   ez wære dir unverseit.
wenne wilt du dich erlâzen   dîner affenheit,
daz du êrste wilt rîten   gein Wormze an den Rîn
nâch eime rôsenkranze?   du soltest es jârlanc abe sîn.' *f*.]
14,1 vil ~ *p*.   1ᵃ Ei volge dime bruoder *f(δ)*.   so spr. *f*.   dô ~ *fδ*. 2 Lezzes *p*.   uns al eine *p*, *rgl. δ*] yn ane dich riden *f*.   2ᵇ daz stûende dir lesterlîch *f(δ)*.   3ᵃ h., ich wil im volgen *f*.   der] do *p*.   4 Aber ich *f*.   gerne hi h. *p*, lieber h. *f*.   *statt* 15—17 *stehen in p 3 andere str.* 15,1 Ilsân *δ*] do *f*.   2 *δ, in f geändert*.   3 warf sie *δ*] liez sie vallen *f*.

16 'Waz traget ir under den hosen?' sprach her Hiltebrant.
  'daz tuon ich, lieber bruoder, min altez stritgewant.'
  dô sach von Berne her Dietrich des starken mûneches swert:
  'eines übeln predegerstabes sit ir hiemite wol gewert.'
17 Dô sprach der müuech Ilsân: 'vil lieben herren min,
  wellet ir hie ezzen, ich schenke iu klâren win.
  die müneche müezen'z gelten,' sprach der snelle man,
  'ez si in liep oder leit, ez wirt in doch getân.'
18 **Dô** besamente sich der abbet mit siner bruoderschaft.
  sie wunschten im alle heiles und siner geselleschaft.
  dô sprach ze der samenunge von Berne her Dietrich:
  'nemet ir in niht wider, ich verbrenne iuch sicherlich.'
19 Dô sprâchen die müneche alle: 'daz ist im unverseit,
  daz ir in uns enpferret, daz si gote gekleit:
  nu hât ditze klôster des mannes iemer vrumen.
  er si lebende oder tôt, er ist uns willekumen.'
20 **Dô** sie dâ gâzen und getrunken, man zôch dar ein marc
  was Schemminges bruoder, michel unde starc.
  dô gurte sin swert umbe der münech hôchgemuot,
  er zôch über sine brünne eine kutten, diu was guot.
21 Dô hiez er ime bringen ein sper und einen schilt,
  dâmit er bi sinen ziten vil dicke hête gespilt.
  . . . . daz guote ros wart von im überschriten.
  urloup die herren nâmen, von dannen sie dô riten.
22 Dô sach man vor der porten die samenunge stân:
  sie vluochten alle geliche dem starken müneche Ilsân:
  'er tete uns dicke leides vil in unser bruoderschaft:
  dort muoz er werden erstochen und niemer sigehaft!
23 Er wil sin sô starke, wir sin mit ime betrogen:
  er hât uns mit unsern berten vil dicke umbe gezogen,
  sô wir niht balde tâten, daz er uns gebôt.
  wir liten von sinen handen beide angest unde nôt.'
24 **An** dem vierzehenden morgen, dô dranc ûf der tac,
  dô kâmen sie ze Berne, dâ manec recke lac,

16,4 Er sp'ch ir sit eins *f*. stab *f*. sit ir *d*, ~ *f*.   17,2 dûn vch schenckë *f*.
3.4 *d*.   17,3—20,2 in *f* verdrängt.   18,1 *d*; Do quam di samenunge und
di bruderschaft *p*.   4 vorburne *p*.   19,3 dit *p*.   statt 20—23 stehen in *p*
nur 2 *v*.   20,1.2 *d*.   21,3ᵃ *d*; Ros vñ sadel *f*.   vô yme do wart *f*.
23,1 wir sin mit ime *d*] vnd dûnket sich so *f*.   4 So liden wir *f*.
24,1 An *fd*] In *p*. vierzehenden *p*, dritten *f* (vünften *d*). drang ûf *f*] her
luchte *p*.   2 ze *pd*] gein *f*. manec recke] daz gesinde *D*ᵃ.

sunder Wolfhart al eine in eime venster stuont
und warte vremeder mære, alsô liute dicke tuont.
25 Er huop sich ze den recken, ze eime er dô sprach:
'du solt niht langer slâfen, vernim min ungemach:
ez hât min herre von Berne einen mûnech dâher brâht.
mich hât michel wunder, wes er dâmite habe gedâht.'
26 'Spottest du min?' sprach Witege. 'nein, vernim min wort.
wilt du's niht gelouben, sô sich in selbe dort.'
ûf sprungen dô die herren alle samt zehant,
dô tâten sie ane ir schuohe und ander ir gewant.
27 Die der schuohe niht balde vunden, die liefen barvuoz:
sie wolten den von Berne enpfâhen dô mit ir gruoz.
durch die burcporten was in allen gâch,
sunder Wolfhart al eine, der sleich in alles hinden nâch.
28 Dô sie in enpfiengen, sie sprâchen alle gelîch:
'sît willekomen, von Berne herre, her Dietrich!
wir solten iuch enpfâhen, meister Hiltebrant:
waz woltet ir des mûneches gevüeret in daz lant?'
29 'Waz tuot ir hie, her mûnech?' sprach der küene Wolfhart,
'berihtet iuch und büezet und vart iuwer vart:
ich wil mit keime mûneche niht rûmen disiu lant.'
'lâz dir in niht versmâhen,' sprach meister Hiltebrant.
30 'Wer ist der recke junge?' sprach bruoder Ilsân,
'er enlâze mich mit gemache, im wirt ein slac [von mir]
'des enpwere ich gerne,' sprach Wolfhart zorneclich. [getân.'
'du bist gar ungevüege,' sprach dô her Dietrich.

24,3 Sundern *p*, Dan *f* (wan *D*ᵃ, *vgl.* 27,4). 3ᵇ der lac an [einer]
sunderstat *D*ᵃ (ein' andern st. *f*).— 4ᵇ diu man in sagen bat *f*.
25,1 huop sich] gienc *D*ᵃ. den recken] dem gesinde *f*. eime recken er *f*.
2ᵃ wol ûf ir herren alle *f*. 2ᵇ *f*, ∼ *p*. vernim] und vernemet *f*.
3 *f*(δ); min herre hat ein monich bracht *p*. 4ᵃ m. nimet iemer w. *f*.
waz *f*δ. erdâht *f*. habe] ha *p*. 26 ∼ *f*. 1 das erste min *b*, ∼ *p*. myne
wort *p*. 2 sich δ] socht *p*. solbe δ] al *p*. 3.4 δ; Jung vû alt di herren alle
samt Iclicher suchte selber ein gewant *p*. 27,1.2 ∼ *p*. 3ᵃ *p*, *vgl.* δ; Gein
hern dieteriche *f*. was *p*δ] so wart *f*. 4 sunder] wan *f*. in alles] ge-
vuoge *f*. hinden *f*δ, ∼ *p*. 28,1 Dô sprâchen ze dem Berner die
herren a. gel. *f*. 2 will. edeler fûrste v. *f*. herre ∼ *f*δ. 3 *p*δ, ∼ *f*.
4 wellet *f*. 4ᵇ her in disiu l. *f*. nach 4 setzt *f* zu: Er sal vw'
bihte horen so sp'ch h' hiltebrant. 29,1 tuot *f*] wizzet *p*. hie *f*δ,
∼ *p*. mûnech *p*δ] peltekan *f*. also spr. *f*. der küene *p*δ, ∼ *f*. 2 hebet
iuch [wider] in die zellen balde ûf iuwer vart *D*ᵃ. 3 keime] dë *f*.
niht ∼ *p*. 4 La *p*, Nâ laz *f*. 30,1 iugo recke *f* (*gegen p u. δ*).
bruoder] der mûnech *D*ᵃ. 2 en ∼ *p*. 2ᵃ lât er mich's niht ge-
hœren *f* (mich's] mich). 2ᵇ *f*; ich wil in an den backen slan *p*. 3.4 *p*δ,
∼ *f*. 3 δ; Daz lobe ich spr. w. kein ime trat her zorn. *p*.

31 'Wiste ich, wer er wære,'   sprach der müuech dô,
   'der mit siner hôchvart   strebet also hô.'
   'welt ir'z mir gelouben,   er wirt iu wol bekant:
   er ist Ameloltes kint,'   sprach meister Hiltebrant.
32 'Nu ist ez doch niht Wolfhart?' sprach der münech Ilsân,
   'iedoch mac er ez wol sin,   als ich rehte mich verstân:
   nu lac er in der wagen,   dô ich in ze leste sach,
   daz ich von im solte liden   daz grôze ungemach!
33 Er ist vil wol gewahsen   und sin bruoder Sigestap:
   sie koment ân swertes slege   beide niemer in ir grap.
   nu müeze dich got gesegenen!' sprach bruoder Ilsân,
   'veter, ich niht mêr zürne,   ich wil mich zornes erlân.'
34 'Die rede lân wir bliben,'   sprach meister Hiltebrant,
   'wir süln uns bereiten   ze Wormze in daz lant.
   wir süln uns niht sûmen,   ir helde lobelich.'
   dô kâmen's in zweinzec tagen   ze Wormze in daz rich.

D' IV.

1 Dô reit der künec Etzel   wider in sin lant,
   mit ime der von Berne   und ouch her Hiltebrant,
   Wolfhart unde Sigestap   und der münech Ilsân,
   die wâren deme von Berne,   mit dienste gerne undertân.
2 Dô der künec Etzel   wider heim kam,
   dô sach man mit im riten   manegen werden man.
   gein in gienc vrou Herche,   diu edel künegin.
   si enpfienc dô die herren   mit maneger juncvrouwen fin.
3 Dô nam der künec Etzel   den Berner bi der hant,
   anderhalp dargegen   sinen meister Hiltebrant.

31,2 der sich mit sîm übermuote wirfet a. h.f(d). 3 p(d); Ich
mûz yn erzürnê f. 3ᵇ u. 4ᵇ vertauscht Dᵃ. 4ᵇ pd; do sp'ch er h. f.
4 Nein er f. ist wolfhart amesiges k. p. kint] sun Dᵃ. 3ᵇ vnd ist dir
noch vnbekant f (p vgl. d). 32,1—33,2 ∽ p. 32,3.4 d, ∽ f. 33,3ᵃ p
vgl. d; Glücke mûzze dir folgen f. bruoder] der münech Dᵃ. 4 veter,
ich wil mîn zürnen vil gerne gein dir lân f. 34,1 laze wir p.
1ᵃ p, vgl. d; Die rede nam ein onde f. do spr. f. meister pó] her f.
2 in] an p. 4 in] an p. 2—4 in Dᵃ umgearbeitet:
   'bereitet iuch vil balde,   ir recken hôchgenant,
   daz wir dort betwingen   die helde lobelich.'
   'wol ûf! wir süln von hinnen,' sprach von Berne her Dietrich.
(3 in f geändert: Daz wir den pris gewinnê an den helden rich).
   IV ∽ p.   1,1.2ᵃ d (in f geändert).   2 d (in f durch 2 v. ersetzt).
3,1 Dô d] Ez f.

mit in gienc von Bechelâren   der milte marcman.
er vuorte sie vür vroun Herchen,   die küneginne lobesam.
4 Dô sprach gezogenlîche   diu edel künegin guot:
'sît willekomen, von Berne   ein vürste hôchgemuot,
und ouch willekomen,   meister Hiltebrant.'
dô enpfienc si wol mit zühten   die recken alle samt.
5 Dô seiten sie diu mære   der küneginne guot
von der boteschefte: si wart vil hôchgemuot.
man seite ir von dem garten,   wie der wære bereit,
darinne wære nâch wunsche   manegiu schœne meit.
6 Man seite ir von den zwelven,   wie die ze velde wæren komen,
daz sie rîcher wâfenrocke   niemer heten vernomen:
'ûf ieglîchen roc gesmidet   zwelf guldîne vogel,
man muoz ir lieht gesiune   in al der werlte loben.'
7 Man seite ir von der schônheit,   diu bî dem Rîne was,
und von dem goltgevügel,   daz ûf der linden saz.
man seite ir von den meiden,   diu wæren schœne und glanz,
ez trüeg ieglîchiu ûf ir houpte   von rôsen einen kranz.
8 Dô sprach gezogenlîche   diu küneginne rîch:
'sô bringet uns der rôsen,   herre, her Dietrîch,
daz wil ich umb iuch verdienen,   die wîle ich hân daz leben,
mit der mînen milten hant   und mit mînen geben.'
9 Sô sprach ze dem recken   vrou Herche diu künegîn:
'wir hân hie ze den Hiunen   vil manege vrouwen fîn.
nu dar, ir stolzen ritter,   verdienet rîchen solt,
daz ich und mîne meide   sîn iu mit triuwen holt.
10 Hânt sie bî dem Rîne   ir rocke überzogen,
ûf iegelîchen gesmidet   zwelf guldîne vogel,
sô wil ich ûf die iuwern,   ûf iegelîchen besunder,
vil snelleclîch tuon würken   zwelf guldîniu merwunder.'
11 Die meister wâren künste rîch,   die besten, die man vant.
diu lichten merwunder   diu wurden in bekant,
daz ez von den wâfenrocken   alsô verre schein:
ieglîchez truoc in sîm munde   einen karfunkelstein.
12 Und die zwelf helme,   die sie dort solten tragen,
die wurden mit gesteine   alle wol durchgraben,

---

4 *δ* (in *f* auf 30 v. ausgedehnt).   5,3 garten *δ*] ros'gartë *f*.   6,2 D. s.
bi yrë zytë nie rich' waph. het. vern. *f*.   3ᵇ. 4 *δ* (in *f* geändert).
7,3.4 *δ*, ~ *f*.   man seite] sie seiten *δ*.   10,1.2 *δ* (in *f* geändert).   nach 10
setzt *f* 2 v. zu.   11,1 künsten r. *f*.   12,2 durchgraben *δ*] dorchslagen *f*.

und die zwelf gêre, die sie vuorten in der hant,
in ieglichen wart gesenket ein liehter jâchant.
13 Ein gezelt hiez si dô würken mit dem golde rôt,
als ez diu küneginne mit ir milte gebôt.
ez glaste gein der sunnen, gar verre ez erschein.
darûz lûhte mit êren vil manec edel stein.
14 Darane lac rôtes goldes und edels gesteines vil,
ouch was darane gewürket maneger leie spil.
alsô was bereitet daz gezelt gar lobelich:
ez zam vil wol ze vüeren dem edeln künege rich.
15 Dô wart daz gevilde gar allez überströut
von manegen stolzen Hiunen wart der künec ervröut.
im muosten dienen drizec lant und wâren im undertân:
siu brâhten ime ze êren vil manegen küenen man.
16 Dô hiez diu küneginne gar balde vür sich gân,
die dort solten vehten, die helde lobesam.
dô manete si alle besunder, diu hêre künegîn:
'lât iuch niht übergiuden ze Wormze an dem Rîn.
17 Vehtet vrümecliche durch den willen mîn,
daz wil ich umb iuch verdienen,' sprach diu künegîn,
'houwet tiefe wunden vaste unz ûf den grunt,
daz iu des iemer danke manec rôter munt.'
18 Dô sprach der Bernære: 'daz sol geschehen sîn.
ez muoz sich dâ verkêren brünne und helmes schîn,
mit bluote wol berunnen unde werden naz,
durchslagen mit tiefen wunden: vürwâr sô wizzet daz.
19 Ez wirt von mînen handen ein solher strît erhaben,
daz man ir etelichen muoz in den rôsen laben.
ich bringe sümelichen in nôt in der bluomen schîn,
daz man's muoz innen werden ze Wormze an dem Rîn.
20 Daz geschiht dem künege Gibechen durch sînen übermuot:
ez muoz benetzet werden mit bluote sîn helm vil guot,
daz er uns ûf muoz geben beidiu bürge und lant
und ze lêhen enpfâhen von unser vrîen hant.'
21 Diu rede nam ein ende von hern Dietrich.
dô urloupten sich die herren von dannen alle gelîch.

12,3 gêre] spere f. 4 yeglichez f. 14,4 Dan vz f. 15,2ᵇ d; der
küneg sich des frawot f. 3 Dz ymc f. muosten dienen d] diente f.
17,1 Vñ fehtent f. 3 unz] biz f. 19 ~ d. 3 in die not f. 21,2 sich
Grimm ~ f.

urloup nam von den vrouwen   manec werder man.
vil *manec* guoter segen   wart in nâch getân.
22 Urloup nam der von Berne   ze der küneginne hêr.
urloup nam tugentliche   marcgrâve Rüedegêr
ze den schœnen vrouwen,   die sâzen in dem sal
und ze der küneginne.   sie nâmen urloup überal.
23 Urloup nam in zühten   Hiltebrant der wîse man.
urloup nam sîn bruoder,   der starke münech Ilsân.
urloup nam dô Wolfhart,   als uns ist worden kunt.
urloup nam dô Sigestap   an der selben stunt.
24 Urloup nam dô Heime,   ein ûzerwelter degen.
urloup nam ouch Witege.   sie kunden strîtes pflegen.
urloup nam von Riuzen   Hartnît ein künec rîch.
urloup nam von Kriechen   der schœne Dietrîch.
25 Urloup nam von Stîre   Dietleip *der* hôchgemuot.
urloup nam von Tenemarc   der junge künec Vruot.
urloup nam künec Etzel   und alle sîne man.
urloup nam ir gesinde.   sie schieden vrœlîche dan.
26 Diu rotte begunde ûf sîgen   mit maneger banier rîch,
mit den verdacten rossen   alsô gewalteclîch
und mit manegem helme,   der wol gezieret was.
ir harnesch der was wîze,   lûter als ein glas.
27 Dô hiez der künec ûf blâsen   balde sîn herhorn.
darzuo begunde sich rüsten   manec helt hôchgeborn.
den rehten hervanen   vuorte her Hiltebrant,
dô wiste er daz breite her   durch diu wîten lant.

D² VI.

(1 = D² 203).

2 Wolfhart ze den herren sprach: 'warumbe sîn wir her komen?
umb des rîches krône?   *des* hân ich noch niht vernomen.

21,3.4 *ð*, ~ *f*.   *nach* 23 *setzt* f *1 str. zu.*   24,3—25,2 *ð*, ~ *f*.
27,1.2 *ð*, ~ *f*.   4 dô wiste er (*ð*)] Der wyssote *f*.
VI. *an stelle von* 1 *steht in* p (= *D*¹), *direct an* III,34 *anschliefsend:*
*1 Dô sie kâmen an den Rîn,   sie erbeizten ûf daz lant;
ir gezelt sie ûf sluogen,   die herren alle samt.
Etzel der vil rîche   kam mit Dietriche dar:
er vuorte mit ime ze strîte   eine vil breite schar.
darauf folgen noch 6 (7) *jüngere verse, endlich die reste von* VI: *2 v. für* 3.
4,1.2. 6,1.2 7,1.2. 9,3.4. *2 v. für* 10. 12,1.2. 13 = 26 (*nur einmal*). 27. 28,3.4.
31,1.2. 32,1.2. 33 *und* 2 *schlufsverse*.   2,1 her *ð*, ~ *f*.   komë in dz lât *f*.
2 Sollen wir fohtë vm des r. *f*.   2ᵇ *ð*; dz ist m' vnbekant *f*.

oder umb die schœnen vrouwen? der mir daz tæte bekant,
sô wolte ich helme schrôten,' sprach der küene wîgant.
3 Dô sprach der helt Witege: 'einen boten süln wir haben,
der uns diu rehten mære her wider künne sagen,
ob die zwelf recken ze dem strîte sîn bereit,
und wir in den rôsen vinden die schœnen meit.'
4 Dô sprach der Bernære, der vürste vil unverzeit:
'dar senden wir Rüedegêren, der der êren krônen treit.
er kan uns diu rehten mære her wider wol gesagen,
in welher hande wîse der garte sî ane getragen.'
5 Dô sprach der künec Etzel: 'getriuwer Rüedegêr,
rît hin in den garten und ervar uns diu mær,
ob die herren von dem Rîne ze strîte sîn bereit,
oder ob in dem garten sî diu künegin gemeit.'
6 Dô sprach der marcgrâve: 'ich hôrte ie mære sagen,
ez solten küneges boten rîchiu kleider tragen,
swâ ein künec boten sendet sîme ebengenôz,
treit er niht rîcher kleider, ez ist ime ein schande grôz.'
7 Dô hiez der künec Etzel ein gewant vür sich tragen,
daz koste zehen hundert marc, mit golde wol beslagen:
darin sô was vernæjet vil manec edel stein,
der von sînen tugenden als ein kristalle schein.
8 Dô sprach der Bernære: 'leget ane daz gwant sô rîch,
sô müget ir wol rîten eines küneges boten gelîch,
daz die vrouwen bî dem Rîne mügen ouch gesagen,
daz wir gesteines und goldes haben genuoz ze tragen.'
9 Dô der edel Rüedegêr ersach daz rîche gewant,
er sprach: 'ez zimet ze tragene eines küneges boten enlant.'

2,3ᵇ *d*; moht ez m' w'den kont *f*.   4ᵇ *d*; hie an diser stont *f*.
3,1 haben] han *f*.   2 künne sagen *d*] sagen kan *f*.   4,1 der von
berne der was unv. *p*.   2 dar] So *p*.   der der *p*] wan er d' *f*. *str.* 4
stand in D* *auch in folgender fassung*:
4ª Dô sprach der voget von Berne, der vürste hôchgemuot:
'ze dirre boteschefte ist nieman alsô guot
alsô von Bechelâren der marcgrâve milt:
er rîtet vür die vrouwen, sît er treit der êren schilt.'
(1 *d*, ∼ *f*.   3 *d*, in *f* auf 2 *v*. ausgedehnt).   *f nimmt beide str. auf und
ordnet* 4,1.2. 4ª,1.2. 4,3.4. 4ª,3,4, *danach setzt es noch eine neue str. zu.*
5 *d*, in *f* auf *2 str. ausgedehnt.*   1 getriuwer *f*] ach milter *d*.   6,1ᵇ *d*
(ie *fp*) ein *d*); ich horto sagen ye die mere *f*, ich habe ie horen sagen *p*.
2ª Wen man zu frouwen sendet der sulle r. kl. tr. *d*.   2ᵇ han riche keleit
vö golde swere *f*.   7,1 hiez *fd*] liz *p*.   1ᵇ bereito ein riche gewant *p*.
2 Daz achte man an tusent marg is was mit edelm gesteine beslagen alle
samt *p*.   8,4 golt.   9,2 enlant] dorch dy lât *f*.

ane leite der marcgrâve daz vil riche kleit.
er und ein juncherre die riten über die heiden breit.
(10 = D 215).
11 Dô kam in die rôsen der küene wîgant:
von ime begunde liuhten sîn guldîn gewant.
er gienc gein den vrouwen, als ein rîcher bote tuot.
sie sâzen under der linden und wâren hôchgemuot.
12 Ein himeldach sîdîn swebete über der künegîn rîch.
sie gruozte der marcgrâve gar gezogenlîch.
dô enpfiengen in von dem Rîne die edeln vrouwen hêr.
des dankete in mit zühten der marcgrâve Rüedegêr.
13 Dô sprach der vrouwen einiu: 'ir sît uns unbekant.
nu saget, vürste rîche, wie ist iuwer name genant?'
dô sprach der marcgrâve wol gezogenlîch:
'ich diene künec Etzeln und von Berne hern Dietrich.
14 Ich bin durch âventiure her ze iu gesant,
wie daz diu schœnste vrouwe sî under iu genant?'
'diu schœnste under uns allen ist Kriemhilt diu meit,
eines rîchen küneges tohter, von der man wunder seit.'
15 Der marcgrâve und diu vrouwe retten mit einander mêr.
dô gienc diu küneginne selbe gein ime her
wol mit hundert vrouwen, die nîgen dem küenen man.
des dankete in mit zühten der marcgrâve lobesam.
16 Si truoc ûf eine krônen mit vünf stollen wünneclîch,
die wâren wol gezieret mit edelm gesteine rîch.
swenne sich wolte neigen diu hêre künegîn,
sô gap daz edel gesteine gar einen wünneclîchen schîn.
17 Nu was der marcgrâve hin vür die vrouwen komen.
er sprach: 'edeliu künegîn, noch hât ir niht vernomen,
warumbe wir sîn geriten her an disen Rîn,
daz lân ich iuch wizzen, vil schœnez megedîn.'

3ª Also der m. leit an *p.* daz] di *p.* vil ~ *p.* 4 ein juncherre] der
junge alfart *p.* *das erste* die ~ *p.* 10 ~ *f*; *in p steht davon noch*
(*Bartsch* 262f.):
   Do si quamen zu dem garten si dirbeizten uf daz lant
   Di ros si zcu eyner linden heyften beide samt.
12,1 Ober den schonen juncfrouwen swobete (*rest fehlt*) *p.* 2 Do grûzte
sie *f* (*vgl. δ*). Si gruzton den marcgreven gar vil tugentlich *p.* 13,1 D. spr.
ein meit schone helt ir *p.* 2 Seit uns ritter kune wer hat uch here ge-
sant *p.* 3ᵇ gar vil tugentlich *p.* 4 Frawe *beg. f.* Ich d. von den
hunen ezel dê vil konige rich *p.* 14,3 *vgl. δ*; Do sp'ch die juncfrauwe krym-
hilt ist die schonste meit *f.* 15,1 jûngfraw *f.* 16,3 So wanne *f.*
wolte neigen δ] vñe neigete *f.* 4ª δ; Ein yeclich stein do zeigete *f.*

18 Dô kniewete der marcgrâve   nider ûf daz lant,
   brief und ingesigel   gap er ir in die hant.
   dô stuont vor ir ein schrîber,   si bôt in ime dar,
   si sprach: 'leset, lieber meister,   sô nemen wir sîn war.'
19 'Iu enpiutet künec Etzel   und her Dietrich von Bern,
   der iuwer liehten rôsen   wellen sie von iu gern.
   darumb wellen sie zerrîten   die bluomen und daz gras,
   mit bluote wol berennen,   daz ez muoz werden naz.
20 Iuwerm grôzen übermuote   dem wellen sie widerstân,
   oder sie wellen iu bî dem Rîne   werden undertân.
   twingent sie iuwer recken,   die ir hât ûz erkorn,
   sô sint sie und iuwer vater   in ze dienste hie geborn.'
21 Dô sprach diu küneginne: 'daz selbe ich in enpôt.
   sie süln mit *einander*   spiln in den rôsen rôt.
   ist ez daz mîne helde   den sige verlorn hân,
   sô sol iu mîn vater dienen,   sô er beste kan.'
22 Dô sprach der marcgrâve,   der degen unverzeit:
   'solt ich und möhte gehœren   ûf der linden breit
   singen wünnecliche   diu guldînen vogellîn!'
   dô sprach diu küneginne: 'daz sol geschehen sîn.'
23 Den balc hiez si diuhen: durch die rœren gienc der wint
   obene in die linden,   dâ die schœnen vogel sint.
   sie sungen gein einander,   einer kleine, der ander grôz:
   ez enwart nie herze sô trûrec,   daz ez der kurzewîle ver-
24 Dô sprach der marcgrâve,   der edel vürste rîch: [drôz.
   'ir hât ûf dirre erden   ein ganzez himelrich.
   möht ich darinne belîben,   daz ich gesprechen mac,
   sô wære mir ein ganzez jâr   reht als ein eineger tac.'
25 Ein maget spilte rotten   vor der küneginne rîch:
   alle die ez hôrten,   die wurden vröudenrîch.
   hinder sich trat der marcgrâve   und zôch abe daz gewant
   und gap ez der spilmennîn   mit sîner milten hant.
26 Dô sprach diu küneginne: 'ir sit uns unbekant.
   nu saget uns, ritter edel,   wie sît ir genant?'

18,4 *d*; Sie sp'ch vor mir in den rosen lesent yn vffenbar *f*.   19,1 Er sp'ch *beg. f*.   20 ~ *d*.   3 Ab' twingět *f*.   21,2 einander] ein kint *f*.
3 *nach d verbessert;* Ye zwene mit einand' ob mine den s. verl. h. *f*.   23,2 fogel sin sint *f*.   4 en *d*, ~ *f*.   herze *d*] man *f*.   24,2 ganzez *d*] richez *f*.
3 belîben *d*] v'liben *f*.   25,1 spilte mit ein' r. *f*.   26 *vgl. lesarten zu* 13.

dô sprach der marcgrâve   wol gezogenlich:
'ich diene künec Etzeln   und von Berne hern Dietrîch,
27 Und vroun Herchen der schœnen   bin ich undertân:
ich heize von Bechelâren   der milte marcman.'
si sprach: 'helt, von dînen tugenden   ist mir vil geseit.
hie sitzent zwelf küneges tohter,   helt vil unverzeit.
28 Wilt du dir nemen eine,   degen lobelîch,
darzuo eine rîche krônen   und ein künecrîch?'
'vrouwe, des habet genâde,'   sô sprach der marcman,
'darumb bin ich niht her komen,   daz ich ir eine welle
29 Ich bin durch rehtiu mære   dâher ze iu gesant,   [hân.
wenne wir süln komen   mit verwâpenter hant,
oder wâ daz wir süln strîten,   lât mir ez werden kunt.'
dô sprach diu küneginne: 'hie an dirre stunt.
30 Vor mir in den rôsen   dâ muoz der strît geschehen.
ich wil ez mit mînen ougen   allez ane sehen.
swelhe zwêne ich scheide,   die belîbent bî dem leben.
heizet sie komen schiere,   die ir hât ûz erwegen.'
31 Von dannen schiet der marcgrâve   umb einen mitten tac.
dô reit er ze den herren,   dâ daz gesinde lac.
dô kam der marcgrâve   under daz her geriten.
er wart vil schône enpfangen   nâch ritterlîchen siten.
32 Dô wolten sie der mære   langer niht entwesen.
dô sprach der marcgrâve: 'ich bin im paradîse gewesen.
darinne sint schœne vrouwen   und *wol* gezogeniu kint,
an trûren und an sorgen   machent sie uns blint.
33 Ir herren alle *geliche*,   sît ich rehte sol jehen,
der kampf *sol* in dem garten   vor vünf hundert meiden ge-
sô ist der vrouwen Kriemhilt   der gewalt gegeben,   [schehen.
sweme si daz bescheidet,   der beheltet wol sîn leben.'

26,4 Fraw ich *f*.   27,1 Und miner vr. *p*. der schœnen ~ *p*.   2 Vñ ich *f*.
3 si sprach *fδ*, ~ *p*. helt *pδ*, ~ *f*.   4 zwelf *pδ*] eylf *f*.   27,4—28,2 in *p* in
éinen *v. zusammengezogen (Bartsch* 273): Wiltu der zwelf koneges tochter
ein di ist dir unvorseit.   28,3ᵃ Gnada edele kunigin *p*.   sô ~ *p*.   der
milde m. *p*.   4 Di wal hat got und di schone met errer valschet
vndirtan *p*.   29,3 strîten *δ*, ~ *f*.   31,1 schiet *δ*] rot *f*.   1ᵃ Orlob
nam der m. *p*.   2 dô reit er *δ*] Do dachte her *p*, Wid' *f*.   ze den
herren *f*] zu berne *p*. daz gesinde *fδ*] manic recko *p*.   32,1 langer *pδ*]
vö yme *f*.   entwesen *f*] gewesen *pδ*.   2ᵃ ~ *p*.   bin hute in dē *p*.
3 wol ~ *f*.   33 *pδ* 220, ~ *f*.   1 gelîche] samt *p*. sint *p*.   2 sol]
wil *p*.   3 der gew. *δ*] di gew. *p*. *nach* 33 *hat p noch 2 v*. (*Bartsch* 284 f.).

D¹ VII.

1 Der tac nam ein ende, diu naht den sige gewan.
  dô wâfente sich balde Sigestap der küene man:
  sin swert daz gurte er umbe, den helm er ûf gebant.
  Sigestap der junge was in strîte wol bekant.
2 Der snelle degen küene dâhin vil balde reit
  einsit von dem gesinde einer halben milen breit.
  Rienolt von Meilâne trabete gein im her,
  er vuorte in sîner hende ein armgrôzez sper.
3 Er vrâgete in der miere, wer in hête ûz gesant.
  'daz hât der voget von Berne und der künec ûz Unger-
  'sô diene ich künec Gibechen und bin dem undertân, [lant.'
  dâvon süln wir versuochen, waz wir an einander hân.'
4 Sie treip ûf einander ir beider grôzer zorn.
  sie ruorten diu ros vaste ze den sîten mit den sporn.
  die schefte sie zerstâchen mit ellenthafter hant.
  sie griffen ze den swerten schiere dô zehant.
5 Zweier vürsten kempfen zesamene wâren komen.
  ein ungevüeger schade wart vou in dô vernomen.
  Rienolt mit beiden handen gap im einen slac,
  daz Sigestap der junge ûf dem satelbogen lac.
6 Dô wart êrste erzürnet Sigestap der küene man:
  harte ritterlîche sprancte er Rienolten an.
  zwô vil tiefe wunden er ime dô gesluoc.
  dô her Rienolt der wunden enpfant, von der ban er sich
7 Dô reit ze sîme herren Sigestap der lobesam. [huop.
  dô wart er wol enpfangen von den recken wolgetân:
  'mit weme hâst du gevohten? daz solt du uns wizzen lân.'
  'mit Rienolte von Meilâne, deme hân ich gesiget an.'
8 Dô sprach der künec Etzel: 'getriuwer Hiltebrant,
  rît ze dem künege Gibechen und ze den recken allen samt,
  bit in daz er dir nenne sîne zwelf degen,
  sô solt du ûz den unsern zwelve dargegen wegen.'

VII. 1—7 ~ p, sind aber für D¹ erwiesen. 1,1ᵃ δ; Die rede lan wir bliben f. 2 der vil küne f. 3,4 an ~ f. 4—5,2 δ, in f durch 2 str. ersetzt. 6,4 δ; in f durch 3 v. ersetzt. 7,1 sinen f. 2 wol ~ f. 8—25 ~ f. 8,1 getriuwer δ] gedenke an dy truwe p. 4 ûz den unsern zwelve dargegen w. δ] dich mit zwelfen heym kein w. p.

9 Urloup nam dô Hiltebrant   umb einen mitten tac:
  er gâhte ze dem [rôsen]garten,   dâ manec recke lac.
  dô wart er wol enpfangen   von den helden ûf der wal,
  den dankete tugentliche   Hiltebrant überal.
10 Dô sprach meister Hiltebrant   gar gezogenlîch:
  'mich sendet künec Etzel   und von Berne her Dietrich.
  sie bitent, daz ir in nennet   iuwer zwelf degen,
  sô sol ich ûz den unsern   zwelve dargegen wegen.'
11 Dô sprach künec Gibeche: 'ich wil selbe der êrste sîn
  ze vehten in dem garten   vor der schœnen tohter mîn.
  ich hân'z bî mînen zîten   dicke mê getân.
  in dem rôsengarten   wil ich der kempfen einen bestân.'
12 'Sô bin ich in der ahte,   hundert jâr sîn mir gezalt:
  sô bestân ich iuch selbe,'   sprach Hiltebrant der alt.
  'wer bestât mir Gunthêren,   mînen sun den degen guot?'
  'den bestât von Tenemarke   der junge künec Vruot.'
13 'Wer bestât mir sînen bruoder,   der heizet Gêrnôt?
  swaz der ie gevaht mit recken,   die lâgen alle tôt.'
  'sît ich iuch der mære   wol bescheiden kan,
  den bestât von Bechelâren   der milte marcman.'
14 'Wer bestât mir Hagenen?   der muoz ouch an die vart.'
  'den bestât von Garte   mîn ôheim Wolfhart.'
  'wer bestât mir Walthêren,   von Kerlingen genant?'
  'den bestât Hartnît   ein künec von Riuzenlant.'
15 'Wer bestât mir Stuotvuhsen?   der ist gar ein wîgant:
  er hât ane gesiget . . .   allen samt.
  ich sage dir sicherlîche,   er ist ein helt guot.'
  'den bestât von Stîre   Dietleip der hôchgemuot.'

9,3.4 *ó, in p auf 5(6) v. erweitert (Bartsch* 292—6).   10,1 gezogenlich *ó*] vil tugentlich *p*.   2 mich sendet] Daz hat *p*.   und ouch von *p*. 4 ûz den unsern zwelve dargegen w.] mich mit zwelfen hin keyn w. *p*. 11,2 ze *ó*] Ich wil ouch *p*.   vor *ó*] vô *p*.   3.4 *ó*, ~ *p*.   12,1.2 *ó*;
   So bin ich in der maze vor hundert iaren bekant
   So wil ich dich bestan sprach meister hildebrant. *p*.
3ᵇ *ó*, ~ *p*.   4 *ó*; her sprach en bestet frut Ein konig von tenemarg *p*. 13,2 alle vor im tot *p*.   3 Sint *p*.   kan] han *p*.   14,1 heinen *p*. 1ᵇ.2 *ó*; den wutenden man Her sprach en bestet wolfhart der ist ouch ein degen freissam *p*.   14,3—21 *in p anders geordnet:* 16. 17. 15. 18,1. [18,2—4. 21. 19.] 14,3.4. 20, *vgl. anm.*   14,3.4 *ó, in P auf eine str. erweitert, deren l. v. in p verloren ist (Bartsch* 326—8).   15,1 Her sprach *beg. p.*   mir *ó*, ~ *p*.   2 hat sechs und sechzcigē wolfingen ane ges. alle s. *p*. 3 *ó*; Der ist undir sinen ougen eyner duñe elle breit *p*.   4 Her sprach *beg. p*. 4ᵇ *ó*; der starke ditleip *p*.

16 'Wer bestât mir einen risen,   der heizet Aspriân?
   der treit zwei swert in einer scheiden,   dâmite er vehten
   er vihtet in dem garten   und ist gar unverzeit.'   [kan.
   'den bestât Witege,   der Miningen treit.'
17 'Wer bestât mir einen risen,   der heizet Schrûtân?
   dem sint die Priuzen unz an daz mer   durch vorhte undertân.
   den hân ich in nume hove   wol siben jâr erzogen.'
   'den bestât Heime,   der hât vier ellenbogen.'
18 'Wer bestât mir einen ritter,   der heizet Herbort,
   der in allen stürmen   keinen strît nie gevorht?
   er ist ein degen küene,   daz wizze sicherlich.'
   'den bestât von Kriechen   der schœne Dietrich.'
19 'Wer bestât mir Volkêren,   von Alzeie genant?
   er ist ein videlære,   ein helt ze siner hant.
   er ist bî den besten,   die ich bî mir hie hân.'
   'den bestât mîn bruoder,   der münech Ilsân.'
20 'Wer bestât mir Sîvriden,   geborn von Niderlant?
   der treit der zwelf swerte ein,   daz ist Balmunc genant.
   der hât gevohten mit heiden   und mit kristen in manegem rîch.'
   'ist er küene, des tuot im nôt: den bestât von Berne her
21 Dô sprach der künec Gibeche: 'ist dir iht worden kunt, [Dietrich.'
   Rienolt ûf der warte   wart mir nehten wunt?
   er mac nie mê gevehten,   daz sî dir geseit.'
   'dô viel Sigestap von dem rosse,   daz was uns allen leit.'
22 Urloup nam dô Hiltebrant   umb einen mitten tac:
   dô gâhte er also balde,   dâ manec recke lac.
   dô enpfiengen sie in mit zühten,   den alten grîsen man:
   'wist unser iegelîcher,   wer morne den andern solte be-
                *   *   *   [stân!'

16,1 der δ] her p.   4 Her sprach beg. p.   meÿgon p.   17,1 Her
sprach beg. p.   mir δ, ∾ p.   der] den p.   2 unz] biz pd.   4 Her
sprach beg. p.   18 δ; 1 in p geändert, 2—4 ∾ p.   19 δ, ∾ p.
20,1 Her sprach beg. p.   2 palmut p.   3 kristen] cricbem p.   4 daz
tut p.   21 δ, ∾ p.   22,2 gâhte er] goch hor p.   also balde δ] do zu
berne p.   4 Wolde got woste p.   morne p.   nach 22 hat p zunächst
2 jüngere str. (Bartsch 337—44), darauf eine aus A 190.191 zusammengezogene
(Bartsch 345—8).

D¹ VIII.

1 [Dô wart des hers meister   der alte Hiltebrant.
  er schuof, daz die hütten   wurden schiere verbrant.
  dô sach man ûf dem velde   manegen degen starc
  und gezieret mit rîchen decken   manec schœnez marc.]
2 **Dô** hiez der künec ûf blâsen   balde sîn herhorn.
  durzuo begunde sich rüsten   manec helt hôchgeborn.
  sie riten gein dem garten   verre ûf einen plân
  wol eines rosloufes wîte.   dô sweic ein ieglich man.
3 Hagene von Tronege   kam dort her gerant.
  einen silberwîzen schilt   vuorte er an der hant,
  er vuorte ûf dem helme   zwei guldiniu horn.
  dô drabete er in den garten   und rief mit grôzem zorn:
4 'Wâ nû, meister Hiltebrant,   du vil getriuwer man?
  sagâ mir diu mære,   wer sol mich bestân.'
  vor der schar reit Hiltebrant: 'wâ ist nu Wolfhart?'
  der hielt bî deme von Berne,   er was ze strîte wol bewart
5 Under einer banier rîche,   si was von golde rôt.
  jâ ân alle vorhte   drabete *er* in die nôt.
  sîn helm was gesteinet,   er gap liehten schîn.
  einen wolf von golde   vuorte er an dem schilte sîn.
6 Sîn ros gienc in sprüngen,   ez was wîz sam ein harm.
  er vuorte an sîner hende   ein sper grôz als ein arm.
  sie liezen zesamene loufen,   alsô ist uns geseit:
  diu ros sich ze tôde stiezen   under den recken unverzeit.

VIII. 1 *fô*, ∼ *p*.   2,1.2 *ô*, ∼ *f*, in p auf 4 str. erweitert.   3.4ᵃ *fô*, in p geändert.   3ᵃ *ô*; Die ros man do ersprangete *f*.   4ᵇ *pô*; gein deme gartë hin dan *f*.   3,1ᵃ *ô*; Do hatte sich gewapent hagen und *p*; Do kam h. v. tr. *f*.   kam *pô*] gein yn *f*.   dort her] aldar *f*.   2 schilt *pô*] fanē *f*.   er] der degen *p*.   an] in *D*ᵃ.   3ᵃ *pô*; Oben vf sime houbte *f*.   g. wisendes horn *f*.   4 dô ∼ *D*ᵃ.   er sprancte *D*ᵃ.   rief lûde *f*.   grôzem *pô*, ∼ *f*.   4,1 Wa ist nu *p*.   meister *f*, ∼ *p*.   du vil] der *p*.   2 **sage mir, degen küener, wen ich hie sûl bestân** *f*.   3ᵃ dô rief H. vil lûte *f*.   ist nu] bist du *f*.   4 der *pô*] Er *f*.   dem Bernœre *f*.   er] und *D*ᵃ.   ze strîte *fô*, ∼ *p*.   5,1.2 *pô*, ∼ *f*.   einem *p*.   si *ô*] daz *p*.   2 Jo her an *p*.   er] der helt *p*.   3 helm der w. *f*.   gesteine *f*.   er gap] des gab er *f*.   4 *fô*, ∼ *p*.   6,1 in *pô*] zû *f*.   ez was *f(ô)*, ∼*p*.   sam] als *fô*.   hermelin *p*.   2 *fô*, ∼ *p*.   oin sper *nach* vuorte *f*.   grôz als *ô*] g'zzer dan *f*.   3 ist] iz *p*.   Dô kâmen sie zesamene ûf dem anger broit *f*.   4 stiezen *nach* ros *p*.   4ᵇ u. d. helden gemeit *f*.

7 Sie kâmen von den rossen,   under die schilte sie sich bugen,
  harte vreisliche   zwei scharfiu swert sie zugen.
  dô striten sie mit einander,   die zwêne zornegen degen:
  alle die den strît [ane] sâhen,   die hêten sich [ir] beider
8 Dô vâhten mit einander   die zwêne küenen man, [gar erwegen.
  daz diu viures vlamme   ûf ir beider helme enpran,
  daz sich muoste verkêren   ir liehter brünnen schîn.
  wie möhten dô die helde   zorneger gewesen sîn!

* * *

D¹ IX.

1 Dô rief der künec Gibeche: 'Aspriân, dir sî gekleit:
  umb Hagenen von Troneye   ist mir ûzer mâzen leit.
  du bist der sterkisten ein,   sô ich in iender hân:
  darane solt du gedenken,   recke lobesam.'
2 Ûf spranc der rise   lanc und dâbî grôz:
  'nu weiz ich in dem garten   niender mînen genôz.'
  er leite an eine brünne,   den helm er ûf bant:
  alsô kam er in den garten,   der grôze wîgant.
3 'Wâ bist du nû, Witege,   trûtgeselle mîn?
  disen hân ich dir behalten   hie bî disem Rîn!
  sihst du dort einen risen?   der heizet Aspriân:
  mit deme solt du strîten,   du maht in wol bestân.'
4 Dô sprach der helt Witege: '[Hiltebrant,] müget ir mir
  hân ich iu iuwern vater   oder iuwer kint erslagen, [sagen,

---

7 pô. ⏜ f.   1 Sie kûmen d] Ir snelle half in p.   2ᵃ d; Gar zorne-
clich p.   3 zornegen d] unvorzeiten p.   4 das erste die doppelt p.   8 ff. ist
in p der kürzung zum opfer gefallen.   mit 8,2 beginnt eine lücke in f (2—4 d).
IX. in f sind erhalten: 3. 4. 5,3.4. 6. 7. 9,3.4. 10. 12. 13. 15,3.4. 16.
1,2 d; Von cragen hagen unde den (rest fehlt) p.   3 iender] irgen pô.
2,1.2 d, ⏜ p.   3 er d] Asprian p.   an sich p.   4 Also her quam p.
3,1 in f geändert.   WÂ d] Wi p.   bist du d, ⏜ p.   2 Nû dorch mine
willen vn so liep dir d' b'n' mag sin f (D² = d).   bi dem r. p.   3 s. du
in dem garten den risen Aspriân D².   4ᵇ f; und salt on best. p.
4,1 Hiltebrant pô, ⏜ f.   ir mugit p.   1ᵇ künnet ir mir iht gesagen f.
2 Weder han p.   iuwern] dem p.   h. ich iu iuwern vater oder bruoder
iht ersl.   Dᵃ (vater und bruoder vertauscht f).

daz ir mich welt verrâten   wider den tiuvels man?
wes saget ir mich dem künege,   und hêtet in selbe bestân?'
5 Alsô sprach der helt Witege,   der degen unverzeit:
'Hiltebrant, mich dünket,   iu si mîn leben leit.
ich wil mit ime niht strîten,'   sprach der küene man,
'ich næme niht zweinzec tûsent marc,   daz ich in solte bestân.'
6 Dô sprach der Bernære: 'nein Witege, küener degen,
darumbe wil ich dir iemer   beidiu lîhen unde geben,
darzuo gib ich dir Schemminc,   mîn ros alsô guot,
sô maht du, ritter edel,   vehten wol mit hôhem muot.'
7 'Triuwen', sprach dô Witege,   'würde mir daz undertân,
wæren der rîsen zwêne,   ich wolte sie drumbe bestân.
ich wil'z an nieman lâzen   wan an meister Hiltebrant:
geleibet mir der, sô bin ich gwis   und vihte mit ellenthafter
8 Dô sprach meister Hiltebrant: 'Dietrîch, herre mîn, [hant.'
welt ir lœsen mîne triuwe,   sô wil ich bürge sîn,
sô wil sich Witege strîtes   aller êrste hie erwegen.'
'ich lœse dich,' sprach Dietrîch   der unverzeite degen.
9 . . . .
. . . .
'ich vihte niht,' sprach Witege,   'daz wizzet alle samt,
mich enwâpen von Bechelâren   des milten Rüedegêres hant.'
10 Abe steic der marcgrâve,   er wâpente in zehant:
den helm er'm ûf daz houbet   vaste dô gebant,
den schilt gap er im an den arm: 'got müeze dîn iemer
dô gienc in den garten   Witege der edel degen. [pflegen!'

4,3 wider den] gein dem *f*. tiuvels man *d*, tuvelischen man *p*, tyfel soldan *f*.   4ᵃ Wes habt ir yn nit gel vch gewegē *f*. ir] ie *p*. selbe *pd*, ∽ *f*.   statt 5.6 hat *p 3 neue str.* (*Bartsch* 407—418).   5,1.2 ∽ *f*.   2 iu] dir *d*.   4 zweinzec *d*, ∽ *f*.   6,1 nein Witege *d*] nû fiht mit yme *f*.   3 mîn ros *vor* Schemminc *f*.   4 hohen *f*.   7,1 daz *f*] schimnunc *p*.
7 Dô sprach der helt Witege: 'würde mir daz undertân,
  sô wolte ich willeclîche   den risen grôz bestân.
  noch wil ich niht strîten,'   sprach Witege der wîgant,
  'ez enwerde vür daz guote ros   mîn bürge der alte Hiltebrant.' *D*ᵃ
(1.2 ∽ *d*, *stehen nach* 3.4 *in f*.   Dô] So *f*.   4 en ∽ *fd*. der alte *d*] her *f*).
8 ∽ *D*ᵃ.   4 unvorzeiter *p*.   9,1.2 ∽ *pf(d)*.   4 enwâpen] woppen den *p*.
9,3 'noch wil ich niht strîten,'   sprach der küene degen,
   'mich enwâpen der marcgrâve   und welle mir hulde geben.'
10 Der marcgrâve gap im hulde   und wâpente in zehant
   umb sînen sun Nuodungen,   den ersluoc sîn hant. *f*
(9,4 en ∽ *f*.   10,2 dâdongē *f*).   10,2 er'm] im *p*.   3 gap er *f*, ∽ *p*. an den arm *f*] uf di arme *p*.   er sp'ch got *f*. müeze ∽ *f*. iemer ∽ *f*.   4 dô *fd*] Alrest *p*.   gienc] huop sich *f*.   den garten *pd*] die ros' *f*.   edel *f*, ∽ *p*.

11 Dô kam geschriten Aspriân,   er hête vreislîchen ganc:
er was über dem gürtel   zweier klâftern lanc.
dô sprach Witege: 'herre got,   hilf mir armen degen,
daz ich vor disem risen   behalte mîn werdez leben.'
12 Dô sie zesamene kâmen,   sich huop ein grôz getemern,
reht alsô zwelf smide   wæren komen mit ir hemern.
der rise mit den zwein swerten   lief vaste Witegen an,
daz er muoste wîchen   ze ende des garten dan.
13 'Triuwen,' sprach dô Hiltebrant,   'du vliuhst lesterlîche [hin]
Schemminc mac nimme herren   noch langer bî bestân.' [dan:
daz erhôrte Witege: an den risen lief er zehant,
er traf in mit Mîminge   und sluoc im abe eine hant.
14 Dô sluoc in der rise,   daz er viel ûf diu knie:
mit ungevüegen slegen   der rise in niht verlie.
ûf sprunc der helt Witege,   sîn snellekeit dô schein:
er lief aber ane den risen   und sluoc im abe ein bein.
15 Er sprach: 'ez wirt dir sûre,   daz du mich brâhtest ûf diu knie.
daz wizze sicherlîche,   des wirst du gevellet hie.'
er sluoc im abe ein ahsel,   alsô wir hœren sagen, [tragen.
daz kein ros möhte sô starc gesîn,   daz ez *sie* möhte er-
16 Ûf stuont diu schœne Kriemhilt,   si sprach: 'gip mir den degen.'
er tete, als er's niht hôrte,   unz er im nam daz leben.
aller êrste stuont er hôher: 'vrouwe, wes hât ir *gegert*?
welt ir den risen langen?   des sît ir von mir gewert.'
(17 = D⁸ 332).

11,1 geschriten δ] her *p.* hatte ein fr. *p.* 2 obir den g. *p.* 4 werdez ∼ *p.*
12,1ᵃ *f*; Si lifen zusamne mit slegen *p.* grôz *p*, ∼ *f.* gedemer *p.* 2 reht *f*,
∼ *p.* zwelf] zweinzec *f.* smede mit iren smitten w. *p.* 2ᵇ slûegen
mit den h. *f.* 3 den *fδ*, ∼ *p.* zwein *pδ*, ∼ *f.* lief] hie *f.* vaste] harte,
am rande verbessert in vaste *p.* 4 er] witich *p.* muosto *pδ*] begunde *f.*
4ᵇ gein den vrouwen [hin] dan *D*ᵃ.   13,1ᵃ Dô spr. ze ime Hilt. *f.*
witich du *p.* vliuhst *fδ*] wiches *p.* hin dan *pδ*, ∼ *f.* 2ᵃ daz guote
ros Sch. *f(δ).* 2ᵇ hat noch min h're sicherlich *f* (*D*ᵃ = δ). 3ᵃ Er
sprang an yn mit grŷme *f* (*D*ᵃ = δ). 3ᵇ der edel wigant *f.* 4ᵃ *p(δ)*;
Do gerachet er den resen *f.* eine *fδ*] die *p.* 14,3 dô] dar an *p.* 15,1.2 δ, ∼ *pf.*
3 er *fδ*] Und *p.* im auch abe *f.* ahsel] arspel *p.* 3ᵇ *pδ*; witeg wolt dê *p*'s
beinġe *f.* 4 sie ∼ *p.* swie starc ein ros wære, ez hête genuoc
ze tragen *f.* 16,1 sprach witich gip *p.* Dar gienc diu künegîn:
'Witege, wilt du mir in geben? *f.* 2 er's] hez *p.* en horte *p.* unz δ]
biz *pf.* genam *f.* daz *pδ*] sin *f.* 3 hôber] uf hor her sprach *p.* gegert
Bartsch] gebet *p.* 3ᵃ Zû ir sp'ch do wyteche *f.* 3ᵇ waz welt ir,
schœniu maget? *f.* 4 langen *fδ*, ∼ *p.* 4ᵇ der ist in unversaget *f.*
17 *in p durch 2 neue str. ersetzt* (*Bartsch* 455—462).

D' X.

1 Dô sprach der künec Gibeche: 'dir si gekleit, Schrûtân,
umb Aspriânes tôt, den ich verlorn hân.
nu solt du mich rechen und den bruoder dîn,
des wil ich sicherlîche dîn diener iemer sîn.'
2 Ûf stuont mit zorne Schrûtân: sîn harnesch wart im brâht,
er wâpente sich vil balde, alsô er hête gedâht.
er wolte den sige gewinnen, er gienc über die heiden dan.
dô rief under den Hiunen Hiltebrant der wîse man:
3 'Wâ nû, geselle Heime? gedenke der triuwe dîn!
sihst du einen risen, geborn von dem Rîn?
du solt mit ime vehten mit ellenthafter hant.'
dô spranc er in den garten, Heime der küene wîgant.
4 Dô kam geschriten Schrûtân, ein ungevüeger man.
an in lief dô Heime, als ich vernomen hân.
sie striten mit einander, dem risen niht gelanc:
daz bluot allenthalben ûf die bluomen spranc.
5 Sie striten mit einander eine vil lange stunt,
daz sie ze beiden sîten sêre wurden wunt.
(5,3—8,2 = D² 340,3—343,2).
8,3 daz swert warf Heime umbe in einer kurzen zît,
er stach ez durch den risen: zergangen was ir strît.
9 Kriemhilt was gesezzen, unz der [grôze] schade was getân:
dô viel von der swære der ungevüege man.
Heime gienc hin wider, dâ er die Hiunen vant:
sie enpfiengen lieplîche den unverzeiten wîgant.

X pδ; in f ist nur 1 v. belegt (D³ 342,3 = D¹ 7,3):
Nagelrinc ein vil guot swert im an der hendo klanc.
1,1 dir sî] di p. 2,1 wart δ] man p. 4 dô δ] Her p. under den
Hiunen δ] mit grozer stimme p. 3,1 der] an di p. 2 geborn δ] der ist
hertig p. nach 3,2 hat p 2 v. eingeschoben:
3' Der komet dort her gegangen und wil in den strit
Nu sume dich niht lange iz ist kumen dir di zit.
3,4 δ, in p geändert und auf 5 v. ausgedehnt (Bartsch 476—480). 4,1 ge-
schriten δ] geriten p. 5,3—8,2 sind in p der kürzung zum opfer gefallen;
7,3 steht noch in f, s. o. 8,4 er stach ez rgl. δ] Stach her p. 9,1 unz]
biz p.

D¹ XI.

1 Dô sprach der künec Gibeche: 'Stuotvuhs ein jüngelinc,
  wâpen dich vil balde   und trit an den rinc.
        (1,3—2,4 = D⁸ 347,3—348,4).
3 Hiltebrant der alte   rief dô ul zehant:
  'wâ nû, von Stîre Dietleip,   ein küener wîgant?
  sihst du einen recken?   den solt du bestân.'
  'daz ergât im hiute ze leide,'   sprach der unverzeite man.
4 Er hielt bî künec Etzeln   under einer banier rôt.
  . . . . von Stîre   vuorte er in die nôt.
  sîn helm der was gesteinet,   dâ er sie vuorte an.
  dô sprancte in den garten   der wunderküene man.
5 Diu sper sie begunden neigen,   sie riten einander an.
  sie wolten ir kraft bezeigen,   die zwêne küenen man.
  diu sper sie beide zerbrâchen   mit ritterlîcher hant.
  sie kâmen von den rossen,   die recken hôchgenant.
6 Dietleip zucte mit grimme   *den Welsungen* guot:
  er sluoc im durch die *stahel*wât,   daz darnâch schôz daz
  Dietleip der junge   gap im einen slac,   [bluot.
  daz ime daz houpt zer erden viel: zergangen was sîn tac.

XI in f *zerrissen, doch fast ganz belegt.*   1,1 in f *geändert.* geybich
wû nu st. p. Stuotvuhs] Stûefinc *D²*.   2 Nû *beg.* f. trit ze strito an p,
kum her an f.   1,3—2,4 *in p durch 2 neue v. ersetzt,* ∼ f.   3,1 in f *geändert.*
dô fô, ∼ p. al zehant f] ubir lant p.   2 wâ bist du nû fô.   von Stîre pô,
∼ f.   2ᵇ p(ô), in f *geändert.*   3.4 ∼ fô.   4,1 f; Dytheleib drabt in den garten
sin baner was von golde rot p.   2 in f *geändert.* . . . .] Ein panter p,
Die paner sh. er] der helt p.   3.4 ∼ f.   3ᵇ.4 ô, in p *geändert. nach* 4
setzt *D*⁸ eine str. zu:
4,5 Gein sîme widersachen,   der was im unbekant.
  er vrâgete in, wie er hieze.   er seite ez ime zehant:
  'ich bin geheizen Stûefinc,   ein künec von Îrlant.'
  dô widerseiten einander   die vürsten al zehant. fô
(5—7ᵃ ô, *in f geändert*).
  5,1 Sie begunden vaste neigen   gein einander dô ir sper.
    sie wolten kraft erzeigen,   in was ze strito ger. *D*⁸
(2 ze strite ô] gein einander f).   3 diu p, vgl. ô] Zwey f. beide ∼ fô.
zerbrâchen pô] v'stachon f.   3ᵇ f, ∼ p.   4ᵃ ô; Irn zorn si beide rachen p,
Do gryffen zû den sw'ten f.   4ᵇ f, ∼ p.   6,1 zucte mit grimme] liz
vallen p, vf yn mt grŷme slôg f (vgl. ô). den Welsungen] di woisenuge p.
sin swert daz was f.   2 er sluoc im] Dem recken p, Suffinge slôg er f.
stahelwât] stolen wat p, ringe f. das erste daz ∼ f. schôz] vlôz f. 3ᵃ Dorch
helm vn dûrhe halsbe'g f (p vgl. ô). gap] slug p, gab er f.   4 daz der
helm und daz houbet vor sînen vüezen lac *D*².

7 Dietleip in den stegereif   den vuoz balde swanc,
  in grimme und ouch in zorne   ûf sîn ros er spranc.
  dô drabete er ûz dem garten,   Stuotvuhsen liez er ligen.
  der künec sach im leide: er hete sich siges gar verzigen.

D' XII.

1 Dô sprach der künec Gibeche: 'lâz dir geklaget sîn,
  Gunther, Stuotvuhses tôt   und die grôzen swære mîn.
  gedenke, sun lieber,   hiute wol daran.'
  . . . .
2 Ûf stuont der künec Gunther,   zürnen er began.
  dô begunden alle trûren   des küneges dienestman.
  an leite der künec Gunther   ein stehelîn gewant,
  den helm er ûf daz houbet   vaste dô gebant.
3 Den schilt nam er zem arme,   ûf sîn ros er saz.
  von golde ein liehtiu krône   sîn gezimier was.
  er vrâgete tugentlîche: 'wer sol mich bestân?'
  dô rief under die Hiunen   Hiltebrant der wîse man:
4 'Wâ nû, von Tenemarke   unverzeiter Vruot?
  sihst du jenen recken,   den künec hôchgemuot?
  mit deme solt du strîten,   der ist ein degen starc.'
  'gerne,' sprach künec Vruote,   'er vertreip mich ûz Tene-
5 Dô drabete er von der menege,   der degen hôchgemuot. [marc.'
  er vuorte daz môrenhoubet   an sîme schilte guot,
  die banier in der hende,   dâ stuont ouch daz houbet an.
  dô riten sie zesamene,   die zwêne küenen man.

7,1ᵃ Mit vil gûden mûde *f* (*D*ᵃ = *d* ?).   1ᵇ in den satel er sich
swanc *D*ᵃ (sich er vor in *f*).   2ᵃ In grimmegem zorne *p* (*verbessert nach d*),
Vn mit vil g'zzë sprûngë *f*.   2ᵇ sîn ros vil wîte spr. *D*ᵃ (vil wîte *d*]
vz dem gartë *f*).   3 dô] er *D*ᵃ.   er ~ *D*ᵃ.   ûz dem gurten *pd*] vbʼ dz
gefilde *f*. Stuotvuhsen] den reson *p*, Stûefingen *D*ᵈ.   er do l. *f*.   4 sich
hüte der künec Gibeche sigos g. vorz. *D*ᵈ (*in f auf einen halben v. reduciert*: d' küneg sygez hat v'zigë).   verzigen] irwegen *p*.
XII. in *f sind belegt:* 2. 3,1.2. 6. 7. 8,3.4. 9.   1,2 Gunther *steht vor* lâz
(*v*. 1) *p*.   3 liber son *p*.   4 ~ *p*.   2,1 fô, ~ *p*.   1ᵇ *d*, in *f geändert*.
2 begonde *f*. alle] vaste *f*.   2ᵇ alle rinesche man *f*.   3 ~ *f*.
f d. h. er dô mit zorne ûf sîn h. bant *f*. *nach* 4 *setzt f einen neuen v. zu*.
3,1 nam er zem *f*] vor di *p*. er do sasz *f*.   2ᵃ ein kr. von rôtem golde *Jᵈ*.
sîn] ein *p*, do sîn *f*. geczûmer *p*, ziemer *f*. was daz *p*.   4,4 *d*; Der vortribe
ouch mich sprach frut von tenemarc *p*.   5,2 morin h. *p*.   3 die] Daz *p*.

6 Zwei sper sie dô verstâchen,   die vürsten hôchgenant.
  dô griffen ze den swerten   die recken beide samt.
  sie beizten von den rossen   nider in den klê.
  von tiefen verchwunden   geschach in beiden wê.
7 Künec Gunther von dem Rîne,   der degen wolgemuot,
  zôch von sîner sîten   ein wâfen, daz was guot:
  er sluoc ez mit zorne   ûf den künec Vruot,
  daz man von ime sach vliezen   daz rôsenvarwe bluot.
8 Dô stuont der künec Vruote   in ritterlîcher wer
  alsô vermezzenlîche   vor dem künege Gunther.
  er vergalt im schiere wider   mit grimmen slegen grôz:
  er schriet im durch den harnesch,   daz ime daz bluot engegene
9 *Er* sluoc im durch den helm,   der *künec* lobesam,   [vlôz.
  daz ime daz bluot mit kreften   durch daz geserwe ran
  und schôz im über diu wangen,   daz er niht ensach.
  ûf spranc diu küneginne,   nu hœret, wie si sprach:

* * *

D' XIII.

1 **Dô** sprach der künec Gibeche: 'wâ nû, helt Gêrnôt?
  dînes bruoder wunden   wellen im tuon den tôt.
  die solt du nu rechen,   degen unverzeit,
  wan man von dîner sterke   singet iemer unde seit.'
2 Guntherés harnesch   leite Gêrnôt an:
  alsô tugentlîche   wâpen er sich began.
  alsô kam er in den garten,   der vürste wol bekant.
  dô rief under die Hiunen   der alte Hiltebrant:

---

6 *f, in p verderbt:*
    Di sper si beide zustachen ir schust der was hel
    . . . .
    Iz wart ir boizten schire von zwen recken snel
    Do wart von in beiden creyftoclich getriten.
7 ff. *in p der kürzung zum opfer gefallen.*   2 von] vz *f.*   3b.4 *d, in f geändert.*   8,1.2 *d, ~ f.*   9,1 Er] Vñ *f.*   künec] h'tzoge *f.*   4b *d, in f geändert.*
XIII. *in f sind belegt* 1,3.4. 3,3. 4. 5. 6,1.2. 7,3.4   1,2 wellen im tuon *d*] di truren in *p.*   3 nu schaffe, helt biderbe küene und unverzeit *f.*
4 wan] daz *D*.*   dîner sterke *f*] dime st'te *p.*   iemer *f, ~ p.*   2,1 harnesch leite *d*] wapon furte *p.*   2 alsô] Vil gar *p.*   3 Also her quam in *p.*

3 'Wâ nû, von Bechelâren der milte marcman?
seht ir jenen recken? den sült ir bestân.'
er drabete von der menege, alsô man ime gebôt,
gein dem jungen künege, der was geheizen Gêrnôt.
4 Diu sper sie beide zerstâchen mit ellenthafter hant.
ir zorn was ungerochen, diu swert sie zugen zehant.
der marcgrâve sluoc im . ., dem jungen küenen man:
ze den selben stunden entwichen er began.
[5 Wie balde ein juncvrouwe ir beider strit ersach,
mit ir rôtem mündelîne si zühtecliche sprach:
'rîcher got von himel, wellest des vürsten pflegen,
der sich sô rîcher gâben gein mir hât begeben!'
6 Daz erhôrte Kriemhilt, ir zorn wart gein ir grôz:
si sluoc die maget in den munt, daz sie daz bluot begôz:
(6,3.4 = D⁸ 389,3.4)]
(7,1.2 = D⁸ 390,1.2?)
7,3 er hête wol erslagen Gêrnôten den künec milt.
dô schiet sie von einander diu küneginne Kriemhilt.

* * *

D¹ XV.

1 Dô sprach der künec Gibeche: 'Herbort, ez kumet an dich!
nu rich Gêrnôtes wunden, die dû sêre riuwent mich.
(1,3—2,2 = D⁸ 402,3.4. 404,1.2).
2,3 'wâ nû, von Berne Hiltebrant?' sage mir, degen balt,
wer sol mit mir vehten, oder wie ist er gestalt?'
3 Lûte rief dô Hiltebrant: 'wâ nû, Dietrîch
der junge künec von Kriechen, ein recke lobelîch?

3,3 Rüedegêr der milte tete, daz man ime gebôt:
er sprancte ze sîme vinde in die rôsen rôt.
4 Dô striten grimmeclîche die zwêne küenen man:
vil manec slac vil swinder wart von in [beiden] dô getân
ze tal vor den vrouwen in den rôsen rôt.
des enkam der künec Gêrnôt nie in solhe nôt. D⁸
(3,4 d, ~ f). 4,2 zcogen si p. 3 sluc im ein und ein dem jungen
koneges son p. 5.6 fd, ~ p, sind zusatz von D⁸. 5,1.2 d, in f auf 1 v. gekürzt.
3ᵇ.4 d, in f auf einen halben v. gekürzt. 7,3.4 f, in p geändert.
XV pd, ~ f. 1,3—2,2 in p durch 4 neue v. (Bartsch 565—568) er-
setzt. 2,3 sege p. 3,2 künec ~ p.

sihst du einen recken?   daz ist der küene Herbort:
mit deme solt du striten,   du bist langer niht gespart.'
   (4—5,2 = D⁸ 406—407,2).
5,3 sie striten mit einander   den gurten hin ze tal.
Herbort truoc einen guoten helm: iedoch gewan er den val.
   (6 = D⁸ 409).

D¹ XVII.

1 'Wâ ist min bruoder Ilsân,'   sprach meister Hiltebrant,
   'mit siner grâwen kappen   der tiure wîgant?
   er sûmet sich ze lange: er sol hervûr gân
   und sol sich lâzen schouwen,   daz ist wol getân.'
2 Dô sprach der münech Ilsân: 'lieber bruoder min,
   swaz ir mir gebietet,   daz sol geschehen sin.
   swer mit mir sol striten,   ich bin bereit hie.'
   gar ân alle vorhte   er in den garten gie.
3 Er truoc ob den ringen   eine grâwe kappen an,
   ein swert in siner hende   truoc der münech Ilsân.
   . . . .
   . . . .
4 'Swer sol mit mir vehten,   der kome balde her,
   oder ich tuon dem küneye   græzlichiu sêr
   an den liehten rôsen   und an dem klêwe sin,'
   alsô rette Ilsân,   'mit den vüezen min.'
5 Dô walzete in den rôsen   der münech Ilsân
   mit siner grâwen kappen: in torste nieman bestân.
   dô trat die rôsen nider   der münech unverzeit.
   daz sach diu schœne Kriemhilt: ez was ir von herzen leit.

3,4 gespart *Bartsch*] gestalt *p.*   4—5,2 *in p auf 2 v. gekürzt (Bartsch*
575 f.).   6 *in p durch eine neue strophe (Bartsch* 579—582) *ersetzt.*
   XVII. *in f sind belegt* 1. 2. 5. 7—9. 12,3—14.   1,1 Wâ *f*] Dit *p.* meister]
her *f.*   2 kutten *f.*   tiure] küene *f.*   3ᵃ wie sûmet er sich sô l. *f.*
sûmet] helt *p.* zu lande *p.*   4 und decken die rôsen mit bluote,
alsô er mē hât getân *f.*   2,2 ∽ *p.*   3ᵃ wer wil nu mit mir vehten *f.*
4ᵃ g. vermezzenliche *f.* gie ∽ *p.*   3,1.2 *vgl. d, in p geändert.* Er truoc *p.*
kappen *p.*   3.4 ∽ *pfô.*   4,2 sêr] swer *p.*   5,1ᵃ Dô begunde sich
vaste walken *f.*   2 er zervuorte vil der rôsen, ê denne er wart
bestân *f.*   3 ∽ *f.*   4ᵃ d. s. diu küneginne *f.* von herzen] alzô *f.*

6 Si sprach mit trüeben ougen: 'lieber vater mîn,
dise grôzen schameheit   lâz dir geklaget sîn,
daz diser münech walzet   mit sîner kappen wît.
nu kius uns einen balde,   der in beste mit strît.'
7 Dô sprach der küenec Gibeche: 'dir sî gekleit, Volkêr,
disiu grôze schameheit   und unseriu herzesêr,
diu uns hât erzeiget   der starke münech Ilsân.
ich wil dich guotes rîchen,   daz du mich rechest ûf dem
8 Hervûr gienc êrste Volkêr   ein degen unverzeit.   [plân.'
er vuorte an sîne schilte   eine videln vil gemeit.
dô ensûmte sich niht langer   der küene spilman:
mit ungevüegen slegen   lief er den münech an.
9 [Dô kaffete anc die vrouwen   der münech hôchgenant.
des erzurnte sêre   meister Hiltebrant:
'nu rege dich, her muosbart!'   der wîse sprach zehant,
'wir sîn durch êren willen   doch komen in diz lant.']
10 Dô wart von in beiden   kreftecliche gestriten:
sie sluogen ûf einander   mit ungevüegen sîten.
man sach über eine mîlen   den liehten viures glast,
der von ir beider helmen vuor: ez streit nie helt baz.
11 Dô brâhte der münech Ilsân   einen ungevüegen slac,
daz ime der videlære   under den vüezen gelac.
ûf spranc der helt Volkêr   (er was ein sneller degen),
er lief aber anc den münech   mit ungevüegen slegen.
12 Wie vaste dô sich werte   der münech Ilsân!
er jagete under die vrouwen   den küenen spilman.
ûf stuont diu küneginne,   daz ist uns wol geseit,
und schiet den münech Ilsân   von dem spilman unverzeit.

6,1 si sprach *nach* ougen *p.* trubegon *p.*   2 lâz dir ô] lat uch *p.*
7,1.2 in *f geändert.*   2 sêr] swer *p.*   3.4 *in p geändert.*   diu ô] Den *f.*
8,1 *u.* 2 *in p vertauscht.*   êrste ~ *p.* Êrste gienc in den garten der d.
unv. *f.*   2 or *fô*] Der *p.*   vuorte *pô*] trûg *f.*   videln *pô*] gyge *f.*   vil *f.*
~ *pô.*   *nach* 2 *schiebt p 2 v. ein* (*Bartsch* 609 f.); 609 *lautet* Do mochte sin
nicht irbeiten der monich ilsam; 610 *ist gleich* 8,4.   *mit* 8,3 *setzt T ein.*
en *p,* ~ *Tf.*   langer *Tf*] lange *p.*   9 *f,* ~ *P.*   1 kafte fuste an *f.*
10,2 ûf *p*] an *T.*   ungevüegen *T*] grimmeclichon *p.*   3 über *p,* ~ *T.*   ein
grose meil *T.*   3ᵇ ein lichtvarwez glaust *p.*   4 von *T*] uz *p.*   ir boider *p*]
den *T.*   füre *T,* ginc *p.*   streit *T*] gest'te *p.*   baz *T*] so vast *p.*   11,1.2 *ô, in*
P auf 4 *v. erweitert.*   3 der helt *p,* ~ *T.*   er *p*] der *T.*   4 er *p*] In *T.*
aber ~ *T.*   den *p*] der *T.*   12,1 vaste *T*] grimmiclich *p.*   sich do *p.*
2 jagete *T*] treip in *p.*   12,3—14,4 *f,* ~ *Tp.*

13 Dô sprach diu küneginne: 'iuwern apte wil ich klagen,
   an in einen brief senden   und ime heizen sagen,
   daz er iu gît ze buoze   ze vasten alsô vil.'
   dô sprach der münech Ilsân: 'daz tuon ich, ob ich wil.
14 Swaz ir nu mûget klagen,   des tuot iu michel nôt:
   iuwer risen und iuwer recken die ligent halber tôt.
   ir bihte hân ich gehœret: diu buoze ist in ze swære,
   die sie von uns hânt enpfangen: geloubet mir der mære.'

D' XIV.

1 Dô sprach der künec Gibeche: 'dir sî gekleit, Walther:
   du solt niht langer bîten,   du rihte dich ze wer.
   (1,3.4 = D³ 393,3.4).
2 Walther reit in den garten,   einen buckeler vuorte er enhant:
   'wâ ist nu von Berne   der alte Hiltebrant?
   mit weme sol ich vehten?   der ist mir unerkant.'
   'mit Hartnide von Riuzen,   den ich iu hân hie genant.'
   (3 = D³ 395).
4 Hartnit der küenec   drabete ouch dâher.
   er vuorte in sîner hende   ein armgrôzez sper.
   er sprach: 'sol ich hiute   vehtens werden sat?'
   er vuorte ûf sîme helme   von golde ein michel rat.
5 Ir tjoste was starc und michel . . . .,
   daz ir iedeweder   mit dem rosse dô belac.
   dô sprungen ûf die vürsten   zesamene in daz gras.
   mich wundert, daz ir keiner   vor dem andern ie genas.

13,1ᵃ δ; Sie sp'ch do h' monich *f*. 2 in ⁓ *f*. briefe *f*.
XIV. in *f* sind belegt 1,1.2. 2,1. 4,1.2. 5,3.4. 6,1ᵃ. 7,1.2. 1,1 dir sî gekleit] nu rich mich *f*. edeler walth' *f*. 2ᵃ in *f* geändert. Und beite hi n. l. p. du *T*] und *p*, ⁓ *f*. rihte *p*] rech *T*, setze *f*. 3.4 ⁓ *Tp*. 2,1ᵃ in *f* geändert. reit *T*] drabete *p*. 2ᵇ *Tf*, ⁓ *p*. vuorte *T*] nam *f*. enhant] in d' hant *T*, in dy hät *f*. 2 ist *p*, ⁓ *T*. der alte *p*] ditrich *T*. 3 mit weme sol ich δ] Wer sol mit mir *Tp*. vnderkennet *T*, unbekant *p*. 4 roosen *T*. hie *p*, ⁓ *T*. 3 ⁓ *P*. 4ᵃ Künec H. von Riuzen *f*. der drafet *T*. ouch *T*, vaste *p*, gein disem *f*. dâher *Tf*] dort her *p*. 2 in *Tf*, an *p*. seinen henden *T* (*p* = *f*). arme gros *T*, armdickez *p*, vil grôzez *f*. 3 sprach] dacht nu *p*. vechtens huto *p*. 4 michel] gros *T*. 5,1 tjoste was] striten wart *p*. [gros ⁓ *p*] michel vnd stark *Tp*. 1ᵇ ⁓ *Tp*. 2 icweder *T*, iclich *p*. dem rosse] orsem *T*, den rossen *p*. dô ⁓ *p*. 3 sie boizten ze der erden nider an d. gr. *f*. 3ᵃ Do di forsten uf sprungen *p*. in] uf *T*. 4 M. w. wi ir icweder do gen. *T*. mich wundert] es was ein michel wunder *f*. dekeiner *f*. vor dem andern ⁓ *f*.

6 Sie striten dô mit zorne,   diu swert sie hôhe zugen,
  daz dô die viurvlammen   gein den lüften vlugen.
  sie sluogen durch die schilte   diu swert sâ zehant:
  daz bluot von in *beiden*   spranc dô nider ûf daz lant.
  [sie striten mit einander   eine vil lange stunt,
  daz sie ze beiden sîten   sêre wurden wunt.]
7 Ir keiner kunde dem andern   mit strîte niht ane gesigen.
  sie heten sich dô beide   ir lebenes gar verzigen.
  ûf stuont diu schœne Kriemhilt   und schiet die zwêne man.
  dô muoste ir iegelîcher   ze sînen vriunden dan.

D' XVIII.

1 **Sîvrit** von Niderlande   der spranc ûf den plân:
  'wâ ist nu der mîne,   der mich sol bestân?

6,1ᵃ *T*; S. str. beide mit grimme *f*, S. str. mit heldes handen *p*.
sie h.] so h. *T*. zugen] slungen *T*.   2ᵃ Daz des fures flammen *p*.   3ᵇ daz
iz lute irelanc *p*.   4 beiden ~ *T*. Und daz si beide striten mit elent-
hanter hant *p*.   5.6 *wohl zusatz von P*. striten] vochten *p*.   6ᵃ Das paide
anenander *T*. worden sere *p*.   7,1 in *f auf einen halben v. gekürzt* (kein'
mohte do gesygen) *und mit* 6,1ᵃ *vereinigt*.   1ᵃ Si kvnden anenander *T*.
kein *p*. den a. *p*. mit strîte ~ *T*. niht ~ *p*. gesigen an *T*.   2 ~ *T*.
Des hatten sie *f*. sich *nach* gar *f*. dô beide] mit strîte *p*.   2ᵇ also sere
irwegen *p*.   3 schœne ~ *T*. und] di *T*.   4 ~ *T*. iclicher von der
heyde zu syme frunde dan *p*.
XVIII. 1.2 *sind in Dᵃ hinter str.* 37 *gerückt, hier aber durch 3 neue str.
ersetzt:*
*1 Dô rief der künec Gibeche: 'wâ bist du, Sîvrit?
  wâfen dich vil balde   und tuo, *des* ich dich bit,
  daz du mich hiute rechest   und die tohter mîn:
  die gibe ich dir ze wibe,   si sol dîn eigen sîn.'
*2 Ûf stuont diu schœne Kriemhilt,   tuot uns daz buoch bekant.
  si gienc gezogenlîche   vûr den künec ûz Niderlant.
  si kuste in vriuntlîche   an sînen rôten munt:
  'nu vehtet vrûmeclîche,   der tuon ich iu vil manegez kunt.'
*2,5 Swie daz Sîvrit hürnîn wære,   drî halsberge leite er an.
  dô spranc in den garten   der ûzerwelte man.
  'mit weme sol ich nu strîten?   der tuo mir daz bekant!'
  'daz solt du mit deme von Berne,'   sprach meister Hiltebrant.
(*1,1—3ᵃ *d, in f geändert*.   *2,2 künec *d*, ~ *f*.   6 spranc *d*] reit *f*.
7.8 *d, in f verdrängt*.) *Vor* 1,1 *setzt P 2 neue v. zu (Bartsch* 649 f.). von
Niderlande *Tf A*] der hornyn *p*. der ~ *f*. spranc *Td*] quam *p*, sprenget *f*.
2 er sprach *beg. Dᵃ*. nu ~ *Dᵃ*. der mine *Pd*] der kêpe so lange *f*. der
mich *Pd*] den ich *f*. mich do s. *T*.

vürhtet er sich sô sère   oder trûwet er niht genesen?
jâ solten wir von rehte   die êrsten sîn gewesen.
2 Des hât er mich versûmet,   daz ich der leste bin.
swie stille ich doch gebâre,   er kumet es niemer hin.
er wil ze allen zîten   der küensten einer sîn:
her Dietrich von Berne   tuot des hie niht schîn.'
3 Dô sprach der alte Hiltebrant: 'her Dietrich, hœrt ir daz?
iuch strâfet mîn her Sîvrit   und ist iu gar gehaz.
gedenket, lieber herre,   hiute sunder nît,
ir hôchgebornèr vürste,   waz êren an iu lît.'
4 Dô sprach her Dietrich: 'Hiltebrant,   lâz dîn spotten sîn.
jâ weiz ich niender viere   sô küene bî dem Rîn,
ich wolte ê mit in vehten   dan mit dem tiuvels man.
wer solte mit deme strîten,   den kein swert versnîden kan?'
5 Dô sprach der alte Hiltebrant,   der degen lobesam:
'bestât in ein zagehafter,   der gesiget im niemer an.
bestât in aber ein biderman,   herre, her Dietrich,
er sleht im tiefe wunden,   daz wizzet sicherlîch.'

--- ---

1,3 Weder *beg. T*, Adir *beg. p*, wie *beg. D²*.   sich *pfdA*] in *T*.   sêre *pfdA*] harte *T*.   oder ~ *D²*.   er trûwet *f*.   4 jâ *pA*] Nv *T*, Doch *f*.   wirs zv allem rechte *T* (*p* = *f*).   2,1.2 *pd*, ~ *f*.   habet ir *p* (*T* = *d*).   gesoumet *T* (*p* = *d*).   2 doch *T*, ~ *p*.   chumpe *T*.   es] sein *Tp*.   niemer *pdA*] nicht *T*. 3.4 *fd*, ~ *P*.   3 *P vgl. A* 324.   *die str. lautet in D²*:
*3 Hiltebrant der alte   rief: 'Dietrich, herre mîn,
dise grôzen êre hân ich dir   behalten bî dem Rîn:
sihst du in dem garten   Sîvrit ûz Niderlant?
mit demo solt du vehten,   er ist ein künec hôchgenant.' *f*.
2 iuch *TA*] Mich *p*.   2ᵇ *p* = *A*; vnd treit euch gozen ha[s *T*.   3 sunder *p*] zv dem *T*.   4 hochgelobeter *p*.   4,1 her Dietrich] der Berner *f*. Hiltebrant *pd*] meister *f*.   2 jâ *T*, ~ *p*.   Ich weiz nirgen *p*.   viere] recken hî fir *T*, vir recken *p*.   sô küene *p*, ~ *T*.   ich bestûende lieber viere, die besten von d. R. *f*.   3ᵃ wilt du mich verrâten *f*.   dan] wen *p*, ~ *fd*.   mit] gein *fd*.   tiuvels *Td*] tuvelischen *p*, hûrnyn *f*.   4 solte *Tf*] sal *p*. deme *Tf*] umo *p*.   strîten *p*] fechten *Tf*.   den *pf*, ~ *T*.   sw. in nicht versn. *T*. gesniten *p*.   5 *Pf*, ~ *d*.   1.2 *f*;
Trewen sprach [do ~ *T*] hilprant de bestet cayn zaghafter man
[Daz wizzet herro her dytherich ~ *T*]
Er sey vor im in angestô d' im nicht geshaden kan *Tp*
(in angestê d'] an angest daz her *p*).   3 Und *beg. T*.   in] eyn *p*.   aber ~ *T*. 3ᵃ ist er aber biderbe *f*.   herre *f*] daz wizzet herre *p*, daz wist *T*. 4 tiefe *Tf*] groze *p*.   *mit* 5,4 *bricht T ab, doch sind von* 6,1—13,2 *die versanfänge noch erhalten.*

6 'Ich enwil mit ime niht vehten.'   von dem garten reit er zehant.
  vor dem rôsengarten   erbeizte er ûf daz lant.
  den helm er dô mit zorne   von dem houpte bant.
  Hiltebrant der alte   dô kam dâhin nâch gerant:
7 'Du wűrde nie mîn herre,   verzageter Dietrich,
  daz du mich nu lesterst   und die recken lobelîch!
  dîn beitet in dem garten   Sivrit ûz Niderlant:
  du solt mit ime strîten,   vil küener wîgant.'
8 Dô sprach dâ her Dietrich: 'dâ redest du übel mite.
  ir sehet alsô gerne,   daz ich mit dem tiuvel strîte:
  waz möhte ez iuch gehelfen, würde hie mîn lîp verlorn?
  sol ich mit ime vehten?   jâ ist er lûter horn.
9 Kennest du,' sprach der von Berne,   'daz mich dir mîn vater
  dâbî stuonden beide   Diutsch und ouch Walch. [bevalch?
  nu wænest du, ob ich stürbe,   dir belibe mîn lant:
  du gerætest mir ez niemer   ze dem besten, meister Hilte-
10 Hiltebrant der alte   von Dietriche gie,   [brant.'
  den Berner er al einen   stân al dort lie.
  dem alten vielen die zeher über sînen bart.
  'ich wæne, ir habet geweinet,   veter,' sprach Wolfhart.

6,1 en ~ p. vehten] strîten fδ. dem garten] ime fδ.   2—4 f, ~ p, standen in T.   orb. er nid' vf f.   7,1 wordiz p.   mîn herre f] mîns herren kint p.   verzageter fδ] do vorschomt' p.   2ᵃ wie schendest du dich solben f.   die] dine f.   3.4 f, ~ p, standen in T vielleicht nach 9,4. 8 steht in Dˢ erst hinter str. 22; 9 ~ Dˢ; an stelle von 8.9 hat Dˢ hier 2 neue str.:
*8 'Ich enwil mit ime niht strîten,   ich tar sîn niht bestân.
  brinc mir in den garten   einen andern küenen man,
  der mit vleische und mit gebeine   sî wol mîn gelich,
  mit deme vihte ich gerne,'   sprach her Dietrich.
*9 Dô sprach der alte Hiltebrant: 'iuwer rede habet ir gwalt
  und rîtet doch vil dicke   strîten in den walt:
  dâ bestât ir mit strîte   wůrme rîsen und man
  und getürret hie vor den vrouwen   eines recken niht bestân.' f
(*8,3 minĕ glich f).   8,1.2 in f verdrängt.   das zweite dâ] du p.   du ~ p. 2 alsô] vil p.   3 ez f, ~ p.   hie] m' f, ~ δ.   4 wer solte mit Sivrit vehten? er ist ein l. h. f.   9,1.2 standen nicht in T.   2 Da bi stunt manic heide und manic dutzer man p (verbessert nach Biterolf 7992 f.). nach 4 standen in T noch 2 v. (= 7,3 f.?).   10,1 aldo zoruec von p. 2 den] Der p.   er f, ~ p.
10 Hiltebrant der alte   begunde von im gân,
  dô liez er sînen herren   al einen dâ bestân.
  von zorne lief ime daz wuzzer   über sînen bart.
  'warumbe weinet ir, veter?'   alsô sprach Wolfhart. Dˢ
(3 liessen f.   daz wazzer δ] die augĕ f).

11 'Ez lît leider übel,'   sprach meister Hiltebrant,
    'mit êren krœme ich gerne   wider hin ze lant:
    wir rûmen'z hie mit schanden,   alsô muoz ez uns ergân,
    und tar der helt von Berne   Sîvrides niht bestân.'
12 'Des wirt guot rât,' sprach Wolfhart,   'vürhtet sich her Dietrich,
    man gebe mir sîne brünne   und mache sie mir gelîch,
    sîn vil guot swert *Rôsen*   und sînen helm lieht:
    Sivrit der küene   kumet von mir ungestriten niht.'
13 'Swie!' sprach der alte,   'du bist im ungelîch.
    ez muoz erzürnet werden   von Berne her Dietrich.
    sô bin ich lîhte der êrste,   der ûf dem grase lît:
    hœrest du sîn swert erklingen,   sô kum mir ze helfe enzît.'
14 Dô gienc hin wider Hiltebrant   sô rehte trûreclîch:
    'wes ist iu noch ze muote,   herre, her Dietrich?
    dô sprach der Bernære: 'wes hât ir iuch bedâht?
    hât ir mir in den garten   einen andern kempfen brâht?'
15 'Wâ sol ich den nemen?'   sprach meister Hiltebrant,
    'ich wolte, daz ir nie wæret   komen in diz lant!
    sît ir iuch des von Niderlant   getürret niht erwern,
    sô sprechen, ir sît worden siech,   sô wil ich vür iuch swern.'
16 'Owê,' sprach der Bernære,   'daz ich ie her gereit!
    des swert, lieber meister,   sô büeze ich den eit.'
    'nu wol dan!' sprach der alte,   'ir sît doch ungesunt:
    rîten [wir] durch die küele   nider in den grunt.'
17 Sie riten mit einander   ûf ein grüenez gras,
    dâ beidenthalben lîten   und gebirge was.

---

11 pô, ∾ f.   12 in Dᵃ durch eine neue str. ersetzt:
*12 'Wilt du mir helfen, Wolfhart,'   sô sprach her Hiltebrant,
   · 'sô wâpen dich vil balde   und kum hernûch gerant:
      wir rîten ze einer lîten   tiefe in einen grunt:
      mir und mîme herren   wirt ein grôzez zürnen kunt. f
(3 ze einer lîten ð] den dal nyder f.   4ᵃ ð; Mime h'ren vñ mir f).
3 Rôsen] sachsen p.   13 pf, ∾ ð.   1.2 in Dᵃ der str. *12 entsprechend geändert:
    Sô ist doch daz mîne   dem sînon ungelich.
       iedoch muoz ich erzürnen   den vürsten lobelich. f
(1 daz] der f).   3 lîhte ∾ f.   ûf] in f.   4ᵃ f; Horstu sachsen clinge p.
ze helfe ∾ p.   in zit p, in d' zit f.   14,1—16,2 in p auf 2 v. gekürzt.
14,3ᵇ ð; jch han mich anders nit bed. f.   15,1.2 ð, in f verdrängt.
16,3 doch p, ∾ fð.   4 riten fð] Gein p.   wir pf, ∾ ð.   durch die küele]
den dal nid' f.   4ᵇ dâbî in einen gr. fð.   17,2 dâ ∾ f.   beidenthalben nach berge f.   lîten pð] Tal f.   gebirge] berge fð.   neben in was f (bî in w. ð).

'balde nider von dem rosse!'   sprach meister Hiltebrant.
er spranc von dem sinen,   er gap ez im in die hant.
18 Vil schiere hête er gebunden   ze eime boume diu marc.
der junge der was blœde,   der alte der was starc.
er gienc hin die rihte,   dâ er hern Dietrich vant.
'wir süln anders schaffen,'   sprach her Hiltebrant.
19 'Ir müget dâ niht erwerben prîs,   ir müezet vürbaz gân.'
er sprach: 'lieber meister,   lâz mich hie bestân.'
'nu saget ûf iuwer triuwe,   sît ir'z, her Dietrich,
deme sîn vater Berne liez   und sîn ander rîch?'
20 'Ich bin, deme sîn vater beidiu   lant und liute lie,'
sô sprach der von Berne,   'ich stân vor iu hie.
ich wart dir ouch enpfolhen   und darzuo al mîn lant.'
'ir sît sîn niht, ir lieget,'   sprach meister Hiltebrant.
21 Sô sprach ze ime der alte   sô rehte zorneclîch:
'ich enwil dir niemer dienen,   verzageter Dietrich.
daz wizzet endelîche,   ir êrelôser man,
ê ir ungevohten belibet,   ich wolte iuch selbe ê bestân.'
22 Dô sprach der Bernære: 'sô triuget dich dîn sin,
wilt du mit mir vehten,   swie daz ich verzaget bin,
ez mac dich wol geriuwen,   daz wizze sicherlîch,
swie sô daz du mich schiltest   verzageter Dietrich.'
23 Der wîse sprach: 'ir sint manege,   die man heizet Dietrich.
ir nennet iuch den von Berne,   ir sît im ungelîch:
sich gelîchet deme von Berne   niht kein arger schalc:
ir sît sîn niht, ir lieget,   ir sît ein wehselbalc.'
24 Dietrich trat [ûf] hôher   und sach sînen meister an.
der alte begunde zürnen   gein dem jungen man.
er sprach: 'ich wil [iuch] versuochen,   ob ich iuch erzürnen
dô sluoc er sîne herren   einen backenslac.   [mac.'

17,3 Nu *beg. p.*   nider *fð*, ~ *p*.   dem *fð*, ~ *p*.   meister *pð*] er *f*.
4 er] her Dietrich *fð*.   spranc] sprach *p*, saz *ð*.   den s. *p*.   4ᵃ Dz det
vil schier er dieterich *f* (*p* = *ð*).   18,1—19,2 ~ *p*.   18,1—3 *ð*, in *f* auf
éinen v. gekürzt.   19,3 nu *p*, ~ *fð*.   Sagët m' vf *f*.   ir'z] iz *p*.   4 deme
der voget Dietmâr sîn erbe liez und sîn rîch *Dˢ* (liez nach Dietmâr *f*,
gegen *pð*).   20,1 Ich bin *fð*, ~ *p*.   s. v. Dietmâr allez sîn erbe lie *f*.
2 sô] Do *p*.   2ᵃ daz wizzet sicherlîche *f*.   2ᵇ *f*, ~ *p*.   3.4 ~ *f*.
3 *ð*; Mir beval ditmar min vater sin erbe und sin lant *p*.   21,1—23,2 ~ *p*.
21,1 Sô] Do *f*.   3 erêloser *f*.   nach 22 folgt in *Dˢ* str. 8 (*s. o.*).   23,1 manege
vgl. ð] vile *f*.   3 niht *nach* gelichot *p*.   schalc] slag *p*.   ir heizet iuch
einen vürsten: ir sît ein rehter sch. *f*.   4ᵃ *p*; Vû liogët ir sit ez
nit *f*.   lasterbalc *fð*.   24,1—25,2 *in f verdrängt.*

25 *Êrste* wart erzürnet von Berne her Dietrich:
   er sluoc ûf Hiltebranden gar unverwizzenlîch.
   mit sîme guoten swerte gap er im einen slac,
   daz sîn meister viel zer erden und gestrecket vor im lac.
26 'Du dünkest dich sô übel mit worten ze aller zît
   und list vor mir gestrecket reht als ein altez wîp.
   du gebârest, alsô dir nieman *müge ane* gesigen.'
   er mohte in niht gewinnen, dô liez er in ligen.
27 Dô Wolfhart daz erhôrte, daz daz swert erklanc,
   mit swerte und mit schilte die lîten er nider spranc.
   er rief: 'herre von Berne, erslaht ir mâge und man
   und türret vor schœnen vrouwen eines vremeden recken niht
28 [Diu rede begunde müejen von Berne hern Dietrich. [bestân?'
   er sprach: 'iuwer zorn und der mîne sint gar ungelîch.
   wer weiz, waz in dem garten hiute von mir geschiht?
   nu wol dan, her Wolfhart, welt ir des selben iht!'
29 'Daz wil ich wol gehüeten,' alsô sprach Wolfhart,
   'daz ich mit iu strîte, daz wirt von mir bewart.
   ich weiz wol, herre von Berne, daz ich iuch mîden sol.
   wæret ir rehte erzürnet, des günde ich iu wol.']
30 'Nu hin!' sprach her Dietrich, 'es mac niht wesen rât:
   brinc mir mîn ros balde, daz dort gebunden stât,
   und rît ze dîme vetern: mac er niht genesen,
   sô muoz man mich in dem garten die rôsen lâzen lesen.'
31 Wolfhart kam geloufen über den alten zehant.
   'tobest du aber, tiuvel?' sprach meister Hiltebrant.
   'ich tobe niht, veter hêre, ez ist sô jæmerlîch:
   mich hât ze dir gesendet von Berne her Dietrich

25,1.2 *d*, ~ *p*. 3ᵃ *fδ*; Mit wolfditriches sachsen *p*. gap *fδ*] sluc *p*.
4 in *p* *auf einen halben v. gekürzt* (viel *bis* gestrecket *gestrichen*), *vorher zugesetzt* Adir mit ecken swerte. sîn meister *p*] der alte *f*. vor im *p*, ~ *f*.
26 ~ *p*. 1.2 *d*, ~ *f*. 3 gebarost zû allen zitë als *f*. müge ano Grimm, ~ *f*. 27,1 *das erste* daz ~ *f*. daz sw.] sin sw. *f(δ)*. 2ᵃ Er reit den dal nid' *f* (*D*ᵃ = *d*). 2ᵇ und gwan einen übeln gedanc *f*. 3 er rief *f*] So *p*. 3ᵇ *fδ*; ir slat ein alden man *p*. 4 getürret *fδ*. schœnen] den *δ*, ~ *f*. vor vrouwen *nach* recken *f* (*p* = *δ*). einë *f*. vremeden *f*, ~ *p*. 28.29 ~ *p*, *zusatz von D*ⁱ. 28,1.2 *d*;
   Do was mir dyser g'zze zorn vor hin vngelich
   Nû bin ich erzürnet sp'ch her dieterich *f*.
29,4 ir *d*, ~ *f*. rehte *d*] wol *f*. 30,1.2 in *f verdrängt*. 3 Er sp'ch *beg. f*. und ~ *fδ*. vetern] ôheim *fδ*. sich mag *f*. 4 in den g. p. die rösen *pδ*] der bled' *f*. 31,1 W. der vil küene ze sim vetern kam gerant *f*. 2 aber *fδ*, ~ *p*. tiuvel *pδ*] wolfhart *f*. meister H. *pδ*] er h. *f*. 3 nein ich, lieber ôheim, ich rîte zühteclîch *f*. 4 von Berne] mîn herro *fδ*. her *pδ*, ~ *f*.

32 Und lât dich balde vrâgen, ob du niht mügest genesen,
sô muoz man in in dem garten die rôsen lâzen lesen.'
'Wolfhart, rît hin wider, sagâ im, ich si tôt,
sô hebet sich in dem garten aller êrste angest unde nôt.'
(33 = D^a 499?).
34 Er vrâgete balde mære: 'wie mac her Hiltebrant?'
dô sprach gezogenlîche Wolfhart zehant:
'owê, vil lieber herre, min veter der ist tôt.'
er sprach: 'nu muoz sich heben beide angest unde nôt.'
35 Dietrich wart erzürnet, von Wolfharte er dô reit:
er mohte im niht gevolgen über die heiden breit.
er beizte ze der erden (zornec was sin sin)
vür den rôsengarten: sin ros sluoc er von im hin.
36 Dietrich *trat* an die porten: 'tuo ûf und lâz mich in!
wâ ist Sivrit der wilde, der küene helt hürnîn?
durch den sô muoz ersterben min meister Hiltebrant:
jâ wil ich mit im strîten und wære er ein steinîn want.'
37 Dô muote den von Berne, daz man in niht in liez:
mit sînen vüezen beiden die porten er ûf stiez.
in den selben stunden was Wolfhart ze ime komen
und hête ouch dem *herren* daz schœne ros genomen.

32,1 lât dich] heizet f(δ). balde f, ∼ p.   1^b mügent ir nit genesen f (D^t = δ).   2 die rôsen pδ] d' bled' f.   2 er sprach: nu rît h. w. und sage im, i. s. t. f.   4 dem garten pδ] den rosen f.   aller êrste] umb mich f, ∼ δ.   33.34 ∼ p (nôt:nôt).   33 in f verdrängt. 34,1^a δ, in f durch drei neue halbverse ersetzt.   2 δ, ∼ f.   3 owê δ] Er sp'ch f.   35,1 Dietrich p(δ)] Der b'ner f.   wart] was fδ.   von Wolfharte pδ] gein dem gartē p.   2 er pδ] Wolfhart f.   3.4 ∼ p.   er δ] Der bern' f.   36,1 trat] saz p.   Er klopfete alsô vaste: balde lât mich in f.   2 wilde] küene f.   2^b swie gar er ist hürnîn f. 3 durch den p(δ)] Vo sinē wegē f.   sô m. erst.] ist erstorben f. 4 jâ] dâvon f, ∼ δ.   strîten] vehten f.   und ∼ fδ.   er als ein f (p = δ). steines w. fδ.   37,1^a Den Bernor muote sêre f.   nit bald in f (p = δ). 2^a p vgl. δ; Mit vil g'zzē kreftē f.   die porten er] or die tür f. 3.4 *stehen* in f erst *nach* 39,4.   stunden pδ] zytē f.   Wolfhart vor was f (p = δ).   was ouch W. p.   ze ime fδ, ∼ p.   4 in f geändert.   herren] loteren p.

D².

(38.39 = D¹ 1.2).

40 Dô sprach ein herzoginne, diu was von Irlant:
'ich sihe den voget von Berne mit verwâpenter hant.
er kumet über'z gevilde mit grôzem übermuot.
er treit ûf sîne houpte einen liehten helm guot.
41 Sînen schilt vesten den vüeret er vor der hant.
aller êrste sô muoz sich hüeten Sivrit von Niderlant.
swelher den andern twinget mit den swertes slegen,'
sô sprach diu herzoginne, 'der ist ein helt ûzerwegen.'
42 Dô rief in die rôsen der degen ûzerkorn
(im erlûte sîn stimme reht als ein wisenthorn):
'wâ sint nu die helde, die alsô vreislich sint?
ich vihte mit ir eime, wære er des tiuvels kint.
43 Wâ ist Sivrit der küene dâher von Niderlant,
der mîn sô lange hât begert mit verwâfenter hant?
ich kume im noch ze vruo, des sol er sicher sîn.
wir müezen helme schrôten vor der künegin.
44 Wir süln die schilte houwen mit kreften von der hant,
daz unsern strît hie schouwen die vrouwen alle samt.
wir süln einander bringen in alsô grôze nôt
und den harnesch verwen mit dem bluote rôt.'
45 Dô spranc hervür Sivrit, er wart nie sô vrô:
'nu vürhte ich niht, Dietrich, dîn zürnen noch dîne drô.
ich wil dich hinte grüezen mit dem swerte mîn,
daz ist geheizen Balmunc und gît liehten schîn.'
46 Dô sprach der Bernære: 'den gruoz vergilte ich dir
mit mîme swerte Rôsen, daz ist sô liep ouch mir.
daz grüezet dich hin wider, daz ez dir wirt erkant:
zewâre ez muoz dir dringen durch helm und schiltes rant'.

D². *an stelle von* 38—46 *stehen in* p *4 neue str.* (*Bartsch* 745—756, 761—764). 38.39 *s. o. zu* 1.2.   40,3.4 *d*, ~ *f.*   42,1 rief *d*] sprengot *f.*
3 Er sp'ch *beg. f.*   43.2 sô lange *d*, ~ *f.*   3.4 *d*, ~ *f.*   45,1 spranc *d*] sprenget *f.*

D¹.

47 Gar vermezzenliche   zwei scharfiu swert sie zugen:
spannenbreite schivern   ze stücken sich dô kluben
von den liehten schilten: dô weinete manec wîp:
'owê, sol durch muotwillen   sin verlorn zweier vürsten lîp?
48 Süln sie sich alsus morden,   des ist gar ze vil.'
dô sprach diu maget Kriemhilt: 'ez ist mir ein spil.'
ez wart umb die rôsen   nie kampf sô engestlîch,
dan dô der hürnin Sivrit vaht   und ouch von Berne her
49 Sie wâren beide küene   und sô gar unverzeit,   [Dietrich.
daz keiner wolte entwichen   eines vuozes breit.
swâ sie eine wîle stuonden,   dâ vlôz des bluotes bach,
daz man vor ir vliezen   des grases niht ensach.

D².

50 Dô begunde sich vaste mêren   ir ungevliegiu nôt.
ir zwêne liehte helme   von viure wurden rôt,
daz [ez] in beidenthalben   spranc ûz ir helmes want:
als ein smit vor der essen   daz tâten's mit ir hant.
51 Sivrit gedâhte an'z küssen,   daz Kriemhilt im hête getân,
dâvon der degen küene   eine niuwe kraft gewan.
dô vaht er mortlîche,   daz wil ich iu sagen:
dô begunde Sivrit der küene   hern Dietrichen jagen.
52 'Seht, wie er nu vliuhet,   von Berne her Dietrich,
von Sivride dem küenen   sô rehte vorhteclîch!
twinget er den von Berne,   den fizerwelten helt,
sô ist min lieber Sivrit   vür alle man gezelt.'

D¹. 47,1 fô, ~ p.   2 stucke p.   nach 2 setzt p zu Daz si den schonen vrouwen undir di ougen stoben.   2.3ᵃ lauten in f
ze spannenlangen schirben   [ir schilte] von den henden vlugen
die spiene von den schilten.
3 dô] die f.   47,4—48,2 f (d), in p geändert, weil str. 48 schon in das zwischen 37 u. 47 interpolierte stück eingeschoben ist (Bartsch 757—760). 48.3.4 pd, ~ f. die ~ p.   4 dan d, ~ p. keiner den andern wolde p.
49 Dô vâhten mit einander   die zwêne küenen degen
mit vil grôzen sprüngen   und mit grôzen slegen. f.
3 eine wîle] beide f.   3 dâ swobete von bluote ein bach fjô) (eine b. f).   4 vor pô] vnd' f. des grases] daz gras pd.   4ᵇ daz blût allenthalben sach f (p = d).

D². 50 stand wohl schon in D¹, ist in P durch eine interpolation (Bartsch 773—806) verdrängt.   2 liehten f.   3 ûz] vf f.   51 verdrängt eine ältere str., vgl. anm.   1 dz v'krymht f.   52ff.: D¹ s. schlufs des abschnittes.   1.2 d, in f verdrängt.

53 Dô sprach diu von Irlant,   diu herzogin wolgetân:
　　'swiget, min vrou Kriemhilt,   lât iuwer giuden stân!
　　sô daz der voget von Berne   ze rehte erzürnet wirt,
　　dan sleht er tiefe wunden,   daz darnâch lange swirt.'
54 Dô begunde lûte ruofen   der alte Hiltebrant:
　　'hôher name von Berne,   wilt du werden aus geschant?
　　nu sich ane die vrouwen,   die sint vil minneclich,
　　gar lieplich ane ze schouwen   und dâbi vröudenrich.
55 Scheme dich vor den vrouwen,   die hie sint an dem Rîn:
　　die sitzent under der linden   und spottent alle dîn.
　　alte und junge zemâle,   sie redent alle von dir,
　　du sist ein rehter affe,   daz solt du glouben mir.'
56 Her Dietrich von zorne   riechen dô began,
　　reht als ein hûs, daz dimpfet,   daz man zündet an.
　　Sivride von Niderlande   wart sin gehürne weich.
　　dô tete im der Bernære   nâch dem bluote manegen streich.
57 Er verkêrte sin gemüete,   des wurden die sine vrô.
　　ouch vorhte der Bernære   hern Hiltebrandes drô.
　　sin swert daz warf er umbe   mit ellenthafter hant,
　　er treip Sivriden hinder sich: des vrôute sich Hiltebrant.
58 Dô vergalt er Sivride   sine slege grôz:
　　er sluoc ûf in mit kreften,   daz ez in die lüfte dôz.
　　swaz er in hête getriben her,   er jagete in wider dan,
　　dâvon diu schœne Kriemhilt   trûren sêre began.
59 Diu herzogin sprach: 'Kriemhilt,   din sin ist nu verlorn:
　　Sivride mac niht helfen   sine ringe noch sin horn.
　　ich sihe die ringe stieben   von dem küenen man:
　　ez ist umb sinen sige   vil balde nu getân.'
60 Der Berner schriet die ringe,   als ez wære vûlez strô.
　　dô wurden die Rinherren   alle vil unvrô.
　　zweier halsberge   macht er in einen gast.
　　er schriet im abe den harnesch,   sam ez wære vûlez bast.

str. 52 stand in 1ᵃ auch in folgender fassung:
52ᵃ Dô sprach diu schœne Kriemhilt: 'seht, ir vrouwen alle sâmt,
　　daz ist Sivrit der küene   dâher von Niderlant:
　　er tribet den Berner umbe   vor im ûf dem plân:
　　noch treit min lieber Sivrit   daz lop vür alle man.' *f*
(3 den pl. *f*).   *f setzt diese str. an stelle von* 52,1.2.   53,2 swiget *vgl. d*]
Jr mohtē sweige *f*.   min ~ *fd*.   lât *d*] vn liezze *f*.   54,1ᵃ *d*; Do rief ab
lûdo *f*.   2 wie wiltû *f*.   4 *d, in f durch 3 neue v. ersetzt*.   55,3.4 *d*,
~ *f*.   56,1 do sere began *f*.   57,1 sine] wülfinge *f*.   59,4 ist doch
vmē *f*.   60,3 der maht *f*.

61 Man sach daz bluot vliezen über sinen goltvarwen schilt.
dô muoste sêre weinen diu schœne Kriemhilt.
si spranc von dem gestüele, die hüllen si von ir swanc.
Kriemhilt in grôzer ile hin durch die rôsen dranc.
62 Dâ si sach in den nœten Sivrit ir lieben man,
si bat ir vrouwen alle nâch ir loufen dan.
daz tâten sie vil balde; dô wart in alsô gâch,
durch rôsen und durch bluomen volgeten sie ir nâch.
63 Dô rief alsô lûte diu küneginne rich:
'lât von iuwerm strite, herre, her Dietrich!
erwindet iuwers vehtens durch den willen mîn.
ir hât wol gesiget ze Wormze an dem Rîn.'
64 Dô tete der Bernære, alsô er's niht enhôrte,
unz er im mit dem swerte vil nâch sin houbet tôrte.
er wolte nihtes hœren, swaz diu künegîn gesprach,
unz er dem küenen Sivrit den helm vil gar zerbrach.
65 Swie vil man der stüele zwischen sie geschôz,
daz zerhie der Berner mit sînen slegen grôz.

. . . .

66 Dô rief diu küneginne dâ die vrouwen an:
'wie swîget ir sô stille? nu bitet den küenen man,
daz er des strîtes erwinde und iu den zorn ergebe,
daz wil ich umb iuch verdienen, die wîle daz ich lebe.'
67 Dô riefen die schœnen vrouwen alle samt gelîch:
'nu lât von iuwerm strite, herre, her Dietrich!
erwindet iuwers vehtens, vil tugenthafter man,
und lât iuch niemer bîten, vürste lobesam.'
68 Der edel voget von Berne durch helmes venster sach.
daz alsô manec rôter munt wider in dô sprach:
daz ermilte ime daz herze gein den vrouwen minneclîch.
'ich wil iu gewern gerne.' sô sprach her Dietrich.

61,1.2 d, in f verdrängt.   64.2 unz d] Biz f.   im d] yn f.   sin houbet d, ~ f.   tôrte d] hatte betort f.   4 unz d] Biz f.   65,1 geschôz d] gewarf f.   2b d; wan ez gar lützel half f.   3.4 ~ fd.
67.3 vehtens vgl. d u. 63,3] stridez f.   vil] wol f.   68.1 d, in f geändert.   4 gerne geweren f.   nach 68 setzt f 2 str. zu:
68.5 Hân aber ich gesiget, ir werden vrouwen alle,
    daz lât mich âne hœren, wie iu mîn strit gevalle.
    hân ich niht gesiget, sô lât mich strîten mêr
    mit dem mînen kempfen.' sprach der degen hêr.

69 Hern Sivrit von Niderlant   man under die arme nam
und vuorte in in'z gestüele,   den ritter lobesam.
man zöch im abe den harnesch,   dem klienen wigant.
do segenten ime die wunden   die vrouwen al zehant.

D¹.

52 **Also** die recken beide   mit grözen nœten striten.
dô kam ze dem garten   Hiltebrant geriten.
er sprach ze Wolfharte: 'wie stritet her Dietrich?'
. . . .
53 'Daz tuot er leider übel,'   sprach Wolfhart an der stunt,
'nu ist der helt von Berne   durch sine brünne wunt.
er kan im niht verschröten   sinen lip und ouch sin horn.
nu ruoche der von Berne: ist ime noch niht zorn,
54 Sô erzürnet er niemer mere,'   also sprach Wolfhart.
'nu ist doch sines libes   wênec mêr gespart:
daz bluot durch ringe vliuzet   und durch den helm liecht.
wil er nu niht zürnen,   sô gezürnet er niemer niht.'
55 'Nu ruof durch den garten,'   sprach meister Hiltebrant,
'nu ist doch din stimme   den liuten wol bekant,
sage deme von Berne,   man habe mich begraben.
sô muoz Sivrit der wilde   grôze angest vor im haben.'
56 Dô rief in den garten   der tobende Wolfhart:
'nu müeze ez got erbarmen,   daz ich ie geborn wart!'

* * *

9 Sie sprächen: 'ir hât gesiget.   des muoz man iu verjehen:
iu ist bi dem Rine   diu grôze êre geschehen.
des sült ir daz lop   vor allen mannen tragen.'
daz hôrte der Bernære   die vrouwen gerne sagen.
(10 g'zzen f). 69,1.2 *stehen in f zweimal (schluss von bl. XXXI*ᵇ *und anfang von XXXII*ᵃ*); zweite fassung im texte; erste fassung:* 1ᵇ *vnder arme man do nam;* 2 ritter] degē. 4 senten.
 D¹. 52,4 ~ p.   53,2 sinc] eken p.   3 im] en p.   4 ime] ouch p.
54,1 also ~ p.   sprach sich w. p.   2 ist] iz p.   3 vliuzet *nach* helm p.
56.3—XIX. 5.1 ~ p *durch verlust mehrerer* (?) *blätter.*

D¹ XIX.

(1—3 = D⁸ 552—554).

4 Der alte wart gewâpent,   er kam gegangen dar
gezieret als ein engel.   man nam ir beider war.
dô sluogen ûf einander   die zwêne küenen man,
daz ob ir beider helme   schiere ein viur enpran.
5 Der künec von dem Rîne   zôch sîn swert gar hôch:
er betwanc Hiltebranden,   daz er von im vlôch.
dô sprach der von Berne: 'Hiltebrant, getriuwer degen,
ersieht dich künec Gibeche,   ein ander helt muoz vehtens
[pflegen.'
6 Hin spranc der alte Hiltebrant,   er lief in den klê,
er sluoc den künec Gibechen,   daz er lûte schrei owê.
er sluoc in durch die brünne   und durch den stahelhuot,
daz von im ûf die erden   muoste vliezen daz bluot.
7 Dô riefen die schœnen vrouwen   die küneginne an:
'welt ir lân verderben   den künec lobesam?
daz ist ein grôziu schande,   daz wizze rîche Crist,
daz ir niht gedenket,   daz er iuwer vater ist.'
8 Ûf stuont diu schœne Kriemhilt: 'getriuwer Hiltebrant,
lâz mir leben mînen vater: ir hât gesiget alle samt.'
'welt ir mit iuwern helden   mîne herren sîn undertân,
sô wil ich iuwern vater   langer leben lân.'
9 Dô gienc der künec Gibeche   alsô tugentlich
vür den künec Etzeln   und von Berne hern Dietrich.
er nam abe sîne krônen   mit sîner werden hant:
ûf gap künec Gibeche   beidiu bürge unde lant.
* *

XIX. in f nur belegt 4,1.2.   4,3—5,1 d.   mit 5,2 beginnt p wieder.
3ᵃ d; Wi nu p.   4 geybich truwen ein p.   helt] recke p.   vechten p.
nach 5,4 setzt p 2 v. zu (Bartsch 832f.):
    Ein wort wart beweyt daz salmon do spruch
    Wer den alden kezzel ruret vet ram zehant.
6,1 der alte ∾ p.   3 stolen hut p.   7,1 riofen d] spruchen p.   1ᵇ d;
juncfrouwe iz stet uch ubel an p.   2 lazen p.   8.1 si spruch getruwer p.
3.4 d, in p durch 6 neue v. ersetzt (Bartsch 844—849).   9,1 alsô] gar vil p.
2 und vor den von berne p.   4 geybich schone p.   nach 9.4 ist p wohl
überarbeitet.

Dˢ XX.

* *
*

610 Schif unde verge   diu wurden schiere bereit.
    der künec mit siner menege   balde drin geschreit.
    ane leiten sie diu ruoder,   sie wolten an jenen sant.
    Norpreht hiez der verge,   tuot uns daz buoch bekant.
611 Hiltebrant der alte   dô pflac der soumschrin.
    vier und vierzec marke   liez er an dem Rin
    dem vergen dô ze lône,   golt silber und gewant.
    'er hât ez wol verdienet',   sprach meister Hiltebrant.

* *
*

XX. *Dˢ* 610. 611 *sind in f infolge versetzung an andrer stelle erhalten* (*Grimm* 871 ff. 887 ff.).   610,3 lahte *f.*   ihenen lant *f.*   611.4 wol verdienet *d*] v'dienet schone *f.*

ROSENGARTEN F
(III).

I.

*
* *

1 'Wie dünket iuch, ir hérren?'   sprach die maget minniclich.
  '*ich erkenne* von Beiern   die herzoginne rich:
  S*ébure die schœne*   sô ist si genant.
  mac ich sie gesenden   hin in Lampartenlunt?'
2 *Dô spráchen* sie al gemeine: 'si ist ein schœnez megetin,
  si mac wol mit éren   iuwer bote sin.'

. . . .

3 'Sô sült ir nách ir senden,'   sprach von Burgentriche her
  '*einen boten guoten,*   daz wil ich iu sagen.   [Hagen,
  daz si *min bruoder Dancwart,*   ob ir'z ime bevelt:
  her hât *die maget lange*   *in sime* herzen erwelt.'
4 *Zu Dancwarte hinnen*   wart ein bote gesant.
  her trat gezogenliche   vür die küneginne zuhant.
  dô sprach zu Dancwarte   die junge künigin:
  'du salt *zu Sébure* riten   der schœnen herzogin.'
5 'Daz tuon ich, vrouwe, gerne.'   sprach der küene Dancwart,
  '*Herbort* von dem Rîne   sal mit mir an die vart
  mit vünfzic junchérren,   den wil ich geben swert:
  daz wil ich tuon zu éren   der herzoginne wert.'
6 *Die hérren sich bereiten*   schiere zu der vart.
  *Herbort von dem Rîne   und der küene Dancwart
  mit vünfzic junchérren,   hin in Beiernlant
  nach der herzoginne,   dâ sie hin wurden gesant.
7 Dô Dancwart der küene   die herzoginne an sach,
  her gruozte sie lieplichen.   nu hœret, wie her sprach:
  'in enpiutet holden dienest   und minniclichen gruoz
  vron Kriemhilt die schœne,   ob ich iz werben muoz.
8 Ob ir'z wollet hœren   von der küniginne rich.'
  'ich vorneme die boteschaft.'   sprach die maget minniclich.

---

1. 1.1 mait.   3 si] so *meistens in k*".   3,1 salt. noch. hai[n.   2 veh
sain.   3 ab.   4.4 Sébure]:::::e *undeutlich* (*Müllenhoff*:::::t).   6.4 Noch.
do. wordin.   7,3 Vch.   4 ab.   8.1 Ab. wellit.   2 mait.

'sô grüezet iuch mîn vrouwe und sendet in disen brief
und bitet iuch zuo z'ir rîten.' daz herze ir über lief
9 Von herzelicher liebe, dô si Dancwart ane sach:
von ir beider liebe ir keinez nicht ensprach.
beide sie twanc die minne, Sêbure swîgende saz.
ieglichez von grôzer liebe sîn selbes dô vorgaz.
10 Herbort von dem Rîne Dancwarten stiez:
dô quam her zu ime selben, sîne gedanken her dô liez.
Sêbure ûf blicte mit blœdes herzen blic.
al dô betwanc sie beide der starken minne stric.
* * *

II.

* * *

1.4 daz her vfirsten und herren und die vrouwen türre enpfân.
2 Der sal inbinnen mit golde gemaschieret sîn.
darinne wunder gemâlet.' sô sprach die herzogîn,
'die tâveln von elfenbeine. daz gestüele von golde gar,
dâ die herren süllen sitzen: des neme her selbe war.
3 Ir sült dem wirte heizen, daz her erwerben sol
tûsent zeldêre: ich vorgelde s'im alle wol.
daz gereite durch von golde daz sal vil wêhe sîn.
dise pfert belîbent alle hie,' sprach die herzogîn.
4 'Swenne der wirt dich hât enpfangen, sô salt du dem Berner
[jehen,
im sî ein bote gesendet, der in nimmer wolde gesehen,
ein herzoginne rîche, die hât vünfhundert man.
her sal dar vünfhundert senden. die sie mit tjuste enpfân.'
5 Vrou Wendelmuot reit dannen zu Berne in die stat.
sî liez vrâgen al umme und umme: einen wirt si hat,

8,3 vch desin. 4 betit. zuo *ergänzt*. 9,1 dancwartin. 4 sinis
selbis. 10,2 selbir.
II. 1.4 daz *und* und ~. ergänzt *nach* 5.4. tiure vntvan. 2,1 ghe-
mascheret. 3 von ~. gestulto van g. 4 sizten. neme her *undeut-
lich* (*Mourek* ueber). selbe. 3,1 den w. 4 Diz gereite vnt am an-
fang zugesetzt. blibe. herzogin] kûnigin. 4,1 hât enpfangen] vntfeit.
jehen *undeutlich* (*M.* sen). 2 der] die.. gesehen] g:sein. 4 sol.
vmfhüdrt ritte' kegin sende. czuste entfân. 5,1 van dunne. 2 das
zweite umme doppelt. wert.

```
       der solde sin sô riche      und sô werder man,
       daz her vürsten und hêrren  und eine herzoginne möchte
                                                          |enpfân.
  6 Dô sprach ein koufman biderbe,    Gherins was her genant:
       'gernochet ir miner herberg,  ich behalte iuch sân zuhant
       mit allem dem gereite.       daz vürsten sülen hân.
       ir sit ein bote hêre      und sô wünnicliche getân.'
  7 Her vuorte in die juncvrouwen    und ir geselleschaft.
       dâ vunden sie von richtuom   und von gesteine grôze kraft:
       der palas gar von golde      binnen gemâlet wol,
       daz gestüele von golde gegozzen.   der palas was gerichet wol.
  8 Die täveln von elfenbeine       wünnicliche ergraben,
       daz gewelbe von gesteine     wunderliche erhaben.
       von edelme saphire,   jaspis und adamant:
       swer dâ solde ezzen,  sin trûren gar vorswant.
  9 Vrou Wendelmuot sprach zum wirte:   'wir wollen mit iu wesen.
       quême herin ein keiser,    her möchte wol genesen.
       her wirt, min juncvrouwe   heizet iuch des biten,
       daz ir werbet tûsent zelder.   dâ sie wol ûf sin geriten,
 10 Dâ die ritter ûf riten     (die wolde's vorgelten wol) -
       und ouch die juncvrouwe,   die reden in Berne sol.
       min vrouwe vüeret boteschaft   und hât vil manigen man:
       des Berners ingesinde     sal sie mit tjuste enpfân.'
 11 'Daz sint vremde mêre,    die ir habet brâcht.
       mich nimet michel wunder,   *wes dâmite si gedâcht.'
       vrou Wendelmuot reit dannen   zu dem Bernêre rich
       und enpôt vrouu Sêburge,   die herberge wêre wünniclich.
 12 Die juncvrouwe wart enpfangen.   dô sie der vürste gesach.
       her gruozte sie minnicliche.   nu hœret, wie si sprach:
       'edele vürste von Berne,   in ist ein brief gesant,
       den vüert |vron] Sêbure die schœne   her in Lampartenlant,
```

3 sâlde.   4 môchte vntfân.   6,1 Gherins} ri undeutlich.   3 Geruchter ſwe m.   3 alle. sulle.   7,1 iuncfrowe. geselleschaft.   4 gestulte. gegozten.   8,2 von ede:me gest.   3 edelme ∞ (ist in r. 2 geraten).   4 dâ] in deme palase.   sâlde ezten.   9,1 zû deme. wille. vch.   2 keiser undeutlich (M. sicher).   môchte vol g.   3 des ∞.   4 dar si. sint gereiten.   10,1 Dar. ritter] riche. wol ∞.   2ᵇ die rûe in berie (sol unleserlich).   3 botscaft.   mange stolcen m.   4 sol. zûste vntfân.   11,2 wnd' sp'[ch] *der wirt wes da mete.   3 dannen ∞.   den b.   4 vutpot.   12,1 vntphange.   vürste ∞. angesach.   3 vch.   4 scone. lambartelant.

13 Und heltet vor iuwer vesten und hât vünfhundert man.
si enwil nicht vor iuwer ongen. man sol sie mit tjuste bestân.
ich sage iu, hërre von Berne, wërltche, waz geschicht,
im enpfât sie mit tjuste, iu newirt des brieves nicht.'
14 Dô sprach der von Berne: 'daz geschicht sân zuhant.'
'daz sint vremde mëre.' sprach meister Hildebrant.
'wol ûf!' sprach der von Berne, 'und hebet iuch an die vart.'
'entriuwen, daz lobe ich gerne.' sprach der küene Wolfhart.
15 Alphart der junge vil schiere bereite wart.
Hildebrant sin veter huop sich mit im an die vart.
'nu dar! nu dar!' sprach Wolfhart, 'sûmet nu nicht më.
bewart iuch | wol | vor den rittern, daz ir nicht enrüert den klë.'
16 'Nu lâzet iuwer schimpfen.' sprach meister Hildebrant,
'bewart iuch wol selben, daz ir nicht enrüert den sant.'
'daz lâz ich an ein gevelle.' sprach der tobende Wolfhart.
mit den selben worten huop her sich an die vart.
17 Dô quâmen sie zu velde. wie [wol] dâ getjustieret wart
von zwein helden jungen! sie wâren beide ân bart,
Danewart, Hagenen bruoder, und Alphart der junge man.
der enkunde nicht . . . . alsô die minne kan.
18 Dô sie getjustierten minnieltche und âne haz,
dô kunde geprüeven nieman, wer dâ strite baz.
minnieltche enpfâhen wart dâ nicht gespart:
vrou Sèburc die junge alsus enpfangen wart.
19 Der wirt enpfienc die vrouwen, alsô ist uns gesaget.
dô reit mit grôzer hërschaft zu hove die schœne maget.
si gap dem Bernëre den brief an die hant:
[si sprach:] 'der ist iu *gesendet her in Lampartenlant.'
20 Die maget kûrte sich umme, nicht langer si dô beit.
si saz ûf ein pferdel, dannen si dô reit.*

13,2 me. sie] di ritte'. zuoste. 3 vch. wërliche ~. gescicht. 4 vnt-
fat. czuste. vch. 14,1 Dû. gescicht. 4 wlfart. 15,1 Alpart.
2 vette'. 16,2 selber. en ~. 3 touendige. selne w. 17,1 ge-
zûstiret. 2 Van. 4 . . .] gern wen. 18,1 Dû. gecaustiretten.
2 Dâ chunde. nimant. strite] stete. 3 vntfange. 4 vntfangen.
19,1 vntfinch. vrouwen] mage scone. 1b zû tische saz si dicht. 2 heir-
scaft. schœne ~ (ist in v. 1 geraten). minenclich am ende zugesetzt.
3 Mit alle den maiden den brief gap si im an die hunt. 19,4—20,2 in
F¹ und F² erhalten. :: b gesandet F². mit gejsendet beginnt F¹ wieder.
lambarten F². 20,1.2 nach F¹ (1 mait. lengir); F² hat folgende fassung:
  Si karte sich vme die ma:et vil gemeit
  Sie sûmete da nicht lange von dâne daz [si reit].

sie liezen die zeldére, daruf sie quâmen geriten,
dem wirte wart vorgolden, nicht langer sie dô biten.
21 Ritter unde vrouwen, swaz der beiderhalp was,
die kârten vrœlîchen gein des wirtes palas.
dô erbeizte die herzoginne und die massenîe gar,
und des wirtes gesinde nam der geste selbe war.
22 Zu der zeswen sîten die herzoginne saz,
und swaz dâ beiderthalben ritter und vrouwen was.
wie dû wart gedienet und spise vür getragen
und tranc maniger leie, daz wil ich iuch vordagen.
23 Sus nam die boteschaft ende. dannen riten sie dô.
des Berners ûzreise wart maniger unvrô.
si huop sich von dannen in der selben stunt.
sint wart manigem zu sûre Kriemhilde roter munt.
24 **Dô** die tâvelen alle vor den hêrren stuonden blôz,
und man al unmue und unmue den gesten wazzer gôz,
*sie wolden über die tâvelen sin gesprungen alle gelîch.
'durch got nu sitzet stille,' sprach her Dieterich.
25. Die geste tâten gerne, des sie der wirt dô bat.
her Dieterich von Berne ûf einen grât getrat:
'nu hœret, ir hêrren alle, mir ist ein brief gesant,
daz nie solche mère quâmen *in diz lant.*'
26 Her Dieterich von Berne rief sînen kapelân
und sînen schrîbére hiez er vür sich gân.
her sprach: 'ich vorbiete, daz nieman hinnen gê,
ê daz wir vornèmen, swaz an dem brieve stê.'
27 Dô der schrîbére daz ingesigel ûf brach,
lûte daz her lachte. nu hœret, wie her sprach:
'diz ist von einer meide ein boteschaft wunderlich.'
'nu leset schiere, meister.' sprach her Dieterich.
28 'Hie stêt an disem brieve wunders also vil.
swer ritter sî worden oder ritter werden wil,
der sal den brief hœren und hübischlîche vorstân.
sus vinde ich hie geschriben.' sô sprach der kapelân.
29 Dô sprach der von Berne: 'leset, swaz geschriben stât.

* * *

20,3 die] do. doruffo. quomyn gerety[n. 4 legir. be[tyn. 21,1 swaz]
was. 2 koin. 4 nomin. selb'. 22,1 czewmin. 2 swaz] was. do.
3 do. getraiu. 4 manch'. vorday[n. 23,1 Sust. retin. 2 muchir.
3 mâchim. 24,1 tofelin. 24,3 tofilin. 25,1 totin. 2 grot. 4 sulche.
quomy̆. 26,3 nymant. 4 waz. 27,1 ingesegil. 4 schiere] herre.
28,1 desim 2 Wer. ad'. 4 Sust. geschrebin. 29,1 waz geschrebin.

III.

* *
*

1,3 . . . . daz man mir glouben mac:
ich slüege ir vür ir küssen einen backenslac.
2 Doch volge ich mime hêrren gerne, swar ich sol.
der mich hie heime lieze, ich enpêre ir rôsen wol.
solde ich durch ir küssen rîten an den Rîn?
wie wol ich *des* enpêre, möcht ich hie heime sîn!'
3 'Nu dar! nu dar!' sprach Alphart, 'wir müezen beide dar.
rêtest du'z dîne bruoder, daz ich mit in var?'
'ich wil dir sagen, bruoder, swie mir dort geschicht.
ich vorlobete ir küssen [vil] lîchte, des kampfes vorlobe
  [ich nicht.'
4 'Daz weiz got,' sprach Witige, 'ich volge dem hêrren mîn.
mich hête ir küssen unhôhe, möcht ich hie heime sîn.'
'nein, hie belibet nieman,' sprach der tobende Wolfhart,
'und wêren iuwer tûsent, ir müestet alle an die vart.'
5 'Nu endrewet uns nicht zu sêre,' sprach meister Hildebrant,
'jâ hât die schœne Kriemhilt her nâch mir gesant:
ich neme ir küssen gerne. si ist ein schœne magetîn,
sô breng ich der lieben Uoten ein rôsenkrenzelîn.'
6 'Irn sprechet nicht,' sprach Wolfhart, 'ob got wil, daz
  [geschicht:
die dort der rôsen hüetent, [sie] lâzent uns vorgebens nicht.
nemet ein alde riusen vür einen houbetkranz:
die dort der rôsen hüetent, die habent ouch die schedel ganz.'
7 'Nu dar! nu dar!' sprach Heime, 'ich weiz wol, ich muoz dar.
ob mir'z mîn hêrre heizet, wie billiche ich denne var!
ich sage iu vür die wârheit, wan daz ich doch dar muoz:
ich gienge durch ir rôsen nimmer einen vuoz.'

1,3 des. geloben mach. 4 küssen *d*] ::: nen *Mourek*. backenslach.
2,1 gerne *p.* ∞. war. 2 entpfıre irre. 4 ntpfıre. mâcht. **3,1 beide
dar** ∞. alpart. 2 deime. 3 swio *d*] war. gescibt. 4 campes. 4.1 den h.
2 mâcht. hie belibet *undeutlich* (hinen chlibet *M.*). niemant. tôbende.
5,1 endrowet. 2 schœne *d*] iuncfwe. krimilt. 3 scone. 6,1 sprach
Wolfhart (*rgl. d*) ∞. wille. gescicht. 2 hûten. 3 risen. 3ᵇ mit
vch vn ein hovbet nuz. 4 hûten. 4ᵇ die haben ouch d' sceid'e bizen
gnz. 7,2 bilche. 3 vch vor. wen. 4 giene.

8 'Nu wirret mir daz selben,' sprach [von Berne] her Dietrich,
 'rite ich dar durch ir rôsen, daz wêre unmügelich:
 ich muoz irn trutz vorsuochen. swie mir'z darnâch ergê.
 leset ane, meister. ist an dem brieve icht mê?'
9 'Ich sage, waz si iu enpiutet. von Berne her Dietrich:
 swie ir die reise lâzet, sô tuot ir lesterlich.
 . . . .
 . . . .
10 Hie stêt mê an dem brieve: si lêzet iuch des biten
 durch aller vrouwen êre (der lop hât ir denne erstriten),
 daz ir kumet zu irre hôchzît: si wil irn man nemen.
 lâzet ir die reise. ir müget es iuch immer schemen.'
11 'Ei numme dumme âmen!' sprach [von Berne] her Dietrich,
 'wes zîhent mich die vrouwen? ist daz icht wunderlich,
 daz nu keine vrouwe wil nemen iren man
 noch bî ime slâfen, ichn müeze mich mit ime slân?
12 Gibet im got gelücke, *daz her mir ane gesiget
 und her an schœnem bette an ir arme liget,
 und ich den sige vorliese und werde von ime gewunt:
 sô schrîe ich lûte wâfen. sô küsset er iren munt.'
13 'Ich weiz wol,' sprach Eckehart, 'ich muoz ouch dâhin,
 swie sêre ich bekümmert von den Harlungen bin.
 wist ich, wem ich die lieze, ich rûmte [gerne] dise lant.'
 'die lâz hie vroun Uoten,' sprach meister Hildebrant.
14 Dô sprach Volcnant der milde: 'ich muoz ouch an die vart.'
 'ich wil mit dir rîten,' sprach sîn bruoder Hâwart.
 dô sprach der von Berne: 'sô sît mir willekomen!
 ichn habe keinen dienest sô gerne an mich genomen.
15 Daz ist Volcnant und Hâwart.' sprach [von Berne] her Dietrich,
 'und ich bin der dritte, ich var ouch sicherlich.
 Witige unde Heime, die hergesellen mîn.
 her Hildebrant, mîn meister, ir müezet der sechste sîn.'
16 'Sô bin ich der sibende.' sprach der getriuwe Eckehart,
 'heizet mir der kinder hüeten, daz sie sint bewart.'

8,1 selber. diech' *häufig*. 2 vmmogelich. 3 trotz vorfügen. 4ᵃ Lesent
an h'e meist'. 9,1 vch vntputot. 3.4 ~. 10,1 steit. 3 chûmet.
4 mugest. 11,1ᵃ En num' dumme name. 2 zigen. 4 Noch nicht bie.
slaphen. 12,2 sconen. ir arme *unleserlich* (*von Singer ergänzt*). 4 ich
lûte wâfen] *nur wu leserlich*. sô| si. er ~. 13,1 ouch (d) ~. 3 Wâst.
14.2 hauwart. 4 genûmen. 15,1 hauwart. 2 ich bin *unleserlich*.
4 mîn] vñ. soxte.

'sie sint' sprach der von Berne. 'mines vetern kint:
ich wêne, sie vrouu l'oten vil wol bevolen sint.
17 Wâ nemen wir den achten, meister Hildebrant?'
'den wil ich wol vinden, her Dietrich, zuhant:
dâ nemet Nuodungen, Rüedegêres sun.
der voget von Bechelêre, der sal'z von rehte tuon.
18 Daz in mit richer koste sende Rüedegêr.'
'nu daz sint ir achte. wâ nemen wir [der] recken mêr?'
'daz si min bruoder Hagene,' sprach meister Hildebrant,
'oder von Biterne min bruoder Herbrant.'
19 'Sigeher von Garte der sal der zende sin.
daz eilfte der Stirêre Dietleip der neve min.
wir haben eilf recken sô rehte wünniclich:
wâ nemen wir den zwelften?' sprach von Berne her Dietrich.
20 'Der ist uns triuwen tiure,' sprach meister Hildebrant.
'iedoch wil ich in suochen, dâ ich in bi wilen vant:
ê ich in hie heime lieze, sô müeste der münich Ilsân,
hèrre, ob ir'z gebietet, ûz siner kappen gân.'
21 Dô sprach der Bernère: 'wie mac daz werden wâr?
her ist in sime klôster gewesen wol zwelf jâr.
solt ich in gote entvremeden, dem her sich hât ergeben,
ich hête's immer sünde, vorstôrte ich ime sin leben.'
22 'Wizzet ir, hèrre von Berne, ...

* * *

IV.

* * *

1 . . . .
der eine schilt vil richer den der andere was
von edelme gesteine. swaz man darane vant,
die wâren al umme und umme geleit ûf des schildes rant.
2 Walther sprach zu Witigen: 'nu nim du einen schilt
under disen beiden, swelchen sô du wilt.'

16,3 vetto'n. 4 wol ⁓. 17,1 War. meist' h' h. 3 uvdinge
rudingern sûn. 18,1 Daz in] Der ir. sendo] samlet. 2 war. 4 Biterne
Singer] bvcherne. Herbrant] nur he deutlich (heckerant M.). 19,1 Sigeher]
Yseher (Yse undeutlich). gurten. 2 stirere dietlif. 3 wûnnichlich.
4 War. 20,3 mûzte. 4 kappen] aspen (as undeutlich). 21,1 Dô]
Enûm' dummename. wie (d) ⁓. mach. worden (d) ⁓. 2 gewesen] ge-
welbe (nur gewe deutlich). gar. 3 vntfremden.
IV. 1,3 swas. 4 weren. 2,1 Walter. witgen.

'vorsliiege ich daz.' sprach Witige.   'des möchte ich mich
   nemet ir den armen,   ich wil den richen nemen.' |schemen.
3 Sich huop ein niuwez vechten.   die schilde sie zukluben:
   die steine gein den vrouwen   hôch in die venster stuben.
   Walther der stuont ebene,   Witige wart gewunt.
   ir hende sluoc zusamene   die schœne Hiltegunt.
4 'Waz sul daz, schœne vrouwe?   dû nimet mich wunder an.
   Walther . . . .
   . . . . *und habet in disen kranz.'
5 'Wie lobest du die rôsen?'   sprach her Dieterich.
   Witige sprach: 'min vechten   ist gein im ungelîch.
   ichn rite nimmer mêre   nâch rôsen in diz lant.'
   'sô vechten andere recken,'   sprach meister Hildebrant.
6 'Nu muoz man aber vechten,'   sprach die maget minniclich.
   'sô vechten aber zwêne,'   sprach her Dieterich.
   Dietleip von Stîre   spranc ûf den grüenen plân:
   gein im kam geriten   der werde Schrûtân.
7 Dô vuorte daz einhürne   von Stîre Dietleip.
   nu . . . .
               *   *
               *
8.2 . . . . *. . . . en vliez
   . . . . truoc
   eine grôzen stangen.   dâmite her Dietleiben sluoc.
9 . . . . leht . e . . . . . .
   Dietleip von Stîre   durch die venstere sach.
   daz die vrouwen klageten   sin leit und sîn ungemach:
10 'Wâfen über den recken,   der Dietleip hât geslagen!'
   dô sprach der Stîrêre: 'nu lât von dirre klagen!
   iz quam von mînen schulden.   daz mich der rise sluoc.
               *   *
               *
11.3 . . . . her gap im einen slac,
   daz der küene Dietleip   *ûf dem satelbogen lac.
12 Doch hie her in eine wunden,   dâmite sô reit her hin.
   dâmite sô reit her dannen,   daz was sîn gewin.

2,3 wittige. 4 neme. 3.1 sie] g:::. zuclobin (zu undeutlich;
(Grimm ge). 2 stobin. 3 Walter. wittige. 4 zu sammene. 4,1 daz]
des. schene) sch::: undeutlich (Grimm seh:::). 4 uch. 5,2 Wittige.
6,1 mait. 8,4 sl]uk undeutlich (Grimm::uf). 9,4 cluite. 10,1 ge]sluin.
2 claiu. 3 schuldin] n undeutlich (Gr. k). 12,1 byu (u undeutlich).

15*

  mit dem selben slage   viel Dietleip ûf daz gras.
  dô klagete den von Stîre   allez, daz dâ was.
13 Dietleip sich des erholte.   dô quam der gîgant
  und truoc die grôzen stangen   vil hô an sîner hant.
  Dietleip von Stîre   spranc gein im ûf daz gras,
  er undergienc ime die stangen,   daz si ime unnütze was.
14 Dô sluoc im eine wunden   der rise zu beider hant.
  Dietleip muoste entwichen   under eine steines want.
  her sluoc den slac sô swinde,   daz ime die stange zubrach.
      * *
      *
15,3*er sprach: 'du grôze gîgant,   ich brenge dich zu grabe.'
  mit dem selben schrôte   sluoc her im einen schenkel abe.
16 Der rise muoste vallen: dô sluoc her vaste zuo.
  dô sprach der von Berne: 'du richest al zu vruo
  dînen neven Ortwîn,   den ich hân erslagen.
  swie sêre du in richest,   du muost dich selben klagen.'
17 Dietleip der was mûede,   nider warf her den schilt.
  dô brâcht ime ein rôsenkrenzel   die maget Kriemhilt. [lich.
  daz satzte her ûf sîn houbet   und kuste die [maget] minnic-
  'nu vechten aber zwêne,'   sprach von Berne her Dieterich.
18 'Wâ ist mîn neve Nuodunc   und der künine Gunthêr?
  ich weiz wol,' sprach der Berner,   'hie ist noch recken mêr.'
  dô quam der marcgrâve   Nuodunc her gevarn,
  der vuorte an sîne schilte   den swarzen adelarn.
19*In einem wîzen velde   vuorte her den halben lewen.
  den vuorte sîn vater der milde: dem kan nieman gedrewen.
  in einer edelen varwe   sîn decke was gesniten.
  sô quam marcgrâve Nuodunc   gar kündicliche geriten.
20 Der künine vuorte drî phâwen,   grüene sam ein gras,
  in einer brûnen varwe,   dâ umme und umme was
  ein rant geslagen von golde   und von edelen steinen rîch.
  'nu hân ich mîns neven angest,'   sprach von Berne her Dieterich.
21 'Alsô hân ich mînes bruoder,'   sprach dô vrou Kriemhilt,
  'lânt beide iuwer vechten: ich gibe iu einen schilt
  mit zwein rôsenkrenzen,   und küssen mînen munt
  des wil ich beiden günnen,   und belîbet ouch gesunt.'

12,4 claito. 13,2 druk. vil undeutlich (Gr. vn). 14,2 vntwichen. steine undeutlich. 15,4 er. 16,3 nebin ortin. irslain. 4 solbir clain. 17,1 er.
2 mait cromilt. 3 mait. 18,1 Wo. nebi nodungk. günter. 3 nodungk.
19,1 lowin. 2 gedrowen. 3 varve. 4 nodung. 20,1 vurete. 3 geslain.
4 mins] eines. nebin. 21,1 Als. vrowe crimilt. 3 zwen. kusse.

22 Dô kuste iren bruoder   die junge künigin
      und marcgrâven Nuodungen: daz was ein guot begin.
      'nu sol man recken suochen,   *die kamphbêre sint.
      waz solde wir disen wîzen?   sô sint sie beide kint.
23 Nu muoz man aber vechten,'   sprach die maget minniclîch.
      'sô vechten aber zwêne.'   sprach |von Berne| her Dieterîch.
      . . . .

24 'Owê,' sprach ir muoter,   'wes ist daz gedâcht.
      daz du sô manigen recken   zu morde hâst gebrâcht?
      nu wêre vil gevochten,   dûchte's dich genuoc.
      ich klage gote von himele,   daz ich dich ie getruoc.'
25 'Waz ist iu, hêre muoter?'   sprach vrou Kriemhilt.
      'darumme hiez ich her kumen   vil manigen niuwen schilt,
      daz ich wolde schouwen,   wer vrouwen dienen kan:
      darumme hân ich gesamenet   vil manigen werden man.'
26 'Diz muoz sin,' sprach Walther,   'man râte vürbaz:
      sie müezen's baz vorsuochen.   vürwâr sô wizzet daz.
      wer sal mit Eckewarte vechten?   der schaffe es schiere rît:
      *her wil vechten zum êrsten,   her mir enpoten hât.'
27 'Herbort von dem Rîne,'   sprach der küene Hagen.
      'her sal mit Eckewarte vechten,   daz wil ich iu allen sagen.'
      'sô enpôt mir Heime,   her wolte der êrste sin.
      daz sô ich vollen gerne,'   sprach dô die künigin.
28 'Daz ist guot,' sprach Hagene,   'wie wol ich'z vüegen wil,
      daz Herbort unde Heime   komen zu rechtem zil!'
      . . . .

29 In dem anderen morgen,   dô in erschein der tac,
      her Dieterich von Berne   zu sînen recken sprach:
      'hœret alle messe   in der kapellen min
      und bereitet iuch zu strîte,   swer vordienen wil daz krenzelin.'
30 Dô messe wart gesungen,   Heime bereite wart:
      gewâpent ritterlîche   huop der sich an die vart.
      kursit und kovertiure   die wâren beide gelîch.
      her reit in den garten   . . . . . .
                    *   *

22,1 broder.   2 margrabin nodângin.   4 Was.   23,1 mait.
24,2 Das.   3 gevuchton.   25,1 vch. vrou] ver. cremilt.   4 gesamment.
26,1 walter. vorbaz.   2 vor war.   3 rechte. es] sin *undeutlich*.   4 *das erste* her] Er. entpoten.   27,2 uch.   3 entpot.   4 konigin.   29,2 her]
Er.   4 Wer.   30,2 Gewaphint.

V.

* *
*

1,4 'nu möchte man sie scheiden,' sprach von Burgentriche her
2 'Daz wil ich wol behüeten,' sprach herzoge Aldriân, |Hagen.
'sîn swert lit im sô verre . . . . . .
im kumet sîn hérre zu helfe nimmer her Dieterich:
er ensiet in nimmer mère, daz wizzet sicherlich.'
3 Der münich sprach mit zühten: 'ich bin dir noch ein her.
swie starc si iuwer kolbe, ich wil mich wol erwer.'
dem alden wart vil leide bî des garten want:
dô wincte sîne hérren meister Hildebrant.
4 Die schilde sie dô suochten, die helde unvorzaget.
dâ sie geworfen wâren: des lachete die maget.
'diz mac nieman scheiden, sie stênt in solcher nôt,'
sprach her Dieterich der junge, 'iz ensî ir eines tôt.'
5 Der münich den schilt ûf ructe mit zorne, den her truoc.
der helt mit beiden henden *mit der kolben ûf in sluoc
vil starke slege gesciunde. dô sprach der münich Ilsân:
'ich erber iz gote in himele, du muost dîn klophen lân.'
6 Alphart der junge vrâgete daz zustunt:
'wie quéme du ûz dem garten? mach in hin wider wunt!
du kumest wol in éren nimmer ûf dînen schilt:
ich helfe dir in die rôsen, swenne sô du wilt.'
7 Die rôs vordecket wâren achte hundert oder mér,
dô huop sich in dem garten alrérste grôz herzesér.
der münich Aldriâne sîne starken slege sluoc:
daz tete her also lange, wen's in dûchte genuoc.
8 Dô es in genuoc dûchte, den schilt her vaste warf
ûf der kappen hûbe, her zucte ein mezzer scharf:
mit dem érsten springen her in dur daz herze stach.
alrérste dô muote Hagenen, daz her die rôsen ie gesach.

V. 2,1 behûte. Adrian. 2 ym undeutlich (Grimm f:). 2ᵇ vnd
sch . . groze we . (das letzte e undeutlich). 3,2 kolbe undeutlich (Gr.
kolyr). 4 wencte. 4,1 dô] du. unvortzait. 2 mait. 3 scheide.
sten. sulcher. 5,4 ich her beriz. 6,1 Alfart. das zust{unt undeutlich
(Gr. vid .). 7,2 alrest. 8,1 os] iz. 2 hoybe. er tructe. 3 her] he.
4 Alrest. mugete. her] he.

9* *Der münich* wider wolde heben *uf* sin swert.
  Danewart sprach der junge: 'des *sit ir* ungewert.'
  der münich sprach mit zorne: 'daz ist unbillich.'
  '*houwet* vaste die phorten!' sprach her Dieterich.
10 *Dô stuont* in grôzen sorgen manec heldes lip.
  dô tete ûf die phorten daz minnicliche wip:
  'ich behabe minen garten, als ich vor ziten phlac:
  ja hüetent sin die recken hie naeht unde tac.'
11 '*Swer* die *wâfen* ûz dem garten hie vort habe getragen.'
  sô sprach aber *Danewart*, '*wirt* durch des müniches zorn
  '*wâfen* über den bruoder!' riefen alle gelich. [geslagen.'
  'her ist noch ungebunden,' sprach von Berne her Dieterich.
12 '*Wâfen* hiute und immer!' sprach vrou Kriemhilt.
  'ich muoz in engsten sweimen. gewinnet her swert und schilt,
  *der vane ist ane gebunden. her brenget uns in nôt:
  der münich muoz von hinnen. oder wir ligen alle tôt.'
13 Der münich dô mit snelheit vil grimme von im sprane,
  beide mit eime rucke schilt und swert her swanc.
  dô sprach Aldriânes mage: 'wol her, swer in rechen wil!
  sô wil ich um in machen ein niuwe jâmerspil.'
14 Wolfhart der küene zu dem müniche lief,
  mit heller voller stimme her den Berner ane rief:
  'hoeret, hêrre von Berne, waz min vetere Ilsân gicht!
  swes her dô beginnet, ichn kome von im nicht.'
15 Darzuo sprach der alde meister Hildebrant:
  'hêrre, heizet die recken an legen ir gewant.
  wollen sie'z in übele wenden, wir wollen sie bestân.'
  'ich strite sibenzigen eine.' sô sprach der münich Ilsân.
16 *Dô wart* ein michel rûschen *zu beider sit getân,
  dô gienc gezogenliche vür den Berner stân
  Hagene der küene zu dem Bernére sprach: [schach.'
  'wir vorkiesen ûf Ilsân, swaz uns schaden von ime ge-
17 Danewart sprach sin bruoder: 'hêrre, daz ist ouch min wort.
  daz Aldriân min vater den tôt hât hie bekort,

9,2 Danewart]::::::et *Gr.* ir] :e *Gr.* 3 münich]:::uch *Gr.* un-
billich] min billich *Gr.* 4 spra]g. dyderich. 10,1 sorge *undeutlich*
(*Gr.* wage). 4 hüetent sin]:::s si = but]e si? tac *undeutlich* (*Gr.* ros).
11,3 wa]fin *undeutlich* (*Gr.*::tin). 12,1 v]rowe cremilt. 4 oder wi legin.
13,2 her] he. 3 wor. 14,1 Wolfart. lief *undeutlich* (*Gr.* kaft). 2 her] er.
4 Wes er. 16,2 getzogintliche. vor. 4 was.

daz ist ein gekorn wille,   daz müeze wir alle jën.
hêt er gevolget der scheide,   sô enwêre diz nicht geschên.'
18 Dô sprach der von Berne: 'ir hêrren, hœrt diz an:
Hagene unde Dancwart   vorkiesent ûf Ilsân.'
Dancwart sprach der junge: 'wir haben ûf in vorkorn.
die schult ist vürwâr unser,   daz wir den vater haben vorlorn.'
19 'Wâfen, immer wâfen!'   sprach der küene Hagen.
'wâfen über die rôsen!   daz wil ich immer klagen.
. . . .
*und Sigevrides warte,   dô diz zum êrsten geschach.'
20 'Iz wirt weiz got gerochen.'   sprach der helt Dancwart,
'zu unsêlden und zu schaden   hât si gestift hervart.'
dô sprach ir vater Gibiche   und ir bruoder Gêrnôt:
'waz sal diz gebrechte?   dirre man der ist tôt.'
21 'Daz ist wâr,' sprach Hagene,   'wir müezen in tôt sên.
wol her, man und mâge,   die mir wollen bî gestên!
die helfen mir nu rechen   den lieben vater mîn
an diser morderinne,   wan daz muoz recht sîn.'
22 'Hebet sich hie ein striten,'   sprach der helt Wolfhart.
'sô saget iz mir bezite,   min swert wirt nicht gespart:
darzuo wil ich Mâl geziehen   und heben mit der hant.'
'nu bist du aber tobende,'   sprach meister Hildebrant.
23 Hagene wart bereite   und hundert sîner man.
Kriemhilt die küniginne   *gienc vür Sêburge stân.
si sprach z'ir gespile getriuwe: 'vil liebe herzogin.
nu genc zu dime vriedel,   hilf mir der hulde sîn.
24 Du bist sîns herzen vröude: swen her enpfêt dînen gruoz
und dîn aneblicken,   sô wirt im zornes buoz.
nu tuo diz durch dîn êre   und durch mîn gebot:
erhebet sich hie ein striten,   hie belibet maneger tôt.
25 Du macht wol vorliesen   an dem selben man.
ichn hân nicht sîner hulde: keines schaden ich im gan.'
| si sprach: | 'jâ leiste ich dîne bete.   ich hân ich dicke gewert:
mir gedanket her von kinde,   swes her an mir hât gegert.'

17,4 Hette. nich.   18,2 vorkysen.   3 verkorn.   4 vürwàr] vor:::.
19,2 clain.   20,2 vnd zun. gestiffet.   3 gebiche.   21,1 Das. se.   2 geste.
4 wen. rechte.   22,1 wolfart.   2 bezite]: etzide (c für e verlesen?).
3 wile. male undeutlich.   4 bistu.   23,2 vor.   3 zu ir.   24,1 entpfët.
25,3 difne undeutlich (Gr. bi::).

26 Dâ was ein michel rûschen   unde ein michel schal:
   beidenthalp die recken   bereiten sich überal.
   Sigevrit mit den sinen   wâpente sich zuhant.
   dô sprach zu deme von Berne   *der alde Hildebrant:*
27*'Hœret, hèrre von Berne,   waz ich râten wil:
   ir enscheidet diz geriusche,   hie wirt ein bœse spil.
   Wolfhart hât gesprochen,   her wolle Hagenen bî gestân:
   mit welchen inwern éren   wolt ir im abe gân?'
28 'Ichn lâz in nicht under wegen,'   sprach her Dieterich.
   bindes wart bereite   Sêbure die vürstin rich:
   gezieret minnicliche   was die maget wol.
   swer sie mochte schouwen,   der was vröude vol.
29 Ir mantel was von golde   geworcht in Ninivé.
   swer sie ane blicte,   dem was nâch ir minne wè.
   ir houbetgolt vorwieret   mit gesteine edel und klâr,
   des was an ir wunder: des nam dâ maneger war.
30 Sus gienc mit grôzen zühten   die maget minniclich.
   dô sprach . . . .

26,3 waphinte.   27,1 was.   2 dis.   3 Wolfart. er.   4 welt.
28,2 vurstinne.   3 mait.   4 Wer. schowe.   30,1 czuchen *undeutlich.*

Anmerkungen

zum Rosengarten A.

4,4: hier ist vielleicht besser die lesart von *ma* aufzunehmen, weil dann cäsur und satzgliederung zusammenfallen:
und daz si möhte sehen, von welhem daz beste würde getân.

6,3—8,2: die verschiedenheit zwischen *f* und *x* weist auf einen alten fehler: 8,2 fehlte in der vorlage von *bam* wie in *f*; *x* hat die lücke dadurch ausgefüllt, dass es nach 6,2 einen neuen vers zusetzte und die reihe von 6,3—8,1 um je einen vers verschob. der rest eines verses, der sich in *f* nach 9,4 findet, könnte sich dahin aus 8,2 verirrt haben, doch vgl. unten.

10: ob diese nur in *b* erhaltene strophe oder an ihrer stelle eine andre, von welcher in *x* nur die zweite hälfte erhalten ist (9,5 f.), aufzunehmen ist, lässt sich kaum entscheiden. der umfang der lücke in *f* fordert zwischen 9,4 und 13,3 jedenfalls vierzehn verse, s. einl. der rest eines verses in *f* nach 9,4 könnte zu dieser mutmasslichen strophe gehört haben, wenn man (mit W. Grimm) ergänzt
Der vûert Balmungen, ein swert unm]âzen breit.
darauf wäre eine lücke von einem v. anzusetzen, und die str. durch *x* 9,5f. zu vervollständigen. wahrscheinlich ist mir diese annahme indess nicht, weil der Balmung in *A* nur 330, in einer vermutlich spätern str., erwähnt wird.

11,1 *Volkêr* ist ein fehler von *x*; dass *Walther* gemeint ist, ergiebt sich aus 264,1, wie bereits Philipp (ZRg. s. LVIII) erkannt hat.

14—26 sind wohl zusatz des bearbeiters A^2; dem original war die botenreise Sabins unzweifelhaft fremd; das stück hat ein par ältere strophen, welche die briefsendung nach Bern kurz erzählten, verdrängt.

16,1 *Bersabe* lautet der name in *x*; *f* hat *Versabe*, *β Fursabe*, *α Saba*. ich habe *Bersabe* in den text aufgenommen, weil *Versabe* schwerlich richtig ist. vielleicht aber ist *ver Sabe vrou S.* zu lesen: dann wäre der name als feminin zu *Sabin* aufzufassen.

22,3—23,2 müssen wohl alt sein, obgleich sie in *f* fehlen. da die 1. und 4. station der reise in A^2 jedenfalls genannt waren, fordern sie auch die 2. und 3., die in *x* erhalten sind. weshalb sollte A^2 Angsburg allein als reisestation zwischen Heidelberg und Verona genannt haben?

27 hebt sich deutlich von dem vorhergehenden ab; 28,1f. werden durch *F* II 24,1f. als alt erwiesen. von 28,4 an aber beginnt wieder die arbeit von *A²*.

32. 33 sind offenbar abgerundete strophen; dies wird zum überflusse durch das strophenzeichen vor 33,1 in *f* bezeugt. dadurch wird es nötig, 34,3f., die in *f* fehlen, aus *x* aufzunehmen und nach 31,2 eine lücke von 2 versen anzusetzen. der fehler ist alt: *f* wollte durch streichung von 34,3f. eine äussere strophenabteilung ermöglichen.

43: die strophe war bereits im archetypus aller hss. verderbt: an stelle des halbverses 2ᵇ stand (wie in *ma*) *die rede sült ir mir niht verkéren*. eine wendung, die zufällig hineingekommen ist und die alten worte verdrängt hat. die hss. haben verbessert, jede auf eigne hand: *f* zieht 2ᵃ noch zu v. 1 und arbeitet die unmetrische redensart so um, dass sich ein reim *ére* : *verkére* ergiebt; die vorlage von *am* (oder *a*. aus dem *m* geflossen sein kann) stellte 2 an den schluss jener worte und schuf einen reim *min* : *sin*; *b* warf jene redensart heraus und kürzte v. 3 so, dass es mit 2ᵃ einen vers ergab, zerdehnte endlich 43,5 auf zwei verse, sodass eine strophe mit den endreimen *min* : *künegin*, *unverseit* : *geleit* herauskam. Steinmeyers reconstruction der strophe (Anzfda. VI, 233) scheint mir demnach nicht möglich.

Mit str. 45 beginnt wieder der alte text *A¹*; 45. 46 sind deutlich die vorlage von *D* 22 — 24. letztere kann ich nicht mehr, wie früher, für älter als *A* 45. 46 ansehen, da die neu gefundene hs. *F²* dem texte *F* seine beweiskraft an dieser stelle genommen hat, vgl. einl. durch 28,4—44 dürfte nicht viel altes verdrängt sein, wie *D* 20. 21 zeigt: es fehlt nur die angabe, dass Dietrich den brief erhält.

48—53 sind zwar in *f* verdrängt, aber durchaus in ordnung; dass sie bereits in *A¹* so lauteten, wie *x* sie giebt, macht die vergleichung mit der ältesten fassung von *D* (*D¹* II 21—31) wahrscheinlich, die, wenn auch erweitert, doch schritt für schritt *A* folgt.

54. 55 werden durch *D* 69. 70 für das original gesichert. im letzten teile des I. abschnittes lassen sich die zu Sabins botschaft gehörigen, also von *A²* verfassten strophen glatt ausscheiden: 58—68 und 71—92 sind jung, 56. 57 69. 70 sind alt. dass vom original nichts durch die interpolation verloren ist, zeigen die fast gleichen strophen 57 und 69; sie entsprechen einer alten, die in folge des einschubs zweimal gesetzt wurde.

56,1f.: ich habe hier die lesart von *x* vorgezogen, weil der verdacht vorliegt, dass *C* die bezeichnung *Hiltebrant von Garte* beseitigen wollte (in *C* gehört Garte dem Amelolt, nach *D* 81).

Die nach 57 von *C* zugesetzte strophe hat den zweck, die anlage von *D* mit *A* in übereinstimmung zu setzen, vgl. einl.

61,3f.: die lesart von *f* ist verderbnis, veranlasst durch die umstellung der letzten worte in 61,3; eine apokope wie *pin* für *pine* kommt in *A* sonst nicht vor.

80,2—97,1 sind in f durch ausfall eines blattes verloren; es entgehen uns dadurch 68 verse; da nun f an stelle von 95 zwei strophen hatte (s. einl.), so müssen von dem in x überlieferten irgendwo vier zeilen gestrichen werden; als solche ergeben sich leicht 84,3—85,2, die überflüssig und durch zwei stumpfe cäsuren verdächtig sind. dass 87,3f. in b nur zufällig fehlen, ergiebt die parallele strophe 80.

93 schliesst sich ohne lücke an 70 an; von hier an ist der text A^2 kaum verschieden von dem originale (eine neuerung s. u. zu VIII).

Die zu anfang des II. abschnittes stehenden verse 92,5f. werden durch die strophenabteilung und die berechnung des in f fehlenden als unecht erwiesen.

95: die wiederherstellung dieser strophe rechtfertigt sich dadurch, dass im folgenden in f, also wohl auch in A^2, auf jedes kämpferpar eine str. verwendet wird. dasselbe gilt von 99. 100. 104, die in C durch die contamination geändert oder beseitigt sind.

103,3f.: ich bin hier x gefolgt, weil f augenscheinlich auf einem fehler beruht: in seiner vorlage fehlte 103,3.

113—128: in f fehlen durch ausfall eines blattes 17 strophen; da wenigstens eine derselben zugesetzt gewesen sein muss, weil Rüdeger sich in C ebenfalls am kampfe beteiligt, so dürfen wir in A^2 höchstens 16 strophen an stelle jener lücke erwarten; ich habe 116,5f. und 117,5f. als unecht eingeklammert, denn 117,1, der anfang einer rede. war in A^2 gewiss auch der anfang einer strophe.

120,3f.: die lesart von b scheint nur ein versuch, den in am vorliegenden fehler zu verbessern.

128,5f.: dass diese beiden verse gestrichen werden müssen, zeigt die strophische gliederung.

144,4—146,1: hier ist durchaus die lesart von x aufzunehmen, da C zwei verse aus D eingeschoben und dadurch 145,3f. verdrängt. das übrige geändert hat.

151,2 do für di findet sich in A^2 sonst nicht; vielleicht ist dafür $also$ aus m einzusetzen, für das die offenbar verderbte lesart von f als stütze herangezogen werden könnte.

Zwischen 152 und 154 schiebt C ein längeres stück aus D ein, in welches nur 153,1f. verwoben sind (des anschlusses wegen ist so für Do gesetzt). die frage, ob von den beiden übrigen in x hier vorhandenen versparen 152,5f. oder 153,3f. zu streichen ist, wird durch die strophenabteilung zu gunsten des letztern entschieden.

162,3f. fehlen in x; sowohl die strophenabteilung als der sinn erfordern hier zwei verse etwa des inhaltes, wie ihn die beiden aus f aufgenommenen darbieten. freilich ist nicht sicher, ob C gerade diese in seiner vorlage A^2 gefunden hat, da der contaminator ein stück aus D unmittelbar folgen lässt. an solchen übergängen pflegt er meist eigene arbeit einzufügen.

163. 164: nur die letzte halbstrophe ist in C belegt: indess kann die
echtheit auch des übrigen nicht zweifelhaft sein.

167 konnte C nicht aufnehmen, da ihr inhalt durch stücke aus
D gegeben war; in A ist die str. unentbehrlich.

168,3f. und 172,3f.: die lücken sind gegen die überlieferung
und gegen die ausdrücklich angegebene strophenabteilung von f angesetzt;
allein 169. 170. 171 sind so deutlich als abgerundete strophen er-
kennbar, dass jener ansatz notwendig wird, wenn man nicht vorzieht,
durch streichungen zu helfen. diese aber sind unberechtigt, da hier
jeder vers für A^2 bezeugt ist.

177: C musste diese str. weglassen, da ihr inhalt durch aus D
aufgenommenes bereits gegeben war; in A ist sie ganz unentbehrlich.

184,3f.: die lesart von x ist schon deshalb vorzuziehen, weil die
str. in f vier gleiche reime hat; die von f beruht, wie 17,3f. 61,3f.,
auf verschreiben des ersten reimwortes.

185. 186: sowohl f wie x geben acht verse 2 strophen. f ist,
abgesehen von seinem höheren alter, schon deshalb vorzuziehen, weil
186,3f. in Kriemhilts munde keinen sinn haben.

190 stand wohl schon in A^2 und A^1, obgleich sie in f fehlt.
denn p bietet an entsprechender stelle (Bartsch 345 ff.) eine strophe,
die wohl auf 190,1f. und 191,1f. beruht. liegt hier keine kreuzung
vor (dies anzunehmen, haben wir nicht die geringste veranlassung), so
ist dadurch 190 bereits für das original gesichert, fehlt also in f nur
zufällig (der schreiber mag infolge der gleichen reime 190,1f. und
191,1f. abgeirrt sein).

192—196 sind in C durch die contamination verloren; dass 197
in A^2 nicht unmittelbar auf 191 folgen konnte, ist klar; das stück
ist also nicht zu beanstanden. die strophenabteilung ist glatt, wenn
man das überflüssige, ja störende verspar 193,5f. streicht.

197—204: C hat, in anlehnung an D, diesen ersten kampf zer-
rissen und auf seine pare Hagen:Wolfhart, Pusolt:Eckehart verteilt.
ausserdem fehlt in f hier ein blatt. daher werden nur 202,3—203,4
durch f bestätigt (mit absichtlicher änderung in 203,2). von dem in
x überlieferten ist nur 198,5f. zu beanstanden: es stört die strophische
gliederung und hat einen sonst unerhörten reim, dessen alter durch
a 647,1ff. (*zeit*: *streit*) und β 194,5ff. (*gicht*: *geschicht*) bestätigt wird.
ferner ist str. 201 unvollständig; das erhaltene verspar kann nicht ge-
strichen werden, da zwischen 200 und 202 die bemerkung, dass Wolf-
hart wieder aufspringt, nötig ist; somit ist eine lücke von 2 versen
anzusetzen.

VI ist in C ganz erhalten. f und x weichen nur darin von
einander ab, dass jenes die verspare 211,3'f. und 212,5f., dies die
verspare 205,3f. 206,5f. und 207,5f. allein überliefert. die echtheit
von 205,3f. versteht sich von selbst. 206,5f. und 207,5f. könnten eben-
falls echt sein, doch haben wir in solchen zweifelhaften fällen f zu

folgen (dies bezeichnet 207,1 ausdrücklich als strophenanfang; bei W. Grimm ist das zeichen vor 1192 ausgefallen). 211,3′f. und 212,5f. sind. obgleich gerade in ƒ erhalten, sicher unecht, denn 212 muss, des formelhaften schlusses wegen, als strophe gefasst werden. 211,3′f. sind nichts als eine andre fassung von 211,1f., die neben diese in den text geriet; die dadurch gestörte strophische gliederung sollte durch 212,5f. wiederhergestellt werden.

Auch VII steht vollständig in C. 215 ist allein in ƒ, nicht in .r erhalten; der zusammenhang beweist ihre echtheit.

220,1: C erweiterte diesen vers, um den namen des schwertes Nagelring nach D 342,3 anzubringen.

220,3—222,2 sind nur in ƒ erhalten: da hier nur m, nicht b zur controle dienen kann, die erzählung auch, wenn nur 220,1f. 222,3f. die letzte kampfschilderung ausmachten, allzu knapp wäre, so darf man jene acht verse für echt halten. auf die erwähnung des Nagelring 221,1 sind freilich keine schlüsse zu bauen, da der name vom contaminator nach D 342,3 eingeschoben sein könnte.

VIII ist in ƒ nur stückweise erhalten. es fehlen 227—229,2 (unentbehrlich, wenn auch die form, wie 227,1f. überliefert ist, sicher jung ist), 229,5—8 (eine entbehrliche strophe; da C 230 unmittelbar auf 229,4 folgen lässt, ist sie wahrscheinlich zusatz), 231,1f. (der ausfall dieses verspares in ƒ ist zufällig, wie die strophenabteilung zeigt), 234—236 (das angebot des fabelhaften Osterdingen könnte ein aus den worten 233,1ᵇ herausgesponnener zusatz sein, 234. 235 also auf einer älteren str. beruhen; im übrigen ist das stück unentbehrlich), 240—241.2 und 242,1f. (unentbehrlich: auch in D ist Witig anfangs im nachteil), 243,5—8 (C lässt 243 unmittelbar auf 242 folgen).

Mit hilfe des ältesten textes von D (D^1 IX) lässt sich zeigen, dass A^2 hier nicht mit A^1 identisch ist, sondern dies erweitert hat: von einem austausch der rosse kommt dort nichts vor, sondern Dietrich giebt den Schemming nur zurück. aus einer vergleichung mit D^1 IX ergiebt sich folgendes: A^2 225. 226 sind aus einer älteren str. herausgearbeitet (D^1 IX 2), im übrigen entsprechen A^2 224. 227—229 genau D^1 IX 1. 3—5. A^2 230—236 sind hinzugedichtet an stelle von D^1 IX 6. A^2 237 ist alt (in D^1 2 str. IX 7f.), ebenso 238—242, denen in D^1 ebenfalls fünf strophen 11—15 gegenüberstehen. die allerdings inhaltlich zum teil erneuert sind (D^1 IX 9. 10 sind offenbar zugesetzt). A^2 243 und D^1 IX 16, A^2 244 und D^1 17 (D^3 332) entsprechen einander.

Den IX. abschnitt hat C_1 in folge andrer verteilung der kämpfer, nur teilweise an A entsprechender stelle; zum teil ist er mit dem X. verarbeitet. trotzdem ist der abschnitt in ƒ fast ganz überliefert: es fehlen nur 245,3f. (durch zwei verse aus D ersetzt, aber unzweifelhaft echt, schon der einleitungsformel wegen), 247,3f. (durch die strophische gliederung gesichert), 249,5f. und 250,5f. (beide könnten

echt und in C nur der contamination geopfert sein; dann wäre 250,5
statt *begin* zu lesen *bejagen*, wie a 659,26 und β 241,2 überein-
stimmend geben; indess bessern diese bearbeitungen gelegentlich den
reim, s. o. zu 198,5f., ausserdem wird die contraction *verklân* auch
durch 291,4 *geslân* part. perf. für .1^s gesichert; ich habe deshalb beide
verspare lieber gestrichen), 254. 255 (der contamination geopfert; dass
Studenfuchs wieder aufspringt, muss natürlich gesagt werden, doch ge-
schieht es allzu breit; vermutlich sind 254,3f. 255,3f. von .1^s zuge-
setzt), 256,3'f. und 257,5f. (jenes zerstört die in f richtig überlieferte
str. 256, dies giebt eine nach 257,4 ganz überflüssige bemerkung),
259—261 (dass diese strophen in .1^2 standen, beweisen die auch in
f überlieferten stellen 258,4 und 161; C hat hier gekürzt, wohl im
anschluss an D). natürlich hat der contaminator C häufig die in A
überlieferten namen durch andre ersetzen müssen, vgl. einl.

X ist in C fast ganz erhalten; es fehlen nur 263—265,2 (durch
ein stück aus D verdrängt, in A natürlich ganz unentbehrlich), 268,1f.
269,1f. 270,5f. 275,1f. 276,5f. von diesen fünf versparen ist zu-
nächst 268,1f. der strophischen gliederung wegen als echt anzusehen;
C hat es gestrichen, weil es an stelle der eben besprochenen 10 verse
nur 8 aus D aufgenommen hatte. auch die übrigen dürften zum teil
echt sein, denn die in C vorliegende strophenteilung, welche sogar die
gute strophe 272 zerreisst, kann nicht als die alte angesehen werden;
deshalb habe ich 269,1f. und 275,1f. ebenfalls in den text gesetzt.
die nun noch übrigen zwei verspare sind überflüssig und würden die
eben festgestellte strophenordnung wieder zerreissen.

Von XI hat C nur vier strophen 278. 279. 283. 284 verwertet
(die unechtheit von 279,3'f. wird also noch durch f erwiesen). zwischen
279 und 283 bietet b 12, m 10 verse: 280,4—281,3 sind nur in b,
283,5f. nur in m überliefert. die erste abweichung wird verständlich,
wenn wir in b eine kleine umstellung vornehmen, nämlich 280,3f. so
ordnen, wie es im texte geschehen ist; dann ergiebt sich, dass der
schreiber m von *Ortwin* 280,3 auf *Ortwin* 281,3 abgeirrt ist. das
verspar 283,5 ist zu streichen, als störend und nur in m überliefert.
so ergeben sich drei glatte strophen 280—282.

Nach 284 stehen in x sechs verse; 285 ist die übliche schluss-
strophe, folglich 284,5f. zu streichen.

XII musste in C aufgegeben werden, s. o. zu 197 ff. nur zehn
verse sind (wenigstens bei dem jetzigen zustande von f) anderwärts
verwertet. wie der abschnitt in x überliefert ist, giebt er nur einen
anlass zu ausstellung: str. 291 hat sechs verse und reimt einmal
geslân (für *geslagen*) auf *man*; ich habe deshalb 291,3^b—5^a in klammern
gesetzt, ohne behaupten zu wollen, dass ich dadurch sicher die strophe
in der fassung von A^2 hergestellt hätte.

XIII findet sich in f vollständig wieder, doch ist der name Helm-
schrot stets durch Rüdeger ersetzt.

297,4 fehlt in *x*; da in *f* an dieser stelle aus *D* 386,3 eingesetzt ist, so scheint die lücke alt zu sein.

298,2 fehlt in *f*, dafür steht am schlusse der str. ein vers mehr: dass die lesart von *x* die richtige ist, und *f* nur einen fehler seiner vorlage beseitigt hat, zeigt schon die wiederholung von 3[b] in dem zugesetzten verse.

XIV wird durch *C* fast ganz bestätigt; es fehlen nur 302,5—8. 306,1f., 307,3f. die letztern beiden verspare sind unentbehrlich und in *C* der contamination geopfert. dagegen wird der jüngere ursprung der str. 302,5ff. durch den in *A* sonst unerhörten reim *hât : Gêrnôt* erwiesen.

308,1f. war die lesart von *x* vorzuziehen, weil in *f* deutlich eine absichtliche änderung vorliegt: der contaminator wollte die assonanz *zît : lîp* beseitigen.

Auch XV wird durch *C* ganz belegt: dass die beiden in *x* fehlenden verse 313,4. 314,1 aus *f* in den text aufgenommen sind, rechtfertigt sich selbst. dagegen bitte ich die str. 317 aus dem texte zu streichen; zwar kommt sie in *D* nicht vor und ist unzweifelhaft besser als die an ihrer statt in *x* stehende, allein sie besteht nur aus redensarten, die in *D* häufig sind (man vergleiche *D*[1] XIV 6,1f. 7.1f.), ist also doch wohl vom contaminator zugesetzt. auch die in *x* überlieferte strophe 317 (s. die lesarten) macht nicht den eindruck hohen alters; sie ist zu inhaltsler, dürfte also von *A*[3] zugesetzt sein. in *A*[2] mag demnach 318 unmittelbar auf 316 gefolgt sein. die bearbeiter *A*[3] und *C* leitete bei ihren zusätzen dasselbe gefühl, dass nämlich die schilderung des eigentlichen kampfes hier etwas mager ausgefallen war.

XVI ist nur zum geringen teile aus *C* belegbar (s. die lesarten): die beurteilung des alters im einzelnen ist daher schwierig, doch können wir die erzählung von *D*[1] XVIII zur vergleichung herbeiziehen.

321,5f. sind sicher zusatz von *A*[3]; wollten wir dies verspar beibehalten, so müssten wir auch das unpassende und durch *C* nicht bestätigte 320,5f. stehen lassen; dann würde die formel 321,4, die stets den schluss einer str. bildet, hier in die mitte einer str. zu stehen kommen.

325 ist nur breitere ausführung der vorhergehenden strophe; auch in *D*[1] umfasst die erste rede Hiltebrands nur eine str. XVIII 3.

329—333: Dietrich motiviert seine ablehnung durch eine ausführliche schilderung der furchtbarkeit Siegfrieds; hätte dies schon in *A*[2] gestanden, so würde *C* sich die stelle schwerlich haben entgehen lassen. sie ist wohl von *A*[3] im anschluss an eine ältere form des Siegfriedsliedes hinzugedichtet; nur in diesem gedichte tötet Siegfried den drachen 'auf einem steine' und findet ebenda ein schwert (dessen name in der uns erhaltenen redaction des liedes allerdings nicht genannt wird); dass ein schmied sein erzieher ist und ihm eine rüstung schmiedet, stimmt allein zur *þiðrikssaga* cap. 167, wird jedoch im 1. teile des

Siegfriedsliedes wenigstens angedeutet. — streichen wir dies stück, so fällt mit ihm str. 328. — 326. 327 dürften auf éiner älteren str. beruhen, die von demselben erweitert wurde, der 325 zusetzte; vielleicht ist diese ältere str. in C an andrer stelle noch erhalten (W. Grimm 1740—43):

Dô sprach der von Berne: 'ir bringet ez wol zuo
und iuwer vetter Wolfhart, swie ich darumbe getuo,
swie mir ouch gelinge,' sprach der unverzeit,
'mich dünket in minen sinnen, iu si min leben leit.'

(C schreibt 1740 Sô statt Dô des anschlusses an D wegen).

335. 336 sind trotz der im ganzen recht ungeschickten erzählung und trotzdem, dass in C 337 unmittelbar auf 334 folgt, nicht zu beanstanden, da ihr inhalt sich in D^1 XVIII 8. 7 wiederfindet (die klammern sind also zu streichen). vielleicht hat die oben besprochene interpolation eine umstellung veranlasst: die strophen dürften in A^2 (und A^1) vor 326 gestanden haben.

A^2 (und A^1) würden also 322—337 in folgender ordnung enthalten haben: 322—324. 335. 336. die oben aus C angeführte str. (für A 326f.). 334. 337.

344,3 folgt in C direct auf 343,4, doch wird das nur in x überlieferte verspar 344,1f. durch die strophische gliederung gesichert.

345. 346: diese beiden strophen entsprechen der éinen D^1 XVIII 27; dadurch wird wahrscheinlich, dass 345,3—346,2 von A^2 zugesetzt sind.

348,3 folgt in C unmittelbar auf 347,4; 348,1f. sind jedoch für die strophische gliederung nötig, da 349 eine wohl abgerundete str. ist.

350: da 349 und die in C belegte 351 deutliche strophen sind, so sind hier zwei verse ausgefallen oder zugesetzt; das letztere ist wahrscheinlicher, da dem sinne nichts abgeht, 350,3f. aber entbehrlich sind.

353,1f.: das verspar ist aus f in den text gesetzt; es ist schon deshalb unentbehrlich, weil hier allein angegeben wird, dass die kämpfer die schwerter ziehen.

353,4—355,2: f bietet 353 und 355, wie sie im texte stehen; dazwischen hinein ist ein stück aus D geschoben. in x fehlt 355,2, doch hat m 355,1 noch das in f stehende reimwort; erst b macht aus 354,4 und 355,1 ein reimpar, der fehler ist also ganz jung. ausserdem bietet x noch drei durch reim verbundene verse: der erste von ihnen (nach 353,4) macht eine hier durchaus verfrühte angabe. so bleiben für str. 354 die drei verse übrig, welche ich in den text gesetzt habe.

Dass die drei strophen 357,5—12. 358,5—8 zusatz sind, ergeben C und P (D^1 XVIII 52—56); das letztere ist zwar breiter als der wiederhergestellte text A^2, berührt sich aber in nichts mit den ausgeschiedenen zusätzen.

361,1f. fehlen zwar in f, werden aber durch die strophische gliederung genügend geschützt.

362. 363: f giebt an ihrer stelle ein stück aus D. 363 ist neben der durch f bestätigten strophe 364 überflüssig; es scheint demnach, dass A^2 den feueratem Dietrichs noch nicht kannte, dass ihn vielmehr erst ein interpolator (A^3?) in erinnerung an D hereinbrachte, indem er 363 zusetzte (eine ähnliche kreuzung mit D s. u. zu 377f.). dagegen ist 362 nicht zu beanstanden.

365—367, die sich aus f nicht bessern lassen, sind um zwei verse zu lang. man könnte 367,3f. für jünger halten, weil ihr inhalt in f in 368,1 mit gegeben wird (s. die lesarten). indess ist es wohl deutlich, dass 368,1 erst vom contaminator diese fassung erhalten hat. so bleiben 366,5f. und 367,1f., von welchen beiden versparen éins entbehrlich ist ich habe das erstere in klammern gesetzt, ohne indess mit sicherheit behaupten zu können, dass dies und nicht das andere jünger ist.

371—376: dass diese scene in A^2 vorhanden war, ergiebt sich aus dem zu 259 ff. bemerkten; C hat sie aufgegeben. A^1 dürfte den kampf Ilsans mit 52 mann noch nicht enthalten haben, da D keine spur davon zeigt.

377. 378: diese beiden strophen haben in A keinen sinn, da hier nicht um die lehnshoheit gekämpft wird; sie sind unter dem einflusse des textes D zugesetzt, wie vielleicht auch 363.

Mit 380 schliesst C und schloss unzweifelhaft auch A^2; der abschnitt XVIII ist von A^3 zugesetzt.

381,1f. vielleicht ist hier m vorzuziehen, also zu lesen
tac und naht und stunde,
manec edel ritter   stechen dâ begunde.
dann würde das einzige beispiel für zweihebig klingenden ausgang wegfallen.

384,1f. der reim ist nach 386,1f. hergestellt; doch ist es möglich, dass A^2 bereits *orn* (f. *orden*): *hôchgeborn* reimte; v. 1 wäre dann mit m zu lesen
Ich muoz wider umbe   gein Îsenburc in den orn.

388ff.: dass b den schluss verstümmelt hat (nicht etwa m ihn erweitert), ist klar; auch α 691,20ff. und β 363 beruhen auf dem vollständigen schlusse. das überlieferte widersetzt sich strophischer gliederung; eine besserung ist überflüssig, da A^3 offenbar keine strophen mehr kannte, vgl. einl.

Zum Rosengarten D.

Der haupttext folgt der jüngsten redaction (D^s); was durch vergleichung mit C und P sich als ältere fassung gewinnen lässt, ist s. 167—215 abgedruckt (in den lesarten zu diesen stücken bezeichnet δ die fassung D^s). die teile des haupttextes D^s, welche wahrscheinlich erst vom jüngsten bearbeiter stammen, sind durch * bezeichnet (vor der strophennummer bezieht sich * auf die ganze strophe). im allgemeinen verweise ich auf meine abhandlung 'Zum Rosengarten' (Leipzig 1889). I ist teilweise durch C für D^2, nicht durch P für D^1 bezeugt.

str. 6. 7 in h nur sechs verse: diese fassung ist deshalb zu verwerfen, weil nach ausweis von P 8,1 alter strophenanfang ist. übrigens sind 6. 7 wohl noch jünger als 2. 4. 5, da sie ganz überflüssig, ja störend sind.

9,1f. sind aus P aufgenommen, weil die beiden nach 10,2 stehenden verse von sh unzweifelhaft zu streichen sind.

11 in P um zwei verse gekürzt; wie die vergleichung mit der nach A 59,2 eingeschobenen str. *2 zeigt, bietet jedoch das in P erhaltene verspar eine ältere fassung als D^s 11,1 f. (*quot : gemuot* reimt A wie P); daher ist es nicht möglich, die strophe des älteren textes aus D^s zu ergänzen. auch die str. A 59,*2 kann dazu nicht verwendet werden, da sie Kriemhilt hineinbringt, die sicherlich in D^1 an dieser stelle nicht erwähnt war.

13, eine str., die in P fehlt, wird doch durch A 59,*3 für den älteren text gesichert, und zwar in der fassung von s. Gibichs herausforderung ist ganz allgemein gehalten. daran schliesst sich passend str. 14 aus P, die in s ganz fehlt, in h auf 2 v. verkürzt ist.

15—19,2: Etzel begiebt sich zu Dietrich; in P lässt er diesen zu sich kommen; dies ist sicher spätere änderung, da auf diese weise der an Dietrich gerichtete brief der Kriemhilt zur unmöglichkeit wird.

22 ff. die richtige erklärung dieser stelle giebt Singer (Anzfda. 17. bd. s. 37 anm.): schreiber und kaplan sind ein und dieselbe person. es ist daher 22,2 *ouch* und 24,4 *denn* (beides mit s) zu streichen und an letzterer stelle zu interpungieren

  'der hære disiu mære und sol her zuo mir stân,
  waz stât an dem brieve,' sprach der kapelân.

entsprechend ist D^1 II 15,2* zu lesen *unde schribære* (ohne *sinen*, das in p aus zeile 1 stammt); die fassung von P an dieser stelle ist wohl absichtliche änderung, um die doppelte benennung *kapelân* und *schribære* zu beseitigen. auch D^1 II 17,3f. ist natürlich die interpunction zu ändern
     und nähe zuo mir stân,
  waz an dem brieve geschriben stê,' sprach der kapelân.

23. 24 fehlen in P, werden aber für D^1 gesichert durch die nahe übereinstimmung mit A 45. 46.

29—41: das stück ist, mit ausnahme von str. 34, durch C für D^2 gesichert; P bietet dafür nur éine str. (D^1 II, 22). diese stammt aus D^1. D^2 hat die ausführliche schilderung eingelegt und daran einige ursprünglich erst später stehende strophen (D^1 II, 30—32. 36) angeschlossen.

42: die beiden nach 2 stehenden verse stören die strophische gliederung und erweisen sich dadurch als ganz jung.

44,3—45,2: hier stimmen sh und p in den falschen reimen überein: *kint*: *Kerline* (als dat. plur.!), *genant*:*genant*. ich habe deshalb diese lesarten auch für D^1 zu grunde gelegt. beide verderbnisse erscheinen an andern stellen wieder: 281,1f. sh (p fehlt hier), b giebt eine gute lesart; 393,1f. sh, wo Tpf übereinstimmend besseres geben (s. D^1 XIV 1,1 f.). wir haben demnach an unserer stelle vielleicht eine durch mündlichen vortrag veranlasste kreuzung, die für D^1 nichts beweisen würde. danach möchte ich D^1 II 25,3—26,2 jetzt lieber in folgender fassung geben:

der vierde daz ist Hagene,   Aldriánes kint.
der vünfte daz ist Walther, ein küener Kerline.
Der sehste daz ist Volkér,   von Alzeie genant:
er ist ein videlære,   ein helt ze einer hant.

damit fällt auch die notwendigkeit weg, Volker nach sp gegen h als Kriemhilts (h Brünhilts) schwestersohn zu betrachten. als Kriemhilts neffen konnte ihn ein mensch, der seine gedanken beisammen hatte, nicht bezeichnen, da Kriemhilt niemals eine schwester hat. Brünhilt aber ist von D^3 an stelle der älteren herzogin von Irland 522. 535 (während die herzogin 507 stehen blieb) in etwas unklarer stellung eingeführt worden; als ihr neffe kann Volker zur not gelten.

48—51 fehlen P und standen wohl nicht in D^1; 49. 50 sind durch C für D^2 (II 28,5—12) bezeugt; die beiden andern str. 48. 51 halte ich für einen zusatz von D^3 (leider ist im texte vor 51 das sternchen ausgefallen).

52 beruht, wie der reim *gedäht*:*bräht* zeigt, auf der alten str. D^1 II 29, ist aber stark umgearbeitet, da D^3 hier viel zugesetzt hat. Singer bemerkt a. a. o. s. 41 zu dieser str., dass sie nicht gut hinter die aufzählung passe, weil zwölf helden keine so grosse zahl seien, dass sich das erstaunen Dietrichs (dieser ist der sprechende in D^1) rechtfertige. allein einmal handelt es sich doch nicht um beliebige männer, sondern um die besten, die überhaupt leben (str. 11), und dann vermag Dietrich doch nicht ohne weiteres die gleiche zahl aufzustellen; er muss dazu sogar einen mönch aus dem kloster holen.

53—55 sind von D^3 an stelle von D^1 II 30. 31 gesetzt. D^1 30—32 waren von D^2 noch einmal an früherer stelle gegeben (37. 38), standen also in diesem texte zweimal, wie C beweist (205 ff. = 251 ff). D^3 beseitigte diesen zustand. zugleich wurde wohl Alphart eingeführt. — 56 ist als umarbeitung von D^1 32 anzusehen.

57: von dieser strophe (die auch bei abfassung von 53 benutzt ist) sind in P zwei verse erhalten, welche scheinbar Alphart anbringen; die hs. p liest *wolfhart* im reime auf *vart*; es ist dies derselbe reim, den die vorhergehende str. hat. demnach scheint es besser, die beiden verse von p nur als verderbten rest der in P^2 erhaltenen str. 57 anzusehen und diese in der fassung von D^3 als 33. strophe des II. abschnittes von D^1 aufzunehmen.

58. 59: nach ausweis von F III 2.3 sind diese beiden strophen umzustellen; sie sind durch zusatz von vier versen aus der alten, in P erhaltenen str. D^1 II 34 herausgearbeitet.

60—62 sind durch C für D^2 gesichert; da 61 das vorbild der von D^2 verfassten str. 41 ist, so wird es wahrscheinlich, dass dies stück aus D^1 stammt.

63—68 sind in $P C$ nicht belegt; C lässt sogar 69. 70 (allerdings in der fassung von A) unmittelbar auf D 62 folgen; dies spricht dafür, dass das stück von D^3 verfasst ist (daher die unpassende einführung Eckeharts). 66,3f. und 67,3f. mögen noch jünger sein, vgl. F III 9. — die conjectur 63,1f. kann ich jetzt, nachdem das doppelblatt F^2 gefunden ist, das die lesart von *sh* bestätigt, nicht mehr aufrecht erhalten; ich bitte also für *dar* zu lesen *dahin* und in v. 2^b *gar bekümbert bin*. die strophe steht in F erst zwischen D 70 und 71; daraus ist vielleicht zu schliessen, dass sie jünger als ihre umgebung ist: um Eckehart hier zu erwähnen, verfasste jemand diese str. und trug sie am rande seines textes nach; beim abschreiben ward sie von der vorlage von *sh* hinter 62, von der von F^2 hinter 70 eingerückt.

69. 70, wenn auch in P nicht belegt, müssen doch aus D^1 stammen, da sie dem originale angehören (vgl. A 54. 55). die vergleichung mit AC einer- und dem neugefundenen F^2 andrerseits macht wahrscheinlich, dass diese beiden strophen in D^1 II 38f. folgenden wortlaut hatten:

'Ei nimme dumme âmen!'   sprach her Dietrich,
'wes zihent mich die vrouwen?   sie sint sô wunderlich,
daz ir vil selten keiniu   wil nemen einen man
noch bi ime slâfen,   ichn müeze mit ime gestriten hân.
Git ime got daz glücke,   daz er mir obe gelit,
sô git er an ein schœnez bett   und vröuwet sich der zit.
sô bin ich sêre verhouwen   und ouch gar sêre wunt:
sô küsset er's minneclîche   an ir rôten munt.'

die von Singer a. a. o. s. 40 geforderte interpunction in 70,4, durch welche 4^a in der construction zum vorhergehenden und 4^b zum folgenden gezogen wird, scheint mir ganz unmöglich; der schiefe ausdruck ist einfach folge des eingeführten cäsurreimes; das ältere ergiebt sich durch vergleichung von F III 12,3f. mit A 55,1f.

71 ist in $C P$ unbezeugt, könnte jedoch echt sein.

79. 80. 83—88 sind unbezeugt und störend; die fahrt zu Ilsan

schliesst sich passend unmittelbar an 78 an, wie es in P der fall ist. — 81. 82 sind durch C (das sie freilich hinter 127 stellt) bezeugt, also wohl von D^2 zugesetzt. — 87. 88 verdanken ihren ursprung sicher einer kreuzung mit A; dort ist die besondre berufung Dietleibs in ordnung, hier hat sie keinen sinn, da Dietleib (als vasall Etzels) bereits 75,1f. abwesend ist.

III ist durch P und C fast ganz für D^1 gesichert: als zusätze von D^2 betrachte ich 102 (III 13,5 ff.) und vielleicht eine in f unmittelbar darauf folgende str. (III 13,9 ff.). welche in D^3 wieder fehlt; als zusätze von D^3 106—108. 113. 117. in P nicht belegt, aber trotzdem wohl aus D^1 stammend sind 104. 105. 109 (D^1 15—17). 112. 114—116 (D^1 20—23). dass 103,3 f. und 111,3 f., welche in D^2 fehlen, aus CP aufzunehmen sind, zeigt die strophische gliederung. 92,3—94,4 fehlen in p gewiss nur in folge abirrens eines schreibers von 92,4 zu 95,1 (beide verse beginnen in D mit denselben worten); der nunmehr reimlose vers 92,3 wurde dann gestrichen.

Str. 128 hat ihre fassung von D^2 erhalten, als die abschnitte IV. V zugesetzt wurden: die ursprüngliche fassung ist in P erhalten (D^1 III 34). IV und V sind zusätze des bearbeiters D^2; IV ist in C in der älteren fassung erhalten, nicht aber V (vgl. einleitung).

129. 130. 132: diese strophen sind in der fassung von D^3 älter als in der von C, vgl. einleitung. als zusätze von D^3 ergiebt die vergleichung mit C alle mit * bezeichneten stücke. über 139 = 151 vgl. die einleitung. 143 benutzt die reime der alten str. D^2 IV 13. die in D^3 146 umgearbeitet ist. 152,5—8 sind ein zusatz von sh, veranlasst durch streichung der zweimal vorhandenen str. 139 = 151 an zweiter stelle. nach 154 hat C eine str. (D^2 III 19) mehr als D^3; sie darf wohl dem texte D^2 zugerechnet werden.

V ist zusatz von D^3, da der abschnitt auch in C erscheint; indess ist er hier so verarbeitet, dass eine wiederherstellung von D^2 unmöglich ist. im allgemeinen dürfte $D^3 = D^2$ sein, nur 173—177. 198. 199 scheinen zusätze (daher mag es kommen, dass 197 in sh erst hinter 199 steht; der am rande der urhandschrift nachgetragene zusatz ward in der vorlage von sh falsch eingeordnet).

189,3f. durch den ausfall dieser halbstrophe ist offenbar verloren die angabe Ilsans, dass die ankömmlinge von Kriemhilt berufen seien: das weiss der verge 190,4.

195. 196 giebt C in vernünftigerer fassung, vgl. einleitung.

200: die reime sind in der überlieferung zerstört; meine änderung ist Zum Rg. s. 135 ausführlich begründet; Singers vorschlag v. 3 f. *engeben: wider sneben* würde der strophe vier gleiche reime geben.

201,1f.: da die hss. häufig *heilt* für *helt* schreiben, so wäre es immerhin möglich, dass hier und 608,1f. der überlieferte reim *heilt: geteilt* zu recht bestünde.

VI wird durch P für D^1 bezeugt, ist jedoch nicht in dieser ältesten fassung herstellbar, da P lückenhaft ist. dagegen giebt C den text D^2 vollständig.

203 stammt aus D^2; an ihrer stelle stand in D^1 eine in P erhaltene str. D^1 VI *1, welche unmittelbar an den schluss von III anschliesst.

An stelle von D 208. 209 hat C fünf strophen, die offenbar aus zwei älteren herausgearbeitet sind, vgl. einleitung.

215 fehlt zwar in C, muss aber echt sein, sowohl des zusammenhanges wegen (Rüdeger muss absitzen), als weil P 262 f. die strophe noch andeuten.

Nach 232 hat C eine str. mehr (D^2 VI 20), welche die bedingungen des kampfes nennt und deshalb unzweifelhaft echt ist.

246,4 Singer vermutet (a. a. o. s. 43)
wie lützel vrouwe Gotelint mir der volge gan!
oder: *wie lieze ich min vrou Gotelint mit der wilen gan?*
in letzterem falle ist die form des accusatives falsch; es müsste wenigstens heissen *wie lieze ich Gotelinde* usw.

255—262 sind durchaus unbestätigt; dies von D^8 zugesetzte stück hat eine ältere str. verdrängt, welche in P an dieser stelle überliefert (D^2 VI 33), in D^8 aber, wohl in folge des zusatzes, als str. 220 an eine unpassende stelle verschoben ist. — 258,3—259,2 sind wohl noch jünger als ihre umgebung, da sie den zusammenhang störend unterbrechen.

VII. 263—269 sind durch C für D^2 bezeugt; auch in P sind sie nur zufällig ausgefallen, wie die čechische übersetzung beweist (ZRg. s. 54. 14); das stück stammt also aus D^1. in C ist es um éine str. länger, was als absichtliche änderung aufzufassen ist, vgl. einl.

270—284 sind durch P für D^1 und D^8 bezeugt. die anordnung von P weicht von der in D^8 ab; dass letztere redaction das ursprüngliche bietet, habe ich ZRg. s. 22ff. gezeigt: P hat die aufzählung dem auftreten der pare entsprechend geordnet; zugleich ist es lückenhaft, vgl. einl.

285—287 sind sonst unbestätigt; P verfährt an dieser stelle zunächst offenbar selbständig, vgl. einl.; darauf folgt eine strophe, welche wahrscheinlich aus A 190. 191 zusammengezogen ist, also wohl auf das original zurückgeht. mir scheint, dass D^1 hier drei strophen, nämlich 285 und zwei A 190. 191 entsprechende, aufwies.

VIII. 288 ist durch C für D^2 bestätigt; in P folgt das 289 ff. entsprechende stück unmittelbar auf die eben besprochene, an A anklingende strophe. demnach scheint 288 von P^2 zugesetzt.

289—295 (ausser 293) sind durch PC für D^1, 296,1 (und damit die ganze strophe) durch C wenigstens für D^2 bestätigt; weiterhin verlassen uns P und C, jenes, weil es kürzt, dies, weil in der einzigen hs. eine lücke folgt. immerhin zeigt P auch in der gekürzten gestalt, dass es eine D^8 ungefähr gleiche vorlage hatte. 296 und 297 geben ungefähr den gleichen inhalt, ebenso 300 und 301; demnach hat vermutlich der ältere text an beiden stellen nur je eine strophe gehabt; dadurch, dass für dieselben doppelte fassungen entstanden, dürfte die verwirrung der späteren hss. verursacht sein. bei der constitution des textes bin ich in 300. 301 wie gewöhnlich der besseren hs. b gefolgt, in 296. 297 aber sh, weil b hier nachweislich in unordnung ist: es hat die verse der str. 295 falsch geordnet (wie die übereinstimmung von sh mit p zeigt) und die vier nun nach einander stehenden v. 294,3f. 295,3f. nochmals innerhalb str. 296 wiederholt. — der abschnitt dürfte demnach in D^1 umfasst haben 289—292. 294. 295, eine str. für 296f., 298. 299, eine str. für 300f., 302.

303—309, unbestätigt und ganz im tone der zusätze von D^3, dürfte als solcher zu betrachten sein.

IX stellt der herstellung des älteren textes ziemliche schwierigkeiten entgegen.

310—313 sind durch PC genügend gesichert.

314 wird nur durch C, nicht durch P bestätigt, kommt aber A 228 so nahe, dass man die str. für alt halten muss. P verfährt hier ganz selbständig, s. einl.

315—317 sind wohl von D^3 aus einer älteren strophe herausgearbeitet, welche in C erhalten ist (D^1 IX 6); sie wird dem inhalte nach auch durch P bestätigt.

Von 318 sind in D^3 nur zwei verse erhalten; in C und P ist die strophe vollständig, nur steht die in D^3 fehlende halbstrophe in C hinterher, in P voran. ich halte die ordnung von P für alt, weil C durch die contamination zur umstellung veranlasst sein kann.

Nach 318 hat P allein eine str., welche D^1 angehören dürfte, da sie an A 233 anklingt; ich habe sie daher als D^1 IX 8 aufgenommen.

319 ist in allen texten unvollständig; auch der vers 319,1, welcher in D^3 steht, scheint nichts als flickwerk; die hss. von D^3 versuchen die strophe zu vervollständigen (s. die lesarten), h allein erzielt eine volle str., allein die übereinstimmung von s und b erweist ihren späten ursprung. das wahrscheinlichste ist, dass die vorhin besprochene str. IX 8 aus einer alten halbstrophe, die mit 319,3 f. zusammengehörte, erwachsen ist.

322, obwohl nur in b erhalten, mag doch D^3 angehören, da die eingeflickten verse 313,5f. ihr entnommen sind.

323: die alte erste halbstrophe, welche in PC erhalten ist (IX, 12,1f.), hat D^3 gestrichen und dafür am schlusse 6 verse 323,3—324,4 zugesetzt.

Der schluss des abschnittes ist alt, nur 326. 330. 331 sind zusätze von D^3. an stelle von 332 hat P 2 str., doch trifft 332 nahe genug mit A 244 überein, um für älter als jene gelten zu können.

X. Da C hier fast ganz fehlt, lässt sich nicht entscheiden, welche zusätze von D^2 und welche von D^3 verfasst sind. D^1 ist mit hilfe von P fast ganz herzustellen. jünger als D^1 sind ohne zweifel 334. 337. 339, sowie 344—346, welche éine ältere str. X 9 vertreten. auch 340,3—343,2 fehlen in P, dürften aber absichtlich gestrichen sein; der vers 342,3 ist durch C wenigstens für D^2 gesichert. an stelle von 337 hat P eine andre strophe, die wohl zusatz ist, vgl. einl. — als zusätze von D^3 sind vielleicht 339. 345. 346 anzusehen, weil sie nur in b, nicht in sh stehen; die vorlage von sh könnte hier die in den archetypus von D^3 nachgetragenen strophen einzuordnen unterlassen haben.

XI. Obgleich 347,3—348,4 in P nicht belegt sind, muss man sie doch als alt betrachten, da der formelhafte eingang der kampfschilderungen feststeht: in der ersten strophe ruft Gibich seinen helden auf, in der zweiten erscheint dieser auf dem platze, in der dritten stellt ihm Hiltebrand einen gegner.

349,3f. fehlen in DC, sind aus P aufgenommen; das verspar wird durch die strophische gliederung gesichert.

350,2 Dietleibs wappentier ist in allen texten ausgefallen; *panier*, wie P schreibt, ist wohl nur als notbehelf aus *panier* gemacht. schon der archetypus muss die *banier* in der angegebenen lücke gehabt haben. im Rg. F ist Dietleibs wappentier ein einhorn, also dasselbe, das sein vater Biterolf im gleichnamigen gedichte führt (Bit. 10814. 10831).

351 fehlt P, ist also wohl zusatz von D^2.

352,1f. 353,1f. dass diese vier verse identisch sind mit C 1384—7 und P 505—8, zeigt für das erste verspar der endreim ($D = C$) und der cäsurreim ($C = P$), für das zweite der halbvers 353,1ª, der in allen texten gleich ist. die beiden str. 352. 353 sind also von D^3 aus einer älteren erweitert. auffällig ist, dass der durch PC als alt erwiesene cäsurreim von 352,1 f. in P^3 fehlt (wohl nur durch schuld der vorlage von sh).

354,1: P allein hat den namen von Dietleibs schwert, wenn er auch in p verderbt überliefert ist; er stammt aus Bit. 3658.

XII. 356. 357: in allen texten fehlt eine halbe strophe; da der dritte der erhaltenen sechs verse in P ganz anders als in CD lautet, so habe ich angenommen, dass, durch den gleichen reim veranlasst, P die verse 356,4. 357,1, D aber 356,3f. ausgelassen habe (in C fehlt 356 in folge der contamination ganz). der fehlende vers gehörte wohl zu Gibichs rede (etwa *du maht in wol gerechen, du bist ein starker man*), weshalb das schliessende anführungszeichen im texte besser an's ende der str. 356 (XII 1) zu setzen wäre.

359,4: dass die Dänenkriegsage bereits in D^1 verwertet war, geht wohl aus der verderbten lesart von p (zu XII 4,4) hervor.

360—362 sind sicher zusatz, ob von D^2 oder D^3, ist bei der mangelnden controle von C nicht zu entscheiden.

363: die drei marderköpfe, welche Frute im schilde führt, scheinen einer conjectur von s ihr dasein zu verdanken; darauf, dass D^3 noch das mobrenhaupt kannte wie P, deutet die lesart *ez* in v. 3. die vorlage von *sh* dürfte in *h* genau wiedergegeben sein. es ist demnach besser, *ez* in v. 3 stehen zu lassen und v. 2 mit *p daz môrenhoubet* zu lesen.

An stelle von 364 steht in *p* eine verderbte strophe, die inhaltlich mit einer allein in C erhaltenen übereinstimmt; ich habe deshalb letztere als XII 6 in den älteren text aufgenommen.

365 ff.: P tut den schluss des abschnittes in einer strophe kurz ab. durch C sind 365. 366, sowie 373,1f. als alt erwiesen; das letztere verspar steht in verbindung mit zwei nur in C erhaltenen versen, die man wohl als aus D stammend anzusehen hat. diese strophe ist deshalb als XII 9 in den älteren text gesetzt. dadurch werden 367—372 als zusatz von D^2 verdächtigt. was an 373,3—381 alt, was zusatz ist, ist auf keine weise zu entscheiden. dass Frute schon in D^1 sein land wiedererlangte, muss aus der ganzen anlage der erzählung geschlossen werden.

XIII. 383. 384 sind durch PC nicht bestätigt, auch stören sie den formelhaften eingang (s. anm. zu 347), sind also von D^2 zugesetzt.

387 wird durch C bestätigt; P hat dafür eine andre strophe (XIII 4), die alt sein dürfte. D^2 setzte 388f. zu und änderte daher, was vorausging.

388. 389, vermutlich zusatz von D^2, sind in C als nur éine str. erhalten, die jedoch deutlich aus den zwei in P erhaltenen zusammengezogen ist, vgl. einl.

An stelle von 390 ist in C und P ein vereinzeltes verspar erhalten, welches inhaltlich 390,3f. entspricht (XIII 7,3 f.); wie die zugehörige erste halbstrophe in D^1 gelautet haben mag, ist nicht festzustellen; in D^2 dürfte sie von D^3 nicht verschieden gewesen sein.

391. 392: letztere str. ist die gewöhnliche schlussformel, stammt also wohl aus D^1; die andre dürfte jünger sein.

XIV folgt in P erst hinter XVII; dass diese ordnung die von D^1 ist, habe ich ZRg. s. 24 gezeigt. wie der abschnitt in *sh* überliefert ist, kann er nicht alt sein, ja nicht einmal in D^2 gestanden haben.

393 ist alt, wenn auch in PC nicht vollständig überliefert.

An stelle von 394 steht in P eine andre strophe (XIV 2), die auch durch C bestätigt wird; die fassung von *sh* muss sehr jung sein, da der bearbeiter P sich schwerlich die angabe über Walthers wappen hätte entgehen lassen, wenn er sie vorgefunden hätte.

395. 396 haben zwar in *sh* zusammen acht verse, allein der vergleich mit den entsprechenden stellen andrer kämpfe ergibt, dass sie trotzdem unvollständig sind: nach 395,2 fehlen zwei verse, in welchen Hiltebrand dem Hartnid seinen gegner namhaft machte, und die beiden letzten zeilen sind ein unpassender versuch, das fehlende zu ersetzen (394,3f. nachgebildet). 395 fehlt PC, ist aber unzweifelhaft echt der formelhaften wendung wegen. 396 ist in älterer fassung in P erhalten und durch C bestätigt (XIV 4).

397—400,2 sind teils lere redensarten (fehlerhafter reim 397,2), teils aus 298 f. wiederholt. an ihrer stelle giebt P zwölf, teilweise durch C bestätigte verse, also für die strophische gliederung entweder zwei zu viel oder zu wenig. ich habe sie deshalb als XIV 5. 6 (sechs verse). 7,1 f. aufgenommen und die öfter vorkommende, hier leicht zu entbehrende formel 6,5 f. in klammern gesetzt.

400,3 f. müssen alt sein, da sie angeben, dass der kampf unentschieden bleibt; Walther ist ja auch in A der einzige Wormser welcher unbesiegt bleibt. die fassung von P (XIV 7,3 f.) spricht dies nicht ebenso deutlich aus.

401: die strophe enthält zwar die gewöhnliche schlussformel, so-dass sie auch ohne bestätigung durch P als echt anzusehen wäre; indess hat Hiltebrands siegesruf hier, nachdem der kampf doch unentschieden geblieben ist, keinen rechten sinn.

XV. 403, unbestätigt und den formelhaften eingang störend, ist sicher später zusatz. 402. 404. 405 sind auch in P erhalten; da 404,1 f. hier offenbar mit absicht geändert ist, habe ich auch 402,3 f. nicht in D^1 aufnehmen mögen, obgleich diese beiden verse alt sein könnten, vgl. einl. 406—409: in P stehen nur zwei offenbar verwirrte strophen; der text von D^3 dürfte, mit ausnahme etwa der entbehrlichen verse 407,3—408,2, der alte sein.

XVI. dieser abschnitt wird durch PC nicht bestätigt; C hatte keine verwendung für ihn, und P strich ihn wohl, weil ihm der nächtliche vorkampf desselben pares Rienolt : Sigestab (der ja in P stand, s. o.) bereits genügte. doch muss der abschnitt D^1 angehört haben, s. ZfdG. s. 24. wieviel freilich von ihm alt, wieviel von D^1 und D^3 zugesetzt ist, lässt sich nicht entscheiden. des frischen tones wegen möchte man D^3 das meiste zuschreiben.

XVII. 425—427: die im texte gegebene strophenabteilung ist die durch PC als alt erwiesene. in diesen beiden texten fehlen die verse 425,5 f. ferner ist 426 deutlich als geschlossene strophe verfasst. dadurch ergiebt sich hinter 427,2 eine lücke von zwei versen, die sehr alt sein muss, da sie sich auch in P vorfindet. 425,5 f. waren (von D^3?) wohl bestimmt, diese lücke unter verschiebung der strophischen gliederung zu beseitigen.

430 wird durch PC nicht bestätigt; die strophe ist nur eine andre fassung der vorhergehenden.

432—442, die in PC fehlen, sind offenbar von D^3 zugesetzt. die überlieferung lässt eine glatte strophenabteilung nicht ohne weiteres zu. dass 439,3 f. in s fehlen, beweist nichts; gerade dies verspar ist unentbehrlich, da 439 eine wohlabgerundete strophe ist; der fehler muss im vorhergehenden liegen: entweder sind 437,1 f. zu streichen, oder es sind hinter ihnen zwei verse ausgefallen; das letztere ist wahrscheinlicher, weil sonst Kriemhilts rede an dieser stelle nur aus einem verse 436,4 bestünde.

444. 445 sind ebenfalls deutliche erweiterung von D^3.

446 ist in D sechszeilig; dass die beiden letzten verse zu streichen sind, macht die Fassung der strophe in P (XVII 8) wahrscheinlich.

447—449 fehlen in P ganz, sind in C nur eine strophe (XVII 9); letztere ist wohl von D^2 zugesetzt; D^3 erweiterte sie.

An stelle von 450—452,2 hat P zwölf ungefähr entsprechende verse; vier von ihnen, die den zweien D^6 451,1 f. entsprechen, sind wohl absichtliche erweiterung, s. einl; die übrigen dürften alt sein (XVII 10. 11,3—12,2).

452,3—454 sind durch C bestätigt, fehlen jedoch in P. da P den abschnitt überhaupt nicht abschliesst, dürfen wir sie für alt halten.

455—462, unbestätigt, sind unzweifelhaft zusatz von D^3.

Im XVIII. abschnitt ist die arbeit der drei verfasser oder redactoren am reinlichsten zu scheiden, da C hier seine vorlage D^2 fast ganz wiedergiebt.

463. 464. 468. 469 sind durch C für D^2 bestätigt (XVIII *1. *2. *2,5 ff. *3), 465—467 sicher zusatz von D^3. P hat dafür drei strophen (XVIII 1—3), welche vollkommen A 322—324 entsprechen, also aus dem originale stammen. dass XVIII 2,3f. in P fehlen, macht nichts aus, da sie aus D^2, das beide strophen XVIII 1.2 an spätere stelle (504. 505) versetzte, sich leicht ergänzen lassen. die dritte der alten strophen ist von D^2 zu der in str. 469 vorliegenden fassung umgearbeitet.

Nach 470 folgt in P und C eine strophe (XVIII 5), die also alt, aber in D^3 ausgefallen ist.

473—475: C zeigt, dass diese drei strophen aus zwei älteren herausgearbeitet sind (XVIII *8. *9); P giebt an ihrer stelle zwei ganz andre (8. 9), deren erste in D^2 später steht (488), während die zweite ganz fehlt; beide standen gewiss schon in D^1. — D^1 XVIII 9,1f. beruhen auf Biterolf 7988ff.; sie könnten erst von p zugesetzt sein, da str. 9 in T wohl aus v. 3f. und zwei verlorenen versen bestand, vgl. die lesarten.

476: CP geben übereinstimmend eine ältere fassung dieser str., bestehend aus zwei hier fehlenden versen und 476,1f., während 3f. sich als zusatz von D^3 ausweisen.

478: C zeigt, dass diese strophe auf D^2 zurückgeht; P hat an ihrer stelle eine andre (XVIII 12) und zwar ältere, wie der anfang der in PC folgenden str. 13 zeigt (die in D^3 weggelassen ist): diese schliesst sich ohne anstoss nur an D^1 12 an; nach D^2 *12 (= 478) giebt sie nur gezwungen einen sinn (*Só ist doch daz mîne dem sînen ungelich*, nämlich *zürnen* *12,4); deshalb wurde sie auch von D^3 gestrichen.

479—487: hier mangelt in folge kürzung oder contamination teilweise die bestätigung durch PC; indess wird das unbestätigte durch den zusammenhang und die strophische gliederung genügend gestützt; das ganze stück geht auf D^1 zurück.

488: die strophe steht in P und stand in D^1 an früherer stelle (XVIII 8).
Von 489—491 gilt dasselbe wie von 479 ff.
492 wird wohl durch C, nicht aber durch P bestätigt; da aber die strophen D 491. 492 in A 343. 344 ihre entsprechung haben, muss auch 492 auf D^1 zurückgehen.
494. 495 fehlen in P, sind sicher zusatz von D^2, da auch A (nach 346) nichts entsprechendes hat.
499 wird durch PC nicht bestätigt; in P fehlt sie infolge mechanischen ausfalles (vgl. lesarten zu XVIII 33 f.), in C ist sie durch die contamination verdrängt. sie wird jedoch für D^1 durch den zusammenhang gefordert, muss also echt sein, wenn auch der wortlaut der str. in sh nicht gerade vertrauen erweckt.
504—514: hier lässt der zustand von P eine wiederherstellung von D^1 nicht zu (vgl. einl.). 506. 514 werden auch durch C nicht bestätigt, sind also zusatz von D^3. 504. 505 hat D^2 an diese stelle versetzt (s. o. zu 463). 507. 508 werden durch die plötzlich auftretende herzogin von Irland verdächtig, sind also wohl zusatz von D^2. 509—513 könnten alt sein; 509 schliesst sich gut an 503 an.
515—517 sind durch P als alt erwiesen.
An stelle von 518 giebt C eine strophe XVIII 50, welcher D^2 514 nachgebildet ist; sie stammt also aus D^2. P giebt an ihrer stelle eine grössere interpolation, durch welche sie verdrängt sein könnte. da XVIII 49. 50 ungefähr den inhalt von A 354. 355 wiedergeben, so dürfte die str. 50 aus D^1 stammen.
519—551 gehen in der hauptsache auf D^2 zurück, da D^1 sich näher an A anschloss, wie P beweist, s. u. die vergleichung mit C erweist als zusätze von D^2: 521, 523—528, 533,1—534,2 (wofür C nur zwei v. XVIII 58,1f. hat), 535, 537, 541,1f., 549—551; ausserdem ist eine alte str. XVIII 60 auf 6 v. 538,1—539,2 erweitert.
523—528 sind gewiss noch jünger als D^2; dass Dietrich, während er mit Siegfried kämpft, nach Hiltebrand zu schlagen versucht, ist vollkommener unsinn, der dem flotten dichter D^2 nicht zugetraut werden kann. wahrscheinlich sind 524—526 verfasst mit der bestimmung, an stelle der älteren strn. 529. 530 zu treten; dann hat sie jemand vor diese in den text eingefügt und durch 523. 527f. mit 522, bez. 529 verbunden.
544,3f.: die strophische gliederung, sowie die in C und D^2 ganz gleichmässige überlieferung nötigt zur annahme einer alten lücke, wenn man nicht lieber glauben will, dass der fehler in 543 steckt: 543,1f. und 543,3f. geben denselben sinn mit andern worten. demnach könnte man eines dieser verspare als nebenform des andern streichen, müsste dann freilich annehmen, dass die nebenform sich schon in der gemeinsamen vorlage von fsh, d. h. in D^2 in den text geschlichen hat, ohne die ältere halbstrophe zu verdrängen.

Nach 547 finden sich in C zwei strophen unbekannter herkunft (D^2 XVIII 68,5—12); ob sie von D^2 oder C zugesetzt sind, lässt sich nicht entscheiden.

Der strophe D^8 519 = D^2 XVIII 51 und andrerseits A 356 entsprechend giebt P eine aus den Nibelungen entnommene strophe (vgl. einl.); ob diese schon in D^1 hier stand, oder ob P sie an stelle einer älteren str. (die dann sowohl A 356 als D 519 gewesen sein kann) einfügte, kann nicht entschieden werden. daran schliesst P ein fast ganz mit A 357ff. übereinstimmendes stück, dass deshalb aus D^1 herstammen muss (abgedruckt am schlusse von XVIII als D^1 52—56). der schluss entgeht uns durch eine lücke der hs. und somit auch die möglichkeit, über den schluss von XVIII in D^1 zu urteilen.

XIX. 552—555: nur zwei verse (555,1f.) sind (durch C) bestätigt; doch darf man wohl annehmen, dass diese vier strophen im ganzen unverändert aus D^2 stammen. die fassung von D^1 ist, wegen der lücke in P, nicht zu erlangen.

556 scheint nur eine andre fassung der folgenden strophe zu sein.

557. 558: P zeigt, dass diese zwei strophen aus éiner älteren herausgearbeitet sind (D^1 XIX 5).

559—564: an stelle dieses stückes bietet P nur éine strophe (XIX 6), die wohl aus D^1 stammt. jünger noch als ihre umgebung scheinen die verse 559,3—560,2: die rede Hiltebrands wird durch sie zu breit.

566,2: an stelle des in den text gesetzten verses könnte auch der in den hss. vorhergehende

du solt mir minen vater   langer leben lân

aufgenommen werden, zumal er durch P (XIX 8,2) scheinbar bestätigt wird. allein der vers stammt wohl aus 566,4, der mit jenem in derselben strophe vereinigt eine unerträgliche wiederholung sein würde. — dass D^8 566 älter ist als die beiden dafür in P stehenden strophen (vgl. einl.), bedarf kaum eines beweises.

567—569 sind unzweifelhaft von D^8 zugesetzt: P bestätigt sie nicht.

571 steht in *sh* bereits hinter 566; die umstellung rechtfertigt sich selbst. zugleich legt aber der fehler der überlieferung die annahme nahe, dass 570. 571 noch später als das vorhergehende zugesetzt sind. Singer (a. a. o. s. 43) scheint 571 vor 570 stellen zu wollen; dann ist nicht ersichtlich, von wem 571,1f. gesprochen sind, die sich bei meiner anordnung leidlich an 570 anschliessen. hat übrigens Singer mit der annahme recht, dass der interpolator einen obscönen witz beabsichtigte, so ist die conjectur 570,4 überflüssig, also mit *s* zu lesen *âne schilt und swert*. der doppelsinn liegt dann in dem worte *swert*; von des alten Hiltebrands schwerte behauptet die königin, dass es längst *krump* geworden sei. auch nach dieser auffassung muss also 571 auf 570 folgen.

572—576: der inhalt zeigt, und P bestätigt es, dass das stück alt ist; zusätze sind 573 (wie P wahrscheinlich macht) und vermutlich 575 (diese str. ist neben 574 überflüssig).

XX: von diesem ganzen abschnitte wird durch P nichts, durch C nur 610. 611 (die jedoch an andrer stelle stehen, vgl. einl.) bestätigt. es ist wahrscheinlich, dass D^1 den schluss noch ebenso kurz wie A abtat, also etwa mit wenigen, A 379. 380 entsprechenden strophen abschloss. nur in der scene mit Ilsan muss wohl altes stecken, weil sich in A 375f. ähnliches findet. dagegen muss D^2 wesentlich ausführlicher gewesen sein; auf diese stufe geht die änderung zurück, dass nicht mehr Kriemhilt den sieger kränzt und küsst, sondern den lohn durch ihre mädchen erteilen lässt. die weitere ausführung von 577—597 stammt aber wohl erst von D^3.

598—607 scheinen ganz von D^3 zugesetzt.

608—611: D^2 hat den vergen in's gedicht eingeführt, musste ihn also wohl auch auf der rückfahrt erwähnen; C bestätigt dies indirect, s. o.

612—633: hier mangelt fast jedes kriterium zur unterscheidung der bearbeiter; nur 620—624 möchte ich mit sicherheit für D^3 in anspruch nehmen, weil dies stück unter dem einflusse des gedichtes von Alphart verfasst ist.

619,3f. 625,3f.: hier lücken anzusetzen, macht die strophische gliederung notwendig, zumal 620—624 sich als ein abgeschlossenes stück darstellt.

Zum Rosengarten F.

Das offenbare ungeschick des verfassers sowie die trümmerhafte überlieferung machen alle ergänzungen und verbesserungen ausserordentlich unsicher.

Nach I, 2, 2 habe ich eine lücke von zwei versen angenommen, weil nur so die vierzeiligen reden Kriemhilts (str. 1) und Hagens (str. 3) als strophen sich darstellen.

II, 2, 1 was ist *ghemascheret?* doch sicher ein fremdwort, etwa gleich unserem 'maskiert' im sinne von 'bedeckt'; ich vermag es indess nicht nachzuweisen.

II, 6,2 das *e* von *herberge* ist vor *ich* elidiert, sodass auf *her-* die dritte hebung des ersten halbverses fallen kann.

II, 7, 4^b ist wahrscheinlich unecht; die wiederholung des wortes *palas* und der rührende reim legen diese annahme nahe; ursprünglich hiess der halbvers etwa *alsô man edeln fürsten sol.*

II, 17,4: der vers soll Alphart in gegensatz zu Dancwart setzen, auf dessen verhältnis zu Seburc sich wohl die worte *alsô die minne kan* beziehen; was aber in dem handschriftlichen *gern wen* steckt, vermag ich nicht zu erraten; *gernowen* läge den buchstaben nach am nächsten.

II, 19,1^b das überlieferte *zû tische saz si dicht* ist nach sinn und reim unpassend.

Zwischen II, 24,2 und 3 ist augenscheinlich ein sprung (Singer, Anfda. 17. bd. s. 36f.). nicht nur die construction innerhalb str. 24 ist gestört, auch der ganze ton des folgenden unterscheidet sich wesentlich und zu seinem vorteile von den echten teilen von *F*. da von hier an bis zum ende des bruchstückes III *F* durchaus *D* folgt, so ist es das wahrscheinlichste, dass die vorlage der Prager und Danziger hs. lückenhaft und aus *D* ergänzt war, vgl. die einleitung.

III, 6,3f. ich habe die ganz verderbte überlieferung nach *D*¹ II, 32,3f. und *D*³ 50,3f. zu bessern versucht.

III, 9,3f. an stelle dieser lücke bietet *D* 6 verse 66,3—67,4. schwerlich haben sie alle früher hier gestanden; dem zusammenhange genügt die halbstrophe *D* 67,1f.

III, 13: die strophe steht in *D* bereits früher (hinter 62 = *F* III, 6); vielleicht versetzte derjenige, welcher die lücke der vorlage von *F*¹ und *F*² ausfüllte, sie hierher, weil er doch die aufzählung der helden, welche nun folgt, dem gedichte *F* entsprechend ändern musste (doch vgl. anm. zu *D* 63 ff.).

III, 14f. *Volcnant* und *Hâwart* sind höchst auffällig; sie treten sonst im Rosengarten nirgends auf. *D* 71 nennt an ihrer stelle *Sigestap* und *Wolfhart*: jener kommt in *F* nicht vor, wohl aber dieser. in der aufzählung fehlen nun von den sonst in *F* erscheinenden helden

Dietrichs *Alphart* und *Wolfhart*, die hier gar nicht zu entbehren sind. ich zweifle nicht, dass der ergänzer von F geschrieben hat:
  Dô sprach Alphart der milde: 'ich muoz ouch an die vart.'
  'ich wil mit dir rîten,' sprach sîn bruoder Wolfhart,
entsprechend auch str. 15. die einführung Volcnants und Hawarts kann nur müssiger schreibereinfall sein.

III, 15—19,2 hat der ergänzer, dem gange des gedichtes F rechnung tragend, für D 72—75,2 eingesetzt. die aufzählung nennt zunächst sieben anwesende helden (Alphart, Wolfhart, Dietrich, Witege, Heime, Hiltebrant, Eckehart), darauf diejenigen, welche besonders zu berufen sind: Nudung von Bechelaren, Herbrand von Biterne, Sigeber von Garte, Dietleib von Steier, mönch Ilsan. von einer einmischung Etzels findet sich auch hier keine spur, trotz der anlehnung an D.

III, 18,3f. als neunter teilnehmer werden zwei helden zur auswahl gestellt: unerhört und sinnlos, da man dann nicht mühsam den zwölften zu holen brauchte! auch ist *Hagene* als bruder Hiltebrands unbekannt; Singer a. a. o. will deshalb *Hâche* lesen; ich würde vorziehen zu bessern:
  'dâ sol mit Hagenen striten,' sprach meister Hildebrant,
  'dâher von Biterne mîn bruoder Herbrant.'

III, 19,1 *Yseher*, wie Mourek liest, ist nichts; dagegen *Sigeher* tritt im Biterolf und Alphart als mann Dietrichs auf; in letzterem gedichte ist er Alpharts vater.

IV. V: zahlreiche besserungen, die hier aufgenommen sind, stammen von Bartsch (Germ. VIII, 196ff.).

IV, 6—17: Dietleibs kampf mit dem riesen (Schrutan, weil Ortwin 16,3 wie A 214 sein neffe heisst, und weil der wahrscheinliche reim 6,3f. ihn nahelegt) kann nicht in ordnung sein: Dietleib wird zweimal niedergeschlagen und zweimal beklagt, darauf reitet der riese fort, Dietleib erholt sich, wird zum dritten male verwundet und siegt nur, weil dem riesen die stange zerbricht. diese erzählung ist selbst für den hölzernen dichter F zu ungeschickt; leider erlauben die lücken kein sicheres urteil, doch vermute ich, dass jüngere stücke in den alten text eingerückt sind, statt ihn zu verdrängen.

IV, 23,3f. und 28,3f. die lücken sind angesetzt, damit die vierzeiligen reden (24. 25) auch wirklich, wie offenbar beabsichtigt ist, als strophen erscheinen.

V, 13,3 das handschriftliche *mage* scheint nach metrum und zusammenhang nicht als *mâc*, sondern als ein dem gotischen *magus* entsprechendes wort aufzufassen zu sein (knabe, sohn).

Namenverzeichnis.

Namen, die in allen drei gedichten belegt sind, sind mit †, solche, die sich in zweien finden, mit * bezeichnet.

Rosengarten A.

*Alseie: von Alzeie heisst Volker 278.
*Amelolt (in C durchaus *Amelunc* genannt), Dietrichs held und Hiltebrands bruder 102 (nicht in C), herzog 303. 309, [begleitet Dietrich in's kloster A⁸ 154,5] kämpft mit Gunther 303ff., besiegt ihn 307 und erhält den preis 308.
*Asprián, held Kriemhilts 8.50, riese, der zwei schwerter führt 98, kämpft mit Witig 225ff., wird besiegt 242.
Augespurc, am vierten tage von den Wormser boten erreicht 23.
*Balmunc, Siegfrieds schwert, das er auf dem drachensteine fand 330 (nicht in C).
†Bechelâren, (*Bechelâr* 113 im reime), sitz des milden markgrafen Rüdeger (der name ist nicht genannt) 113. Sigestab kommt dahin 114.
†Berne, sitz Dietrichs 12, der danach *Dietrich von Berne* und ohne namen *der (voget, herre, vürste) von Berne* heisst 28. 35. 43. 55. 59. 76. 77. 82. 86. 87 usw. (sehr häufig). Kriemhilt will botschaft hinsenden 14. Sabin erbietet sich 16 und kommt nach B. 24ff., bleibt zehn tage 73 und verlässt B. wieder 78. Dietleib kommt nach B. 129; sechs tage

später beginnt die herfahrt 130. rückkehr Dietrichs 380.
†Bernære, *Berner* heisst Dietrich (nur dieser!) nach seinem sitze 4ff. (sehr häufig).
Bersâbe (so A⁸; Versabe C, Saba α, Fursabe β, also vielleicht richtiger *vrou Sâbe*), herzogin am hofe Kriemhilts; Sabin hat ihr ritterlich gedient, erhält sie als lohn für seine botschaft zur frau; 16. 17.
Biterolf, Dietleibs vater 267. Sigestab trifft ihn in Steier 110. 111. 113.
Brâbant, herzogtum, dem Sabin gehörig, also teil des reiches Gibichs, 15. 34. 35. 38. 42. 82. 84. 86. 92.
†Dietleip *von Stire, der junge* genannt, sohn des Biterolf 267, einzig als geeigneter gegner Walthers angesehen, weshalb Dietrich den Sigestab ausschickt ihn zu holen 106ff.; er war in Bechelaren 113 und Siebenbürgen, wo er mit einem merwunder gekämpft hat, 119; Sigestab trifft ihn zu Wien 122; er zieht mit fünfhundert mann zu Dietrich 125ff., begleitet ihn in's kloster 154, kämpft im Rg. mit Walther 265ff.; Kriemhilt scheidet den kampf 274f. und giebt beiden den preis; er schliesst freundschaft mit Walther 276.
†Dietrich, herscher (*voget*,

rürste, herre) zu Bern 12 usw., danach *von Berne, der Bernære,* hat einen bruder 327 (nicht in C), hat immer das beste getan 12; Kriemhilt will ihn deshalb mit Siegfried zusammenbringen 4; er hat tausend mann 27, empfängt Kriemhilts boten 40ff., wundert sich über die botschaft 54f.; deshalb von Hiltebrand getadelt 55f. will er folge leisten 57. 69; heisst die boten angreifen 59, von Wolfhart besänftigt 65; belohnt die boten 74, geleitet sie 77f., trägt ihnen seine antwort auf 80ff., berät sich mit Hiltebrand über seine helden 93ff., soll mit Siegfried kämpfen 94, bedauert, Dietleib wenig gedient zu haben 107, sendet Sigestab zu ihm 108ff., empfängt ihn 125ff., sammelt sechzigtausend mann 81. 130. 131. 165. zieht zunächst nach dem kloster Isenburg 131, bittet den abt um urlaub für Ilsan 154ff., zieht zum Rheine 165, von Gibich empfangen 172ff., dann von Kriembilt 178ff., empfängt seine kämpfer 204. 223. 277. 285. 294. 309. 321, besitzt das ross Schemming 232, tauscht es jedoch an Witig, wenn auch ungern, gegen das ross Falke aus 233. 236. 244, weigert sich, mit Siegfried zu streiten 326ff., deshalb von Hiltebrand bei seite genommen 339 und geschlagen 342, schlägt diesen deshalb mit dem schwerte nieder 343f., daher von Wolfhart getadelt 345f., beschliesst zu kämpfen 347, reitet in den garten 349, kämpft mit Siegfried 350ff., ist im nachteil 356; wütend über Hiltebrands angeblichen tod 360f. bezwingt er Siegfried 364f. (mit seinem feueratem 368, nicht in C); erst durch Hilte-

brand wieder besänftigt 367f. erhält er den preis 370. Gibich wird sein vasall 377f. (nicht in C). D. kehrt heim nach Bern 380, entlässt Ilsan 385 (nicht in C).

†**Eckehart** (*Eckewart* schreibt C), held Dietrichs 100, heisst *der starke* 100, *der getriuwe* 289f., begleitet Dietrich zum abte 154, kämpft mit Hagen (in C mit Pusolt) 288ff. und besiegt ihn 292, lehnt Kriemhilts kuss ab 293f.

Eckerich der meisterschmied, hat Siegfried erzogen und seine brünne geschmiedet 331 (nicht in C).

†**Garte** gehört Hiltebrand 56 (nicht in C); Sabin berührt es auf seinem wege 24. 78 (C schreibt hier *Gartach*); Dietrich empfängt dort den Dietleib 125 (diese stelle ist in C ausgefallen).

†**Gêrnôt**, *künec* genannt, bruder Kriemhilts 295 und Gunthers 302,5, also sohn Gibichs, held der Kriemhilt 6. 49. 101, kämpft mit Helmschrot (in C mit Rüdeger) 296ff., wird besiegt 300.

†**Gibeche**, könig der Nibelunge (177, nicht in C) zu Worms am Rheine 1, hat drei söhne (von denen nur Gunther und Gernot namhaft gemacht werden) und eine tochter Kriemhilt 2. 44. 148, selbst einer der zwölf helden 6. 48. 103, empfängt Dietrich 171ff., tröstet die von Hiltebrand gescholtene Kriemhilt 196 und leitet seine partei im kampfe 197. 205. 213. 224. 245. 262. 278. 286, kämpft selbst mit Hiltebrand 310ff. und wird besiegt 318, wird Dietrichs vasall 377f. (dies nicht in C).

†**Gunther,** *künec* genannt 302ff., Kriemhilts bruder, also Gibichs sohn 307f., einer der helden im

Rg. 6. 49. 102, kämpft mit Amelolt 302ff. und wird besiegt 307.

†**Hagene**, der *mortgrimme* 100. 292, hold Kriemhilts 7. 49, kämpft mit Eckehart (in C mit Wolfhart) 287ff. und wird besiegt 292.

Halle in Schwaben; Sabin kommt von Worms am zweiten abend dahin 22 (in C ausgefallen).

Heidelberg, dahin kommt Sabin von Worms am ersten tage 22.

†**Heime**, mann Dietrichs 97 [hat vier ellenbogen A^s 97,6] begleitet Dietrich in's kloster 154, kämpft nach anfänglicher weigerung mit Schrutan 215ff., ersticht ihn 222 und erhält den preis 223 [führt das schwert Nagelring in C 221, in A^s ausgefallen].

Helmschrot (in C durch Rüdeger verdrängt), *der junge genannt* 101, 301, mann Dietrichs 101 [begleitet diesen in's kloster A^s 154,5], kämpft mit Gernot 297ff., besiegt ihn 300 und empfängt den preis 301.

†**Hiltebrant**, sehr häufig *meister, der alte* genannt, heisst *von Garte* 56 (nicht in C), tadelt Dietrichs zögern und ist bereit, an den Rhein zu reiten 55ff. 70, lobt Wolfharts benehmen gegen die boten 67 und giebt Dietrich entsprechenden rat 68, kennt die zwölf im garten und weiss daher entsprechende gegner zu nennen 93ff., beschliesst, selbst mit Gibich zu kämpfen 103, reitet Ilsan entgegen, weil er dessen art und weise kennt, 140ff. und beredet ihn mitzuziehen 147ff., führt das her nach Worms, weil er die strasse kennt 166, rät Wolfhart, der königin höflich entgegen zu treten 182, weist sie indess selbst zurecht 183, leitet seine partei im kampfe 198. 207. 215. 227. 248. 281. 288. 297. 303 und feuert sie nötigen falles an 200. 219,5, rät Dietrich, dem Witig das ross Schemming zu geben, und übernimmt W. gegenüber die bürgschaft 232ff., veranlasst Kriemhilt, Walther und Dietleib zu trennen 272, freut sich über Amelolt 309, kämpft selbst mit Gibich 311ff. und besiegt ihn 318, lehnt aber Kriemhilts kuss ab 320, redet Dietrich lange vergeblich zu, zu kämpfen 324f. 328. 334. 336. 339. 341, erzürnt ihn schliesslich durch einen schlag in's gesicht 342, wird aber dafür von D. mit dem schwerte niedergeschlagen 343f., lässt ihm sagen, er sei tot 357ff. und besänftigt ihn dann dadurch, dass er sich wieder lebend zeigt 367f.

†**Ilsan**, Hiltebrands bruder und mönch 104 zu Isenburg 132, soll aus dem kloster zum mitkämpfen abgeholt werden 131ff., zürnt über das vor dem kloster liegende her und reitet heraus, es anzugreifen, 132ff. Hiltebrand ihm entgegen 143, berichtet ihm den zweck ihres kommens 147ff. und fordert ihn auf, teilzunehmen 151f.; er ist bereit 153, ertrotzt sich urlaub vom abte 157, will ihm und allen brüdern kränze bringen 158ff., wird nach seiner abreise von den brüdern verflucht 164, kämpft mit Studenfuchs (in C mit Volker), die kutte über dem panzer tragend 248ff., deshalb von Kriemhilt verspottet 250 und von Studenfuchs als Dietrichs narr bezeichnet 252, belehrt ihn eines besseren 253, besiegt ihn 257 und erhält den preis 258, will noch mit zweiundfünfzig kämpfen 259ff., tut es und besiegt sie alle

NAMENVERZEICHNIS. 261

371ff., tötet zwölf von ihnen 373, reibt Kriemhilt mit seinem barte beim küssen blutig 375f. [kehrt in's kloster zurück 383ff. zum schrecken der brüder 386, quält sie mit den rosenkränzen, bis sie versprechen, für ihn zu beten 387ff.] (massenkampf und rückkehr fehlen in C).

*Isenburc, (diese form des namens für A gesichert durch die übereinstimmung von $\alpha\beta$ mit D; die hss. von A^s haben den namen verderbt; C nennt das kloster *Münchgezellen* 131), das kloster, in welchem Ilsan lebt; Dietrich holt ihn von dort ab 131ff.; es hat einen abt 153 und zweiundfünfzig mönche 161; Ilsan kehrt dahin zurück 384. 386 (nicht in C).

†Kriemhilt, Gibichs tochter 2, Siegfrieds braut 3, will diesen mit Dietrich vergleichen 4, besitzt den von zwölf helden behüteten rosengarten 5ff., sendet botschaft an Dietrich 14ff.; ihr brief an diesen wird vorgelesen 44ff., 58, worin sie ihn auffordert, zwölf helden in den garten zu bringen, und als lohn kranz und kuss verspricht 53, empfängt den zurückkehrenden Sabin 83ff., freut sich über Dietrichs zusage 89f., belohnt Sabin mit der hand Bersabes und einem herzogtume 91 und entlässt ihn 92. Biterolf urteilt hart über sie 111 [ebenso Rüdeger A^s 116,5]. sie veranlasst ihren vater, Dietrich zu empfangen 168f., empfängt ihn selbst 178ff., gewährt zunächst acht tage ruhe und verpflegt die gäste 189f., prahlt mit ihren helden, von Hiltebrand getadelt, klagt dies ihrem vater 192ff., belohnt die sieger mit kranz und kuss 204. 212. 223.

243. 258. 285. 301. 308, spottet über Ilsan 250, verspricht ihm, dass er noch mehr kämpfen darf 260f., trennt auf Hiltebrands veranlassung Walther und Dietleib und belohnt beide 273ff.; Eckehart weist ihren kuss zurück, weil sie ungetreu sei, 293f.; sie rettet ihren vater vor Hiltebrand 319, auch dieser weist ihren kuss zurück 320; sie versucht Siegfried vor Dietrich zu retten 365f., belohnt letzteren 370, muss Ilsan zweiundfünfzig kränze und küsse geben 374f., wird von seinem barte blutig gerieben 375f., wieder ungetreu genannt 376; giebt Dietrich urlaub und bekennt sich besiegt 379, hegt keinen garten mehr 380.

*Lampartenlant heisst Dietrichs gebiet 33. 78.

*Mimino heisst Witigs schwert 239.

[Münchgezellen heisst Ilsans kloster 131 in C.]

[*Nagelrinc heisst Heimes schwert 221; die stelle steht nur in C.]

Nibelunge heisst Gibichs volk oder geschlecht 177 (fehlt in C).

*Niderlant ist Siegfrieds heimat 3. 9. 51. 94. 322. 336f. 346. 349. 356.

Nördelingen, dies erreicht Sabin von Worms aus am dritten abend 23 (fehlt in C).

*Ortwin I, held Kriemhilts 7. 50, riese 96, Pusolts bruder 205 und Schrutans brudersohn 214, kämpft mit Sigestab 206ff. und wird erschlagen 211.

Ortwin II (nicht in C), held Dietrichs, *der junge* genannt 99, [begleitet Dietrich zum abte A^s 154,5] kämpft mit Volker 280ff., siegt 284, erhält den preis 285.

Ôsterdingen, herzogtum, das Hiltebrand dem Witig verspricht 234 (nicht in C).

Pûsolt (in ma einige male Vasolt geschrieben), held Kriemhilts 7. 49, ungetauft 95, riese 197, Ortwins bruder 205 und Schrutans brudersohn 214, kämpft mit Wolfhart (in C mit Eckewart) 197ff. und wird getötet 203.

†Rin, an ihm liegt Worms 1, daher über Rin udgl. als ortsbestimmung für Gibichs stadt, volk, land gebraucht 13. 18. 25. 44. 46. 48. 56ff. 69f. 75. 77. 81. 88 usw.; Sabin setzt über den Rhein auf dem wege von Worms nach Bern 22, umgekehrt Dietrich 167; Walther ist *an dem Rine der küensten vürsten ein* 8. 50. 105. 123. 263. — eine rheinische herzogin befindet sich als geisel zu Bern 33, geleitet Sabin vor Dietrich 38ff., bittet Wolfhart um hilfe für die boten 61. — Studenfuchs heisst speciell *von dem Rine* 104. 245ff.

Sabin, herzog von Brabant 34, meist danach bezeichnet (mit namen nur 34. 77), lebt zu Worms, hat Bersabe acht jahr gedient 15, will um den preis ihrer hand die botschaft nach Bern übernehmen 16, zieht mit fünfhundert rittern aus 21, gelangt nach Bern 24, von der rheinischen herzogin vor Dietrich geleitet 38ff., übergiebt Kriemhilts brief 44, mit angriff bedroht 59f., aber auf Wolfharts veranlassung gastlich aufgenommen 71ff., bleibt bis zum zehnten tage 73, nimmt urlaub 75, von Dietrich geleitet 78, empfängt dessen antwort 80ff., von Kriemhilt und Bersabe empfangen 83ff., richtet Dietrichs botschaft aus 86ff., erhält Bersabe und ein herzogtum 91, begiebt sich nach hause 92.

*Schemminc, Dietrichs ross, das dieser gegen den Valke an Witig austauscht 232. 236. 240.

†Schrûtân (f und a schreiben immer, m in der regel *Struthan*), held Kriemhilts 7. 49, riese, dem alle riesen untertan sind 97, vatersbruder Pusolts und Ortwins 214, kämpft mit Heime 213ff. und wird getötet 222.

Sibenbürgen, dort hat Dietleib mit einem merwunder gekämpft 119. 122.

.*Sigestap, häufig *der junge* genannt, held Dietrichs 96, Hiltebrands ôheim 207, übernimmt die botschaft an Dietleib 108ff., kommt dabei nach Steier 110, Bechelaren 114, Wien, wo er Dietleib findet, 122, kehrt mit ihm zurück 125, kämpft mit Ortwin 207ff., tötet ihn 211 und erhält den preis 212.

†Sivrit aus Niederland, freit um Kriemhilt, von gewaltiger stärke 3, soll mit Dietrich verglichen werden 4, einer der zwölf helden im garten 9. 51; [hat einen drachen auf einem steine erschlagen 329, dabei das schwert Balmung gefunden 330, von dem schmiede Eckerich erzogen, der seine brünne gefertigt hat 331, ist *hürnin*, 332 uö.; fehlt in C, doch heisst er auch dort *hürnin*.] Dietrich soll mit ihm kämpfen 94; S. reitet in den garten 322ff., muss infolge von Dietrichs zögern warten 350, kämpft mit ihm 351ff. anfangs vorteilhaft 356, dann besiegt 364, von Kriemhilt gerettet 365.

†Stire, sitz Dietleibs 106 und Biterolfs 110; Sigestab kommt dahin 109.

NAMENVERZEICHNIS.   263

*Stûdenvuhs (nicht in C), held Kriemhilts 9. 51, meist *von dem Rîne* genannt 104 uö., kämpft mit Ilsan 245ff., nennt ihn Dietrichs toren 252, dafür geschlagen 253, besiegt (und getötet?) 257.

Swâben, die *werden* genannt; in ihrem lande liegt Hall 22 (in C ausgefallen).

Valke, Witigs ross, das er gegen den Schemming an Dietrich anstauscht 232. 236. 244. Dietrich reitet es im kampfe 347.

*Volkêr, besitzt Alzei 278, held Kriemhilts 7. 49, kann fiedeln 99, daher *spilman* 280. 284 und *videlœre* 284 genannt, [warnt Kriemhilt 11, doch ist das ein fehler von A^s für *Walther*, will nicht ihr bote sein 14,5,] kämpft mit Ortwin 278ff. (in C mit Ilsan) und wird besiegt 284.

†Walther, von dem Wasgenstein, einer der kühnsten fürsten am Rhein 8 uö., held Kriemhilts 8. 50, warnt sie 11, vgl. 264, vor ihm hat Dietrich sorge 105, deshalb Dietleib als ebenbürtiger gegner berufen 123, kämpft mit ihm 263ff., sie werden geschieden 274f., beide belohnt und schliessen freundschaft 276.

Wasgenstein gilt als Walthers sitz 8. 50. 105. 123. 263. 267.

Wielant heisst Witigs vater 239.

Wiene, daselbst ein münster 122. Sigestab trifft dort den Dietleib 122. 125.

†Witege, held Dietrichs 98, Wielands sohn 239, besitzt das ross Valke 232 und das schwert Miming 239, begleitet Dietrich in's kloster 154, soll mit Asprian kämpfen 227, weigert sich 228ff., bewogen durch das angebot des rosses Schemming 236 kämpft er 238ff., siegt 242, erhält den preis 243 und den Schemming gegen das ross Valke 244.

†Wolfhart, held Dietrichs 95, Hiltebrands neve 198, der *wüetende* genannt 198. 348 (in C nicht zu belegen), erblickt Kriemhilds boten 32, schützt sie auf bitten der rheinischen herzogin 61ff., 71, dafür von Hiltebrand gelobt 67, freut sich über kampf 32. 70. 95, möchte aber Kriemhilt schlagen 180f., kämpft mit Pusolt (in C mit Hagen) 198ff., tötet ihn 203 und erhält den preis 204. Dietrich tadelt seine wie Hiltebrands kampflust 326. W. rettet Hiltebrand vor Dietrichs zorne 345f., holt Dietrichs ross 348, giebt Hiltebrand auf dessen veranlassung für tot aus 357ff.

*Wormse, Gibichs sitz am Rheine 1; Sabin bricht von da auf 22; Hiltebrand kennt den weg dahin 166; die Berner kommen dort an 167, lagern davor 177, kehren fröhlich heim 382.

*Wülfinge heisst Dietrichs volk 12. 14. 16. 18. 177. 212. 243.

Rosengarten D.

*Aldriân, Hagens vater 44.
*Alphart, Wolfharts bruder 53, will mit an den Rhein ziehen 58; Witigs übertritt zu Ermenrich bringt ihm unglück 624. — er scheint zusatz von D^s.
*Alzeie, Volker heisst *von A.* 45. 281.
*Amelolt, *von Garte* genannt; ihm werden die zurückbleibenden empfohlen, während er selbst seine söhne dem Hiltebrand empfiehlt 81f.; ist mit Hiltebrands schwester vermählt, doch nennen sich dieser und A. gegenseitig bruder 81. 83; er hat vor Garte mit Witig gekämpft 317. — 81f. auch in C (das *Amerolt* schreibt), das übrige zusatz von D^s.
*Asprian, riese und held Gibichs 46, führt zwei schwerter 278, kämpft mit Witig 310ff., wird getötet 329. 334. 601.
*Balmunc, eins der zwölf schwerter, gehört dem Siegfried 47. 282. 512.
†Bechelâren, in B. ist Rüdeger markgraf 158. 208. 245. 275. 386; die zurückkehrenden Heunen kommen von Worms in zwölf tagen hin 612, bleiben bis zum vierten morgen da 625; Rüdeger kehrt nach B. zurück 630. — D^a schreibt *Bechelân* im reime 245. 275. 386.
Benig, Ilsans ross 114; der name ist nur in b überliefert und gewiss verderbt.
†Berne, residenz Dietrichs, der deshalb meist *Dietrich von B.* oder nur *der von B.* (sehr häufig), auch *der vogel von B.* heisst (117 uö.,

im ganzen vierzehnmal). Etzel begiebt sich nach B. 15 (nur D^s). Ilsan will nur in B. selbst hilfe leisten 101. rückkehr von Isenburg nach B. am fünften (D, dritten C, vierzehnten P) morgen 118. Hiltebrand heisst einmal *von B.* 291.
†Bernære, *Berner* (D^s gebraucht durchaus letztere form) heisst Dietrich 19 uö. (im ganzen dreizehnmal).
Brünhilt, lebt am hofe Gibichs 414. 522. 535. 567 (D^s hat sie eingeführt an stelle der herzogin von Irland, die 522. 535 in C noch steht). nach h ist Volker ihr schwestersohn 45. 281.
*Burgentriche heisst Gibichs reich 8. 18. 41. 50. 54. 554. 568. 579. Hagen wird *von B.* genannt 474.
Diether, Dietrichs bruder, der zu hause bleibt 82 DC. ihm die Harlunge empfohlen 63 (hier steht er fälschlich, vgl. F III 18). dass er den Dietleib herbeiholen soll 87, ist ganz später zusatz.
†Dietleip, *von Stire* genannt, held Etzels 75. 161, (soll von Diether geholt werden 87), kämpft mit Stüfing 277. 348ff. und tötet ihn 354. die angabe seines wappens 350 ist verderbt (einhorn F IV 7).
Dietmâr, Dietrichs vater 484f.
†Dietrich I, herr (*voget*) zu *Berne*, danach meist genannt, auch der *Berner*, mit namen zuerst 17; Dietmars sohn 484f., Diether sein bruder 82, war dem Hiltebrand empfohlen 485; hat im walde mit drachen und riesen gekämpft 66. 474f.; besitzt das ross Schemming

317 und das schwert Rose 513.
533. Etzel fordert ihn auf, mit
nach Worms zu ziehen 15ff. (in
P entbietet Etzel ihn zu sich); er
hat einen brief von Kriemhilt er-
halten 21ff., durch den or heraus-
gefordert wird 25. 66ff., will Kriem-
hilts trotz versuchen 26. 65, obgleich
er sich wundert 69f.; Ilsan hat
ihm hilfe geschworen 78, deshalb
macht er sich mit Hiltebrand auf,
ihn zu holen 89ff., kehrt nach Bern
zurück 118, begleitet von dort aus
Etzel ins Heunenland 129ff., ver-
spricht der Herche tapfer zu
kämpfen 154ff., zieht an den Rhein
164ff., rät, den Rüdeger als boten
zu schicken 208, sendet den Hilte-
brand zu Gibich 270, wird mit
Siegfried zusammengestellt 282,
neckt den Wolfhart 308, verspricht
Witig das ross Schemming zurück-
zugeben 315ff., giebt es ihm 332,
hält die niederlage der Wormser
für gottes urteil 380, soll mit
Siegfried kämpfen 469, weigert
sich 470 und reitet weg 471, von
Hiltebrand bei seite geführt 481f.
und geschlagen 490, schlägt ihn
nieder 491, von Wolfhart getadelt
498, erfährt Hiltebrands angeb-
lichen tod 500, reitet in den garten,
sitzt aber bald ab 501, dringt ein
503. 506. 509ff., kämpft mit Sieg-
fried 514ff., muss fliehen 519.
[523., von Hiltebrand gescholten
524, will ihn schlagen 525f.; dies
stück später zusatz;] von Hilte-
brand (wieder) gescholten 529f.,
beginnt vor zorn zu rauchen 531,
besiegt Siegfried 538ff., lässt auf
bitten der frauen von ihm ab 547,
spottet über Hiltebrand 553. 558,
hört aber doch dessen ruhm gern
563, wird neben Etzel Gibichs

lehnsherr 574f., spottet über Wolf-
hart 580f.; rückkehr vom Rheine
609, besuch in Bechelaren 612ff.;
D. entlässt Witig aus seinem dienste
628; ankunft im Heunenlande 626,
heimkehr nach Bern 632.

Dietrich II von *Kriechen*, ge-
nannt *der schœne*, held Etzels 74.
160, kämpft mit Herbort 280.
404ff., tötet ihn 409, kehrt nach
Griechenland heim 629.

†**Eckehart**, *der getriuwe*,
pfleger der Harlunge, zieht mit an
den Rhein 63. 82, kommt aber
dort nicht mehr vor, scheint später
zusatz (63 auch F III 13, dagegen
die unechtheit von 82,5f. durch C
bezeugt).

Ermenrich, könig (s) oder
kaiser (b); in seine dienste tritt
Witig über 623.

Etzel, *künec von Hiunen* 17,
erhält Gibichs herausforderung 14,
zieht nach Bern, um Dietrich zur
teilnahme an der herfahrt aufzu-
fordern 15ff. (in P lässt er Diet-
rich zu sich kommen, in C fährt
Dietrich zu ihm, aber später), kehrt
in sein land zurück und stellt
Dietrich und seine leute der Herche
vor 129ff., nimmt mit seinen
mannen urlaub von ihr 188, setzt
über den Rhein 197, verspricht
dem fährmanne lohn 200f., sendet
Rüdeger zu Kriemhilt 209. 218.
244 und giebt ihm ein prachtge-
wand 211; sein und Dietrichs
brief an Kriemhilt vorgelesen 231f.;
Gibich wird sein und Dietrichs
lehnsmann 572ff. (568); er kehrt
heim 609.

†**Garte** gehört dem Amelolt
81 (auch in C) und Wolfhart
276. 599; Witig hat dort mit
Amelolt gestritten 317.

†Gêrnôt, Gibichs sohn 27, einer der zwölf helden 44, mit Rüdeger zusammengestellt 275, kämpft mit ihm 382ff., legt Gunthers harnisch an 385, wird besiegt 390. 392, vasall der sieger 576.

†Gibeche, könig von *Burgentriche* 8 (von *Niderlant* 270?) unten am Rheine 43, vater Kriemhilts, Gunthers und Gernots 27, hat zu Worms einen von zwölf helden behüteten rosengarten 8. 11. knüpft an einen kampf um diesen den kampf um die lehnshoheit 13. 156, entbietet dies weithin 14. 18, ist selbst der erste der zwölf helden 43, stellt mit Hiltebrand die kämpferpare zusammen 271 ff., leitet seine partei im kampfe 310. 333. 347. 356. 382. 393. 402. 410. 443. 463, hofft nicht mehr auf den sieg 355, beklagt Gunther 381; Ilsans übermut schmerzt ihn 462; er kämpft mit Hiltebrand 553ff., wird besiegt 564 und vasall der sieger 572ff.

Gotelint, Rüdegers gattin 246, soll Dietrich ihr schwesterkind (Dietleib?) senden 88, empfängt die zurückkehrenden 614.

†Gunther, *künec* genannt 357 uö., Gibichs sohn 27, hat Frute aus Dänemark vertrieben 359, einer der zwölf helden 44, mit Frute zusammengestellt 274, kämpft mit ihm 356ff., wird besiegt 372f., muss Dänemark wieder abtreten 378, erkennt seine hoffahrt 381, vasall 576.

†Hagene, Aldrians sohn 44, von *Tronege* genannt 290. 310. 583. 603, einmal von *Burgentriche* 474, führt einen weissen schild und auf dem helme zwei goldene wiesendhörner 290, einer der zwölf helden 44, mit Wolfhart zusammengestellt 276, kämpft mit ihm 290ff. 308. 583 und wird besiegt 301; Wolfhart will noch mehr mit ihm kämpfen 307; Gibich beklagt ihn 310; Diotrich begehrt H. als gegner 474; H. schliesst mit Wolfhart freundschaft 603f.

*Harlunge, ihretwegen ist Eckehart bekümmert 63; sie werden Amelolt empfohlen 82.

Hartnit (so b; *Hertnit* fT, *Herting* p, *Hartung* sh), könig der *Riuzen* 74 uö., führt ein rad im wappen 396, Etzels held 74, nimmt urlaub von Herche 160, hat vom Rg. gehört 206, mit Walther zusammengestellt 276, kämpft mit ihm 394ff., geschieden 400, kehrt heim 629.

†Heime, held Dietrichs 73, führt das schwert Nagelring 342, hat vier ellbogen 279, erklärt, dass er nur gezwungen mitgebe 64, hält Wolfharts rede, dass ein mönch gekommen sei, für spott 120, nimmt urlaub von Herche 160, mit Schrutan zusammengestellt 279, reicht Witig den schild 320, kämpft mit Schrutan 336ff. und tötet ihn 343, spottet darüber 345.

*Herbort, herzog 47. 403, held Gibichs 47, mit dem schönen Dietrich zusammengestellt 280, kämpft mit ihm 402ff., wird getötet 409. 601.

Herche, königin der Heunen, empfängt Etzel und Dietrich 130, ermahnt die helden 138 und lässt prächtige waffen für sie anfertigen 141; Rüdeger ihr untertan 245; Ilsan will sie seinen ruhm hören lassen 441; sie empfängt die zurückkehrenden 627.

†Hiltebrand, *meister, der alte;*

hundert juhr alt 274: seine gattin Ute 41, sein bruder Ilsan 95, seine schwester an Amelolt verheiratet und mutter Wolfharts, Sigestabs 81,5 und Alpharts 53 (letzterer scheint von D^s zugesetzt, ebenso H's. schwester, die auch 125 nur in D, nicht in CP erwähnt wird; ursprünglich Amelolt H.'s bruder, nicht schwager, vgl. A). Dietrich ist ihm von dessen vater empfohlen 485, daher ist H. sein ständiger begleiter 19 usw.; er spricht für den zug nach Worms 41. 61, spottet über Wolfharts weigerung 49. 57, giebt Eckehart den rat, die Harlunge dem Diether (richtiger der Ute F) zu überlassen 63, ist der erste von Dietrichs helden 72, rät, Ilsan aus dem kloster zu holen 76, empfiehlt land und leute dem Amelolt 81ff., holt mit Dietrich den Ilsan aus Isenburg 90ff., bringt ihn mit 122ff., zieht mit an Etzels hof 129ff., nimmt urlaub von Herche 159, führt das her an den Rhein 163ff., warnt vor dem vergen 166ff., neckt Wolfhart 207, an Gibich gesandt 262. 270f., stellt mit ihm die kämpferpare zusammen 272ff., übernimmt es selbst, mit Gibich zu kämpfen 274, kehrt zurück 284ff. und leitet (als reckenmeister 288) seine partei 286f. 291. 311f. 335f. 349. 358f. 385f. 394f. 404f. 411f. 425, spottet über Wolfhart 303 und führt ihn vom platze 306, verbürgt sich dem Witig für Dietrichs versprechen 318f., lobt die sieger 344. 379. 392. 401. 424, straft Ilsan, weil er nach den frauen blickt, 447ff., vermag Dietrich zunächst nicht zum kampfe zu bringen 469ff., verabrodet sich deshalb mit Wolfhart 476ff., schafft Dietrich bei seite 479ff., schlägt ihn 490, wird von ihm niedergeschlagen 491, trägt Wolfhart auf, ihn für tot auszugeben 498, tadelt den fliehenden Dietrich 524ff. 529f., kämpft mit Gibich 552ff., anfangs im nachteil 556f., durch Dietrichs spott angetrieben 558ff., siegt 564, lässt Gibich gegen das versprechen der lehnsfolge leben 566, neckt Kriemhilt 570f., ruft die seinen auf, den preis zu empfangen 577, zahlt dem vergen den lohn aus 611, kommt heim 632f.

Hiunen, Etzels volk 17, ihr land *Hiunenlant* 193. 222. 603; von hier bis an den Rhein zwanzig tagereisen 164. die gesammte partei Etzels als H. bezeichnet 4. 6. 165f. 173. 177 usw. rückkehr in's Heunenland 626.

†Ilsán, Hiltebrands bruder 95, vor zwanzig (CP; zweiunddreissig D) jahren in's kloster gegangen 77, unter die predigermönche 92. 454 oder den grauen orden 436, hat jedoch Dietrich hilfe zugeschworen 78. 100, deshalb aufgefordert, mit nach Worms zu ziehen 89ff., sagt zu 103, trägt unter der kutte einen panzer 97. 104f.; sein schwert ein predigerstab genannt 105f. 434ff., er erhält den urlaub 111. 113, zieht mit 114, von den mönchen verflucht 115ff., zu Bern von Wolfhart übel aufgenommen 123ff., freut sich über ihn, als er ihn erkennt 126f., zieht mit an Etzels hof 129, nimmt urlaub von Herche 159, erbietet sich, zum vergen zu gehen 170, lockt ihn durch falsche angaben 178, gerät mit ihm in prügelei 182 und schlägt ihn nieder 183, nennt sich

188f., worauf der verge vom kampfe absteht 190, mit Volker zusammengestellt 281; aufgerufen 425 geht er in den garten 426, wälzt sich in den rosen 429f., führt zankgespräch mit Kriemhilt 432ff., kämpft mit Volker 446ff., schielt nach den mädchen 447, darum von Hiltebrand getadelt 448f., siegt 452, höhnt Kriemhilt und Volker 453ff., erzwingt sich den vorenthaltenen preis 584ff. und möchte das mädchen für sich behalten 592ff. 628, spottet der besiegten 606f., kehrt in's kloster zurück 630f.

Irlant, D² macht aus Stutfuchs (P) einen könig Stüfing von Irland 45. 277. 351, führt ausserdem eine herzogin aus Irland an Kriemhilts hofe ein 507 (in C auch 522. 536).

*Isenburc heisst das kloster, in welchem Ilsan lebt 89. 91, von Bern aus am fünften (D, dritten C, vierzehnten P) morgen erreichbar 91. 118.

Kerlingen (*Kerlinc* im reime shp 44, sh 393) ist Walthers heimat 44. 276. 393. 396.

Kriechen ist das land des schönen Dietrich 74. 160. 280. 404f., der dahin zurückkehrt 629.

†Kriemhilt, meist *diu künegin* genannt, Gibichs tochter 7. 27, hat einen brief an Dietrich geschrieben, der verlesen wird 25ff. 58ff. 66ff. 80 und angiebt, dass sie den rosengarten angelegt hat 28, und die herausforderung von ihr ausgeht 25. 99. 107. 176. 190f. 198ff.; dem sieger verspricht sie kranz und kuss von einer jungfrau 37 (auch C; in P erteilt sie, wie in A, den preis selbst); Volker ihr schwestersohn 45. 281 (verderbte lesart von s und p); sie will Siegfried heiraten 68; Rüdeger zu ihr gesandt 208ff., erfährt, dass sie die schönste ist 219; bei ihr zwölf königstöchter 223. 245 und fünfhundert mädchen 220; ihre krone beschrieben 224ff., daran ihr und Siegfrieds bildnisse angebracht 227; sie nimmt Rüdegers botschaft entgegen 228ff., giebt ihm bescheid 233. 249f., bietet ihm eine königstochter an 246; sie hat die gewalt, die kämpfer zu trennen 220. 250, handelt danach 302. 390. 400. 452, mitunter vergeblich 329ff. 373ff. 421ff., gesteht Wolfhart den preis zu 307, schlägt die jungfrau, welche dem Rüdeger sieg wünscht 389, ermahnt Herbort 403, zankt mit Ilsan 430ff., küsst Siegfried und wünscht ihm sieg 464ff.; sein kampf ist ihr ein kinderspiel 516; sie hofft, dass er Dietrich besiegen werde 520f., will ihn noch mehr erproben 537, kann ihn nur mit mühe vor Dietrich retten 539ff., bittet Hiltebrand vergeblich um frieden 552, rettet ihren vater vor ihm 565f., weist Brünhilts spott zurück 569, erklärt Hiltebrands schwert für krumm 571, bittet Ilsan, nicht gewalttätig zu sein 587ff. und lässt auch ihm seinen preis zukommen 590; ihre handlungsweise von Hagen verurteilt 601. 604.

Meilan (D hat im reime *Meilant* 264f.) ist Rienolts heimat 47. 264f.

*Mimino heisst Witigs schwert 278. 325.

*Nagelrinc heisst Heimes schwert 342.

*Niderlant, *künec uz N.* heisst Siegfried 47. 282. 464ff.; einmal scheint unter N. Gibichs reich zu verstehen 270.

Norprebt heisst der fährmann am Rheine 192. 195. 197. 610, hat zwei söhne, verlangt als fährgeld fuss und hand 168, will den mönch überführen 179, schilt ihn, als er ihn gewaffnet sieht 180f., prügelt sich mit ihm 182f., niedergeworfen 184, ist bereit zur überfahrt, als er hört, wer die ankömmlinge sind, 190, bittet um verzeihung 198, setzt drei tage lang über 197, soll den lohn bei der rückkehr bekommen 200f., erhält ihn 610f.

*Nuoduno, Rüdegers sohn 320; dass Witig ihn erschlagen, sagt nur C ausdrücklich.

Priuzen, sitzen am mere, sind Schrutan untertan 46. 279.

Rienolt, von Mailand genannt 47. 264f., held Gibichs 47, kämpft mit Sigestab als wächter 264ff. und wird verwundet 268; wieder mit ihm zusammengestellt 283 kämpft er mit ihm im garten 410ff. und wird besiegt 421ff.

†**Rin**, an ihm liegt Worms 6. 7 uö.; die lande am Rheine dienen Gibich 27. 43, daher *an dem Rine* udgl. sehr häufig als ortsbestimmung verwendet; den Rheinübergang bei Worms deckt Norprecht 166ff.; die Heunen gehen zweimal über den Rhein 197. 610. — das adjectiv *rineesch* im sinne von 'burgundisch' 357.

Riuzen, *Riuzenlant* heisst Hartnids volk und land 74. 160. 206. 276. 394ff.; er kehrt dahin zurück 629.

Rôse heisst Dietrichs schwert in DC 513. 533; P schreibt es dem Ilsan zu.

***Rüedegêr**, markgraf von Bechelaren, *der milte* genannt, im dienste von Etzel, Dietrich und Herche 218. 244f., seine gattin ist Gotelind 246f., sein sohn Nudung 320; held Etzels 73, [Diether soll ihn holen 87, später zusatz,] kommt an Etzels hof 131, nimmt urlaub von Herche 158, auf Dietrichs rat von Etzel an Kriemhilt geschickt 208ff., verlangt und erhält ein goldenes gewand 210f., kommt in den garten 216, an Kriemhilt gewiesen 219, richtet seine botschaft aus 228ff., lässt sich des gartens pracht zeigen 238ff., schenkt sein gewand einer harfenspielenden jungfrau 242, nimmt urlaub und kehrt zurück 251, berichtet über den garten 254ff., mit Gernot zusammengestellt 275, versöhnt sich mit Witig 319f., kämpft mit Gernot 386ff. und besiegt ihn 390.

***Schemminc**, das ross, das Witig von seinem vater aus dem berge mitgebracht hat, fiel durch Witigs kampf mit Amelolt vor Garda an Dietrich 316f. (zusatz von D⁸), soll für Witigs teilnahme wieder an ihn kommen 324f.; Witig erhält es 332 und reitet es in Bechelaren 620.

†**Schrûtân**, riese, herscher der Preussen, held Gibichs 46, mit Heime zusammengestellt 279, kämpft mit ihm 333ff., wird getötet 343. 601.

Sigemunt, *Sigemundes trût* nennt Kriemhilt den Siegfried 466.

***Sigestap**, Amelolts sohn und Hiltebrands neffe 81. 127, ist bereit mitzuziehen 71. 73, kommt an Etzels hof 129, nimmt urlaub von Herche 159, kampflustig 261, übernimmt die nachtwache und kämpft mit Rienolt 263ff., besiegt ihn 268 und kehrt zurück 269, mit Rienolt zusammengestellt 283, kämpft wieder mit ihm 411ff. und besiegt ihn 423f.

†Sivrit, künec uz Niderlant 47 uō., Sigemundes trūt 466, ist hürnin 468. 488. 502. 531, führt das schwert Balmung 47 uō., mit Kriemhilt verlobt 68. 282; sie trägt sein bild in der krone 227; mit Dietrich zusammengestellt 282. 309, zum kampfe aufgerufen 463, von Kriemhilt geküsst 464, er verspricht ihr den sieg 465ff.; Dietrich will nicht mit ihm kämpfen 469ff., entschliesst sich 502; S. springt in den garten 504, sie kämpfen 512ff., S. anfangs im vorteil, durch die erinnerung an Kriemhilts kuss gestärkt 519, durch Dietrichs feueratem überwunden 531ff., von Kriemhilt mit mühe gerettet 542ff.; er wird vasall der sieger 572. 576.

†Stire, Dietleibs heimat 75. 161. 277. 348ff.; Dietleib kehrt dahin zurück 630.

*Stūefino (diese namensform geht auf D² zurück; D¹P hatten Stuotvuhs, in p Stutfuz geschrieben, vgl. A), künec uz Irlant (titel und name erst von D² zugesetzt) 45. 277, held Gibichs 45, mit Dietleib zusammengestellt 277, kämpft mit ihm 348ff., wird getötet 354ff. 601.

Tenemarke, das land Frutes 72. 161. 274; Gunther hat ihn daraus vertrieben 359ff., muss es ihm nach dem kampfe im Rg. wieder abtreten 378f.; Frute kehrt dahin heim 630.

Tronege ist Hagens sitz 290. 310. 583. 603.

*Uote, Hiltebrands gattin 41. 98, heisst herzogin 632, dem Amelolt empfohlen 81; [soll selbst der Harlunge und des landes pflegen 82,5. 83. 85;] Dietrich will sie, wenn Hiltebrand getötet wird, wieder verheiraten 558ff.; sie empfängt die zurückkehrenden 632f.

*Volkēr, gewöhnlich videlære, spilman genannt, besitzt Alzei 45. 281, ist Brünhilts (nach h; Kriemhilts nach ps) schwestersohn 45. 281, führt im wappen eine fiedel 446, held Gibichs 45, mit Ilsan zusammengestellt 281, kämpft mit ihm 443ff., wird besiegt 452, zankt mit ihm 455ff.

Vruote, der junge künec von Dänemark 161, hat dies land an Gunther verloren 359f., führt im wappen ein mohrenhaupt (p, drei marderköpfe s) 363, held Etzels 72, nimmt urlaub von Herche 161, mit Gunther zusammengestellt 274, kämpft mit ihm 359ff., besiegt ihn 372f., lässt nicht eher von ihm ab, bis er Dänemark wieder erhalten hat 378f., kehrt dahin zurück 630.

†Walther, aus Kerlingen 44. 276. 393, führt im wappen einen löwen 394, held Gibichs 44, mit Hartnid zusammengestellt 276, kämpft mit ihm 393ff. unentschieden 400.

†Witege, führt das schwert Miming 278, hat das ross Schemming von seinem vater aus dem berge mitgebracht, aber im kampfe mit Amelolt vor Garda verloren 316f., hat Rüdegers sohn Nudung erschlagen 320, held Dietrichs 73, hat keine lust am zuge teilzunehmen 60, nimmt urlaub von Herche 160, rät einen boten in den Rg. zu senden 205, mit Asprian zusammengestellt 278, soll mit ihm kämpfen 312, weigert sich 318ff., durch das versprechen der rückgabe Schemmings und versöhnung mit Rüdeger umgestimmt 316ff. kämpft er 320ff. und tötet Asprian 329, erhält Schemming zurück

332; bemerkungen zu den kämpfen Dietrichs 528 und Hiltebrands 562; er reitet Schemming zu Bechelaren, überwirft sich deshalb mit Wolfhart 620, bittet Dietrich um entlassung 621f. und tritt in Ermenrichs dienst über 623f.

†**Wolfhart**, Amelolts sohn und Hiltebrands neffe 81. 125, bruder Alpharts 53 und Sigestabs 81. 127, *von Garte* genannt 276. 599, führt einen wolf im wappen 292, dem zuge nach Worms abgeneigt 38ff. 48ff. 52. 56ff. 62, will doch den kampf nicht unterlassen 58. 60. 71, ist einer von Dietrichs helden 72, dem Hiltebrand empfohlen 81, zankt mit dem ankommenden Ilsan 118ff., begleitet Dietrich an Etzels hof 129, nimmt urlaub von Herche 159, will den fährmann grob behandelt wissen 171f., ertrinkt beinahe bei der überfahrt 195f., will wissen, weshalb man gekommen ist 204 und den Rg. sehen 206. 257ff., ist kampflustig 261, mit Hagen zusammengestellt 276, kämpft mit ihm 291ff., besiegt ihn 301, möchte wegen Hiltebrands spott den kampf fortsetzen 303ff., von Dietrich geneckt 308f., spottet über Kriemhilt 346, beklagt Sigestabs fall 420; mit Hiltebrand im einverständnis 476ff. reizt er Dietrich 493ff., holt dessen ross 499, meldet ihm Hiltebrands angeblichen tod 500, nimmt das ross wieder in empfang 503, freut sich über kuss und kranz 579f., deshalb von Dietrich geneckt 581ff., versöhnt sich mit Hagen 602ff., mit in Bechelaren 617, überwirft sich mit Witig 620.

***Wormse**, liegt am Rheine, sitz Gibichs, der dort den rosengarten hat 7f. 14. 18. 25. 35. 38. 50 uö. Dietrich und Etzel kommen aus dem Heunenlande in zwanzig tagen dahin 164, überschreiten den Rhein 197f., lagern vor der stadt 203, ziehen wieder ab 608f., überschreiten den Rhein 610f. und kommen am zwölften morgen nach Bechelaren 612.

***Wülfinge**, das geschlecht, dem Ilsan 458 und Wolfhart 622 angehören.

Rosengarten F.

*Aldriān, herzog V 2, vater Hagens und Dankwarts 13..17, kämpft im Rg. mit Ilsan 1ff. und wird getötet 8.

*Alphart *der junge*, Wolfharts bruder III 3 und Hiltebrands *veter* II 15, tjostiert vor Bern mit Dankwart 17, will mit nach Worms III 3, (im verzeichnisse von Dietrichs helden durch Volcnant verdrängt 14f.,) ermuntert Ilsan V 6.

†Bechelēre gehört Rüdeger III 17.

Beiern, *Beiernlant*, Seburg ist dort herzogin I 1; Dankwart und Herbort dahin gesandt 6.

†Berne ist Dietrichs sitz, der danach *der (virste, hērre) von Berne* heisst II 12 uö.; Wendelmut kommt dahin 5, dann Seburg 18.

†Bernēre, *Berner* wird Dietrich genannt II 4 uö.

Biterne ist Herbrands sitz III 18.

*Burgentriche, *von B.* heisst Hagen I 3. V 1.

Danowart, Aldrians sohn V 17 und Hagens bruder II 17, geliebter der Seburg I 4. 8ff. V 24f., auf Hagens rat von Kriemhilt zu ihr gesendet I 3ff., tjostiert vor Bern mit Alphart II 17, stellt sich Ilsan entgegen V 9ff., vergiebt ihm Aldrians tod 17f., will vielmehr Kriemhilt dafür bestrafen 20.

†Dietleip *von Stire, der Stirēre*, Dietrichs *neve* und einer seiner helden III 19, führt ein einhorn im wappen IV 7, kämpft mit Schrutan, anfangs mit wechselndem glücke V 6ff., tötet ihn 15f., erhält den preis 17.

†Dietrich *von Berne, der Bernēre*; Hiltebrand sein meister III 15, Dietleib sein *neve* 19, ebenso Nudung IV 22, die Harlunge seines *vetern* söhne III 16; an D. sendet Kriemhilt die Seburg I 1, die zunächst die Wendelmut vorausschickt II 4. 11ff., dann selbst kommt 18ff.; D. lässt Kriemhilts brief verlesen 24ff. III 8ff., will Kriemhilts trotz versuchen 8, wundert sich über die frauen 11f., stellt seine helden zusammen 14ff., glaubt nicht, dass er Ilsan mitnehmen dürfe 21, leitet seine partei im kampfe IV 6. 18. 23. 29, hat Ortwin erschlagen 16, spottet über Witig 5 und Schrutan 16, veranlasst die trennung Nudungs und Gunthers 20; versucht, Ilsan zu helfen V 2. 4. 9. 11, nimmt Hagens und Dankwarts verzicht auf rache an 18, will Wolfhart helfen 28.

†Eckehart (F² nach D) oder *Eckewart* (F⁸), *der getriuwe* III 16. pfleger der Harlunge, will teilnehmen, nachdem er für sie schutz gefunden, 13. 16, anfangs als Herborts gegner bestimmt IV 26f.

†Garte gehört dem Sigeher III 19.

†Gērnôt, Kriemhilts bruder V 20.

Gherins heisst der kaufmann zu Bern, der Seburg aufnimmt, II 6.

†Gibiche, Kriemhilts vater V 20.

†Gunther, Kriemhilts bruder IV 21, noch ein kind 22, könig genannt 18, soll mit Nudung kämpfen 18ff., geschieden und ohne kampf belohnt 21f.

†**Hagene** 1, Aldrians sohn
V 13. 17f., und Dankwarts bruder
II 17, von *Burgentriche* genannt
I 3. V 1, rät, Dankwart an Seburg
zu senden I 3, soll mit Herbrand
kämpfen III 18 (? die stelle ist
verderbt, vgl. anm.), will Aldrian
von Ilsan trennen V 1, trauert um
seinen tod 8, will ihn rächen 13,
verzichtet auf die rache 16ff., be-
klagt den kampf 19, will Kriem-
hilt strafen 21. 23, wobei ihn
Wolfhart unterstützen will 27.
Hagene II, ein bruder Hilte-
brands III 18 (beruht wohl nur
auf verderbnis, vgl. anm.).

***Harlunge**, Dietrichs *vetern*
kinder III 16, unter Eckeharts
pflege, einstweilen der Ute em-
pfohlen 13.

Hâwart, Volcnants bruder
III 14, held Dietrichs 15 (wohl zu-
fällig für Wolfhart eingedrungen).

†**Heime**, hergeselle Dietrichs
III 15, zieht nur ungern mit 7,
soll mit Herbort kämpfen IV 27f. 30.

***Herbort** *von dem Rîne*, be-
gleitet Dankwart zu Seburg I 5f.,
erweckt ihn aus seinem liebestraume
10, soll anfangs mit Eckewart,
dann mit Heime kämpfen IV 27f.

Herbrant *von Biterne*, Hilte-
brands bruder, held Dietrichs, (soll
mit Hagen kämpfen? vgl. anm.) III 18.

†**Hiltebrand**, *meister* Dietrichs
III 15; Herbrand sein bruder
(ebenso ein Hagen?) 18; Alpharts
veter II 15; am empfange der Seburg
beteiligt 14ff.; bereit mitzuziehen
III 5; rät Eckehart, die Harlunge
der Ute zu überlassen 13; ist einer
von Dietrichs helden 15; berät sich
mit ihm über ihre helden 17ff.;
an der leitung der kämpfe beteiligt
IV 5, um Ilsan besorgt V 3. 15.

tadelt Wolfhart 22, rät Dietrich,
diesem beizustehen 26f.

Hiltegunt freut sich über
Walthers sieg IV 3.

†**Ilsân**, Wolfharts *veter* V 14,
mönch, ist zwölf jahr im kloster
gewesen III 21, soll sich am zuge
Dietrichs beteiligen 20, kämpft mit
Aldrian V 3ff., tötet ihn 8, von
dessen söhnen bedroht 9ff., Wolf-
hart und Hiltebrand wollen ihm
helfen 14f., Aldrians söhne ver-
zichten auf die rache 16ff.

†**Kriemhilt**, *küneginne* genannt,
Gibichs tochter V 20, schwester
Gunthers IV 21 und Gernots V 20;
ihre mutter erwähnt IV 24f.;
Kr. sendet Dankwart mit einem
briefe an Seburg I 1ff.; Dietrich
erhält ihren brief II 19. 23, lässt
ihn vorlesen 25ff.; sie hat kuss
und kranz versprochen III 5, be-
lohnt auf diese weise die sieger
IV 4. 17. 22, trennt Gunther und
Nudung 21, will schauen, wer
frauen dienen kann 25, wünscht,
dass Heime kämpfe 27, hat sorge
vor Ilsan V 10. 12; Aldrians
söhne wollen den tod ihres vaters
an ihr rächen 19. 21.; sie bittet
Seburg, jene zu begütigen 23ff.

***Lampartenlant**, Dietrichs
land I 1. II 12. 19.

Mâl, Wolfharts schwert V 22.

Ninivê, Seburg trägt einen
mantel aus N. V 29.

***Nuodunc**, Rüdegers sohn,
soll teilnehmen III 17, markgraf
genannt IV 19, Dietrichs *neve* 18,
führt im wappen adler und löwen
18f., soll mit Gunther kämpfen
18ff., geschieden 21 und ohne kampf
belohnt 22.

***Ortwin**, Schrutans *neve*, von
Dietrich erschlagen IV 16.

†Rin, an den Rhein geht Dietrichs zug III 2; Herbort heisst *von dem Rine* I 5. 6. 10. IV 27.

*Rüedegêr, vogt von Bechelaren, soll seinen sohn Nudung an Dietrichs zuge teilnehmen lassen III 17f., *der milde* genannt IV 19.

†Schrûtân (der name beruht auf conjectur IV 6), riese IV 13. 15, kämpft mit Dietleib 6ff., getötet 16: Ortwin sein *neve* 16.

Sêburc, herzogin von Baiern. Dankwarts geliebte I 3. 8ff. V 23ff.: Kriemhilt sendet diesen und Herbort an sie I 4ff., sie schickt Wendelmut voraus II 1ff., wird von Dietrich nach wunsche empfangen 17ff., übergiebt ihm Kriemhilts brief 19, kehrt heim 23, von Kriemhilt gebeten, Dankwart zu begütigen V 23ff., schmückt sich dazu 28ff.

Sigeher *von Garte*, held Dietrichs III 19.

†Sigevrit, seine warte erwähnt V 19; er waffnet sich gegen Aldrians söhne 26.

†Stire, Dietleibs sitz IV 6f. 9. 12f., der danach der Stirêre heisst III 19. IV 10.

*Uote, Hiltebrand will ihr einen kranz bringen III 5; die Harlunge ihr empfohlen 13. 16.

Volcnant, Hawarts bruder, held Dietrichs III 14f. (wohl fälschlich für Alphart eingedrungen).

†Walther, held Kriemhilts, kämpft mit Witig IV 1f., besiegt ihn 3f., beteiligt an der kampfordnung 26.

Wendelmuot, dame in Seburgs diensten, von ihr vorausgeschickt, um in Bern herberge zu suchen und Dietrich den besuch anzukündigen II 5. 9. 11.

†Witige, hergeselle Dietrichs III 15, beteiligt sich nur ungern 4, kämpft mit Walther und wird besiegt IV 1ff.

†Wolfhart, Alpharts bruder III 3, Ilsan sein *veter* V 14, führt das schwert Mal 22, am empfange der Seburg beteiligt II 14ff., urteilt über das unternehmen III 1ff., (im verzeichnisse von Dietrichs helden durch Hawart verdrängt 14f.,) will Ilsan und Hagen unterstützen V 14. 22. 27.

Verbesserungen.

Seite 6, A 20,4 lies geriten.
  „   12, A 54,2 ist die lesart von x in den text aufzunehmen,
      da sie durch F III 11,2 bestätigt wird.
  „   25, A 128,1 lies Dietleip.
  „   28, zeile 6 von unten füge als lesart zu 145,1 hinzu ich] wir f.
  „   31, A 165,1 lies Rine.
  „   39, zeile 10 von unten lies
      (was do] wol an mir m. wuru] wurdent m).
  „   51, zeile 6 von unten lies 293,3—294.
  „   56: A 317 ist besser nicht in den text aufzunehmen, vgl. anm.
  „   61, zeile 3 von unten lies 2 ûf] vnd m.
  „   62, „ 12   „   „   „ (gestorben m).
  „   78 ist das sternchen vor str. D 51 ausgefallen.
  „   79: D 58. 59 sind besser umzustellen, vgl. F III 2. 3.
  „   80, D 63,1 lies gerne dâhin,
           63,2 „ gar bekümbert bin.
  „ 122, D 332,2 „ Schemminc.
  „ 135, D 421,2 „ mit.
  „ 154, zeile 12 von unten lies 3ᵇ durch den wîln min s.
  „ 168, D¹ II 6,2 statt: höchgenant lies: höchgenant.
  „ 175, zeile 11 von oben lies 4,3--6, ebenso zeile 10 von unten.
  „ 187, D¹ VII 1,2 lies Sigestap.
  „ 192, zeile 13 von unten statt mürde lies würde.
  „ 196, „   4 „   „   „   5 „   4.
  „ 201, „   9 „   „ lies 4,1ᵃ Künec H. usw.
  „ 202, „   4 „   „ ist nach 'verdrängt' die schliessende
      klammer ausgefallen.
  „ 208, zeile 10 von unten lies gein dem garts f.
  „ 220, F II 5,2 statt sie lies si.
  „ 225, F III 13,3 „ ieh „ ich.

Druck von Hesse & Becker in Leipzig.

www.ingramcontent.com/pod-product-compliance
Lightning Source LLC
Chambersburg PA
CBHW032031220426
43664CB00006B/435